大连海事大学校企共建特色教材
大连海事大学–海丰国际教材建设基金资助

辽宁省首批“十二五”普通高等教育本科省级规划教材
普通高等教育“十一五”国家级规划教材

船舶运输管理与经营

Shipping Management and Operations

（第 4 版）

谢新连　李　猛　桑惠云　编　著
钟　铭　主　审

编写组成员　包甜甜　杨秋平　陈丽芬
孙绍伟　赵瑞嘉　王振宇

Written by Xie Xinlian, et al

大连海事大学出版社
DALIAN MARITIME UNIVERSITY PRESS

图书在版编目(CIP)数据

船舶运输管理与经营 / 谢新连，李猛，桑惠云编著.
4 版. — 大连 ：大连海事大学出版社，2024. 7.
ISBN 978-7-5632-4567-3

Ⅰ. F550.7

中国国家版本馆 CIP 数据核字第 2024NM0943 号

大连海事大学出版社出版

地址:大连市黄浦路523号　邮编:116026　电话:0411-84729665(营销部)　84729480(总编室)

http://press.dlmu.edu.cn　E-mail:dmupress@ dlmu.edu.cn

大连金华光彩色印刷有限公司印装　　大连海事大学出版社发行

1997 年 1 月第 1 版　2024 年 7 月第 4 版　2024 年 7 月第 1 次印刷

幅面尺寸:184 mm×260 mm　印张:24.25

字数:614 千　印数:1～2000 册

出版人:刘明凯

责任编辑:于孝锋　责任校对:陈青丽

封面设计:张爱妮　于孝锋　版式设计:张爱妮　于孝锋

ISBN 978-7-5632-4567-3　定价:60.00 元

大连海事大学校企共建特色教材

编　委　会

内容简介

本书系统地介绍了船舶运输管理与经营的基本概念、基本理论和基本方法；全面地介绍了航运系统中的船舶、港口、运输环境、管理机构、经营策略、相关国际组织与社团等知识；在清晰介绍商船投资运营流程、航运管理作业流程和商务运作流程的基础上，重点论述了航运系统运转机理、船舶运输生产组织优化、船型优选和船队规划专题；此外，还配备了船舶航线配船课程设计题目及其优化求解程序。

本书力求专业知识的完整性和实用性，内容符合我国国情和国际惯例，促进技术与经济、管理与经营、理论与实践的融合。本书可作为交通管理（水运管理）、交通运输、物流管理和物流工程类专业本科生的航运管理课程教材，亦可作为船舶相关专业本科生和研究生的学习参考用书，同时还可用作在职人员专业进修、培训或自学的参考教材。

总前言

航运业是经济社会发展的重要基础产业，在维护国家海洋权益和经济安全、推动对外贸易发展、促进产业转型升级等方面具有重要作用，对我国建设交通强国、海洋强国具有重要意义。大连海事大学作为交通运输部所属的全国重点大学、国家“双一流”建设高校，多年来为我国乃至国际航运业培养了大批高素质航运人才，对航运业的发展起到了重要作用。

进入新时代以来，党中央、国务院及教育主管部门对高等教育的人才培养体系提出了更高要求，对教材工作尤为重视。根据要求，学校大力开展了新工科、新文科等建设及产教融合、科教融合等改革。在教材建设方面，学校修订了教材管理相关制度，建立了校企共建本科教材机制，大力推进校企共建教材工作。其中，航运特色专业的核心课程教材是校企共建的重点，涉及交通运输、海洋工程、物流管理、经济金融、法律等领域。

2021 年以来，大连海事大学与海丰国际控股有限公司签订了校企共建教材协议，共同成立了“大连海事大学校企共建特色教材编委会”（简称“编委会”），负责指导、协调校企共建教材相关工作，着力建成一批政治方向正确、满足教学需要、质量水平优秀、航运特色突出、符合国家经济社会发展需求和行业需求的高水平专业核心课程教材。编委会成员主要由大连海事大学校领导和相关领域专家、海丰国际控股有限公司领导和相关行业专家组成。

校企共建特色教材的编写人员经学校二级单位推荐、学校严格审查后确定，均具有丰富的教育教学和教材编写经验，确保了教材的科学性、适用性。公司推荐具有丰富实践经验的行业专家参与共建教材的策划、编写，确保了教材的实践性、前沿性。学校的院、校两级教材工作委员会、党委常委会通过个人审读与会议评审相结合、校内专家与校外专家相结合等不同形式对教材内容进行学术审查和政治审查，确保了教材的学术水平和政治方向。

在校企共建特色教材的编写与出版过程中，海丰国际控股有限公司还向学校提供了经费资助，在此表示感谢。大连海事大学出版社对教材校审、排版等提供了专业的指导与服务，在此表示感谢。同时，感谢各方领导、专家和同仁的大力支持和热情帮助。

校企共建特色教材的编写是一项繁重而复杂的工作，鉴于时间、人力等方面的因素，教材内容难免有不妥之处，希望专家不吝指正。同时，希望更多的航运企事业单位、专家学者能参与到此项工作中来，为我国培养高素质航运人才建言献策。

大连海事大学校企共建特色教材编委会
2022 年 12 月 6 日

前　　言

船舶运输管理与经营是一门专业技术性和应用时效性很强的科学，涉及的内容非常广泛。改革开放以后，我国航运企业以较快的速度打入国际市场。特别在进入21世纪后发展更快，部分骨干航运企业的船队步入世界上最大、最有影响力的商船队行列。企业的发展离不开管理人员，在全球经济一体化的形势下，企业经营管理不仅要符合国际惯例，更要不断更新知识与观念、创新理论方法，管理人员的专业知识和业务素质成为重要基础。将国际航运发展的新内容、新形式、新特点进行归纳总结，写出一本能够系统地、全面地介绍船舶运输管理与经营基本知识的入门书是作者们的本意。

因此，在编写过程中，我们力求体现专业基本概念、基本理论的系统性和全面性，讲授方式循序渐进。在每章末尾还配有相关历史知识和专业资料，目的是进一步增强本书的可读性，提高其参考、保存价值，使读者能够轻松地进入这一专业性很强的领域。即便在网络信息数量大、更新快、便于查阅的今天，本书涵盖专业知识的基础性、系统性、全面性仍有助于深刻理解航运发展历史和新生事物的渊源。本书适合作为交通管理(水运管理)、交通运输、物流管理和物流工程类专业的本科生教材或相关学科的研究生教学参考书，适合该领域在职人员进修，也适合成人教育人员自学。使用本书作为教材时，教师可以根据学生专业的课程设置情况有选择地着重讲解有关章节内容，其余内容可供学生阅读、自学。

编写本书源于纪卓尚教授的提示，我在早期得到了他的大力帮助和指导。30多年来，我多次承担了交通管理(水运管理)、国际海事、物流工程、船舶工程等专业方向本科生的航运管理类课程的讲授任务。因讲课的需要，我查阅、学习、使用了国内外有关专著、历代教材和其他大量的参考资料，并从中受益匪浅。因此可以说，本书是在总结前人经验和知识结晶的基础上完成的。希望它能在知识积累与完善的接力中再向前迈进一程。如果能达到预期的目的，能使读者受益，那么应首先感谢以各种方式向我传授知识的老师。

范厚明教授、赵家保老师详细地阅读了本书初稿。钟铭教授主审了本书，并提出许多改进意见和建议。书稿完成后，赵瑞嘉博士细心地校对了终稿。在校研究生于文璋、曲小同、韩立昌、孙宇轩、肖宇阳、赵梦涵、张晓蕾等同学也参与了书稿的校对。大连海事大学出版社时培育编审长期关心本书的出版，并为本书质量的提高做出了贡献，在此一并致谢。同时，亦向曾经为本书前三版做出贡献的同人表示诚挚的感谢。

由于航运是一个具有悠久历史的国际性行业，知识的专门化程度高、涉及面广、系统性强、创新速度快，书中难免有疏漏和值得商榷之处，敬请读者和专家提出宝贵的意见和建议，以便于后续改进和完善。

谢新连

2024年6月于大连海事大学

目　　录

第一章
绪论

第一节　交通运输系统概述

从古时候起，人们就学会了利用人力、畜力、风力作为运输工具的动力，实现人员与物资的异地交流，促进了人类文明程度的提高。随着知识的积累和科学技术的进步，以 18 世纪蒸汽机实用技术为先导的世界第一次产业革命使交通运输发生了关键性的变革。蒸汽机汽车、蒸汽机船、蒸汽机机车的问世，推动了社会经济的发展。在 19 世纪末 20 世纪初的世界第二次产业革命中，交通运输迈入了内燃机技术时代。不仅出现了内燃机汽车、内燃机机车、内燃机船，还出现了内燃机飞机，形成了陆路、水路和航空的综合运输体系。各种运输方式在人类广泛利用自然资源、发展经济合作和加快流通的过程中发挥着巨大作用。随着运输方式的增多、运输规模的扩大、运输管理业务的复杂化，交通运输逐步成为世界经济和各国经济中一个相对独立、庞大的专业化系统。这个系统成为我们整个经济的重要基础，现代社会生活的各个方面都离不开这个基础。

根据运载工具的不同和营运组织的不同，交通运输系统内部可划分为铁路、公路、水路、航空、管道五种主要运输方式，见图 1-1。这五种主要运输方式也被称为现代化的运输方式，以区别于传统的诸如利用人力、畜力或风力作为运输工具动力的运输方式。那些传统的运输方式虽然在世界范围内目前还存在，还起着一定的作用，满足着不同层次的需要，但它们并不占主导地位。

本书着重介绍水路运输系统中最具有能动性的因素——船舶运输的经营管理。一般地讲，经营注重于企业外部，围绕企业发展，强调市场和用户，处理企业外部环境与内部条件之间的动态平衡的问题，为使企业全部经济活动在现在和未来达到预期的总目标而进行最佳方案选择，以及做出正确决策、规划等一系列工作；管理着眼于企业内部，强调当前生产，根据企业经营目标，在各项活动中正确处理好企业内外之人、财、物这三要素之间的关系，即计划、组织、指挥、控制，着重于效益的提高和成本的降低，保证企业目标的实现。科学的经营管理使船舶及为运输而投入的人、财、物在运输系统中发挥出最大的效益。

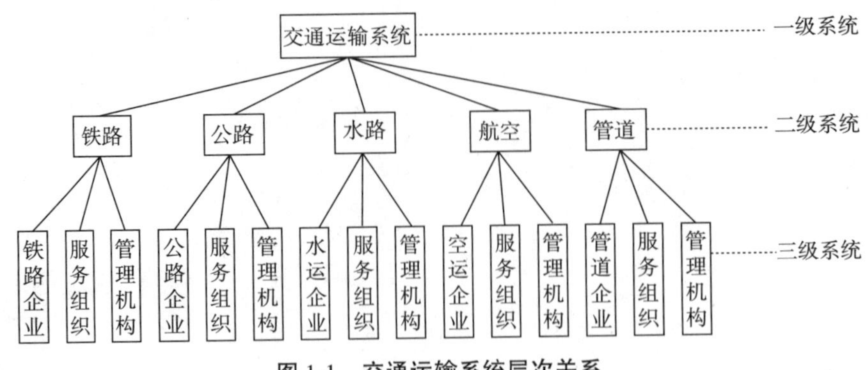

图 1-1　交通运输系统层次关系

一、系统的概念

系统是 20 世纪 30 年代提出来的概念，是指由两个或两个以上相互区别、相互依赖、相互制约、相互作用的单元有机地结合起来，完成某一功能的综合体。或者简单地说，我们将由多元素构成的复杂研究对象称为系统。根据这一定义，世界本身就是一个大的系统，因为世界是由一切相互联系、相互依赖、相互制约、相互作用的事物和过程组成的统一整体。由于世界之大、所包含的单元之多，现在还没有一种方法能够包罗万象地对它的整体进行详细、全面的研究，只能根据需要，对它的某一方面、某一领域进行研究。例如，研究城市内的交通运输问题，它与城市内各企事业单位、商业服务网点、居民区的分布有关，我们只将这些因素作为外界环境变量。通常所说的系统都是从世界万物构成的大系统中提取出来的子系统。交通运输系统就是世界经济、国民经济中的一个子系统，同时它又可以被看作由更小的子系统构成，见图 1-1。

因此，任何一个系统都存在于一定的环境之中，它必然要与环境产生物质、能量和信息交换，必须适应环境的变化。这是我们研究系统，特别在研究航运企业经营管理、船舶运输组织时，应注意的问题。对系统研究的目的是了解它、掌握它和追求优化。通过控制，使系统以较小的消耗，带来较大的产出，高效率地运转。

在经济管理领域，根据所研究问题的层次高低，有宏观研究与微观研究之分。宏观研究是将一些具有紧密联系和一定功能的较小因素或环节合并成一个单元，以简化系统的构成，研究一个大系统的整体情况；微观研究则是将大系统中的一个单元拿出来作为对象，研究其内部各较小元素或环节相互间的作用规律。宏观与微观是相对而言的。一般地讲，上层的、综合性的研究为宏观研究，基层的、具体项目的研究为微观研究。受技术手段，如计算方法的限制，以及问题本身特点的影响，在对系统进行研究时，只能选取那些重要的因素进行分析。在处理船舶运输问题时，也要注意这一点，即根据问题的性质，抓住主要矛盾，在不至于引起较大误差的情况下，忽略次要因素的作用。

二、我国交通运输管理体系概况

交通运输已经成为国民经济的重要基础，世界上各国政府对本国的交通运输都予以高度重视，在中央和地方政府中设有交通运输专门行政管理机构，负责规划、建设、调控交通运输行业。但各国设置的交通运输管理体系存在一定的差别。例如：英国、美国等国家的运输部代表政府统一负责管理本国各种方式的交通运输业务，负责制定有关的方针、政策和法规；也有一些国家的交通运输管理体制与之不同，主要按交通运输方式来设置中央部局，分专业管理。

在我国，原来设交通部管理水路和公路两种运输方式的建设和运营，设铁道部管理铁路的建设和运营，设民航总局管理民用航空基础设施的建设和运营。随着各种交通运输方式自身建设管理的不断成熟和完善，各种交通运输方式之间的交互影响不断增强，借鉴欧美经验建立统管各种交通运输方式的大部制的需求逐渐产生。经过30年的经济体制改革，原来隶属于交通部、铁道部、民航总局的国有企业已经彻底实现了政企分离，中央和地方政府交通机构只代表政府实施行业规划和管理，交通运输企业按市场机制运作，并已经从单一的国有企业独大的格局发展成国有企业、民营企业、合资企业等多种所有制形式共存的格局。经过一系列的精心策划和准备，2008年的政府机构改革撤销了中国民用航空总局和信息产业部下属的国家邮政局，在原交通部的基础上重新组建交通运输部，增设中国民用航空局和国家邮政局。2013年的政府机构改革又撤销了铁道部，在交通运输部增设国家铁路局。按照大部制思路改革之后，国家最高行政管理机构国务院下设交通运输部主管全国的交通运输事业。

交通运输部下设的水运局、公路局及管理的国家铁路局、中国民用航空局分别主管全国水路、公路、铁路和航空四种交通运输方式，负责制定这四种交通运输方式的方针政策、规章制度等；负责组织制定各种交通运输方式的总体发展规划、综合交通运输发展规划和法律法规等；负责开展各种交通运输方式的政府间有关国际或地区交流与合作。而石油和天然气管道运输由石化系统下设的管道局（公司）负责经营管理，在全国各地设有输油管理机构。

我国的地方交通运输由各省、市、县级人民政府设置的交通运输厅（局）负责管理。其管理内容包括公路、部分内河、沿海中小港口、水运以及地方铁路建设等。

五种主要运输方式虽然由不同的机构负责组织管理，但它们之间必然有着密切的联系和协作关系。例如，通过水路运输的旅客通常要经历下列环节：

（1）乘陆上或空中交通工具集中到始发港。

（2）在客运站买票、候船。

（3）登船、开始水上旅行。

（4）在目的港离船。

（5）换乘陆上或空中交通工具到达目的地。

又如，通过水路运输的货物经历的环节为：

（1）由公路、铁路或管道将货物运至发货港。

（2）在发货港内储存、保管货物。

（3）在发货港将货物装上船。

（4）船舶载货从发货港航行至收货港。

（5）在收货港将货物卸下船。

（6）在收货港储存、保管货物。

（7）在收货港将货物交付给货主或用其他运输工具继续运送货物至目的地。

从上述运输过程来看，港口是水陆运输的交接点，不仅要能够上下旅客、装卸货物，有便利的水路，而且要有足够的公路、铁道或管道通向内陆经济腹地，便于对旅客、货物进行集疏运作业。铁路、公路、管道乃至航空均可与水路形成联运方式，这就需要各种运输方式的管理部门密切合作，形成联运机构，以便简化旅客或货主在运输过程中的手续，提高社会效益和经济效益。因此，我国政府改变了过去将五种运输方式分开由国务院下属的不同部门管理的模式，根据各种运输方式建设、管理的成熟程度择机建立统一的综合规划管理部门，对全国综合交通运输系统进行宏观规划、指导与调控。

三、运输的基本特征

交通运输是人类进行物资生产、物资交流和社会、经济活动必不可少的流通环节。在这一环节中，并不产生新的、实物形态的产品。运输工具携带运输对象的移动就是它的生产过程，运输产品就是运输对象的位置改变。运输业属于服务业。运输的作用是使货物从效用较低的地方移动到效用较高的地方，提高货物的使用价值。对旅游来说，运输是一种消费服务。这说明运输业的生产过程也是用户的消费过程，运输产品的生产、消费在同一时间内进行，表现出运输产品的非储存性。运输业所能够储备起来的只有运输能力。所以，运输业保持合理的运输能力储备是十分必要的。

由于运输能使世界资源分布、生产力分布不均匀的现象得到调节，同时运输过程也消耗劳动力和实物资源，所以在全世界或在一个国家中建立一个合理的运输网络，对经济的发展是极其重要的。必须注意研究各种运输方式的合理分工与配合，形成畅通的综合运输体系。

四、水路运输的基本特点

如前所述，现代交通运输系统由铁路、公路、水路、航空及管道五种主要运输方式组成，每种运输方式都有自身的适应性和特点。与公路、铁路相比，水路运输有以下主要特点：

1.初始基本建设投资少

船舶主要航行于自然水道上，特别是在海洋上航行的船舶，基本不受限制，只需建设码头设施，并对局部航道进行整治、维护、设置航标。而铁路、公路运输等，不仅需要建设站场，而且需要巨额投资来铺设道路、架设桥梁、挖掘隧道等。因此，用于水运系统基础设施的投资、维护及管理费用比其他运输方式少得多。

2.水上航道的通过能力大

水上航道的通过能力几乎没有限制。这是铁路和公路运输方式无法相比的。通常，一列火车的载重量只有 3 000 t 左右，即使是近年研发的重载列车，其载重量也只有 30 000 t。而海船的最大载重量已达 500 000 t 以上，内河运输的一个顶推船队的载重量也可达几万吨。此外，在超大、超重单件货物的运输方面，水运也有无可比拟的优越性。

3.运输距离长

地球表面陆地小、海洋大，海洋面积约占地球表面积的 70%。通过四通八达的海上航线可以将分布在各个大陆沿海岸线的港口都连接起来。特别在远洋航线上，其距离从数百海里、数千海里到上万海里，全世界各地的开放港口都可以方便地连通，因此水路运输的灵活性大，且易于实现长距离运输。

4.运输成本相对低

因为建立水路运输系统初始投资少、绝大多数水上航道不需要人工维护管理、单船或船队载重量大，所以在运输大宗货物时，单位运输量平均分摊的船舶运输成本通常较低，具有明显的规模经济效益。

5.运送速度慢

水路运输的运送速度慢，原因在于：一方面，水对船的阻力随船速的提高而迅速增加，从节省主机功率和燃油成本的角度看，船速不宜太高；另一方面，水运往往是中间运输环节，在两端港口还需要依靠其他运输工具接运才能到达目的地。尤其像杂货运输，装卸时间较长，减弱了提高船速的意义。但集装箱运输的发展对这方面有所改善。

6.水运的外界营运条件复杂,不确定性因素多,风险大

远洋航线航程长,有时要经过不同的地理区域和不同的气候地带,海洋气候又千变万化;内河水道水位和流速的季节性变化大,有些河段还有险滩、暗礁。这些都对水路运输的安全质量和运输速度等方面产生了很大影响。又由于水运的多环节性,需要港口、船舶、供应、通信导航、代理机构、检验机构、海关等有关职能部门的密切配合,才能顺利完成。这些情况增加了运输管理工作的复杂程度。

7.具有国际性

海运是国际上大宗货物贸易运输的主要方式,是有海岸线国家发展对外贸易、保障经济独立的必要手段。用本国船运本国货可以节约外汇支出,用本国船运外国货可以赚取外汇,这也是改善外汇收支的重要途径。海运的国际性主要表现为:

(1)船舶在公海航行,进出外国港口;

(2)各国商船都可以在国际海运市场上营运、竞争。航运活动是一种市场活动,是在市场经济条件下满足国际贸易对海上运输需求的一种活动。因此,世界经济、国际贸易和国际航运之间存在相互依存、相互促进的关系。

8.对国家具有政治、军事意义

拥有商船队不仅具有商业价值,而且对国家具有政治、军事意义。一旦国家之间发生战事或局部社会动荡,政府可以征用民船来进行军事物资运输,用于军队的后勤保障,或用于难民转移、人道主义救援等活动。因此,一支强大的商船队不仅是国民经济的大动脉,也是海军的后备力量。第二次世界大战和随后发生的局部战争、政治危机都证明了商船队对国家具有的政治、军事意义。

第二节　货物运输基本特征

一、货物分类

在船舶运输过程中,为便于处理货物与货物之间、货物与船上保管条件之间的矛盾,保证货物在运输过程中完好无损,有必要根据货物积载、装卸、保管等要求上的不同,并考虑货物的物理、化学性质及包装形式的特点对货物进行分类。图 1-2 显示了货物常用的分类方法。

清洁货物——若混入杂质或被污染就会降低质量或丧失使用价值的货物。如粮谷、滑石粉、生丝、毛绒、棉织品、镁砂、钨砂等。

易碎货物——受挤压、撞击易于破损的货物。如玻璃、玻璃制品、陶瓷制品、石棉瓦等。

气味货物——能散发特殊气味的货物。如生皮、樟脑、烟草、鱼粉、香料等。

扬尘污染货物——易于扬尘并使其他物品被污染的货物。如水泥、炭黑、涂料等。

易腐货物——在常温下易变质,在运输保管过程中,必须采取特殊措施,保持一定低温的货物。如鱼、肉、鲜蛋及其制品、水果、蔬菜等。

危险货物——凡具有燃烧、爆炸、腐蚀、毒害、放射性等性质,在装卸、贮存或运输过程中,如果处理不当,可能会引起人身伤亡、财产损失的货物。如各种酸、碱、爆炸物品、易燃物品、放射性物品等。

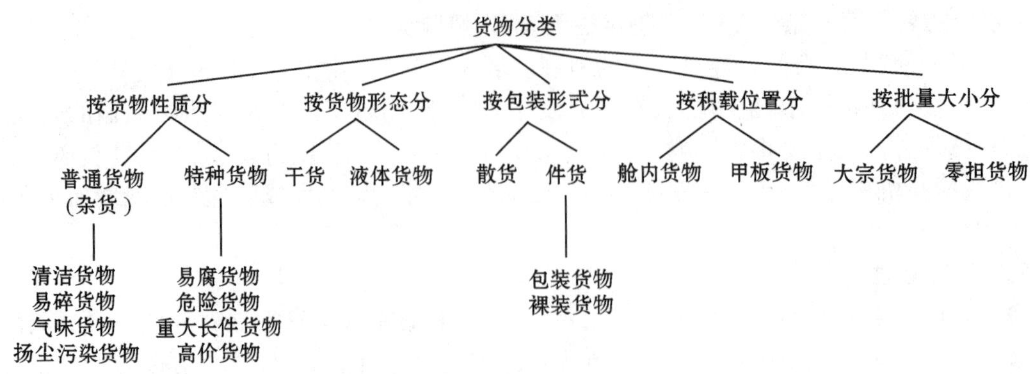

图 1-2　货物分类示意图

重大长件货物——单件重量过大或体积过大或长度过大的货物统称为重大长件货物。对划分重大长件货物的标准，各国规定不一。按照我国水路运输习惯，在沿海运输中凡重量超过5 t或长度超过12 m者，均属此类货物。如钢轨、机车、车辆、推土机、起重设备等。

高价货物——价格高昂或具有特殊使用价值的物品。如精密仪器、贵重药材、金银珠宝、文物、展览品、艺术品等。

二、货物的包装

为便于货物的运输与保管而为货物设置的容器、外罩或外壳统称为货物包装。货物的特点不同，其包装形式也会不同。在国际贸易合同中，也常将货物包装列为主要条件之一，可见包装在货物运输过程中的重要性。

1.货物包装的作用

(1)防止货物损坏、散落或丢失，保证货物质量不变和数量完整。

(2)防止货物受到污染或某些危险货物本身的毒害扩散，保证人身、财产及环境安全。

(3)便于货物的搬运、堆码、装卸及计数。

2.包装的分类

包装按照作用不同，可分为外包装和内包装。外包装主要用以防止货物因碰撞、挤压或跌落而受损，以及防止货物散落和便于装卸；内包装的作用主要是防潮、防震、防异味、防污染等。包装按照形式不同，又可分为箱装、捆装、袋装、桶装及特殊包装等。此外，对于经加工或其本身自然成形、成件而无须包装或无法包装的货物，如机车、汽车等，习惯称之为裸装货物，所以裸装也被看作一种包装形式。

三、集装箱

集装箱是对货物进行包装、运输的一种专用工具。自1966年第一艘集装箱船首次投入国际远洋运输之后，集装箱运输很快显示出其巨大的优越性。其不仅实现了杂货的快速装卸，降低了运输成本，保证了货运质量，而且将原先的陆上集装箱运输扩大到海陆联运，成为成组件杂货“门到门”运输的一种比较理想的运输方式，促使运输体系和营运组织发生了很大变化。

在开展集装箱运输的初期，各国乃至各家公司所使用的集装箱在尺度、材料和结构上存在很大差别，规格不一，品种繁多。自从国际集装箱航线开辟以后，迫切要求集装箱标准化，以提高其通用性。

1970年国际标准化组织（International Organization for Standardization，ISO）104技术委员

会(简称 ISO/TC104)对集装箱所下的定义是:凡满足以下五项条件的运输容器,都可以称为集装箱。

(1)能长期、反复使用,具有足够强度。

(2)途中转运,不动容器内的货物,可以直接换装。

(3)可以进行快速装卸,并可以从一种运输工具直接、方便地换装到另一种运输工具上。

(4)便于货物的装满和卸空。

(5)具有 1 m^3(即 35.32 ft^3)以上的内容积。

根据上述要求,ISO 制定了从 1A 到 3C 等数个系列、多种标准规格的通用集装箱。表 1-1 列出了国际标准集装箱的外形尺寸与重量。海上运输主要使用系列Ⅰ集装箱。各国制造的集装箱的外部尺寸符合国际标准规格,即可认为是国际标准集装箱。为了充分利用各种运输工具的底面积,若干小型号的集装箱的长度之和应等于 40 ft 型箱的长度。国际标准系列Ⅰ各种集装箱的长度比例关系如图 1-3 所示。

表 1-1 国际标准集装箱的外形尺寸与重量

集装箱系列	型号	长			宽			高			总重量(kg)
		(m)	(ft)	(in)	(m)	(ft)	(in)	(m)	(ft)	(in)	
系列Ⅰ	1A	12.192	40		2.438	8		2.438	8		30 480
	1AA	12.192	40		2.438	8		2.591	8	6	30 480
	1B	9.125	29	11.25	2.438	8		2.438	8		25 400
	1BB	9.125	29	11.25	2.483	8		2.591	8	6	25 400
	1C	6.058	19	10.5	2.438	8		2.438	8		20 320
	1CC	6.058	19	10.5	2.438	8		2.591	8	6	20 320
	1D	2.991	9	9.75	2.438	8		2.438	8		10 160
	1E	1.968	6	5.5	2.438	8		2.438	8		7 110
	1F	1.460	4	9.5	2.438	8		2.438	8		5 080
系列Ⅱ	2A	2.920	9	7.0	2.300	7	6.50	2.100	6	10.5	7 110
	2B	2.400	7	10.5	2.100	6	10.50	2.100	6	10.5	7 110
	2C	1.450	4	9.0	2.300	7	6.50	2.100	6	10.5	7 110
系列Ⅲ	3A	2.100	6	10.5	2.650	8	8.75	2.400	7	10.5	5 080
	3B	2.100	6	10.5	1.325	4	4.15	2.400	7	10.5	5 080
	3C	2.100	6	10.5	1.325	4	4.15	2.400	7	10.5	2 540

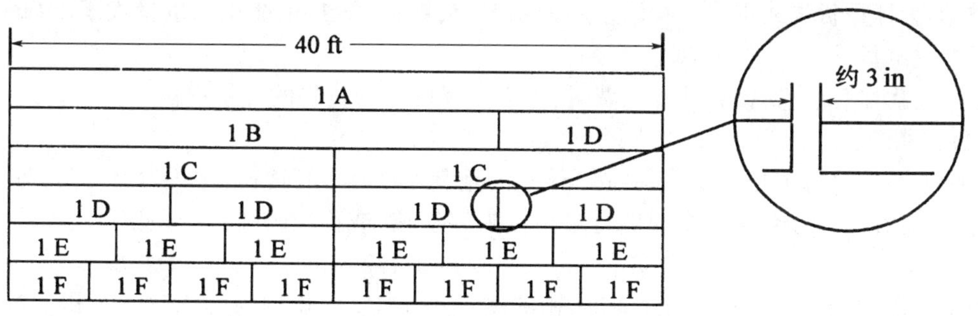

图 1-3 国际标准系列Ⅰ各种集装箱的长度比例关系

海运用集装箱主要由钢、铝合金、玻璃钢等几种基本材料制成。钢制集装箱的自重较大,铝合金和玻璃钢集装箱的自重较小。但由于钢制集装箱的造价较为低廉,且具有强度高、焊接性好等优点,所以得到了广泛使用。

集装箱的主要受力构件是框架。有前端部框架、后端部框架和两侧的侧框架，它们是承受外力的构件。要求在以最大装载量吊起时，集装箱不会产生永久变形。在全集装箱船内堆码6层时，最下层的集装箱要承受上面5层重箱的负荷；并且由于船舶在航行时，会发生横摇和纵摇，其动负荷可比静负荷增加80%左右。要求集装箱的框架结构在承受这些负荷时，也不会产生永久变形。因此，集装箱前后端的框架结构一般采用高强度钢制作。在正常情况下，集装箱的使用年限为10~15年。

按使用目的分类，可以将集装箱分为干货类、保温类、框架类和散货类等集装箱。

干货类集装箱一般称为通用集装箱，以装运杂货为主。其通常用来装运文化用品、日用百货、医药产品、纺织品（棉布、服装等）、工艺品、化工制品、五金交电、电子机械、仪器及机器零件等，使用很广泛。

保温类集装箱是专为运输要求保持一定温度的新鲜水果、鱼、肉、蔬菜及冷冻食品而特殊设计制造的集装箱。

框架类集装箱用于装载不适于装入干货类集装箱的货物，如重型机械、设备、钢材、木材、汽车，以及牲畜、家禽等。

散货类集装箱是装载散装干货，如大豆、大米、麦芽、小麦粉、各种饲料、水泥、沙子、化工制品等各种粉粒状货物的集装箱，以及专为装运各种酒类、油类、液体食品、化学药品等液体货物而设计制造的罐式集装箱。

四、货物计量

货物数量的多少，通常以货物的重量或体积来表示。货物的重量和体积是计算运费和船舶配载的重要依据。依照航运业务的惯例，对于除贵重货物、高价货物以及特殊重大件货物以外的一般货物，均按货物的毛重或货物的体积计算运费。货物的计量单位也因使用的场合和货物的轻重不同，而有所不同。

1.货物的计量单位

（1）重量吨

重量吨是指通常惯用的货物重量计算单位，我国采用国际单位制的公制吨（t），国际上也有采用其他计量体系的，如长吨（long ton, 2 240 lb）、短吨（short ton, 2 000 lb）等，此外还有国家采用英担（100 lb 为 1 英担）。按照国际惯例，通常将每 1.132 8 m^3（40 ft^3）体积的重量大于 1 t 的货物，称为计重货物或重货。我国采用公制单位，规定：每 1 m^3体积的重量大于 1 t 的货物为计重货物或重货。

计重货物在装运、交接和计算运费时，均以重量吨作为货物的计量单位。

（2）容积吨

国际上通常将每 1.132 8 m^3（40 ft^3）体积的重量小于 1 t 的货物，称为容积货物或轻货（也称泡货）。容积货物在计算运费时的计量单位为容积吨（或称尺码吨）。

$$1\text{ 容积吨（尺码吨）} = 1.132\,8\ m^3$$

我国采用公制单位，规定：每 1 m^3体积的重量小于 1 t 的货物为容积货。容积货物按容积吨计算运费。

$$1\text{ 容积吨（尺码吨）} = 1\ m^3$$

目前，世界各国在货物计量方面多趋向于采用公制。

在计算运费时，不论是重量吨还是容积吨，统称为计费吨。值得注意的是，容积吨只在计算运费时作为轻货的计量单位,别无他用。货物的装运、交接等,均以其重量吨数为依据。

2.货物体积的丈量与计算

一定重量货物的体积,不仅与计算运费有关,也是船舶配载时计算货物需要舱容的重要技术资料。对于货物尺度的丈量和体积的计算,国家主管部门或利益相关方均有具体规定。这里所说的货物体积,并非货物实际体积,而是指按货物最外轮廓量取的最大长、宽、高三个尺度计算而得的体积,所以又称为货物满尺体积。货物尺度的丈量以米为单位(精确到厘米),货物体积的计算以立方米为单位。

货物托运人申报的和装货清单提供的体积一般为货物满尺体积。为了维护船方的经济利益和便于配载计算,航运业务人员应该熟悉并经常积累常运货物的有关重量和体积数据。

五、货物积载因数和亏舱率

1.货物积载因数

同一重量的不同货物,其体积也不相同。每吨重的货物所具有的体积(指货物的满尺体积,下同),即货物的体积与重量之比,称为货物积载因数 u(或 stowage factor, SF)。

$$u = \frac{V}{W}\ (\mathrm{m^3/t}) \tag{1-1}$$

式中:V——货物体积($\mathrm{m^3}$);

W——货物重量(t)。

货物积载因数是表示货物轻重的重要特征指标。这里所说的轻重,是从船舶配载角度考虑,将货物积载因数与船舶舱容系数(见第三章第一节)相比较而言,如货物积载因数大于船舶舱容系数,称之为轻货;反之,则称之为重货。货物积载因数也是船舶配载中用以估算装货需要舱容必不可少的数据。

对于同一种类的货物而言,由于其包装形式、规格、品质、等级等的差异,其积载因数可能会不同。例如,同样包装的小麦,由于其产地不同,品质优劣不一,籽粒饱满的,积载因数就小;反之,积载因数就大。另外,即使是同样品质等级的小麦,其积载因数也会因包装形式不同而不同。所以,非同批的某种货物的积载因数并不一定是确定的数值,而是在一定数值范围之内。在应用时,需视货物的实际情况,选择其中适当的数值。常见货物的积载因数列于表 1-2 中。

表 1-2 常见货物的积载因数

货物名称	包装形式	积载因数($\mathrm{m^3/t}$)	货物名称	包装形式	积载因数($\mathrm{m^3/t}$)
铁矿砂	散	0.45~0.51	石蜡	箱	1.20~1.35
圆钢	捆	0.57~0.62	细布	捆	1.75~1.89
槽钢	捆	0.84~0.91	原木	根(散)	2.88~3.96
钢板	张	0.45~0.51	木板材	捆	2.20~2.54
钢管	捆	1.13~1.69	玻璃	大箱	1.50~1.58
滑石粉	袋	1.01~1.08	大米	麻袋	1.44~1.50
石棉	袋	1.21~1.27	小麦	散	1.27~1.33
水泥	纸袋	0.79~0.91	玉米	散	1.44~1.50
煤	散	1.10~1.40	面粉	布袋	1.35~1.42

续表

货物名称	包装形式	积载因数(m^3/t)	货物名称	包装形式	积载因数(m^3/t)
盐	草包	1.08~1.13	大豆	散	1.38~1.42
啤酒	纸箱	1.27~1.35	烤烟	布包	4.10~4.53
罐头	纸箱	1.55~1.61	香烟	纸箱	4.81~5.09
鲜蛋	塑料箱	2.54~2.71	茶叶	箱	3.39~3.96
汽车轮胎	裸装	6.09~6.22	棉花	捆	2.83~3.11

2.亏舱率

如果已知货物的积载因数和重量,就可以很容易地计算出货物的体积。但实际装舱时,不论装载技术多么高超,总是不可避免地要在货物与舱壁之间、货物与舱内设施之间留有一些不能充分利用的空间。如果堆码质量不高,还会在货物与货物之间形成过大的空隙。所有这些未被充分利用而损失掉的货舱容积,被称为亏舱(broken space)或弃位。因此,在利用货物积载因数估算装货实际所需舱容时,还要加上一定的余量,即要考虑亏舱。

装载某种货物时,对于其亏舱的大小,我国航运界习惯上以单位体积货物的亏舱,即亏舱与货物体积的比值——亏舱率(ratio of broken space)f来表示:

$$f=\frac{亏舱}{货物体积} \tag{1-2}$$

由此可以得出包括亏舱的货物积载因数u'如下:

$$u'=\frac{装货实占舱容}{货物重量}=\frac{货物体积+亏舱}{货物重量}=\frac{货物体积(1+亏舱率)}{货物重量}=u\cdot(1+f) \tag{1-3}$$

式中:u'——包括亏舱的积载因数(m^3/t);

u——货物积载因数(即不包括亏舱的积载因数,m^3/t);

f——亏舱率。

包括亏舱的积载因数,可以直接用来估算一定重量的某种货物在装舱时实际需要的货舱容积。在通常情况下,货主提供的是不包括亏舱的货物积载因数,使用时,应选取适当的亏舱率值,计算出包括亏舱的积载因数。

亏舱率的大小,与货物的包装形式、装舱位置以及积载质量有密切关系。一定包装形式的货物,当其装于不同舱位,或积载方法、疏密程度不同时,其亏舱率差别可能很大。所以,同一包装规格的货物,其亏舱率也在一定数值范围内变化,而不是一个确定值。故在使用亏舱率时,应根据货物拟配舱位和已掌握的积载情况慎重取值。不同货种的亏舱率见表1-3。

表1-3 不同货种的亏舱率

货物的包装形式	亏舱率(%)	货物的包装形式		亏舱率(%)
各种杂货混装	10~20	大木桶		17~30
同一规格的箱装货物	4~20	散装货	煤炭	0~10
同一规格的袋装货物	0~20		谷物	2~10
同一规格的捆装货物	5~20		盐	0~10
同一规格的桶装货物	15~30		矿砂	0~20
同一规格的铁桶货物	8~25		木材	5~50

对货物积载因数和亏舱率在船舶配载中的应用,举例说明如下:

例题1-1:某船某航次有一票箱装罐头共3 500箱,每箱0.029 m^3,重18 kg,拟配在艉舱底部。试估算需要多少立方米舱容才能装下这票货物。

解：罐头积载因数：$u=\dfrac{0.029}{0.018}=1.611(\mathrm{m^3/t})$

该票货物总重：$P=0.018\times3\ 500=63(\mathrm{t})$

考虑该票货物为小木箱装，艉舱底部形状不规则，按表1-3取亏舱率为13%，则装载该票货物需要舱容：

$$V=1.611\times(1+0.13)\times63=114.7(\mathrm{m^3})$$

六、货物自然减量

货物在运输过程中，因其本身性质、自然条件以及运输技术等因素的影响而产生的在重量上不可避免的减少，称为自然减量，又称自然损耗。例如，在运输液化天然气（LNG）和液化石油气（LPG）途中必然存在液货挥发损耗现象。造成货物自然减量的原因，大致有干耗（蒸发）、挥发、飞扬、散落、渗漏等。

这种非人为的货物重量的减少量占运输货物原来总重量的百分比称为自然损耗率。自然损耗率的大小，与货物性质、装卸方式、装卸次数、气候条件、运输时间等因素有关。我国及国际航运界均有公认的自然损耗率标准。常见货物的自然损耗率见表1-4。在运输过程中，如果货物重量的减少在公认的自然损耗率或贸易合同规定的损耗限度之内，船方不负任何赔偿责任。

表1-4 常见货物的自然损耗率

货物名称	自然损耗率（%）	货物名称	自然损耗率（%）
谷物（散装及包装）	0.10~0.20	鱼	0.21~1.70
水泥（袋装）	0.70	矿石	0.12~0.13
蔬菜	0.34~3.40	蛋	0.51
水果	0.21~2.55	盐（散装）	0.85~3.00
肉	0.34~2.55	酒	0.08~0.34
煤炭	0.11~0.15	糖	0.06~0.85

第三节 航运市场简介

一、航运市场的概念

由于世界各地区的资源分布不均衡，各国、各地区的经济发展水平和消费水平也不均衡，所以，需要通过贸易在各国、各地区间对资源进行调配。这类贸易活动形成的货流（包括货类、流向和流量）构成了对海上运输的需求。航运业提供的船舶运输服务形成了航运供给。这种供给配合需求、船货供求交易的活动组成了航运市场。

通常认为，航运市场是指从事航运供求结合、船舶租赁交易的场所、场合，又称为航运基本市场。在市场上，供求的平衡是通过价格进行调节的，运价既反映市场供求情况，又是供求双方买卖活动的焦点，所以有人将航运基本市场称为运费市场。

由于货运的需求产生了对船舶的需求,形成了船舶市场,船东既是基本市场上的供给者,又是船舶市场上的需求者。船舶市场是影响航运供给进而影响基本市场供求关系的重要方面,故常将其称为相关市场。它包括建造新船,买卖二手船、废钢船等交易活动。相关市场一方面直接受到航运基本市场的影响,另一方面也反过来给航运基本市场以重大影响。正因为二者关系如此密切,从广义上讲,航运市场应包括基本市场和船舶市场。

航运市场上发生的各种经济行为既受一般价值规律的作用,也受贸易等相关市场和宏观经济发展的影响。政治、军事方面的风云变幻和自然条件变化有时也会对航运市场产生巨大的影响。

二、航运市场的形成与发展

据资料考查,早在公元前3000年,海上就已经出现了交通运输。当然,那时的航运规模很小,且限于沿海局部区域。公元前1500年到公元500年,波罗的海和北海之间的海上贸易运输有较大的发展。在此期间,我国有了到日本和南海近岸的海上交通。史书上记载的徐福率数千人"入海求仙"、到达日本的历史事件就发生在公元前200多年前(始于公元前219年,秦始皇二十八年)。从15世纪初(1405年)起,出现过明代郑和七下西洋的海上壮举,航线延伸到现今的伊朗、也门、肯尼亚、索马里、红海中部等地区。

16—19世纪是帆船盛行的时期,海运贸易得到迅速发展。随着航海事业的发展,葡萄牙、西班牙、荷兰和英国等国家成为越来越强大的殖民者。海上船队也成为侵略和掠夺殖民地的强有力工具。因此可以说,在航运业快速发展的初期阶段(16—19世纪),掠夺外国财富和占领殖民地是促进航运业快速发展的主要动力之一。

开始时,船主也是贸易商人和运输者。也就是说,贸易商人在产地买来货物,用自己的船运到能赚钱的地方将其卖掉,船主、运输者、交易者是三位一体的。19世纪中后期,随着国际和地区间贸易量的扩大,有的船主为了充分利用自己船舶的舱容,开始附带为他人运输。在这种附带的运输量大到一定程度并占主导地位后,航运业就从贸易业中分化出来,出现基于洽谈贸易进行海运交易的活动。在英国伦敦形成了著名的波罗的海交易所(The Baltic Exchange,原称波罗的海贸易海运交易所,The Baltic Mercantile and Shipping Exchange)。交易所的成立,促进和方便了航运供需双方的交易活动,也确立了英国在世界航运方面的中心地位。

同时,在19世纪中叶,美国航运发展较快,船舶技术有了质的改变。蒸汽机船投入商贸运输,1869年开通的苏伊士运河和1914年开通的巴拿马运河,加快了帆船的退役,使航运领域原有的结构发生了很大的变革。也就是说,早期的贸易海运仅局限在某些区域内进行,而且船舶所有人就是贸易商人,其经营特点是提供不定期船运输(tramp shipping)服务。到这一时期,在某些海区已出现有规律的班轮运输(liner trade)服务。这是技术进步与贸易需求的共同结果。

随着航运规模的不断扩大,不仅船主和贸易货主逐渐分离直至自成体系,而且造船业开始成为世界工业的重要部类,成为航运业的重要支柱之一。船舶经纪、航运代理、通信导航、港口服务管理等行业也逐步形成和发展壮大,成为航运业不可缺少的组成部分。

进入20世纪,特别是第二次世界大战以后,由于国际贸易的空前发展,世界商船队的规模急剧扩大,航运交易所和航运经纪人的数量增多。为了满足像石油、煤炭、粮食、矿石等大宗货物的运输,设计、建造出大量的专用货船,形成了面向不同货种的运输市场。同时,为适应迅速扩展船队的要求,造船业及船舶买卖活动蓬勃发展,并由此而形成专门的船舶市场,这些变化对于航运业发展有重大的影响。

航运经纪人和代理机构主要分布于世界各大港口城市，从事不定期船和大宗货物的供求结合，为班轮揽取货载，向到港船舶提供服务。尽管他们的经营活动很分散、很活跃，但在很多情况下的成交价格却能保持相近的水平，能从总体上反映航运市场当时的供求状况。而航运交易所能为船货双方和船舶租赁、买卖等各方提供固定见面、洽谈的场所，使交易双方在市场活动中有更多的选择机会，能以比较合理的价格成交。其中，设在世界航运中心伦敦的波罗的海交易所是世界上第一个也是历史最悠久的交易所。我国从 1995 年开始，在大连、上海、武汉三个港口城市试点建立了地区性航运交易所，以适应国家改革开放的形势和航运业的发展。然而，在如今通信、交通高度发达的情况下，众多活跃的航运经纪人更加乐于借助现代通信技术完成航运交易。

由于当今水上客运的规模较小，并且客运市场的情况不像货运市场那样复杂，所以除特殊指明外，本书提到的航运市场不含客运市场。

三、航运市场的分类

根据交易的特征不同，可将航运市场分为以下类别，以便考察与研究。

一是按照船舶提供服务（或运行组织）的方式，可分为班轮市场（又称定期船市场）和不定期船市场。班轮市场是指在固定航线上按预定的船期表从事运输的船货交易市场。其主要运输对象是杂货和集装箱。绝大部分客运也采取班轮的运输组织形式。

杂货一般批量小、价格高，运费占货物价格的比重小，货物对运费的负担能力大，对运输速度与运到期限均有较高要求，要求有规律的、定期不间断的运输服务。而班轮运输正好满足了这种要求。因此，班轮市场运费率与不定期船运费率相比，较高且较为稳定，班轮市场供需双方波动频率和幅度都相对较小。班轮市场过去是一个带有垄断性的市场，班轮公会就是其垄断组织。

不定期船市场是指船舶经营者与货主以各种形式的租船合同就整条船的使用达成协议的供需交易市场。从船舶运输组织的形式来看，它是相对于班轮市场而言的。不定期船市场基本上是一个自由竞争的市场，运费波动较大且频繁。在不定期船市场上承接的货物主要是大宗散货，如石油、矿石、煤炭、粮食等。这些货物价格低、批量大，适于租船运输。

从船舶运输组织形式上看，还有一种情况，即大宗工业物资的运输，主要运输工业生产用的原材料，如石油、矿石、煤炭等。由于同一货主的运输需求量大且稳定，航线基本固定，货主可以利用自有船舶或与船东签订长期运输合同由同一船队在给定的装卸港口之间承担运输。这种船舶运输组织形式既有一些班轮特征，也有一些不定期船特征。通常将其划归在不定期船一类中。

二是按照航运交易的内容，可分为租船市场和货运市场。租船市场是船东、船舶经营者从事船舶租赁业务的市场，交易的内容是运输工具——船舶。货运市场是船舶经营者与货主进行船货供需交易的市场，一方提供船舶，另一方提供货物，就运输条件和运费达成协议。

三是按照船舶运输的对象，可分为杂货运输市场、集装箱运输市场、液体散货运输市场（包括：石油、成品油、液体化学品运输等）、干散货运输市场（包括：矿石、煤炭、粮食运输等）、液化气运输市场（包括：液化天然气、液化石油气运输）等专门化市场。

四是按照交易交割的时间和形式，可分为现货交易市场、远期交易和期货交易市场。

此外，还可按照航行区域分，如远洋运输市场、沿海运输市场、内河运输市场等；或者按照运输范围分，如国际市场、国内市场、地区市场等。

上述对市场的划分是为了便于考察、研究航运市场及经营管理的某些规律。事实上各种市场之间有着必然的联系，并不存在非常严格的界线。例如，不定期船市场是班轮市场运力的潜在供给者和竞争者。在班轮市场上，当运量短时增加幅度大到一定程度时，就会出现包船或派专船整船承运的现象。

四、航运市场供需关系

航运需求是一种劳务需求，起源于依赖水运的贸易活动。但它的多少并非仅由贸易量决定。显然，当贸易量给定时，装船港与卸船港的地理位置或距离也是决定运输需求的一个基本因素。因此，航运需求量是根据贸易运输量和运输距离两个因素确定的，一般用贸易货运吨海里（内河用吨千米）表示。

航运供给或运力的多少往往用船舶或船队吨位的多少表示。但船舶吨位并不能直接、全面地反映供给量的多少。对于一定的贸易货运量，若装卸港间的航程较短，一定量的船舶吨位可能属于供给过量；若装卸港间的航程较长，则该一定量的船舶吨位可能就满足不了运输需要，属于供给不足。此外，船舶使用效率不同、技术参数不同也影响供给。说明供给也与给定时间内船舶实际能够航行的距离等因素相关。由于其中最基本的因素是船舶吨位和（一定时间内的）航行距离，而且为了与航运需求量的单位一致、便于对比，所以航运供给能力用一定量的船舶吨位与船舶在一定时间内能够运行的距离的乘积，即船舶吨海里（或吨千米）来表示。

从个体上考察，航运需求具有多样性，如运输对象的理化性质、重量、体积、包装、外形等不同，对运输的要求就不同。欲使供给满足这种多样性的要求，航运供给与航运需求在船型、货种方面就要相匹配。总供给等于总需求并不意味着各种需求都得到了满足。如果各种船的供给都满足需求，一般又会使总供给大于总需求，增加了供给的成本及管理难度。但从总体上考察，航运需求又具有一定的规律性。例如，货物流向的规律性：原材料大多由发展中国家和地区运往发达国家和地区，工业制品由发达国家运往发展中国家；在我国，原煤、原油由北向南运等。这种规律性在一定时间之内能保持相对稳定。航运经营者必须研究贸易对运输的个别需求和总体需求，如只研究个体而不顾总体，则难以掌握规律，把握不准经营方向；如只研究总体而不顾个体，则有时抓不住具体的货主，经营也难以成功。

航运市场与其他普通商品市场相比有三个特点：

1.运输生产的产品不能储存

一般情况下，产品储存在市场经济中具有特别重要的作用。通过产品储存可以调节市场供求关系，使市场价格得到调节和控制，但运输生产的产品不能脱离生产过程而单独存在，无法储存。所以航运市场的供求关系难以调节。

2.运输需求有较大的不平衡性

这种不平衡性反映在货物流向方面和时间分布方面。在货物流向方面，包括：往返方向的运量不同，以及某些航线上只是单方向有货载；往返运输的货类不同，运输要求亦不同。在时间分布方面，贸易合同规定的交货时间分布是不均匀的，而且相当多的货物在运输上具有季节性等。这些不平衡性会造成供给上的浪费，供求关系不易稳定。

3.运输供给不能随时随地与需求相吻合

在产品不能储存和运输需求经常波动的情况下，供给方只能直接利用吨位的变化去适应航运需求的变化。然而，当需求发生变化时，由于船舶吨位的增加需要一段时间，船舶吨位退出市场有一定的困难等原因，航运供给就不可能随时与其相适应。此外，航运供给和需求在时间、地点上往往也存在着差异。例如,某港有货待运时不一定有合适的船舶可供使用,而有船时又不一定有合适的货载,造成吨位供给的浪费和需求的不满足,航运供求关系不稳定。

航运市场活动是供给方与需求方围绕运输条件和运输价格商定而展开的,经常的供需不平衡状态导致价格的变化。在一定条件下,船舶吨位决定了船舶吨海里的供应量。同理,在一定条件下,依赖于水运的贸易量决定货运吨海里的需求量。由供求关系(即船多货少或船少货多)决定运价,反过来运价又在供给量与需求量之间起着调节作用,对船舶吨位与贸易量的增减产生直接的影响。通过运价的调节作用,供需会趋向于平衡。在供需达到平衡点后,由于新情况的出现,平衡遭到破坏,然后通过运价的调节作用,供需又向新的平衡点运动,达到新的平衡。供需不平衡是绝对的,平衡只是相对的、暂时的现象。这是航运市场供需变化的基本规律。在供需变化过程中,运价起着主要的调节作用,它引导供需逐渐趋向于平衡。其调节的原理可用图 1-4 表示。

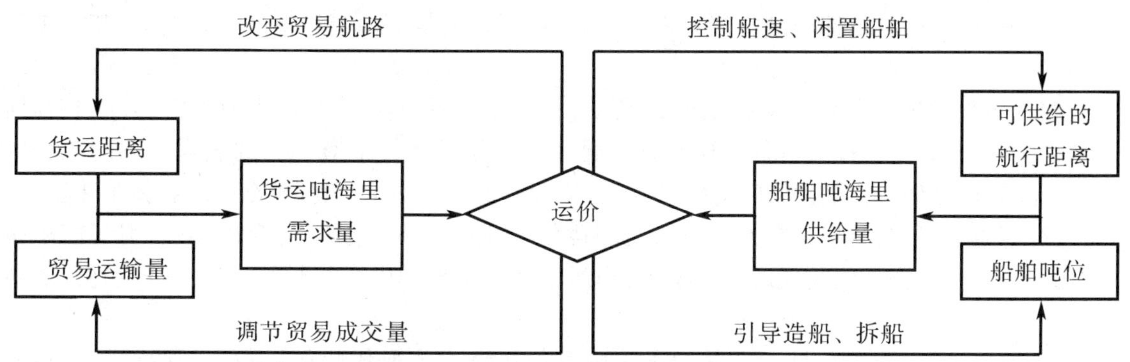

图 1-4 运价对供需的调节原理

除运价因素外,由于航运市场具有国际性,世界政治、经济、军事、自然条件变化,以及其他一些随机因素也会对航运市场的供需关系产生直接的影响,而且这种影响产生的效果有时是巨大的。

五、关于供需弹性的概念

航运需求和供给会随运价的变动而发生变化。不同的贸易关系形成的货运需求量与不同的船舶形成的供给量随运价变化而变化的程度是不一样的。为了反映需求或供给对运价变化的反应程度,引入"弹性"的概念。

1.需求弹性

需求弹性是指需求量随运价变动而变化的反应程度,常用需求弹性系数 E_d 表示其大小。计算公式为:

$$E_d = -\frac{\frac{\Delta Q}{Q}}{\frac{\Delta P}{P}} \text{ 或 } E_d = \left|\frac{\frac{\Delta Q}{Q}}{\frac{\Delta P}{P}}\right| \tag{1-4}$$

式中:E_d—— 需求弹性系数;

P—— 原定的运价;

ΔP—— 运价变化量;

Q—— 在原定运价时的需求量;

ΔQ—— 由运价变化量 ΔP 引起的需求变化量。

在式(1-4)中引入负号是因为 ΔP 与 ΔQ 的增减方向相反,且定义 $E_d \geq 0$。

根据需求弹性系数 E_d 的大小,可将需求弹性分为四个档次:

(1)$E_d = 0$,需求无弹性,即当运价变化时,运量不随之变化。在垄断市场条件下,会出现这种现象。

(2)$0 < E_d < 1$,需求缺乏弹性,即需求量受运价变化的影响较小。

(3)$E_d = 1$,需求价格同变化率弹性,即需求量的变化率与运价的变化率保持一致。

(4)$E_d > 1$,需求富有弹性,即运价一旦变化,需求量会大幅度变动。

航运需求弹性的大小主要与下列因素有关:

(1)运输对象对运费的承受能力。一般高价货物在运价占货物市场价格的比例较小时,当运价上升时被削减或取消的可能性较小,即需求弹性较小;而对于低价货物,当运价占货物市场价格的比例较大时,运价的增减将严重地影响其市场价格,从而引起运量的大量增减,其需求弹性较大。

(2)运输对象的可替代性。在生产建设中,有些物体的种类可用其他种类替代,有些物体的种类则难以找到其他种类替代。这两种情况在航运需求弹性上有不同的表现。如能源中的煤炭,当其运价上涨时,就有可能被石油替代,从而导致需求量的大幅度变化,需求弹性较大。一些大宗矿建材料、粮食也是如此。有时也因运价变化引起贸易航路的变化,从而引起需求量的变化。而对于一些不能替代的物资来说,当运价在一定范围内变化时,运量往往不易变化,需求弹性较小。

(3)运输方式的可替代性。即是否可能由其他运输方式取代船舶运输。如改用管道运输石油;空运取代班轮运输一部分高价商品;欧亚大陆桥和北美大陆桥的运用,使海上集装箱运输的需求量受到削减等。这些可由其他运输方式取代的航运需求有较大的弹性。反之,对于取代可能性很小或不可能被取代的需求,其弹性就会较小,甚至是非弹性的。

2.供给弹性

供给弹性是指供给量随运价变动而变化的反应程度,可用供给弹性系数 E_S 表示其大小。计算公式为:

$$E_S = \frac{\dfrac{\Delta S}{S}}{\dfrac{\Delta P}{P}} \tag{1-5}$$

式中:E_S—— 供给弹性系数,$E_S \geq 0$;

S—— 在原定运价时的供给量;

ΔS—— 由运价变化量 ΔP 引起的供给变化量。

同理,根据 E_S 的大小,可将供给弹性分为四个档次:

(1)$E_S = 0$,供给无弹性。

(2)$0 < E_S < 1$,供给缺乏弹性。

(3)$E_S = 1$,供给价格同变化率弹性。

(4)$E_S > 1$,供给富有弹性。

影响航运供给量的主要因素是平均需求量的多少、平均运费率水平的高低以及政治、军事等方面。针对不同情况,航运供给量的变化呈现出一定的规律性。

（1）定期船和不定期船。由于定期船不能随意进入和退出其所经营的航线，运价具有一定的垄断性，即使需求量发生了变化，增加派船或减少派船一般都不能随意进行。无论是需求量或是供给量对运价的变化反应比较迟钝，都说明供给弹性相对较小。不定期船的经营较为自由，进入或退出市场的限制小。所以在运价上升时，会显著增加吨位供给；在运价下跌时，又能较快地减少供给量，说明供给弹性相对较大。

（2）单个企业与整个市场。任何一个航运企业对运价的变动都十分敏感。在运价上升时，船东将设法通过租船、购买旧船等方式增加运力。如预测在较长时期内市场前景良好，就会出现大量建造新船以增加供给量的局面。因此，从某个具体企业来看，供给弹性较大。但是从整个市场进行考察，情况就有所不同。在运价上升的短时期内，虽然有租船和买船等活动，但在新船投入市场之前，整个市场的供给量并没有真正增加；当运价上升并在一段时间里保持较好的水平时，必然会引起船舶租金费率、旧船买价和新船造价的上升，企业建造新船的热情减退。就整个市场而言，供给弹性相对较小。

（3）运价上升与运价下跌。运价上升时，各航运企业会竞相增加运力和推迟报废旧船，同时会诱使新的投资者建造新船，反映出能较快地增加供给量，有较大的供给弹性。运价下跌时的情况较为复杂，一般的规律是船舶不会轻易退出市场。由于船舶不投入营运也需要负担封存成本，所以出现亏损时，船舶仍要坚持营运，以减少经济损失。尽管在萧条时会出现提前拆船和封存船舶的情况，但其数量有限。普遍的做法是采取减速航行、放慢周转速度，以便减弱市场上的船舶实际运输能力。这表明船舶吨位供给量并不强烈地随需求的减少而减少。与运价上升时的情况相比，供给弹性较小。

（4）短期与长期。由于新造船舶投入营运需要一段时间，所以短期内吨位供给弹性较小。但从长期观察，吨位的供给经过一段时间的调节后能够基本与需求相适应，这表明有足够的供给弹性。需注意的是，这里所说的短期与长期是相对而言的。

最后需要指出，尽管我们已经给出了计算需求弹性系数和供给弹性系数的公式（1-4）和公式（1-5），但在实际运用时，一般并不直接计算出其准确的数值（事实上这样做也有一定的困难），而是用比较的方法评价各种需求、供给弹性的相对大小。即通常运用“弹性”的概念定性地分析问题，因此将其分为四个档次已经基本够用了。

六、航运市场指数概念

航运市场指数是由各类航运咨询机构、中介服务机构或科研机构按照一定的规则编制的能够反映航运市场行情、产业状况等方面变动程度或趋势的参考数据。通过收集市场上的分散个体或航线信息，并采用科学的数据处理方法，形成综合的、系统的且持续发布的航运市场指数信息。这些指数信息能够对资源的合理配置起到引导作用，也有助于研究人员分析复杂航运市场整体的变化趋势和规律。例如，在世界航运领域影响较大的运价指数有：波罗的海干散货运价指数（Baltic Dry Index，*BDI*）、世界油船运价指数（World Scale，*WS*）等。这些指数随着世界经济和航运市场的发展，其计算方法也会发生调整。现行 *BDI* 是由 *BCI*、*BPI*、*BSI* 三种船型指数加权组合而成的，其计算方法见式（1-6）。各指数近年来的走势变化如图 1-5 所示。*WS* 的计算原理参见第九章第五节。

$$BDI=0.4\cdot BCI+0.3\cdot BPI+0.3\cdot BSI \tag{1-6}$$

式中：*BCI*——好望角型船运价指数，由固定的各好望角型船航线期租费率与航线权重加权计算得出；

BPI——巴拿马型船运价指数，由固定的各巴拿马型船航线期租费率与航线权重加权计算得出；

BSI——超灵便型船运价指数，由固定的各超灵便型船航线期租费率与航线权重加权计算得出。

除*BDI*、*WS*等运价指数外，在集装箱船运价、新船造价、二手船售价等方面也存在一些能够反映市场变动情况或趋势的指数。各种指数的编制质量和可用性取决于其信息来源的广泛性、代表性、正确性和计算方法的科学性，同时也取决于其指数发布的长期性、规律性、权威性。

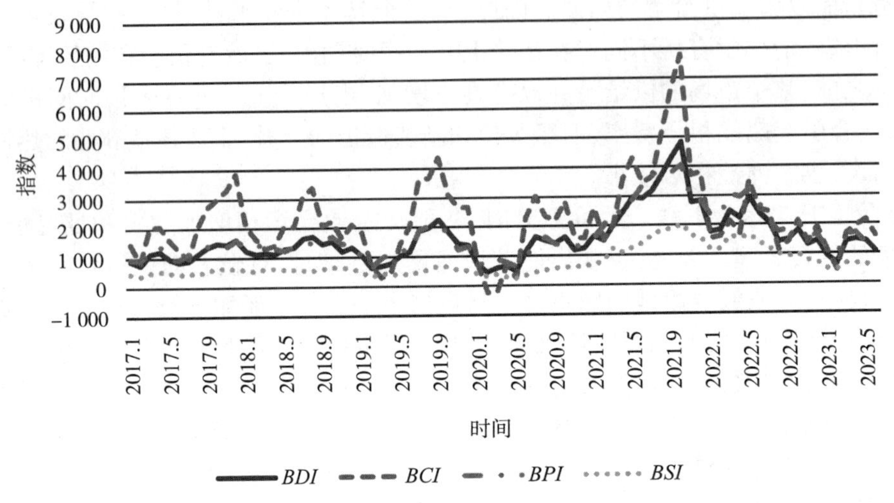

图 1-5　各指数近年来的走势变化

【小资料】

世界上最长的运河

北起北京，南至杭州，沟通海河、黄河、淮河、长江、钱塘江五大水系，流经北京、天津、河北、山东、江苏、浙江六省市，长达 1 700 多千米的京杭运河是世界上最长的人工运河。它的形成经历了三次较大的开凿工程。

第一次是在春秋时期，吴国在扬州附近开凿了一条沟通长江与淮河的人工河道，其被称作“邗沟”，成为大运河最早的一段。第二次是在隋朝（其间的 605—610 年），隋炀帝杨广征招民工先后在钱塘江与长江之间开凿从杭州到镇江的江南河；在淮河与黄河之间开凿通济渠或鸿沟；在黄河与海河之间开凿永济渠，并重新疏通邗沟。经过第二次工程，从南绕经西部（洛阳附近）到北，完成了长达 2 500 多千米的南北大运河。第三次是在元朝，元世祖对已经淤废的隋代运河实施了改道工程和分段整修，开凿了由济宁至梁山的济州河、由东平至临清的会通河、由临清至天津的永济河、由天津至北京的通惠河。到 1292 年，京杭运河全线开通。运河最窄处河宽也有 30~40 m。

据说，隋炀帝杨广下扬州时，文武百官乘坐几千艘大船，船队长达二百里。他自己乘坐的那艘最大的龙船有二百尺长，四丈五尺高，船上还盖了四层宫殿，乘载后妃和宫女。数万名壮丁日夜背纤，才将这几千艘大船拉到扬州。

进入 21 世纪,京杭运河仍然发挥着重要的作用。2001 年,京杭运河完成货运量 1.4 亿 t,货物周转量 296.5 亿 t · km;2011 年,京杭运河完成货运量 3.51 亿 t,货物周转量 656.2 亿 t · km;2017 年,京杭运河完成货运量 3.54 亿 t,货物周转量 1 048.6 亿 t · km(数据摘自:《全国交通运输统计资料汇编》,2017 年之后该汇编不再提供京杭运河的运量数据)。

思考与练习

1.与公路、铁路运输相比,水路运输的主要特点是什么?

2.简述运输供需关系与运价的互相作用机理。

3.什么是海运需求弹性?列出其理论表达式。

4.2009—2016 年,航运市场长时间处于不景气状态,为什么还有很多人投资建造新船?(新船投入市场后显然又加剧了市场上的运力过剩。)

5.上网或到图书馆查阅资料,了解中国交通运输管理机构的设置及其主要职能。

第二章

航运企业及其税负

开展船舶运输经营活动，首先需要组建企业。企业是从事生产、流通或服务性活动的独立经济实体，从事船舶客货运输业务的企业称为航运企业。航运企业的大小、组织结构、财务结构与其经营的业务有很大关系，如从事班轮运输的企业与从事不定期船运输的企业差别会很大。在市场经济条件下，企业从事生产、经营和发展的基本目的是获得尽可能大的税后利润。因而，只要为扩大企业规模花费的总成本小于由此产生的税后收入，企业主就会愿意去扩大企业的生产规模，直到边际成本与边际收入相等为止。

第一节　航运企业的类型

在实践中，航运企业通常称为××公司，有以下分类。

一、按照集资方式和所负债务责任

按照公司集资的方式和承担债务责任的状况，主要有无限责任公司、有限责任公司、股份有限公司等几种。

无限责任公司或者无限公司是由两人以上股东所组织的，对公司债务负连带无限清偿责任的公司。它的特点是：公司对自己经营的一切后果承担无限债务责任；股东对公司所有债务承担连带无限清偿责任。所谓负连带无限清偿责任是指无限公司的股东，不论出资多少或利润分派比例大小，对公司所负债务共同负有清偿全部债务的责任。当公司资产不能清偿债务时，可以用股东的其他财产还债，并负连带责任。也就是说，每一位股东都要以其个人的所有财产作为总担保，履行清偿公司债务的责任。对于无限公司的股东而言，这种连带无限清偿公司债务的责任从其取得股东的地位时即依法存在。即使公司内部有章程规定某股东可以特定免除这一责任,但在法律上该股东不能免除责任。不论股东出资的种类和数量,也不管是否执行公司业务,即使股东之间有分担损失比例的约定(那仅在公司内部有效),各股东对外的责任仍然不分彼此。对这样的公司,股东可以用资金作为出资,也可以用信用和劳务作为出资。各股东都要执行公司业务,同时当某股东要将自己的股份转让给他人时,需经除其以外的全体股东的同意。无限公司虽然过去在资本主义国家里有,但现在已基本不采用这种形式。在社会主义国家和第三世界国家开办的企业中,也已经基本上不采用这种形式。

有限责任公司或者有限公司是目前国际上私人直接投资普遍采用的一种形式。有限责任的含义是:投资者对企业债务所负的责任以自己的投资额为限,股东之间互相不负连带责任。这种公司不通过发行股票来筹集资本,资本总额是各股东出资额的总和,因此各股东的出资额可以不同。每位股东的资本额,在组织公司的谈判过程和有关各方签订的合同中都已明确。股东在向公司缴足了自己的投资后,可以从公司领取投资证书或记名定额股票。这种投资证书或记名股票,未经其他股东同意并到政府主管部门改变注册,不能随意转让。股东出资一般不能像无限公司的股东那样,能以信用或劳务作为出资,但是也不必非以现金出资不可。股东可以用现金以外的财产抵缴股款。这种公司的特点是:参加的股东人数不会太多,有的国家甚至在法律上对股东最多人数做了限制。例如,我国的公司法规定有限责任公司由五十个以下股东出资设立。这主要是因为有限公司多是中小企业,公司决定问题以人为单位,以一名股东一份表决权为原则。

股份有限公司是由若干人以上的股东所组织,全部资本分为若干股份,全部股东所认购的股款构成了公司的总资本,每一股东就其所认购股份额对公司负责任的公司。即当公司负债时,最多负已缴股份金额的责任,不再对公司的债权人负其他责任,所以责任是有限的。在公司成立的章程内,就明确规定股份的总额及每股金额。每股金额是相等的,认股以现金为原则,不能用信用或劳务出资。公司要发行新股,须经法定的程序批准后才可以进行。股份有限公司一般规模都较大,广泛发行股票,股东人数不受限制,不论资金来源、营业范围、经营规模都具有更广泛的社会性和国际性。这种股份有限公司,多数都设有母公司和所属的若干个子公司。一些大的股份有限公司,其子公司遍布世界许多国家,成为名副其实的国际公司或跨国公司。这种公司在企业管理体制上,最高权力机构是公司股东大会,股东大会下设董事会、监事会,分别属于经营管理机构和经营监督机构。股份有限公司的特点是:股票作为股东行使和转移权利的凭证物,可以自由转让给他人,不受限制,以此达到股票证券化;股份平等,一股一权,一人有数股者则有数权;公司股东未必自己经营公司,实行经营与所有的分离。股份有限公司由于资本雄厚,技术水平和经营管理水平较高,所以具有较强的竞争能力。随着资本集聚程度和国际化程度越来越高,这种股份有限公司呈现日益发展的趋势。

这里需要对公司股东有限责任的规定做进一步补充说明。我国于2018年实施的公司法规定:公司股东应当遵守法律、行政法规和公司章程,依法行使股东权利,不得滥用股东权利损害公司或者其他股东的利益;不得滥用公司法人独立地位和股东有限责任损害公司债权人的利益。公司股东滥用公司法人独立地位和股东有限责任,逃避债务,严重损害公司债权人利益的,应当对公司债务承担连带责任。

二、按照从事的主要业务内容

按照从事的主要业务内容,航运企业可分为班轮公司、不定期船公司、船舶管理公司、无船承运业务公司等。从事班轮运输业务的公司称为班轮公司;从事不定期船运输业务的公司称为不定期船公司。班轮公司与不定期船公司两者并非互不相关。例如,当租船市场上的费率较低时,班轮公司就有可能租入船舶来替代自己原有的经济性不好的船舶,或者用其开辟新的航线。

近30年,国际上班轮公司与不定期船公司都有合并的趋势。例如:1997年4月,新加坡东方海皇收购美国总统轮船公司;1998年6月,日本邮船兼并昭和海运公司;2005年8月,丹麦马士基收购铁行渣华;2016年2月,中国远洋运输集团与中国海运集团合并组建新的中国远洋海运集团有限公司等。合并的原因有许多,包括:节省管理方面的费用,改善投资新船的前景;机构(如港口代理、职能部门、海外办事处等)的精简和合理化利用;易于制定提高船队利用率和生产效率的长期措施;较大的用户业务量;避免过度竞争,增强竞争能力,特别在资金融通方面增强实力。

船舶管理公司是指那些接受别的航运企业或船东委托代其管理船舶及船员等业务的公司。它向船东提供在合理竞争价格下能达到适航标准的船,以及组织船舶安全、经济地从事运输生产,目的是获得管理费。船舶管理公司在20世纪70年代开始出现于欧洲。其最初的业务范围只涉及为船东招募新手、人员培训与任命、船舶租赁和船舶维持。随着这种公司形式的发展,其业务范围和规模不断扩大。其他业务还包括在使用最佳船型、船舶供给、船舶入级与登记、财务方式等方面提供咨询。有些国家的法律要求,在本国籍船上必须雇佣本国籍船员,使船东在任用船员方面受到了限制,而船舶管理公司则具有在别国或地区登记船舶的灵活性。规模较大的船舶管理公司管理的船舶多达100~200艘。

船舶管理公司可以是一个班轮公司或其他大航运公司的子公司,也可以是一个无自有船的公司。前者能充分利用母公司的专业技术与管理优势,通过将代管的船舶汇编到自有船队中,能够获得较低的保险费率和具有备件、供应品共享等优点。

船舶管理公司在降低运输成本、提高生产效率、合理分工等诸方面有积极的作用。一些大宗货物的货主,如大型石油公司,很早就看到了船舶管理公司所具有的优点,将自有船队委托给船舶管理公司管理后,只需进行监督管理,而免于设立自己的船舶运输组织机构。

从事无船承运业务的公司通常被称为无船承运人。《中华人民共和国国际海运条例》(简称《国际海运条例》)规定,无船承运业务是指无自有船也不控制船舶的经营者以承运人身份接受托运人的货载,签发自己的提单或者其他运输单证,向托运人收取运费,通过国际船舶运输经营者完成国际海上货物运输,承担承运人责任的国际海上运输经营活动。

第二节 航运企业的组建

每一个国家对本国的各个生产经营单位或独立的经济实体,即企业,都要实施有效的管理。企业要承担法律规定的责任和义务。因此,为了组建一个企业,取得生产、经营的资格,组建者必须依照法定程序办理有关事项。经过多年的改革,在我国登记注册一个工商企业的程序已经大大简化。

一、成立航运企业的基本程序

组建或成立一个航运企业一般要经过企业登记注册和申请经营许可两个环节。其中,申请经营许可环节要根据申请的运输业务范围不同而向不同层级的行业管理部门申报。以设立经营国际船舶运输业务的有限责任公司为例，申请者应当分别向市场监督管理部门和交通主管部门提出申请，即企业可以直接前往市场监督管理部门登记注册，然后到行业主管部门取得经营许可。

1.企业登记注册

申请人在向市场监督管理部门正式提出申请时，需要先按照有关规定选择企业的名称，由市场监督管理部门依法核准该企业名称的适用性，对合适的予以登记注册。企业名称确定之后，再向市场监督管理部门提交公司设立登记材料，主要包括：

（1）公司法定代表人签署的《公司登记（备案）申请书》。

（2）《指定代表或者共同委托代理人授权委托书》及指定代表或委托代理人的身份证件复印件。

（3）全体股东签署的公司章程。

（4）股东的主体资格证明或者自然人身份证件复印件。

（5）董事、监事、经理和法定代表人的任职文件（股东会决议由股东签署，董事会决议由公司董事签字）及身份证件复印件。

（6）住所使用证明。

在中央政府大力提倡创新创业的背景下和高度重视“简政放权、放管结合、优化服务”的改革中，各级政府改善了新企业注册登记的服务意识，提高了办事效率。例如，有些省、市的市场监督管理机构规定，企业设立登记可以在网上办理，对申请人提交申请文件材料齐全、符合法定要求的，当场或 1 个工作日予以登记完成。

2.向交通主管部门申请经营许可或备案

申请人在市场监督管理机构登记注册并取得法人资格后，应当依据《中华人民共和国国际海运条例》及其实施细则向国务院交通主管部门提出申请或备案。经营国际客船、国际散装液体危险品船运输业务，应当具备下列条件：

（1）取得企业法人资格。

（2）有与经营业务相适应的船舶，其中必须有中国籍船舶。

（3）投入运营的船舶符合国家规定的海上交通安全技术标准。

（4）有提单、客票或者多式联运单证。

（5）有符合交通运输部规定的高级业务管理人员的从业资格证明。

国务院交通主管部门应当自受理申请之日起 30 日内审核完毕，做出许可或者不予许可的决定。予以许可的，向申请人颁发“国际船舶运输经营许可证”；不予许可的，应当书面通知申请人并告知理由。国务院交通主管部门审核国际客船、国际散装液体危险品船运输业务申请时，需要考虑国家关于国际海上运输业发展的政策和国际海上运输市场竞争状况。

经营国际集装箱船、国际普通货船运输业务，应当自开业之日起 15 日内向省、自治区、直辖市人民政府交通主管部门备案，备案信息包括企业名称、注册地、联系方式、船舶情况等。

二、航运企业的开业

企业在开业前应具备下列条件：

（1）有经营管理的组织机构、场所和相应的专业人员。

（2）有安全和技术管理的规章制度。

（3）有与经营范围相适应的运输船舶，并持有船检部门签发的有效船舶证书，聘任的驾驶、轮机人员应持有海事管理部门签发的有效职务证书。

(4)领取营业执照,营业执照也是企业法人资格的证明文件。

(5)为投入营运的船舶办理登记或备案。

企业一经登记主管机关登记后,就具有法律效力,受到法律的保护。例如:

(1)企业名称的专用权。按《企业名称登记管理规定》,在同一市、县境内,不得使用已登记的同行业其他企业的名称。

(2)企业生产、经营权。企业可凭营业执照,到银行开设账户,进行生产经营活动。

(3)取得法人资格。具备法人条件的企业经登记主管机关核准登记后,一般来说,就取得了法人资格,具有了进行民事活动的权利和行为能力。

航运企业在开业后,如果要改变经营范围、方式或航线以及增减营运的船舶,需要向有关交通管理部门和市场监督管理部门申请变更登记备案。

全民所有企业是依法成立的组织,它有独立的财产,能够独立地参加经济活动,并承担财产责任,用它的财产对其债务承担责任,直至资不抵债时破产。因此,全民所有企业具有法人资格。由若干个人或团体自愿结合成的集体企业,个人或团体是该集体的成员,这种集体企业也可以具有法人资格。具有法人资格的企业,可以指定厂长、董事长或经理作为法人的代表,代表企业从事对外活动,如代表企业同其他企业签订合同、到银行贷款,以及到人民法院起诉、应诉等。

第三节　航运企业内部结构及主要职能部门

企业内部的组织结构就是其管理系统中所有管理环节是并列或从属关系的表现形式。其表现为按等级顺序排列,赋予一定的责任、权利,以及规定其间信息流动方式的各个职能部门的总和。不同的企业采用不同的组织结构形式,就是同一个企业在不同发展阶段也会有不同的机构设置。合理的企业组织结构应当是既明确职责分工,又确保整体协调的一整套职务体系和责任、权力体系。

任何一个企业的组织结构都离不开一定的外部环境,只有那种与外部环境相适应的组织结构才可能是有效的和高效的。

一、航运企业职能部门的传统设置方式

在过去的计划经济体制下,我国大中型航运企业基本都是国有企业,企业内部的机构设置有许多雷同之处,一般由公司总经理通过各种方式直接指挥各职能部门从事生产经营活动,一些主要的职能部门设置如下。

1.公司办公室

公司办公室处理企业的日常管理工作。例如,公司各部门间事务性工作的协调,基层情况、文件的管理,来访者的接待与安排等,直接为公司总经理服务。

2.生产计划部门

生产计划部门负责企业总体生产计划的安排与落实,生产实绩的统计报表,制订建造、购买、淘汰船舶的计划。有些企业将长远规划、计划和统计合为一个部门,有些企业则分开设置。

3.货运商务部门

货运商务部门进行货源组织和货运市场调查,与货主签订运输合同,编制客货运输计划,进行运价和收费管理,监督和检查船舶运输质量,处理货运事故。

4.运输船队

当企业拥有的船舶数量较多时,按照船舶种类、船型或航行范围将其所属的船舶分组成若干运输船队。运输船队是管理船舶的基层单位。企业设总船长职位,实施对各船队、船舶的直接领导。

5.营运调度部门

营运调度部门负责船舶航次计划的安排和船舶的调动,掌握船舶动态,保证船舶生产安全,确保本企业的运输任务得以顺利完成。

6.安全监督部门

安全监督部门负责本企业所属营运船舶的航行安全监督检查、船员安全培训事宜,向船舶提供有关航行、水文气象资料,指导船舶防台、抗灾等。

7.船技部门

船技部门负责新购入船和原有船的技术检验、入级与监督,制订船舶修理计划,管理船舶的技术资料。在船舶建造、修理过程中,驻厂监造、给出技术指导。

8.财务部门

财务部门负责企业财务管理,现金支票的收入、支出及其各项经济核算、税务事项,监督企业的资金流动和经济活动。大企业的财务部会介入企业的投资活动。

9.人事、劳资部门

人事、劳资部门负责人员招聘、人事安排、船员培训、船员调动、职称评审、职务任命、工资关系、劳动保护、员工福利等工作。

二、现代航运企业职能部门设置方式

市场经济环境下航运企业大多为有限责任公司或股份有限公司,各公司因其所从事的业务不同,规模不同,以及所有制形式不同,其内部职能部门的设置方式、大小也有很大差别。由于班轮公司的职能部门往往比较齐全、庞大,在此引以为例做一介绍。图 2-1 描述了国际上班轮公司内部常设的一些主要职能部门及其大致的业务范围。

以公司主要职位及职能部门的主要功能和业务内容为例说明如下:

1.董事长

董事长的作用是对公司进行最高层次的控制和管理。他与董事会成员形成公司最高领导小组,共同制定公司对外政策和业务发展战略。在经营结果上,如果是股份公司,则对股东负责;如果是国有企业,则对政府主管部门负责。他同总经理(通常为常务董事)密切合作。

2.总经理

总经理在管理中的作用是作为联系董事会与高级部门经理的纽带,主持公司业务、发展的日常工作。在公司里,这是一个非常重要的职位。总经理的掌控能力和业务水平能够影响整个公司的兴衰。

3.财务部经理

财务部经理负责企业的财务工作,主要包括:会计核算,预算决算(如收入、成本、投资和现金流等),资金管理,信用控制,财务制度,各种财务票据等的制作、整理和归档。

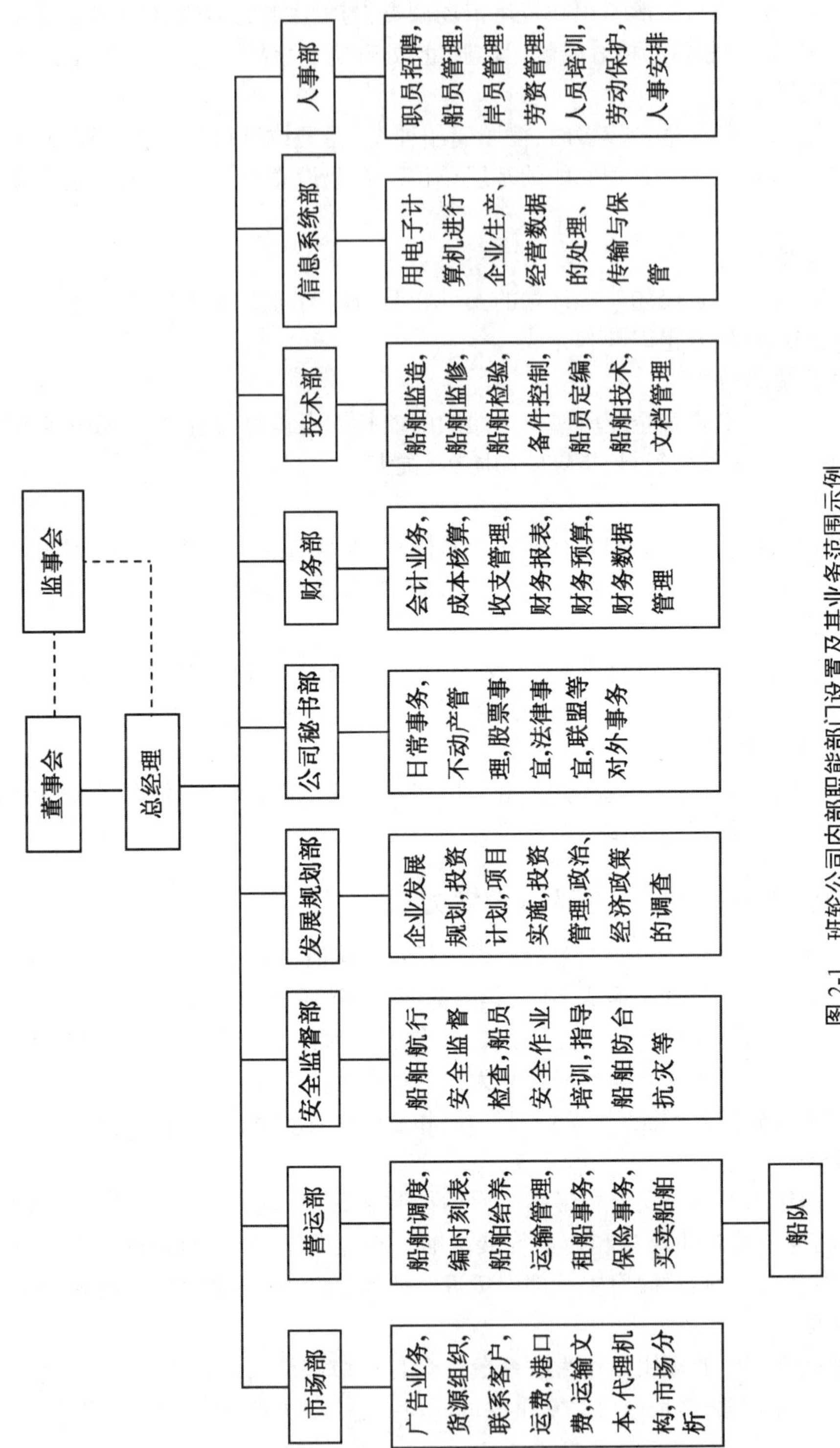

图 2-1　班轮公司内部职能部门设置及其业务范围示例

4.发展规划部经理

发展规划部经理仅在大的航运公司设置，主要从事企业长期发展战略的研究，形成5～10年业务发展规划；与本国政府、其他国家和国际的与航运事务有关的组织保持联系；协助总经理做出重大决策。

5.营运部经理

营运部经理的责任是使船队产生最佳的效益，为此应设计出船舶最佳运行方案。营运部经理也是船队经理的领导。营运部的工作包括编制船舶运行时刻表、调度船舶、办理海关及港口手续、租船、保险、供应给养、买卖船舶等，与港方就靠泊、码头设施使用等问题谈判，也可以利用船舶经纪人从事船舶买卖与租赁业务。

6.安全监督部经理

安全监督部经理负责本公司控制的所有船舶的航行安全监督检查，船员安全培训，向营运中的船舶提供有关航行、水文气象资料，指导船舶防台抗灾等。

7.人事部经理

人事部经理负责全公司职员包括船员与岸员方面的任用与安排等事宜，如训练、教育、招工、职业发展、职务任命、人员辞退、岸上训练、薪金、工资谈判、服务条件等。人事部门与其他部门有密切的联系。

8.技术部经理

技术部经理负责船舶工程技术管理与监督，包括轮机方面、电气方面和船体方面，新船建造合同及检验，船舶定员、危险品货物运输的安全性等。技术部门在新船设计、谈判、建造监督、船队维护保养、法定检验、入级等方面提供咨询。船队的年度检验计划由该部门落实，但应与船队和营运部有关人员协商，以确保船舶适航及满足运输需求。该部门的船舶工程师负责船舶设计事宜及船舶技术资料保管。船舶物料、备件供应也是该部门的一项常规工作。

9.市场部经理

市场部经理的责任主要是为公司招揽客货运输任务，预测市场发展动态。市场部门还可细分为市场科、客运科、货运科三个业务分支部门。其业务内容包括广告业务、揽货、制定客货运费率、分析客货源等。

10.公司秘书部主任

公司秘书部主任领导秘书负责公司的日常事务，根据总经理的指示召集各种会议，准备和传达会议记录；保存股份清单和相关文件；处理公司法律事宜、不动产事宜；与市场部共同负责对外合作与联络、安排谈判、起草协议等事项。大的公司常雇用一名专职律师，而小的公司仅在需要时临时聘用律师。

11.信息系统部经理

信息系统部经理领导该部职员负责购置计算机系统，维护服务器，开发软件，利用电子计算机和网络系统进行企业营运数据处理、制作、传输，管理企业各部门制作的统计报表，提供网上办公、信息管理服务和决策支持。

12.监事会主席

有限责任公司还要设不得少于3人的监事会。我国公司法规定，股东人数较少或者规模较小的有限责任公司，可以设1～2名监事，不设监事会。监事会设主席1人，由全体监事选举产生。监事会主席召集和主持监事会会议，主要行使以下权力：

（1）检查公司财务。

（2）对董事、高级管理人员执行公司职务的行为进行监督，对违反法律、行政法规、公司章程或者股东会决议的董事、高级管理人员提出罢免的建议。

（3）当董事、高级管理人员的行为损害公司的利益时，要求董事、高级管理人员予以纠正。

（4）提议召开临时股东会会议，在董事会不履行公司章程规定的召集和主持股东会会议职责时召集和主持股东会会议。

（5）向股东会会议提出提案。

监事可以列席董事会会议，并对董事会决议事项提出质询或者建议。监事发现公司经营情况异常，可以进行调查；必要时，可以聘请会计师事务所等协助其工作，费用由公司承担。

不定期船公司一般不像班轮公司那样设置这么多专业职能部门。不定期船经营者的功能是提供船舶租赁。因此，它必须与不定期船市场保持密切的接触。其他主要工作是处理营运业务，维修保养和补充给养。

三、影响航运企业组织结构设置的主要因素

影响航运企业组织结构的主要因素包括：

（1）运输规模和总的财务周转额（或营业额），以及企业收支形式的多少。

（2）公司所从事的贸易运输类型，如从事干散货、液体散货、杂货、集装箱运输，或者从事班轮运输、不定期船运输的公司都存在很大差异。

（3）业务范围。一方面，公司可以依靠代理人进行运输市场调研，以发展业务，从而减少揽货人员、精简机构。也可以将所有新船的船型论证工作委托给一个提供咨询服务的船舶设计师，以避免设置一名工作量不饱满的专职船舶设计师。另一方面，公司里可以设置一个船舶经纪人部，以便公司进行多种经营。

（4）企业的独立性。如果是一个总公司的子公司，那么在总公司里设置公用业务部门，如法律事务部、规划部等，子公司内可不设。

（5）是否在海外设置办事机构，依赖代理机构，或者某一联合体的成员（一部分）。

四、典型企业组织结构形式

在不同企业内，各职能部门的隶属关系、业务联系、信息传递方式不同，即企业的组织结构设置存在多种形式。各航运企业根据一定时期内其所处的政治经济环境、可以揽取到的运输任务、员工的业务水平及素质、企业领导的管理能力等因素，来决定其组织结构采取哪种形式。下面介绍两种较为典型的航运企业组织结构形式。

1.直线职能结构

这种结构以各级生产负责人为中心，设置从领导层到生产基层的直线式生产指挥关系；同时在各级生产行政领导者之下设置按专业划分的各职能部门，作为该级领导的参谋部，如图2-2所示。在这种结构体系中，将管理人员分为两类；一类是有直接领导和被领导关系的生产指挥人员，他们既要对下级发出指令，也要向上级反映生产实况，对上级负责；另一类是专业职能人员，他们承担某一专业领域的具体管理工作，就该领域的问题对上级领导负责，为上级领导提供决策依据，对下级生产单位只能进行专业指导，一般不能发出指令，不能直接指挥。其优点是整个企业的指挥权高度集中，从上到下的指令、信息传递快，指挥的效率高，各职能部门的整体业务水平也易于提高。其不足之处是按专业划分的各职能部门之间横向联系较差，容易产生矛

盾,出现相互扯皮、拖延的现象。

这种组织结构形式一般适合中小型企业及以生产为主的企业(生产任务由国家计划下达或较稳定)。如在 20 世纪 80 年代以前,我国主要航运企业的组织结构基本都采用这种形式。

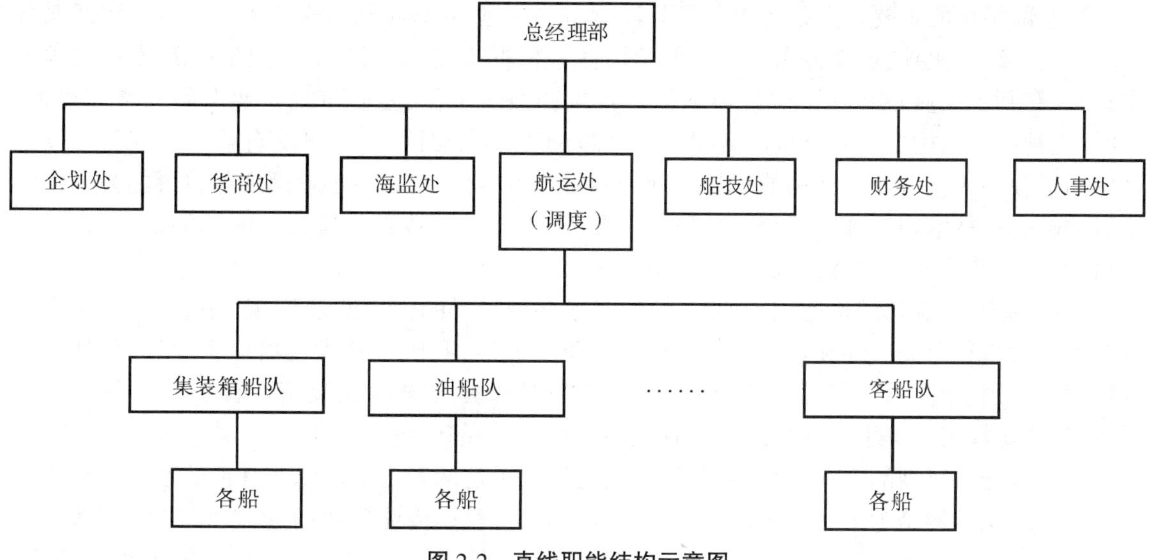

图 2-2　直线职能结构示意图

2.事业部结构

事业部结构又称分权组织,或称部门化结构,如图 2-3 所示。它采用集中政策、分散经营的管理原则,将企业内部,按航线、区域或专门市场划分成若干个从事揽货、运输组织、成本核算、现金收支等生产经营活动的相对独立单位。事业部结构是一种分权制的管理组织形式,各单位(事业部)实行相对独立经营,单独核算,拥有一定的经营自主权。对整个企业来说,各事业部相当于利润中心,产生和创造利润。企业的最高领导层握有人事决策、财务控制、监督管理等大

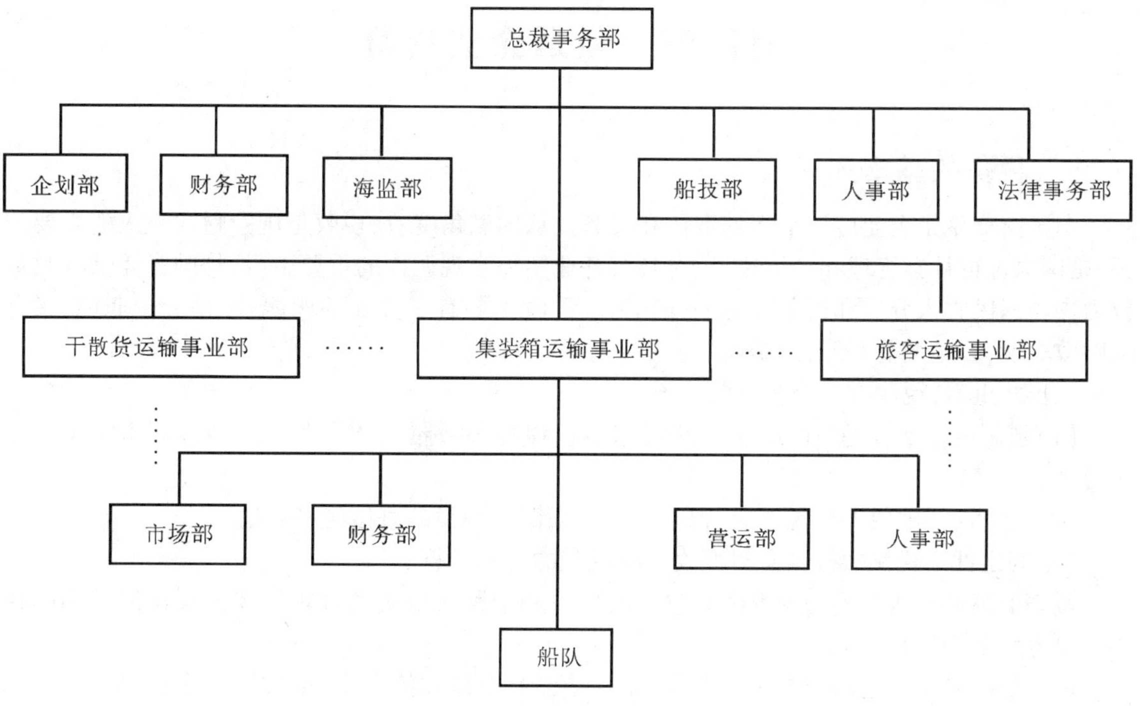

图 2-3　事业部结构示意图

权,面向外界环境致力于企业发展战略和规划的研究,决定在什么时机开辟哪些重要航线,进入什么市场或投资其他新项目等问题;对内则利用利润等指标对各事业部进行调控。各事业部围绕企业发展的总目标开展工作。

事业部结构的主要优点是各事业部只经营单一项目,对该项目的整个生产经营过程及其各个环节实行统一领导,独立经营。这样便于灵活地根据市场动向做出相应的决策,取得竞争的主动权,有利于企业最高领导摆脱烦琐的日常生产经营工作,专心策划企业发展战略和目标。同时,这种组织结构也有利于调动各事业部经理的工作主动性和创造性,有益于培养和锻炼全能的高层领导人。事业部结构的不足之处是容易产生本位主义,各事业部之间也可能会发生竞争,形成人员、技术和管理方法交流的障碍。此外,由于各事业部设置自己的职能部门,造成管理机构重叠、管理人员浪费,增加了管理费用。

一般认为,事业部结构适用于面向市场、从事多种经营的中大型企业,特别有利于对企业内部各种经营进行财务管理和经济效益分析。改革开放后,我国一些大型航运企业集团,如中国远洋运输集团、中国海运集团等逐步调整自身的组织结构,组建了集装箱运输公司、石油运输公司、干散货运输公司等事业部形式,以适应市场竞争和外部环境的需要。

除上述两种典型的企业组织结构形式外,还有介于这两者之间的以及其他的形式。科学地设置企业组织结构是为了保证公司各项工作都有人负责,运输业务顺利进行,低消耗、高效率地实现企业目标。因此要从企业的实际出发,服从生产经营需要,注重实效,因事设职、因职招人,而不能反其道而行之,基本上要求每一个部门、每一个职员都有饱满的、规范的工作任务和较高的工作效率。考虑到市场经营环境变化,一个具有可持续发展能力的企业应该每两三年检查一次本企业组织结构对环境的适应性,要尽量改进企业的组织结构,以满足企业最大收益和长期利益的需要来优化其组织结构。

第四节　航运企业税负

一、税务的基本知识

向国家交税是企业应该承担的责任和义务。从国家角度看,税收是国家财政收入的主要来源,是国家进行社会管理和经济建设、对各行各业实施宏观调控的重要手段,是国家凭借其政治权力参与国民收入分配和再分配的一种行为。税收主要有三方面的职能:一是分配职能,又称为财政职能;二是调节职能;三是监督职能。

从形式上看,税收有三个明显的特点:

(1)强制性。纳税是不以纳税人的意志为转移的必须履行的义务。应纳税而不纳税是违法行为。

(2)无偿性。纳税人交税之后,得不到任何来源于纳税的直接经济补偿。

(3)固定性。税赋额按国家对征收对象规定的税率计算。

税率的高低直接关系到国家财政收入的多少和纳税人税负的轻重。我国税法所采用的税率主要分为下列三种。

(1)比例税率。就是对同一类别的征税对象,不论其数额多少,都按同一个比例征税。如增值税、营业税等。其特点是税率固定、税负公平、计算简便。

(2)累进税率。按征税对象数额的大小,规定几个不同的档次(或等级),对每个档次规定不同的税率。一般征税数额越大,税率越高。征税对象的数额达到哪个档次,就按相应档次的税率计算纳税额。累进税率又有超额累进税率和全额累进税率两种形式。超额累进税率是将征税对象的总数额按规定的等级划分为若干个部分,每个部分分别按相应等级的差别税率计算纳税额。较大数额的征税对象可能同时跨越几个等级,按各等级税率计算出的各部分纳税额之和,就是征税对象总的纳税额。例如,我国的个人所得税就采用超额累进税率。而全额累进税率则是按征税对象的总数额所达到的等级确定一个适用税率来计算纳税数额。相比之下,全额累进税率有可能在两个等级的分界点上、下形成两者税负相差悬殊的现象。即计税收入从两个等级分界点之下稍微增加而达到上一等级后,计算出的应纳税额大幅度增加,形成税额的增加量超过收入的增加量这种不合理现象。

(3)定额税率。定额税率就是直接按照征税对象的单位数规定征税数额。这种税率具有应用便利和税负不因价格变动而变动的特点,多为消费税所采用。例如,2009 年开始实施的《中华人民共和国消费税暂行条例》规定,汽油的消费税为 0.2 元/L,柴油、燃料油的消费税为 0.1 元/L。

国家除按有关税法规定的税率向纳税人计征税款外,还会在不同时期根据本国经济发展的需要,对某些纳税人或征税对象采取减税和免税的税收优惠政策。减税是指从应征税款中减征部分税款,免税是指免征全部税款。例如,在我国的一些经济特区和对外商投资企业,就有这样的鼓励或照顾措施。

1994 年 1 月 1 日开始,我国全面推行了新税制,对生产经营企业建立了流转税与所得税并举,增值税、产品税、营业税三税并立的税制格局。在商品生产、流通领域普遍征收增值税,并选择部分消耗品交叉征收消费税,对劳务交易和第三产业征收营业税。2008 年 1 月 1 日,我国施行了新的企业所得税法,与过去相比,调整了部分税率,在纳税所得及准许扣除项目等方面也有一些变动。2013 年全国开始施行交通运输业和部分现代服务业营业税改征增值税,航运企业开始缴纳增值税。

船东或航运企业所从事的船舶运输是一种劳务供给,因此作为纳税人直接上交的主要税种为增值税和所得税。但同时他也是消费税的间接负税人,这些税款一般打入购买产品的价值中,由船东或航运企业承担。例如,航运企业购买燃油,其支出中就包含了消费税。

二、航运企业的纳税

1.增值税

1994 年实行税制改革后,按照《中华人民共和国营业税暂行条例》的规定,交通运输企业从事运输服务须缴纳营业税,税率为 3%。2011 年 11 月,财政部、国家税务总局印发《交通运输业和部分现代服务业营业税改征增值税试点实施办法》(财税〔2011〕111 号),并从 2012 年起在上海试行。经过一年的试行,从 2013 年 8 月 1 日起,经国务院批准在全国范围内全面施行交通运输业和部分现代服务业营业税改增值税。

根据纳税人应税服务的年应征增值税销售额的多少,将纳税人分为一般纳税人和小规模纳税人两种。增值税的计税方法包括一般计税方法和简易计税方法。一般纳税人提供应税服务适用一般计税方法计税。小规模纳税人提供应税服务适用简易计税方法计税。增值税税率分为四档:

（1）提供有形动产租赁服务，税率为17%，包括船舶光租业务等。

（2）提供交通运输业服务，税率为11%，包括程租、期租业务等。

（3）提供现代服务业服务（有形动产租赁服务除外），税率为6%，包括港口码头服务、货运客运站场服务、打捞救助服务、货物运输代理服务、代理报关服务、仓储服务和装卸搬运服务等。

（4）财政部和国家税务总局规定的应税服务，税率为零，包括我国境内的单位和个人提供的国际运输服务（应当取得“国际船舶运输经营许可证”）以及往返港澳台的运输服务，适用增值税零税率。国际运输服务，是指在境内载运旅客或者货物出境、在境外载运旅客或者货物入境或者在境外载运旅客或者货物。

针对小规模纳税人制定的简易计税方法中，规定增值税征收率为3%。

纳税人提供适用不同税率或者征收率的应税服务，应当分别核算适用不同税率或者征收率的销售额；未分别核算的，从高适用税率。为了增强经济发展活力，政府还会根据形势的发展适时推出减税新政。例如，2018年5月1日起将原适用11%税率的交通运输业等行业增值税税率下调1个百分点，调至10%，将原适用17%税率的增值税税率下调1个百分点，调至16%；2019年4月1日起进一步分别下调至9%和13%。企业应及时关注国家税务改革的新动向、新政策。

一般计税方法中的应纳税额是指当期销项税额抵扣当期进项税额后的余额。应纳税额计算公式为：

$$应纳税额=当期销项税额-当期进项税额 \tag{2-1}$$

当期销项税额小于当期进项税额，即不足抵扣时，其不足部分可以结转下期继续抵扣。

销项税额是指纳税人提供应税服务按照销售额和增值税税率计算的增值税额。销项税额计算公式为：

$$销项税额=销售额\times 税率 \tag{2-2}$$

一般计税方法中的销售额不包括销项税额，如果采用销售额和销项税额合并确定运价，按照下列公式计算销售额：

$$销售额=含税销售额\div(1+税率) \tag{2-3}$$

进项税额是指纳税人购进货物或者接受加工修理修配劳务和应税服务，支付或者负担的增值税税额。下列进项税额准予从销项税额中抵扣：

（1）从销售方或者提供方取得的增值税专用发票上注明的增值税额。

（2）从海关取得的海关进口增值税专用缴款书上注明的增值税额。

（3）购进农产品，除取得增值税专用发票或者海关进口增值税专用缴款书外，按照农产品收购发票或者销售发票上注明的农产品买价和13%的扣除率计算的进项税额。计算公式为：进项税额=买价×扣除率。

简易计税方法中的应纳税额是指按照销售额和增值税征收率计算的增值税额，不得抵扣进项税额。应纳税额计算公式为：

$$应纳税额=销售额\times 征收率 \tag{2-4}$$

简易计税方法中的销售额不包括其应纳税额，如果采用销售额和应纳税额合并确定运价，类似于式（2-3），按照下列公式计算销售额：

$$销售额=含税销售额\div(1+征收率) \tag{2-5}$$

销售额是指纳税人提供应税服务取得的全部收入，包括货物运费收入、客票收入，以及各种附加费收入。这就是说，不仅在确定基本运价时要考虑到增值税问题，在确定各种附加费时也要计入增值税;否则会使企业的实际利润下降。从事联运业务的航运企业的销售额为其实际取得的收入部分,即从总收入中扣除其他运输部门的运费分摊额。

增值税的纳税义务时间为企业收讫运费的当天,或者取得销售款项凭据的当天;先开具发票的,为开具发票的当天。具体纳税时间由主管税务机关根据纳税人应纳税额的大小核定,分为1日、3日、5日、10日、15日、1个月或1个季度。不能按照固定期限纳税的,可以按次纳税。企业应向其机构所在地的主管税务机关申报纳税,不按期申报或不据实申报,均为偷税行为,会受到经济处罚。

2.所得税

2008年施行的《中华人民共和国企业所得税法》与以前相比,统一了内、外资企业的所得税税率;统一并适当降低了企业所得税税率;统一和规范了税前扣除办法和标准。该法规定,企业所得税的征税对象为企业从各种来源取得的收入,既包括来源于中国境内的所得,也包括来源于中国境外的所得。

企业所得税的应纳税额,根据应纳税所得额按比例税率计算,其计算公式为:

$$\text{所得税应纳税额}=\text{应纳税所得额}\times\text{税率}-\text{减免税额}-\text{抵免税额} \quad (2\text{-}6)$$

企业所得税的税率为25%,但满足一定条件的非居民企业和小型微利企业按20%税率减征企业所得税。式(2-6)中的减免税额和抵免税额是指依照企业所得税法和国务院的税收优惠规定减免、免征和抵免的应纳税额。

$$\text{应纳税所得额}=\text{收入总额}-\text{准予扣除项目金额} \quad (2\text{-}7)$$

收入总额包括:运输经营收入;财产转让收入;利息收入;租赁收入;特许权使用收入;股息收入;其他收入等。

准予扣除的项目,除指与纳税人取得收入有关的成本(大修费按实际发生额列入成本)、费用和损失外,下列项目可按照规定的范围和标准扣除:

(1)纳税人在生产、经营期间,向金融机构借款的利息支出,按照实际发生数扣除;向非金融机构借款的利息支出,不高于按照金融机构同类、同期贷款利率计算的数额以内的部分,准予扣除。

(2)纳税人支付给职工的工资,按照计税工资扣除。计税工资的具体标准,在财政部规定的范围内,由省、自治区、直辖市人民政府规定,在财政部备案。

(3)纳税人的职工工会经费、职工福利费、职工教育经费,分别按照计税工资总额的2%、14%、2.5%计算扣除(共计18.5%)。

(4)纳税人用于公益、救济性的捐赠,在年度利润总额12%以内的部分,准予扣除。这里所说的公益、救济性的捐赠,是指纳税人通过国内非营利的社会团体、国家机关向教育、民政等公益事业和遭受自然灾害的地区、贫困地区的捐赠。纳税人直接向受赠人的捐赠不允许扣除。

其他项目,依照法律、行政法规和国家有关税收的规定扣除。在计算应纳税所得额时,下列项目不得扣除:

(1)向投资者支付的股息、红利等权益性投资收益款项。

(2)企业所得税税款。

(3)违法经营的罚款和被没收财物的损失。

(4)各项税收的滞纳金、罚金和罚款。

(5)未经核定的准备金支出。

(6)超过国家规定允许扣除的公益、救济性的捐赠,以及非公益、救济性的捐赠。

(7)赞助支出。

(8)与取得收入无关的其他各项支出。

在考虑折旧时,固定资产的初始账面价值按下述原则处理:购入的资产,按购买价加上发生的包装费、运杂费、安装调试费以及缴纳的税金价值;从国外买进的设备,按设备买价加上进口环节的税金、国内运杂费、安装调试费后的价值;在原有固定资产基础上进行改扩建的,按照固定资产的原价加上改扩建发生的费用,减去改扩建过程中发生的固定资产变价净收入的价值。提前报废的固定资产不能计提折旧费。固定资产和流动资产盘亏、毁损的净损失,由企业提供清查盘存资料,经主管税务机关审核后,准予当期扣除。

企业在纳税年度内,无论盈利或亏损,都应按照规定的期限向当地主管税务机关报送所得税申报表和年度会计报表。在这里应注意到,会计所得与计税所得是两个相互区别,又相互联系的概念。二者的目的是不一样的,企业财务会计制度是为了规范企业的财务会计行为,而应纳税所得额的确定是按照国家政策的要求,用税法处理国家和纳税人的分配关系,用税法规范企业所得税前的扣除项目和标准。

所得税按年计算,分月或分季度预缴。年度终了汇算清缴,多退少补。企业在生产经营过程中若发生年度亏损,可以用下一纳税年度的所得弥补;下一纳税年度的所得不足弥补的,可以逐年延续弥补,但是延续弥补期最长不得超过5年。也就是说,5年内不论盈利或亏损,都作为实际弥补年限计算。

有些船东利用资本折旧折让来造成经营持平或亏损现象,使企业在不减少收益的情况下,少缴纳当期的所得税,这是一种增加现金流入量的策略。

除增值税和所得税之外,航运企业承担的主要税种还有船舶吨税(国际航线)和车船使用税等。

三、跨国经营的税务问题

随着商品生产及流通、资金流通、技术流通和人员流动的全球化,征税问题不仅是一个国家内部的事,也出现了有关国家之间税收分配问题。如关税就是一个古老的国际税种。当一个企业跨越国境从事生产经营时,有关国家就可能根据其经营情况征税。一般的税收活动反映的是国家与纳税人之间的征纳关系和利益分配关系,而国际税收反映的是国家之间的权力与利益分配关系。在国内税收关系中的纳税人仅对本国负有纳税义务;而在外国也从事生产经营的企业,要在外国和本国,即两个或两个以上国家,都承担纳税义务,因而被称为跨国纳税人。

对跨国所得涉及的两个国家政府,如果都独立地对跨国纳税人行使征税权,就会引起重复征税,使纳税人的税务负担加重。例如,有些国家的所得税税率比较高,有的接近甚至超过50%。不妨假设有两个国家的所得税税率都是50%,如果其中某一国家的企业在另一国经营所得为100万元,那么经过两个国家的双重征税后,该企业的税后利润为零。在有关国家所得税率高于50%的情况下,企业跨国经营实际承担的所得税税负有可能超过100%。这种现象会严重挫伤企业从事国际投资、经营的积极性。双重征税违背了税负公平的原则,妨碍了国际经济贸易的顺利发展。

为了消除这种不合理现象,许多国家采取了承认来源地税收管辖权优先的减免税办法。我国税法规定,对来源于境外的所得,已在境外缴纳的所得税税款,准予在汇总纳税时,从其应纳税额中扣除。扣除的方法采用分国(地区)限额抵免法。其计算公式为:

$$T_{axq} = P_f \cdot \frac{T_{axt}}{P_t} \tag{2-8}$$

式中：T_{axq}—— 对某外国所得税税款允许扣除的限额；

P_f—— 来源于某外国的所得额（已扣除为取得该项所得而承担的成本、费用、损失）；

T_{axt}—— 境内、外所得按我国税法计算的应纳税总额；

P_t—— 境内、外所得总额。

纳税人在所得来源的某外国实际缴纳的税款（一般不包括减免税或纳税后又得到补偿以及由他人代为承担的税款），低于式（2-8）的计算值 T_{axq}时，可以从应纳税额中按实数扣除。这体现出我国税法尊重所得来源国的税收优先管辖权，但也不放弃对来自境外所得的征税权，使企业在国内、国外经营所得的税务负担一致，比较公平合理。反之，若企业在某一国实际缴纳的税款超过了式（2-8）计算的扣除限额 T_{axq}，其超过部分是不能在当年应纳税额中扣除的，也不能列为费用支出，但可以用以后年度税额扣除的余额补扣，补扣期限最长不得超过 5 年。因此，在高税收国家或地区设立的营业实体产生的所得税负担，可能会高于国内。

在避免双重征税问题上，所得税法又指出，中外双方已签订避免双重征税协定的，要按协定的规定执行。这些协定一般都对从事国际航线船舶运输所取得的利润，规定仅在该运输企业所在的缔约国本国征税。这就使在缔约国之间从事船舶运输的航运企业简化了运输所得的纳税程序，避免双重纳税。例如，中国政府与日本政府于 1983 年签订的《中华人民共和国政府和日本国政府关于对所得避免双重征税和防止偷漏税的协定》中，第八条为：

（1）缔约国一方企业以船舶或飞机经营国际运输取得的利润，应仅在该缔约国征税。

（2）缔约国一方企业以船舶或飞机经营国际运输，该企业如果是中华人民共和国的企业，在日本国免除事业税；该企业如果是日本国的企业，在中华人民共和国免除类似日本国事业税的税收。

（3）第（1）款和第（2）款的规定也适用于参加合伙经营、联合经营或者国际经营机构取得的利润。

类似这种条款，要求对方国家免征本国海运企业的所得税。同样，对于纳税人从其他企业分回的已经缴纳所得税的利润，其已缴纳的税额可以在计算本企业所得税时予以调整。国际运输企业的国籍是指企业的国籍，而不是船舶的国籍。按照我国的习惯，企业的国籍以其注册成立地为准。

航运企业从事国际航线的运输业务是较为普遍的现象。随着改革开放的深化和与国际航运市场接轨的全面展开，许多企业在国外港口设立了办事机构、代理机构，以及营业性机构。因此，应注意双重纳税的问题。

【小资料】

关税的起源

马克思、恩格斯说："关税起源于封建主对其领地上的过往客商所征收的捐税，客商缴了这种税款就可免遭抢劫。"关税至少早在 3 000 多年之前就随着商品的生产和交换而产生。例如，我国西周时期就在边境设立以防卫为主的关卡收取过关钱；罗马王政时代也有对通过海港、道路、桥梁等的商品课税的记载。相对于在一个国家或管辖地内对流通中的商品征税而言，关税是对进出关卡的物品征税。征税是统治者权力的表现形式，也是获取财源的一种便捷手段。

在封建社会解体并出现了资本主义近代国家后，于17世纪欧洲国家首先形成了统一的国境关税（废除了内地关税）。随后又逐步将关税作为执行国家经济政策的一个重要手段。为了减少关税对国际贸易和经济发展的阻碍，出现了自由贸易港、自由贸易区、特惠关税区等关税优惠新手段。

关税（customs）在英文中还有一个词是tariff。据说，很早以前进出地中海的商船都要向盘踞在直布罗陀海峡北岸的一个名叫塔里法（Tarifa）的港口的海盗缴纳买路钱，以避免被抢劫。由此，tariff就成为关税的另一通用名称。

思考与练习

1.航运企业内部一般都设有哪些职能部门？班轮公司与不定期船公司相比在内部职能部门设置方面有哪些异同点？大型航运公司与小型航运公司相比在内部职能部门设置方面有哪些异同点？

2.按照我国现行的税法，列出从事船舶运输的航运企业通常应缴纳的税种，以及各种税负的计算方法。

3.通过调查和阅读资料，列出在当地组建一个拥有自有船的航运公司的基本程序。

第三章
商业运输船舶及其配员

船舶是水路运输的最基本工具,也是水运系统中最具有能动性、最活跃的因素。本章介绍运输船舶的主要技术特征、船型特点、船舶营运前的准备工作和船舶配员问题。

第一节　商船的主要技术特征

一、船舶尺度

实践中,描述船舶尺度特征的参数较多,且因场合不同,用法或称谓存在差异。在船舶设计建造过程中常用的主要外形尺度是两柱间长、型宽、型深、设计吃水等。这些尺度的含义是:

(1)两柱间长(length between perpendiculars)——艏垂线与艉垂线之间的水平距离。

(2)型宽(moulded beam)——船中横剖面最宽处两侧外板内表面之间的水平距离。

(3)型深(moulded depth)——船中横剖面处干舷甲板内表面边线最低点与龙骨板内表面之间的垂直距离。

(4)设计吃水(design draft)——船中横剖面处满载设计水线与龙骨板内表面之间的垂直距离。

在营运过程中用得更多的是船舶总长、船舶最大宽度、船舶最大高度、水线以上最大高度、最大吃水等船舶最大外形尺度。这些尺度的含义是:

(1)最大船长——由船首最前端量至船尾最后端的水平距离。

(2)船舶最大宽度——船体最宽处两舷外边缘之间的水平距离。

(3)船舶最大高度——从龙骨板外表面的最低点量至船舶最高点的垂直距离。

(4)水线面以上最大高度——从空船水线面量至船舶最高点的垂直距离。

（5）最大吃水（满载吃水）——满载水线至龙骨板外表面最低点的垂直距离。

船舶的最大尺度决定了船舶能否在港池内顺利掉头，能否停靠码头，能否进入船坞，能否通过船闸、航道、运河，能否在狭窄航道顺利交会，以及能否穿过桥梁等在营运中可能遇到的一系列实际问题。

二、船舶速度

船舶的航速影响船舶运送速度、运输能力、营运费用以及营运中的竞争能力。主要速度指标有：

1.试航速度（trial speed）

试航速度是指船舶建成后，在交船航行试验中按照设计规定状态测得的速度，是船舶的最大航行速度。

2.服务航速（service speed）

设计中，取主机功率为额定功率的85%～90%，即有10%～15%储备时船舶能够达到的航速为服务航速。一般是指通常情况下，船舶在水中航行时能保证达到的正常航速（储备是为了考虑风、浪、流及污底等的影响）。

3.平均营运速度（average service speed）

平均营运速度是指船舶航行距离与实际航行时间的比值。显然，由于各种原因，例如，浅水及狭窄航道、雾、风、浪、流的影响等，平均营运速度将低于试航速度。它是一个通过统计计算求得的平均航速，反映船舶在营运过程中的实际平均移动速度。

4.技术下限速度（最低持续航速）

对于以柴油机为主推进机械的船，与主机最低稳定转速相对应的航速为技术下限速度。柴油机的一个重要特性是，当转速降低到一定限度时，如果再进一步降低转速，会导致气缸内燃烧不良，每千瓦功率的燃料消耗量增加，对机器的保养和使用寿命都有不利的影响，有时还会引起一系列其他问题。也就是说，主机转速的降低是有一定限度的，这一限度就叫主机的最低稳定转速，主机技术说明书都会给出这一指标。

此外，在我国还有“技术速度”的称谓，它是指在主机额定或给定工况下，通过航行试验测得的速度，有时需测定满载和空载两种技术速度，并记入船舶证书中。技术速度与船舶使用强度、磨损程度等有关。船舶在整个使用寿命期中，不同时期的技术速度可能是不同的：一般使用时间越长，该值越低。

满载航速（full speed）与压载航速（ballast speed）分别是指船舶满载和加压载水而不载货（空载）时所能达到的航速。

由于航速是船舶的一项非常重要的性能，涉及主机功率大小的选取，因此在船舶设计任务书中对此指标有明确规定。一艘船的快速性能好，就是说它与同样外形尺度或载重吨位的其他船相比，要么在相同主机功率下具有较高的航速，要么在相同航速时需要较小的主机功率。

三、船舶载重性能

船舶载重性能即船舶承受载荷的能力，与排水量大小直接相关。它有总载重量和净载重量或额定载货量之分。

1.排水量

一般用D或Δ表示。根据阿基米德定律，船舶浮于水上时，其总重量就等于船舶排开水的重量。船舶浮于不同的水线上，即吃水不同，其排水量不同，水线与甲板边线的距离也不同。在船中处,设计水线与甲板边板上表面最低点的垂直距离称为干舷,干舷是衡量船舶储备浮力大小的一个主要参数。一般地讲,干舷越大,船舶的储备浮力越大,抗沉性越好。当然,船舶的稳性、安全性还与各舱重量分布等状况有关。但从载货方面看,干舷越大,就意味着船舶的吃水越小,船舶的装载能力越小。因此,在确保商船航行安全的前提下,为了尽可能地提高船舶的承载能力,一些主要海运国家都对商船的最小干舷做了规定,要求在船上勘绘出满载水线所对应的位置,即载重线标志。

为避免各国规定不统一的现象,1930 年 5 月在伦敦召开了国际载重线会议,约有 30 个海运国家的代表出席了会议,并于 7 月 5 日签署了第一个《国际船舶载重线公约》。该公约于 1933 年正式生效。这一公约是成功的,以至于在以后的 30 多年里一直被采用。但随着航运业的发展和船舶技术的进步,在使用该公约的过程中,逐渐出现了许多新问题。于是在 1966 年 3—4 月,由当时的政府间海事协商组织(Intergovernmental Maritime Consultative Organization, IMCO)主持,又召开了一次国际航运会议,制定了《1966 年国际船舶载重线公约》,随后又经多次修订。我国于 1973 年正式接受了这个公约,但对中国沿海的季节海区划分提出了修改声明。《船舶与海上设施法定检验规则》详细地规定了国际航行和国内航行船舶载重线勘定的办法。其中,国际航行船舶载重线勘定办法符合《1966 年国际船舶载重线公约》的要求。国际航行船舶载重线标志如图 3-1 所示;国内航行船舶采用我国对海区划分的方法,其载重线标志的形式如图 3-2 所示。

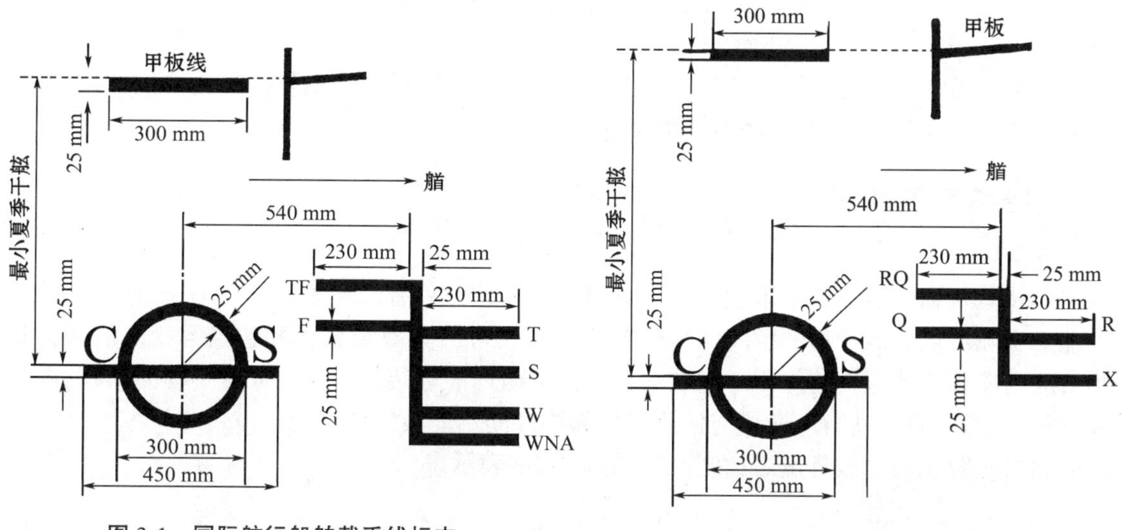

图 3-1 国际航行船舶载重线标志

图 3-2 国内航行船舶载重线标志

在载重线标志中,每一条水平线对应在一种海区允许船舶实际装载吃水的最高位置,即:

S——夏季区带(国内用 X 表示)。

T——热带区带(国内用 R 表示)。

W——冬季季节区带。

WNA——北大西洋冬季季节区带。

F——夏季淡水区带(国内用 Q 表示)。

TF——热带淡水区带(国内用 RQ 表示)。

这些水线位置与《1966 年国际船舶载重线公约》划定的不同海区相对应。《1966 年国际船舶载重线公约》将世界海洋划分为夏季、热带、冬季、北大西洋冬季、夏季淡水和热带淡水等区带。商船在不同海洋区带中航行,应使用不同的满载水线,国际海事组织(IMO)官网发布的《商船用区带、区域和季节期海图》给出了经1988年、2003年修正后的商船用季节区域、区带海图。这里所说的热带、夏季和冬季季节区带等并非指通常从气候、气温等角度划分的一年四季,而是根据海区的风浪频率和风浪大小来划分的季节区。由于我国规范规定我国沿海为夏季和热带季节区,所以国内航行船舶的载重线标志中无冬季载重线。在正常的营运情况下,船舶的最大吃水不得超过载重线标志中的相应载重线。

此外,考虑到木材运输船有较好的抗沉性,准许其有较小的干舷,其载重线标志形式有所不同。内河水系也有类似的载重线标志。

2.总载重量

当船舶吃水达到了所在海区允许的最大吃水(满载吃水)时,船舶的最大装载重量叫总载重量。总载重量是船上的货物,燃料,淡水,食物,备品,旅客、船员及其行李等非必须固定于船上的重量之和,一般用 *DW*(dead weight)或 *DWT* 表示。总载重量等于满载排水量减去空船重量。

3.净载重量或额定载货量

设计满载吃水状态下,船上最大限度地装载货和客的总重量,称为净载重量或额定载货量。

货船的各项重量关系如下:

- 满载排水量
  - 空船排水量(空船重量)
  - 总载重量
    - 净载重量(亦称净载货量或额定载货量)
    - 燃料、淡水、食物等消耗品,货物,备品,旅客、船员及其行李的重量之和
    - 船舶常数

其中的船舶常数是指船舶经过长期营运之后,存留在船上的残损器材、废品、污水沟和压载舱中残存的污水、压载水以及船底附着物等重量之总和。

四、船舶容积性能

1.舱容系数

船舶装载货物的多少不仅取决于船舶承重能力的大小,有时也取决于船舶货舱容积的大小。船舶实际可供装载货物的空间叫货舱容积。它又可分为散装容积和包装容积。散装容积是指货舱内能够装载散货的体积。包装容积是指货舱内能够装载包装或成件货物的体积,即从散装容积中扣除肋骨与肋骨、横梁与横梁等相邻构件间不能装货的空间。

船舶货舱容积与净载货量之比叫舱容系数,用 ω 表示。

$$\omega = \frac{V}{D_n} \quad (m^3/t) \tag{3-1}$$

式中:V——船舶货舱容积(m^3);

D_n——船舶净载货量(t)。

舱容系数是反映船舶装货容积性能的重要参数。由于船舶的净载货量是随航区、航程而变化的,所以舱容系数也是一个变值(尽管变化量较小)。通常所说的船舶舱容系数是指在使用夏季区带载重线时对应设计状态的值。

2.登记吨位

船舶登记吨位是按1969年的《国际船舶吨位丈量公约》(或我国2022年的《吨位丈量规则》)规定的方法核定的船舶容积大小。传统的度量方法是:1登记吨 = 100 ft^3 = 2.83 m^3。船舶登记吨分为总吨位和净吨位两种。

总吨位是吨位甲板下的船舶体积与吨位甲板之上永久封闭空间体积之和(公约总吨是此和的函数),但某些空间(如烟囱空间等)可以免除。船舶总吨位的用途是:

(1)表示商船建筑规模的大小。航运界常以其统计商船拥有量。

(2)作为计算造船、租船、买卖船舶等费用的基准,也有据此计算某些项港口使费的。

(3)作为划分船舶等级、技术管理和设备要求的基准。

(4)作为确定保险费率、海损最高赔偿额的基准。

(5)作为计算船舶净吨位的基准。

从总吨位中减去不能载运旅客和货物的处所(如船员处所、机械与装置处所、航行设备处所、安全设备处所)的容积即得净吨位(公约净吨位是装客、货处所容积的函数)。净吨位的主要用途是作为核定各种租金和港口使费,如吨税和港务费、引航费、码头费的基准。

总吨位和净吨位所包括的空间可分别用图 3-3(a)和(b)形象地描述。

船舶在营运前必须由验船机构进行丈量和计算,根据其结果签发船舶吨位证书。

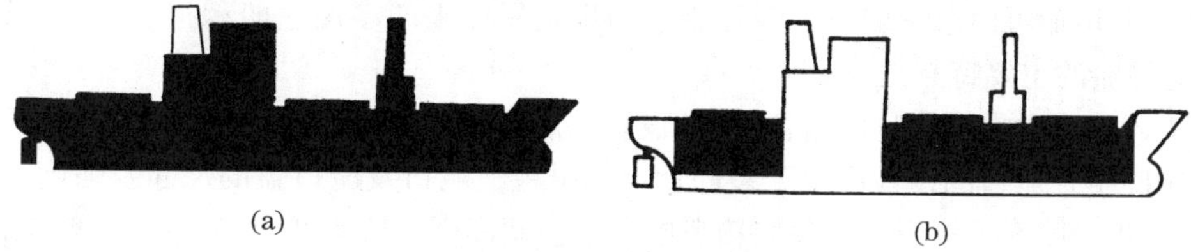

图 3-3　吨位计算依据的空间示意图

五、商船分类

根据使用目的和用途,商船大体可以分为辅助船舶和运输船舶。其中,辅助船舶包括航标船、港作拖船、救助船、破冰船、挖泥船等维持航道水深、保证船舶航行安全的船舶设备;运输船舶分为客船和货船两大类别。商船基本分类如图 3-4 所示。每一类别又按照运输对象、装卸方式、用途等分成许多船种,有些船舶种类还能兼顾多方面的需求。例如,客货船既可以运输货物,也可以运输旅客;矿/油兼用船既可以运输干散货,也可以运输石油。本书主要介绍商用运输船舶的经营与管理问题。

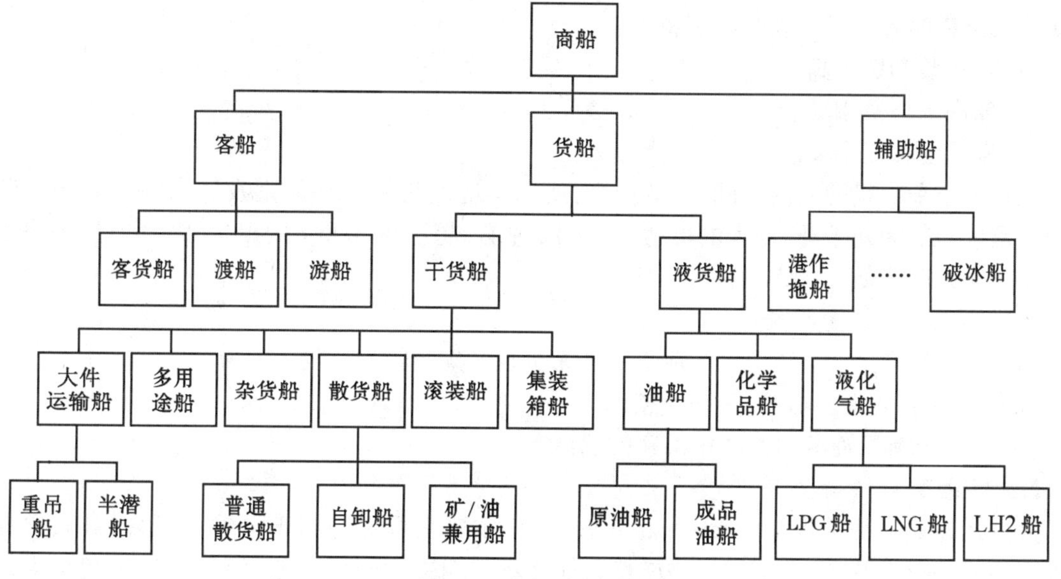

图 3-4　商船基本分类

第二节　各类运输船舶的特点

一、件杂货运输船舶

1.普通杂货船及多用途船

件杂货的主要运输特性:

(1)件杂货主要是一些半成品和最终产品,种类多、批量小、发货和收货地点分散。

(2)件杂货外形、包装、重量千差万别,对运输条件和运输环境的要求各异。

(3)件杂货价格高,要求有尽可能快的运输速度。

件杂货的运输可由杂货船或由杂货船进一步发展而来的多用途船承担。根据上述件杂货的特征,这种船的主要特点是:

(1)为载运多种类型货物的方便,多数设置二层甲板或多层甲板。

(2)中间甲板舱口的设计应便于装卸货物。甲板上舱口及舱口盖的尺寸及强度,二层舱舱口盖的尺寸及强度等可按照装载集装箱考虑。甲板间高度一般为两个箱高;二层舱舱口盖结构一般采用箱式或与二层甲板平齐的其他形式,以便在装运货板货或其他件货时铲车进舱作业。

(3)甲板上通常设有较多的起重设备。

(4)多用途船的部分货舱设计成可装运干散货、集装箱、滚装货等,并设有装载液体的深舱。装干散货时二层舱舱盖开启或固定与水平成一夹角,这就相当于运谷物时的纵向止移板。

杂货船配载是一项关系到运输收入、船舶安全和货运质量等重大问题的繁重、复杂的工作任务,由大副执行,船长审批。在接到航次运输计划后,根据本航次的装货清单,大副着手编制配载图。为做好这一项工作:一要熟悉船舶情况及有关资料;二要熟悉装卸港口和航线情况;三要熟悉货载情况。

与其他船种相比,杂货船运输过程中,船舶在港时间长,有时可占营运时间的40%~50%。这就导致杂货船有以下不利的经济特点:

(1)货物装卸费用高。

(2)船舶港口费用高。

(3)单位运输成本高。

正是由于杂货船的在港时间长、费用高,所以不能用规模经济原则发展大吨位船舶。杂货船的载重量一般为几千吨,较大的可达15 000 t左右,超过30 000 t的很少,因其单位运输成本高且无法大幅度降低。

杂货船也有一些优点,如:

(1)对货物、航线适应性强,特别适用于无法装入集装箱的货物。

(2)造价低(同集装箱船、滚装船相比)。

(3)适用于新投资者和发展中国家的船队。

2.大件运输船

大件运输船又称重货船(heavy cargo vessel),主要是指专门用于运输不可分解的、常规船舶不能运输的重大装备、重大件货物或特大件货物(亦称重大件货物)的船舶,主要包括重吊船

(heavy lift vessel)和半潜船(semi-submerged ship)等。

重吊船是指船上设有 50 t 以上重型起重机的运输船舶。重吊船主要用于运输不易于拆卸的重大装备,如:发电设备、化工设备、炼油设备、钻探平台、热交换器、核反应堆、机车以及船舶等。根据运输对象的特征,这种船的主要特点是:

(1)船上设有重型起重机,起重量可达千吨。一艘船上通常在舷侧设置 2 台起重机,前后排列,以便增加舷外吊距或吊幅。2 台起重机可以联合作业或抬吊,以提高对单个大件货物的起重能力。

(2)船上设置的货舱数量较少,舱口较大,货舱结构、甲板结构特别强,甲板宽敞,以便承载重大件货物。

(3)船上设有大容量的压载水舱和压载水调载管系,以便在装卸重物时调整船舶浮态和稳性。

(4)为了提高船舶适货性,船上通常设有可以载运集装箱和其他货种的设施或舱室,因此有时也称其为多用途重吊船。

半潜船是指有较大开敞露天载货甲板,艏部或艉部设有较高上层建筑或甲板室或浮箱,可以在水中以半潜状态进行大型浮动货物装卸作业的船舶。半潜船主要用于海上大型钢结构件、海洋石油钻井平台、船舶等超大件的运输,大型船舶、舰艇的应急抢险打捞,破损船舶的装载与运输,以及承担或参与装载滚装货物、铺设海底管路和电缆等任务。根据运输对象的特征,这种船的主要特点是:

(1)主甲板即载货甲板,承载能力特别强,从左舷至右舷平展、开阔,并尽可能向艏、艉延伸,以便于装载大件货物。

(2)主船体内设有大量的压载水舱,用于船舶下沉或上浮以及调整稳性、浮态时调载。

(3)船上设有大容量压载、排载泵和复杂的压载水管系。

(4)上层建筑较高但水平面尺度较小,设有较高的艏浮箱或艉浮箱。

在水中向半潜船装卸大型浮体时,潜浮装卸的基本操作模式为:

先向半潜船的压载水舱注水,使半潜船缓慢下沉至其载货甲板的最高处低于被装货物的最大吃水并留有一定的富余水深后定位;然后将漂浮的货物拖拽至半潜船载货甲板上方,再启动空气压缩机,将压载水从压载舱中逐渐排出,使船舶缓慢上浮将货物托起;待半潜船上浮到正常航行吃水高度后,将大件货物牢靠地绑扎在甲板上,半潜船即可起航运送大件货物。航行至目的地之后,半潜船再下沉至需要的深度,将装载的可漂浮货物移出船舶甲板。

大件运输船在配载、装卸和运输过程中的安全性尤其重要。

3.滚装船

滚装船是从登陆艇、火车、汽车渡轮演变出来的一种类型的船,它的主要特点是将传统的垂直方向装卸改为水平方向装卸。为了建立连接船与码头的通道,船体上设有水密的艉门、艏门或舷门及跳板。在船靠码头后,打开货门,将跳板搭到码头上,就可以将装货的底盘车或汽车直接开上或开下船。它不仅避免了对吊装设备的要求,装卸速度快,而且简化了装卸、搬运操作过程,便于实现“门到门”的运输方式。我国大连至烟台航线开通了客货滚装船运输业务,取得了良好的经济效益和社会效益。

滚装船的最大结构特点是船上的货舱不是沿船长方向用横舱壁划分,而是沿垂直方向用水平甲板划分,以便提高装卸、积载速度。它的缺点主要表现在两个方面:一是货物的积载方式使船舶货舱空间浪费大、载重量利用率低;二是用水平甲板分舱导致车辆舱一旦破损,会大量进水,船舶抗沉性较其他船差。

4.载驳船

载驳船,又称子母船,是将货物装在驳子上,再将驳子装在较大的母船上进行运输的一种方式。其特别适用于货流量大、航程长、货物到港或发港分散于某一区域,船舶在各港的吃水受限,不能用大吨位船舶直接靠泊装卸的情况。

根据母船装载方式可以将载驳船分为门式起重机式、升降机式、浮船坞式载驳船等几种。门式起重机式载驳船在甲板上设有可以纵向移动的门式起重机,起重机移动到船尾后,起吊设备可以伸出到水面装卸区上方。推船将货驳推到水面装卸区,由起重机将货驳吊起,并沿甲板两舷铺设的轨道送到货舱内。升降机式载驳船在船尾设有升降平台。装卸时将平台降到水下一定深度,推船将货驳推到平台上固定,平台上升到各层甲板高度,再用输送车将货驳送到相应位置安放。浮船坞式载驳船能下沉到一定深度,然后将船首或船尾的门开启,让货驳浮进、浮出。这种船的最大优点是不需要巨大的起重设备,缺点是吃水较大,有时受到限制。

二、集装箱船

海上集装箱运输是从20世纪50年代进行试验、60年代后期迅速发展起来的一种运输形式。它以第一章第二节介绍的国际标准专用集装箱作为货物运送单元,并使用专门的集装箱船载运。

在件杂货运输中,由于杂货的种类繁多,包装不一,每件的重量、大小以及承压能力等均有很大差别,以往只能采用单件搬运的装卸方式。这种传统的运输方式存在的问题是:吊车起落操作重复多,货损、货差多,包装要求高,装卸作业受天气影响,船舶停港时间长,装卸劳动强度大,以及转运手续烦琐等,严重影响海上运输效率的提高。集装箱运输正是为了解决这些问题而产生的一种新型运输方式。而且它将原先的"港到港"海上运输扩大到海陆联运,成为成组件杂货"门到门"运输的一种比较理想的运输方式,促使运输体系和营运组织发生了很大变化。

与通常采用的小件包装运输相比,开展集装箱运输的优越性主要在于:

(1)装卸效率高,劳动强度低,船舶周转快,货物送达时间短。集装箱运输是将单件杂货集中成组,装入箱内,为港口实现装卸作业机械化创造了有利条件,可以大大提高船舶的装卸效率,缩短船舶的装卸时间和在港停泊时间。船舶装卸费、港口费也可大幅度减少。

(2)货运质量高,包装费用低。使用集装箱以前,在运输过程中为保证货物完整,采取了种种措施,但货物损坏、丢失现象仍时有发生。采用集装箱运输以后,情况大有改善。因为集装箱本身就是一个强度很大的外包装,即使经过长航程运载、多次换装,也不易损坏箱内的货物。

(3)简化货运手续,便于水陆联运。使用集装箱以前,在卸货时,必须按货物外包装上的标志加以分类,逐件检查,有的甚至要按件过秤。使用集装箱后,这些手续可以大大简化,节省了大量时间和费用。

由于集装箱运输具有上述非常显著的优点,所以集装箱船得到迅速发展。2006年,穆勒-马士基建成"Emma Maersk"号,其总长397 m,型宽56 m,设计吃水15.5 m,航速25.5 kn,正常定员仅13人,最大载箱数量接近15 000 TEU,开创了大型集装箱船进入额定载箱量万箱时代。2017年,商船三井的首艘载箱量达到20 170 TEU的集装箱船"MOL Triumph"号投入使用,该船长400 m,宽58.8 m,型深32.8 m,设计吃水16 m。2023年6月,地中海航运公司投入使用的"MSC Mariella"号载箱量达到24 346 TEU,船长399.99 m,宽61.3 m,设计吃水17 m。尽管其载箱量比"MOL Triumph"号增加了20%以上,但船舶主尺度增加得不多。早期,国际上用"代"

表示集装箱船的发展进程和船型大小,如表 3-1 所示。在经历了七代船型的发展之后,集装箱船的大型化虽然还在继续,但人们已经不再用“代”来描述集装箱船的发展。集装箱船这种向大型化发展的趋势,也与有充沛的货源、高效率的港口装卸条件有关。

表 3-1 集装箱船发展进程表

船型	出现时间(年)	载箱量(TEU)	载重量(t)	总长(m)	型宽(m)	吃水(m)
第一代	1960	1 000 以下	11 000	170	25.0	8.0
第二代	1970	1 500	30 000	225	29.0	11.5
第三代	1985	3 000	40 000	275	32.2	12.0
第四代	1988	4 500	55 000	280	39.6	12.5
第五代	1996	6 000	77 940	294	40.0	14.0
第六代	2003	8 000	100 000	334	42.8	14.5
第七代	2006	10 000 以上	110 000	350	45.8	15.0

针对集装箱船运载的是大小和形状为标准规格的件货这种情况,为提高装卸效率、简化装卸操作过程,专用集装箱船的性能及船体结构一般具有以下特点:

(1)多半是艉机型、船身较宽的单层甲板、双层底和双船壳船。机舱设在艉部或偏艉部,以便充分利用宽敞的船中部装载集装箱。但有些大型集装箱船的桥楼设在船中,以便改善驾驶视野。在船体两侧和船底舭部不能装集装箱的部位设置边舱和双层底舱,用于装载油、水和必要时压载。

(2)为了装卸货的方便,设有宽大的货舱口(舱口与货舱等宽)。具有超大型甲板开口是集装箱船明显不同于其他货船的特点。一般杂货船的货舱口宽度只占船宽的 40%~60%,而集装箱船则占 70%~80%,其舱口长度也占船长的 70%~80%。为了解决总强度和扭转强度问题,舷侧上部设有抗扭箱,有的船将舱口围板纵向做成连续的,舷墙设计成强力结构。货舱和舱口的尺寸都要符合集装箱排列的要求,应是集装箱长、宽的整数倍加上货箱间前后、左右的间隙。

(3)货舱内为格栅结构。这种格栅结构由钢立柱、水平桁材和导轨组成,在导轨顶端设喇叭口形导槽。装箱时,集装箱可顺利地由喇叭口进入导轨,并沿导轨滑入舱内。舱底设有底座与箱的角配件相配合,便于货箱定位。货舱内一般纵向可装数个 40 ft 或 20 ft 的集装箱,上下可装多达 6 层(也有达 9 层)8 ft 高的集装箱。装在舱内的集装箱处于格栅结构的箱格中,无须另加紧固,甲板上一般可装 3~6 层集装箱,都放在舱盖板上,靠专用的底座和连接件紧固、支撑。

(4)航速高、功率大。由于集装箱船装卸效率高,在港作业时间短,所以提高船的航速,可以加快船的周转速度,在经济上是有利的。一般普通货船的平均航速为 14~16 kn,最高为 22 kn,而集装箱船的平均航速为 18~25 kn。1972—1973 年,美国海陆公司建造的 SL-7 型集装箱船,航速达 33 kn,主机持续功率为 2×44 130 kW。该船主尺度为 L_{bp}=268.38 m,B=32.16 m,D=19.51 m,设计吃水 T= 9.14 m,结构吃水 TM=10.36 m,载箱量约为 2 000 TEU,并可以在 24 h 之内完成装卸。由于世界石油价格的高涨,以后建造的集装箱船航速没有超过 33 kn 的。

(5)对稳性要求高。由于集装箱船需要在甲板上堆放货箱,这样就引起船舶重心升高,初稳性高度减小。同时,甲板装货也使受风面积增加,风压力臂增大。这些都对稳性产生不利的影响。此外,当船在港内进行装卸作业时,船的横倾角应不大于 5°,否则集装箱在装卸时易被导轨卡住。也就是说，从安全和装卸角度考虑，要求船舶初稳性高度应该大一些。集装箱船船宽较大，这有利于增大船舶初稳性高度。但是，从另一方面看，初稳性高度值若太大，会出现横摇周期短、船舶摇摆剧烈的现象，导致集装箱受到的风载荷增大，有可能使甲板固定设备损坏。所以，这与对集装箱船稳性的要求是矛盾的。为了使集装箱船在各种状况下都能获得适宜的浮态和稳性，集装箱船上一般都设有足够的压载水舱，压载水总量可达载重量的30%左右。而且在满载航行时，为使初稳性高度达到适宜值，也可以加压载水以减小重心高度，船舶稳性规范准许这种做法。

另外，在船舶稳性方面还有这样两个特点：一是集装箱船一般都有甲板货，重心高，一旦发生碰撞，容易倾覆；二是集装箱船在碰撞中即使船体破损，货舱大量进水，但由于集装箱水密性好，能够产生浮力，所以集装箱船的抗沉性要比杂货船、干散货船好。

三、干散货船

干散货船的运输对象是矿石、煤炭、磷矿、铝土、粮谷等大宗干散货。这些干散货与航运有关的共同特性为：

（1）流动性。如果舱内装不满，当船舶摇摆时，舱内货物会随之移动，导致船舶横倾，以至于倾覆。干散货的流动性可用静止角反映。当干散货由高处自由下落，堆积成圆锥体时，圆锥体的斜面与水平面的交角 α，称为静止角，如图3-5所示。静止角越大，干散货流动性越小；静止角越小，干散货流动性越大。谷物的静止角为20°~30°，矿石的静止角为30°~50°，煤炭的静止角为35°~45°。

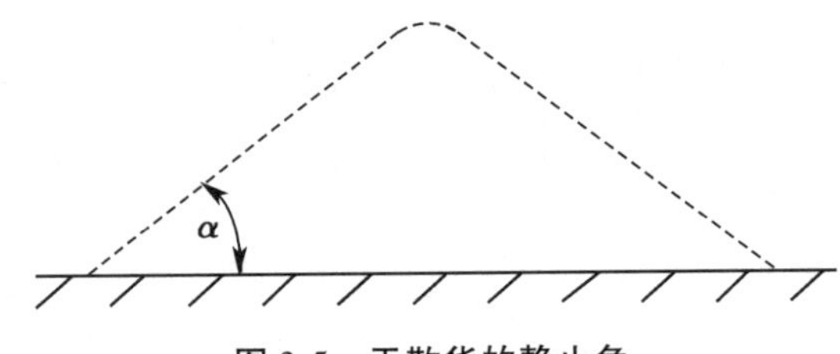

图3-5　干散货的静止角

（2）易扬尘。在装卸、搬运作业时，如不采取一定的封闭措施，会发生灰尘飞扬现象，造成对周围环境的污染。

（3）下沉性。受船舶摇摆、振动影响，干散货上表面会下沉。下沉性加流动性对船舶航行安全形成不利影响。

许多干散货还有自热性、自燃性等。

为了适应干散货运输特性而设计建造的干散货船主要分为普通干散货船和自卸船两种。

1.普通干散货船

按载重吨位大小，海运界习惯上将普通干散货船分为灵便型、大灵便型、巴拿马型、好望角型等几种。随着船舶大型化和巴拿马运河通过能力的提升，近年来海运界对干散货船的分类做了调整，船型分为：

灵便型（Handysize）	10 000~44 999 t
大灵便型（Handymax）	45 000~69 999 t
巴拿马型（Panamax）	70 000~99 999 t
好望角型（Capesize）	100 000~199 999 t
大型矿砂船（Very Large Ore Carrier，VLOC）	200 000 t 以上

普通干散货船的共同特点是：

(1)为便于装卸，只设置一层甲板，布置尽量大的舱口，以便在卸船时抓斗能够在舱中直接抓取尽可能多的货物。

(2)干散货装卸一般比较集中，港口有装卸设施，船上则可以不再设装卸设备，以便减小船体重量和降低船舶造价。

干散货船的配载原理与前文介绍的几种船相同，但应特别注意其流动性对稳性的影响。

2.自卸船

影响干散货卸船效率的关键是清舱。目前使用的卸船机械(除吸粮机外)在船型条件较好的情况下，卸货时仍会有10%~15%的清舱量需要用清舱机进舱作业。在清舱阶段，由于物料层较薄，卸货效率大大降低。例如，15 t的带斗门机，开舱阶段卸货效率在600 t/h以上，清舱阶段卸货效率降低到150 t/h，平均卸货效率仅为250~350 t/h。自卸船的设计就是为了解决清舱问题，在船舱内设置V形存舱漏斗和皮带机卸货系统，卸货效率可达每小时数千吨。

自卸船的突出优点是卸船可以完全机械化，效率高，对于进一步自动化和解决污染等都有利。但造价比同样吨位的普通干散货船高15%~20%，而且回程通常空载。一般来说，自卸船在运量很大的短程航线上营运经济效果较好。

四、油船

油船的主要运输对象是石油，而石油是原油及其产品的总称。原油是直接从油井中开采出来的一种褐色或黑色黏稠状的可燃性矿物油，为多种烃类(烷烃、环烷烃、芳香烃)的混合物。其碳的含量占84%~87%，氢的含量占11%~14%，另外还含有少量的氧、氮、硫等元素和灰分(由钾、钙、镁、钠、氯及其他元素化合组成)。

原油经过加工，可以提炼出汽油、煤油、柴油、润滑油等产品及其他化工产品。

1.石油和石油产品的理化性质

为了保证石油在储存、装卸和运输中的安全，必须了解石油及其产品与运输和保管有关的理化特性。石油的主要理化特性有以下几点：

(1)易燃性

石油和石油产品很容易燃烧，属于危险性货物。其易燃性可用闪点、燃点和自燃点来衡量。闪点是指在规定的加热条件下，石油蒸气与空气的混合气体在接近火焰时发生闪火的最低温度。石油在闪点时，只能闪火，而不会连续燃烧。原因是在闪点时蒸发速度慢，石油蒸气量较少，在闪火瞬间已将石油气燃尽。石油的燃点又称为发火点，它表示在规定的加热条件下，石油蒸气与空气的混合气体接近火焰时，不但有闪火现象，而且能持续燃烧5 s以上时的温度(燃点一般比闪点要高0~20 ℃)。石油及其产品不用引火亦能自行着火的最低温度，叫自燃点。所有石油产品的自燃点均较常温要高得多。

闪点与燃点越低，越易燃烧，其危险程度也越大。石油产品的危险等级是依据闪点来划分的。

(2)挥发性和爆炸性

石油在沸点以下由液体变为气体的过程，叫挥发。石油的挥发，不但引起其数量上的减少，质量变劣(挥发掉轻质馏分)，而且为燃烧和爆炸提供了石油气。石油挥发的快慢取决于货油温度的高低、密度的大小、表面积的大小、气流速度的快慢和外界气压的高低。显然，温度高、密度小、表面积大、气流快、气压低，挥发速度必然要快，反之则慢。因此，在运输过程中须采取适当的措施（如在高温天气下运输采取甲板洒水；运输黏度大的油品时，装卸过程中要控制加温温度不要太高），防止油品挥发过快。

石油挥发出来的气体与空气的混合比达到一定的浓度范围（容积百分比）时，遇明火就会引起爆炸。一般汽油气体和空气的混合比达到1%～6%，煤油气体与空气的混合比达到1.4%～7.5%时，遇明火就会发生爆炸。石油气含量低于下限时，由于浓度低，不会发生燃烧或爆炸；高于上限时，由于氧气不足，也不会发生燃烧或爆炸。所以，要将其浓度控制在安全范围之内。

（3）毒性

石油及其产品中含有大量的碳氢化合物和少量的硫化氢，以及某些油品在炼制过程中加入的四乙铅等，对人体都会有不同程度的毒害。石油的毒害性与其挥发性有密切关系，挥发性大，毒害性也就大。大部分石油中毒是吸入石油气所致，小部分是由于皮肤接触而侵入体内造成的。

（4）静电性

石油在管内流动时，与管壁摩擦而产生静电荷，引起静电充电。此外，从舱口灌注石油会冲击舱壁，用压缩空气扫除管线内的残油，以及洗舱作业用水或水蒸气高速喷射舱壁等，都会因摩擦而产生电荷。船上静电荷聚积到一定电位时，会因静电放电而产生电火花。如果电火花接触到周围的石油气与空气的混合气体，就有可能引起燃烧或爆炸。

静电聚积的快慢与周围空气的温度、油品流动的速度、管线的长短以及管内压力的大小等因素有关。显然，空气温度高、油品流速快、管线长、压力大，静电聚积也就快。为了防止静电放电发生危险，必须在装卸作业之前，用导线将船体与陆岸接通，以消除船上静电的聚积。

（5）黏结性

原油及重油、柴油等不透明的石油产品，在低温条件下有很大的黏结性。石油的黏结性一般用凝点和黏度表示。凝点是指石油及其产品受冷后开始停止流动时的温度。而黏度则是指石油流动时内部摩擦力的大小。

原油及某些原油产品，在低温时黏成糊状或凝成块状，甚至在夏季气温较高时，也处于凝结状态，这就给油品的装卸带来困难。为此，当装卸高黏度的油品时，需采取加温的办法以降低油品的黏度。但是，如果加温过高，不仅会使一定量的轻质油挥发掉，还有可能产生气阻，使流速降低。实践证明，大庆出产的原油在40～45 ℃时装卸速度较快，也可以保证油品质量。燃料油加温至75 ℃时就要控制温升，最高不得超过90 ℃。

（6）膨胀性

由于温度的变化，石油体积发生膨胀和收缩的性质，叫作石油的膨胀性。其胀缩程度由体积温度系数（也称膨胀系数）f决定。体积温度系数的单位为1/℃，表示油品在标准温度下，每变化1 ℃时，油品体积变化的百分比。其数值可用下式表示：

$$f = \frac{V_2 - V_1}{V_1(t_2 - t_1)} \quad (1/℃) \tag{3-2}$$

式中：t_1——货油的标准温度（℃）；

t_2——货油温度升高（或降低）后的温度（℃）；

V_1——货油在标准温度下的体积（cm^3）；

V_2——货油温度升高（或降低）后的体积（cm^3）。

我国油量计算规定，以20 ℃为标准温度。据此，体积温度系数可用下式表示：

$$f_{20}=\frac{V_t-V_{20}}{V_{20}(t-t_{20})}\quad (1/℃) \tag{3-3}$$

由于石油的膨胀性，所以舱内装油时，必须根据体积温度系数 f 计算留出适当的富余空间，即膨胀余位。

鉴于石油的易燃性、易爆性等特点，在装卸和运输石油的过程中，以及进厂修船时，必须严格遵守操作规程，要特别加强防火措施，严防发生着火、爆炸、中毒等重大事故。

2.油船典型船型

按载重吨位大小，海运界习惯上将油船分为以下船型。

原油船：

灵便型（Handy）	10 000~49 999 t
巴拿马型（Panamax）	50 000~79 999 t
阿芙拉型（Aframax）	80 000~119 999 t
苏伊士型（Suezmax）	120 000~199 999 t
大型油船（Very Large Crude Carrier，VLCC）	200 000~319 999 t
超大型油船（Ultra Large Crude Carrier，ULCC）	320 000 t 以上

对于成品油船，还有 MR（Medium Range）级、LR－1（Large Range－1）级、LR－2（Large Range－2）级之分。这三种成品油船对应的载重量范围大致为：

MR 级	25 000~55 000 t
LR－1 级	55 000~85 000 t
LR－2 级	85 000 t 以上

世界上最大的超大型油船是“Knock Nevis”号，该油船（经改装后）长 458 m，宽 68.86 m，吃水 24.61 m，载重量（DWT）564 763 t，总吨位（GT）260 941，航速 13 kn，曾用名“Seawise Giant”（1979 年）、“Happy Giant”（1990 年）、“Jahre Viking”（1991 年）。2004 年，其经过再次改装后更名为“Knock Nevis”，用作浮式储油船（Floating Storage and Offloading unit，FSO）。

3.油船的特点

（1）油船通常是单层甲板、双层底、双层舷侧、艉机型船舶。

（2）油船的货舱由多道纵向、横向油密的舱壁分隔而成，各油舱由铺在舱底的输油管连接起来。根据油船的大小，纵向舱壁的多少不一，有设 1~2 道纵向舱壁的，也有的超大型油船设 3 道纵向舱壁。油船的纵向舱壁不仅可以减少自由液面对稳性的影响，而且可以缓冲风浪天气时由船舶摇摆引起的油液对舱壁的冲击力。纵向舱壁对船体的纵向强度是有利的。也有的船舶舱内设置止荡舱壁，可起到减小自由液面和货油对舱壁冲击的作用。

现代油船的纵向和横向舱壁均采用波形结构，纵向舱壁的波纹方向是水平的，以便增加船体纵向强度；横向舱壁的波纹方向是垂直的。这种波纹结构可以减小船体的重量。

（3）油船货舱舱口盖是油密的，其舱口的形状为椭圆形或圆形，舱口盖上设有测量孔和观察孔。每个油舱内设有固定的钢制扶梯，并在扶梯上设有休息平台。

（4）油船因抗沉性能好，所以其干舷可以比一般干货船小。为了在大风浪天气中方便船员在甲板上行走，在上层建筑之间设置具有一定高度的坚固的步桥，船上各种管系布置在步桥下面。现代巨型油船，由于甲板宽敞，干舷也相对较大，能经常保持甲板上无海水，可以不设步桥。

（5）油船上设有复杂的管路及其设备系统，主要包括：

①货油装卸系统。其一般由甲板管系、泵舱管系和油舱管系三部分组成。甲板管系的进出

口阀门一般都设在泵舱的上面。油船装油时通常不用船上的油泵，由岸上的油泵将货油打到船上后，绕过泵舱由竖向管或旁通管直接进入货油舱。在进出口阀门处装有过滤器，以防杂质进入舱内。油泵及泵舱管系用于卸油和在各油舱之间进行货油调拨。一般设 1～2 个泵舱，每个油泵舱设置几台油泵及清舱泵。货油舱内的输油干管及清舱管都与泵舱的油泵及清舱泵相连接。油泵的排出管与主甲板的管系接通。货油舱管系由输油干管和引到各舱的输油支管组成。为了控制进出油，在干管和支管上都装有开关闸阀。

②油船清舱系统。当卸油将近结束，货舱内油位低到一定程度时，不宜再用油泵卸油，可用设在泵舱内的清舱油泵经过清舱管打出残油和洗舱污水。伸向各舱的输油支管末端均装有吸油口，清舱管的管径及吸油口的尺寸均较小。为使清舱彻底，吸油口一般设置在舱底便于集中残油的位置，清舱油管与输油干管相通。

③货油加热系统。原油及黏度较大的成品油，由于凝点较高，在常温下黏度大。为便于卸油，在货油舱底部敷设供货油加热的蛇形管系（蒸汽加热管系）。每个油舱的加热管应各自为一组，每组应有其独立的进气管和排气管，并与主甲板上加热系统的蒸汽总管相连接。各油舱有独立的控制阀，以利操作和管理。在冬季，货油加热后，要用压缩空气吹出蛇形管内的冷凝水，防止货油卸净后加热管系被冻裂。

④油舱通气系统。当气温及舷外水温升高时，货油体积会发生膨胀，并会蒸发出石油气，从而使舱内压力增高，为此所有油舱都设有与大气相通的通气系统。油舱的通气管分组连起来，再接到甲板上的通气总管上。通气总管沿桅杆或立柱伸到距甲板 10 m 左右的高度，将油气引向高空，以防发生火灾和毒害船员。

⑤油气驱除系统。油船卸空和洗舱之后，油舱内充满油气和空气的混合气体。当舱内油气浓度达到一定程度时，就可能引起燃烧或爆炸。因此，卸油后必须将油气驱除至安全限度以内。例如，向舱内输入惰性气体，将油气排到大气中。《国际海上人命安全公约》（SOLAS）规定大吨位油船应设置惰性气体保护系统，此系统的作用是将主、辅机排出的废气及船上锅炉排出的烟气经过净化通入油舱内，驱除舱内的油气，使舱内含氧量降低到 8%以下，以便保证运输过程的安全。

⑥洗舱系统。在更换运输的油品，特别是装过重质油之后改装精炼油之前，为了避免油类混杂，油舱必须进行清洗；在装过汽油等挥发性较强的油类之后，为了防腐，加强油船的保养，必须将油舱清洗干净；在油船进坞修理之前，必须将油舱清洗干净，以免进坞后火工修理时，发生油气爆炸事故。

⑦甲板洒水系统。油船甲板在阳光照射下温度会不断升高，油舱和货油温度也随之升高，使货油挥发加剧，造成轻质油的损失，并且会增加危及船舶安全的因素和造成大气污染。通过甲板洒水可使货油温度降低和减少油气挥发。甲板洒水系统的管路设在甲板上或人行步桥之下，根据水管喷水压力，隔一定的距离设置横管，横管上装有喷水头以作洒水之用。

4.油船配载

油船配载相对于前几种船来说简单一些，应考虑到船舶浮态、总纵强度、各油舱留有足够的膨胀余量等问题。油船返航时一般为空载，为获得良好的航海性能，通常配载有一定数量的压载水。

五、液化气船和液体化学品船

1.液化气船

液化气是指液化了的石油气和天然气。石油气和天然气在常温、常压下都是气体状态的碳氢化合物的混合气体。石油气在常温下加大压力（7 kg/cm^2）或在常压下降低温度（−45 ℃左右)都可以液化成为液体。液化后的体积为气态时的1/250左右,因此,液态运输最经济。

在常压下天然气的液化温度为-162 ℃(即沸点为-161.5 ℃),液态时体积只为气态时的1/600。但是要达到这样的低温是比较困难的,只有用液态氮作为制冷剂才能使天然气达到这种低温液化状态。天然气与空气混合很容易爆炸,所以直接运输气态天然气是非常危险的,而且很不经济。

液化气船也分两大类:

一类是液化石油气船,简称LPG船。根据石油气液化的方法,LPG船又有加压式和冷冻式之分。加压式LPG船将加压液化了的石油气装在耐高压的液舱中。从受力方面考虑,液舱要设计成球形或圆筒形,四周浪费许多空间。所以这种液化气船规模比较小,其载重量多在4 000 t以下。冷冻式LPG船则将常压低温石油气液体装在隔热保冷的液舱内。由于舱内是常压或近似于常压,故不需要采用耐高压的厚舱壁,减小了船体的重量。同时,也能够降低岸上装卸设备的建造费。

另一类是液化天然气船,简称为LNG船。LNG船只有一种,就是冷冻式液化天然气船。

随着清洁能源的大规模开发利用,一种新型液化气运输船——液化氢运输船正在显现。氢在1个大气压下冷却到-252.7 ℃时,变为液体,液化氢的体积为其原始气体体积的1/800,密度约为0.07 t/m^3。2021年12月,日本川崎重工业公司制造的全球第1艘液化氢运输船(LH2船)"SUISO FRONTIER"号首航澳大利亚,开启了液化氢海上长距离运输的工业化验证,并获得成功。该LH2船全长116 m,宽19 m,吃水4.5 m,安装有一个长25 m、高16 m、容积约1 250 m^3的椭圆形液态氢储存罐,采用电力推进系统,航速可达到13.0 kn。可以预见,随着氢的低成本制造和液化运输技术的突破,液化氢运输船队的规模会逐步扩大。

2.液体化学品船

专门载运各种散装液体化学用品(如甲醇、硫酸、苯等)的船,统称为液体化学品船。液体化学品大多易燃、易爆、易挥发,具有强腐蚀性和剧毒。因此,对这类船的防火、防爆、防毒、防腐蚀等有很高的要求。国际海事组织于1977年通过的《散装危险化工产品运输船舶结构及设备规则》在这些方面做出了具体的规定。

考虑到化工产品品种多、批量小的特点,液体化学品船的吨位一般不会太大。其货舱分隔多,各种泵及管系多且复杂,货舱内壁及管系采用高抗腐蚀材料。这种船舶对建造技术要求高,费用大,属于高价值船。按经常装载货物危险性的大小,一般将其分为三类:第一类专用于运输最危险的货物;第二类用于运输危险性相对较低的货物;第三类用于运输危险性更低的货物。

第三节　新船的产生与营运前的准备

一条商船从无到有,到能够投入正常商业运输,大体要做以下几方面的工作。

一、船舶设计任务的提出

这是前期准备工作,包括如下内容:

1.市场调查与预测

确定新船将用于何种场合。调查有关港口、货主、航道以及造船厂、造船技术的情况。对影响新船营运效果的各种环境、因素的发展趋势做出正确的估计和判断,明确新船的使用目的。

2.船型论证

船型论证,也有人称为工程可行性研究,是指经计算分析,找出满足使用目的的最佳船型。为确保新船在技术上和经济上都是可行的,对论证结果还要组织专家评议。专家评议的意见是上级主管机关或某些金融贷款机构决定是否支持该项投资的重要依据之一。

3.编制船舶设计任务书

船舶设计任务书又称为船舶设计需求书,是以文字形式对新船的技术规格进行描述,以便提出满足船东要求的船。

4.优选设计、建造单位

经过船型论证确定船舶主要尺度和参数后,可以通过招投标方式确定设计、建造单位,并与中标单位签订设计、建造合同。

二、船舶设计阶段

一般包括以下几个步骤:

1.方案设计或初步设计

设计者根据船舶设计任务书的要求绘制总布置图、型线图、典型剖面结构图,对主要设备进行选型,编写船体、轮机说明书初稿。方案设计完成后,一般要召开有设计单位、建造单位、船东、船检等有关部门参加的方案审查会,以便对设计方案提出改进意见,指导后续工作。这一步有时在签订合同前完成。

2.技术设计

根据方案设计及船东的意见进行更为具体、深入的设计。解决所有技术方面的问题,如:结构强度计算、稳性计算、快速性模型试验等。技术设计完成后,新船的技术性能、规格与全貌也就基本确定了。

3.施工设计

结合船厂的生产习惯与工艺特点,对技术设计深化、细化,以便进行建造。施工设计完成的一些主要图纸和文件如总布置图、基本结构图、各种说明书等必须送船检审查批准后才能开工建造。

4.完工设计

由于在船舶建造的过程中,可能会改进原设计不合适之处或按照船东提出的新要求对某些项目做出变更等,造成建造结果与施工设计图不完全一致。要在图纸和技术文件上将建造过程中修改过的部分改正过来,以便保留、存档能确切反映实船客观情况的技术资料。

对设计步骤划分的另一种提法是报价设计、详细设计、生产设计、完工设计。这种分法中每一步所做工作的内容和深度与前一种分法可能不同。例如,报价设计要在设计建造单位投标时完成。设计深度可以达到方案设计的程度,也可以更粗浅一些。

由于船舶是一个复杂的系统,各要素的内在关系错综复杂。在设计中确定一个要素时,往往涉及许多其他因素。有些因素在设计之初由于条件不具备,难以考虑周全。比如,在设计之初,船体钢料重量估算的依据仅是少数几个主要尺度参数,待基本结构图完成后,就可进行较详细的计算,而更为准确的计算,则只能等有了施工图后才能进行。但又不能因为在开始时不知道船体钢料的重量而不展开设计工作。因此,设计工作不可能一次完成,而是沿着一个逐步近似的过程最终得到准确解。

按逐步近似过程进行船舶设计,就是把复杂的设计工作分成若干循环(或阶段)。初次近似时只考虑少数主要因素，后一次再计入较多的因素，反复进行几次近似，每一次近似都是前一次结果的补充、修改和发展。经过若干次近似之后，最终可得到符合要求的设计结果。由此看来，逐步近似过程的每一循环不是简单的重复，而是螺旋式上升的过程。因此，有些专家用设计螺旋线的概念形象地反映船舶设计过程的特点。

设计新船时，如果选一艘与新设计船技术性能相近的优秀实船作为参考，设计者就能够比较准确地抓住新设计船的主要矛盾，比较容易地确定新设计船的改进方向及措施，比较有把握地选取新设计船的各项技术参数。从而不但使设计工作大为简化，而且可以提高准确程度，减少逐步近似的次数。这一参考船型通常被称为母型船。利用母型船估计新设计船的参数和指标是确定、选择新船方案的捷径。

三、船舶建造阶段

船舶开始建造后，航运企业应组织好船舶监造与验收工作。对于规模巨大、技术复杂的现代船舶，传统习惯上都不是等到船舶建造完工以后再进行全面的检查与验收，而是在船舶建造过程中，由航运企业派员驻厂监造，与驻厂验船师一起，对船舶建造过程中的各项工程项目进行检查、监督与验收，签署各个项目的验收文件。

四、验收

船舶完工以后，应按规定做交船试验。交船试验由承造厂负责组织进行，由各有关方面组成交船试验小组。在交船试验前，船厂应向验收小组提交设计、建造、使用方面的文件，包括：

(1)合同规定应提交的说明书，各种图纸及其主要更改和补充(如完工图纸、修改项目的施工图纸)。

(2)经厂方检查部门、验船机构及设备供货单位签署的各项检查报告书，以及已经签署验收的设备、工具、属具、备件等清单。

(3)各种机械设备的技术说明书及证件。

(4)船舶检验机构颁发的各项临时证书及合同规定的其他证件。

(5)交船试验工作计划。

交船试验分系泊试验与航行试验两个阶段进行，对于一些特殊用途工程船，如起重船、测量船等，还要进行起重试验、测量试验等专项试验。

系泊试验又称系岸试验，其目的是：

(1)检查主机、轴系、各种设备及管系布置安装的正确性和操作的可靠性。

(2)检验全船各部件和设备是否符合施工图纸的规定。

(3)确定能否进行航行试验。

系泊试验后，经验船部门许可才能进行航行试验。对于首制船，在航行试验前还要做倾斜试验，确定空船的实际重量和重心高度，以便对船舶稳性的实际状态有一个确切的了解(因设计中估算的空船重量和重心高度可能有误差)。

航行试验的目的是检查船舶航行性能和全部设备及装置的可靠性，确定动力装置的操作性能、功率及燃料消耗。主要航行试验项目如下：

(1)航速试验。测定船舶在规定吃水时，主机各种工况下的航速。试验应在水深足够、风浪不超过 3 级、有航标标出距离的区域内进行。在条件允许的情况下，也可以直接用 GPS 等高精度电子装置测速。

(2)操舵试验。检查操舵装置对船舶转向的实际效应,并测定舵自极左转向极右(即从左35°转向右35°)或相反情况下需要的时间;在全速前进的情况下将舵角固定于零位,鉴定其航向稳定性。

(3)惯性试验。船舶全速前进时,主机突然停车,测验船舶依靠惯性向前滑行的距离和时间。

(4)回转试验。测验当船舶全速前进时,舵角转到极左或极右(即左35°或右35°)时船舶的回转直径、轨迹及产生的最大横倾角。

(5)起锚试验。测定起锚机在起单锚、双锚时的起锚速度及工作状况等。

在交船试验中发现的问题,需要厂方进行调整、修理,经调整、修理、调试合格并被认为满意后,船厂即可将船舶移交给航运企业使用。造船厂对新造船的保修期一般为一年,保修期内出现的建造质量问题由船厂负责修理、更换,但对由此耽误的营运时间和损失的营运收入,船厂不承担赔偿责任。

五、船舶入级与检验

船舶入级是指船舶的技术条件满足了船舶检验机构的规范、规则和有关规定的要求,即可由该船检机构授予相应的船级。反过来说,若船舶获得了某一船检机构的船级,就意味着该船符合该船检机构的规范、规则和有关规定的要求。通过船舶入级,可以区分船舶的技术状态,促进船舶技术质量的提高。在船舶业务中,它是船舶技术状况良好的凭证。

按照规定,每一艘建造或营运中的船舶,必须接受国家技术机构的监督和检验。由船舶所有人提出入级检验申请,它包括对新建船舶的建造检验和对新购旧船的初次检验。船舶入级后,为了保持船级,还要定期对船舶进行保持船级的检验,其目的是查明各部分机构的运转情况和损坏、磨损程度,确定能否继续保证航行安全和保持已获得的船级。运输船舶只有在验船机构进行检验,并取得了船级证书或合格证件后才能参加营运。

表3-2列出了世界主要航运国家的船级社、船检机构。

表3-2 世界主要航运国家的船级社、船检机构

序号	船级社名称	缩写符号	成立时间(年)
1	英国劳氏船级社	LR	1760
2	法国船级社	BV	1828
3	意大利船级社	RINA	1861
4	美国船舶局	ABS	1862
5	挪威-德国劳氏船级社	DNV · GL	1864
6	日本海事协会	NK	1899
7	俄罗斯船舶登记局	RS	1913
8	波兰船舶登记局	PRS	1936
9	克罗地亚船舶登记局	CRS	1949
10	中国船级社(船舶检验局)	CCS(ZC)	1956
11	韩国船级社	KR	1960
12	印度船级社	IRS	1975

六、船舶登记(入籍)

船舶所有人建造、购买或以其他合法方式取得船舶后，应在登记机关规定的期限内，持适当的证明文件，如建造合同、买卖契约、继承书、转让书等及船舶检验机构签发的技术合格证明文件，到登记机关为船舶办理注册登记。登记机关审核船舶的情况，认为符合登记条件后，将规定的内容列入国家船舶登记册，并向申请人签发船舶所有权登记证书和船舶国籍证书。船舶登记以后，才有权悬挂该国国旗，并取得该国国籍。船旗国对船舶具有法律规定的管辖义务。在公海上无国籍或拒不展示国旗的船舶，通常被认为是黑船或海盗船，任何国家的飞机、军舰均可予以拦截或登船检查。

船舶登记机关所在的港口即为该船的船籍港。在船尾上部的船体上，在船名下方应注明船籍港名。

运输船舶一般都在本国政府主管机关登记。但自第二次世界大战以来，特别在船员工资较高的发达资本主义国家，曾有大量船舶不在本国而在别国登记，并取得悬挂登记国国旗的权利。这就是所谓的“方便旗”。因为这些国家的登记费用及捐税较低；船员雇佣和工资等不受本国法律约束，可雇佣低工资国家的船员；可免受本国政府征用。这样，航运公司就可以大大提高其竞争能力。“方便旗”船的日益发展，引起了世界各国的关注，1981 年联合国贸发会议曾通过决议要求逐步取消悬挂“方便旗”。

七、船舶进出港报告与联合检查

为了加强对船舶航行的监督管理，我国各个港口的海事管理机构要对进出港的国际航线船舶进行口岸检查，对在国内航线营运的海船和内河船实施进出港报告制。它是船舶到港后和出港前的一段时间内必须在海事管理机构办理的，旨在取得合法航行资格的一种手续。船舶未经口岸检查或报告而航行，属于违章航行。船舶进出港报告可以由公司，也可以由船上人员通过互联网、移动电话向驻港海事管理机构提交。报告的主要内容为船舶航次动态信息、在船人员信息、载运的客货信息等。对于不按相关规定进行申报的船舶或公司，将根据有关规定进行惩处。

通过口岸检查或进出港报告，驻港海事管理机构可以调取、查验各种船舶证书及文件。其中除了船舶国籍证书是证明船舶已经履行了有关法律手续外，大部分证书及文件是反映船舶技术状态，证明船舶确实接受连续的技术监督，证明船舶可在航线沿途的水域上航行，以及说明船舶动力装置和各种机械、设备与管系等工作的可靠性的必要文件。船舶如缺少必要的证书、文件，或其中一种已经过期，海事管理机构可以扣留船舶或征收罚金，船舶将因此而发生非生产性停泊或增加费用支出。

八、配备船员

航运企业在船舶建造完工，或更早一些时候就应着手为新船组建船员队伍，有关船员岗位的设置在下一节中介绍。

第四节　船员岗位设置

船舶航行于海上,全体船员组成了一个有一定行动自由和自主权的集体。这个集体由船长统一领导。我国于2007年颁布施行的《中华人民共和国船员条例》(2020年第六次修订)对船员的管理、权益、职责做了规定,其中特别对船长的责任、权力做了明确规定。

船上除船长外,其他船员的设置因船的大小、用途、船型而有所不同。小船上人员设置较少,一人可兼数职;大船上人员较多,按专业和工作量设置岗位。图3-6给出了一艘定员较齐的传统客货运输船上船员岗位的设置情况。其中各级船员的主要职责如下。

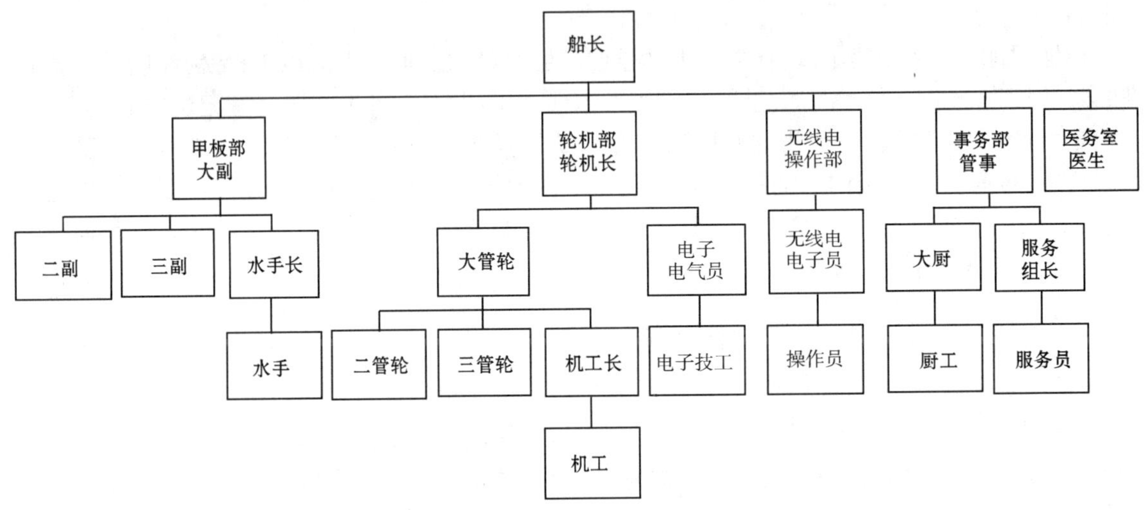

图3-6　客货运输船上船员岗位的设置情况

1.船长

船长在公司调度或船队负责人的指挥、领导下,主管全船航行和在港作业安全、对外交涉、行政管理等各项业务。船长必须熟悉政府对外签订或承认的国际协定和航海条约以及有关国际航运公约、规则或惯例。当船舶发生海损时,船长应积极组织和领导全体船员采取一切有效措施尽力进行抢救。如要弃船,应首先救护旅客,然后允许船员离船,船长应最后离船,同时尽力抢救航海日志、重要文件及贵重物品。

2.甲板部船员

(1)大副。大副在船长的领导下工作,是甲板部的负责人,保管船体方面的证书、文件、图纸等。大副直接负责保持船体、甲板、舱面建筑、帆缆设备和锚舵,以及带缆、装卸、救生、消防、堵漏设备等的整洁和良好的技术状态。

大副负责货物的正确配载、装卸、保管和交接工作,负责管理淡水的储备与消耗。装卸危险品、重大件货、贵重货时,大副应亲自在现场指挥,保证货物和船舶的安全。开航前,大副应检查货舱、吊杆、锚舵等设备是否符合安全出航的要求,并督促二副、三副做好各项开航准备工作;检查甲板部所有船员是否在船,并通知无关人员离船。进出港、靠离码头时,在船首负责指挥工作。

大副负责制订航次保养维修计划与厂修计划,船长审核后报公司批准。在船舶修理期间,大副应组织好监督厂修和自修的力量,督促厂方按时、保质地完成修理工程。当船长因病或其他原因而不能执行职务时,由大副代理船长的职务。在没有医生的船上,由大副担任医生的工作,管理药品。

(2)二副。二副在大副的直接领导下工作,除了执行航行和停泊所规定的值班任务外,具体负责航行驾驶设备及图书资料的管理工作,管理所有助航仪器、气象仪器及其备件,定期进行检查保养,测定其系统误差并做好记录。此外,还负责管理天文钟及公共场所的时钟,按时上弦、更换电池和校对,并使信号设备处于正常使用状态。进出港、靠离码头时,在船尾负责指挥工作。

(3)三副。三副在大副的直接领导下工作。除执行航行、停泊所规定的值班任务外,具体负责船舶救生、消防设备的技术管理工作。进出港、靠离码头时,在驾驶台传达和执行船长命令,正确记录船舶的主要动态及有关情况,并协助瞭望。

(4)水手长。水手长是全体水手的领导。在大副直接领导下,组织水手正确、安全地完成航次工作计划,并进行甲板部的日常预防检查、保养维修和清洁等工作。水手长直接负责锚、带缆、装卸、货舱、救生、消防、堵漏等设备处于正常技术状态,在开航或装卸货前应将有关设备做好准备。负责甲板部的属具物料及劳保用品的管理、使用和发放工作。管理装卸货、舷梯及其他工作用的照明设备。进出港、靠离码头时,在船头瞭望,指挥水手进行带缆操作。

(5)水手。水手分为高级值班水手、值班水手两级,都在水手长的直接领导下工作。水手在值班时服从值班驾驶员的指挥。水手应掌握帆缆、索具、装卸、测深、高空、舷外、救生、消防等工作,并熟悉操舵设备的保养与操作及各种信号旗的正确使用,熟悉罗经方位、度数及中英文舵令,能在航行条件复杂的情况下正确操舵。航行中,承担操舵、瞭望工作;停泊时,承担值舷梯班、看舱等工作,以及清洁卫生、除锈、刷油漆等工作。

3.轮机部船员

(1)轮机长。轮机长是轮机部的负责人。轮机长必须保证最有效地利用主机、辅机及各种机舱设备和管系,领导轮机部船员进行保养检修工作,监督他们正确地履行各自的职责,节约燃料,保证迅速、正确地按照驾驶台命令操纵主机。当因故不能执行驾驶台命令时,轮机长应立即通知驾驶台,报告船长,然后按船长命令执行。如严重威胁人身或主机安全,可先停车,然后报告船长。进出港口、狭水道或在特殊情况下航行时,轮机长应亲自在机舱指挥操作。轮机长负责编制轮机修理计划,保管轮机方面的证书、文件和图纸等。

(2)大管轮。在轮机长的领导下工作,主要负责管理主机、轴系及为主机直接服务的辅机、舵机、防火系统、轮机部的安全设备以及修理间和物料间。在没有冷藏员的船上,大管轮应负责冷藏机的管理和检修工作。在开航前试验主机时,大管轮必须在场。航行和停泊中负责值班。

(3)二管轮。二管轮在轮机长和大管轮的领导下工作,负责发电原动机及为它服务的机械设备,机舱内部分辅机和轮机长指定由他负责的其他设备,以及燃料的管理工作。航行和停泊中负责值班。

(4)三管轮。三管轮在轮机长和大管轮的领导下工作,负责管理甲板机械、泵浦间、救生机动艇、灭火泵、空调机、辅锅炉及其附属设备和机舱内部分辅机。航行和停泊中负责值班。

(5)电子电气员及电子技工。电子电气员在轮机长的直接领导下,领导电子技工工作,负责船舶电气设备的管理、保养和检修工作,保证发电机、电动机、应急安全设备电路、避雷装置、电操舵装置、照明设备、有线电话、电气仪表及其他电气设备处于正常工作状态。

（6）机工长和机工。机工长在轮机长和大管轮的领导下，带领机工进行船上机械设备的检修、保养和清洁工作，并按规定时间值班。

4.无线电操作部船员

无线电操作部船员由一级无线电电子员、二级无线电电子员、通用操作员、限用操作员组成。在船长的领导下，负责船舶无线电通信、导航设备和广播系统的使用、维护、修理及技术管理，使设备保持良好的技术状态。当船舶遭受海难或发生其他危险情况时应亲自在电台值班。弃船时应销毁秘密以上等级的文件资料，携带无线电通信日志和电台执照，按船长的命令离船。

5.事务部船员

（1）管事。管事在船长的领导下工作，是事务部的负责人。负责全体船员和旅客的生活服务工作，并负责船上生活管理、现金出纳等工作，是船长对外联系的助手。

（2）服务组长及服务员。服务组长在管事的领导下，组织服务员对船员、旅客做服务工作。

（3）大厨和厨工。大厨在管事的领导下，组织安排厨房人员的工作，协助管事领取、采购、储备和保管粮食、副食品和餐膳用品。厨工在大厨的领导下负责炉灶、仓库和膳食制作工作。

6.医生

医生直接由船长领导，负责全船的医疗工作，并协同大副监督船舶的清洁卫生，保证全体船员和旅客的身体健康。

船上船员一般分为高级船员和普通船员两类。高级船员是指取得大副、二副、三副、轮机长、大管轮、二管轮、三管轮、电子电气员以及其他在船舶上任职资格的高级技术或者管理人员；普通船员是指除船长、高级船员外的其他船员。按照国际惯例，常规商船上的船员值班制度为大副、大管轮 4—8 时，二副、二管轮 0—4 时，三副、三管轮 8—12 时，4 小时一班，每日每人排两班，部分水手和机工也分组跟随值班。

过去商船上都设有报务员岗位，负责收发电报、与公司和岸上管理机构联系；还设有木匠，负责船上的木工、锚泊设备的操纵、保养，水密门窗的检查保养，污水沟的清洁保养，测量污水沟、压舱水及淡水的水位，压舱水和淡水的灌注、排出或移注等工作，在大副的直接领导下工作，是水手长的工作助手。我国船上还设有政委一职，负责全船党的领导和船员思想政治工作。随着船舶设备自动化程度的日益完善和管理体制的改进，船舶定员数量大为减少。20 世纪 50 年代每艘万吨级货船上需配备 50 多名船员，到 90 年代以后在自动化程度较高的万吨级甚至数万吨级货船上只设置十一二名船员即可。从驾控船舶安全角度考虑，国家主管部门对船舶配员会有最低限度要求，如交通部于 2004 年颁发施行的《中华人民共和国船舶最低安全配员规则》（经 2014 年、2018 年两次修改）。

船员的合理定编除了与设备条件、船员素质有关外，还与管理者的观念有关。近年来，船员的工资、津贴、伙食费、奖金等不断上升，运输成本明显增加。因此，合理定编船员成为各大型航运企业关注的一个重要问题。

【小资料】

半潜船的诞生

随着人类生产能力的提高、生产规模的扩大，大型装备整体运输的需求逐渐增加。对于能够漂浮在水上的大型建筑物或装备，早期主要采用拖船拖带方式运输。到20世纪60年代后期，人们开始采用无动力的半潜驳船运送能够在水上漂浮的物体。70年代后期，荷兰Wijsmuller公司建造了世界上的第一艘自航式半潜船“Super Servant 1”号。该船总长139 m，载重量14 310 t，可以下沉到吃水15 m，甲板以上达到6.5 m水深。为了便于与传统运输方式区分，行业内将由拖船拖带漂浮物体的运输方式称为“湿拖”，将半潜船运输方式称为“干拖”。2013年投入使用的半潜船“Dockwise Vanguard”号载重量达到11万吨级，其装载甲板的尺度达到长275 m、宽70 m，船舶设计吃水11 m，可以下潜至吃水31 m，轻载航速可达14 kn。追求装载更大、更重的整体装备不是船东的奇想，而是市场需求不断发展的必然结果。半潜船在海洋石油钻井平台运输、军事装备投送等方面发挥着越来越重要的作用。其经过进一步拓展开发，在海上作业现场对大型装备进行维修方面也将有可期的应用前景。

1.传统杂货船在港作业时间长的原因是什么？改进或解决的途径有哪些？

2.简述专用集装箱船的性能及船体结构特点。

3.为什么要将世界洋面划分为热带、夏季、冬季等不同区带？这种季节区域、区带与日常讲的季节期是否相同，有何联系？

第四章
船舶运行环境与驾控

第一节 水文气象

在海上航行过的人,都会有这样的体会或感受:风平浪静时,海上生活大多是舒适和愉快的;但在狂风巨浪的日子里,航海则是相当艰苦和危险的。水文气象条件对船舶航行有着很大的影响和制约。因此,船舶的设计与驾驶同其所经常遇到的水文气象环境有着不可分割的联系。

一、潮汐和海流

海水受到月球和太阳的吸引力而产生的升降运动,叫作潮汐。月球虽然比太阳小得多,但它距离地球很近,故月球的引潮力比太阳的引潮力还大 2 倍多。其他天体对海水也产生引潮力,只是更加微弱了。

月球绕着地球运动。月球对地球上各点的引力随着该点与月球的距离不同而不等,近处大,远处小,均指向月球。由于地球的自转,地球表面的物质还受到离心力作用。假如地球表面均被海水包围,在月球引力和上述离心力的合力作用下,地球上向月和背月的地方水位升高,形成高潮;在侧面水位降低,形成低潮,这样就形成了潮汐椭圆和潮汐现象。月球引力、太阳引力和上述离心力的合力是引起潮汐的原动力,称之为引潮力。

月球、太阳与地球的相互位置不停地变化,这就出现了地球上某一点每次潮汐大小不等的现象。在农历初一、十五时,由于月球的引潮力和太阳的引潮力方向一致,海水涨落最大,叫作大潮;在农历初七、初八、二十二、二十三时,月球的引潮力和太阳的引潮力正好相互垂直,此时月球高潮与太阳低潮相遇,遂使海水涨落最小,叫作小潮。其他日期的潮高介于大潮与小潮之间。

按每天涨落潮的次数,可将各地的潮汐分为以下三种类型:

(1)半日潮。在一个太阴日内(平均为 24 h 50 min),若出现两次高潮和两次低潮,并且两次潮高几乎相等,涨潮时间和落潮时间也接近,这种潮汐被称为半日潮。如大连、青岛沿海的潮汐。

(2)全日潮。若在一个太阴日内,仅出现一次高潮和一次低潮,称为全日潮;或者在半个月中,至少有1/2时间出现一天一次高潮和低潮的现象亦可称为全日潮。如南海的北部湾的潮汐。

(3)混合潮。介于半日潮和全日潮之间的潮型,叫作混合潮。如山东半岛成山角附近和舟山群岛、南海大多数海区的潮汐。

潮汐的存在使海洋中的海水深度不断变化。这就带来一个问题,即如何在海图上标注海水深度。如果用高潮或平均潮位来标注水深,那么在低潮时,实际水深将比标注水深小很多,这样的海图显然不能用作海洋船舶航行参考。只有以可能出现的最低潮位为基准来表示海洋的深度变化,才有利于海船的安全航行。用以表示海图水深的最低潮面,称为深度基准面或理论深度基准面。它是由多年的观测统计和理论计算所得到的最低潮面高度。

图4-1示意了各种潮位的关系。平均潮位是在一年或更长时期观测得到的平均海面位置。大潮的高潮位和低潮位各自的平均值为大潮平均高潮位和大潮平均低潮位,两者的差叫作大潮差。小潮的高潮位和低潮位各自的平均值为小潮平均高潮位和小潮平均低潮位,两者的差叫作小潮差。大潮平均高潮位和小潮平均高潮位在(海图深度)基准面以上的高度分别叫作大潮升和小潮升。

由潮汐存在引起的海水流动,叫作潮流。对应于半日型潮,潮流大约以12 h 25 min的周期改变流向,潮流的流速在海峡和水道中较大。

海洋中除潮流外,还有海流存在。海流有在一星期左右就改变方向的,也有因季节不同而沿完全相反方向流动的。但是,它不像潮流那样随着天体的运行而规则地改变流向。

海流是由东北信风、盛行偏西风等环绕地球的大气环流所引起的吹流。但它受地球自转产生的柯氏力、大陆岸的形状以及由海水含盐度和水温等造成的局部海水密度不同的影响,因而它在北半球沿顺时针方向流动,在南半球则沿逆时针方向流动,在大洋的西侧变得窄而强,在东侧变得宽而弱。这叫作海流西岸强化,被强化的海流叫作西岸边界流。海流的存在会带动周围海水流动,不仅产生水平流动,有时还会使深处的海水上升,有时也会使上层海水向下流动。

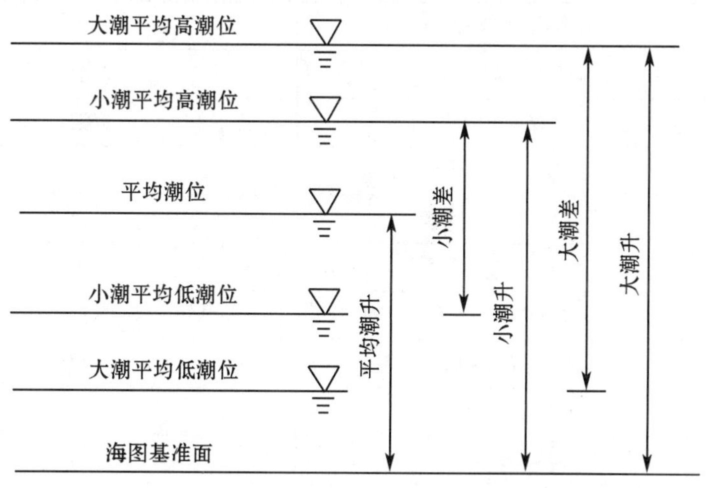

图4-1　潮位高度示意图

二、波浪

见过大海的人都知道，海洋上完全“风平浪静”的时候是非常罕见的，总会看到波浪在海面滚动。海浪有很大的能量，根据实测记录，拍岸浪对海岸的压力有时大到20～30 t/m^2，不仅较小的船只有被海浪颠覆之虞，就算是大船也可能被它毁坏。海浪有以下几种形式：

1.风浪

风浪是在风力的直接作用下形成的波浪。风浪的大小取决于风的强弱，风作用的时间、方向和水域位置。风速越大、作用时间越长，在一定地点所形成的风浪也就越大。

2.涌

在风已平息、减弱或改变方向后，遗留下来的波浪，或者从观测海区以外传播到当地的波浪，都称作涌。涌的特点是波形圆滑，波向明显。

3.破碎波

深水波向海岸行进时，受水深变小、海底的影响增大而使波长减小。随之波面变陡，波形变得不稳定。传向海岸的波浪到达水深为2倍波高左右的地方，波峰变尖。而到达水深为1.3倍波高左右的地方，波形的不稳定性增加直至破碎。破碎后，如深度足够，会形成波高较小的锯齿状再生波，冲击海岸而最后消失。

4.内波

在海水中密度不连续的水平分界面上产生的波叫作内波。产生内波时，在海面上常常看不见波浪，而在两种密度水的分界面处有明显的波形传播。船舶如在这样的海域航行，螺旋桨的功率会被内波所消耗，从而使船速降低。因此有人将内波称作“海底幽灵”或“曳鬼”。

波浪的大小是根据波高来划分的。连续观测一系列波，按波高大小依次排列，定义其中前1/3较大波的平均波高为有效波高，以符号$H_{1/3}$表示。按照有效波高的大小，将波浪分为0～9共10个等级，如表4-1所示。

在风力作用下的海面外貌，称为海况。根据波峰的形状、峰顶的破碎程度、浪花的出现及其对能见度的影响等，将海况分为0～9共10个等级，如表4-2所示。

表4-1　波浪等级表

波浪等级	有效波高$H_{1/3}$(m)	波浪名称
0	0	无浪
1	$H_{1/3}<0.1$	微浪
2	$0.1\leqslant H_{1/3}<0.5$	小浪
3	$0.5\leqslant H_{1/3}<1.25$	轻浪
4	$1.25\leqslant H_{1/3}<2.5$	中浪
5	$2.5\leqslant H_{1/3}<4.0$	大浪
6	$4.0\leqslant H_{1/3}<6.0$	巨浪
7	$6.0\leqslant H_{1/3}<9.0$	狂浪
8	$9.0\leqslant H_{1/3}<14.0$	狂涛
9	$14.0\leqslant H_{1/3}$	怒涛

表 4-2　海况等级表

海况等级	海面外貌
0	海面平静如镜，或仅有涌存在
1	波纹涟漪，或涌和波纹同时存在
2	波浪很小，波顶开始破碎，呈玻璃色浪花
3	波峰不高，波顶开始翻倒，局部出现白色浪花
4	峰顶急剧翻倒，到处有白色浪花
5	出现高大的波浪，风开始从峰顶上削去浪花
6	峰顶上被削去的浪花开始一条条地沿着波浪斜面伸长
7	被削去的浪花布满了波浪的斜面，波峰上布满了浪花层
8	因有浪花，海面变成白色，只在波谷内有些地方没有浪花
9	整个海面布满了稠密的浪花层，空气中充满了水滴和飞沫，能见度显著降低

三、海洋冰况

海洋里的冰，除了海水自身冻结成的海冰外，还有来自陆地上的冰。从陆地上来的冰有两种：一种是河水结的冰，流入海洋中。如鸭绿江，每年开春都有冰块流入海洋中，其中最大的冰块，长达 20 m，厚 1 m 以上。另一种是在极地附近由积雪叠压而成的冰川，缓慢移向海中，伸到海中的冰舌，由于受到下滑力和海水浮力的作用而断裂成为形状各异、漂浮的冰山。冰山在海洋中移动时，对船舶的威胁很大。北极附近海洋中的冰山，水上部分有的高 100 多米，水下至少 200~300 m 深。南极附近海洋中的冰山，水上部分高达 30~50 m，有的长 750 多千米。像这样的冰山，其水下部分就更大了，能在水面下伸展到很远的地方，而不易被发觉，所以船舶必须远离冰山航行。

四、海面能见度

在海上只要能将物标的轮廓从它所在方向的天空背景中分辨出来就算能见，目力所能见到的最大距离称为海面能见度（以下简称能见度）。能见度以海里或千米为单位。海上能见度差，将影响船舶的安全航行。

影响能见度的天气现象主要有雾和霾。雾又分为轻雾和雾两种：

轻雾是指灰白色稀薄的雾，人在轻雾中没有湿润的感觉，能见度为 0.5~5 n mile。

雾是指悬浮于近地面空气层中的极细小的水滴群，一般呈乳白色，人在雾中会感到湿润。有雾时，近海面大气层中的水平能见度小于 0.5 n mile。

霾是指大气中存在着大量的烟、尘和盐的微粒现象，它使大气普遍混浊，能见度在 5 n mile 以内。有霾时，远物呈浅蓝色；当太阳接近地平线时，远物皆呈浅黄色。

其他天气现象如低云、雨滴、雪、微尘、沙暴和烟等，也都对能见度有一定的影响。

根据最大能见距离，将能见度分为 0~9 共 10 个等级，见表 4-3。由表 4-3 可以看出，能见度等级越大，能见度就越好；能见度等级越小，能见度就越差。在气候资料或世界各地的气象报告中，能见度往往以能见度差（poor visibility）、能见度中等（moderate visibility）、能见度极好（excellent visibility）等来表示。

表4-3　能见度等级表

等级	能见距离（n mile）	能见度称谓	可能的天气现象
0	<0.03	能见度最差	浓雾
1	0.03～0.10	能见度差	浓雾或雪暴
2	0.11～0.25		大雾或大雪
3	0.26～0.50		雾或中雪
4	0.51～1.00	能见度中等	轻雾或暴雨
5	1.01～2.00		小雪、大雨、轻雾
6	2.01～5.00		中雨、小雪
7	5.01～11.00	能见度良好	小雨、毛毛雨
8	11.01～27.00	能见度很好	无降水
9	≥27.00	能见度极好	空气澄明

五、风

空气在水平方向的运动叫风。衡量风力大小的单位有时采用速度，有时采用压力。前者叫风速，后者叫风压。风速单位常以米/秒（m/s）表示，航海上多采用海里/时（n mile/h）；风压单位以千克/米^2（kg/m^2）表示，即垂直于风的来向，1 m^2 面积上受到的压力。

风向根据风的来向定义，如从东北方向吹来的风，叫作东北风。在航行的船舶上观测到的风向和风速，是视风向和视风速，它是真风向和真风速与船舶运动产生的船风风向和风速合成的结果，所以必须经过矢量换算，才可求得真风向和真风速。

气象学上通常将风力分为0～12共13个等级。蒲福风力等级表（部分）如表4-4所示。

台风是热带气旋的一个类别。气旋是由闭合等压线包围起来的中心气压低、四周气压高的水平空气涡旋。在北半球，风从四周呈逆时针方向向里吹；在南半球，风从四周呈顺时针方向向里吹。台风具有很大的破坏力，严重地威胁着海上船舶的航行安全和沿岸人们的生命财产安全。热带气旋以其底层中心附近的最大平均风速划分等级。常见的台风分为下列三级：

台风（TY）——风速为32.7～41.4 m/s（风力在12～13级）；

强台风（STY）——风速为41.5～50.9 m/s（风力在14～15级）；

超强台风（Super TY）——风速≥51.0 m/s（风力在16级或以上）。

台风生成的机理目前还不是十分清楚。但已知生成台风必须具备的条件——广阔的暖洋面，整个对流层风速垂直切变小，地转参数大于某一定值，低层原来就有一个扰动存在。而只有热带洋面才能具备这些条件。袭击我国的台风多发源于菲律宾东部加罗林群岛和马里亚纳群岛附近的太平洋洋面上。台风生成后，一边本身内部气流旋转，一边整体向西或西北方向移动，在移动的同时逐渐加强，进入陆地后，逐渐消散。

我国一年四季皆可能受台风影响。但在冬季由于西伯利亚和蒙古高气压的势强，因此很少有台风影响我国沿海。七月至十月是台风鼎盛季节，特别是八月和九月台风最多，占全年台风的半数以上。其他季节称为过渡季节。台风移动的路径一般可归纳为两大类：

表 4-4 蒲福风力等级表(部分)

风级	风名	风速		风压	海面状况
		n mile/h	m/s	kg/m^2	
0	无风	小于 1	0~0.2	0~0.004	海面像镜子一样平静(无浪)
1	软风	1~3	0.3~1.5	0.009~0.225	海面有波纹,但还没有白色波顶
2	轻风	4~6	1.6~3.3	0.256~1.089	明显有小波纹,波顶透明像玻璃,而不破碎
3	微风	7~10	3.4~5.4	1.156~2.916	波较大,波顶开始分裂,泡沫反光,可见到白色波浪
4	和风	11~16	5.5~7.9	3.025~6.241	小浪,波长较大,白碎浪较多,有间断的呼啸声
5	劲风	17~21	8.0~10.7	6.4~11.449	中浪,波浪相当大,白碎浪很多,呼啸声不断,有浪花溅起
6	强风	22~27	10.8~13.8	11.664~19.044	开始成大浪,波浪白沫飞布海面,呼啸声很大(可能有少量浪花溅起)
7	疾风	28~33	13.9~17.1	19.321~29.241	海面波浪重叠,碎浪的白泡沫随风吹散,能飞过几个波顶
8	大风	34~40	17.2~20.7	29.58~42.85	中高浪,波长更大,随风吹起的白泡沫更多,呼啸声更大
9	烈风	41~47	20.8~24.4	43.26~59.54	高浪,飞扬的泡沫稠密,海浪翻卷,泡沫开始影响能见度
10	狂风	48~55	24.5~28.4	60.03~80.66	大高浪,波浪形状陡峭,海浪颠簸严重,浪花飞起带白沫,能见度受影响
11	暴风	56~63	28.5~32.6	81.23~106.28	特高浪,中小型船舶在海上有时被波浪遮蔽,波顶被风吹成泡沫,能见度较差
12	飓风	大于 63	大于 32.6	大于 106.28	空气中充满泡沫和浪花,海面因浪花的飞起而变成白色状态,能见度大大降低

直线型:台风生成后,向西或西北行进,在我国东南沿海和越南沿海登陆。这类台风活动范围仅限于热带。

抛物线型:台风生成后,先向西北偏北行进,随后转向北或东北在我国山东半岛或日本登陆。

第二节 船舶定线航行与航道

一、船舶定线的历史沿革及意义

船舶定线的含义是由岸上管理者用法律规定或推荐的形式指定船舶在海上某些区域航行时应该遵循或采用的航线、航路或通航分道等。在过去数百年的航海活动中,船舶航行路线是由航海者本人自行确定的。因为当时航海技术、航行资料、助航设备都相当落后,人们对航海环境的认识也相当肤浅,岸上管理人员无法做出规定和建议。因此,驾驶船舶航行的权利一直由船长掌握和运用。然而,航海科学技术的发展扭转了这种局面,岸上管理人员逐渐获得并加强了对船舶航行和驾驶的控制权。船舶定线的产生与发展就是其中一个重要方面。

第一次海上船舶定线的尝试是气象航线。1847 年,美国海军上尉 Matthew Fontaine Maury 根据从前的许多航海日志的记载绘制出一份风流海图,同时又写出一份航路指南。第一位采用其航路的船长节约了过去航行时间的一半。后来美国在出版的航路资料图中写上 Maury 的名字,以纪念他对航海事业的贡献。

第一个海上分道航行,即通航分隔的建议是美国的 Jones 在美国客船与法国货船在海上雾航时发生碰撞导致 300 多名旅客和船员丧生后,于 1854 年向 Maury 提出的。Maury 立即推荐了分隔的汽船通航分道,建议所有船舶采用。此外,由于海上浮冰对船舶安全的危害,一些轮船公司于 1875 年开始采用躲避浮冰的定线航行做法。

现代的分道通航制是西班牙海军少将 Garcia Frias 首先倡导的。他于 1956 年提出,在船舶交通繁忙的直布罗陀海峡及其附近建立由单向通航分道和分隔带组成的现代通航分隔制。

为了指导各国建立船舶定线制,1977 年,政府间海事协商组织(简称海协,即现国际海事组织的前身)第十届大会通过决议,产生了《船舶定线制的一般规定》(*General Provisions on Ships' Routing*)这份重要文件。该文件就定线的目的、定义、程序和责任、方法、规划设计标准、分道通航制的临时性调整、定线制的使用和符号等问题做出具体规定。目前,世界上生效的船舶定线制大部分是按国际海事组织的标准设计并由国际海事组织采纳的,也有一小部分由各国按自己的标准设计并实行。

设定船舶航线有两方面的目的和意义:

(1)长距航行的安全性和经济性,由船舶指挥者或船长选择大洋中的航线。这是自发的,而非强制性的。

(2)促进通航密度大的区域以及由于海域有限而使船舶的活动自由受到约束的区域,或气象条件不佳的区域的航行安全。在这种区域设定的船舶定线制,往往要求来船必须遵照执行。其可以解决的具体问题包括:

①分隔相反的交通流以减少对遇情况的发生。

②减少交叉航行的船舶之间发生碰撞的危险。

③简化汇聚区域内交通流的类型。

④在沿海开发或勘探集中的区域内组织安全的交通流。

⑤在水深不足或航行有危险的区域组织交通流,以降低危险性。

⑥指导船舶避开渔场,或组织船舶通过渔场。

船舶定线也是海上船舶交通管理的一个组成部分,对于减少和避免海上交通事故,保证船舶航行安全有很大作用。现代化的船舶交通管理系统都包括船舶定线制,特别是分道通航制。因为需要建立船舶交通管理系统的水域基本上是船舶密度大、航线交叉的区域,不对航路进行管理是不安全的。

二、分道通航制的设计

在海面交通繁忙区域实行船舶定线制是为了确保船舶航行安全,减少海难事故。所采取的具体措施包括分道通航制、双向航路、推荐航线、避航区、沿岸通航带、环行道、警戒区和深水航路等。图 4-2 和图 4-3 分别为其中两种通航分隔的示意图。

船舶定线的最常用和主要措施是分道通航制。虽然《船舶定线制的一般规定》对分道通航制的设计标准提出了原则性的要求，但在实际设计一个分道通航制时还要解决一些具体技术细节问题。现有分道通航制的实践也反映出分道通航制设计中存在的问题。这些问题可概述如下：

1.海岬附近分道通航航路的离岸距离

海岬附近水域一般而言是船舶交通密集区域和航线转向处，往往成为建立分道通航制的地点。为了让使用通航分道的船舶能够用目测或雷达定位方法定位，保证船舶在正确的航道内行驶，并考虑到远离海岸处风浪对小型船舶航行安全的影响，恰当选择离岸距离非常重要。

2.通航分道的长度

通航分道的长度应从安全航行的需要考虑，应避免使用很长的连续的通航分道。因为商船并不是海洋的唯一使用者，还要考虑渔船、游艇、海上勘探船以及铺设电缆船等其他船舶，不能因通航分道太长而过分限制它们的活动自由。

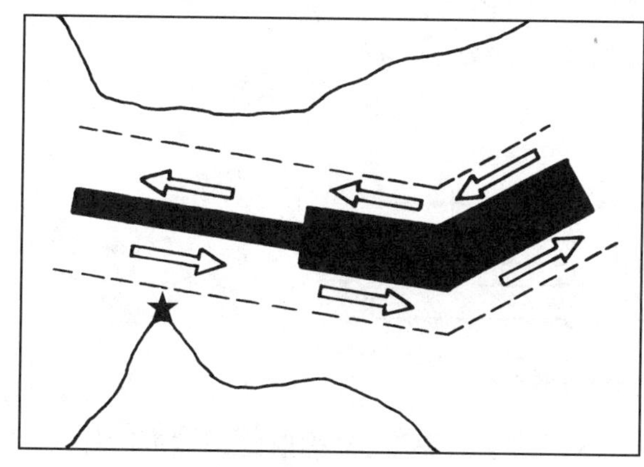

图 4-2　使用分隔带和分隔线的通航分隔

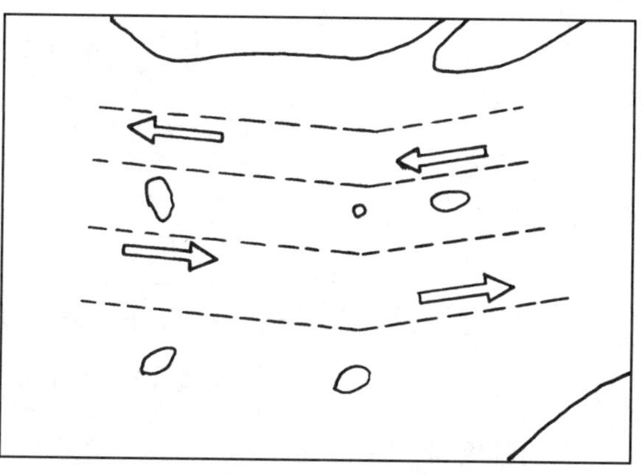

图 4-3　使用天然障碍的通航分隔

3.通航分道的外界限

通航分道的外界限是它的两侧边界线，其中向岸一侧的边界线过去常用狭窄的分隔带或分隔线标志，将通航分道和邻近的沿岸通航区分开。在使用过程中发现，沿通航分道但贴近分隔制外界线行驶的船舶，常常会与在沿岸通航区内但贴近分隔制外界线行驶并且其航向与邻近通航分道交通流方向相反的船舶形成对遇局面。在这种局面下，避碰规则要求相遇两船各自向右转向，相互从左舷通过。这样一来，原先在通航分道内行驶的船舶就得右转而进入沿岸通航区，而原先在沿岸通航区内行驶的船舶就得右转而进入通航分道并与交通流方向相对，这种危险很可能导致碰撞事故。因此，有人建议这种边界的分隔带宽至少应为 1 n mile；若当地水域有限，则宁可使分隔两个通航分道的分隔带窄一些。如果因地理条件限制而不可能这样，则可考虑在边界线上设置浮标。

4.通航分道的宽度

通航分道的宽度选取受交通密度、交通量、该分道内的定位精度、地理情况等因素的影响。例如，分道通航制向海一边的通航分道应宽于向岸一边的通航分道，其理由是近岸处定位精度高；又如，海峡中的分道通航制的通航分道宽度要因弯道条件和曲率半径大小而不同。由于实行分道通航制，大大减少了对遇局面和对遇碰撞的次数，但却因此增加了追越局面和追越碰撞的次数，所以通航分道的宽度应能使船舶在最小安全距离内进行追越。

5.人工航道的宽度

分道通航制若在一些深度有限的水域采用，则常常需要人工开挖航道来保证安全航行。开挖航道的宽度大小要兼顾交通安全、效率和投资费用各方面。这种航道可能更狭窄一些，一般按照保证船舶安全航行的最低宽度设计。在新建港口挖掘航道时，要根据通航船舶的大小和多少恰当地确定航道宽度。在原有航道条件下增大通过船舶的吨位或增加通过船舶的数量时，也要以航道宽度为基本条件。因此，航道宽度也是船舶交通研究的课题之一。

从单船在航道中安全航行来说，航道宽度要考虑操船幅度和船岸间距，如图 4-4 所示。如果航道中实行双向通航或允许多船同时并排行驶，则还要考虑船与船的间距，如图 4-5 所示。

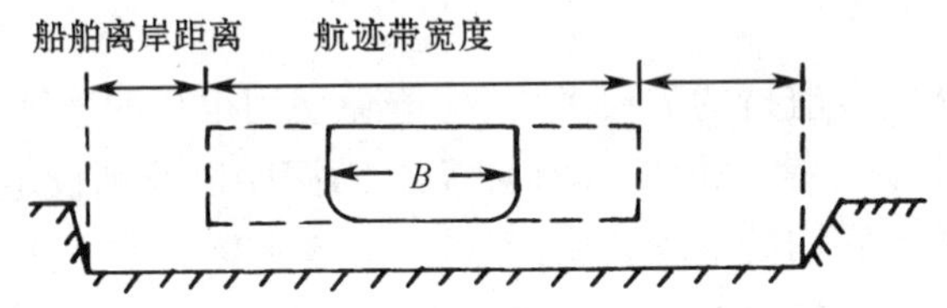

图 4-4　单向通航航道宽度的确定

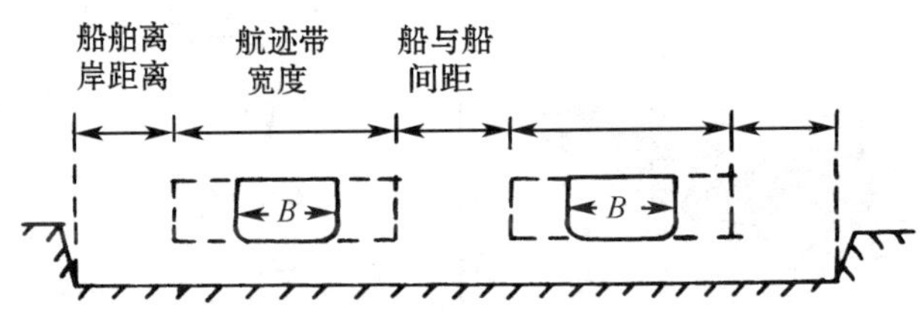

图 4-5　双向通航航道宽度的确定

操船幅度 W_m，是指在风、流影响下操纵船舶所需要的水域宽度，又称航迹带宽度。船岸间距 W_b，是指为防止出现岸推岸吸现象（又称岸壁效应）而需要保持的船舶离岸距离。船与船间距 W_s，是指为克服船吸作用力导致船舶碰撞这一问题而需保持的船舶之间的横向距离。基于这三个基本要素，可得出确定水道宽度 W 的计算公式：

$$单向通航时：W = W_m + 2W_b \tag{4-1}$$

$$双向通航时：W = W_s + 2(W_b + W_m) \tag{4-2}$$

W_m、W_b、W_s 的数值因航道地形、水文条件而异。在日本，一般采用下列值：$W_m = 1.7B$，$W_b = 1.8B$，$W_s = L$（其中，B 为船宽，L 为船长）。我国港口单向通航时，实际采用的水道宽度 W 一般比上述公式的计算值要小一些，通常取

$$W = 4B \tag{4-3}$$

我国第一个海上分道通航制——成山角水域分道通航制于 1992 年正式投入使用，并于 2000 年年底得到国际海事组织的批准并正式实施。2002 年 9 月开始，上海长江口水域开始实施分道通航制。随后，珠江口、琼州海峡、渤海海峡老铁山水道都陆续实施了分道通航制。

三、航道对船舶尺度的限制

从航行安全角度考虑，航道尺度对于在航道中航行船舶的最大尺度，如船长、船宽和最大吃水是有限制的。而船舶的这三个尺度直接影响船舶装载量，即直接影响商船的经济性。对于船宽的限制及计算方法，前文已经做了介绍。航道对船长的限制通常较少，仅在弯曲的狭窄航道

中,对船长才有限制。相比之下,绝大多数航道都对船舶吃水有限制。因此在航道尺度中,航道水深是最重要的参数之一。

在本章第一节中我们介绍了海图深度基准面和潮位的概念,这里再进一步介绍几个与航道水深有关的概念。

1.海上深度基准面

由于我国海区潮汐类型复杂,各海区不同水域的理论最低潮面的高程不相同。也就是说,用全国统一的高程基准面(黄海平均海平面)来衡量,它们的高程是各不相同的。因此,各海区的海图水深都要以当地的理论最低潮面为基准。关于高程基准面、深度基准面和灯塔高度基准面三者的关系,如图 4-6 所示。

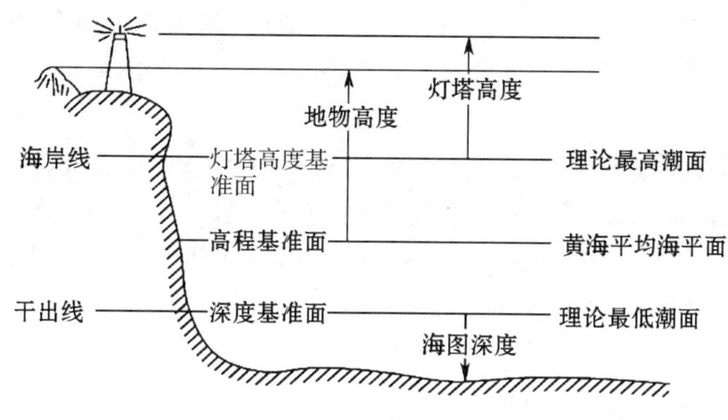

图 4-6　三个基准面的关系

在沿海或海港航道中,也是以理论深度基准面来表示航道水深的。如果潮高也以理论深度基准面作为零点向上计数,则在任何潮位时,航道的实际水深即为航道的理论水深加上潮位高度。因此,根据海图(航道图)及潮位高度可随时算出航道的实际水深。

2.内河航道深度零点

对于内河航道,虽无潮汐现象,但有洪、中、枯水位的交替变化。因此在内河的江图或水道图中,也得采用最枯水位作为基准面来表示水深或高程,称之为深度零点。在长江沿线,深度零点是用频率法计算而得到的,称为航行深度基准面,以便与海洋的理论深度基准面相区别。

因河流从上游至下游有纵向水面比降,纵向沿途各段的深度零点的高程是各不相同的,而且是逐渐下降的,所以航道图的水深也应从各地深度零点向下计量。关于内河洪、中、枯水位及深度零点的关系,如图 4-7 所示。

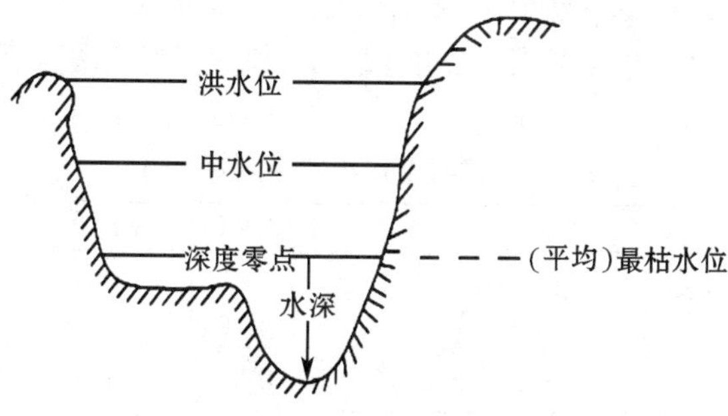

图 4-7　内河洪、中、枯水位及深度零点的关系

3.设计水位

设计水位是进行航道疏浚整治工程设计时所依据的水位。设计水位往往就取用当地的航道深度零点或理论最低潮位。设计水位可根据附近水位站的深度零点推算或内插而得，或者根据河流等级及通航保证率并用水文计算方法来确定。所谓通航保证率，是指在平均意义上保证航道能通航的天数占全年天数的百分数。如通航保证率为100%，则要保证全年通航；如为98%，则要保证通航天数为358天，其余7天能够通航更好，如因航道条件而不能通航，也在预计和允许的范围内。通航保证率是通过海港和河流航道的设计水位保证率而体现出来的，若采用综合历时曲线方法，则设计水位保证率是指在多年里，水位等于和高于设计水位所有天数占所统计的多年总天数的百分数。

航道尺度的计算主要考虑船舶尺度、航速、水文、地质、气象以及通航密度等因素。确定航道尺度时既要求安全通航，又要求经济合理。海港航道一般只考虑单船的船舶尺度，在内河则还需考虑船队的尺度。

在航运系统中，根据通航船舶的最大吃水提出对航道水深的要求，这是需要考虑的一方面；根据全航线的航道中主要浅滩的最小水深，能否达到这一水深要求，或经过疏浚整治后能否达到这一水深要求，这是客观条件能否满足的一方面。若给定进港航道的水深，怎样确定允许进港船舶的最大吃水呢？根据图4-8，其可用下式确定：

$$T = H - \Delta H \tag{4-4}$$

式中：T—— 允许的船舶最大吃水(m)；

H—— 航道设计水深(m)；

ΔH—— 综合考虑各种因素留出的富余水深(m)。

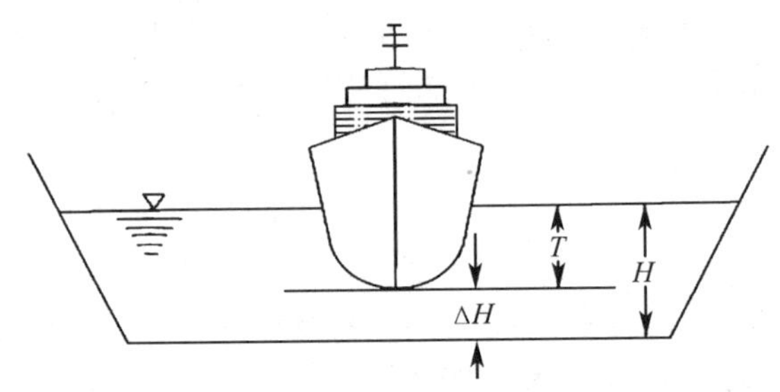

图4-8　允许吃水计算

ΔH的取值考虑了下列因素：

(1)船舶龙骨下触底安全最小富余水深Z_1(m)

龙骨下最小富余水深Z_1，可参考表4-5取值。Z_1考虑了船舶配载不均、水深测量误差等的影响。

表4-5　龙骨下最小富余水深(m)

底质	船舶吨位(DWT)					
	500以下	501～3 000	3 001～8 000	8 001～50 000	50 001～100 000	100 001～300 000
淤泥、松沙、沙质黏土	0.20	0.20～0.30	0.20～0.30	0.20～0.30	0.40	0.40
黏土、沙	0.30	0.30	0.35	0.45	0.50	0.60
岩石、砾石、块石	0.30	0.40	0.50	0.60	0.80	0.80

采用表中数值时，水底地面以下的土层厚度不应小于0.5 m，如果小于0.5 m，而下层土质

又比上层土质硬，则应按照下层土质选用龙骨下最小富余水深。如码头的抛石基床伸入港池内宽度超过 2 m，则港池龙骨下最小富余水深应按岩石底质考虑。

对于煤、矿石、建筑材料等散货码头，由于装卸时往往有零星物料落入水中，其富余水深可适当加大。

(2) 考虑波浪影响的富余水深 Z_2(m)

波浪对船体的作用使船舶产生复杂的运动，如垂荡、纵摇、横摇等，使船舶吃水有所增加，其影响不仅与波浪要素有关，也与波浪来向和船体水下线型轮廓有关。一般可用下列经验公式估算因波浪影响而增加的富余水深 Z_2：

$$Z_2 = 0.3H' - Z_1 \tag{4-5}$$

式中：H'——水域内的计算波高(m)。

如按上式得出的 Z_2 为负值，则 Z_2 取零值。有的国家对 H' 的系数采用 0.5 或 2/3，但不计航行时船体下坐的影响。

(3) 船舶航行时下坐深度 Z_3(m)

当船舶在水中行进时，船首部波高和船尾部推进器产生的波高都会增大，将使其余部分的原有水面降低，使船体下坐，因此必须留有水深富余量 Z_3 作为补偿。对船体下坐量（或称下沉量）的计算，已有不少的研究、实测和经验公式。例如，式(4-6)就是一种估算下坐量 Z_3 的经验公式。

$$Z_3 = Kv\,(\mathrm{m}) \tag{4-6}$$

式中：v——船舶航速(km/h)；

K——系数，取值参见表 4-6。

表 4-6　系数 K

船长(m)	K
>185	0.033
126~185	0.027
85~125	0.022
<85	0.017

下坐量的大小主要与水深、航速、船体水下形状和航道断面系数等有关。

4.水的密度影响

由于含盐量不同，水的密度会发生变化，影响船舶吃水。船舶由外海驶入内河时，吃水增加的百分比可粗略地按 3%估算。

此外，考虑挖泥间隔期的回淤量等因素，也需增加一定的富余水深。

第三节　船舶定位与助航系统

船舶在宽阔的水面航行，为了安全并准确地从一地驶达另一地，驾驶人员必须在任何情况下，在任何时刻都能知道自己的船位所在，即必须利用一切可能的条件——自然或人工标志，以适当的时间间隔进行船舶定位，使其航行在预定的航线上。

根据取得船位所采用的手段不同，航行中确定船位的方法一般可以分为两大类，即航迹推算定位和借助参照物定位。航迹推算定位是在不借助外界导航物标的条件下，通过计算和几何作图的方法推算出船位和航迹。而借助参照物定位则是利用助航或航海仪器，观测外界确知其位置的物标，然后根据观测结果确定观测时的船位。航海上常用的定位方法，可以分为陆标定位、天文定位和无线电导航仪器定位三大类。

这里先简要介绍天文定位。天文定位是利用各种天体与船舶之间的某种相对位置关系确定船位的方法。这种位置关系是通过六分仪观测天体的高度并借助于航海天文历来确定的。天文定位所利用的天体主要是太阳、月亮、恒星和行星。在远距离导航仪器定位系统还不是十分完备的时候，天文定位是大洋航行时确定船位的重要手段。天文定位的计算比较复杂，对天体的观测还受当时气象条件和观测者操作技能的影响。这里不做详细介绍。

一、航迹推算

航迹推算是航海中求取船位的最基本方法。它根据船舶最基本的航海仪器（罗经和计程仪）所指示的航向和航程，以及船舶操纵要素和风、流要素等，在不借助外界导航物标的条件下，从已知的推算起点开始，推算出有一定精度的航迹和船位。因此，它是驾驶员在任何情况下求取船位的最基本方法。航迹推算还可以使驾驶员清晰地了解船舶在海上航行的连续轨迹——航迹，并且能够根据它推测出船舶继续航行的前方是否存在危险。同时，航迹推算又是天文定位和无线电导航仪器定位的基础，如果没有航迹推算，有时这些定位将无法进行。而且推算船位的精度，也会直接影响到天文定位和无线电导航仪器定位的精度。

二、陆标定位

船舶在海上的位置虽然可以用航迹推算的方法求得，但是用这种方法求得的船位往往误差较大。这主要是由于人们对借以推算的各种数据和资料很难掌握得十分确切。因此，仅仅以推算船位来检验船舶是否偏离了计划航线、是否处于安全的位置，显然是不够的。

陆标定位是测定船位的一种较为精确的方法，它通过测定船舶与视界内确知其位置的陆标（如山头、岛屿、灯塔）之间的某一种位置上的相对关系（如方位、距离、水平角等）来确定船位。

1.方位定位

方位定位是利用船上的罗经观测已知物标的方位来确定船位的方法。如图 4-9 所示，在某一时刻船上的观测者如能测得物标 A 或 B 的方位，并在海图上通过所观测的物标，按观测方位画出一条直线，该直线就是所测得的方位位置线。这种位置线具有下述性质：在进行观测的那一时刻，观测者一定位于这条位置线上的某一点。因此，如在同一时刻能够测得两个或两个以上的物标，就可得到两条或两条以上的方位位置线。其交点 F 就是观测时刻的船位。

利用物标的方位测定船位的方法，由于其观测方法简单，需时较短，海图作业又较容易，因而是航海上最基本和最常用的定位方法。通常利用两个或三个物标进行定位。测定船位时，应尽可能选择海图上标有精测位置的物标和离船较近的物标，并尽可能使位置线的交角接近 90°。

当利用船上的无线电测向仪测定岸上无线电指向标的方位时，也可以在海图上绘画测向位置线进而求得船位，其道理与利用物标测定船位的方法相同。

2.距离定位

距离定位是通过测定船与已知物标的距离求得船位的方法。如图 4-10 所示，当测位者测得本船与物标 A 或 B 之间的距离时，可得到一条相应的距离位置线，这条距离位置线是以所观测的物标为圆心、以测定的距离为半径的圆。距离位置线与方位位置线具有类似的性质。观测者如能同时测得船与视界内两个物标之间的距离，就可得到两条距离位置线——圆。在一般情况下，这两个圆将有两个交点，其中靠近推算船位的一个交点即观测时刻的船位。

航海上，测定船与陆标之间距离的主要仪器有雷达等。利用雷达所测的距离可直接从雷达显示器上读出。利用雷达测定物标或海岸线的距离、方位，可以更加准确地确定船位。雷达测定距离定位较测定方位定位具有更高的准确度。

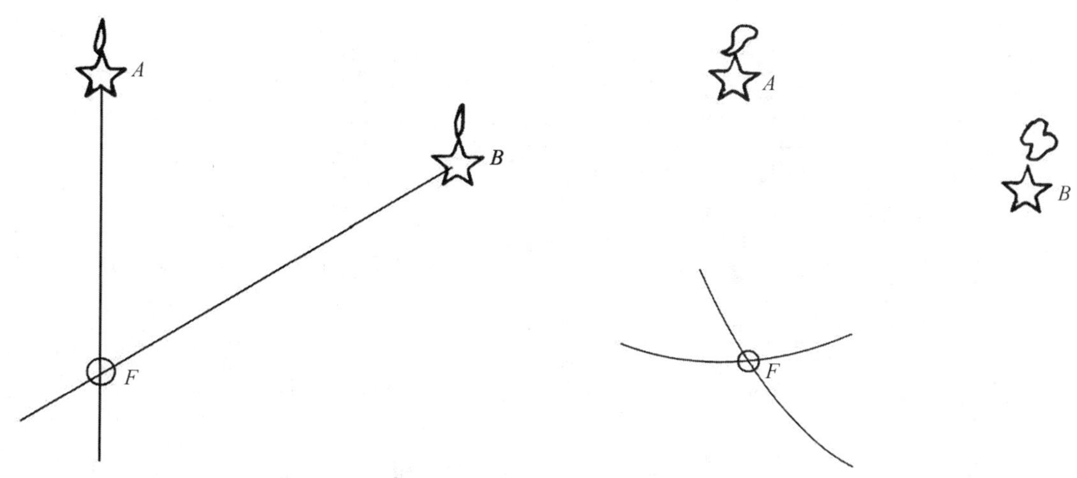

图 4-9　方位定位作图原理　　　图 4-10　距离定位作图原理

3.航行标志

船舶在近岸航行时，可以利用陆上标志或水面上的航标帮助定位。除自然标志如岛屿、山头、建筑物外，现代航海技术广泛采用人工设置的专用航标。为使各国航海人员易于识别，国际航标协会（IALA）制定了统一的航标表示、设置体系，供各国航行管理部门在实施时参考。

人工设置的标志主要有：

（1）灯塔（如图 4-11 所示）。灯塔是一种比较高大的塔形建筑物。塔身外部涂有显著颜色，便于白天识别；塔顶装有发光灯，灯光射程很大，指导船舶夜间航行。灯塔一般都设置在显著的海岸岬角、岛屿礁石、港湾入口或十分险要的障碍物上及其附近，用于往来船舶测定船位、确定航行方向或标示危险区域或障碍物。灯塔的作用十分重要，是海上人工航标中最主要的一种。如长江口的花鸟山灯塔、佘山灯塔、旅顺口附近的老铁山灯塔都起这样的作用。为了抵御海上的狂风巨浪，灯塔一般都用钢铁和砖石建成，形状有圆形、六角形、八角形或方形等。除塔身外，一般还建有发电间、仓库以及看守人员宿舍、储存淡水的淡水池等辅助建筑物。一般情况下，灯塔均派专人看守，以保证发光正常，但也有无人值守的遥控灯塔。

海图上通常都标示出灯塔的地理位置，并对灯光性质（如灯光颜色、连闪次数、闪光周期）、灯塔高程注有明确说明，以供船舶航行定位使用。在一些大型灯塔上除了发光灯以外，还设有雾警信号及无线电指向标等其他导航设施。

（2）灯桩（如图 4-12 所示）。灯桩是一种柱形或三角形铁架式的航标，其顶端装有发光灯。它的作用与灯塔一样，不过灯光射程不如灯塔大，构造也比较简单。灯桩分为有人看守和无人看守两种。有人看守的灯桩和灯塔差不多，也建造在较重要的地方，也有宿舍、仓库、发电间等辅助建筑物。灯桩一般设在航道附近的岸边及港口防波堤的堤端，如大连港防波堤和上海港吴淞口防波堤的灯桩等；也有的设在港口入口处或航道转向处，一前一后安置两个或两个以上灯桩,组成引导灯桩,引导船舶航行。

(3)立标(如图4-13所示)。立标是普通标杆(一般采用钢质或木质,也有的是用石块或钢筋混凝土建成),顶端有圆球形或三角形标志,属于不发光的航标,仅供白天使用。立标通常用于浅水区域,设置在水道的一边,或浅滩尽头,也有的设两个或两个以上用作引导立标。

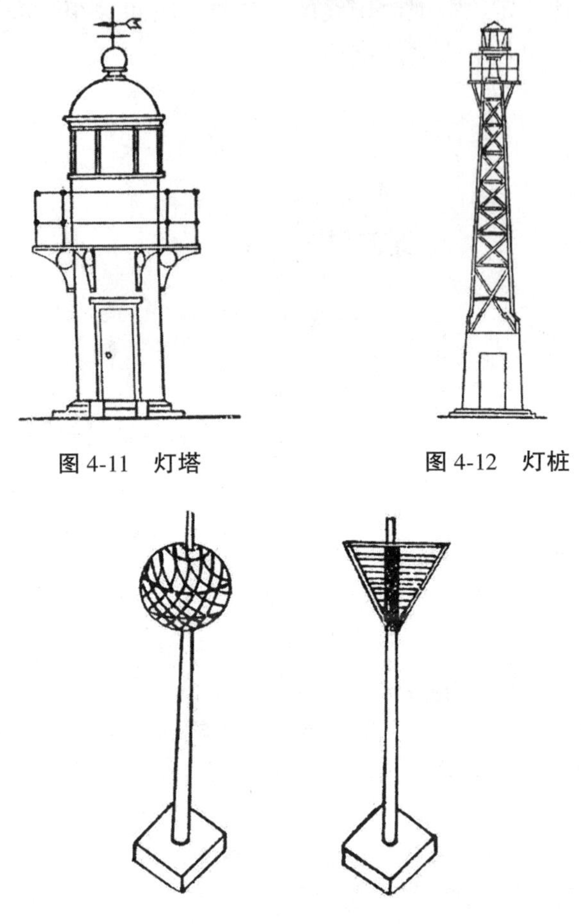

图4-11 灯塔

图4-12 灯桩

图4-13 立标

上面介绍了几种陆上标志。下面再介绍一下水上标志。国际航标协会(IALA)对水上标志的建造形式、外部涂色等均有统一规定。

(4)灯船(如图4-14所示)。这是一种大型浮标,一般是钢质船壳,严格水密,以铁锚固定在海中,排水量为100~500 t。为了与其他船只相区别,一般灯船均涂红色,船首两侧书写船名或编号,甲板中部的铁架上装发光灯,桅杆上面悬挂黑球,供船舶白天识别。

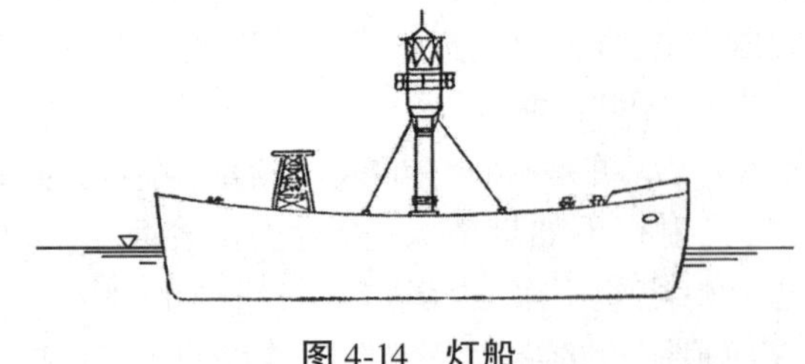

图4-14 灯船

灯船一般均设置在航道重要地段,或航道转向处,引导船舶进出港。如天津大沽口灯船、上海港长江口灯船等。灯船的灯光射程比其他灯浮标大，而且位置比较固定，是浮标中作用最大的标志，可以与岸标中的灯塔相比。除发光灯外，有些灯船上还装有雾钟、雾笛等音响设备。

(5)灯浮。灯浮是浮在水面上的发光标志，为沿海航标中数量最多、使用最普遍的一种。灯浮由钢板制成，其浮体一般都制成罐形，其上部有铁架，顶端装发光灯，下部有浮尾、平衡铁等保持灯浮在水中的直立和平衡。灯浮以铁锚或沉石固定在海水中(如图4-15所示)。通常使用的灯浮直径为1~3 m，全高为1.5~9 m，重量为300 kg~7 t。灯浮的选用，视航道尺度、通航情况和海区风、浪、水流、水深而定。

灯浮一般都抛设在海港和沿海航道的两侧，以及航道上障碍物的附近，标示航道的安全界限，指出沉船、暗礁、浅滩和航道中的各种危险区域及危险障碍物。如上海港从长江口到吴淞口以及黄浦江一带都设有一系列的灯浮。此外，还有各种专用的灯浮。在复杂的航道上，有些灯浮除了发光灯外，还设有其他附加装置，如雷达反射标，遇到有雾天气，视线不清时，使用雷达在很远就可以发现灯浮。

(6)杆形浮标。其又称浮棒，是浮在水面上的不发光标志，如图4-16所示。它适用于冬季北方港口和一些不夜航的港口及航道。在北方冰冻季节开始前，通常将原有灯船、灯浮撤除，改用杆形浮标代替，对换下来的灯船、灯浮进行维修保养。待第二年春天解冻时再将灯船、灯浮设置在原来位置，将杆形浮标撤回保养。

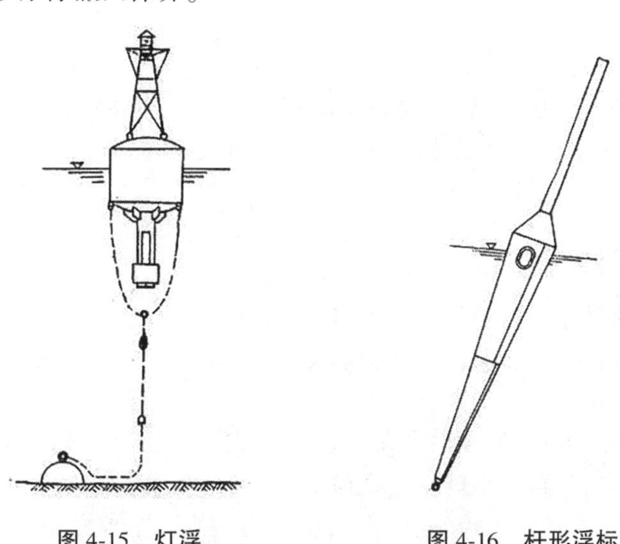

图4-15　灯浮　　　　图4-16　杆形浮标

在沿岸区域除设有灯塔、灯浮等直接引导船舶沿预定航道航行的标志外，还设有一些其他的辅助标志，如测速标。

2016年，国家质量监督检验检疫总局和国家标准化管理委员会联合发布的《中国海区水上助航标志》规定，各类浮标不管其外部形状如何，均以不同的涂色和灯光性质来加以区分。

4.地理视距

由于地球表面具有曲度，因此即使在能见度极好的天气里，人以目力所能看到的海面距离也是有限的。设有一灯塔距海面高度为 H_1，从理论上讲，在海面上存在着能看到这一灯塔的最大距离，称为地理视距。地理视距可用下列公式计算：

$$D = 2.09\sqrt{H_1} \tag{4-7}$$

式中：D——地理视距(n mile)；

H_1——灯塔高度(m);

2.09——固定常数。

例如:有一艘船的驾驶台高度为 9 m,其地理视距是多少?

代入式(4-7),得

$$D = 2.09\sqrt{9} = 6.3\ (\text{n mile})$$

这就是说,如果站在 9 m 高的驾驶台上,我们可以看到的最远距离是 6.3 n mile,也就是图 4-17 中 C 点。当然,应说明的是:这一点(即 C 点)只是海面上的一点,是没有任何目标的。如果海面上的目标具有一定的高度或者在海边岸上有一座灯桩(如图 4-17 所示),则能看到比 6.3 n mile 更远的距离。具体计算公式是:

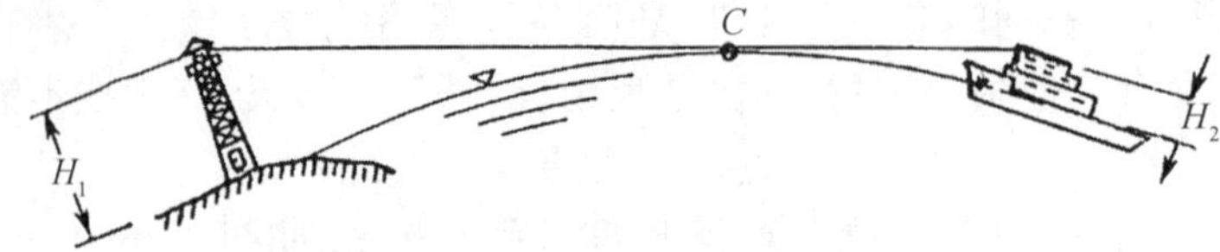

图 4-17 地理视距图

$$D=2.09\cdot(\sqrt{H_1}+\sqrt{H_2}) \tag{4-8}$$

式中:H_1——灯桩或目标的高度(m);

H_2——视线高度(m)。

例如:假设这座灯桩有 10 m 高,视线高度是 9 m,代入式(4-8),计算出 D 等于 12.9 n mile。也就是说,如果有一座高度是 10 m 的灯桩,在船舶 9 m 高的驾驶台上,当两者相距不超过 12.9 n mile 时,应该可以看到灯桩。

三、导航卫星定位

导航卫星定位是通过船上的卫星导航仪,接收导航卫星所发射的无线电信号测定船位的方法,属于无线电导航仪器定位类别,已经成为船舶定位、导航的主要手段。

1.卫星导航系统的概况

卫星导航系统由导航卫星、地面站及用户设备组成。导航卫星包括工作卫星和备用卫星,总数量可达 30 个或更多,分布在地球空间轨道,并要求在全球任何地点能同时观测到至少 4 颗卫星。地面站包括主控站、备用主控站、注入站和监测站等。主控站是整个地面监控系统的管理中心和技术中心;注入站用于将主控站计算得到的卫星星历、导航电文等信息注入相应的卫星,可设数个,分布在地球表面不同位置;监测站用于采集卫星数据和当地的环境数据,发送给主控站,数量可达数十个,也分布在不同位置。用户设备包括卫星信号接收机、智能手机等。用户设备接收受地面站控制的卫星发送的导航信号,根据每颗卫星发射信号时的位置求出用户到卫星的距离。理论上如果同时得到用户与 3 颗卫星之间的距离,作 3 个球面求交点,就可以实现三维定位与导航。

全球卫星导航系统国际委员会(International Committee on Global Navigation Satellite Systems, ICG)认定了四大全球卫星导航供应商,分别是美国的全球定位系统(Global Positioning System, GPS)、俄罗斯的格洛纳斯卫星导航系统(Global Satellite Navigation System, GLONASS)、中国的北斗卫星导航系统(BeiDou Satellite Navigation System, BDS)以及欧盟的伽利略卫星导航系统(Galileo Navigation Satellite System, Galileo)。此外,还有印度导航星座

(Navigation with Indian Constellation, NavIC)和日本准天顶卫星系统(Quasi-Zenith Satellite System,QZSS)两个区域系统等。

我国自主建设、独立运行的北斗卫星导航系统能够为全球用户提供高精度的定位、导航和授时服务。北斗卫星系统具有这样一些特点:一是北斗卫星系统空间段采用三种轨道卫星组成了混合星座,与其他卫星导航系统相比高轨卫星更多,抗遮挡能力强,在低纬度地区特点更为明显;二是北斗卫星系统提供多个频点的导航信号,能够通过多频信号组合等方式提高服务精度;三是北斗卫星系统创新融合了导航与通信能力,具有实时导航、快速定位、精确授时、位置报告和短报文通信服务五大功能。

2.卫星导航系统的分类

(1)按测量的导航定位参量可分为:测角系统、测距系统、测速系统、测量多种参量系统。通过测量船舶与卫星间的角度、距离和相对运动的速度,来确定船位的方法分别称为卫星测角定位、卫星测距定位和卫星测速定位。

(2)按工作原理可分为多普勒型(测量卫星信号的多普勒频移,确定观察者的位置)、距离型(测量到卫星的距离,确定观测者的位置)、多普勒和距离混合型。

(3)按卫星运行轨道的高度可分为低轨(900~2 700 km)系统、中轨(13 000~20 000 km)系统和高轨(20 000~48 000 km)系统。卫星围绕地球公转的速度(或周期)与地球自转的速度(或周期)同步的轨道称为同步轨道。同步轨道面和地球赤道面重合时,轨道上的卫星相对于地球是不动的,这种卫星称为静止卫星。

(4)按用户获得导航定位数据的情况可分为间断(若干时间进行一次定位)和连续(连续进行定位)卫星导航系统,实时(瞬时定位)和非实时卫星导航系统。

(5)按工作区域可分为全球覆盖系统、区域覆盖系统,连续性全球覆盖系统、连续性地带覆盖系统(对特定的范围内的地带进行连续覆盖)和连续性区域覆盖系统(对某些区域进行连续覆盖)。

(6)按工作方式可分为无源系统(用户只接收卫星信号)和有源系统(用户接收并发射卫星信号)。

四、助航系统

船舶助航系统中有多种设备,包括定位系统、雷达、罗经、测深仪、计程仪等。限于篇幅,仅对其中较为新型的设备介绍如下。

1.自动识别系统(AIS)

自动识别系统(Automatic Identification System,AIS)是能够自动接收和播发船舶静态信息(如船名、呼号、船舶尺度等)、船舶动态信息(如航向、航速、船位等)、航次信息(如出发港、目的港、空载或满载、吃水等)和安全短消息,实现船舶识别、监控和通信的系统。AIS 可安装在船舶、陆地、航标、飞机或移动搜救设施上,能够与其他船舶、航标、转发站和基站直接或通过网络及远程通信系统间接进行 AIS 信息交换,实现船与船、船与岸、船与飞机或其他移动设施之间身份识别、航行信息交换,从而辅助船舶驾驶员、船舶交管人员、搜救人员、港航管理人员等进行决策。

以船舶避碰为例,在 AIS 出现之前,驾驶员需要使用雷达发现有碰撞危险的目标船舶,获取目标船舶的航行信息;使用 VHF 无线电话与其沟通,以便使双方相互了解各自的意图,进而采取避让行动。雷达和 VHF 都有着各自的缺陷:雷达存在盲区,易受到雨雪、海浪和其他雷达设备的干扰,且雷达能够提供的信息非常有限,只能显示目标回波(在雷达显示器上就是一个亮点);使用VHF与对方通话可能会由于语言交流问题而不能完全了解对方的信息和意图。而AIS将卫星定位系统、VHF、电子海图等各种航海仪器和设备的信息或数据融合在一起,实时显示对方所有的航行信息和动态,使驾驶员更容易判断对方的操船意图,采取正确的避让行动。

2.综合驾驶台系统(IBS)

为了保障船舶航行安全,按照1974年SOLAS公约的要求,船舶驾驶台需安装和配备多种航行设备。如果这些设备各自独立,布置分散,就会使得驾驶员获取信息和利用信息做出判断和决策时非常不便,特别在紧迫局面时,驾驶员往往因不能同时获取全部航行信息而不能及时做出最佳决策。如果能将各种航行设备集中在一起,在显示器上同时显示各种航行信息,则可显著提高驾驶员的工作效率。

随着计算机、自动控制、信息处理等技术的不断发展,综合驾驶台系统(Integrated Bridge System,IBS)应运而生。IBS通常由罗经(陀螺罗经和磁罗经)、计程仪、电子定位系统(如GPS)、测深仪、雷达、电子海图显示与信息系统、AIS、自动舵、监督和警报系统、综合信息控制系统等设备组成,实现定位、导航、避碰、自动驾驶、航行管理、通信、消防、救生、模拟训练、警报等功能。

3.航行数据记录仪(VDR)

船载航行数据记录仪(Voyage Data Recorder, VDR)也称为船舶黑匣子,是一种以安全并可恢复的方式,实时记录和保存船舶发生事故前后一段时间内的船舶位置、动态、物理状况、操船命令和方式等相关信息以及船舶航行数据的设备。主管机关、船公司、保险公司等可以获得存储在VDR中的数据和信息,作为处理水上交通事故的证据。

与道路交通事故调查方式有所不同,水上交通事故无法保留事故现场。以往海事调查人员通常根据涉事船舶的记录(如航海日志、轮机日志等)、事故发生时的气象水文资料、涉事船舶的事故痕迹、对涉事人员的调查笔录等来推断事故的成因。这种调查容易受到外界因素的干扰而难以查出事故的真实原因。

借鉴飞机黑匣子的模式,国际海事组织于1997年11月通过了一项决议,提出了《船载航行数据记录仪(VDR)性能标准建议案》。随后经过多次修改“SOLAS公约”第Ⅴ章(航行安全),要求所有国际航行客船和滚装客船以及所有从事国际航行的3 000总吨及以上船舶安装VDR或S-VDR(即简易VDR)。中国海事局对我国沿海航行船舶也提出了相应的具体要求。

VDR或S-VDR记录的信息总体上可分为配置数据和运行数据。配置数据是由正式授权人在VDR或S-VDR启用时写入,且不能被其他未授权人改写的、永久保存的数据。按照我国的相关规定,配置数据又称为船舶固定数据,包括船舶名称、国际编码、呼号、登记号、种类、船籍港、建造日期、(总)长、(型)宽、(型)深、总高度、总吨位、净吨位,主机种类、功率、数目、转速,以及船舶推进器种类、所有人名称和地址等。运行数据包括至少在12 h内系统连续记录的所有数据。根据来源,运行数据可分为:导航仪数据,包括日期和时间、船位、速度、船首向、水深;雷达图像或AIS数据;通信音频数据,包括驾驶台声音(驾驶员谈话、公共广播、驾驶台警报音频)、通信声音(VHF对讲机声音);操作状态数据,包括舵令及响应(操舵指示器、舵令、船首向或航迹控制器的状态)、轮机命令及响应(车钟、轮机/螺旋桨/控制器的位置、轴转速、反馈指令、侧推等);环境状态数据,包括船体开口(门)的状态、水密门和防火门的状态、加速度、船体应力、风速和风向;警报数据,包括所有国际海事组织强制要求的驾驶台警报的状态等。

第四节　船舶驾控

一、水文气象对船舶航行的影响

船舶在海中航行，在出发港与目的港确定后，选择一条既安全又节省时间的航行路线是船长和驾驶员的共同责任。影响船舶航行安全和速度的主要海洋水文气象因素是风、流、浪、冰和雾等。

(1)风对航行的影响与露出水面的船体部分垂直于风向的横断面积大小有关。客船受风力的影响最大，货船次之，油船最小。以货船为例，设风速等于船速，从船首左右 30°方向范围来的风即为顶风；顶风时，阻力最大，能使船速减小。从船尾左右 20°方向范围来的风即为顺风；顺风时，不但不受到风的阻力，反而得到风的推力，能使船速增大。其他方向来风的作用界于上面两种情况之间。风对船速的影响不显著，主要影响是使船舶偏离原来的航线和引起稳性问题。特别是台风，对船舶的安全形成较大的威胁。得到台风警报后，在可能的情况下，应就近寻找避风港避风。如果由于躲避不及时，船舶已进入台风区，首先要了解台风中心的位置和它移动的方向，并确知船在台风中的相对位置，然后及时采取适当措施避离危险。应使船保持与台风中心的距离在 50 n mile 以上，最好不要驶入距其中心 100 n mile 以内的范围。

(2)海流对船速的影响，一般以投影到船舶纵向线上的流速矢量大小度量。若此方向流速分量大于 0.5 kn，就应当考虑海流对船速的影响。例如，有一艘航速为 18 kn 的货船在某海区航行时，受到一股流速为 2 kn、相对流向为 30°的海流影响(见图 4-18)，其航速将降低到 16.4 kn 左右。各海区海流的流速和流向数据，可以从相关的引航资料中查得。

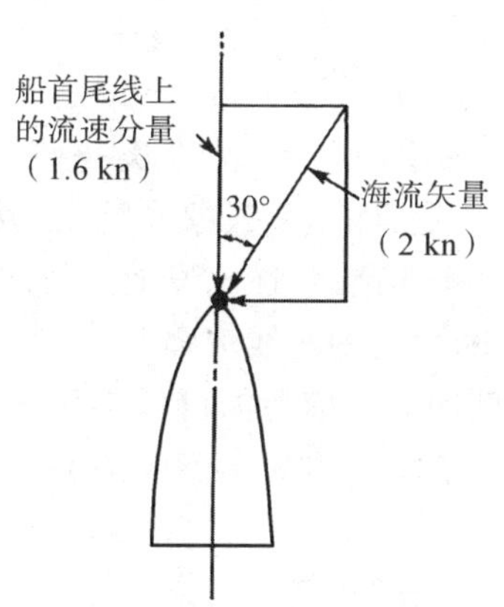

图 4-18　海流对船速的影响

(3)海浪是影响航行安全和船速的最主要因素。海浪不仅会使船舶产生纵摇、横摇和垂荡运动，使船员晕船，而且当波长接近船长时，会产生共振现象，引起船舶大幅度纵、横摇摆，造成空车，降低舵效，甚至倾覆。这时就得主动降低船速，改变方向迎浪航行，以确保安全。海浪的拍击力也很大，对船体结构具有一定的破坏威胁。

(4)冰对航行的影响首先体现在安全性方面，并由此产生对速度的影响。在冰区航行，对船舶操纵、航行定位和确保航行安全都会造成相当大的困难。

冰区航行的特点是:

①因经常改变航向、航速及不能使用计程仪,无法进行正常的航迹推算。

②由于结冰使岸形的雷达回波发生变化、冰上标志的被迫撤销和无线电波传播及大气折射的异常,陆标定位、无线电助航仪器定位以及天文定位都产生困难。

③冰的存在往往使船上人员产生视力下降现象。为了保证安全,必须密切注视航行环境和采取必要措施,这会占用驾驶员很多精力,要求驾驶员具有快速定位和计算的基本技能。

(5)雾对航行的影响是使驾驶员的视野受到限制,瞭望和观测产生困难,不能用天体和陆标测定船位,或测定各种仪器的误差。这就容易发生碰撞、搁浅或触礁等事故,影响航行安全。在这种情况下,可根据海区条件利用无线电定位仪或测深仪辨位导航。

如在大洋中航行,可发挥卫星导航等远程定位系统的作用和雷达的避碰作用。沿岸航行时则可根据具体情况使用雷达、测向定位导航。在狭水道雾航时,雷达的定位、导航以及避碰作用更加明显。船员亦可采用由一个物标对准下一个物标的逐点航法。在雾中航行时,各种定位方法可交叉使用,以利彼此核对。可是无论航海仪器怎样可靠,均不可与目视导航的直观性相比。在能见度不良时,即使用最理想的导航仪器,其误差对安全的影响也是不能忽视的。因此,雾中航行时,要求驾驶员增强责任心,严格遵守避碰规则。

由于上述因素的影响及定位精度的原因,长距离航行可能要走许多弯路。实际航行里程要比理论航行里程长。据统计,横渡大洋航线的船舶实际航行里程或花费的时间比理论上计算的里程或航行时间多10%~20%。在做航次计划时应考虑到这一点。

近年来,随着港口装卸作业的自动化、船舶类型的专用化以及通信导航设备的现代化发展,船舶靠港停泊的时间大为缩短。因此,如何进一步缩短船舶在海洋上的航行时间,已成为一个突出问题而深为各国航运界所重视。

以往,横渡大洋的船舶,大多选择大圆航线或混合航线,目的是使航程尽量缩短些。但是,由于大圆航线没有顾及沿途的水文气象条件,其航行距离虽然最短,但航行时间不一定最短。采用大圆航线,往往不能按原计划时间抵达目的港,导致延误船期,增加开支,有时甚至在途中遇到狂风巨浪,造成货损、船损或人命事故。为此,欧美一些主要航海国家,早在20世纪50年代中期,就由岸上的一些气象机构实施所谓的“气象导航”,为横越大洋的船舶推荐气象航线。

气象航线是指根据当时的海上天气预报,在出发港和目的港之间寻找一条既能保证船舶安全又能节省航行时间的经济航线,因为这种航线大多是由岸上的专门气象导航机构推荐的,故有“推荐航线”之称。它是根据近期内关于航行海区的准确天气预报,结合船舶的性能、船型及装载情况而拟定出来的大洋航线。这种推荐航线必须以3~7天甚至10天左右的中、长期天气预报和海况预报为基础。

二、狭水道航行

船舶在航行过程中,受到种种限制的可航水域,称为狭水道。有些人习惯上把宽度小于2 n mile的水道称为狭水道,它包括港口水域、锚地、运河、通航江河、岛礁区狭窄的海峡、内海水道和其他禁航地带的限制航道(如我国的长江水道、黄浦江、珠江、海河等)。船舶在狭水道中航行与安全避让具有一些特殊规律。

1.狭水道的特殊性

(1)航道狭窄、水浅、进出船只多。

(2)受潮流影响大,水道转弯地段多。

(3)有暗礁、浅滩、沉船等障碍物。

2.狭水道航行可能产生的几种现象

(1)岸推和岸吸现象

船离开航道中央,过于靠近岸壁快速航行时,可能发生船首被岸边一侧的水推开,而船尾被另一侧的水压向岸边的现象。船首被推离岸边而船尾被压向岸边的现象分别被称为岸推和岸吸。岸推和岸吸作用会使船舶偏位,如图 4-19 所示,情况严重时,如不及时降速,就可能碰及对岸。运河中这种现象较为严重。

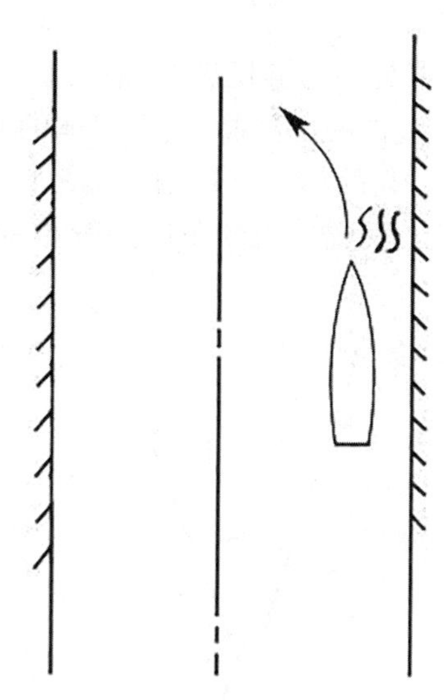

图 4-19 岸推和岸吸现象

(2)船吸现象

当两船平行航行时,在船速快、距离近、水深小的条件下,便有可能相互吸拢而发生碰撞,这种现象被称为船吸现象。

(3)浪损现象

由于水道狭窄、水深较小,船舶高速航行所激起的波浪将波及两岸,引起大的涌浪。这种现象会引起靠岸的小船碰撞和靠码头的船舶断缆,进而造成浪损。

在狭水道中航行,一般都有条件用目力进行陆标定位。对上述现象必须提高警惕,一旦出现此等现象,应立即采取措施,防止发生事故。

三、锚泊作业

船舶在港口装卸货、补充给养、检修设备或避风时,就需在港方指定的泊位(码头、浮筒或锚地)停泊。将一艘上千吨、上万吨,甚至几万至几十万吨的大船靠上泊位或离开泊位是一项有风险的、技术性的任务。驾驶人员必须充分掌握船舶操纵性能和客观外界环境,合理地运用桨、舵和系泊设备,安全、顺利地完成系泊任务。在有些情况下,如港内水域狭窄,大船操作困难,需向港方申请派拖船协助靠、离码头。

对于有些港口,船舶还可在锚地进行过驳作业,即在无须靠码头的情况下将一条船上的货物,换装到另一条船上,继续运输。

这里简要介绍一下锚泊作业。

船舶由于等候泊位、检疫、引航，或在海上进行装卸、避风等，都需要在锚地抛锚停泊。锚地的条件是否适合该船锚泊，对船舶安全影响甚大。

1.锚地条件

（1）锚地的底质最好是黏土，黏土具有良好的抓着力，其次是淤泥和沙。小石块、岩石等底质不适宜抛锚。

（2）锚地的周围最好有陆地或群山遮蔽，以减少风浪的袭击。

（3）锚地要有足够的水深，水深不应小于船舶满载吃水的1.2倍，水域开阔，附近无暗礁。

2.几种锚泊的方法

（1）单锚泊：抛出一只锚，并放出足够的链长进行锚泊，称为单锚泊。这是在比较宽阔的锚地中常用的一种锚泊方法。单锚泊抛锚的方法简便，但船体的回旋范围较大。

（2）八字锚泊：抛出双锚成八字形，故称八字锚泊（如图4-20所示）。八字锚泊比单锚泊的系留力大，船体的回旋范围比单锚小，两锚伸出的角度一般在30°~60°，常用于风大流急之处。

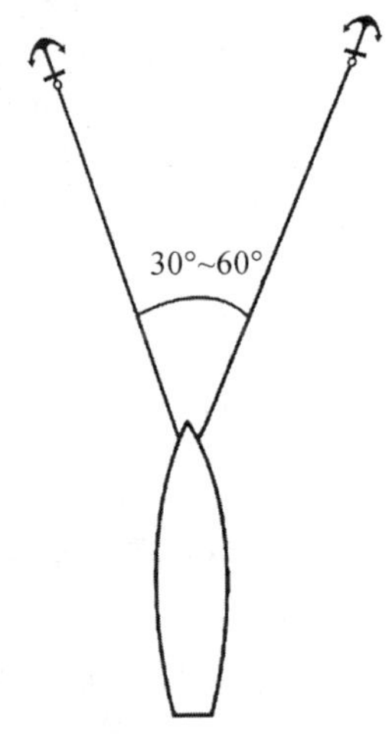

图4-20 双锚成八字形

（3）一字锚泊：锚地水域狭小，船身回旋范围受限制时采用此法。此法抛出的双锚与船处于同一条直线上，故称一字锚泊。

当采用前两种方法时，锚泊中的船会随风以锚为中心漂移，施放的锚链长度决定了船舶回旋半径的大小。当风大、锚的抓力不足时，船还可能拖着锚漂走，称为走锚。在这种情况下，如果周围还停有其他船，就极易发生碰撞事故，所以锚泊时值班人员必须提高警惕。

3.起锚操作

在正常情况下，起锚时用起锚机慢慢将锚链收回，提起锚并归位，收锚链的同时用清水冲洗锚链。但当锚被夹入石缝或因其他原因提不动锚，而又处于紧急状态时，就要考虑进行弃锚作业。弃锚的办法有两个：一是进入锚链舱，打开弃锚器；二是将锚链截断。非到万不得已不能采取弃锚措施。

【小资料】

海洋的深度

地球表面水的总质量大约仅为地球总质量的万分之二。但地球上的海洋是连成一片的，陆地是相互分离的。在地球 $5.11\times10^8\ km^2$ 的总面积中，海洋占70.8%，陆地占29.2%。海洋不仅面积超过陆地，其最深处也超过陆地的最高处。海洋的平均深度达3 795 m，而陆地的平均高度只有875 m。世界上的海洋最深处位于马里亚纳海沟，探测深度为11 034 m，陆地最高的珠穆朗玛峰海拔为8 844.43 m。

思考与练习

1.世界各地海上潮汐规律为什么不完全一致？潮汐的存在对船舶安全航行有何影响？

2.当海面波浪很大，波浪走向很有规律，对船舶安全航行形成严重威胁时，一般应如何调整航向才有利于船舶安全航行？

3.船上的舵是用来控制船舶航行方向的，为什么商船上的舵一般都安装在船尾？在什么情况下操舵才有舵效？

第五章

商用港口

第一节　港口的功能与主要机构

一、港口的功能及生产活动的主要特点

港口是水运客、货的集散地，是水陆运输的衔接点。由于水运能为工业生产所需的原料、燃料的进口和产品的出口提供量大、价廉的运输条件，世界上的主要港口大多数都是重要的工业基地。港口的生存和发展同与其相连的广大腹地内的工农业生产的规模和发展密切相关。

对于一个政权国家来说，港口有政、企两方面的职能。

所谓"政"，是指行政组织的职能。鉴于港口对国家具有十分重要的作用，与所在城市的关系十分密切，因此在航运比较发达的国家，港口行政组织方面的职能通常是由政府专设的管理机构，如港口管理局或交通运输局(委)来履行的。属于政府管理机构的港口工作主要包括：

(1)制定港口发展规划。

(2)发包和监督建造码头基础设施以及其他水工建筑物。

(3)负责港池及港外航道的疏通。

(4)批准有关单位在港区范围内构筑设施和对码头基础设施的租借申请。

(5)对进出港、靠泊码头、锚泊的船舶及对装卸作业进行安全监督、管理。

(6)对环境保护进行监督、管理、评价。

(7)对进出港船舶引航。

(8)负责港区消防。

(9)掌握在港和进出港船舶的动态。

(10)征收各项政府规定征收的税费。

所谓"企"，是指生产、经济组织的职能，即港口有关企业的经营管理。港口的生产活动主要包括以下内容：

（1）装卸作业，即将货物装上或卸下船、车等运输工具。

（2）换装作业，即将货物从一种运输方式转换到另一种运输方式。

（3）收发和保管货物，为货物提供暂存库房或场所。

（4）组织客源、货源，招揽旅客、货物通过港口运输。

（5）为水上客运服务，提供旅客安全上下船、车等的设施及候车场所。

（6）船舶燃料、物料、淡水及船员生活用品的供应等。

此外，现代国际化港口还有作为金融、保税、自由贸易区的作用。

其中，货物装卸、换装与保管是港口生产活动的主要功能，而货物装卸、换装又是港口最主要与最基本的生产活动。

港口生产活动具有以下三个主要特点：

1.港口生产活动的多样性和复杂性

在港口装卸、换装、堆存货物的种类、包装、性质多种多样、各不相同；运输这些货物的车辆、船舶等运输工具的形状、构造、尺度等也不尽一致；港口具有多工种、多环节联合作业，联系面广的特点。因此，要完成港口的生产任务，不仅要将企业内部各个环节的生产活动有效地组织起来，而且要将生产活动外部，甚至港口外部与车、船、货有关的活动，如引航、燃物料供应、联检、车船接运等很好地衔接起来。

2.港口生产活动的不平衡性

港口生产活动受自然的、经济的、社会的以及技术上的影响。在不同时期港口生产任务有可能不同，导致生产活动不平衡。这种不平衡性会对港口一系列重要问题的决策产生影响，如港口设备的数量、装卸工人的编制、港口基本建设的规模等。对生产活动的不平衡性估计不足、港口缺少必要的储备是造成港口压船、压货，影响社会、经济效益的主要原因之一。然而，对生产活动的不平衡性估计过高，又会使港口设备、人力和财力造成严重浪费，增加装卸成本。港口生产管理者的任务之一就在于充分、正确地估计生产活动的不平衡性，在经常的生产活动中采取一切有效措施，消除不平衡性带来的各种不利影响，充分利用港口的设备、人力和财力。

3.港口生产活动受客观环境的影响与限制较大

港口是服务性的生产单位，用户托运的货物就是港口的生产对象。由于国民经济各部门的生产数量和产品结构处于经常的调整、变动之中，原料、燃料和产品的供需情况也在不断地变动，外贸市场更是瞬息万变，自然灾害又很难预测，因此港口的生产任务，包括数量、组成、流向不可避免地要受客观环境的影响，随着外界的变化而经常变动。除此之外，水运还有受自然条件，特别是气象条件影响大的特点，再加上港口与一般工业企业不同，缺少原料和产品的储备机能，使港口生产活动受客观条件的影响与限制远较一般工业企业大。

二、港口常设主要机构

在我国，《中华人民共和国港口法》规定港口由当地政府管理，行政实行统一管理，生产服务实行多家经营的政企分开管理体制。港口常设的主要政、企机构如下：

1.政府监管机构

（1）海事局

中华人民共和国海事局在沿海各港和主要江河大型港口设置的下属机构，以及各省、自治区、直辖市交通运输厅、局下设的地方海事局，是国家行政管理机关，根据国家的有关法令、规章维护国家主权，对船舶实施监督管理，保障水上交通安全秩序。其主要职责为：

①办理船舶注册登记，核发船舶所有权登记证书和船舶国籍证书。

②负责船员考试和发证，核发海员证。

③对进出港船舶实施监督、检查和管理，办理船舶进出港报告监管或联检业务。

④指导船舶安全进出港口。

⑤维护港口和航道的水上交通秩序，进行交通管制。

⑥组织并指挥港内船舶防台、抗灾。

⑦组织和参与水上救助。

⑧调查处理海损事故、船舶排污和有关违章事项。

⑨监督危险品的装卸和积载。

⑩审批港口和航道的水上、水下工程设施建设，监督港口和航道的通航情况，发布航行通告和航行警告。

(2)交通运输局(委)

在主要港口城市的政府机构中通常设交通运输局或交通委等交通运输主管机构，主要负责当地港口、水运行业管理和政策制定，组织或协调港口发展规划、安全监督等。

(3)海关

依照《中华人民共和国海关法》(以下简称《海关法》)等有关法律、法规，中国海关主要承担：监管进出境运输工具、货物、物品；征收关税和其他税、费；查缉走私；出入境动植物及其产品检验检疫、卫生检疫、商品法定检验；编制海关统计信息和办理其他海关业务等职责。

(4)国家移民管理局(中华人民共和国出入境管理局)

在我国，国家移民管理局隶属于公安部，其主要职责之一是对出入境人员(包括船员)、交通运输工具等实施边防检查和监护。在对外开放口岸设立出入境边防检查机构，实施出入境人员和交通运输工具的查验管理，防范查处非法出入境活动等。

国际航线船舶在进入我国对外开放港口之前就要通过当地船舶代理公司填报规定的表格，向驻港海事管理部门办理进港手续。由海事管理部门组织海关和边防检查站等单位组成联合检查小组，提出联合检查方式(边航行边检验、在锚地检验或靠码头后检验)，对船舶进行联合检查(简称联检)。

2.生产服务单位

(1)港务公司

港口都设有装卸、仓储、码头、轮驳等为到港的船舶和货物提供各种服务的公司。根据政企分开的改革方向，我国大型国际化港口于21世纪初纷纷以原港务局为主体组建了国有独资公司或企业集团。有些港务公司还组建了股份有限公司，并上市。例如，上海国际港务(集团)股份有限公司、大连港集团有限公司(2019年整合进辽宁港口集团有限公司)，都是实力很强的、能为航运企业和货主提供各种港口服务的大型企业集团。

(2)船舶代理公司

船舶代理公司受船东委托，办理来港船舶在当地的相关业务，包括船舶代理、货运代理、揽货订舱、客运代理、国际联运、报关，加燃油、淡水、食品、物料，以及其他有关业务。国际航线船舶到达港口都要委托一家船舶代理公司为其办理在港期间的相关业务。

(3)理货公司

理货公司是代表委托方进行点数、计量、监装或监卸、交接货物，以及进行货损和箱损鉴定等业务的具有公正性、国际性的专业服务性公司。对于国际航线船舶，理货是外贸运输中不可缺少的一个环节，它对承运、托运双方履行运输契约，买卖双方履行贸易合同和船方保质保量地完成运输任务，都起着重要的作用。

(4)船舶燃料供应公司

几乎所有具有一定规模的港口都设有燃料供应公司，其应船方申请，以合理的价格向来港船舶提供燃油、润滑油和淡水等物料的供应。我国最大的燃料供应公司是中国船舶燃料有限责任公司，在全国各个港口设置分公司或供应站、供应点，在新加坡、韩国、荷兰等地也建立了海外专业公司或网点，拥有各类船舶几十艘、储油库十几座。

(5)船舶检验机构

我国船舶检验机构成立于 1956 年 8 月 1 日，当时叫中华人民共和国船舶登记局，1958 年 6 月 1 日改名为中华人民共和国船舶检验局。1985 年 11 月，经国务院批准，将船舶和海上设施的入级业务和一部分公证检验业务划分出来，成立了具有社会团体性质的中国船级社。中国船级社的主要业务是：

①施行入级和保持入级的检验，签发入级证书和必要的证件，出版船舶名录。

②接受中国政府和其他国家政府的授权，代行法定检验和发证工作。

③承办公证检验业务。

④提供技术咨询。

⑤制定各种船舶和海上设施的入级规则和规范，并及时进行更新。

⑥进行有关安全技术和入级标准的研究和试验。

第二节　港口主要设施

港口由水域和陆域两大部分组成。水域是供船舶进出港，以及在港内调动、锚泊和进行装卸作业使用的。因此，要求它有足够的深度和面积，水面基本平稳，流速和缓，以便安全驾控船舶。陆域是供旅客上下船，以及货物的装卸、堆存和转运使用的。因此，陆域必须有适当的高程、岸线长度和纵深，以便在这里设置装卸设备、仓库和堆场、铁路、公路，以及各种必要的生产、生活设施等。下面简要介绍港口水域和陆域的布局与设施的基本情况。

一、港口水域

1.港外水域

这部分主要是指进出港航道和港外锚地（如图 5-1 所示）。多数海港及河口港都有天然进出港航道，如果其水深不能满足船舶要求，或在河口段有局部浅滩（拦门沙），则往往需要进行疏浚和整治。对有防波堤掩护的海港，通常将防波堤口门以外的航道称为港外航道。

内河港口的航道常常就在主航道靠近码头的一侧（如图 5-2 所示），一般要求有适当的宽度，既不影响主航道上船舶的航行，又与码头、锚地留有足够的距离。

港外锚地是到港船舶抛锚停泊的场所，船舶可以在这里接受边防检查、卫生检疫等，引航员可以在这里上下船（海港）。港外锚地有时也供大型船队进行编队、解队之用（河港）。进出港航道与港外锚地均需用航标加以标示。

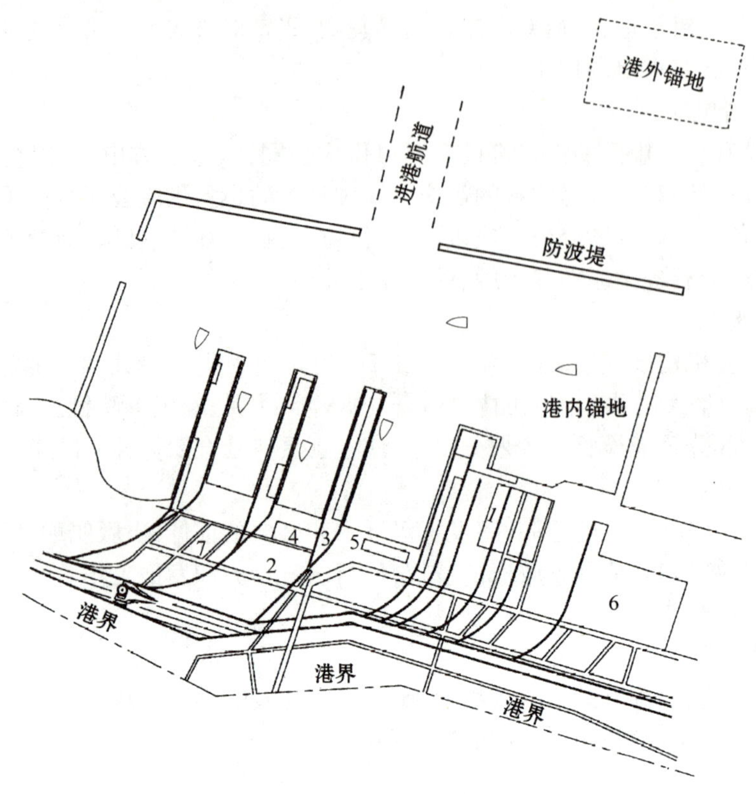

图 5-1　海港平面布置示例

1—港口仓库；2—露天货场；3—铁路装卸线；4—作业区办公室；5—作业区工人休息室；6—储存仓库；7—道路

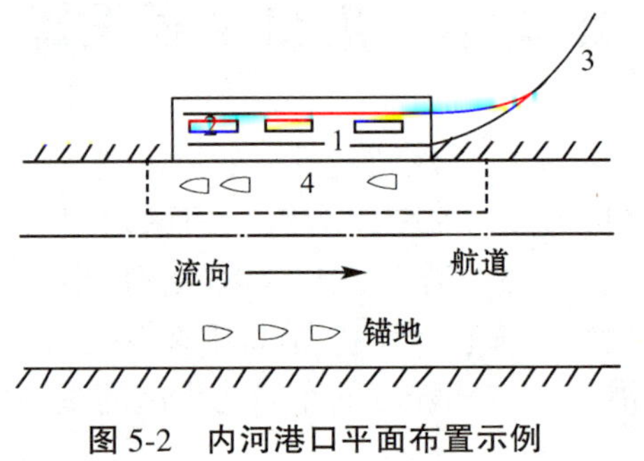

图 5-2　内河港口平面布置示例

1—码头；2—仓库；3—铁路；4—港池

2.港内水域

通常将港池内的水面部分称为港内水域，它包括港内航道、港内锚地，以及码头前沿水域和船舶掉头区等。船舶在港池内航道行驶时要适当减速，以保安全。港内航道与码头之间一般要有供船舶进行回转的掉头区，这段水域要有足够的宽度。大型海船在港内靠离码头常要拖船协助；而内河船靠泊时，为便于控制，常常需要将船首对着水流的方向。掉头区正是供这种操作使用的。

码头前沿水域必须有足够的深度和宽度，以使船舶能方便地靠离，既要保证船舶靠码头的一侧能进行装卸作业，有时还要使其另一侧可以同时进行水上（船过船）装卸作业。因此，码头前沿水域宽度应适当留大些，以免影响附近的航道。

海港的港内锚地主要供船舶等待泊位，或进行水上装卸用。在气象条件恶劣的情况下，这里可供船舶避风停泊。而河港锚地则主要用于编解船队和进行水上装卸作业，这是内河港、河口港的重要作业方式。

3.防波堤

防波堤将海面分为港外水域和港内水域，用以防止开阔海域的波浪对港内冲击，保持港内水面平稳，也有的用来防止泥沙涌入港内。可以采用的防波堤构造形式包括斜坡式、直立式、混合式、透空式、浮式、气压式等多种。其工作原理基本上是通过天然石块或混凝土方块、沉箱或气泡幕构筑成堤，抵抗或抵消外海面上传来的波浪，起到消波作用，以使港内不受或少受波浪的影响。

4.导航助航标志及系统

导航助航标志及系统也是港口水域的重要组成部分（参见第四章第三节），主要有灯塔、灯桩、导标、浮标和船舶交通管理系统（VTS）。防波堤头、码头端部、岛礁以及其他可能威胁航行安全的地点通常布置灯桩。导标和浮标用来标示进港航道、引导船舶出入港口。船舶交通管理系统就是为保证船舶安全航行、组织船舶交通流而设置的。

二、港口陆域

凡是在港口范围内的陆地面积，统称为港口陆域。港口陆域主要由以下几个部分组成。

1.码头与泊位

供船舶停靠，以便上下旅客、装卸货物以及进行各种辅助作业的水工建筑物称为码头。码头前沿线通常即港口的生产岸线，它也是港口水域和陆域的交接线。码头岸线的布置有多种形式，有的与岸线平行，称为顺岸码头，如图 5-2 所示；有的与岸线正交或斜交，称为突堤码头，如图 5-1 所示。前者多数用于河港；后者常出现在海港，以便在有掩护的范围内形成较多的曲折岸线，布置更多的泊位。

所谓“泊位”，即供船舶停泊的位置。一个泊位是指供一艘船停泊的位置。对于不同的船型，船舶长度是不一样的，同时相邻两船之间还要留出一定的间隔，以便于船舶系解缆绳，所以泊位的长度依船型的大小而有差异。一个码头往往要同时停靠多艘船，设有多个泊位，因此码头岸线长度决定了泊位数和每个泊位的长度。

码头前沿的水深要满足来港船舶的吃水，并应考虑船舶装卸和潮汐变化的影响，留有足够的富余水深。码头高度与装卸作业、船舶干舷或型深直接相关。

对于码头，有各种分类方法和称谓。

（1）按用途分为客运码头、货运码头、轮渡码头、工作船码头、修造船码头等。而货运码头又可分为件杂货码头、集装箱码头、散货码头、滚装码头、石油码头、化工品码头等。对于油船还可采用在海上进行装卸作业的系泊设施和岛式系泊码头，如图 5-3 所示。

（2）按码头前沿的横断面形状分为直立式、斜坡式、半直立式和半斜坡式，如图 5-4 所示。直立式有利于大型船舶的靠泊和作业，不仅在海港中广泛采用，在条件较好的河港也常采用；斜坡式适用于水位变化较大的河港，通过趸船和引桥或缆车实现船舶靠泊和装卸作业。

（3）按结构形式分为重力式、板桩墙式、桩基式、混合式等。图 5-5 所示是一种用多层的混凝土块砌制而成的码头，即通常采用的混凝土砌块岸壁重力式码头。

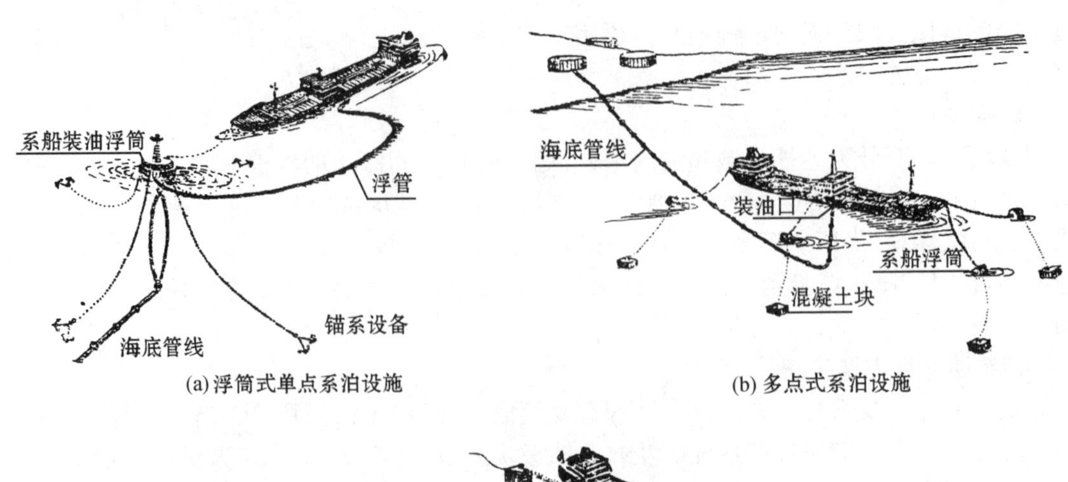

(a) 浮筒式单点系泊设施　　(b) 多点式系泊设施

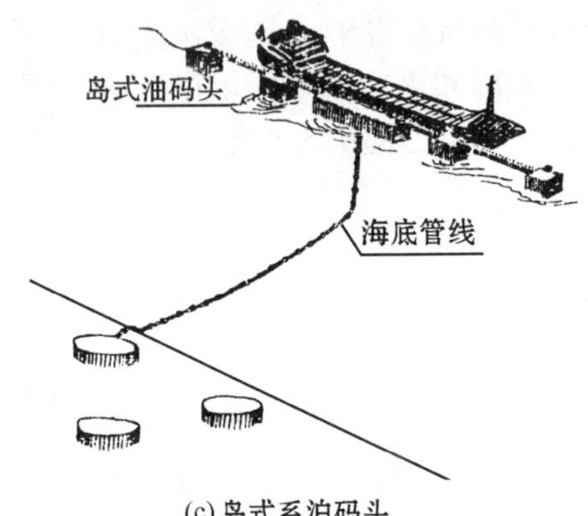

(c) 岛式系泊码头

图 5-3　海上油船系泊设施形式

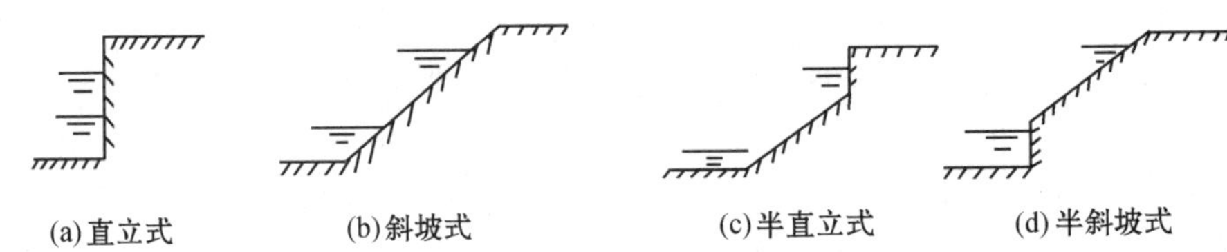

(a) 直立式　(b) 斜坡式　(c) 半直立式　(d) 半斜坡式

图 5-4　码头断面形状

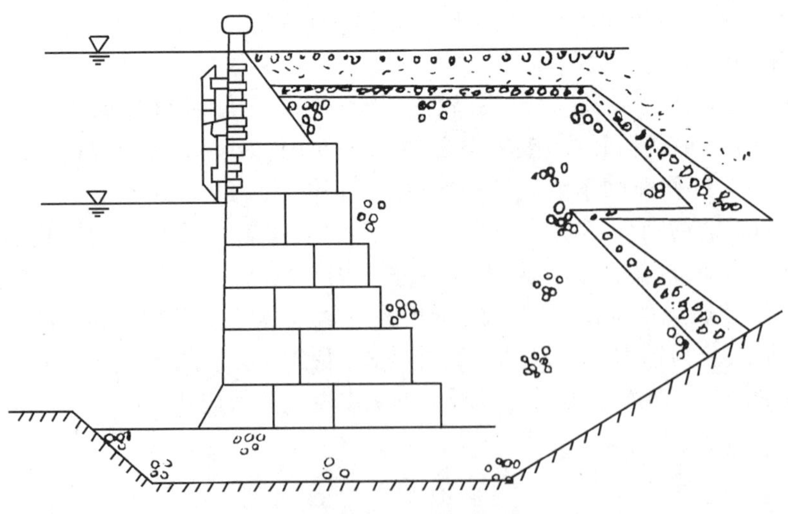

图 5-5　混凝土砌块岸壁重力式码头

2.仓库与堆场

仓库与堆场是用于货物在装船前或卸船后短期存放的场所。传统上,多数较贵重的件杂货都在仓库内堆存保管,只有那些不怕风吹雨淋的货物如矿石、煤炭、钢铁和矿建材料等才放在露天堆场上或货棚内。而这种散装货物的堆场常常远离市区和其他码头,以免对环境造成污染。由于货种不同,各类专业码头要建造不同的仓库,如散粮码头有圆筒粮仓,石油码头有油罐。采用集装箱运输后,杂货放在密封性非常好的集装箱中,集装箱可以放在露天堆场上。所以在现代海运系统中,集装箱堆场成为一种专用化堆场。

从港口库场至码头前沿为码头前方场地,又称码头前沿作业区。这里既要布置装卸机械,又要安排火车、汽车的通道,以便于货物转运。码头前方场地通常是港口最繁忙的地段。

在有旅客运输的港口,还需设立专门的客运码头。在码头的附近建有港口客运站,供旅客候船休息及购买船票、存取行李之用。客运站周围通常留有一定场地,供市内交通在此接转旅客,以及设置各种服务网点。

3.铁路和公路

货物在港口的集并和疏散除了充分利用水路外,主要依靠陆路交通。因此,铁路和公路系统是港口陆域上的重要设施。当有大量货物用铁路运输时,还要设置专门的港口车站。在车站里可对货物列车进行编组或解体,并设有专用机车,将车辆直接送往码头前沿或库场的专用装卸线;装卸完毕后再由机车取回送往港口车站编组。在许多海港,铁路是主要的疏运方式,港口生产与铁路部门有密切的关系,如我国的大连港、秦皇岛港、青岛港等。

对于开展集装箱运输的港口,公路系统尤为重要,港内的公路要能通往码头前沿和各堆场,回路要通畅。港内公路与港外公路应有很好的连接,并尽可能少与铁路线或装卸作业线发生平面交叉,以减少相互间的干扰。进口与出口常常分别设置。同考虑铁路一样,大型港区也应有专供汽车用的停车场地。近些年来,随着港口吞吐量的持续大幅度增加,在一些大型港口专门建设了疏港路,将港口和通向内陆腹地的主干公路网连接起来。

4.装卸机械

装卸机械是港口的最基本设施之一。码头前方的机械多数用于船舶的装卸,其起重量的大小,往往就决定了来港货物单元的组成。如起重量大,则来船可装运长、重、大件;反之,船舶就只能装运一般小型包装的货物,除非船舶本身带有重吊杆装置,不受港口机械负荷的限制。常用的装卸机械包括门座起重机、装卸桥、浮式起重机等。

(1)门座起重机

门座起重机,简称门机,是大型直立式码头上的一种主要装卸机械,由沿地面轨道行走的门形钢架——门架及门架上的转盘式或转柱式臂架起重机组成。门架一般跨越 1~2 条铁路线,通过运行机构在地面轨道上行走。门座起重机具有的优点是:

①门座起重机的起升高度大,便于装卸长钢材和薄钢板等长、重、大件。

②门座起重机的工作机构是安装在门架上的,当码头前沿设有铁路、车辆通道时,门座起重机作业的运行轨迹和车辆运行路线立体交叉,互不影响。

③门座起重机的起重臂具有较大的活动范围。在车船直接换装时,可以同时装卸多辆车,使装卸过程中的工艺中断时间大大减少;在进行间接换装时,便于流动机械的接运。

④门座起重机在装卸钢材等非轻泡货物、件杂货时效率较高,对单件重量大的货物,可以采用两台速度相同的门座起重机联合作业(抬吊)。

⑤便于将舱内作业机械吊入、吊出船舱。

⑥对货种变动的适应性好,通用性强。装上抓斗即可装卸干散货。

对于门座起重机的选择,主要根据船型大小、货物装卸要求来确定其起重量和起重臂的活动幅度。在船舶不装载甲板货时,门座起重机的最大吊幅一般至舱口外侧;在经常堆存甲板货时,岸机的最大吊幅应至船舷外侧。大起重量的门机作业范围大,对大型船适应性好。

(2)装卸桥

在专业化程度较高的大宗散货卸船码头和集装箱码头上都设有装卸桥。装卸桥上配有专用吊具。例如,在集装箱装卸桥上装有专用集装箱吊具,在散货码头的装卸桥上装有抓斗。装卸桥的起重量大,装卸速度快。下面以集装箱装卸桥为例介绍装卸桥的主要参数。

①起重量。集装箱装卸桥的起重量依用途不同而有所差别。集装箱装卸桥的起重量是指允许起吊最大集装箱重量与吊具重量之和。集装箱装卸桥吊具下面允许起吊最大集装箱的重量即集装箱装卸桥的额定起重量。大型集装箱装卸桥的额定起重量可达 80 t 以上。

②起升高度。集装箱装卸桥的起升高度由两部分组成,即轨顶面以上的高度和轨顶面以下的高度。它取决于集装箱船的型深、吃水、潮差、甲板面上装载集装箱层数以及码头标高等因素。一般集装箱装卸桥轨顶面以上高度超过 25 m,大型集装箱装卸桥可达 40 多米,轨顶面以下高度约为 12 m。

③外伸距。外伸距是指集装箱装卸桥海侧轨道中心线向外至集装箱吊具铅垂中心线的最大水平距离。它主要取决于来港船舶型宽以及装卸时允许向外横倾 3°等因素。大型集装箱装卸桥的外伸距可达 63 m 以上。

④内伸距。内伸距是指集装箱装卸桥陆侧轨道中心线向内至吊具铅垂中心线的最大水平距离。内伸距的作用,一是放置集装箱,二是放置集装箱舱盖板。一般内伸距为 11~20 m。

⑤轨距。轨距是指装卸桥两行走轨道中心线之间的水平距离。轨距的大小影响到装卸桥的稳定性,轨距太小对装卸桥是不利的。一般考虑要在轨距内布置 3~6 条跨运车的作业线,故轨距一般为 16 m。大型集装箱装卸桥的轨距可达 35 m。

⑥生产率。集装箱装卸桥的效率取决于起重小车的起升、下降以及行走速度等因素。一般集装箱装卸桥效率为每小时 20~25 个箱,近年新设计建造的双 40 ft 箱双小车集装箱装卸桥的装卸速度可以达到每小时 80~140 个 40 ft 箱。

随着集装箱船舶的大型化和高速化发展,集装箱装卸机械也向着大型、高效的方向发展。双 40 ft 箱岸边集装箱起重机、双小车岸边集装箱起重机、可吊双 40 ft 箱双小车岸边集装箱起重机等新型岸边集装箱起重机的出现大大提升了装卸桥的生产率。

(3)浮式起重机

浮式起重机简称起重船或浮吊,它是安装在专用船上的臂架起重机。

除上述三种装卸机械外,还有塔式起重机、轮胎起重机等。对于专业化的码头,通常都设有专用装卸机械。例如,煤炭装船码头设有装船机,散粮卸船码头设有吸粮机。港口后方的机械则多数用于库场与库场、库场与车辆之间的倒载,如叉车、平板车、电动车等。集装箱码头堆场设有跨运车、重型叉车等。这些设备将在后文讲述相应货物的装卸工艺时,予以介绍。为了港口安全运行、生产,还要按照交通运输部颁布的《港口安全设施目录》《港口设施保安设备设施配置及技术要求》等文件的相关规定合理配置港口保安设施设备。

由此可见,港口运用的设施系统非常庞大复杂。然而就生产作业来说,大体上可将港口设施设备归纳为船舶航行作业、装卸作业、货物储存以及集并与疏运四个部分。船舶航行作业部分包括港内外航道、锚地、港池和船舶回转水域,还有为安全航行而设的通信、导航等设施;装卸作业部分包括码头、水上装卸锚地，以及各种装卸设备；货物储存部分则主要指的是陆域上的仓库和堆场，以及库场上的机械设备，对于有旅客运输的港口，在陆域上还必须建设客运站等设施；集并与疏运部分除了水路外主要就是铁路与公路。所有这些设施的能力都须适应水运生产，要满足来港船舶的需要，向船舶、货物和人员提供良好的服务。

第三节　专业泊位装卸工艺

一、件杂货装卸工艺

1.件杂货装卸工艺概述

港口装卸的件货又叫杂货，是指有包装和无包装成件运输的一类货物。由于件杂货包装形式各种各样，外形尺寸不一、重量大小不同，因此要求装卸机械设备应具有通用性。由于件杂货批量小，因此大部分件杂货都要经过库场进行分票或在库场积聚足够的批量，有些贵重的货物还要在库内留出专门的位置来保管。由于在同一泊位上既有卸船又有装船，因此要求装卸机械应能适应货流的双向性。

2.件杂货装卸工艺方案

(1)门座起重机或船舶吊杆-流动机械工艺方案，即码头前沿采用门机或船舶吊杆进行船舶装卸作业，水平搬运和库场作业采用各种流动机械进行。船舶装卸作业机械采用门座起重机、船吊、流动起重机各有优点。水平搬运机械主要有：蓄电池搬运车、牵引车、挂车、载重汽车等。拆码垛和装卸车辆可采用各式流动起重机和叉式装卸车等。

(2)起重船-缆车装卸工艺方案。起重船-缆车，曾是长江港口应用极为广泛的件杂货装卸工艺方案。在水位差大的港口，在建立直立式码头在投资和作业上都有一定困难的情况下，起重船-缆车装卸可成为主要的机械化装卸手段。

3.件杂货装卸工艺薄弱环节及解决方向

件杂货装卸工艺薄弱环节是在船舱和棚车内。舱内作业大多数情况下是用人工来完成的，为此，占用着港口大量的劳动力，劳动强度大而且效率低，船舶在港停留时间长。解决件杂货舱内作业机械化的措施包括：

(1)采用多功能叉车

要求叉车机动灵活，外形尺寸小，自重小，起重量大，堆高高度大，能配合各种夹具左右旋转并实现阶梯码垛。

(2)扩大舱口尺寸

从便于货物在船舱内堆放和提高装卸效率考虑，货船如能将舱口尺寸扩大，成为敞开式货船，则最为理想，这样就不存在舱内作业问题了。但从船的强度考虑，舱口宽度与船宽之比不能太大，否则船体总纵强度不能得到保证。

在海港件杂货码头上，如果广泛使用船舶吊杆装卸件杂货，码头上就可以不设置门座起重机；反之，件杂货码头上必须设置门座起重机。一般说来，对于件杂货船舶装卸作业，一对船吊的作业效率并不一定低于一台门座起重机的效率，但其营运费用要比门座起重机低得多。此外，使用船舶吊杆作业，对码头水工建筑要求低，不占用码头前沿面积。

采用船舶吊杆进行装卸作业时,必须注意以下几点:

(1)对于水位差变化比较大的港口,必须验算船舶满载低潮时,采用船吊作业有无困难。

(2)如以铁路车辆为主要集疏运方式,且直接换装比重大,则采用门座起重机较为方便,因为铁路车辆进入码头前沿频繁,会造成船吊作业经常中断。

(3)如货件单元比较重,且重大件所占的比例又比较大,则采用门座起重机较为有利。

二、集装箱装卸工艺

在集装箱码头,集装箱船的装卸是利用集装箱装卸桥来实现的。集装箱堆场和车辆的装卸作业多采用跨运车、轮胎式龙门起重机、轨道式龙门起重机、正面吊和叉车等几种设备。集装箱在码头前沿与堆场之间可以采用跨运车、正面吊、叉车、底盘车等机械搬运。根据在堆场和在堆场与码头前沿之间选用的主要装卸、运输机械的不同,可以将集装箱装卸工艺大体分为集装箱装卸桥-跨运车工艺方案、集装箱装卸桥-轮胎龙门起重机工艺方案、集装箱装卸桥-轨道龙门起重机工艺方案、集装箱装卸桥-底盘车工艺方案、集装箱装卸桥-正面吊或叉车工艺方案和集装箱装卸桥-移箱输送机-龙门起重机工艺方案6种基本形式。

此外,集装箱船的大型化发展和港口吞吐量的增加,促使集装箱港口又涌现出了多种新工艺,包括高架轨道式起重机和低架轨道式起重机接力系统、双40 ft箱岸边集装箱起重机机/双40 ft箱双小车集装箱起重机与双集装箱拖挂车、自动导引车与轨道式龙门起重机等新型装卸工艺。随着集装箱装卸与场地作业自动化水平的提高,自动化集装箱码头装卸工艺流程开始逐步成熟并推广使用。典型的自动化集装箱码头装卸工艺系统包括:自动化岸边集装箱起重机+自动导引车+自动化轨道吊的集装箱装卸工艺系统,其显著的科技进步性表现在集装箱堆场和作业现场无人化。

三、干散货装卸工艺

1.干散货装卸概述

干散货是指不加包装而呈松散颗粒状态进行运输、装卸和保管的货物。我国港口装卸的最大批量的干散货是煤炭、矿石,其次是粮食、盐、建筑材料等。第三章第二节(三)介绍了干散货具有的一些共同特性,有的干散货还可能具有黏性、固结性、吸湿性、腐蚀性等特性。干散货的这些特性对装卸工艺、运输和保管都提出了不同的要求。从货种批量上看,干散货在水运和港口装卸中属于最大宗的货类之一。对于这类货,宜建立专业性的码头。

2.干散货船舶装卸作业

(1)干散货装船工艺及设备

大宗干散货的装船一般都采用装船机向船舱装货,因此干散货装船效率比较高。散货码头上的装船机,不论采取哪一种形式,它的核心部分用的都是皮带输送机,只不过安装在不同机架上面形成不同装船方式。

(2)干散货卸船工艺及设备

干散货的卸船作业,多采用抓斗方式卸船,只不过所用的机械和规模不同。

①船吊或普通门机抓斗

这种机械过去在我国运用得比较多,这与我国过去的港口条件、船型等有关。这种机械只适用于比较小型的散货进口码头,生产率为100~200 t/h。

②带斗门机抓斗

这种机械是在分析了普通门机抓斗作业周期时间长、效率不高的缺点之后，在门机临海一边的机架上安装了一个受货漏斗而构成的一种带斗门机。其作业时最大的特点是节省了每一周期的动作，提高了装卸效率。带斗门机的起重量一般在20~25 t，生产率为500~700 t/h，适用于2.5万~6万吨级船型，多在中等吞吐量的散货码头上被采用。

③抓斗装卸桥

国际上大型散货进口码头多采用抓斗装卸桥卸船。其最大的起重量达80~100 t，每台生产率达4 000~5 000 t/h。

④吸粮机

吸粮机应用于粮食卸船专用码头。吸粮机卸散粮的主要优点在于：粮谷在密闭系统中运输，基本上无粉尘外溢；对船型适应性强；清舱工作量小。

关于自卸船的装卸工艺已在第三章第二节中介绍。

3.干散货堆场作业

根据干散货的特性，干散货可以保存在露天场地上或专用仓库中。专用仓库可以设计成高架式，如图5-6所示。作业时，用皮带运输机向仓库内装货，装车时货物通过漏斗从仓库中靠重力自行流到车厢里。

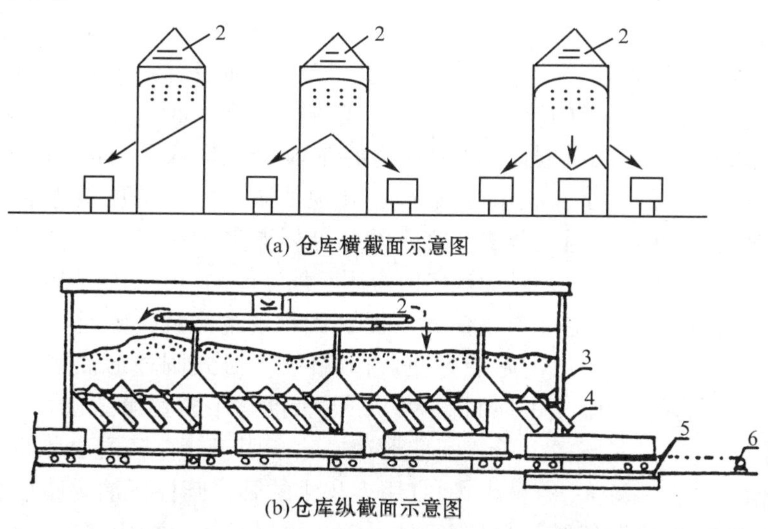

(a) 仓库横截面示意图

(b)仓库纵截面示意图

图5-6 高架式仓库

1—供料皮带机；2—移动皮带机；3—闸门；4—溜槽；5—轨道秤；6—牵引绞车

干散货露天堆场上一般采用地面堆、取料机作业系统进行堆场进、出料作业。这类堆场机械特别适用于大型干散货料场。当堆场的堆料长度大于200 m时，经济效益尤为显著。采用这类堆场工艺应注意与装卸船、车环节的效率相适应。

4.干散货装卸车辆作业

干散货装船码头用的卸车机械主要包括：链斗卸车机、螺旋卸车机、翻车机系统等。通过能力较大的散货码头通常采用翻车机系统和自卸车方式。如在煤炭码头，翻车机系统由停车场、推车器、翻车机、受料漏斗和地下出料皮带机等组成。对于大型重载列车，如果采用可旋转的车厢，列车可以不解体连续翻转。一次可翻一节或两节车厢。翻车机效率很高，特别适合大型高效率装船码头使用。

在干散货卸船码头的装车工艺方面,由于车辆的受料口小,如用抓斗直接装车,每次都要小心对正,所以装车效率不高。对装车量大的港口,最有效的方式是采用高架存仓漏斗和皮带机组成的装车系统。高架存仓漏斗下可设多条装车线,如图5-6(b)所示,可同时向若干车辆上装料,每辆车只要几分钟就可装满,装车能力很强。

四、石油装卸工艺

1.石油储存设备

石油专用码头的外貌特征是由许多油罐组成的贮油库,不同油品分别储存在不同的油罐内。在满足消防要求的前提下,贮油库距离码头应尽可能近些,油罐之间的距离应尽可能小些。

(1)油库容量

确定油库容量应考虑到泊位设计年吞吐量、来船频率和船型大小及对装卸油速度的要求。陆上转运有铁路运输和管道运输两种形式。若用铁路运输,油罐车运进或运出的速度较慢,当码头上经常靠大船时,要求有较大的贮油库,以避免车船直接倒载、船等车的情况发生。若用管道运输,要考虑到来船的均匀性。由于从油田至港口库区的输油管道之中必须有油流动,在输送黏性大的原油时管道中的油不正向流动就得反向流动,为避免反向输送(向油田输油)的无益能耗,所以也要设有足够大的贮油库。

(2)油罐的形式

从建筑形式上分,有地下式、半地下式及地上式油罐;从建造材料上分,有金属油罐及非金属油罐。金属油罐是应用最广泛的储油容器,有立式圆柱形拱顶油罐、立式圆柱形浮顶油罐、卧式圆柱形油罐及球形油罐。立式圆柱形拱顶油罐的拱顶本身是承重结构,罐内没有桁架和立柱,结构比较简单,钢材用量较小,承压能力较高。浮顶油罐的特点是顶盖直接放在油面上,随油品收发而上下浮动,因此除了顶盖和罐壁之间的部分环形空间外,几乎占用了全部气体空间,从而大大减少了油品的蒸发损耗。这种油罐广泛应用于储存原油。它的建造容积一般都在5 000 m^3以上,大的原油浮顶罐容积已达150 000 m^3。卧式圆柱形油罐的优点是:能承受较高的正压和负压,有利于减少油品的蒸发损耗;施工方便;机动性大。卧式圆柱形油罐的缺点是:单位容积耗费钢材量大,一般罐的容积小、占地面积大。在大型油库中常用卧式圆柱形油罐作为附属油罐使用,如用作放空罐、计量罐等。卧式圆柱形油罐除了用于储存轻质油品外,还可用于储存润滑油。因为润滑油往往品种多,数量小,适宜用容积小的卧式圆柱形油罐储存。此外,根据承压能力,卧式圆柱形油罐及球形油罐也可用于储存液化气以及需要加压储存的溶剂。

2.石油的装卸设备

石油的装卸设备主要包括输油泵、输油管、输油软管或输油臂及附加设备。输油泵的主要特性参数包括:流速(有时也称为流量),是指单位时间内从泵的排出口所排出的液体体积,单位是L/s或m^3/h;压头(扬程),是指单位重量液体通过泵所获得的能量增值,单位常用kg·m/kg或米液柱表示。输油管及附加设备是联系泵房、油罐、油码头及铁路装卸车台的主要设备。

油船在装卸时,一般可同时接通3~5根输油管。装船时,通常使用岸上的泵向船上输油,在有条件的地方,装船常常采用自流方式。例如,我国原油出口码头秦皇岛港和大连港的油罐区设在距海平面几十米高的山坡上,可以保持较高的自流装油速度。卸货时使用船上设的货油泵向岸上排油。

3.油港污水处理

船上产生的含油污水和油港在生产过程中产生的含油污水,如油罐脱水、油罐加热器排出的冷凝水，泵房、阀室、管沟的积水，污水处理场在生产过程中产生的含油污水，以及油罐区、铁路装卸区的雨水等，都必须排至污水处理场，处理后再行排放。处理含油污水的方法，一般有物理法、化学法和生物法等。国家对污水处理后的排放标准，即每升水最高含油量有明确规定。

第四节　港口装卸组织

装卸是港口的最基本生产活动。一些大的港口都设有专门从事车船装卸作业的装卸公司，公司下设若干个装卸队。港口日常装卸工作的组织与调动由调度室负责。一条船或一条泊位作业线的装卸现场指挥者通常被称为装卸指导员。装卸指导员根据作业计划的安排和调度室布置的任务，承担自己所负责的具体船舶（或作业线）的劳动力和机械的配置，充分发挥主要机械（通常情况下，是指船吊与岸上起重机）能力，最大限度地提高装卸效率，缩短船舶装卸时间。

1.船舶装卸作业前的准备工作和注意事项

（1）了解船上装卸设备状况

在船舶停靠后要向大副索取船吊负荷证明。但在必要时船长根据船吊设备的技术状况，有权降低原核定的负荷量，以保证安全；同时，向船方了解各舱温车吊杆是否完好和可以使用。通常未在船方申请的情况下，港方主动使用岸吊不收费。有的船方在港方要使用船吊时，才通知港方船吊有故障，并提出从要求改用船吊时间起计算岸吊租用费。此外，起落船上吊杆是船方的业务范围，应由船员操作。

（2）清理货物装卸行经路线

对于在货物起吊行经路线上的小风筒及吊杆托架，装卸公司应通知船方放倒或移开，以防撞坏。

（3）测试舱内安全性

在货舱舱盖没有开启的情况下，不要急于下舱了解情况。有的船舶装载散货没有通风、通风设备关闭或失效，加之舱盖密封、航行时间长，经过高温海区后，舱内会严重缺氧，或者有的舱内装有毒害危险品，由于破损而散发出或自然散发出有毒气体。在这种情况下，如果刚打开人孔盖就下舱，很容易发生人员缺氧、中毒事件。

（4）提前通知船方做好准备工作，提高工时利用率

装卸指导员应提前通知船方准确的开工时间，开哪几个舱。尤其在夜间开工，船员往往很少，更应提前通知船方做好开工准备。在船方申请港方开关舱的情况下，必要时，要布置工人将雨罩挂好，以防下雨使舱内货物受潮或火星落舱。

（5）关于重大件货

有些运输条款规定，对超过若干吨以上的重件，由船员操作重吊，在运费中已包括了这个因素。因此，在船方提出或船舶代理转告后，应当让船员操作重吊，这是船方应尽的责任和义务，港方只负责套钢丝和挂钩，而重大件的装卸费是照收的。

2.装货注意事项

（1）装货前要先同船方核对配载图有无变更

如果在装船前发现船方对配载方案有变更，应根据变更的要求，及时调整装货计划。在开始装货前或交接班后要查验配载图，注意船方在船图上备注的装货要求，如铺垫、隔票、通风、冷

藏舱预冷时间、危险品及贵重品等,装舱前要通知船方做好准备、商检验舱(清洁、冷藏舱温度)、海事管理部门监装(危险品)等。要注意有无配载不当的情况,如毒害品与食品配装于一处、皮毛(有樟脑味)与茶叶配装于一处、重货压轻货等,以及各舱装货进度。

(2)出口装货单必须经过海关放行

根据海关对"出口货物,于办清海关手续后,应凭海关签印的装货单或准单装运"的规定,出口货物在未经海关验放之前如果装船,是违犯《海关法》的。

(3)必须按配载图装载,未经船方同意不得擅自挪动和变更货物配舱位置

船方绘制出的货物配载图考虑了充分利用载运能力,船体结构强度,船舶的稳性和吃水差,货物的质量,有利于在中途港卸货及装货,有利于快装快卸和加速船舶周转等各方面因素。因此,如果不按配载图装货,随便变更装货位置,往往会引发不好的后果。由于港方原因要挪动调整舱位时,必须事先向船方说明原因,并经大副同意。在征求大副意见时,应请理货员在场,以便理货员及时按挪动要求发放装货单。在必要时,可由理货员证明挪动舱位是经大副同意的。

(4)做好隔票工作

隔票包括两种含义:一是不同港口的货物之间要隔票清楚;二是同一港口中的不同货种、同包装而不同装货单的货物以及零星小票货物之间要隔票清楚。

(5)防止退关

所谓"退关",即出口货物已经被接受托运并列入装货清单,甚至已经被运进指定出口仓库并装进船舱而因故本航次取消装船。其可能的原因主要有:发货人提供出口货物的实际尺码、体积大于运单上提供的货物尺码、体积,造成装舱装不下;严重残损,海关不予验放或船方拒装;国外客户信用证未到,装运出口后不能结汇;等等。

出口货物一旦退关,可能造成的损失:一是船方(船东或租船人)运费收入减少,如果退关货物数量大,船东的运费损失也大。二是发货人将因货物退关而不能收到货款,如果到期货发生退关,发货人(卖方)就要请求修改交货期限和信用证。有时正好遇上国外市场销路不好、跌价,买方往往会借此机会不同意修改交货期限,而停止这一贸易合同。三是有时受载船舶还没到港或正在卸货,或者还不具备装货条件,而交货期限已到,发货人只能出保函给船舶代理公司,由船舶代理公司签发该货已在到期之前装船的提单,发货人凭此向银行结汇收回货款。如果最后装船时发生退关,发货人对收货人就无法交代了。

鉴于货物退关涉及多方面原因、责任和经济损失,有些航运公司往往宁愿延迟开航也不愿意退关,特别是属租船合同性质的船舶。

3.卸货注意事项

(1)索要和分析积载图资料

在船靠泊后,装卸指导员应向船方索取原始积载图并核对货物的实际装载位置;仔细查看积载图上的特殊货种,如危险品、超重超长件、精密仪器设备、贵重物品、保密物资等,搞清楚货物的实际装载状况。

(2)在开舱卸货前和卸货过程中查看甲板和船舱内目所能及之处的货物

检查有无不正常现象,如潮湿、水渍、油污、移位、塌陷、松绑、变形、锈、破、漏、散、焦和异味、混票等。这些都是原残的迹象,必须通过理货员通知船方到现场验看,确认或验证现场记录后,才能起卸。未经船方验看并确认的原残货物,一经起卸甚至在舱内移动后,船方有可能拒绝承认。有些原残货物对工人安全有影响,如有毒危险品货物包装损坏;有些原残货物在装卸过程中会扩大损坏;有些原残货物严重破损、散漏,需要边卸边灌包等。对此,必要时要通知商检、保

险公司、代理行、货主等单位，到现场与船方一起研究处理和采取措施，明确责任。

(3)按票起卸，分票堆放

在一般情况下，货物是分票装舱的，并使用绳网、塑料网、席子、塑料纸、牛皮纸、不同颜色的胶水纸(带)、不同颜色的油漆进行隔票。有的装舱时是分票的，但没有用物料隔票。当然也有装舱时混装和隔票不清的，对此要收取分票费。

(4)要按层次起卸货物和保持船舶平衡

在卸货时要保持船舶左右平衡和前后平衡。如果在卸货时造成船舶前后高低差距过大，也会引起舱内货物移动、倒桩。在船舶载重量大、吃水大而码头水深不富余的情况下，船前(或船后)舱口卸货量过大时，会引起船尾(或船首)吃水加大，造成搁浅，而船尾搁浅往往会造成桨叶损坏。如果发生船舶左右倾斜或前后高低不平，一方面应从装卸上调整，另一方面应通知船方调整压舱水，使之平衡。各舱卸货量要尽量保持平衡，避免船体出现“中拱”或“中垂”现象。

从舱内起卸本港货物，特别是长型钢材等大件时，容易碰损甲板上所装的过境货，如大件、车辆、危险品等。必要时可让船方提出申请翻舱，将其卸下或转移到不受影响的部位。向船方提出后，船方如不采取措施，可以停卸，或通过代理行向船方提出万一发生过境货损坏，一切风险由船方负责。

(5)要注意船舶稳性

有些船舶稳性不好，起吊几十吨重或上百吨的大件时，船身会倾斜，特别在使用船上重吊和起卸甲板、舱面上的特大件时，必须事先同船方研究大件起吊的顺序，要吊一件拆一件捆绑钢丝。如果将很多大件的捆绑钢丝同时拆掉，遇到船身倾斜过大时，会引起大件移动，发生重大事故。

(6)要注意进口货物的卸载

根据海关对“进口货物，于办清海关手续后，应凭海关签印的提货单或准单放行”的规定，对进口货物组织车、驳在船边现提时，收货人必须持有经过海关检验放行(盖章)的提单。在未经海关验放的情况下，将货物交付货主现提是违反《海关法》的，将受到海关罚款等处理。

(7)严格分清工残与原残

原残必须由理货员取得船方有效签证，货主才能凭船方签证索赔，但验残必须取得装卸人员的配合，因为每件货物都要经过装卸人员操作。在操作时发现原残应立即通知外轮理货员，由理货员通知船方验看确认，未经船方确认的原残货物不得起卸。船方在装货时，对包装不良和发现的残损，一般都要发货人出具保函给船方或在装货单上加上批注，以排除船方责任，但在卸货时船方一般不会主动告诉理货员。

(8)不能在雨天装卸怕潮的货物

由于气象突然变化导致大风暴雨，港口工人尽了最大努力，舱内货物仍然受潮，如确属人力不可抗拒者，应立即请船方、代理行、保险公司、收发货人共同研究受潮货物的及时处理和向保险公司索赔等事项。必要时要请船方向海事管理部门提出报告，如果船方拒绝，而问题又同港方有关，港方也可向海事管理部门提出报告，以便取得海事管理部门的证明。

(9)使用铲车等机械下舱作业(包括装货、卸货)

在二层柜木舱盖板上使用铲车时，一般应铺垫钢板，防止压断舱盖板。同样，铲车在舱内已装货物上操作时也要铺垫钢板，并应注意检查下面的货物是否能承受上面的压力，以防损坏货物。当舱内装有易燃危险品或棉麻易燃货物时，内燃机铲车不宜下舱操作。使用大型铲车下舱铲矿石、生铁等干散货前，要征得船方同意，特别是木舱底板很容易损坏。铲车操作时要严防铲坏舱内扶梯、肋骨下部、管子、道门螺丝和污水井盖板等设备。

(10)结束工作

办妥装卸各项作业签证手续,征求船方和货主意见,并请船方在单船验收单上批注验收意见。

4.其他方面

首先要关注重点舱。重点舱是指全船多个舱中所需装卸时间最长的一个舱,它是决定船舶装卸停泊时间长短的关键因素。重点舱的形成原因包括:该货舱容积大于船上其他货舱;货舱条件差,如舱口狭小、有深舱、有地轴弄等;配置在该舱的起重机械设备数量少和性能差,如吊杆负荷量小,温车时经常故障或损坏不能使用;配舱时将难作业、装卸效率低的货物集中于某一货舱;等等。

因此,为了缩短船舶装卸时间,对重点舱必须采取有效措施。例如:在配载时将大票货、容易作业、装卸效率高的货物配装在重点舱;在不影响船舶安全的情况下,适当减少重点舱的载重量;使重点舱的全部起货设备保持良好技术状态;装卸时,劳动力、机械、工具及库场等设备,在数量上和能力上要优先满足重点舱的需要。

其次要正确掌握装卸进度,保证船舶按原计划时间开航,主要包括:货物装卸结束以及关舱、收工具等;理货汇总件数,编制各项报告、单证以及船方办理离港手续。如果卸货结束,开航时间已到,而且由于潮水关系不能再拖延,在时间仓促和忙乱中会发生差错,有时理货员只得随船移到锚泊地再办理手续。

第五节　港口收费

在第五章第一节中介绍过,船舶到达港口,需要在港的许多机构和单位为船舶、货主提供各种必要的服务。例如:

(1)航道、泊位、码头、浮筒及各种锚泊地。

(2)为船舶安全航行提供灯塔、引航船、拖船、消防船等各种设施。

(3)提供货物装卸机械与仓库场地。

(4)提供燃油、淡水、物料、物品等补给。

(5)为船舶在港的各种业务提供有关的行政服务和劳务。

因此,港口及有关单位就需向使用港口设施和接受服务的船方和货方征收一定的费用。在港口发生的各项费用统称为港口费。在我国,指导港口收费的主要法规文件是交通运输部会同国家发展和改革委员会为规范进出口环节收费、顺应港口收费政策改革变化而制定实施的《港口收费计费办法》。《港口收费计费办法》分别规定了国际航线船舶及外贸进出口货物和国内航线船舶(包括主要内河船舶)及内贸运输货物的港口收费办法。

港口费是水运运价的重要组成部分。港口收费的项目非常繁多,不同国家或者同一个国家的不同港口,收费项目、名称和价格都有可能不同。例如,船舶港务费、货物港务费、引航费、停泊费、货物附加费、港口包干费等。按照费用征收主体的性质以及费用特点的不同,港口费用可大致分为四类:政府行政服务性收费、港口经营服务性收费、代理服务收费及其他收费等。其中,装卸费、堆存保管费、驳运费、使用服务费等港口经营服务性收费是港口经营的主要收入。

一、政府行政服务性收费项目

1.船舶吨税

船舶吨税是港口所在国家对船舶进出国境所征收的一种关税,由海关负责征收。凡是与港口所在国政府签订有贸易、通关协定的国家的船舶,可根据"优惠国条款"享受优惠税率。船舶吨税一般都是按船舶的净吨计收,但现在也有许多港口按总吨计收。船舶吨税并不一定每一个航次都要收取,可按各国规定的期间收取。例如,有的国家规定,经常来往本国港口短线航行的国际航线船舶,以每三个月为一期缴纳。根据《中华人民共和国船舶吨税暂行条例》的规定,船舶吨税按照船舶的净吨计收。

2.检验检疫费

检验检疫机构依法对出入境人员、货物、运输工具、集装箱及其他法定检验检疫物实施检验、检疫、鉴定等检验检疫业务。根据涉及的检验检疫项目,按中华人民共和国国家发展和改革委员会和财政部联合颁布的《出入境检验检疫收费办法》规定的出入境检验检疫收费标准计费。

二、港口经营服务性收费项目

我国沿海、长江干线主要港口及其他所有对外开放港口,提供船舶进出、停泊、靠泊,旅客上下,货物装卸、驳运、储存和港口保安等服务,由港口经营人和引航机构等单位向船方、货方或其代理人等计收港口经营服务性费用。港口经营服务性费用中的不同项目分别采用政府定价、政府指导价和市场调节价三种定价方式之一收取。

1.政府定价收费项目

实行政府定价的港口收费项目必须按照《港口收费计费办法》规定的收费标准计收,包括货物港务费、国内客运和旅游船舶港口作业费、港口设施保安费。

(1)货物港务费

经由港口吞吐的货物及集装箱,由具体负责维护和管理防波堤、航道、锚地等港口基础设施的单位向货方或其代理人收取货物港务费。其中,内、外贸货物港务费按不同的费率分别计算进、出港货物港务费。依据规定,部分特殊内、外贸货物及集装箱可免收货物港务费。

(2)国内客运和旅游船舶港口作业费

港口经营人为国内客运和旅游船舶提供港站使用等服务,向国内客运和旅游船舶运营企业或旅客计收港口作业费。其具体包括旅客港务服务、旅客运输作业、行李运输作业、托运行李装卸的服务性收费。

(3)港口设施保安费

经由港口吞吐的外贸进出口货物及集装箱,由取得"港口设施保安符合证书"的港口经营人,按港口设施保安费费率表中的费率向货方或其代理人分别计收进、出港港口设施保安费。其中,外贸进、出口内支线运输集装箱,由承担国际运输段的船方或其代理人向其挂靠港口的港口经营人代交港口设施保安费;外贸进口货物及集装箱因故停留中途港不再经水运前往到达港或其他港口的,港口设施保安费由中途港计收;因故停留中途港未办理清关手续并继续经水运前往原到达港或其他港口的,港口设施保安费由到达港计收。除此之外,部分特殊货物及集装箱可免收港口设施保安费。

2.政府指导价收费项目

实行政府指导价的港口收费应以《港口收费计费办法》规定的收费标准为上限，港口经营人和引航机构可在不超过上限收费标准的范围内自主制定具体收费标准，包括引航（移泊）费、拖船费、停泊费、驳船取送费、特殊平舱费和围油栏使用费等。

（1）引航（移泊）费

引领国际、国内航线船舶进、出港，在港内移泊，由引航机构向船方或其代理人计收引航（移泊）费。引航费按第一次进港和最后一次出港各一次分别计收。《港口收费计费办法》对国际、国内航线船舶引航（移泊）规定了不同的计算费率。

（2）拖船费

船舶靠离泊位使用拖船和引航或移泊使用拖船，提供拖船服务的单位根据拖船使用时间和规定的费率表向船方或其代理人计收拖船费。拖船计费时间包括实际作业时间和辅助作业时间。实际作业时间为拖船抵达作业地点开始作业至作业完毕的时间，由船方或其代理人签认；辅助作业时间为拖船驶离拖船基地至作业地点和驶离作业地点返回拖船基地的时间。港口经营人在不超过《港口收费计费办法》规定的拖船费收费标准内，可根据服务船舶的吨位、船长、进出港次数等情况综合计收拖船费。

（3）停泊费

停泊在港口码头、浮筒的船舶，由提供停泊服务的港口经营人向船方或其代理人计收停泊费。但由于港口原因或特殊气象原因造成船舶在港内留泊，以及港口建设工程船舶、军事船舶和执行公务的公务船舶留泊，应免收停泊费。

（4）驳船取送费

在长江干线和黑龙江水系港口使用拖船取送驳船到码头装卸货物，由提供拖船服务的港口经营人向船方、货方或其代理人收取驳船取送费。驳船取送费经双方协商可选择以驳船重量和取送距离计费或以拖船作业时间计费两种计费方法之一计算。

（5）特殊平舱费和围油栏使用费

为在船舱干散货上加装货物所进行的平舱以及按船方或其代理人要求的其他平舱，由港口经营人向船方或其代理人收取特殊平舱费。干散货在装舱过程中的随装随扒、装舱完毕后扒平突出舱口顶尖和为在干散货上面装载压舱包所进行的一般平舱，不应收取特殊平舱费。船舶按规定使用围油栏，由提供围油栏服务的单位向船方或其代理人收取围油栏使用费。

3.市场调节价收费项目

实行市场调节价的港口收费由港口经营人根据市场供求和竞争状况、生产经营成本和服务内容自主制定收费标准，包括港口作业包干费、堆存保管费、库场使用费，以及提供船舶服务的供水（物料）服务费、供油（气）服务费、供电服务费、垃圾接收处理服务费、污油水接收处理服务费。

（1）港口作业包干费

港口经营人为船舶运输的货物及集装箱提供港口装卸等劳务性作业，向船方、货方或其代理人等综合计收港口作业包干费。港口经营人为国际客运和旅游船舶提供港站使用等服务，向国际客运和旅游船舶运营企业或其代理人综合计收港口作业包干费。港口作业包干费的包干范围包括港口作业的全过程，纳入港口作业包干费的具体项目包含下列货物及集装箱港口作业和国际客运港口服务内容。

货物及集装箱港口作业包括：散杂货装卸，集装箱装卸，铁路线使用，铁路货车取送，汽车装卸、搬移、翻装，集装箱火车、驳船装卸，集装箱拆、装箱，起重船、起重机、吸扬机使用，起货机工力，拆包和倒包，灌包和缝包，分票，挑样，一般扫舱和拆隔舱板，装卸用防雨设备、防雨罩使用；装卸及其他作业，岸机使用，困难作业、杂项作业，减加载、倒载，转栈，超长（笨重、危险、冷藏、零星）货物作业，地秤使用，轨道衡使用，尺码丈量，库内升降机或其他机械使用，除尘，集装箱清洗，成组工具使用等。

国际客运港口服务包括：国际客运和旅游客运码头服务、港站使用服务、行李代理、行李装卸、进出码头迎送旅客等。

港口经营人可根据港口作业情况增加或减少上述作业内容，但均应纳入港口作业包干费统一计收，不得单独设立收费项目另行收费。港口作业包干费也不得包含实行政府定价、政府指导价的收费项目和其他实行市场调节价的收费项目。

（2）库场使用费

货物及集装箱在港口仓库、堆场堆存，以及在港口库场进行加工整理、抽样等，由港口经营人向货方或其代理人收取堆存保管费和库场使用费（统称库场使用费）。进出港的不同货物及集装箱按照不同的计费起、止时间计收。

（3）船舶供应服务费

港口经营人为船舶提供供水（物料）、供油（气）、供电、垃圾接收处理、污油水接收处理服务，由港口经营人向船方或其代理人收取船舶供应服务费。水、油、气、电的价格按照国家规定价格政策执行。

根据《港口收费计费办法》的规定，上述收费项目均应单独设项计收，港口经营人和引航机构不得超出以上范围另行设立港口收费项目。同时，港口经营人和引航机构要建立收费目录清单制度，采取公示栏、公示牌、价目表（册）或电子显示屏、电子触摸屏等方式，主动公示收费项目、对应服务内容和收费标准，并接受社会监督。

三、代理服务收费项目

1.代理费

国际航线船舶到达港口都需要委托驻港代理机构为其办理进出港手续、补充物料给养和办理其他事项。船舶代理人接受委托，代办船舶进出港口的申报手续，代揽货载，联系安排船舶在港内各项作业和其他业务，而向委托人计收代理费。代理费包括船舶代理费、货物代理费及委托代办其他业务的费用。船舶代理费按船舶净吨、载重吨或包干计收，进港、出港各收一次；货物代理费按船舶装（卸）货吨数计收。

2.理货费

在装货港和卸货港交接货物时，船方或货主委托第三方理货机构代理对货物进行计数、检查残损、指导装卸、制作有关单证等工作称为理货。通常，理货费可按工作时间或工作量两种方法计费，分别以小时、日或计费吨为计费单位，费用由基本理货费、各种附加费、额外服务费等三部分构成。

四、其他收费项目

1.设备租用费

到港船舶和货物租用港务船、车辆、机械设备等，需要向设备出租方交纳使用服务费。租用港口设备，一般按租用设备的数量、功率、负荷吨及使用时间计费。堆存在港口仓库、堆场的货物,一般按货物占用仓库、堆场的空间、时间和货物的特征计费。港口对相关项目都应公布费率表,作为计费依据。

2.转口费

一个国家的货物通过另一个国家的港口以水运转水运,或水运转铁路,或铁路转水运的方式转往本国或第三国港口,称为国际过境货物。国际过境货物在转口港发生的装卸、搬运、港内驳运等费用,称为转口费。

3.节假日附加费

节假日、夜班附加费是指船舶在国家法定节假日、双休日以及夜间到达港口并安排作业,如使用拖船、引航、移泊、特殊平舱和围油栏等,均加收附加费。在我国,节假日、双休日、夜班附加费按基本费率的50%加收,节假日的夜班(每日以8 h计算)附加费按基本费率的100%加收。

港口其他各项作业收费纯属于业务性质的收费,通常是根据不同贸易关系和不同营运性质的船舶在港口所进行的实际作业情况而签证征收的。其特点是各艘船舶所委托和发生的作业项目不尽相同,因此各船的作业收费相差较大。

由于船舶在港口发生的其他费用项目较多,发生时间、地点、对象变化大,必须取得各关系部门和关系人签证认可,并及时结算。当场不签证,事后往往很难补救。像有的外籍船舶,离港后便变换船东,更难解决。在港口其他各项作业进行过程中或结束后,必须在作业的现场进行签证。签证是港口其他各项作业收费的法定凭证,没有签证就没有收费。

港口签证记录主要由各装卸作业区(装卸公司)的调度人员、装卸指导员以及理货员等现场业务员负责。这些人对港口的各项作业收费有直接的影响,他们在现场生产组织工作中,对签证记录的任何疏忽和遗忘,都将直接导致相应港口费用的漏收。尤其是装卸指导员,作为港区现场装卸工作的统一组织者和指挥者,无论是直接取得有关方面签证也好,还是由其他部门和人员取得签证也好,都必须关心和亲自过问各种收费的签证和记录。

按照航运惯例,船舶到港前,其航运公司应将预算的船舶在港口将要发生的费用通过船舶代理预交给港口和有关部门,港口和有关部门对溢收或短收的各种费用,应在结算后180天内提出退或补的要求,逾期不退补。

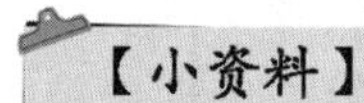

火车渡轮

世界上第一艘火车渡轮“Leviathan”号于1850年2月7日在苏格兰爱丁堡附近福斯湾的航线上投入营运。该船只有约200总吨。随后火车轮渡运输不断发展,1900年前后成为北美和欧洲铁路系统的重要组成部分。在英吉利海峡隧道开通以前,英法之间开通了多条火车轮渡航线,渡轮不仅能够运载铁路车辆,也能运载公路车辆和旅客。随着英吉利海峡隧道的开通,1995年火车渡轮在英国消失。如今,在人类不断追求大宗货物高效、环保运输的背景下,如果能够克服铁路渡轮在装载环节的瓶颈,这种海铁联运方式还会焕发出新的活力。

1.船舶到港后，一般要与哪些单位或部门发生业务联系？列出国际港口的主要驻港管理机构和其他航运相关单位，并简述其职能。

2.船舶到达港口前，船公司的岸上管理者应注意做好哪些准备工作？

第六章
船舶运输组织基本环节

第一节　揽货与运输单据

一、揽货业务

在市场上揽取到合适的货载是开展运输、创造利润的必要条件。班轮和不定期船的航次货载由不同途径获得。班轮按公布的船期表招揽货主订舱，或通过挂靠港口的代理揽货；航次租船在租船市场上成交——出租船舶或得到货载。航次租船的成交过程如下。

1.询租(enquiry)

船东或船舶经营人会经常将自己控制的船的寻货情况向市场公布或告知航运经纪人。当货主需要运输一批货物时，通常都通过航运经纪人去寻求与货物数量、装卸港、装卸时间、运价等条件相适应的船舶。经纪人按照货主的委托，立刻就是否有船、是否同意货方提出的条件，以及经纪人自己的意向等，向有关的船舶经营人探询，要求对方报价。这就是通常所说的询租或询价。其主要内容为装卸港口、货物名称、货物数量、装货日期等。

2.开盘或报实盘(firm offer)

接受询租的船舶经营人认为可以同意货主提出的各项条件时，就可以向货主提出表示同意的书面意见，其上要注明合同成立的必要条件，以及这种表示的有效时间，这叫作开盘或报实盘。接受报实盘的货主，在有效期限内，必须答复是否承诺。按商业习惯，报实盘的船舶经营人在这一有效期内，不能就同一艘船向第三者提出同样的报实盘。报实盘的主要内容包括：船名、保证的载重量或载货容积、装卸港口、受载期、装卸条件和费用条款、租金或运价、滞期费和速遣费、佣金、拟选定的租船合同范本等。

3.还盘(counter offer)

货主在不同意船舶经营人提出的开盘或报实盘中的部分条件，而做出部分变更以后，再承诺时所提出的报价叫作还盘。还盘还意味着货主对船舶经营人提出的报实盘部分或全面地拒绝，而提出新的建议。船舶经营人也可以再一次提出报实盘，作为对新建议的回答。但是，如果提出的报实盘被对方所接受，就不能再做任何变动或取消。

4.确认(confirm)

货主在船舶经营人明示的有效期限内，对报实盘表示承诺的意向，或在一定程度上，对报实盘做些修改后，如果得到对方的承诺，租船合同即告成立。这时即可编制记载有主要条款的订租确认书(fixture note)。虽然船舶经营人和货主应分别在这一订租确认书上签字，并且各自保留一份，但是现在几乎都用电子邮件来替代订租确认书。

5.签订租船合同

船舶经营人和货主之间，经过询租、开盘、还盘、报实盘、成约(编制订租确认书)，取得一致意见后，即可制定正式的航次租船合同，这个合同和订租确认书一样要由船舶经营人和货主签字，并由合同双方分别保存。

争夺货源是航运竞争的主要内容。除充分利用经纪人外，大的航运企业一般都设有专职揽货人员，必须充分调动揽货人员的积极性，为自己的船队揽取到充足的货载。这要求揽货人员要具有高度的责任感和工作热情；能正确处理各种关系；了解不同货种的运输流程；熟悉船舶的各种性能，包括速度、载重、容积、经济性等；掌握本企业所经营航线的港口设施和收费情况；具有良好的气质，仪表端庄，谈吐自如；具备观察、综合判断、决策、应变及说服他人的能力。同时，揽货人员也要具有关于货物性质、价格及国家政策等方面的知识。如《中华人民共和国知识产权海关保护条例》实施后，揽货人员应能识别并拒绝承运侵权货物；否则，一旦在装船前被海关发现、没收，重新组织货源会影响船期。如果侵权货物在终点港被没收，到付运费就无法收取。

揽货人员的工作程序可用图 6-1 描述。

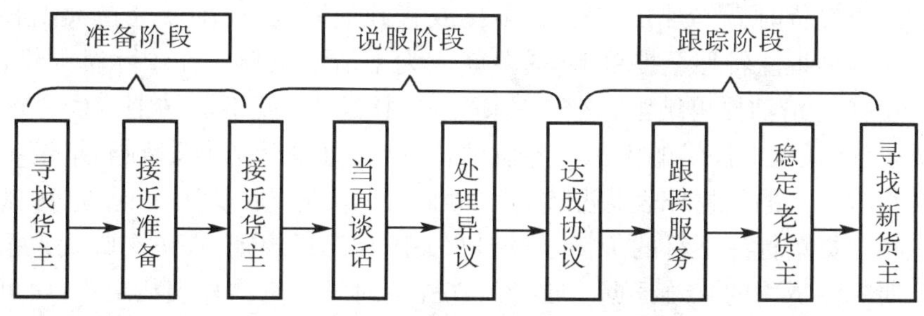

图 6-1　揽货人员的工作程序

二、货运单据的流转过程

船舶在运输生产过程中，除了接受本公司的指挥、领导之外，还有许多业务要与其他有关单位和部门联系、处理。与船舶运输生产有关联的主要单位和部门，以及其业务和职权范围已在第五章第一节中介绍。这些联系通常都是以各种单据或文本为媒介来进行的，尤其在班轮运输情况下，从货物托运装船到卸船交付，整个运输过程的每一个环节，都伴随着各种货运单据。它们是货方、船方、港方等各方交接货物、划分责任范围的凭证和依据。

从托运人开始托运货物到收货人提走货物的整个运输过程中，主要货运单据的流转过程大体为：

1.填写托运单

托运人向航运公司或所在港口的船方代理人订舱(booking space)，填写托运单(shipping application，S/A)。货主也可以委托货运代理人编制托运单。托运单的主要内容包括：托运人名称、收货人名称、船名、目的港、货物名称、货物件数、货物重量与尺码、计费币种、运价与支付方式、装船期限、承托运双方的特约事项及签字等。承运人或其代理人同意承运，并在托运单上签字后，海上货运合同即告成立。

2.签发装货单

航运公司接受托运单与订舱清单，经核对后，签发装货单（shipping order，S/O）交给托运人。装货单是航运公司指示船长将货物装船的单证。

3.取得出口许可证

托运人持装货单到海关办理货物出口申报手续，取得出口许可证，将经商品检验机构检量的货物运到船边或港口仓库。

4.编制装货清单

航运公司或其代理人根据装货单留底，编制装货清单（loading list）送至船上。装货清单是将全船本航次待装货物按目的港和货物分类编排的装货单的汇总清单。它是大副编制配载图的主要依据。

5.编制货物配载图

大副根据装货清单编制货物配载图，交由代理人送给理货、装卸公司。

6.货物装船

装卸公司按货物配载图将货物装船。装船期间，理货公司派员到现场理货。

7.签写大副收据

货物装船后，大副签发大副收据（Mate’s Receipt，M/R）给理货员，并由理货员交给托运人。通常，S/A、S/O 和 M/R 为一式三联。

当货主在船边交货时，若货物外表状况不良或有其他原因，大副就会在大副收据上做出相应的批注。如果这种批注转移至提单上，提单就成为不清洁提单。在国际贸易中，一般都要求卖方（托运人）必须凭清洁提单结汇，这样一来卖方（托运人）就不能结汇。船方或船方代理人应托运人的要求，凭托运人提供的保函而签发清洁提单，使托运人得以顺利结汇。清洁提单表明承运人在装货港收到的货物外表状况良好。因此，对买方或收货人来说，这种做法意味着他收到的将是一票与提单标注不符的货物。根据有关国际海运规则，提单在收货人手中是承运人在装货港收到所标注货物的有效证据。收货人在提货时发现货物外表状况不良，可向承运人提出损坏赔偿，承运人应负赔偿责任。托运人提供的保函就是规定承运人在赔偿收货人的损失后，可向托运人追偿。

8.换取提单

托运人持大副收据到航运公司或其代理人处（在预付运费的条件下）支付预付运费后，用大副收据换取提单（bill of lading，B/L）。

需要关注的是，传统纸质提单正在逐步被电子提单取代。电子提单（eBL）是指通过电子数据交换系统（EDI）传递的海上货物运输合同凭证。区块链技术的兴起进一步推动了电子提单的发展。截至 2023 年 5 月，仅中远海运集运依托 IQAX eBL 系统就成功签发了 1 万票电子提单。数字化集装箱航运联盟曾宣布，其成员共同承诺到 2030 年将 100%采用电子提单。与纸质提单相比，电子提单具有高效、安全、经济以及环保等多方面优势，也有助于向政府近年正在推动的多式联运“一单制”发展，并将成为高效实施多式联运的关键因素。

9.信用证结汇，提单转移

托运人（或卖方）持提单到应付银行根据信用证结汇，应付银行将提单寄给开证银行，随后将提单转给收货人。提单所证明的海上运输合同也随之发生转移。提单是承运人接管货物的证明,也是货物所有权的证明。在法律上,拥有提单就如同拥有其上指明的货物。提单的这一作用使得它可以用于结汇、抵押等。

10.编制出口载货清单,办理出境

航运公司的代理人根据副本提单编制出口载货清单,向海关办理船舶出境手续,并交给船上。载货清单是在货物装船完毕后,按卸货港逐票罗列的全船载运的货物汇总清单。它是船舶办理进出境报关手续的必要凭证之一,也是海关对进出口货物监管的凭证之一。

11.运费清单和副本提单的移交

航运公司的代理人将运费清单(freight manifest)和副本提单邮寄或交由大副随船带给航运公司在卸货港的代理人。运费清单是有关全船货载运费情况的汇总单,它是航运公司或其卸货港的代理人收取到付运费的凭证之一。

12.通知到港

卸货港航运公司代理人接到船舶抵港电报后,通知收货人船舶到港日期。

13.付清货款,换回提单

收货人到开证银行付清货款,换回提单。

14.安排卸货

卸货港航运公司代理人根据装货港航运公司代理人寄来或随船带来的货运单证,约定装卸、理货公司安排卸货。

15.编制进口载货清单,报关

卸货港航运公司代理人编制进口载货清单,向海关办理船舶报关手续。

16.取得进口许可证

收货人向海关办理货物进口申请,取得进口许可证。

17.以提单换取提货单

收货人向卸货港船方代理人(在到付运费的条件下)支付到付运费后,以提单换取提货单(delivery order, D/O)。

若船舶抵达卸货港,船方已做好交货准备,收货人尚未收到正本提单,因而不能凭正本提单向承运人或其代理人换取提货单,则收货人可以在向承运人或其代理人提供副本提单的同时提供一份书面保证(保函),以便换取提货单提货。这种保函通常规定,收货人在收到正本提单后,立即交给承运人或其代理人,换回保函,解除保证。收货人承担应由其支付的到付运费及其他有关费用。因未提交正本提单而提取货物,使承运人遭受的损失或对第三者的赔偿,由收货人负责。

18.提货

收货人持提货单到船边或港口仓库提取货物。

在货物装船出口时,货物的外部包装局部破损,或有其他不良状况常常难以避免,托运人又无法及时调换货物包装,或对货物包装加以修复。如签发不清洁提单,托运人无法结汇,贸易合同就不能履行。收货人的初衷是购买到完好的货物,而外部包装轻微不良,一般不会损及货物本身,也不会损害第三者收货人的利益。一旦货物真的发生损坏,收货人也可以就货物的损坏提出索赔。因此,承运人在托运人提供保函后签发清洁提单,使托运人顺利结汇,这是保函积极的一面。但是从保护收货人利益的角度考虑,一些国家的法院常认为这种保函构成托运人与承运人联合对第三者收货人进行欺诈,可能判决保函无法律效力。

关于保函的法律效力,国际上普遍认为:保函在承运人与第三者之间无效;保函仅在保函提出者与承运人之间有效,即承运人在赔偿第三者收货人或正本提单持有者的损失后,可凭保函向保函提供者追偿;但若承运人与托运人有意对第三者收货人进行欺诈,损害了第三者利益,则保函在保函提出者与承运人之间也无效。

三、船舶营运过程中应携带的主要文件与证书

在商船营运过程中,实际上必须随船携带许多证书或文件,包括:

(1)租船契约;

(2)载货清单;

(3)应纳税货物表;

(4)载重线证书或载重线免除证书;

(5)安全管理体系的“符合证明”(DOC)副本;

(6)船舶安全管理证书(SMC);

(7)国际船舶保安证书(ISSC);

(8)货船设备安全证书;

(9)货船无线电安全证书;

(10)船舶国籍证书和船舶所有权登记证书;

(11)船员名单及高级船员职务证书;

(12)船舶吨位证书。

另外,还有驾驶、轮机、无线电的各种日志等。

除上述各种文件、证书外,根据具体航次及货载的特点,还可能使用到其他一些单证,如货物容积/重量证明书、积载检验报告、谷物证书、装船证书、油舱清洁证明书、危险货物安全装载证明书、冷藏设备合格证书、货物溢短单、货物残损单、货物查询单等。船方应办妥上述有关文件与证书,并保证其处于有效状态,以备检查。随着数字化技术的发展,现在已经有越来越多的证书和文件采用数字化形式,通过网络传送,这大大减轻了船上管理证书、使用证书的工作量。

第二节　生产作业环节

图 6-2 描述了在国际航线上营运的商船的主要生产作业环节。商船运输的基本生产周期是航次,货船或客船的航次是指它从事货物或旅客运输的一个完整的生产过程。船舶在其营运期内周而复始地、有规律地完成一个又一个航次。为划分航次界限,通常规定:货船、客船或驳船自上航次终点港卸完所载货物或下完旅客时起,至本航次终点港卸完所载货物或下完旅客时止,计为一个航次,对应的这段时间叫航次时间。航次所包括的一系列作业可分为三类:一类为基本作业,即装卸货物或上下旅客,船舶航行;一类为辅助作业,如装卸货前的准备作业,办理文件手续和进出港报告,编解船队,供应燃润料、淡水等作业;另一类为非生产性作业,如因等泊位、等货、等调度命令的停泊等。一个航次的时间是完成上述三类作业时间的总和(重叠部分时间应扣除)。

根据一个航次中船舶挂靠港口的多少,一般可将船舶航次分为两种形式:

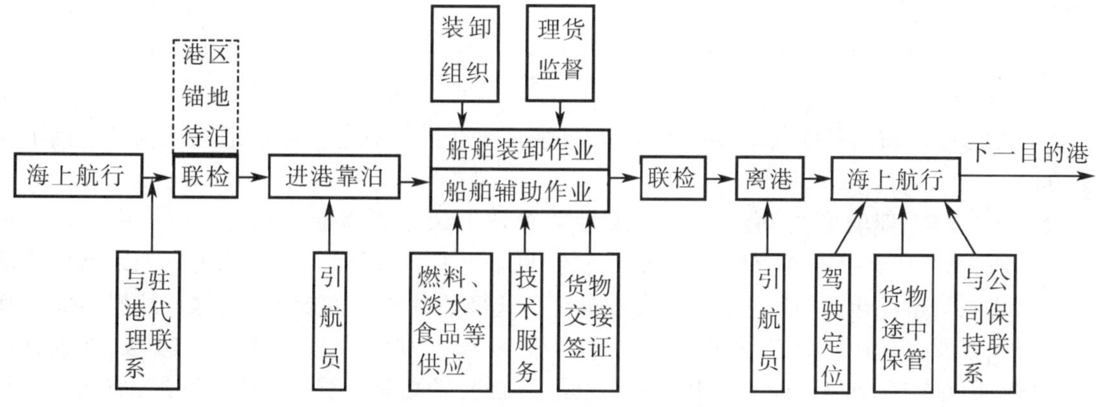

图 6-2　商船营运主要生产作业环节

(1)两港挂靠航次或简单航次——船舶在两港间完成的航次。即船舶在装载港装船(或旅客登船)启程,不在中途挂靠港口,直达卸载港卸空全部货物(或旅客离船)。

(2)多港挂靠航次或复杂航次——船舶在多个港口间完成的航次。即船舶在到达终点港之前,还在中途一个或几个港口装或卸部分货物(上或下部分旅客)。

简单航次的生产过程主要由以下的一些基本环节组成。

一、订舱配货

托运人向承运人(船务公司)预订货运舱位后,船方根据托运人提出的有关托运货物的种类、数量、流向、运送时间等情况,以及能利用的船舶的营运技术性能,为船舶分配货载。分配给各船每一航次的具体任务,即装什么货、各装多少吨,以及装货港、卸货港等,以航次命令及装货清单的形式下达给船长。

二、船舶配载

船上接到航次命令及装货清单后,由大副负责配载。在保证船舶安全、货物完整无损和力求获得最佳营运效果的前提下,将装货清单上列出的货物正确合理地分配在货舱内(或甲板上)的适当位置,以配载图(cargo plan)的方式表达出来。配载图要由船长审批,是理货员理货、装卸公司装船的依据。

三、装船

船舶在装货前必须做好一切装货准备工作。对某些要求较高或有特殊要求的货物,在装船前需经检验检疫机构验舱,取得合格证明后方可装船;装散货时,需申请商检检量;装危险货物时,在我国要向海事管理部门申请监装;为了核实交接货物数量和检查货物外表质量,还需申请理货公司代船方理货。在货物装船过程中,往往由于各种原因需对原配载计划做出部分调整,使货物实际装载位置可能会与原定的配载图有所差别。为了确切反映货物的实际装舱位置,理货员在货物全部装完后要绘制积载图(stowage plan)。它是船员在航行途中看管货物的必要资料,也是卸货港安排卸货、理货的依据。

在货物装船的同时,船方常进行一些其他作业,如补充燃油、淡水、物料及供应品,维修保养船体、轮机或导航设备。有些情况下,特别像滚装船和集装箱船,装载的同时还要通过调节压载水来调整船舶浮态。船舶在港期间补给燃物料、淡水、食品等,由驻港燃料供应公司或外轮供应公司解决。

四、运送

船方在船舶起航前和航行时要尽职尽责，使船舶处于适航状态。船舶适航的含义包括下述三个方面：

（1）船体结构、船舶稳性、轮机设备等的性能和技术状态能够抵御本航次航行中通常出现的或合理预计的风险，并不要求船舶必须具备抵御航次中出现任何风险的能力。如果航次中能合理预计的风险超过通常的风险，则船舶必须具有抵御预计风险的能力。例如，某船本航次途经海区的风力通常是在 8 级以下，但根据气象预报，本航次期间该海区风力为 10 级，在这种情况下，该船具有抗 10 级风的能力，则对本航次是适航的；否则对本航次是不适航的，应调整开航时间。

（2）妥善地配备船员、装备船舶和储备供应品。配备船员妥善与否，应从船员数量和质量两方面考察。在数量上，要满足正常航行值班与作业的需要；在质量上，各级船员都能胜任本职工作，具有相应的知识和技能，高级船员应持有相应的职务证书，没有不适合船上工作的缺陷。妥善装备船舶是指船舶在航行、载货等各方面的设施完善，使其能装载、运送、保管和卸下货物；要求雷达、罗经等助航仪器，锚、缆等系泊设备，以及海图、航路指南等航行资料齐全，且使用可靠。妥善储备供应品是指船舶必须携带能航行到下一个补给港的充足的燃料、物料、淡水、食品等。在准备这些物品时，除了按正常航程或时间计算外，还要考虑风、浪等各种不利因素的影响，增加一定量的安全储备。

（3）船舶适于货载。要求货舱及其设备功能正常，满足该航次货载的要求，包括货舱应清洁、干燥、无味，污水沟和通风筒应畅通，舱盖应水密，吊装、索具等设备应齐全并处于有效状态。如装运冷藏货物，冷藏设备应运行正常。如果在船舶开航前，船方疏忽了这些问题，而对这些问题的疏忽，又恰好是形成事故的原因，那么即使这些事故在正常情况下属于规定的免责事项，承运人也难于免责。比如，由于没有注意到主机运转失常而照常出港，途中主机停止运转而导致无法操纵船舶，结果与其他船舶发生碰撞，对于这种损失，承运人就不能免责。

船舶起航后，要经常测量和调整浮态，使其处于最佳状态，如测算船舶稳性，调整船舶吃水等。在船舶适航的条件下，还要在整个运输期间妥善、谨慎地做好途中货物的保管，如测量货舱内的温、湿度，进行合理通风。风、浪天气里，对甲板货要注意检查绑扎的可靠性，防止移动和损坏；运输大宗散货时，检查货物在舱内移动的可能性；对危险货物，更要按有关运输规则经常检查，防微杜渐。

在大洋航行途中，应按照规定与所属公司保持通信联系，告知船位和航行情况。船长的主要精力并不一定放在如何操船上，却要时刻注意航线沿途的气象变化，必要时调整航向，避开风浪。这样做不仅能保证船货的安全，也常常是减少时间延误的好办法。如果不注意这一点，遇到风浪既有风险，又要耽误时间。在驶抵目的港前几天，要通知港口代理人预计到港时间。通过船舶在港代理人向当地港务管理机构办理进口手续。

五、卸货

国际航线船舶运输涉及船员及货物出入国境，各国为了维护本国主权在船舶进出港方面都有一系列的规定，如进出港强制引航、办理出入境手续、联检等。而航行在国内各港口之间的近、沿海船舶通过经常的联系，海事管理部门基本都能够掌握其动态，故不需要进行联检。绝大多数船也不需要申请引航员，船方向驻港海事管理机构报告后，船舶可根据港方通知直接进港。

船靠码头后，由港方安排卸货。卸货期间，船方应向理货公司申请理货。如果双方对货物质量、数量产生争议，还可以申请商检人员来检验，出具检验证明。货物卸完后，船方与港方（或货主）办理交接、签证手续。交货签证标志着船舶承运一批货物运输过程的结束，通过签证表示船方对货物的数量、质量及信用期内所承担的法律责任已经解除。如果在签证中发生分歧，应根据各种原始记录和单据做结论。所有卸货业务完成后，开始下一航次的活动，或等待下一航次命令。

船舶到达国际港口，除了必须向港务管理当局申报并接受海关、移民局、检疫机构等的检查与监督外，运输的货物还必须通过商品检验机构的检验，从各种供应公司取得燃料、物料、淡水、食品等的供应，与装卸公司、理货公司、仓储公司以及绑扎、洗舱等各种劳务公司发生联系。

此外，船长还可以通过本国大使馆领事或公证人提出一项声明，声明他和船员在航次中以合格的技能尽职尽责地关照船和货，而任何由特殊环境引起的实际损失超出了他们的控制能力。声明是一种形式，当真的发生损坏或损失时，在有些国家，这种声明是获得合法补偿的前提条件，而在另一些国家却没有这种要求，但它至少有助于针对收货人提出的索赔来为自己辩护。

一条船在一年中的营运活动次序可用航次顺序号来标记。年初第一次发船所进行的航次就是该年度内的第一航次，以后各航次顺次编号。船舶在一条航线上只向一个方向运货、回程空载，则往返为一个航次；如果往返都有货，则一个往返为两个航次。

航次是航运企业组织船舶从事运输生产活动的基本单元。通过制订航次计划组织每一航次的生产活动，并在此基础上进行航次经济核算。然后，又在所有营运船舶航次安排的基础上，核定本企业的运输能力和确定企业未来的运输计划。

第三节　航次装载量与燃油补给

在航次其他条件相同的情况下，商船运输收入一般取决于运输量的多少，所以船方总是希望多装载货物。然而，一艘船满载的总载重量是一定的，要多载货物，就必须减少船上其他部分的重量（参见本书第三章第一节中的第三条）。因此，存在每一个航次如何充分利用装载能力的问题。

一、充分利用装载能力的措施

1.排净压载水

船舶在抵达装货港前，应提前尽快把压载水排净，以免由于装货速度快，压载水还未来得及排净，吃水已达满载水线，造成实际没装足货物的现象。这一点对装卸速度较快的油船和干散货船尤为重要。舱底水吸头一般设在舱尾，所以通常艉倾利于排水。

2.减小船舶常数

减少船上废旧物料的积压，及时清除船上的残损器材和舱底污水。在船舶每次进坞时，船底栓应全部打开，将舱底的污泥冲洗掉。

3.控制燃油淡水的携带量

为船舶补充燃油、淡水及其他供应品是维持船舶续航力、不间断营运必须做的经常性工作。

而每航次这些消耗品载量的多或少，直接影响船舶净载货量的大小。所以在考虑燃油和淡水的补给时间、地点及其储备量时，必须结合具体航次的特点，通过计算比较确定。

为船舶航次拟定合理的燃油补给方案有两个好处：

(1)在合适的港口以较低的价格购入一定量的燃油，节约航次成本。燃油费占整个航次总费用很大比例，速度高的船往往超过一半。对于航程长的航次，这个问题显得更为突出。燃油价格的高与低、燃油费节省与浪费，对航次成本影响很大。

(2)使船舶发挥其最大的载货能力，增加运费收入。特别是在航次货源充足时，这项工作尤为重要。否则，燃油的携带量可仅根据不同港口的燃油差价来确定。

船舶在航线上任意两个顺次补给港间燃油、淡水及其他消耗品的最小携带量可用以下公式计算：

$$\sum W=\left(\frac{L_s}{v}+t'\right)\cdot g_s+t_b\cdot g_b \tag{6-1}$$

式中：$\sum W$——航次可变载荷(t)，包括燃油、淡水、食品等消耗品；

L_s——相邻两个补给港间的航行距离(n mile)；

v——船舶平均航速(n mile/天)；

t'——航行储备时间(天)，由航线及船舶的性能确定；

t_b——从本航次装货开始，直到下一次进行消耗品的补给为止，这段时间内船舶总的停泊时间(天)；

g_s——船舶每航行天可变载荷消耗量(t/天)；

g_b——船舶每停泊天可变载荷消耗量(t/天)。

当船舶载重量有富余，且当地燃油价格较低时，适当地多装燃油可以节省燃油费用。甚至有时当装卸港间的燃油差价大于货物的运费率时，会出现多装燃油比多装货物在航次经济性上更为有利的现象。

鉴于燃油、淡水的补给对船舶营运的航次效益影响较大，同样的航次由于燃油、淡水等消耗品的补给时间、地点和数量的不同形成收支的明显差异。因此，各航运企业和船长对这项工作都非常重视。例如，中东石油输出国与其他地区的石油进口国之间的石油运输航线上，哪个方向多载燃油、淡水，哪个方向少载燃油、淡水，可以通过计算比较确定。

二、航次最大载货量确定

在第三章第一节中讲过，船舶每航次的最大载货量与其航行的海区有关，与船上燃油、淡水等消耗品的携带量有关。由于每一个航次的装卸港口、航线情况不同，每个航次可利用的最大装载能力也有差别。当货源充足时，就应最大限度地利用船舶的载货能力，以增加航次收入。下面以干货船为例，说明航次最大载货量的计算方法。

根据式(6-1)，通常情况可以将船舶航次载货量与载重量的关系写成以下形式：

$$D_V=D_t-\sum W-C_a \tag{6-2}$$

式中：D_V——航次载货量(t)；

D_t——航次总载重量(t)；

C_a——船舶常定重量(t)，包括船员及其行李、备品、船舶常数等每航次基本不变的重量。

为了使船舶在某一个具体航次尽可能多地载货，就必须最大限度地利用船舶航行水域允许的最高满载水线。在确定 D_t 时，可能存在三种情况：

（1）船舶从装货的始发港到卸货的目的港，全部航程都在同一海区内。对于这种情况，应根据该海区允许使用的最高载重线决定 D_t 值。

（2）船舶装货港位于使用低载重线的海区，而卸货港位于使用高载重线的海区。此时应根据装货港允许使用的低载重线来确定 D_t 值。

（3）船舶装货港位于使用高载重线的海区，而卸货港位于使用低载重线的海区。此种情况可按下列判别式来确定 D_t。

当 $W_{hl} \geqslant \Delta_u - \Delta_d$ 时，取 $D_t = \Delta_u - \Delta_l$

当 $W_{hl} < \Delta_u - \Delta_d$ 时，取 $D_t = \Delta_d - \Delta_l + W_{hl}$

式中：W_{hl}——船舶从装船港到载重线变更地点所消耗的燃油、淡水等可变载荷的重量；

$\Delta_u, \Delta_d, \Delta_l$——分别为高载重线、低载重线和空船时船的排水量。

当船舶某航次的吃水受港口或航道水深限制时，应根据限制的地点及船舶吃水与排水量的关系、排水量与载重量的关系，按上述原理确定 D_t 值。

船舶每航次最大载货量不仅取决于船舶的载重性能，如果装运的是轻泡货，还可能受货舱容积的限制，或者对于集装箱船来说，受船舶额定载箱量的限制。考虑货舱容积时，船舶航次最大载货量按以下方法确定：

设 u 为货载的平均积载因数，ω 为船舶的舱容系数，V 为货舱容积

当 $u \leqslant \omega$ 时，由载重性能按上述式（6-2）的方法确定 D_V

当 $u > \omega$ 时，取 $D_V = \dfrac{V}{u}$

对于集装箱船，则校核按照重量配载的集装箱数是否超过了船舶的最大额定载箱量。

上面介绍了干货船航次最大载货量的确定方法。对于液货船，如油船，一般也是按上述原理从船舶的载重能力和容积大小两个方面来确定航次最大装载量，但同时要计及液货随温度变化的膨胀问题，即货舱内要留出膨胀空间。

三、航次装载量计算举例

某货船计划于 2 月 5 日从坦桑尼亚的达累斯萨拉姆港装运平均积载因数 u 为 2.24 m^3/t 的杂货返回上海。已知该船的空船排水量 Δ_l 为 5 565 t，热带排水量 Δ_u 为 20 205 t，夏季排水量 Δ_d 为19 710 t，包装舱容 V_c 为 19 591 m^3，航速 v 为 420 n mile/天，航行时可变载荷消耗定额 g_s 为 52 t/天，停泊时可变载荷消耗定额 g_b 为 22 t/天，达累斯萨拉姆港至上海港的航距 L_1 为 6 263 n mile，至香港的航距 L_2 为 5 410 n mile，船舶常定重量 C_a 为 248 t。若取航行储备时间 t' 为 5 天，停泊总时间 t_b 为 2 天，问该船该航次的最大装货量 D_V 为多少？

解：通过互联网查阅《商船用区带、区域和季节期海图》可知，本航次从达累斯萨拉姆至香港沿线均为热带海区，香港以北中国沿海在 4 月 15 日之前为夏季海区，船舶只能使用夏季载重水线。因此，本问题属于上述第 3 种情况——由高载重线区驶向低载重线区，载重线变更地点在香港。

本航次可变载荷携带总量（到上海的最小携带量）：

$$\sum W = \left(\frac{L_1}{v} + t'\right) \cdot g_s + t_b \cdot g_b = \left(\frac{6\ 263}{420} + 5\right) \times 52 + 2 \times 22 = 1\ 079(\mathrm{t})$$

到载重线变更地点的可变载荷消耗量：

$$W_{hl} = \frac{L_2}{v} g_s = \frac{5\ 410}{420} \times 52 = 670(t)$$

从热带区进入夏季区船舶载重量变化量等于对应的排水量变化量,即:

$$\Delta_u - \Delta_d = 20\ 205 - 19\ 710 = 495(t)$$

$$W_{hl} > \Delta_u - \Delta_d$$

船舶在始发港可以按热带载重线装载,其总载重量为:

$$D_t = \Delta_u - \Delta_l = 20\ 205 - 5\ 565 = 14\ 640(t)$$

船舶在始发港允许的最大净载重量:

$$D_V = D_t - \sum W - C_a = 14\ 640 - 1\ 079 - 248 = 13\ 313(t)$$

容积校核:

$$D_V = \frac{V}{u} = \frac{19\ 591}{2.24} = 8\ 746\ t < 13\ 313(t)$$

计算结果表明,该船本航次最多能装 8 746 t 货。

第四节　船舶运输质量与安全管理

一、船舶运输质量的含义

船舶运输生产的质量可从下面几个方面反映。

1.完整性

完整性是指从货物接运到交付完毕,保证运输对象的数量无差错、物理形态完好、质量不变。避免货物在运输和装卸过程中发生丢失、损坏、污染或变质的现象,保持货物原有的商品价值,使货主放心。

2.及时性(快速性)

这主要是指从接运到交付,要有适当的送达速度。对于货运,货物在途时间的长短,不仅关系到运输成本的高低,而且往往关系着商品在市场上投放的时机和行情好坏,关系着相关企业的经济效益和社会效益。缩短商品在途时间,可以加快资金的周转,从而节约生产中的流动资金。对于客运,正点和及时的运输,意味着节约旅行时间,满足旅客的基本要求。

3.便利性

运输过程中,要尽力为旅客、货主提供各种方便,如让旅客感到便捷、可靠;让货主方便查询其货物的运输状态,与货主建立长期的、稳定的、良好的业务关系,全心全意为旅客、货主服务。服务质量是运输生产各项管理工作的综合表现。

4.安全性

安全是质量的前提,没有安全就没有质量。船舶运输的外界环境较为复杂,因此与其他行业的生产相比,保证运输生产安全的难度也更大、更重要。在运输过程中,尽力避免因设备的技术状况不良、船员操作失误、自然灾害或对危险货物的处置不当而造成对人、船、货的损害。运输生产中出现的不安全事故,不仅会造成不可挽回的人身伤亡和经济损失,而且会影响企业的声誉。由于安全事故造成经济损失甚至船毁人亡的典型案例很多。

例如,某船在外国港口受载成套设备,由于对货物的特性了解不清,造成配载不合理,到国内港口卸货时才发现第二货舱底层舱的成套设备均有不同程度的损坏,有的箱子被压扁,有的箱子内部受损、侧板外露等。事故不仅造成运输企业的直接经济损失,还影响了收货单位的安装和投产使用,造成了恶劣的社会影响。又如,一艘万吨级多用途船从大连装载玉米运往广西钦州港,到达卸货港卸货时发现后货舱内的部分玉米因污水管漏水而潮湿发霉,货主索赔 7 万元,而这一损失又恰在保险免赔额以下,所以只能由航运公司自己赔偿。对该事故进行总结时发现,航运公司对该船后货舱内污水管锈蚀严重的情况事前已经知道,但一直存在侥幸心理,没有足够重视。2014 年,韩国"世越"号客货滚装船因操纵不当造成侧翻人亡、船主入狱;2015 年,长江客轮"东方之星"号遭遇下击暴流、龙卷风、短时强降雨等局地性、突发性强对流天气,瞬间倾覆、船毁人亡,公司受到停业整顿处分;2023 年,一艘杂货船和一艘渔船因双方均疏忽瞭望以及操船不当在琼州海峡西口水域发生碰撞,造成杂货船当即沉没,4 人死亡、2 人失踪,约 4 t 柴油泄漏,直接经济损失近 1 000 万元……

世界范围内,类似这种运输质量事故、安全事故每年都可能发生。这些严重的事故,究其原因多数是由管理不到位所造成的。事故直接责任者不是无章可循,而是有章不循、违章作业,或者是对潜在的隐患不重视、疏忽大意。真正属于技术性问题或是不可抗拒自然灾害造成的事故是很少的。所以加强船舶安全和运输质量管理是一项十分重要的工作。

二、船舶运输质量管理的内容

1.人员素质

首先,企业经理和船长要有明确的目标和坚强的意志。而经理、船长的工作目标要有广泛的群众基础,要得到广大职工的理解和支持,使企业的每一个人都感到自己的工作是企业大目标中不可缺少的部分,都有发挥自己聪明才智的环境。在企业里、在每一艘船上,要把职员、船员的注意力引导到工作、学习和事业上来,使他们热爱本企业,忠于本企业,形成一股巨大的向心力。

2.船舶及其设备的质量

船舶的主、辅机等各种机械设备的适航、适工状态是保质、保量完成运输任务的基础,其取决于船舶设计、建造质量和营运过程中的维修、保养质量。应强调船员对船舶的维护保养,发现问题及时处理,不留隐患。

3.货物运输质量

装卸和运输途中要根据货物的物理、化学性质和运输要求照看、保管货物,即保质保量地完成每一单运输合同。货损、货差不仅对航运企业的经济效益和声誉有直接的影响,往往对货主及相关的企业造成一连串的经济损失。例如,1 t 原油从大庆运到湛江,运输企业本身收费并不多,但这 1 t 原油到湛江后能够产生的效益却要比在产地大得多;又如一套大型设备中的一个关键部件,如果在运输途中损坏,虽然运输企业照章赔偿部分或全部费用,但由于该部件的损坏使整套设备延期投入生产,给货主造成的损失可能要比运输企业的损失大得多。

4.服务质量

服务质量包括对旅客、货主的服务质量。例如,主动营造透明、公平的运输市场环境,公开服务质量承诺事项,建立服务质量调查、反馈与监督机制;保证船舶正点运行,以及旅客在运输全过程的舒适方便;为货主提供各种设施、设备,主动解决他们在托运过程中遇到的问题,方便他们查询货运状态等。

5.安全质量

安全质量主要指保证船舶、货物、环境、人员的安全，不发生破坏性的损害。要建立一整套行之有效的安全管理规章制度，长期坚持不懈地贯彻、执行。这项工作的重点也在于对各级船员的教育。1998 年 7 月开始分步强制实施的 ISM 规则，在这方面做出了具体规定。

三、船舶运输质量保证体系的建立

在水运的全过程中，船方对货运质量负有主要责任，这一点毫无疑问，但与其相关的港口等外部生产、管理部门也都对质量负有一定的责任。有必要建立从托运人发货到提货人取货的整个运输过程和各作业环节的质量控制线，建立起以保证运输质量为目的，各部门责任明确的质量跟踪管理网络。实践证明，这是保证船舶运输质量的一种有效措施，有助于提高货主的满意程度，提高企业的声誉和竞争力。

运输过程中质量管理的主要环节如下：

1.发货

发货人严格地按照有关规定办理各项手续，并提供包装符合要求的货物，这是保证优质运输的前提条件，接管货物者也必须仔细检查各类货物的包装是否满足要求。货物进库暂时堆存时，应做好分票、隔离工作，避免混放和标记不清。

2.装船

在装卸队和理货员作业过程中，值班水手要严格检查。对于容易出现差损的袋装、坛装货，更要细心察看。同时督促工人做好隔票、衬垫工作。对待双方有争议的问题，一定要搞清楚再作业，值班水手要及时将有争议的大问题报告大副或船长，并做好情况记录备查。

由于港口作业环境比较复杂，各方面的人员比较多，在装卸作业时，船方一定要监装、监卸。在停止作业时，值班驾驶员和水手要进行巡回检查。

3.运输

海上的天气多变，船上要严格执行交接班巡视制度，特别是对甲板货、重大件要勤检查；定时察看各舱货物状况，测量油、水舱及污水沟，适时通风防潮，及时处理发现的问题；对危险品货物要按国际海事组织关于危险品运输规定进行保管和检查，发现任何异常现象，要立即采取有效措施，并做好记录。要在开航前根据航线的特点、货物的种类以及气象条件的不同，制定出适合本船、本航次的质量保证措施。

4.卸船

港口卸货是装船的相反过程。卸船前要将货物积载图交装卸公司和理货员。在卸载杂货时，坚持一票一清，责任分明。卸船工作结束后，及时对运输过程中发现的质量事故进行分析研究，弄清楚事故的性质和造成事故的原因，防止同类事故的再次发生。

5.交货与签证

船舶在港口完成卸货工作后，要采取有效措施，尽快办理交接手续，解脱承运人对货物的法律责任。大副要仔细、全面核对理货员、值班看舱水手的现场记录，酌情在单证上做有效的批注。有重大争议问题时，应请示船长，直至请示公司主管人员。

在货损、货差方面，还要注意另一个容易被忽视的问题——计量的准确性。由于有些散货常常采用水尺公估的方法来计量，如果估算误差较大且货物价格较高，就可能给货主造成巨大损失。可见计量工作也是十分重要的。

对于上述环节，各企业应当结合本企业自身情况和外部环境，建立起体现货物种类和航线特点的管理制度,使运输全过程中各部门的工作简明、协调。船舶的运输质量应由船长总负责,大副、轮机长、事务长各管一个方面。各级人员都要树立以预防为主的观点,要抓早抓小,防微杜渐。收货人和发货人都是船舶运输的用户,在可能的情况下,船方要定期走访货主,征求其对运输工作的意见,不断提高运输服务质量。有实力、基础好的企业应尽早申请并通过有关国际质量认证体系的认证,这有助于提高企业的声誉,顺利获得并保持下文所述的公司"符合证书"(DOC)和"安全管理证书"(SMC)。

四、货损责任的基本划分

(1)装船前和装货过程中造成货物残损,由发货人或装卸公司负责。

(2)除另有约定外,卸货出舱前发现的货物残损,由船方负责。

(3)到达目的港卸船时,发现因积载不当造成货损,由船方负责;但在始发港因未经大副同意,装卸公司擅自变更配载图所造成的货损,由始发港装卸公司负责。

(4)在目的港卸货过程中发生和交付时发现残损事故,由装卸公司负责;船方责任以船舷为限。

(5)装卸过程中,由于船舶装卸设备不良所造成的货损,由船方负责。

船员在运输过程中收集的信息和保留的原始资料,往往是有关部门处理货运积案或是办理索赔的重要依据。

五、船舶运输安全管理

考虑到船舶运输安全事故中有相当大的比例是由于人为因素导致的实际,国际海事组织通过《国际海上人命安全公约》强制实施了《国际安全管理规则》(ISM 规则)。该规则要求在航运公司建立安全管理体系,明确船岸管理人员的责权和船舶操作使用等方面的具体要求,对符合要求的航运公司经审核后发证。经过一段时间的实施、运行证明,这个规则在国际航运安全管理方面已经取得很好的效果,通过港口国加强监督,正在发挥越来越重要的作用。因此,我国国内航行船舶随后也实行了船舶安全管理规则。

ISM 规则要求每一个对船舶负营运责任的公司必须建立起一个能确保海上安全,防止人员伤亡,避免对环境,特别是海洋环境造成危害,以及对财产造成损失的安全管理体系(简称 SMS)。这一体系的主要功能是:

(1)设立船岸人员均能执行和保持的、对安全和环境保护的明确方针,使船舶能够在国际和船旗国的有关规章规定的范围内安全营运。

(2)分清各级人员在安全和环境保护方面的责任和权限,并建立各级人员之间的联系渠道。这种责任、权限的划分和联系渠道的形式要用文件明文规定,以使有关人员对其职责和规章能充分理解和认真履行。其中特别强调确立船长的绝对权力和责任;要指定一名或数名能直接同公司最高领导层联系的岸上人员;要能够对从事安全管理的职员,特别是新到岗人员进行培训;要为每一艘船配备合格、持证、健康的船员,船员要能以一种语言交流有关安全管理的信息;公司在开航前下达的各种指令要确实传达到船上。

(3)建立对事故和违反规定情况记录、报告、调查和分析的程序,以便及时纠正错误和弥补不足,改进安全、防污工作。

(4)对船上可能出现的紧急情况要注明、阐述,确保有关机构、人员能在任何时候对涉及船舶的危险、事故和紧急情况做出反应和采取措施。要对船舶设备,特别是那些有可能突然发生运行故障而导致险情的设备和技术系统,定期进行检查、测试、维护,以提高这些设备和系统的可靠性。要建立应急行动的训练和演习计划。

(5)内部评审和管理性复查。公司应当定期评审其安全管理体系实施的有效性。必要时还要对整个安全管理体系进行全面复查。评审及复查结果应当告知有关部门和有关人员,以便改进和提高。ISM 规则要求实施评审的人员不应从属于被评审的部门。

航运公司建立的安全管理文件体系一般由三个层次组成,即安全管理手册、安全管理程序文件和安全管理须知。其中安全管理手册是对公司安全管理体系的整体描述,明确公司安全和环保方针;安全管理程序文件中描述各有关部门在实施安全管理体系的过程中进行安全和防止污染管理活动的程序和要求,如公司管理程序、船岸职责手册等;安全管理须知则针对各个岗位描述安全和防止污染管理活动的具体操作方法或操作指导,如船舶操作手册、船舶应急计划等。建立并执行这样一套安全管理体系,便于在更换船员后使新上岗船员尽快熟悉工作环境,掌握正确的操作方法,使船舶始终保持规范、合理、满足要求的安全管理标准。

在组织上,明确规定船长在船上具有处理船舶安全和防止污染方面问题的绝对权力。为保证船舶与公司之间的联系畅通,公司要指定一名符合要求的岸上安全管理人员作为公司的管理者代表——指定人员,代表公司处理安全管理体系实施过程中的事项。该指定人员在涉及船舶安全问题上,不仅能够与船上、公司各有关部门直接联系,还要能够直接与总经理对话,以确保安全和防止污染管理活动的顺利进行。在许多航运公司中,指定人员往往由负责公司运输安全的副总经理担任,这样更有利于各方面的工作安排和必要时调度各种资源为船上提供支持。

建立了安全管理体系的公司和船舶,可以申请主管机关对其进行审核。对公司的审核包括初次审核、年度审核、换证审核、附加审核等;对船舶的审核包括初次审核、中间审核、换证审核、附加审核等。审核公司合格,由主管机关颁发“符合证书”(the Document of Compliance, DOC)。对已获得“符合证书”,并按照安全管理体系运作的公司的船舶,经审核合格,由主管机关签发“安全管理证书”(the Safety Management Certificate, SMC)。同时,船上应保存“符合证书”的一份副本备查。公司和船舶取得 DOC 和 SMC 两证后,在营运过程中还要接受主管机关定期审查其安全管理体系运作的正常性,以便决定公司和船舶能否继续保持有效的证书。

此外,为了保障运输安全、应对国际海上恐怖组织和其他犯罪活动,国际海事组织在 2002 年 12 月通过了《国际船舶和港口设施保安规则》(The International Ship and Port Facility Security Code, ISPS 规则),要求缔约国政府对参与国际商贸活动的船舶和港口进行安全评估,并根据可能受到的危害情况制订相应的安全计划。该规则于 2004 年生效,适用于客船、500 总吨及以上的货船等,其目的是为评价恐怖主义行为带来的风险提供一个标准框架,控制和减少恐怖活动风险,使政府、船舶经营者、港口经营者能根据风险程度调整警戒状态,做出相应的反应。根据 ISPS 规则的要求,航运公司要分别制订公司及其每一艘船的保安计划,提交政府管理机构批准,由政府管理机构向船舶授予“国际船舶保安证书”(International Ship Ensure Safety Certificate, ISSC)。公司要指派一名公司保安员并在所属每一艘船上指派一名船舶保安员,负责船舶保安评估,对威胁程度做出迅速反应。船舶必须携带一份“国际船舶保安证书”,表明其符合 ISPS 规则的要求,要接受港口国检查。在我国,于 2007 年 7 月开始施行《中华人民共和国国际船舶保安规则》。

【小资料】

中国海军舰船亚丁湾护航

由于各种原因，1991 年之后亚丁湾沿海地区海盗活动更加频繁。亚丁湾也被国际海事组织列为世界上最危险的海域之一。打击猖獗的海盗势力，保证国际航运安全，成为国际社会不可回避的艰巨任务。2008 年 12 月，根据联合国安理会有关决议，中国海军派遣首批由 2 艘导弹驱逐舰、1 艘综合补给舰组成的舰艇编队从海南省三亚基地起航，开始了举世瞩目的远洋护航。这是对中国海军驶向远海履行使命任务的一次重大锻炼和检验。十几年来，通过远洋护航，中国海军在保护国际运输通道和世界舞台上，展示了中国作为负责任大国的担当和我军和平、文明之师的良好形象。

1.简述船舶运输过程中货运单据的一般流转过程。

2.为什么航次的划分通常以船舶在运输目的港卸完所载货物（或下完旅客）的时点为分界线？是否可以以船舶装完货物（或上完旅客），或者其他时点作为划分航次的界线？为什么？

第七章

船舶运输经济

一艘商船投入营运，或者一个航运企业从事生产经营，都是为了在经济上获得利益。创造利润是航运经营者努力工作的一个最基本动力。在市场经济条件下，货币或资金的运转有许多基本规律。在一般经济规律的基础上，船舶运输经济还具有许多专属特性或特殊性，了解和掌握这些基本规律和特性对航运经营管理是十分必要的。

第一节　经济分析基础知识

一、利息与利率

资金具有时间价值。在单利和复利情况下，借贷期满后的本金与利息之和 F 的计算分别如式(7-1)和式(7-2)所示。

$$F=P\cdot(1+i\cdot n) \tag{7-1}$$

$$F=P\cdot(1+i)^n \tag{7-2}$$

式中：P——投入的资金数，简称本金(元)；

i——每期利率；

n——计息周期数；

F——计息周期结束时的本金与利息之和，也可以称其为未来值或终值。

在投资经济分析中，通常以年作为计息周期确定年利率，但也有以半年、季度、月作为计息周期。根据式(7-1)和式(7-2)可知，当按单利算法计息时，年利率就等于年内计息周期数乘以规定的计息期内利率。例如，规定月利率为 i_m，则年利率为 $12i_m$。但若采用复利计算法时，就会存在两种年利率形式。一种叫名义年利率(nominal interest rate)，用 i_N 表示，它等于年内计息周期数乘以每计息期利率。对于上例,即 $i_N=12i_m$。另一种叫实际年利率或有效年利率(effective interest rate),它是按年内计息周期数进行复利计算而求得的年利率,用 i_r 表示。

一般来说,若一年内的计息周期数为 m,名义年利率为 i_N,则有效年利率 i_r 可以由下式确定:

$$i_r=(1+\frac{i_N}{m})^m-1 \tag{7-3}$$

式(7-3)为复利情况下,名义年利率与有效年利率的互求计算公式。而对单利情况,其名义年利率与有效年利率是一致的。

更一般的,若贷款具有名义年利率 i_N,一年内进行 m 次复利,则 n 年以后本利和为:

$$F=P\cdot(1+\frac{i_N}{m})^m\cdot n \tag{7-4}$$

有效年利率总是大于名义年利率,且随着 m 值增大其差异也加大,然而最终此差异趋于一定值。

二、折现及现值

如果已知未来某一时刻的一笔钱,要求它相当于现在多少钱,这就叫折现计算。折现计算是本利和计算的逆运算。由式(7-2)得

$$P=\frac{F}{(1+i)^n} \tag{7-5}$$

记 $(P/F,i,n)=\frac{1}{(1+i)^n}$,称为复利现值因数或折现系数,这个系数的取值也只与 i 和 n 有关,因此可制成关于 i 和 n 的二维数表,供日常使用。

三、等值年金问题

投资经营期内连续在每年年末或年初发生的等值金额,称为等值年金,通常用 A 表示。设等值年金 A 发生在每年年末,年利率为 i,则有:

$$P=A\cdot\left[\frac{(1+i)^n-1}{i\cdot(1+i)^n}\right] \tag{7-6}$$

其中,令 $(P/A,i,n)=\left[\frac{(1+i)^n-1}{i\cdot(1+i)^n}\right]$,称为年金现值因数,根据不同的 i 和 n 可事先算出 $(P/A,i,n)$ 的二维数表,供查阅。有了年金现值因数,在已知第一年年末到第 n 年年末的年金值 A 的情况下,可利用式(7-6)方便地求得其现值 P。

同理,有年金终值算式

$$F=A\cdot\left[\frac{(1+i)^n-1}{i}\right] \tag{7-7}$$

令 $(F/A,i,n)=\frac{(1+i)^n-1}{i}$,称为年金终值因数。

当需要根据现值 P 或终值 F 计算等值年金值 A 时,根据式(7-6)和式(7-7),立刻可得到等值年金值的计算公式。

$$A=P\cdot\left[\frac{i\cdot(1+i)^{n}}{(1+i)^{n}-1}\right] \tag{7-8}$$

$$A=F\cdot\left[\frac{i}{(1+i)^{n}-1}\right] \tag{7-9}$$

称其中$(A/P,i,n)=\frac{i\cdot(1+i)^{n}}{(1+i)^{n}-1}$为资本回收因数;称其中$(A/F,i,n)=\frac{i}{(1+i)^{n}-1}$为偿债基金因数。

四、通货膨胀问题

在世界上许多发达国家的经济发展历程中,几乎都存在着不同程度的通货膨胀现象。物价上涨是通货膨胀的主要表现形式,物价的上涨使货币随着时间的流逝而贬值。若用 P 表示现值,与 P 相等值的一年后数额为 F,则贬值量为 $F-P$,通货膨胀率为 $e=\frac{F-P}{P}$ 或写成 $F=P\cdot(1+e)$,这里 e 表示通货膨胀率。仅考虑通货膨胀的影响,货币的将来值与现在值的关系类似于复利的关系,即

$$P=\frac{F}{(1+e)^{n}} \tag{7-10}$$

因为没有考虑其他时间价值因素,所以此 P 值也是第 n 年的 F 等值货币。

当存在通货膨胀时,必须考虑通货膨胀对投资经营效果的影响,一般可通过提高期望报酬率,来确保投资的实际报酬率能达到要求。

设 F 表示第 n 年的现金流,e 为平均每年的通货膨胀率,i_0为没有通货膨胀现象时投资者要求达到的报酬率,i_p是有通货膨胀现象为确保达到 i_0所要求的(表面的)报酬率。

根据投资经营过程中现金流的现时价值计算公式:

$$P=F\cdot(1+e)^{-n}\cdot(1+i_0)^{-n}=F\cdot[(1+e)\cdot(1+i_0)]^{-n} \tag{7-11}$$

与不考虑通货膨胀时的现值计算公式 $P=F\cdot(1+i_p)^{-n}$对比,令式(7-11)中的$[(1+e)\cdot(1+i_0)]=(1+i_p)$,则

$$i_p=e+i_0+e\cdot i_0 \tag{7-12}$$

或

$$i_0=\frac{i_p-e}{1+e} \tag{7-13}$$

从式(7-13)可以看出,若无通货膨胀现象存在,即如果 $e=0$,则 $i_0=i_p$,投资报酬率的要求值与计算值相同;如果通货膨胀率等于计算报酬率,即 $e=i_p$,则 $i_0=0$,即实效报酬率将等于0,表明投资报酬率完全被通货膨胀率所抵消。因此,为了使实际的投资报酬率保持原来水平不变,就要提高计算中采用的期望报酬率。即在计算 *NPV* 等指标时,用式(7-12)中的 i_p代替 i_0,才能保证实际报酬率不会降低。

本节中介绍了投资经营经济性分析的基础知识,在日常工作中应遵循经济规律办事,违背经济规律就会受到惩罚。尽管国家的政策、法规、军事需要等对一个企业的投资经营有一定的影响和作用,有时甚至是很强的限制和制约,一般情况下,企业投资、经营和管理在这一框架下还是有很大的自由度的,因此,凡事都应持有经济观点,对巨额的投资和对经营效果有较长期影响的投资(像购买大型运输船),更应事先利用经济分析的有关理论和方法加以评估,以便做出最为合理的决策。

第二节　船舶运输成本

任何物质生产部门在生产、制造新产品时都要消耗一定的原料、生产资料和劳动力。产品的生产成本是指以货币形式表现的、为生产该产品而发生的社会劳动和自然资源消耗量，或者说成本是企业为生产一定数量产品所支出费用的总和。生产一批产品支出费用的总和为该批产品的总成本，其中单个产品支出费用的总和(或每个产品分摊的费用支出额)为单位成本。成本是制定产品价格的基本依据之一。

船舶运输成本是航运企业为提供运输服务所支出的一切费用的总和，是企业制定运价的基本依据之一。船舶运输成本随运输生产过程中的技术与经济因素而变，是评价生产管理的最重要指标之一，可用以判定航运组织工作的经济效果。降低成本可使企业资金积累增加。因此，各个航运企业都非常重视对运输成本的管理和控制。

一、船舶运输成本构成

在国际上，对船舶运输成本有许多不同的划分方法，最常见的做法是将其分为固定成本与变动成本两大类。固定成本(fixed costs)是在一定时间范围内，其发生总额不受运量增减变动的影响而相对固定的费用。航运企业一经建立，即使运量为零，固定成本也会发生。变动成本(也叫可变成本，variable costs)是指发生总额随着运量、发到港、组织方式等因素变动而变动的费用。

按照我国航运企业过去习惯的划分方法，属于固定成本的项目主要有：

1.船员费

船员费包括船员工资、伙食费、各种补贴与津贴及其他社会福利费用等以各种形式花费在船员身上的费用支出。

2.润料费

润料费主要是指各种机械上使用的润滑油、清洁剂的费用。与燃料相比，润滑油可以循环使用，其用量少得多，内燃机船的润料费占燃料费的5%~15%，大功率船的比例较小。

3.物料费(材料费)

物料费(材料费)是船舶营运过程中耗用的各种材料，如缆绳、索具、木料、油料等的费用。

4.折旧费

折旧费是对船舶投资账面价值所规定的每年回收额。当船舶投资是以贷款的形式实现时，还应考虑到偿还贷款的利息费用，折旧费和投资贷款利息构成了船舶的资本成本。

5.修理费

船舶在使用过程中，各个部件磨损、腐蚀、损坏在所难免。在使用年限内，通过定期或不定期的修理来保持船舶良好的技术状况和适航性是必要的。各国船舶检验机构或船级社为船舶规定了定期检修制度，并监督船舶确保其保持良好的适航性。因此在营运过程中，船舶修理费用实际是周期性的支出(如经若干年进行一次中修和大修)。过去航运企业每年提取一定的修理费，计入当年成本，以积累足够的修理基金。习惯上，船舶年度修理费是以造价的百分率来提取。现代市场经济条件下，企业每年可以将支出的修理费直接计入当年成本，以便减少当年的税金支出。

6.保险费

航运业是一个风险很大的行业。船舶在海上航行，会遇到无法预防或人力不可抗拒的灾难。保险制度正是帮助单个船东将这种损失分摊转嫁到整个航运业的运输成本中去。船东向保险公司交纳保险费，并将它列入成本项目。一旦被保险的船舶灭失或发生事故，由保险公司赔偿其损失。

7.管理费

航运企业进行运输生产，除了要有船舶以外，还要设立各种管理部门和代理机构，开展人事、商务、财务、调度、船舶机务、安全监督、法律事务、物资采购与供应、市场开发等管理工作。为从事这些活动所支出的费用和为从事这些活动的人所花费的开支的总和就是管理费。

8.其他营运费

在这一笼统的项目内，通常包括各种零星船舶费用，例如：淡水供应费、航行用工具费、海图及航海图书购置费、邮电费、办公文具费等。其他费用包括的项目虽然很多，但其总额一般较小，只占全部成本的2%~5%。

属于变动成本的项目有如下两项：

9.燃料费

燃料费是船舶在航行、停泊、装卸作业时所耗用的各种燃料费用之和。目前世界上绝大多数船舶均采用内燃机作为船舶主机，只有很少一部分超级油船和液化天然气船采用蒸汽轮机作为船舶主机。船用内燃机按其转速可分为三类，并采用不同品类的燃油：低速内燃机（额定转速为100 r/min左右）使用重油，进出港或机动操作时使用柴油；中速内燃机（额定转速为300~500 r/min）使用重油和柴油混合油，进出港或机动操作时使用柴油；高速内燃机（额定转速为500 r/min以上）使用柴油或轻柴油。海上运输中，大型船舶通常使用低速或中速柴油机，小型船舶和快艇使用高速柴油机。

10.港口及运河费

港口及运河费是指在港口、运河或特定航道所发生的各项费用。例如，船舶吨税、停泊费、码头费、引航费、拖船费、装卸费、开关舱费、检疫费、运河通过费、代理费等。

在不定期船市场上，较为流行的运输成本划分方式常将成本划分成为资本成本（capital costs）、经营成本（operating costs / running costs）、航次成本（voyage costs）三个部分。两种成本划分方法之间大致的对应关系如下：

资本成本——折旧及贷款利息；

经营成本——除折旧及贷款利息外的其他固定成本部分；

航次成本——变动成本部分。

除此之外，还有直接成本与间接成本的分法。直接成本即按每艘船舶直接计算的费用，含有折旧费、修理费、船员费、燃料费、润料费、港口费、代理费以及其他航行费用等。间接成本是以某种方法分摊到各船上的费用，含有行政管理费、财务费用、邮电费、办公用品费及其他岸上的费用。

二、各种分摊成本的确定

在上述各项船舶运输成本中，大部分费用可根据船舶营运时的实际支付额度按年度进行统计计算，并直接计入各船成本中。但也有些费用如折旧费、管理费等需要按照某种方法分摊到各船每年的成本中。再如共同费用(医疗设施及药品、文化娱乐用品、图书及文具等)也要由各船分摊承担。但因船舶共同费用数额与其他项目相比较小,再经分摊后,对船舶总成本的影响也很小,因此可以采用简单、粗略的方法平均分摊。即

$$各船分摊共同费用额=\frac{船队共同费用总额}{船舶艘数} \tag{7-14}$$

而对于像折旧费、管理费等较大项目的成本,就必须采用更为合理、准确的计算方法,或者说是大家都愿意接受的方法分摊,下面介绍几种成本分摊计算方法。

1.折旧费计算

通常所说的折旧是对固定资产磨损的价值补偿,是对船舶投资账面价值的逐年分摊回收,也是企业内部积累资金、更新船舶的主要来源之一。每年度折旧费的多少与三个基本参数相关。这三个基本参数是:

原始价值或初投资 P——购入船舶,并使其投入营运所支出的总费用。

残值 RV——船舶折旧寿命期终了时,估计还会有的价值或账面价值。理论上它应该等于此时船舶的实际价值,但由于受市场供求关系等一些当时因素的影响,船舶在折旧寿命结束时,其账面价值一般不会等于其市场价值。

折旧寿命 n——将船舶账面价值进行回收所需的时间区间(年),它并不一定等于船舶的使用年限或投资有效使用期。

由于每年折旧费的多少直接影响到企业交纳税款的多少,即影响到国家税收的多少,因此除船舶原始价值在投资分析之初是已知数据外,船舶的残值和折旧寿命都是在投资过程开始之前就已经由有关部门确定。例如:过去在交通运输部的技术政策文件中,对各类海船的折旧寿命规定,油船为 15 年,干散货船为 20 年,客货船为 20 年,杂货船为 25 年,化学品船为 10 年等。在新税法中对船舶折旧年限的最低值、残值以及采用何种折旧计算方法都做了规定。也就是说,不必知道投资过程的现金流及报酬率,就能确定每年折旧费的多少。事实上,船舶的市场价值并不必须等于其账面价值。

折旧费的具体算法主要有以下几种。

(1)直线折旧法

每年折旧额
$$D=\frac{P-RV}{n} \tag{7-15}$$

第 t 年折旧后剩余的账面价值
$$P_t=P-\left(\frac{P-RV}{n}\right)\cdot t \tag{7-16}$$

直线折旧是一种平均折旧法,它按固定资产的折旧年限,逐年等额计提折旧费,折旧率为 $r=\frac{1}{n}$。

例题 7-1:某船船价 $P=3\ 000$ 万元,使用年限为 10 年,残值为 600 万元,求每年的折旧额。

解:年折旧费 $D=\frac{P-RV}{n}=\frac{3\ 000-600}{10}=240$(万元)

(2)余额递减折旧法

该方法是先确定折旧率 r,每年折旧额就是用折旧率乘以当年尚未收回的投资额(即船舶剩余的账面价值)。计算原理如表 7-1 所示。

表 7-1　余额递减折旧法计算原理

年度	年折旧额	折旧后船舶账面价值
第 1 年	$r \cdot P$	$P \cdot (1-r)$
第 2 年	$r \cdot P \cdot (1-r)$	$P \cdot (1-r)^2$
第 3 年	$r \cdot P \cdot (1-r)^2$	$P \cdot (1-r)^3$
⋮	⋮	⋮
第 n 年	$r \cdot P \cdot (1-r)^{n-1}$	$P \cdot (1-r)^n$

因为，到折旧寿命终了，即第 n 年年末，船舶的账面价值应该等于其预先规定的残值 RV，所以有：

$$P \cdot (1-r)^n = RV$$

由此可确定折旧率

$$r = 1-\left(\frac{RV}{P}\right)^{\frac{1}{n}} \tag{7-17}$$

第 t 年的折旧费

$$D_t = P \cdot r \cdot (1-r)^{t-1} \tag{7-18}$$

第 t 年折旧后还剩余的账面价值

$$P_t = P \cdot (1-r)^t \tag{7-19}$$

例题 7-2：已知条件同例题 7-1，试用余额递减折旧法计算每年的折旧费。

解：先求出其折旧率

$$r = 1-\left(\frac{RV}{P}\right)^{\frac{1}{n}} = 1-\left(\frac{600}{3\ 000}\right)^{\frac{1}{10}} = 0.148\ 66 = 14.866\%$$

各年折旧费和折旧后剩余的船舶账面价值计算结果列于表 7-2 中。

表 7-2　余额递减折旧法算例

年度	年折旧额(万元)	折旧后船舶账面价值(万元)
0	—	3 000.00
1	445.98	2 554.02
2	379.68	2 174.34
3	323.23	1 851.11
4	275.18	1 575.93
5	234.28	1 341.65
6	199.45	1 142.20
7	169.80	972.40
8	144.56	827.84
9	123.07	704.77
10	104.77	600.00

(3) 双倍余额递减折旧法

双倍余额递减折旧法是由余额递减折旧法衍变出来的，其差别在于其折旧率不是根据船舶残值与原值之比来确定，而是直接取为直线折旧率的两倍，即：

$$r=2\times\frac{1}{n}$$

而第 t 年的折旧费及剩余账面价值分别按式(7-18)和式(7-19)计算。

由于在确定双倍余额递减折旧法的折旧率时没有考虑残值,当按 r 折旧到第 n 年年末时可能会出现三种情况。一种情况是其剩余账面价值低于预先规定的残值,实践中这是不允许的。遇到这种情况,一般在折旧寿命过半时,考虑到船舶投资大部分已收回,可转用直线折旧法在剩余年度里提取折旧费,如例题7-3所示,或者选一个更为合适的年度开始转用直线折旧法折旧。第二种情况是其剩余账面价值高于预先规定的残值,这对企业来说是不利的,不应这样做。遇到这种情况也可在适当年度转为直线折旧,而且一般可用试探法找出一个年折旧额高于双倍余额递减折旧法确定的年折旧额的直线折旧开始年度,如例题7-4所示。第三种情况就是其剩余账面价值正好等于预先规定的残值,这时双倍余额递减折旧法与余额递减折旧法的效果是一致的。

设双倍余额递减折旧法的折旧率为 r_D,余额递减折旧法的折旧率为 r_e,则

当 $r_D>r_e$时,对应着上述第一种情况,双倍余额递减折旧法的折旧速度高于余额递减折旧法;

当 $r_D<r_e$时,对应着上述第二种情况,双倍余额递减折旧法的折旧速度低于余额递减折旧法;

当 $r_D=r_e$时,对应着上述第三种情况,两种折旧方法的折旧速度一样。

例题 7-3:已知条件同例题7-1,试用双倍余额递减折旧法计算每年的折旧费。

解:先确定折旧率 $r=2\times\frac{1}{10}=20\%$

各年折旧费和折旧后剩余的船舶账面价值计算过程列于表7-3中。

从表7-3的计算结果中可见,按双倍余额递减折旧法折到第8年时,剩余账面价值已经开始低于预先规定的残值600万元,属于第一种情况,可以从第6年开始转用直线折旧法。

表 7-3　双倍余额递减折旧法算例(情况一)

年度	年折旧额(万元)		折旧后船舶账面价值(万元)	
	方法(3)	先(3)后直线	方法(3)	先(3)后直线
0	—	—	3 000.00	3 000.00
1	600.00	600.00	2 400.00	2 400.00
2	480.00	480.00	1 920.00	1 920.00
3	384.00	384.00	1 536.00	1 536.00
4	307.20	307.20	1 228.80	1 228.80
5	245.76	245.76	983.04	983.04
6	196.61	76.61	786.43	906.43
7	157.29	76.61	629.14	829.82
8	125.83	76.61	503.31	753.21
9	100.66	76.61	402.65	676.61
10	80.53	76.61	322.12	600.00

例题 7-4:某二手船原价10 500美元,估计6年后有残值500美元,假定折旧寿命期也是

6 年,现应用双倍余额递减折旧法确定每年的折旧费与未收回账面价值。

解:折旧率
$$r=2\times\frac{1}{6}\approx0.333$$

各年折旧费和折旧后剩余的船舶账面价值计算过程列于表 7-4 中。

表 7-4　双倍余额递减折旧法算例(情况二)

年度	年折旧额(美元)		折旧后船舶账面价值(美元)	
	方法(3)	先(3)后直线	方法(3)	先(3)后直线
0	—	—	10 500.00	10 500.00
1	3 500.00	3 500.00	7 000.00	7 000.00
2	2 333.33	2 333.33	4 666.67	4 666.67
3	1 555.56	1 555.56	3 111.11	3 111.11
4	1 037.04	1 037.04	2 074.07	2 074.07
5	691.36	787.04	1 382.71	1 287.03
6	460.90	787.04	921.81	500.00

从表 7-4 中看到,若只用双倍余额递减折旧法,最后尚有 921.81 美元未能通过折旧收回,而残值为 500 美元。为了将能折旧的部分全部通过折旧收回,可以在最后两三年转为直线折旧。因为此时的直线折旧速度会快于双倍余额递减折旧。

用试探法确定采用转为直线折旧的年份:

若从第 4 年到第 6 年采用直线折旧,则每年折旧费为:

$$\frac{3\ 111.11-500}{3}=870.37(\text{美元})$$

它低于双倍余额递减折旧法第 4 年的折旧费 1 037.04 美元,故不宜从第 4 年转为直线折旧法。

再来考虑从第 5 年到第 6 年采用直线折旧法。此时每年折旧费为:

$$\frac{2\ 074.07-500}{2}=787.04(\text{美元})$$

它已经高于双倍余额递减折旧法第 5 年的折旧费 691.36 美元,所以从第 5 年以后可以转用直线折旧法。

(4)年数总和折旧法

这是一种加速折旧法,每年计提的折旧费数额是将折旧期内各年数加总作为分母,将年序反过来作为各年折旧的权重分子计算,如公式(7-20)所示,即在折旧寿命期内,前期折旧费提得多,后期折旧费提得少。

第 t 年提取的折旧费为:

$$D_t=\frac{n-(t-1)}{\frac{n\cdot(n+1)}{2}}\cdot(P-RV) \tag{7-20}$$

第 t 年末尚未收回的账面值为:

$$P_t=P-\sum_{j=1}^{t}\frac{n-(j-1)}{\frac{n(n+1)}{2}}(P-RV)=P-\frac{t\left(n-\frac{t}{2}+\frac{1}{2}\right)}{\frac{n(n+1)}{2}}(P-RV) \tag{7-21}$$

例题 7-5：已知条件同例题 7-1，试用年数总和折旧法计算每年的折旧费。

解：根据式(7-20)和式(7-21)计算的各年折旧费列于表 7-5 中。

表 7-5　年数总和折旧法算例

年度	年折旧额(万元)	折旧后船舶账面价值(万元)
0	—	3 000.00
1	436.36	2 563.64
2	392.73	2 170.91
3	349.09	1 821.82
4	305.45	1 516.37
5	261.82	1 254.54
6	218.18	1 036.37
7	174.55	861.81
8	130.91	730.91
9	87.27	643.64
10	43.64	600.00

(5)关于各种折旧方法的几点讨论

图 7-1 直观地反映了对例题 7-1 中问题采用不同折旧方法的差异。

①因折旧被用于回收投资的账面价值，显然越早收回折旧费对企业越有利，直线折旧法是匀速折旧法，折旧率为 $1/n$。余额递减折旧法、双倍余额递减折旧法和年数总和折旧法是加速折旧法，能在船舶使用年限一半左右的时间内回收船舶的大部分价值，对船舶提前更新极为有利。所以采用快速折旧法与缩短折旧期限通常对企业是有利的。

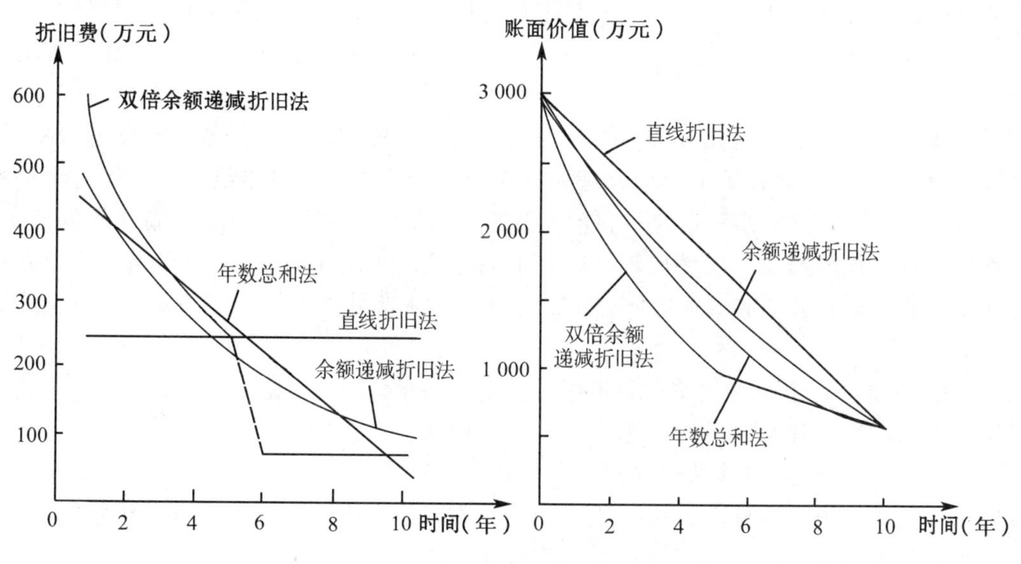

图 7-1　各种折旧方法的比较

②折旧费是免交所得税的，对于同样的付税前现金流，采用不同的折旧方法，其应当交纳的所得税总额并不发生变化，交纳税款的时间分布特征却不同。加速折旧能在投资活动的前期多提折旧费，从而少交纳一部分税款，这一部分税款被推迟到投资活动后期支付，这样可以提高企

业的付税后报酬率。

③折旧是收回船舶的账面价值，残值也是收回船舶的账面价值，因此折旧费决不允许在船舶账面价值低于残值的情况下提取。船舶残值留得越高，折旧费提取越少；反之，船舶残值留得越低，则可提取的折旧费越多。无论使用何种折旧方法，都不对残值以下的船舶价值进行折旧，残值只能在卖船时提取（即计入成本）。

④由于折旧费是在投资过程开始之前已经按某种方式安排好了的一种企业收入，在投资活动开展以后，每年的提取量是一定的，因此折旧费实际上会因为通货膨胀而贬值。至今还没有一个国家根据通货膨胀指数给予相应的资本折旧折让，这也说明了在账面价值下跌以前使用快速折旧的优越性。

⑤船舶折旧常常并不是按船舶本身的购买价格来进行折旧，而是按回收这个船舶投入使用过程中所花费的全部投资来进行折旧。在企业经济分析中，折旧费的提取与船舶的具体磨损程度也并非必须一一对应。

⑥如果企业利润很少，采用快速折旧的前几年有可能会出现账面亏损现象，这常常对企业管理者或管理团队的考核不利，但对企业的经济运转和发展并无不利影响。

上边介绍了几种最常用的折旧算法。由于折旧对企业的发展有着重大的影响，有些国家还采用一些更为灵活、快速的折旧方法。例如，有的国家准许第一年就100%地折旧；也有的国家对船舶这样的大设备，准许在5年之内折旧完毕；甚至有些国家已对折旧的概念有了新的发展，称之为“资本回收”，可见折旧的性质发生了变化。过去我国长期都不允许企业快速折旧，只允许采用直线折旧法，这对于风险大、投资大、使用期长的船舶更新是不利的。国家新的税法和技术经济政策已允许航运企业采用快速折旧法和较短的折旧年限。

2.企业管理费的分摊

企业管理费是指组织船舶生产经营所要付出的经济代价，主要包括公司房产或房租、陆上职工薪金、办公费用、差旅费等。由于这些费用是为运输生产活动的顺利进行而付出的代价，因此应计入船舶运输成本，从运输收入中得到补偿。它是一种按年度记账、对所属各船实施管理的总开支。

如果企业只有一艘运输船或有若干艘在相同航线上从事相同运输任务的同型船，那么就可以按船数均摊的办法，比较容易也比较合理地将企业总的管理费用分摊给各船。但对于一般的情况，即企业管理多艘船舶、多种船型、各船分别在不同航线上从事不同的运输任务的情况，要将企业管理费合理地分摊给各船就比较困难。下面介绍一种实用方法。

先求出所有船舶每在册吨天（关于在册吨天的概念请参见本书第十三章第二节）企业管理费的分摊额：

每在册吨天企业管理费的分摊额＝企业管理费总额/船队在册总吨天数　　(7-22)

然后根据每艘船的在册吨天数求出该船应分摊的管理费：

某船年企业管理费分摊额＝每在册吨天分摊额×该船在册吨天数　　(7-23)

式(7-22)和式(7-23)的分摊方法虽然不一定绝对合理，但也是一个相对合理且简单、实用的企业管理费分摊方法。

3.单船每营运天固定成本的分摊计算

当一艘船的年固定费用计算出来之后，为了便于进行航次经济性分析，还需计算出其年内每营运天的固定成本分摊额。由于船舶营运组织与经济核算通常是以航次为单位进行以及航次运行在时间上具有连续性，即在年初、年末的航次往往是跨年度的，这就给年度固定费用分摊计算中的年度时间确定带来困难。不妨按下述约定求得单船每营运天固定成本。凡本年度发船,但航次结束时已跨入下年度的航次时间排除在本年度之外。同时,应将上年度末开始,跨入本年度初结束的航次时间算在本年度之内。所以各船舶的年营运时间应为本年度初第一个航次的开始时间或上年度最后一个跨年度航次的开始时间,至本年度末最后一个航次的结束时间。计算公式如下:

$$\text{本年每营运天固定成本}=\frac{\text{本年度固定费用}+\text{上年结转固定费用}}{\text{本年度内营运天}+\text{上年末航次天}} \tag{7-24}$$

$$\text{本年已结航次固定费用}=\text{本年度固定费用}+\text{上年结转固定费用}-\text{下年度应摊固定费用} \tag{7-25}$$

其中:上年结转固定费用=上年每营运天固定成本×上年末航次天;

下年度应摊固定费用=本年每营运天固定成本×本年末航次天;

上年末航次天与本年末航次天均指跨年度的航次在上年度与本年度内所占用的天数,若无跨年度航次则该项为零。

例题 7-6:某船核算年度的固定费用总支出(1~8 项之和)为 203 万元,该船上年末有一航次跨入本年度完成,上年末占时 10 天,上年该船每营运天固定成本为 5 600 元。本年度内因船舶进厂修理中断营运 25 天,年末有一航次历时 5 天后跨入下年度完成。求本年度每营运天分摊的固定成本。

解:上年结转固定费用=5 600×10=56 000(元)

$$\text{本年每营运天固定成本}=\frac{2\ 030\ 000+56\ 000}{365-25+10}=5\ 960(\text{元})$$

在本年度发生,但应计入下一年度的固定费用=5 960×5=29 800(元)

本年内已结航次的固定费用=2 030 000+56 000−29 800=2 056 200(元)

上边简要介绍了折旧费、管理费、固定成本的分摊方法。事实上,在进行船舶成本的核算分析时,还会遇到其他方面的费用分摊问题。例如客货船的客运成本与货运成本的分摊,多港挂靠杂货船上各批货载的成本分摊等,在如何合理分摊成本问题上都有一定的难度,即难在怎样分才能更合理或更容易被相关各方接受。针对具体问题应采用尽可能合理的分摊方法。

三、影响各项成本比重变化的因素

船舶运输成本各项目的水平及其在总成本中所占的比重是可以变化的,导致这种变化有多方面的因素。

1.工资制度

固定成本中,船员工资费用因各个国家、各个航运企业的船员工资待遇不同,其差异很大,但其与船舶吨位及速度关系不大。费用水平主要取决于两个因素,即船员定编数及各级船员的平均工资额。以我国为例,在 20 世纪 80 年代中期沿海航运企业的船员工资一般为 5 000 元/年左右,到 2005 年船员平均工资达到 100 000 元/年左右。到 2022 年,国内沿海船员平均工资已经达到 300 000 元/年左右,远洋船员平均工资已经达到 400 000 元/年左右,相差比较悬殊。由于工资费用的增长,它在经营成本中的比重不断加大,成为一个举足轻重的成本项目,也成为一个在国际航运市场上决定竞争能力的重要因素。因此各国的船东正在利用技术、经济、法律等各种可行手段,为降低船员工资费用从而提高竞争能力而努力。

降低船员工资费用的途径是减少船员编制。随着现代科学技术的发展,通过船舶的自动化进一步缩减船员编制，在技术上是完全可行的。德国、荷兰、日本等国都在这方面做过一些尝试，目标是将远洋自动化船上的船员编制降到12~13人。科学技术的发展已经使这种努力取得了一些成效，在大型集装箱船上定员13人的情况已经屡见不鲜。

发达国家的船东在制定本国船员工资标准时，没有太大的回旋余地。他们不仅要与本国的船员工会做艰难的谈判，还受到国际运输工人联合会ITF（大多数发达国家工会是它的成员，参见第二十章第四节）所制定的船员基本工资标准的约束，特别是在当今船员劳动力紧缺的情况下，降低船员工资待遇还可能引发船员业务素质和水平下降的风险。

2.船舶初投资或资本成本

资本成本就是航运企业为购置或拥有船舶所支出的费用，它包括船舶折旧与利息费用，是船舶成本中的一个主要项目。

在国际船舶市场上，船价不仅取决于船厂的建造成本，还取决于市场需求以及国家对本国造船工业的扶持政策。从各国船厂的造价水平上看，船价的差别还是很大的。一般美国船厂的造价最高，其次是西欧国家，在发达国家中日本船厂的造价最低。美国船厂造价高的原因不仅是由于美国工人工资水平高，还由于美国船厂造船消耗工时多，材料价格高。

按照一般的规律，随着造船工艺和技术的发展，相同技术水平的船舶造价应该是逐步下降的。但实际上，由于存在较高的年通货膨胀率和船舶设备的日益现代化，所以尽管受市场供需情况影响会使得造价在短时间内发生上下波动，但船舶造价总的趋势是逐步上升的。

降低船舶造价的一个有效途径是批量造船。在成批建造船舶时，每艘船的平均价格将随建造艘数的增加而降低。据统计，建造3艘船的平均价格为第一艘船的90%左右，建造10艘船时则降至80%。成批造船价格降低的原因是很清楚的，设计费用、胎具和模具的购置费用等可由更多的船舶分担，工人更熟练，节约工时费。因此，许多船厂竞争的主要手段之一是设计、建造受众多、船主欢迎的标准型船舶，通过取得大量订单来降低造价，这样也可以使许多规模较小的航运企业获得成批建造的好处。而对于大型航运企业来说，则可以通过慎重的技术经济论证，成批建造适合本公司经营的船舶。苏联在20世纪60年代到70年代航运业迅速发展正是通过成批建造多种类型船舶而取得的。

由于船舶投资大，经营航运的风险大，船东在建造新船时面临着较为复杂的选择，不仅要考虑到本身拥有的资金状况，而且要考虑今后企业现金流动、折旧费、还本付息能力等问题。投资额大，折旧费就高。相同的投资，折旧率高，折旧寿命期短，折旧费也高。加速折旧会使企业账面成本提高，从而在同样收入条件下可降低所得税额，有利于船舶的更新和改造。

3.船舶维修与保养

影响修理费用的因素是多方面的，如船舶技术性能和质量，船员日常维护保养的水平和自修的能力，修船厂的选择等。其中一个有较强作用的因素是船龄。船龄越大，修理频率越高，修理项目越多，修理时间越长，费用也就越高。另一个因素是在设计船舶时尽可能多地选择通用设备、零件和材料，有助于减少营运过程中的维修、保养费用。一些船龄较高的船舶，因其设备配件及备件供应困难，导致修理费用增加。

4.企业管理方式

企业管理方式对成本的直接影响反映在管理费上。管理体制上的差别、专职管理人员的多少、工作效率的高低、管理手段是否先进，对企业管理费用的支出有直接影响。除此之外，管理方式对其他各项费用的实际支出水平也有较大的影响，我国一些大型航运企业管理机构较庞大，管理效率较低，在降低企业管理费用方面具有很大的潜力。

5.船舶投保项目

影响船舶每年保险费支出的主要因素有船舶保险的范围、船东的经验与信誉、以往发生事故及赔付情况、船龄及船舶营运状况、船舶类型、吨位、船籍和船舶航行区域等。不同项目的保费存在差异,所以每艘船的保险费视不同的投保项目而差别很大。

6.燃油价格

燃油价格变动会严重影响运输成本及其结构比重,这是由船舶的燃油耗量较大所致。在经营中,燃油价格是一个外界因素,不易控制。但可以通过采用节能机型等先进技术措施来降低燃油耗量,从而降低燃油费用。此外,还可通过灵活选择供油地点、补充低价燃油的办法,降低实际燃油费用的支出。

7.港口收费水平

港口收费水平也是影响船舶运输成本的一个主要因素。影响船舶在港支出的主要因素有船舶吨位、装卸安排、停泊时间、代理及各种杂项收费水平的高低,其中有些杂项作业有时可以调动船员来完成,从而使杂项作业费得到控制和降低。

8.航次组织与运输质量管理水平

船舶在不同航线上营运所挂靠港口的收费水平是不同的。航次组织中,少挂靠港口,或对港口作业周密安排,可以减少港口费用的支出。此外,航次组织中能否控制船期,将影响固定成本在总成本中的比重。而货运质量管理水平低下,会增加事故损失费用在整个运输成本中的比重,同时会增加修理费用支出和造成船期损失,使船舶运输总成本也随之增高。

第三节　船舶运输收入

一、运价制定

航运企业在组织船舶运输过程中,不可避免地要发生诸如船员工资、修理费、管理费、燃料费、港口费等营运开支,而且为了维持生产和扩大再生产,还要计提折旧和获取一定数额的利润。为了补偿这些开支和取得合理利润,航运企业要向货主或托运人收取运输劳务费用,这种劳务费用称作运费。计收这种运输劳务费用的单位价格,叫作运价。所以说运价是单位运输产品价值的货币表现。

船舶营运收入多少,取决于运价和船舶完成的运输量(周转量)。一般情况下,运价如果定得过低,会使航运企业在经济上遭受损失,资金积累缓慢,不利于航运业的发展;如果定得偏高,会妨碍海运贸易成交量,使货运量减少,从而影响航运企业的收益。因此,从促进海运贸易和航运发展的要求考虑,运价应该制定在一个比较合理的水平上。

在实践中,各航运企业制定何种价格,与本企业所处的市场环境和提供的运输服务质量、服务项目有很大关系。各航运企业内部与外部环境不同,制定的运价必然存在差异。通常都是在应考虑的诸多因素中,重点考虑几个主要因素以决定运价。定价方法概括起来可分成三大类,即根据成本定价、根据需求定价和根据竞争定价。

1.根据成本定价

这是一种在国际航运界中比较流行的定价方法。例如成本加利润定价法,就是要首先计算出运输总成本及总运量，求出单位运输成本，再加上一定比例的利润，最后得出单位运输价格，即运价。根据单位运输成本和要求的利润率确定运价的具体算法如下。

设 K_t 为船舶运输总成本（元），P 为运价（元/t 或元/t · n mile），Q 为运量或周转量（t 或 t · n mile），f 为利润占总收入的比例（利润率），则由

$$P \cdot Q - P \cdot Q \cdot f = K_t$$

得到

$$P = \frac{K_t}{Q \cdot (1-f)} = \frac{Q}{1-f}$$

即

$$运价 = \frac{单位运输成本}{1-利润率} \tag{7-26}$$

用这种方法确定运价的合理性在于：

(1) 成本计算简单，且较准确可靠。这是与预测需求和竞争状态的估算相比较而言。即使成本的计算中有误差，其误差与估算需求及竞争状态的误差相比也是微不足道的。

(2) 采用这种方法定价，船货双方都认为比较公平。长期以来，评定价格是否公平，都是以成本为依据。

(3) 如各个企业都采用这种方法定价，引起相互竞争的程度和市场运价波动的程度都会较小。

但是如果只按成本定价，就反映不出市场供求变化的规律。而且用已发生的营运数据计算成本，说明不了将来的情况，在分摊成本或决定利润率方面也无绝对合理的依据。

2.根据需求定价

通过前面对按成本定价方法的探讨可以看出，这个方法是在实际费用完全发生后才定价，这样定出的运价有一定的被动性。而根据需求定价方法是在运输未进行之前，航运企业在进行货源调查阶段，就考虑运价的问题，这是根据需求定价方法的一个特点，可以作为根据成本定价的补充。

与根据成本定价方法相比较，这个方法更为重视货主对运输服务质量的要求，以及对运输需求的程度。如航运企业在进行货源调查、收集货源资料时，注意摸清货主对现行运价水平和服务质量的反映，然后以此作为制定运价的依据。特别是在货主十分注意其托运货物的销售价格与货物自身价值的关系时，更要运用这个方法定价。这也就是通常所说的考虑货物本身对运价的负担能力来定价。

3.根据竞争定价

根据航运市场的竞争情况、本企业的实力和地位、现行市场价格情况定价。可以把价格定得同竞争对手一样，也可以比竞争对手略高一些或低一些，要根据自己的实力和经营策略来定。

以上为确定船舶运输价格时所要考虑的三个基本因素，实际上也是定价的三种基本方法。除此之外，运价的高低还与承托运双方责任、风险和费用的划分有关。实践中，由于运输组织和提供服务的形式不同，具体价格的确定可能存在很大的差别，如班轮运价与不定期船运价就有很大差别。

二、航运企业主要收支现金流转

在航运企业营运经济活动分析中，资金流常分成以下几个主要部分。

1.总收入(或营业额)

总收入(或营业额)是指船舶从事客货运输劳务的运费收入、船舶出租租金和其他各种经营收入之总和。在航运企业的总收入中,除了由船舶提供运输、租赁服务的创收之外,可能还包括其他方面的收入,如外派船员收入、设备(如集装箱)出租收入、转贷业务收入等。

对于运输船舶来说,营运票据是货物和旅客运输收入核算和结算的会计凭证。由于运输量大、品种繁多、运输距离、运输方式和港站作业各不相同,收费单证和收费价格较为复杂,与托运单位及其他运输环节之间的结算环节也较多。因此,必须建立完善的票据管理制度,杜绝漏洞,做好收入管理工作,以确保生产过程中各项费用支出得到补偿,并带来利润。

2.净收入

净收入是指从总收入中扣除增值税及政府规定的各种附加税费后的剩余部分。前面介绍过,交通运输业的增值税税率根据经营方式分别为11%(已减为9%)、6%,或者按照征收率取3%,具体计算办法见第二章第四节。

3.总成本

总成本是指为完成客货运输和相应有关业务所耗费的各项开支之和。如上节所述,航运界习惯于将船舶运输成本分为固定成本和可变成本两类。固定成本是指为维持船舶的营运状态所支付的费用,包括:工资及附加费、润料费、材(物)料费、折旧费、修理费、保险费、管理费、其他等八项;也可以分成资本成本和经营成本两大项。这些费用的取值是比较稳定的,与船舶航次运行组织形式的相关性较小。但由于通货膨胀等因素存在,固定费用还是逐年有一定的增幅。可变成本是指船舶在每个具体航次中直接发生的与该航次相关的费用,包括燃料费和港口费、运河通行费等几项,其值的高低与船舶航次运行组织密切相关。

4.实现利润

实现利润是指从净收入中扣除总成本的余额。根据2008年1月1日开始实行的《中华人民共和国企业所得税法》规定,所得税的税率为25%。由于实现利润(即应纳税所得额)的高低直接关系到所得税的多少,在《中华人民共和国企业所得税法》及其实施条例中,对于净收入(即纯收入总额)和总成本(即准予扣除项目之和)的构成都做了详细的规定(见本书第二章第四节)。值得注意的是,企业的会计利润与税收利润可能不一样。

5.税后利润

税后利润是指上缴所得税后的剩余利润,是企业积累的重要组成部分,可由企业自由支配。如用于扩大再生产、职工的福利与奖励基金等。

上述各项收支现金流关系可以用图7-2形象地表达出来。其中应注意到,列入总成本中的折旧费实际上是对已投入资金的一种回收,是一笔免税的收入。因此,企业当年实际的资金流入量(图7-2中“现金净流入量”)为税后利润加折旧费,在有些资料中,称这种资金流入量为收益,本书亦采用这种叫法。企业最关心的就是如何提高经营收益。

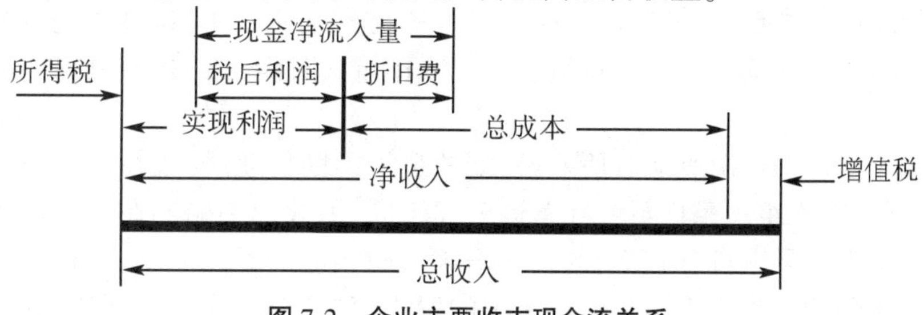

图7-2　企业主要收支现金流关系

第四节　船期经济性

这里讲的船期就是指船舶营运时间——船天。由于维持船舶的每个适航的营运天需要付出经济代价(营运成本),因此,浪费船舶的营运时间是一种经济损失,称为船期损失。正确理解船期的经济性,对于合理组织船舶运输,准确进行船舶营运经济活动分析,以及计算各项与船期损失有关的费用等,具有实际意义。

船期经济性可用船舶时间成本来反映,其中不仅包括营运成本,还应包含正常营运情况下,每天应得的盈利额。当船上载有货载或延误了货载运达时间时,则还应包括货载在途中积压的成本损失。因为,除运输合同有明确规定外,货载途中积压损失一般由货主负担,所以航运企业在进行船舶时间成本的计算分析时,往往不涉及此项内容。

下面先介绍几个关于船舶时间成本的概念。

一、每航行天维持成本

每航行天维持成本是指船舶航行一天所需耗费及承担分摊费用的总和,即船舶维持一天航行所必需的各项费用支出额,主要由航行燃油费用和固定成本分摊所构成。在一个具体的航次中,低速航行可降低每天燃油费从而降低每航行天维持成本,但它并不能改变每航行天的固定费用分摊额,所以航次固定成本会因航次时间增加而增加。低速航行是否能降低航次成本,要看燃油费用的节省与固定成本的提高二者谁大。

二、每停泊天维持成本

每停泊天维持成本是指船舶营运期间在港口或锚泊地停泊一天所需耗费及承担分摊费用的总和,即船舶维持一天的停泊所必需的各项费用支出额。该项维持成本主要包括固定成本分摊额和船舶停泊时发电机组、其他辅机正常工作所发生的燃油费用。船舶在港停泊都要支付港口使费、货物装卸费和围绕作业而发生的种种费用,这些一次性费用不应计入停泊维持成本。船舶每停泊天维持成本的高低主要取决于船舶每营运天固定成本的高低,其次是发电机等的耗油定额及所用油品的价格。

在一个具体的航次中,船舶在港口发生延误会增加在港停泊的总时间。虽然这并不会改变每停泊天维持成本的水平,但延误会使船舶的航次总成本提高。

三、每营运天平均成本

船舶运输组织的基本单元是航次,航次总成本是航次时间内的变动成本与其分摊的固定成本之和。船舶每营运天平均成本就是将航次总成本按航次时间(天)进行分摊而得到的每天分摊成本。

由于船舶每个航次的情况可能有所差异,如营运于不同的航线,或在同一条航线挂靠不同的港口,或在同样的航次组织条件下实际营运时间不同,因此同一船舶在不同航次中的每营运天平均成本可能会有差异,可以用它们的平均值来反映相应的时间成本,仅作为参考。因为每营运天平均成本中包含了相当多的与时间无关的费用(如港口使费等),所以,这种单位时间成本与时间的相关程度一般会比其他几种时间成本弱。

四、每封存天维持成本

船舶封存是在某些特殊情况下,企业所采取的一种暂时性行动,为了在适当的时候能使船舶重新投入营运,对封存的船舶必须给予最低限度的维护与保养。每封存天维持成本是船舶处于封存状态时,每天分摊的固定成本和支付的维护与保养等各项费用之和。

通常,船舶封存时绝大部分船员离船,原来营运时的船员工资及相应费用大为缩减,主机不必每天运转,辅机的使用程度也明显降低。与营运时相比,缩减了大量的燃油耗费。此外,船舶保险费用、船舶封存时物料及润滑油费用也很低,船舶封存维持成本明显低于营运时的维持成本。作为粗略估计,一般可取船舶每营运天固定成本或每停泊天维持成本的某一百分数。船舶封存维持成本的高低主要取决于船舶造价(或购入价)。

五、机会成本

船舶在营运过程中发生延误时,从经济性上看,不只是增加了航次的航行、停泊维持费用,而且会由于时间延误而错失盈利的机会。我们把由于时间延误而造成的与船舶在正常营运情况下平均每天应得的盈利相对应的损失,称为船舶机会成本。例如某船在某一时期平均每天的盈利额为 10 万元,则该船在港或在航多耽误一天就少挣 10 万元,其此时每天的机会成本为 10 万元。

船舶的机会成本大小取决于市场的平均运价高低和船舶的运输成本大小。在不同的时期、不同的运价情况下,同一船舶机会成本的大小可能有很大差别。

六、船期成本

船期成本是指船舶延误一个营运天所发生的各项成本损失之和,也叫船期损失。它是船舶每停泊天维持成本与每天机会成本之和,是船舶每耽误一个营运天给企业造成的直接经济损失。

需要进一步说明的是,在营运经济核算中,通常考虑到航次是接续进行的,一个航次的结束也就意味着另一个航次的开始,在每个航次中发生的延误时间都计入该航次的时间之内,由于延误时间而发生的成本也计入该航次的成本中,并不单独列项。在这样一种习惯的经济核算制度中,有些人就将船期成本看作机会成本,理由是,若再加上相应的维持成本(该部分实际上已计入航次成本中),则夸大了时间成本的数值。

上面介绍了船舶时间成本的几个常用概念,需要注意的是,对于这几个成本包含的内容和准确定义,不同企业或不同群体中的人可能有不同的理解。但总的思路大体一致,都反映占用船舶单位时间(天)的费用问题。我们可以利用图 7-3 来表达船期经济性中这几个时间成本之间的关系。其中货物延期成本一般由货主承担,船期成本由航运企业承担。因此作为航运企业,往往更多地研究如何减少船期成本问题。

尽管船期成本的含义是清楚的,但要具体、准确地确定一艘船的船期成本有时却比较困难。一般可按船舶实际发生延误的情况与市场相应的价格水平,通过统计分析确定。但同时应顾及(企业)为避免船舶延误而支付的额外费用。

另一种做法是根据投资时确定的或预期的最小可接受报酬率,计算出每天的盈利额,以此作为船舶的长期机会成本,并加上船舶每停泊天维持成本(考虑到船舶延误大多发生在港口或

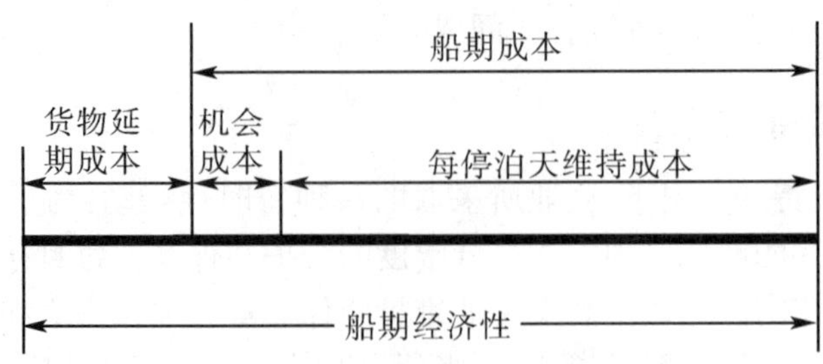

图 7-3 各种船期时间成本之间的关系

锚泊地,即处于停泊状态),这些成本项目都是与时间密切相关的。针对某船的具体计算公式为:

$$C_t=\frac{P_0\cdot(A/P,i,n)+P_w\cdot(A/P,i,n)+C_a}{T}+G\cdot P_f \tag{7-27}$$

式中:C_t——每天的船期成本(元/天);

P_0——船舶初投资额(元);

C_a——除资本成本及工资外的其他项年固定成本之和(元);

G——在港每天燃油消耗量(t/天);

P_f——燃油价格(元/t);

P_w——船舶使用期内各年工资额现值的总和(元);

i——投资要求的报酬率;

n——船舶使用年限(年);

T——船舶年营运时间(天)。

式中分子的第一项是船舶投资 P_0 按投资要求的报酬率展开的各年的资本成本,因此 $P_0(A/P,i,n)$ 包含了年盈利的成分。

式中,船舶使用期内各年工资额现值的总和为:

$$P_w=\frac{W_1}{1+i}+\frac{W_1\cdot(1+g)}{(1+i)^2}+\frac{W_1\cdot(1+g)^2}{(1+i)^3}+\cdots+\frac{W_1\cdot(1+g)^{n-1}}{(1+i)^n}$$

根据等比级数前 n 项和的求和公式,可得:

$$P_w=\frac{W_1\cdot\left[1-\left(\frac{1+g}{1+i}\right)^n\right]}{i-g} \tag{7-28}$$

式中:g——船员工资年平均增长率;

W_1——第一年船员工资总额(元)。

例题 7-7:某船购买价为 5 000 万元,使用年限为 20 年,年营运时间为 350 天,投资要求的报酬率为 10%,第一年船员工资总额为 100 万元,工资年平均增长率为 5%,除船员工资与资本成本以外的船舶其他年固定成本为 200 万元,船舶在港每天燃油消耗量为 5 t,燃油价格为 800 元/t。求该船每天的船期成本。

解:

$$P_w=\frac{W_1\cdot\left[1-\left(\frac{1+g}{1+i}\right)^n\right]}{i-g}=\frac{100\times\left[1-\left(\frac{1+0.05}{1+0.1}\right)^{20}\right]}{0.1-0.05}=1\ 211.2(\text{万元})$$

$$C_t=\frac{P_0\cdot(A/P,i,n)+P_w\cdot(A/P,i,n)+C_a}{T}+G\cdot P_f$$

$$=\frac{5\ 000\times\frac{0.1\times(1+0.1)^{20}}{(1+0.1)^{20}-1}+1\ 211.2\times\frac{0.1\times(1+0.1)^{20}}{(1+0.1)^{20}-1}+200}{350}+$$

$$5\times800\times10^{-4}=3.06(\text{万元/天})$$

延误船期不仅使船方蒙受损失,还可能在一些港口造成泊位拥挤,波及其他船舶并影响港口的正常运转,这种经济损失有时会很大。例如,1993 年国际上突发的“银河”号航运事件中,美国因其情报有误,突然无端指责中国远洋运输集团的万吨级集装箱船“银河”号携带了能够制造化学武器的原料运往伊朗,迫使正常营运的“银河”号集装箱班轮在波斯湾外漂泊 25 天,不能进港靠泊卸货。当经过调查、真相大白之后,美国政府需要赔偿由此造成的全部损失。但赔偿数额是需要受害者计算的,这就必然要用到专业和经济知识。其中一项最基本的费用损失显然就是船期成本损失和货物误期损失,必须计算合理才能够得到对方的认可并保证受害者的损失得到赔偿。再有,运输时间延误,增加了货物在途时间,造成货主资金的积压,甚至使其他行业生产、销售受到影响。经营船舶运输的企业必须十分重视每一艘船的船期问题,应充分意识到船舶时间既具有一定的价值,也是创利的基础,合理控制航次时间会收到良好的经济效益。

【小资料】

现代船用螺旋桨的诞生

早期蒸汽机驱动的船舶使用安装在船舶两舷的明轮作为推进器,其推进效率很低。现代船用螺旋桨的诞生在很大程度上要归功于 19 世纪的一位奥地利林业工程师——约瑟夫·雷塞尔(Josef Ressel,1793—1857 年)。1827 年,他获得了一项船用螺旋桨专利,并于 1829 年用该螺旋桨改进了一艘由蒸汽驱动的船。试验时,船舶航速达到 6 kn,但因试验过程中蒸汽管爆炸,警察禁止了他的进一步试验。1836 年,一位英国人采用类似的螺杆形状推进器装在船尾做实船试验。开始时船舶航行速度较慢。试验过程中因不慎将螺杆状螺旋推进器碰断,尽管只剩下一小段在船尾旋转,但船的航行速度却加快了。设计师受到启发,将推进器由长螺杆状变成螺旋叶片状,螺旋桨就这样诞生了。1845 年,人类第一次使用螺旋桨推进的船横跨大西洋。到 19 世纪 80 年代,螺旋桨的设计、制造进入实用期。如今,人类已经能够制造出直径达到 11.6 m、重量达 160 t 的螺旋桨。

思考与练习

1.当营运总收入正好等于营运总成本时,企业每年是否有现金净流入?企业的经营是保持原水平,还是扩大或缩小了规模?

2.设某船在国内某航线营运,利润丰厚,该船某项非法定保险项目的保险费为 30 万元。投保与不投保对企业的收支现金流有何不同影响?

3.采用直线折旧法和采用快速折旧法对企业有何利弊?

4.某金融机构规定其贷款利率可以采用单利或复利计算形式，且两者的年利率相同，那么企业应选择哪一种？如果规定单利每计息期都必须还清利息，而复利是期末一次还本付息，那么企业应选择哪种计算形式？为什么?

第八章

班轮运输

第一节　班轮运输概述

班轮运输(liner shipping/liner service)又称定期船运输,是指固定船舶按照公布的船期表或有规则地在固定航线和固定港口间运行的运输组织形式。从事班轮运输的船舶称为班轮。应该注意到,正是由这一特征而不是由尺度、速度或别的特征来定义班轮。班轮对所有托运人提供货运空间。不论船舶是否被装满都要按计划日期起航。因此,在班轮运输中,定期、定时服务是这一特殊分类的基础。这一分类构成了世界船舶运输中最重要和最大的类别之一,并提供了遍及世界的、相对稳定的一个运输服务网。

班轮主要承运件杂货。这些货物多为工业制品、半制成品,种类繁多,发货和收货地点分散。一个托运人托运的货物批量一般较小,不足以包整船运输,甚至不能装满一个舱室,因此每个托运人仅利用船舶的一部分舱位。船公司接受非特定的、众多货主的托运,有时也被称为公共承运人(common carrier)。件杂货价格高,平均积载因数大(在 2~3 m^3/t 的范围内),这就要求有较快的运送速度和较大的舱容。传统的杂货班轮以包装、外形、重量千差万别的散件形式承运件杂货(break bulkcargo),致使船舶在港停泊时间较长,影响了船舶的运输效率,增加了船舶运输成本。为了改变这种落后局面,20 世纪 60 年代后半期,件杂货成组化运输得到了迅速发展,其中以集装箱化最为突出。

在班轮航线上营运的船舶包括普通杂货船、多用途船、集装箱船和滚装船。以集装箱船、多用途船和普通杂货船为主,滚装船多用在短距离的近海班轮航线上,例如大连—烟台航线的客货滚装渡轮运输。

一、班轮经营管理的特点

1.保证班期是班轮运输组织的核心工作

由于班轮公司是对非特定的众多货主提供运输服务的公共承运人,良好的运输服务质量对船公司的信誉是至关重要的。班轮运输服务质量主要包括:货运安全质量(货损、货差情况)、提供联运服务的条件与程度(如为货主在内陆地区提供集装箱)、发船频率大小、班期的准确程度等。其中班轮的定期性是船公司信誉好坏的一个重要标志,也是货主选取哪个班轮公司的船承运自己货物的主要衡准之一。班轮这种定期性有利于货主安排托运,能够缩短货物在岸上的存储时间,从而节约货物在流通中的费用。因此,班轮在营运过程中,都尽量避免不按时抵离港口,即通常所说的“脱班”现象,脱班越多,运输服务质量越差,从而严重影响船公司的声誉和竞争力。服务质量越好,船公司竞争力越强,越能够吸引众多货主,进而能揽到更多的货载。当然,高质量的服务也是以较高管理投入为代价的。如何权衡两方面的利益关系是一个比较复杂的问题。

船舶按船期表公布的时间抵离港口的程度可用准班率 K 表达:

$$K=\frac{n_0-n_1}{n_0}\times 100\% \tag{8-1}$$

式中:n_0——一定时期内(年、月)计划航次数;

n_1——同一时期内脱班航次数。

中国远洋运输总公司集装箱运输公司于1985年用额定载箱量724 TEU的“古北口”号船开通了至美国的太平洋集装箱班轮航线。首航只装了8个TEU,营运的第一年亏损3 000万美元。原因就是货主对其不了解,班期不准,货主不信任。该公司于1987年开始对服务质量进行整顿,到1990年盈利4 000万美元,到1992年、1993年主干航线上的集装箱班轮准班率已达99%和100%。

2.以固定航线为基础从事经营活动

班轮按航线经营,不同航线之间的关联较少。班轮公司为在航线上生存和发展,要按航线自然条件和货源特点建立相应的船队,其船舶一般都是结合航线的具体情况(包括货流、港口、航区等条件)设计建造的。除非这些条件发生了较大的变化,否则改变航线会降低船舶的营运经济性。同时还要与一些大货主建立特殊的合作关系。尽管某些大型航运企业能同时经营几条不同的班轮航线,但各航线之间的关联往往并不十分密切,对各航线的经营管理是相对独立的。

3.临时退出营运的可能性小

班轮经营的基础是在航线上拥有众多的、比较稳定的、能按时托运货物的货主。班轮公司要付出相当长的时间和相当大的代价才能与主要货主建立密切的关系,常常需要数年的努力才能形成某一航线上的经营优势,并通过优质服务来获得货主的信赖。当运量减少时,船公司仍需维持正常班期以满足货主的要求。如果为了降低运力损失而抽出船舶,就会因增大发船间隔而引起货主不满;如轻易撤离航线,就很难在情况好转时再回来营运。所以,班轮航线一旦开辟,即使船舶载重量利用率较低,经营的效益较差,经营者也只有通过增强竞争力、多揽取货载的办法去解决,不能在经营上随意退缩。除非经济上无法维持,且预测在相当长的时期内运量不可能恢复到盈利的水平之上。

4.航次总成本相对稳定

航线一经确定,燃油费、港口使费便成了班轮每个航次中基本固定不变的成本项目,只有装卸、理货等少量费用随载货量的大小而变化。即每个航次的总成本变化不大,盈利水平主要取决于运费收入的多少。在这种情况下,决定是否多收1 t货物的经济衡准是只要这1 t货物的运费收入能够抵消其装卸费等直接与其相关的支出后,还有一点盈余,就值得去收(当然这时船上要有空位且不应引起其他货主提出降价要求）。班轮这种运输成本的特点，决定了它具有较强的降价竞争力。

5.具有较强的经济实力

班轮公司要在一条航线上维持正常的营运，需投入一定数量的船舶，以保持适当的发船密度。为尽量减少船舶在港时间，保证班期，公司通常要支付巨额费用租赁专用码头和设备，即经营集装箱运输航线，初投资大。如果多家公司同时经营某一航线，各公司之间明显地存在竞争关系。在货源充沛、利润丰厚时，这种竞争还比较缓和，但随时可能出现新的竞争对手；在货源不足时，这种竞争十分激烈。因改变航线有困难，班轮经营具有强烈的排外性。各班轮公司为争夺货源相互压低运价以维护各自的利益，也有在竞争中达成妥协，进而联合起来共同垄断航线的经营。班轮公会、航运联盟都是这种竞争的产物，但是班轮公会、航运联盟不可能消除竞争因素，事实上，在公会内外、联盟内外依然存在着激烈的竞争。

6.班轮公司管理机构庞大

班轮公司不仅船队规模较大，而且由于揽货、商务等管理工作较多，所以其岸上的管理机构也相当庞大，参见本书第二章第三节中图 2-1。船公司在航线沿途各挂靠港口通常设立专门的机构或雇用当地代理为其班轮揽货、订舱，业务管理费用支出较多。

二、班轮航线参数

1.航线总距离和港口间各区段的距离

航线总距离和港口间各区段的距离是计算航次时间和船舶到、离港时间的基础，也是用以计算运费的距离。海上运输采用海里（n mile）为单位，内河运输采用千米（km）为单位。

2.航线有效期

航线有效期取决于航线所处的地区和航线种类。例如，我国沿海，有效期一般是全年；北方有冰冻区域的有效期主要取决于封冻期的长短；季节性航线的有效期只是全年或航期中的部分时间。

3.平均装卸定额

该定额反映航线上各港口的平均装卸效率和组织管理水平。

4.水文气象条件及适航性

水文气象条件包括风浪参数、海况、航道尺度等。

上述这些航线特征对船舶运行组织有着直接的影响，做计划和运输组织时应该全面了解。

三、班轮货流分析

船舶的运行组织是以运输对象的流向、流量等需求特征为前提的，做船舶运行计划前，应充分分析、研究航线货流的各方面特征。通过列表或作图的方法，可以直观地反映出货流的具体情况。

表 8-1 为船舶在航线上若干港口间往返运行时的一种货流总表形式。列表时各港要按地理位置和去程、回程的先后挂靠顺序排列，表内对角线右上端列出了去程时各港对间的货流量，对角线左下端列出了回程时各港对间的货流量。这类货流总表只给出了货物的流量和流向。为了反映出总货流中各类货物的流量和流向，可采用分类货物流向表，如表 8-2 所示。

表 8-1　某航线货流分布　　单位：万 TEU

××年运量		目的港				发货合计	
		A	B	C	D	回程	去程
发货港	A		50	40	120		210
	B	70		20	86	70	106
	C	50	30		20	80	20
	D	80	60	50		190	
到达合计	去程		50	60	226		336
	回程	200	90	50		340	

表 8-2　分类货物流向表

装货港	卸货港	货物种类	货物重量（t）	平均积载因数（m^3/t）	运费率（元/t）
⋮	⋮	⋮	⋮	⋮	⋮

上述货流表没有反映出运量沿时间分布的情况。若要了解货流量沿时间分布的情况，可按整个企业、航线或装卸港对列出类似于表 8-3 的货运量历期分配表。表中“计划范围”是指表中列出的运量值是整个企业的运输任务还是某一个船队、某一条航线、某一对装卸港间的运输任务。

表 8-3　货运量历期分配表　　单位：t

计划范围	月份												月平均	全年
货物名称	1	2	3	4	5	6	7	8	9	10	11	12		
合计														

表 8-1～表 8-3 列出了三种货流表的形式。实践中，根据研究问题的需要还可以列出许多其他更为方便的或者突出某一特征的表格形式。也可以用图来表达货流的流量和流向，如图 8-1 所示。

图中横轴表示去程、回程的挂港顺序，根据港间距离按比例绘出；图中纵轴表示运量多少。根据实际运量的多少按比例用矩形将每票货物绘在图上。如果令横轴以上表示去程货流情况，则横轴以下表示回程货流情况，反之亦可。利用这种图可以直观地看出货流在航线沿途的分布情况。这种图示法的另一个特点是货物图形的面积就是货物周转量。

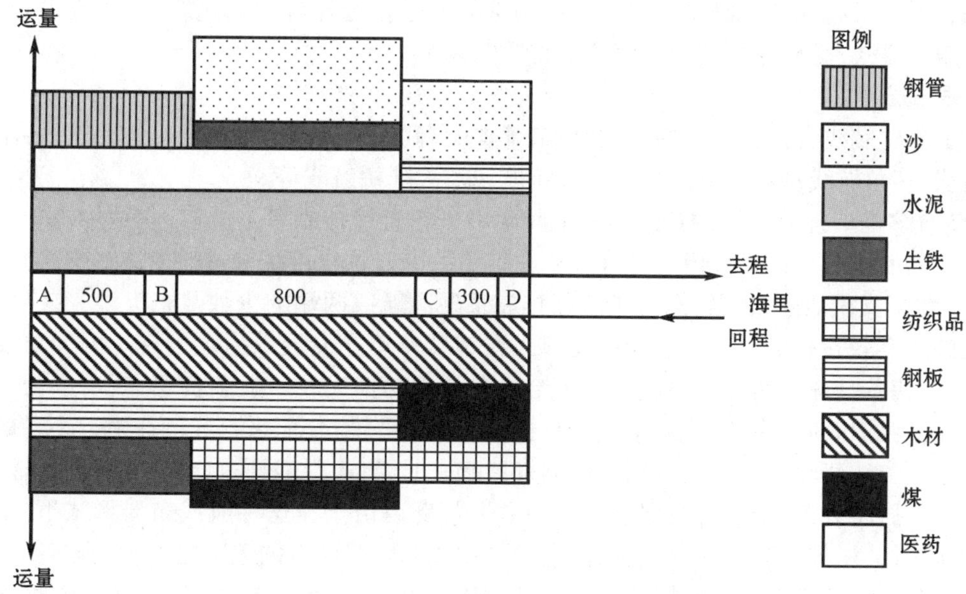

图 8-1 货流图

利用上述图表观察某航线货流特征时,往往会发现货流量在去程与回程以及沿时间的分布是不均匀的。这种差异的程度可用运输方向不平衡系数 ρ_d 和运输时间不平衡系数 ρ_t 来反映。设航线往返货运量分别为 Q_f、Q_m,且 $Q_f \geqslant Q_m$(或取运量较大方向上的运量为 Q_f,返程运量为 Q_m),则运输方向不平衡系数的定义为:

$$\rho_d = \frac{Q_m}{Q_f} \tag{8-2}$$

$0 \leqslant \rho_d \leqslant 1$,$\rho_d$ 越小,说明航线上的往返运量越不平衡。

设 Q_{max} 为最繁忙时期(如某月)的货运量;Q_e 为平均货运量,则运输时间不平衡系数定义为:

$$\rho_t = \frac{Q_{max}}{Q_e} \tag{8-3}$$

$\rho_t \geqslant 1$,ρ_t 越大,说明运量沿时间分布的波动幅度越大。

运量沿方向和时间分配的不平衡性,对船舶运输经济性或社会效益方面会有不良影响。因为若按运量大的方向或时间配备运力,会使部分船舶在另一航向或其他时间里空载运行,造成运力浪费;若按运量的平均值配备运力,则会使高峰期的部分货流得不到及时运输,引起货主不满。

第二节 班轮航线设置

一、班轮挂靠港口的选择

班轮航线是班轮公司开展经营活动的基本场所。一家班轮公司要开展运输或扩大原有的运输范围，就要开辟新的航线，就会遇到航线的选择问题。选择合适的航线、挂靠港口，并设计出最优的服务方式，是班轮经营中要解决的首要问题。

1.航线布局形式

国际上班轮航线有许多种布局形式，但最基本的有以下几种：传统多港口挂靠航线；干线配支线船航线；多角航线；单向环球航线；小陆桥航线及大陆桥航线等。

（1）传统多港口挂靠航线的特点是一个航次中班轮直接挂靠多个港口，它是传统杂货船采用的最主要的航线布局形式。但现在许多班轮挂靠的港口数较传统杂货船少。

（2）干线配支线船航线的特点是干线船挂靠长距离航线两端的少数几个大港，支线船把大港与附近的小港联系起来。这种航线布局形式在集装箱运输发展以后才出现。因为集装箱船吨位大、航速快、造价高，在港口多停泊一天给船东带来的损失较一般杂货船大，所以为了尽量缩短船舶在港停泊时间，降低成本，干线船只挂靠几个主要港口，而来自或运往附近小港的货物由尺度较小的支线船转运。当集装箱运输刚发展起来时，有人曾经预言，今后在班轮运输中，这种航线布局形式将处于主导地位，但事实证明并非如此。由于在这种航线布局形式下，货物必须经过两次装卸，增加了装卸费支出，因此它的采用仍局限于一定的范围之内，并未普及。

（3）多角航线的特点是只有去程，没有回程，从而可以解决货流不平衡问题。这种航线形式主要在岛屿之间或局部区域内的运输中采用。

（4）单向环球航线的特点也是只有去程，没有回程，它把世界上的主要大陆联系在一起。如台湾长荣航运公司开辟的单向环球航线布局为：欧洲—北美—远东—中东—欧洲。这种航线布局形式的优点也是能解决航线上的货流不平衡问题，提高船舶载重量利用率与集装箱利用率。

（5）小陆桥航线的特点是航线的一端与铁路、公路相连，如欧洲/北美西海岸小陆桥航线。它的优点是可以避免船舶绕航，以降低运输成本，减少运输时间。

（6）大陆桥航线的特点是中间有较长的铁路或公路等陆上运输，一端或两端由船舶转运。世界上最主要的大陆桥航线是欧洲/西伯利亚/远东大陆桥航线。

影响班轮公司航线选择的最主要因素是货源，或准确地讲是航线经济效益，其次是港口的自然条件和社会、政治因素。为了选定合适的航线，必须做货源调查及港口调查。货源调查一般分为两种，即短期货源调查与长期货源调查。前者是指对各待选航线目前货物流向与流量的调查，后者是指对航线沿途有关国家的经济与贸易发展总趋势进行调查与预测。一般来说，选定的航线要有足够的货源，并且从长远来看有较大的发展潜力。

2.班轮挂靠港口的确定

船公司在开辟新的班轮航线时，根据远景的运量预测，结合船队的运力情况，能大体定出航线结构，做出相应的航线规划。在航线沿途的港口当中，有些港口货源较多且很稳定，需要船舶经常停靠，它们被称为基本港；另外一些港口由于货源不十分充沛的缘故，船舶不一定要挂靠，这些港口被称为非基本港。

然而，在班轮营运过程中，各港间的货流情况随时都可能发生变化，原来确定的基本港和非基本港也不是绝对不能改变的。这就要求船公司在一定时期内，根据当时货源的具体情况，对船舶挂靠港口进行适当的调整。不同的挂靠港口方案，其经济效果是不同的，需要在做出经济比较后才能确定最佳的船舶挂靠港口及顺序。

例如：一条计划中的班轮航线，A 港作为航线的一个端点港，另一端点港可从 D、E、F 三港中选择一个，中途可挂靠 B 港或 C 港，如图 8-2 所示。我们可以根据各港货源来确定基本港。

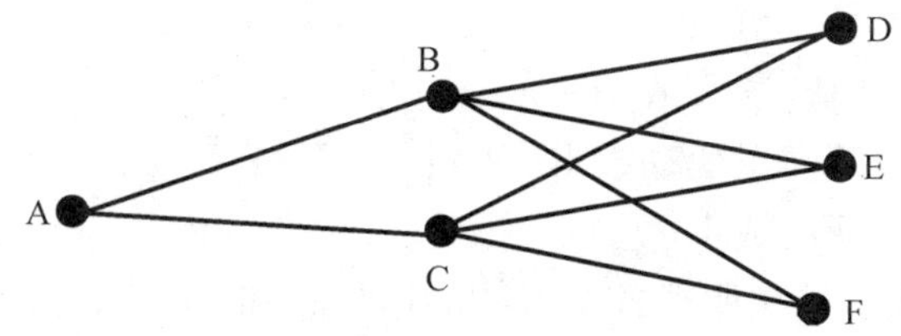

图 8-2　航线及可选港口布局

为此,需要对任意两港间的货流情况进行调查,并按货运量最大的原则选择航线挂靠港口。如以 Q 表示航线往返的货运量,用小写字母下标表明航段,则应分别计算各组合方案的 Q 值,从中选取最大者。对于这个问题,一共可以列出 6 个方案,计算如下:

$$Q_1 = Q_{ad} + Q_{ab} + Q_{bd}$$
$$Q_2 = Q_{ae} + Q_{ab} + Q_{be}$$
$$Q_3 = Q_{af} + Q_{ab} + Q_{bf}$$
$$Q_4 = Q_{ad} + Q_{ac} + Q_{cd}$$
$$Q_5 = Q_{ae} + Q_{ac} + Q_{ce}$$
$$Q_6 = Q_{af} + Q_{ac} + Q_{cf}$$

取 $Q_{max} = \max\limits_{n=1\sim6}[Q_n \mid Q_n = Q_{aj} + Q_{ai} + Q_{ij}; j = d,e,f; i = b,c]$ (8-4)

用这种方法比较时,要注意到从各始发港到各中途港的距离、运价应相等或接近相等,从各中途港到各目的港的距离、运价也应相等或接近相等。

如果能明确总货流中各类货物的数量及运价,可按发到港对求出货流的平均运价 f,然后以年度或航次最大运费收入为目标值进行选择,如上例,取

$$F_{max} = \max\limits_{n=1\sim6}[F_n \mid F_n = f_{aj} \cdot Q_{aj} + f_{ai} \cdot Q_{ai} + f_{ij} \cdot Q_{ij}; j = d,e,f; i = b,c] \quad (8\text{-}5)$$

若选择不同挂靠港方案的航次总成本明显不同,则用航次或年度盈利额的大小进行比较更为合适。即必须考虑到这些可供选择的港口的收费水平和拥挤程度,以及其他有利的和不利的因素。

综上所述,选择班轮挂靠港口遵循的基本思路是:首先,从本质上讲,应基于航次利润最大选择挂靠港;其次,如果由不同挂靠港口形成的各个参与比较的航次的运行成本相近,则可以基于航次收入最大选择挂靠港;最后,如果各个参与比较航次方案的港口间距离、平均运价都相近,则可以基于航次货运量最大选择挂靠港。

二、班轮航次组织的经济比较

船舶在班轮航线上营运,尽管每个航次挂靠的基本港是确定的,但每个航次的载货方案不同,运输收入会相差很大。当航线沿途某非基本港有一批货物待运时,还存在着运与不运,即中途加载的比较问题。

1.盈亏分析法

船舶航次总成本是船舶从事一个航次运输所支付的各项费用的总和,可分为固定成本与变动成本两大部分。其中航次固定成本与航次载货量的情况无关,主要取决于航次营运时间的长短;而航次变动成本与每个航次的具体载货情况密切相关。这种成本关系可用下式表示:

$$K = c_1 \cdot Q + c_2 \quad (8\text{-}6)$$

式中:K——船舶航次总成本(元);

Q——货运量或货运周转量(t 或 kt · n mile);

c_1——每货吨或每千吨海里变动成本(元);

c_2——每航次固定不变的成本(元)。

船舶航次运费总收入是航次所载各票货物的运费总和,应等于各类货物的计费吨与其运价的乘积。为简便起见,采用平均费率计算,则航次运费总收入可用下式表示:

$$F=f \cdot Q \tag{8-7}$$

式中:F——船舶航次运费总收入(元);

f——平均每货吨或平均每千吨海里运费收入(元/t 或元/kt · n mile)。

当航次运费收入与航次成本相等时,航次营运保本。此时有 $F=K$,即

$$f \cdot Q = c_1 \cdot Q + c_2$$

若已知平均运费率,则保本货运量为

$$Q=\frac{c_2}{f-c_1} \tag{8-8}$$

同理,若已知航次货运量 Q,可计算出保本的航次平均运费率如下:

$$f=\frac{c_2}{Q}+c_1 \tag{8-9}$$

在实际计算中,c_1 可从该船或同类船舶相似航次的统计资料中获得,f 可依航次货种构成进行测算。如令 $f=\dfrac{f_1 \cdot Q_1+f_2 \cdot Q_2+\cdots+f_n \cdot Q_n}{\sum\limits_{j=1}^{n} Q_j}$,其中 f_i 和 $Q_i(i=1,2,\cdots,n)$ 分别为第 i 种货的运价和运量。有了这些基本数据后,通过上述简便的计算,即可求得保本货运量和揭示运量变化的盈亏状况。

例题 8-1:现有载重量为 15 000 t 的杂货船两艘,欲从中选出一艘派到某航线营运。A 船无装卸设备,航次固定成本为 192 万元,航次变动成本为 410 元/t; B 船上装有大型装卸设备,使船舶的固定成本相对较高,每航次固定成本为 200 万元,但节省了租用港口装卸机械等有关费用,使每吨货的变动成本相对较低,为 400 元/t,如何根据航次运量的不同来从这两艘船中选用一艘。

解:令两船的航次成本相等,求出单位运输成本相等的运量 Q

令 $c_{A1} \cdot Q+c_{A2}=c_{B1} \cdot Q+c_{B2}$

则有 $Q=\dfrac{c_{B2}-c_{A2}}{c_{A1}-c_{B1}}=\dfrac{2\ 000\ 000-1\ 920\ 000}{410-400}=8\ 000(\mathrm{t})$

答:当航次平均运量大于 8 000 t 时采用 B 船有利(单位运输成本低);当航次平均运量小于 8 000 t 时采用 A 船有利(单位运输成本低)。

2.中途加载的经济性分析

对班轮做中途加载的经济效益比较可分为两种情况。一种是对船在原定各挂靠港口加装各种货载的经济性做计算分析,以便了解各票货应分摊的运输成本、中途加载的有利性及保本运价等情况;另一种是在航线沿途或附近的非基本港挂靠加载,其前提条件是船舶载重量及舱容有剩余,然后计算一下经济上的有利性。经济上有利的,一般还要考虑到在中途临时增加挂靠一个港口后,船舶到达后续港口的时间是否还能保证正点,否则会因脱班而影响公司形象。

如果是通过提高航速来保证船期,那么在经济性计算中还要计入燃油费用的增加量。

关于中途加载的经济性计算分析难度不大,但同具体航次情况关系较大,实践中可根据已掌握的数据和航次资料来做这项工作。

第三节　班轮船期表的编制

班轮公司制定并公布船期表有多方面的作用,首先是可以在航线途经的各个港口招揽货载,其次是有利于船方、港方及货方按计划、有秩序地从事生产和流通,提高工作效率,减少货物的流通时间。班轮营运需要预先制定运行船期表。

一、往返航次时间计算

往返航次时间是一艘班轮由始发港起航,经中途港、目的港返回到始发港再起航所经历的时间,或称为船舶周转周期。往返航次时间计算的依据是:航线总距离、船舶航速、港口装卸效率和在港装卸货物的数量及其他可能发生的耗时因素(如进出港减速航行,通过运河等)。算式为:

$$t_r = \frac{L_s}{\bar{v}} + \sum\left(\frac{Q_l+Q_d}{\overline{M}}\right) \tag{8-10}$$

式中:t_r——船舶往返航次时间或航次周转期(天);

L_s——航线总距离(n mile);

$\bar{v}$——船舶平均航行速度,考虑了进出港航行和过运河、船闸等因素(n mile/天);

Q_l,Q_d——航线沿途各港装货量与卸货量(t);

$\overline{M}$——航线沿途各港的总平均装卸效率(t/天)。

二、航线配船数计算

一条班轮航线通常需要配置船舶的艘数要由货运需求(量的多少及发到船频率)、单船装载能力和往返航次时间等因素决定,算式为:

$$m=\frac{t_r \cdot Q_{max}}{\alpha_b \cdot D_d \cdot T} \tag{8-11}$$

式中:m——航线配船数(艘);

Q_{max}——运量较大航向的年货物发运量(t);

α_b——船舶载重量利用率(发航装载率);

D_d——船舶净载重量(t);

T——平均每艘船舶年内营运时间(天)。

计算出 m 后,若 m 不为整数,则应将 m 取为整数。在具体计算时,要注意运量在往返方向上的不平衡性。

如果航线由一家班轮公司独自经营,可按上边计算的 m 值决定配船数量,取大于 m 的最小整数;如果航线上有多家公司同时经营,则由式(8-11)计算的 m 值是航线上的配船总数,各公司配船数取决于其实力和货载占有份额。

三、航线发船间隔的计算

发船间隔是指一个班次的船舶驶离港口后,直至下一班次的船舶再次驶离该港的间隔时间。它可由船舶往返航次时间及航线配船数确定,即

$$t_i = \frac{t_r}{m} = \frac{\alpha_b \cdot D_d \cdot T}{Q_{max}} \tag{8-12}$$

班轮的发船间隔必须具有一定的规律性,以便于记忆。如常以月、旬、周、天、时等单位为发船间隔时间。所以对按式(8-12)计算得到的发船间隔时间还要按照规律性的要求加以调整。

发船间隔的大小也可用发船密度(或称发船频率)来表达,所谓发船密度是指单位时间内的发船数量,它与发船间隔互为倒数,即

$$\gamma = \frac{1}{t_i} \tag{8-13}$$

式中:γ——发船密度(艘/单位时间)。

四、到发时间计算与调整

在以上计算的基础上,结合沿途各港的具体情况,先分别计算出相邻两港之间各航段的航行时间和在各港的停泊时间,然后根据始发港发船时间依次推算出船舶到、离各港的时间。当沿途各港所在地的时差不同时,在船期表上应给出船舶到、发的当地时间。为此,需将上述未考虑时差算出的各港到、发时间加上或减去各港所在地与始发港所在地之间的时差。向东行为加,向西行为减。

当航线上有几艘船舶运行时,后续船舶在各港的到、发时间依次相差一个发船间隔时间。

例题 8-2:某航线一端点港年货物发运量达 150 000 t,发航载重量利用率平均为 0.85,另一端点港年货物发运量为 120 000 t,航线配置的船舶全年参加营运,船舶的净载重量为 10 000 t,单船往返航次时间为 96 天。求该航线上需配备的船舶艘数及发船间隔。

解:$m = \frac{t_r \cdot Q_{max}}{\alpha_b \cdot D_d \cdot T} = \frac{96 \times 150\ 000}{0.85 \times 10\ 000 \times 365} = 4.64$(艘)

若取 $m=5$,则 $t_i = \frac{t_r}{m} = \frac{96}{5} = 19.2$(天)

取发船间隔时间为 20 天,即每两旬发船一次。此时,船舶周转周期为 100 天(往返航次时间应为发船间隔的整数倍)。

班轮船期表是以表格的形式反映船舶在位置和时间上运行程序的文件,其主要内容包括船名、航次编号、始发港、中途港和终点港的港名,到达和驶离各港的时间。根据前述 4 步的计算结果可编制船期表。表 8-4 列出了一种形式的船期表。

表 8-4　某班轮船期表

船名:COSCO SHIPPING GALAXY,航线 AEU1,航次 017W/017E							
预计到离港时间	上海	宁波	厦门	盐田	新加坡	苏伊士运河	费利克斯托
ETA		2023-04-25 周二,11:00	2023-04-28 周五,0:00	2023-04-29 周六,17:00	2023-05-04 周四,13:00	2023-05-16 周二,22:00	2023-05-24 周三,19:00
ETD	2023-04-25 周二,7:00	2023-04-26 周三,15:00	2023-04-28 周五,21:00	2023-04-30 周日,16:00	2023-05-05 周五,13:00	2023-05-17 周三,16:00	2023-05-26 周五,19:00
预计到离港时间	泽布勒赫	格但斯克	威廉港	苏伊士运河	新加坡	盐田	上海
ETA	2023-05-27 周六,10:00	2023-05-30 周二,19:00	2023-06-04 周日,22:00	2023-06-15 周四,22:00	2023-06-28 周三,2:00	2023-07-02 周日,13:00	2023-07-16 周日,19:00
ETD	2023-05-28 周日,6:00	2023-06-02 周五,6:00	2023-06-05 周一,22:00	2023-06-16 周五,16:00	2023-06-29 周四,5:00	2023-07-03 周一,19:00	2023-07-18 周二,7:00

来源：https://elines.coscoshipping.com/ebusiness/sailingSchedule/，2023 年 4 月 23 日摘编。

五、编制船期表的注意事项

(1)便于船舶到港靠泊后立即开始装卸作业。由于港口通常都有一定的工班作业制度,船舶的到港时间应尽可能安排在港口工班开始之前,这样便于及时开工,不至于使工人待时或船舶等待装卸工人。对于车船直接倒载的联运航线,还要注意与其他运输工具运行时刻表的衔接配合。

(2)避免与使用同一泊位的其他班轮在同一时间到达港口。

(3)避免安排船舶在非工作日(周六、周日)到达港口,以减少船舶在港口的非工作停泊时间,加速船舶周转。而把这样的日期尽量安排在航行途中,如星期五开航。

(4)对船舶在各段的运行或作业时间应适当地留有余地,以适应外界条件变化所带来的影响。通常近海班轮航线因航程短且挂靠港少,船公司能较好地掌握航区和港口装卸效率等实际状况,船舶能准确地按船期表规定的时间运行,余量可以小些。远洋班轮航线由于航程长,挂靠港多,航区气象海况复杂,船公司难于掌握航区、挂靠港和航行时可能发生的各种情况,余地要留大些。这是船舶使用效率与准班率二者的权衡问题。

(5)对航道水深较浅、船舶吃水受限制的港口或航段,若要利用高潮期间通行,应留出等潮时间余量。

第四节　集装箱班轮运输组织

一、集装箱运输组织的特点

集装箱船以班轮方式营运,它与传统班轮相比,在经营管理上具有这样一些显著的特点。

1.开展集装箱运输需要巨额的初始投资

集装箱船的专门化程度高，且具有大型化和高速化等特点，其造价和营运费用远比普通杂货船高。同时，在船舶营运中需配备大量的集装箱和陆上运输设备，有时还需在码头设备和内陆集疏运设施上给以足够的投资。因此，整个集装箱运输系统运转起来的初投资巨大。

2.经营管理业务比较复杂

集装箱船运输涉及集装箱的调度使用和跟踪管理等业务，同时船公司又要参与经营码头、堆场和支线运输等业务，业务范围广。发展国际集装箱运输需要有科学的管理体制和大量的专业人员。在经营管理上所涉及的内容和问题远比其他船舶运输经营的情况更加复杂。

3.开展国际集装箱运输需要遵守国际上统一的标准

为了提高装卸和运用效率，集装箱和船的货舱都要按统一的规格设计、建造。船与货之间必须要有相互适应性和兼容性。

4.需要有充足、稳定、往返均衡的适箱货源

在那些往返货源不均衡的航线上，货流小的方向必然运载大量的空箱。运载空箱也要支付一定的装卸费和运费等，这些费用只能由承运的货载分摊，使货物的单位运输成本加大。为了尽量减轻这种不利影响，经营中常出现以很低的运价承运低价货物的现象。

5.集装箱船舱位利用率低

由于货主要求频繁的运输服务，以及为追求规模经济效益，经营者投入大量的船舶，致使集装箱船的运力通常都超过实际的货运需求。又由于船舶高度专门化，不能装载其他种类的货载等原因，集装箱船的舱位常常处于不能充分利用的状况。此外，集装箱本身装不满或装载货物轻，以及为了进行空箱调配经常运载一部分空箱，也使集装箱船的舱位和载重量得不到充分利用。因此，与杂货船、多用途船，特别是与其他一些专业化程度较高的船相比，集装箱船的有效载重量利用率并不高。

二、集装箱运输系统

在运输组织方面，与传统杂货班轮运输相比，集装箱运输的一个重要进步表现在国际多式联运上，涉及从“门”到“门”运输整个过程的协调配合，是一项十分复杂的系统工程。系统中包括了海运、港口、陆运（甚至空运）等各个运输环节，包括了集装箱船公司、铁路、公路，以及海关、商检、代理、租箱公司等参与运输的各个运输服务、管理部门。上述运输单位与服务、管理部门如同一根链条上的各个环节，相互制约、相互依存、相互联系，其中任何一个环节的脱节或失灵都会影响整个运输系统高效率运输目标的实现。因此，根据系统工程的原理，为了充分地利用和发挥集装箱运输的优势与潜力，必须对集装箱运输做出统一安排、统一管理。通过科学合理的系统管理，使海运、港口、陆运相衔接；使各种运输方式的运量与运力相匹配；使海关、商检、代理等一系列的运输服务、管理部门的工作相协调。只有这样，才能始终保持集装箱运输的整体性和高效性。

从事海上集装箱运输的航运企业，必须密切关注海港集装箱码头的建设和水上支线及内陆集疏运系统的建设。具备良好集散条件的集装箱码头能在短时间内集中和疏散大量的集装箱，使大型集装箱船到港后不必等待货物或等待泊位，缩短泊港时间。如果集疏运条件较差，则集装箱运输的优点就难于发挥，无论船方还是港方都无法取得理想的经济效果。

建设一个大型集装箱枢纽港，要耗费巨额投资。所以在同一海岸线较近距离范围内，不宜各自兴建大型的集装箱港口。实践证明，当某港已建成一个具有较大规模的集装箱码头，具备了进一步发挥船舶与港口规模经济的条件时,在其邻近再兴建规模很大的集装箱港口,是不经济的,除非港口集装箱吞吐量持续增加且超过了港口的吞吐能力。较好的做法是以一个具有大型集装箱码头的港口为中心,多开通至邻近港口的集装箱集疏运输支线。这样做的优点是大型集装箱运输船舶不必为部分货载挂靠众多的港口;一些集装箱进出口量不是很大的港口不必为挂靠大型集装箱船而花费投资挖航道、建码头;有利于中心港口和干线船舶充分发挥规模经济效益;在总体上有利于降低运输费用和加快运送速度。

传统上,船舶与港口的经营是互相独立的,船方与港方所关心的利益常有矛盾和冲突。船方希望港方扩大投资,以缩短船舶在港停泊时间;港方则希望港口的设施得到充分利用,为避免设备的利用率降低,不愿进行更大的投资,所以双方的利益是需要协调的。由于集装箱船的船期限定较为严格,船公司必须在码头附近备有专门的集装箱堆场或长期租借码头堆场的使用权,以便于港航的协调配合。随着海运经营多元化和集团化的发展,一些实力雄厚的航运公司,如丹麦马士基航运公司在一些重要港口设有自营集装箱码头;中远海运集团 2016 年投入运营的厦门远海全自动集装箱码头,也属于自营集装箱码头。这种方式有助于船舶与港口的协调。

集装箱港口或其附近常设有货运站,它主要为拼箱货进行装箱和拆箱作业,同时对一些进出口货物予以暂时保管。根据“门到门”运输的要求,在码头应尽可能整箱交货,大量的拼箱和拆箱作业应在货主发货或收货地进行,所以在内陆腹地也要设有一定数量的货运站。内陆货运站的建设在集装箱集疏运系统中具有重要的作用。集装箱港口通过其向内陆辐射的运输线(包括铁路运输线、公路运输线、航空运输线)将各个内陆货运站与港口组成一张覆盖港口内陆腹地与附近卫星港的运输网。通过这张辐射状的运输网,托运人可以十分方便地将集装箱或货物交给位于附近的内陆货运站。集装箱装箱、拆箱业务可在内陆货运站进行,内陆货运站也代为办理有关的海关手续。然后,内陆货运站将集中起来的集装箱通过集装箱定期专用列车或卡车,有组织、高效率地送到集装箱码头堆场待运。反之,卸下船的集装箱通过这一运输网被有条不紊地疏散到分布在腹地的内陆货运站,最终将其交付到收货人手中。整个联运过程通过内陆货运站以及其他各种运输、服务检验环节组成一个不可分割的有机整体,使集装箱“门到门”的多式联运优势得到最充分的发挥。

例如:从远东地区向美国东海岸或内陆的货物运输,可选择两条运输途径,一条是以美国东海岸港口为卸货港,船舶通过巴拿马运河,由加勒比海通向美国大西洋港口;另一条是以美国西海岸港口为卸货港,然后通过陆上运输至内地或东海岸。虽然后一种运输利用了两种运输方式,但在正常情况下,运输效益要比前一种途径高。因此,一些航运公司为争取运往美国内陆地区的货物,制定了途经美国西海岸运达美国某些内陆地区和东海岸地区的一种优惠费率。如,北达科他州、南达科他州、内布达斯加州、科罗拉多州、新墨西哥州起以东的地区都享有这种优惠。这些地区建有内陆公共点(overland common points,OCP),也称为陆上公共点,其含义是享有优惠费率通过陆上运输可抵达的区域。加拿大也有 OCP 地区,自西向东的陆上运输实行与美国同样的优惠方法。

产生 OCP 的原因:

(1)通过美国西海岸转运,航程较直达东海岸短。例如:从上海经巴拿马运河到纽约,海运全程为 10 580 n mile,而上海至美国西海岸的西雅图港口,海运全程为 5 100 n mile, 两者相差 5 480 n mile,相当于 10 150 km, 从西雅图到纽约的陆运里程只有 4 800 km,两者相比较,海陆联运至纽约要比直达纽约少 5 350 km。

(2)集装箱运输具有的机械化程度高等优点,使装卸时间和运输时间大为缩短。

（3）在集装箱运输的条件下，货物受损被窃的可能性较小，加之陆上承运人提供优惠费率，为 OCP 运输提供了有利条件。

OCP 运输具有的上述优点，使原来由远东直达美国东海岸各港口的海运货物被吸引到西海岸港口。因此，在太平洋航线营运的船公司越来越多。现在“OCP”一词不仅是一个地理上的区域名称，而且意味着货物的陆上联运，成为当今国际贸易与国际运输的一个专用名词。

三、集装箱的使用与管理

1.航线集装箱配备量的确定

对于一条集装箱运输航线，确定集装箱配备量的主要依据为：

（1）使用的集装箱船的额定载箱量及其平均箱位利用率。

（2）航线上配置的船舶艘数。

（3）船舶往返航次时间长短。

（4）集装箱在各港及其内陆平均周转时间长短。

我们先看一种典型情况，即船舶只在航线的两个端点港挂靠这种情况。若航线上配置一艘集装箱船，且集装箱在每个港口及其内陆的周转时间均小于发船间隔时间，则航线上配备的箱量应为船舶额定载箱量的 3 倍。即船上装一套，两个港口各配备一套。当航线上运行着几艘额定载箱量为 Q 的集装箱船时，航线上必须配备的集装箱数可用下式计算：

$$M=K\cdot Q \tag{8-14}$$

式中：M——航线上集装箱配备量（TEU）；

Q——额定载箱量（TEU）；

K——需要配备的套数，即单船额定载箱量的倍数，它等于航线上的派船数加上配在两个港口的集装箱套数，而每个港口的配箱套数就是箱子在港口和内陆周转的平均发船间隔期数，$K=n+a+b$，n——船舶艘数，a，b——端点港和内陆需要配备的集装箱套数。

$$a(\text{或 } b)=\frac{\text{集装箱在港平均周转时间}}{\text{发船间隔期}} \tag{8-15}$$

在使用式（8-15）时要注意，其中集装箱在港平均周转时间要用发船间隔期的整数倍乘以对应期间返回箱量的百分数求得。

例题 8-3：在 A、B 两港间某集装箱班轮航线上的船舶往返航次时间为 30 天，航线上配置了 3 艘载箱量为 1 500 TEU 的船舶，发船间隔时间 10 天，集装箱在 A 港内陆的周转时间为 9 天。集装箱在另一端点港 B 港的周转情况是：其中有 50%的箱量可在发船间隔期内返抵港口提供装船，有 30%的箱量在 2 倍发船间隔期内返抵港口，有 20%的箱量在 3 倍发船间隔期内返抵港口。如以船舶载箱量为每套数的基本箱量，求船公司在该航线上需配备的集装箱数量。

解：在 A 港的周转时间为 9 天，不足一个发船间隔期，取为 10 天，所以 $a=1$。

在 B 港的平均周转时间为：

$$10\times0.5+20\times0.3+30\times0.2=17(\text{天})$$

$$b=\frac{17}{10}=1.7(\text{套})$$

$$K=n+a+b=3+1+1.7=5.7(\text{套})$$

$$M=K\cdot Q=5.7\times1\,500=8\,550(\text{TEU})$$

航线集装箱配备量也可以用下式计算：

$$M = K_1 \cdot Q \tag{8-16}$$

式中：$K_1 = \dfrac{\text{集装箱平均总周转天数}}{\text{发船间隔期(天)}}$。

例题 8-4：在 A、B 两港间某集装箱班轮航线的船舶往返航次时间为 30 天，航线上配置 3 艘同型船舶，集装箱在两端点港 A 港和 B 港的内陆周转情况如表 8-5 所示，求航线上集装箱配备量。

解：A 港内陆平均周转天数 = 10×0.5+20×0.3+30×0.2 = 17（天）

B 港内陆平均周转天数 = 10×0.3+20×0.2+30×0.15+40×0.35 = 25.5（天）

航线集装箱平均总周转天数 = 30+17+25.5 = 72.5（天）

航线集装箱配备套数为：K_1 = 72.5/10 = 7.25（套）

平均每艘船套数为：K_1/3 = 7.25/3 = 2.42（套）

计算结果列于表 8-5 中。

表 8-5　集装箱在 A、B 两港的周转情况

航线船舶数量(艘)		3	
发船间隔(天)		10	
港口		A	B
集装箱返抵港口的天数及返抵箱量的比例	1~10	50%	30%
	11~20	30%	20%
	21~30	20%	15%
	31~40		35%
集装箱在两端点港内陆周转天数		17	25.5
航线集装箱平均总周转天数		72.5	
a 和 *b* 值		1.7	2.55
平均每艘船套数		2.42	

上述公式反映了航线上需配备的集装箱总套数与全程平均总周转时间成正比，与发船间隔成反比的关系。当增加船舶艘数，缩短发船间隔时，存在着平均每艘船配备套数与发船间隔时间成正比的关系。

对于船舶在航线上挂靠中途港的一般情况，考虑到集装箱船通常达不到满载状态，集装箱在港口内陆周转过程中还存在着修理或积压延误等情况及特种箱在往返航向上的使用量不平衡，所以实际需要的配备量要视具体情况用下述公式计算：

$$M = K \cdot \alpha \cdot Q + \sum c_i \cdot Q_i + M_b + \sum M_R \tag{8-17}$$

式中：α——船舶平均载箱率（箱位利用率）。

Q_i——第 i 个中途港卸箱量（设中途卸箱后再装同样数量的集装箱）。

c_i——第 i 个中途港箱量系数；如中途港集装箱在内陆的周转时间小于发船间隔，则系数为 1；如内陆周转时间大于发船间隔，则系数大于 1；计算原理类似于 a 或 b。

M_b——特种箱所需增加的数量。

$\sum M_R$——全程周转期内港口内陆修箱总量。

2.租箱策略及租箱量确定

前边介绍了当货流按时间分布处于比较稳定状态时,一条集装箱运输航线上的集装箱配备量计算方法。由于货运量沿时间分布通常都具有不均匀的特征,加之不同箱型沿流向的分布也不平衡,就产生了集装箱运输过程中的租箱问题。按单位时间计算,通常使用租箱的成本(即租金费率)比使用自有箱的成本要高很多。但当货运量比较少时,若自有箱得不到充分利用,闲置时间增加,则将使其投入使用时的分摊成本增加,以至高于租箱的成本,因此采用租箱方式保证集装箱的供应在有些情况下是一种有利措施。事实上,集装箱租赁业务的发展,对于促进集装箱运输发展具有重要的作用,主要反映在以下两个方面:

(1)船公司不需一次性大量投资,就可以迅速地增加使用集装箱的数量,扩大其运输能力。特别是在运输需求不平衡和不稳定的市场条件下,为船公司快速增减集装箱提供了方便。

(2)船公司在减少一次性投资及其利息负担的同时,可减轻设备更新的负担。即,当需求箱型发生变化时,能降低对原有集装箱处理的经济损失。

专门出租集装箱的租箱公司有很多,集装箱的租用方式很灵活,分为程租和期租两种。程租又可分单程和往返双程两种形式。期租租箱时间可由几星期直至数年。此外,尚有以一定期限(一般为一年)内灵活使用集装箱的租赁形式,其合同中订明用箱人每月取箱、还箱的数量和地点,租金按集装箱使用天数计算。由于各集装箱出租公司在取箱、还箱的地点、数量和费用,以及在集装箱的检查等方面有不同的规定,所以租箱者应注意了解这些情况。

为了保证在集装箱运输航线上有足够箱量供使用的前提下尽量减少购箱投资,必须合理确定租箱数量。这个问题可按以下思路来考虑。统计出每月平均使用的集装箱数量,并做出一年中不同时间需求的集装箱量随时间变化的曲线图,如图8-3所示。

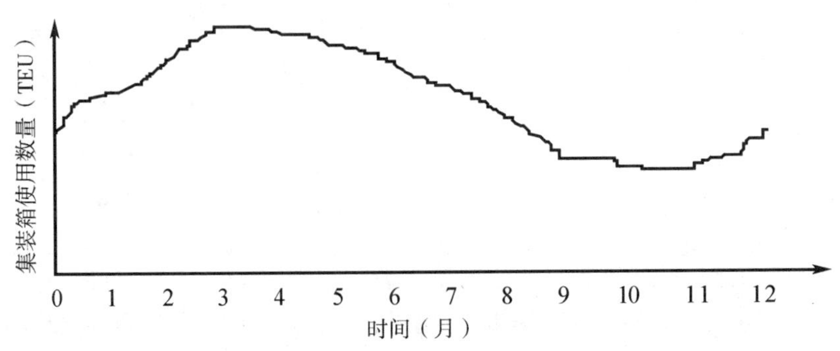

图8-3 一年中不同时间需求的集装箱量随时间变化的曲线图

一种做法是将其中用箱量最小月份的用箱量作为公司自己投资购置(即自备集装箱)的数量,而在其他时间当实际需求箱量超出了自有箱量时,通过租入集装箱的办法解决。这种做法能保证自有箱得到充分使用,降低用箱的成本。

另一种做法是根据一年内用箱量的平均值确定自备箱量。当实际需求箱量超出了自有箱量时通过租入集装箱的办法解决;当实际需求箱量小于自有箱量时,可将一部分自有箱租出去,以降低成本和增加收入。船公司在集装箱运输经营中应灵活运用租箱策略,以求在经济上获得最好的效果。

3.集装箱跟踪管理

为了随时掌握和控制集装箱在周转使用过程中的情况,经营集装箱运输的公司必须建立专门的集装箱跟踪管理系统。而且随着运输规模的扩大,这种管理只能采用计算机辅助管理系统。这种系统首先要输入并储存集装箱档案,包括自有集装箱、租入集装箱,以及租入箱交还通知和自备箱报废通知;集装箱的动态,如所涉及的船名、港名、地名、公司名称等,这些信息都以代码的形式存入计算机。通过查看这些数据,就可以了解到各集装箱当前所在的地理位置、使用状况等。这是高效率地开展集装箱运输必不可少的管理手段。

集装箱跟踪管理工作做得不好,会出现集装箱不能及时回收,甚至大量丢失的现象,最终导致严重的经营亏损。我国一些大型航运公司在国内刚开始进行集装箱运输时,就经历了这一阶段。

第五节　班轮运价问题

经营班轮运输的另一个特点是航线垄断性很强,过去许多航线上都存在着垄断组织——班轮公会。它是由经营同一条航线的若干个航运公司为了限制它们之间互相竞争,并抵抗外来竞争,就航线经营的利益分配达成某种协议而形成的一种半垄断联合体。最近20多年来,集装箱运输公司之间的联盟形式不断发展,联盟体内形成了舱位互租和运费结算等合作新形式。

一、班轮杂货运价

班轮杂货运价或简称班轮运价也叫杂货运价。根据航线和货种分别制定,货物分成若干等级,每种货物均可归属于某一等级。每票货物可依此不同等级定出其基本的运价,称为基本费率,它是计算运费的基础。船公司在基本运费之外向货方加收各种有关的附加费,如燃油涨价附加费,港口附加费,超长、超重附加费,运河附加费,以及为了抵补运输中因特殊的原因而增加的额外开支,或蒙受的损失等以后,才得到该票货物的最终运费。在计算运费时,附加费的计算往往容易发生差错,必须引起注意。船公司将不同航线的运价规定汇编成册,即通常所称的运价本或运价表,公布于众。

在运价表上,通常是按照货物的重量来计费的,即给出每吨的运价。英国及一些采用英制的国家习惯采用长吨,美国则采用短吨为计费单位。个别货物还采用其他传统的重量计费单位,例如,棉花是以担为单位进行计费,参见第一章第二节。有些轻泡货物是按体积大小或计费吨计费,每1 m^3为一计费吨(有些采用英制的国家以40 ft^3为单位)。还有些特别贵重的货物,则既不按重量,也不按体积计费,而是按其价值收取相当比例的运费(称为从价运费)。

因为传统班轮承运的货物种类繁多,它们占用的船舶载重能力和舱容、在港口进行装卸作业的难易程度和劳务支出水平,以及船方对不同货物所承担的风险等都有差异,因此,对不同的货物,收取不同的运费是合理的。制定班轮运价的主要依据是船舶营运成本和所承运货物对运费的负担能力,以及市场竞争因素,包括:

1.运费收入能够使运输成本得到补偿,并取得尽可能大的利润

对于一条航线来说,在任何时候成本总是决定运价的基础,只有运费收入大于运输成本并能获得适当盈利时,航运公司才能维持再生产和扩大再生产。但是,如果运费收入大大超过运输成本,班轮公司得到很高的超额利润,这就会吸引新的投资者进入这条航线,在竞争中使运价降低,趋近于平均成本加平均利润。反之,如果运价低于运输成本,长期下去,航运公司就不能维持再生产,运输成本高的船舶、实力较弱的公司将先被挤出航线,只有当运价回到运输成本水平以上,运输活动才能继续维持下去。

但是,这一原则只能用来确定总的运价水平。如果要用它来确定各类货物的运价,那么就必须找到办法能够恰当地将总成本分摊给各类货物。由于班轮运输成本结构的特点,要做到这一点,甚至是近似地做到这一点也是十分困难的。

因为像班轮这样在一条固定航线上运行的船舶,其大多数成本项目与运输对象无关。即不论运什么样的货物,或者运多少货物,这些费用基本上是每一航次固定不变的,例如船舶资本费、修理费、燃润料费、保险费、船员工资、供应品费、港口费等。很难将这类费用公平地分摊到各类货物上去,这类费用一般要占船舶总成本的80%~90%。只有10%~20%的费用直接与具体的货种有关,这随每一张提单而异。这类费用主要包括:装卸费、垫舱物料费、洗舱费、危险品附加费、专用装卸设备费等。影响这些费用的主要因素有:作业的形式、装卸的难易程度、积载因数、包装、单元重量、危险性、易损性、货物价格等。这些在制定运价表时当然是要加以考虑的。但是,由于主要的成本项目——固定费用与货种无关,因此,各货种运费率的确定就具有很大的随意性和策略性。在实践中,对每种货物运价的确定,主要是考虑在竞争的环境中如何取得最大的收益。

2.依据各种货对运费的负担能力,获得最大的运费收入

在航次成本基本上固定不变的情况下,要想在竞争的环境中取得最大的收益,就必须制定出对各类货物的货主均具有吸引力的运价表,以揽取货载为基本目标,最终取得最大收入。为此,首先,要了解航线上各类货物通过运输以后所产生的实际增值,即:商品在出口地区和进口地区之间的市场差价。显然,运价应以这个差值为上限,否则运输需求就会消失或转移到别的运输部门。其次,不同货物的货价有显著的差别,一些价值较高的货物承担运费的能力较大,另一些价值较低的货物承担运费能力较小。或者说在同样的运价变化幅度下,低价值货物的运输需求量变化幅度往往会大于高价值货物运输需求量变化的幅度。例如运输茶叶和干草各1 000 t,二者包装体积相同,茶叶市场售价每吨10万元,干草市场售价每吨1 000元,如果运价均为500元/t,那么尽管它们具有同样的运输和装卸特性,但对运价上涨的反应会大不相同。如果运价增加50%,即750元/t,那么就使干草的市场价格增加了25%,这就有可能使它因此而被挤出市场,而茶叶的市场价格只增加0.25%,对它的销售和竞争就几乎没有影响。也就是它们的运输需求弹性大有差别。

因此,从最大收益角度出发,必须根据各种货物的价格——运费承担能力的一个主要标志来确定其运费率。这就使得一些货种的运价可能背离它应该分摊的实际运输成本。在运价表上低值货物的运价往往不能补偿其实际运输成本,而高值货物的运价高于其实际运输成本,以补偿低值货物运费的不足。这样做并不意味着承运人或高价值货物的货主吃亏了。实际上这是一个对各方均有利的处理方法。因为对班轮来说,不管运多少货物,占总成本80%左右的固定费用总是要发生的,如果把低值货物的运价提高到足以补偿其成本的程度,则会因为产品价格提高,货物无销路或货主利润减少,而使这部分货流需求减少甚至消失。减少了这部分运费收入,势必导致高价值货物的运价进一步提高,以补偿其全部运输成本。因此,利用载货能力运输一部分低价值货物,至少可以部分地补偿船舶运输成本,增加承运人的收入,降低高价值货物的运费负担。这就是制定运价中的所谓交叉补偿(cross subsidization)原则。正是通过交叉补偿,可保证按照整个运价表和航线货流结构计算的总运费收入能满足前面讲的——补偿运输成本并有适当盈利。

由此可见,确定任何一种货物的运费率时,一个基本原则是使这些货物能够承受得住它的负担，能够以竞争的价格出现在销售市场上，也就是能够稳定地把货物吸引在航线上，只有这样航运企业才能取得最大收入。

3.依据具体的竞争条件和优势

运价是竞争的主要手段之一。在特定的环境中，这种竞争可能来自其他班轮、不定期船或其他运输方式，如中欧班列的开通和运输规模的不断扩大。竞争对手不同，争夺的对象也不同。例如，宽机身运输机出现后，在某些航线上空运就成为班轮的潜在竞争对手，它们竞争的对象显然是那些高价货物。尽管空运不能夺走班轮的大部分货载，但即使仅夺走5%的货流，也可能使航运企业丧失50%的利润。

4.根据发展国际贸易的长远利益来制定运价

特别是对于许多由国家控制的班轮公司来说，运价应成为本国发展对外贸易的重要杠杆。对于一些重要货物，在制定运价时，具有明显的政策性。

5.通过不同的运价，来引导货物包装、运输技术等的发展

例如，对成组件货实行优惠运价，对不同包装实行差别运价等。

制定班轮运价考虑的因素较多。运价一经公布后，即使市场价格水平有所变动，也不宜随时调整，需要在相当长的时期内保持相对的稳定。只有当船舶营运成本受某些因素影响大幅度上升时，船公司为了能从货主方面得到必要的补偿，才修改原定的运价。不过更多的是采取临时增收各种附加费或调高附加费计收标准等措施。由于运价调整对班轮经营效益产生较为复杂的影响，所以定价人员应广泛收集市场需求资料，经常研究各种因素对价格影响的关系，以使制定或调整运价的决策有可靠的依据。

传统上，班轮公会在制定班轮运价中起着非常重要的作用。定价时在考虑第七章第三节中所列出的三个基本因素的基础上还要考虑一些特殊细节问题。一般来讲，在存在班轮公会的情况下，班轮运价是一种垄断性或半垄断性运价，有时也把它称为管理运价。

二、集装箱运价

与传统的班轮运输相比，集装箱班轮运输扩大了承运人的业务范围。船公司的风险责任从海上延伸到陆地，打破了传统海上运输班轮对货物承担的从船边（舷）到船边（舷）的责任界限。因此，传统的海上运输费用划分的界限也有了改变。承运人的服务范围增加了，费用也增加了，增加的部分应从运费中得到补偿。这就对运价工作提出了新的要求，需要有一套适用于集装箱运输的运价、规定和条款。

集装箱运价一般包括从装箱港承运人堆场或集装箱货运站到卸箱港承运人堆场或集装箱货运站全过程的运输费用，即海运运价加上与集装箱陆运有关的费用，如堆场服务费、拼箱服务费等。集装箱拼箱货的海运运费计收办法和班轮件杂货运费的计收办法几乎完全相同，只是加收集装箱有关费用，如拼箱服务费。整箱货和货方提供专用箱的运费计算，除包箱费率外，凡达到或超过起码运费的装箱最低限额时，按运价表的费率和规定，根据箱内实装货物的重量或尺码计收，达不到装箱最低限额时，按装箱最低限额计收或加收亏箱运费。

件杂货运费的计算一般以1 t或1 m^3为单位。但对于不足一个计费吨的少量货物，班轮公司规定了一个最低的收费标准，叫起码运费。当货物批量较小且计收的运费低于起码运费时，按起码运费计费。如果货物批量虽小，但按运价表规定计收的运费超过起码运费，则还是要按原规定的费率计费。在集装箱运输业务中，对一个按整箱货托运的集装箱，为了保证承运人的最低收入，承运人运价表上也规定了运输整箱货的起码收费标准。

在有些航线上还存在一种根据不同商品规定的最高收费吨的集装箱特价。即对某一特定的商品按集装箱型号公布一个特价(或叫最高收费吨),适用于整箱托运的货主,当集装箱内所装货物的计费吨超过了规定的最高收费吨时,按最高收费吨计费。对于符合按最高收费吨计费的整箱货,在计算运费时,还要加上各种附加费,才得出整箱货的全部运费。

在激烈的竞争中,为了方便运费的计算,有些公司采用了包箱费率制,按箱子的类型规定一种每箱包干运价。这种包箱费率一般分为商品包箱费率和均一包箱费率两种。前者按不同商品和不同类型的箱子,规定各种不同的包箱费率;后者不管箱内装的是什么商品(危险品除外),按不同类型箱子规定包箱费率。包箱费率的前提是整箱货(CY/CY)托运,运价可以是总包费率,也可以是包箱费率加各项附加费。包箱费率是国际航运激烈竞争的产物,这种费率一般比较低,实质上是对货方托运整箱货的一种优惠,也是班轮公司吸引货载的一种手段。

三、班轮公会的主要活动

班轮公会的主要作用是防止内部竞争和共同抵御外来竞争。

1.制定防止内部竞争的措施

班轮公会制定的防止内部竞争的主要措施有:

(1)运费协定。规定共同运费率或规定最低运费率;各会员不得以任何形式收取低于该费率的运费,以防止各成员之间跌价竞争。

(2)运量分配。共同商定按一定百分比分配航线货运量,超过限额者要补偿一定收入给不足者。

(3)运费收入分配。各成员公司将部分运费收入置于公会公库,年终按事先商定的百分数分配。

(4)吨位限制。预先商定各成员公司投入航线的船舶艘数和吨位。

2.采取回扣制度吸引货主

给托运人回扣是对外竞争、取得货载的有力措施。回扣有两种形式,即延期回扣和合同回扣。延期回扣(deferred rebate)是指在规定期限内(如半年)货主先将货物全部交公会船舶承运。如果第二期内,货主仍将货物全部交公会船舶承运,则当第二期结束时,货主可以从公会取得第一期运费的回扣(通常是该时期所付运费的10%)。反之,若货主将第二期货物委托给公会以外的船舶承运,他就不能从公会取得上一期的回扣费用。

合同回扣(contract rebate)是指货主与公会签订附加的合同回扣条款或较便宜的运费率,规定双方权利和义务。破坏合同者便失去应得的利益,且可能被诉诸法庭。

在以往的班轮运输中,尽管运价具有垄断性质,但因班轮公会以外还存在着具有竞争性的其他班轮公司,所以班轮公会有时允许其成员在公布的运价以外,对一部分货物(如回程货)采用灵活的运价。

四、联盟之间的基本合作形式与结算方式

集装箱海运组织的特点使集装箱海运公司有可能摆脱班轮公会的束缚或影响而独立运作。集装箱海运规模的不断扩大既弱化了班轮公会对航运市场的控制力,也提出了集装箱班轮运输公司之间合作的新需求,因此航运公司之间的联盟应运而生。

1.集装箱海运联盟的主要特点

集装箱海运公司之间以联盟方式经营的主要特点是:参与联盟的各个公司通过签署舱位互

租、共同派船、码头共享等协议进行合作,联盟成员公司共同经营的航线称为合作航线,在合作航线上的经营成果根据共同签署的协议以及各方的贡献进行分配或结算,合作过程中各成员公司仍然保持自己的独立性。一条航线或多条航线可以由两个或两个以上班轮公司组成的联盟合作经营,也可以由两个或两个以上联盟共同经营。这种经营方式与开始时各个集装箱海运公司独自经营自己船队的做法有着明显不同的效果。2016 年 5 月,国际航运界已经形成了 2M、OCEAN、THE 三大联盟。截至 2023 年 6 月,这三大联盟的成员公司控制的运力规模之和约占全球运力总规模的 82%。

2.集装箱海运联盟的主要合作形式

集装箱海运联盟的主要合作形式有四种:舱位租用、舱位互租、共同派船以及接运。其中接运形式用得较少。一个联盟的协议可以包括上述合作形式中的一种或几种。各种合作形式的要点如下。

(1)舱位租用

联盟成员的一方向另一方经营人以商定的时间段租用一定数量的舱位来经营某一航线的集装箱运输,而不需在该航线上实际投入船舶。租用条款通常为:无论是否使用舱位,都要按租用舱位的数量支付舱位租用费用或舱位租金(slottage)。

(2)舱位互租

联盟成员共同经营某一航线,彼此间用自己在该航线上的一部分舱位换租另一方在该航线上的一部分舱位。一般要求双方在该航线上的船舶类型、挂港数量和航次里程基本相同。如在一定时间段内彼此使用对方航线相同数量的舱位,舱位租金也基本相当,彼此间就不需要发生实际的租金结算,如果存在差异或一方使用的舱位多于另一方,就会产生彼此间租金结算问题。

(3)共同派船

两个或两个以上的联盟成员经营人就同一条或几条航线共同派船营运达成协议,规定各方投入船舶的数量、船舶挂港、班次以及按投船比例确定各方在每条船上可使用的舱位数量等。各方共同负责航线的营运,但各自独立进行航线营销工作。租金的测算与舱位互租方法类似。

(4)接运

一个联盟成员承运人出于班期、成本等因素考虑而不宜直接挂靠某些港口,但联盟其他成员的航线能够将这些港口与该承运人船舶直接挂靠的港口连通,那么该承运人就可以与联盟其他成员签订接运协议(connecting carrier agreement)来延伸服务。实施接运工作的接运承运人(connecting carrier)完成的这段运输,叫作接运。

3.集装箱海运联盟合作租金结算方式

在集装箱海运联盟成员合作过程的一定结算期内,如果彼此各方使用对方相同价值的舱位(space 或者 slot,1 个 slot 是指一个 TEU 的位置),则无须进行租金结算;但当互相使用对方舱位的价值不等时那就需要结算舱位租金的差额。关于舱位费的基本概念如下。

(1)基本舱位

在联盟成员之间的各种合作方式中确定一方在另一方船上可使用舱位的数量,以 TEU 计算。

(2)基本重量

在联盟成员之间的各种合作方式中确定一方在另一方船上可使用舱位的重量,以吨计算。

(3)基本舱位费率

基本舱位费率也称为舱位租金费率,理论上由每个基本舱位分摊的船舶经营成本、燃油费和港口费或加上必要的利润组成。在实际操作时，通常参照市场平均水平而不是每条船实际发生的费用确定。

实际上，曾经有一个大的国际集装箱海运联盟计算出其所属的每条船实际发生的成本，用以确定舱位租金费率，尽管在成本测算上耗时较多，但却能准确反映实际成本。结算舱位费是按照约定的基本舱位费率乘以发生的基本舱位数量计算。由承运方向各个舱位使用方收取，费用条款一般为无论是否使用都要支付舱位费。例如：甲方租用的基本舱位是 100 TEU，每 TEU 约定的基本舱位费率为 180 美元，则甲方应付基本舱位费 18 000 美元。

在联盟成员的实际合作过程中，不仅存在船舶类型、互租舱位数量、重量、航次里程不同的现象，有时还存在甩港、脱班等实际情况，造成联盟成员各方使用其他承运人实际舱位数不等、实际营运成本不同。因此，舱位租金结算成为集装箱海运联盟合作过程中一项必需的工作。舱位租金结算是联盟成员业务合作程序的最后环节，也是各方合作成果的总结。通过舱位租金结算可以反映联盟成员的合作效果，还能够反映出合作前期的各个操作环节中存在的管理问题和需要改进或完善的问题。

作为本章的最后，需要提请读者注意：随着集装箱班轮运输规模的扩大，并逐步取代传统杂货班轮而占据班轮运输市场的主导地位，加之互联网、通信技术、数字经济的发展，班轮运输组织的一些基本特征也在悄然发生变化。例如，集装箱班轮运输公司不再加入班轮公会；班轮的定期定时特征以及运价的稳定性有时会表现出灵活性，特别是对于回程货，可以以很低的价格承运；没有集装箱船舶也可以通过舱位租用从事海上集装箱运输、成为承运人等。这些变化一方面与技术进步密切相关，另一方面也是市场激烈竞争、需求经常变化的产物。

【小资料】

苏伊士运河

苏伊士运河位于埃及东北部的苏伊士地峡上。运河北起地中海的塞得港，南至红海的陶菲克港。苏伊士运河自 1859 年动工，至 1869 年 11 月正式通航。它沟通了红海与地中海，进而把大西洋与印度洋连接起来，大大缩短了从欧洲通往印度洋和太平洋西岸各国的航程。运河开通后，又经过数次挖深和拓宽，全长 161 km，连同深入地中海和红海的河段总长为 173 km，运河宽 365 m，航道宽 150 m，水深达到 24 m。苏伊士运河目前可以通行吃水 20 m 的 24 万吨级船舶。

船舶通过这条航线不仅省时、省燃料，而且在几乎被陆地围绕的地中海—苏伊士运河—红海中航行，避免了绕道好望角时可能遇到的大风、飓风和巨浪，保证船舶航行安全。通过苏伊士运河的平均时间为 10 h 左右。

思考与练习

1.班轮航线对外公布的航线特征是什么？

2.某班轮 2021 年内一共完成了 70 个航次，其中有 4 个航次脱班。2022 年该轮一共完成了

55个航次,其中3个航次脱班。计算出该班轮每年的准班率,并由此评论哪一年的运行组织效果较好。

3.某集装箱班轮航线的船舶往返航次时间为30天,航线上配置3艘船舶,集装箱在两端点港A港和B港的内陆周转情况如下表所示,计算航线上集装箱配备量(或为每艘船配备的集装箱套数)。

<table>
<tr><td colspan="2">航线船舶数量(艘)</td><td colspan="2">3</td></tr>
<tr><td colspan="2">发船间隔(天)</td><td colspan="2">10</td></tr>
<tr><td colspan="2">港　口</td><td>A</td><td>B</td></tr>
<tr><td rowspan="4">集装箱返抵港口的天数及返抵箱量的比例</td><td>1～10</td><td>75%</td><td>35%</td></tr>
<tr><td>11～20</td><td>15%</td><td>28%</td></tr>
<tr><td>21～30</td><td>10%</td><td>20%</td></tr>
<tr><td>31～40</td><td>—</td><td>17%</td></tr>
<tr><td colspan="2">集装箱在两端点港内陆周转天数(天)</td><td></td><td></td></tr>
<tr><td colspan="2">航线集装箱平均总周转天数(天)</td><td colspan="2"></td></tr>
<tr><td colspan="2">a和b值</td><td></td><td></td></tr>
<tr><td colspan="2">平均每艘船套数(套)</td><td colspan="2"></td></tr>
</table>

第九章 不定期船运输

第一节 不定期船运输概述

一、各种租船方式及其特征

第一章里介绍过，海运经营者不按固定航线和船期组织船舶运输，而仅根据海运需求在时间、地点和内容上不断变化来组织船舶运输的一种营运方式，称为不定期船运输。不定期船的主要运输对象是货物本身价格较低的大宗散货，如：煤炭、矿石、粮食、铝矾土、石油、石油产品、农产品、林产品和小部分干杂货。这些货物难于负担很高的运输费用，并且对运输速度和运输规则性方面要求不严，不定期船运输正好能以较低的营运成本满足它们对低廉运价的要求。在不定期船市场上成交的租船合同形式主要有：光船租船合同、期租合同、程租合同、航次期租合同、连续航次租船合同、包运合同等。

1.光船租船（demise charter）的特征

船舶出租人只提供一艘空船，合同期一般较长；由承租人负责配备船员、任命船长；船舶调度权和使用权归承租人；船舶出租人负担资本成本，承租人负担租期内的一切营运费用；租费按船舶的载重能力和租期长短计算，一般按单位时间内整艘船价格或“元/（月·载重吨）”计算。

2.定期租船（time charter）的特征

船舶出租人提供适航船舶、负责配备船员；船舶调度权和使用权归承租人；由船舶出租人负担船舶修理费、物料费、润滑油费、折旧费、船舶保险费等固定费用，承租人只负担租期内的变动成本，如燃油费、港口费等；租费按船舶的载重能力和租期长短计算，一般按单位时间内整艘船价格或“元/（月·载重吨）”计算。

3.程租或航次租船（voyage charter）的特征

船舶出租人不仅提供适航船舶，而且掌握对出租船舶的调度权；除运输合同中已指明的费用（如装卸费等）由承租方承担外，所有其他费用均由出租人负担；根据航线不同，运费一般以承担运量的多少计算,运价的单位为"元/t"(但有时也按总包干方式计算,或附加亏舱费等)。

航次期租合同、连续航次租船合同、包运合同及长期运输合同等船舶租赁使用方式的特点类似于航次租船方式,都是由船舶出租人直接从事运输生产的组织管理。

二、经营不定期船的主要特点

1.参与经营不以有很强的经济实力为前提

与班轮相比,一方面不定期船造价相对较低;另一方面,不定期船运输对航速要求也不高,可以采用适当低航速以便节省燃料消耗。而且随着船舶大型化的发展,不定期船具有规模经济性。这些因素决定了不定期船单位运输成本较低。从企业规模上看,既有单船公司,也有拥有数千万载重吨的大公司,而且小企业的数目众多。这是由不定期船市场基本上属于自由竞争市场的性质所决定的,任何船东,只要拥有适航船舶,都可能进入不定期船市场,成为不定期船经营者。

2.不定期船运输的货物流向、流量变动性比较大

除了对时间要求不十分严格的原材料、能源、粮食等大宗货物外,货运需求的出现往往具有一种过渡性的随机增量特征。或者说,不定期船运输的货物中有相当大的部分,目的是要满足进口国家或地区的暂时过渡需求。例如,甲国由于某种商品在国内减产,或者需求量突然增加,要求增加从乙国海运进口量。这种运输需求的突增,通常就进入不定期船市场。一旦甲国生产正常,需求就会消失,或者当这种随机增量需求转变为稳定的长期需求时,运输也将转向其他较稳定的长期合同形式。这种需求波动性,是导致不定期船市场运价不断波动的一个主要原因。市场的竞争也相当激烈。在这样一种状况下,不定期船的经营者要时时刻刻关注市场上的动态,准确预测市场的发展趋势,选择正确的经营策略(包括发展什么样的船型和船队,采用何种租船方式,制订什么样的租金费率等)。若对形势估计错误,盲目投资,就可能会导致亏损,甚至破产,而成功的经营者能够在萧条的市场环境中稳步发展。

3.不定期船市场覆盖面大,具有国际性

不定期船经营者必须在世界范围内寻找船舶经营的最佳场所。在贸易量和货流量大的航线上,会吸引众多参与者,常常会出现激烈的揽货竞争。有时出现在某一航区货少船多,竞争激烈,运费率或租金率很低,而在另一航区可能是货多船少,利润丰厚,会发生船舶向特定市场迅速集中的现象。但由于不定期船市场具有国际性,一个航区货少船多,而另一个航区货多船少的局面不会持续多久。经营者要了解世界范围的市场信息,预测市场发展趋势,好的机会往往都转瞬即逝。谁采取的行动最及时,谁就可能获利。由此看出,掌握市场行情对于不定期船经营是非常重要的。

4.不定期船按以时间或航次为基础的租船契约从事营运

从事期租经营的船东将船舶在租期内的调度使用权移交给了承租人,因而船东并没有直接从事货物运输业务,而是从事船舶租赁业务。只有当船舶用于各种航次租船时,船东才直接从事船舶运输生产组织,显示出不定期船独特的运营组织方式。

5.不定期船经营中的各种交易往往通过经纪人或代理人进行

由于不定期船市场具有国际性,市场范围如此之大,以及需求变动如此之频繁,使船东或航运经营者在市场上直接揽货不是一件容易的事,船舶出租人与承租人之间的直接谈判有时也不方便。因此,不定期船经营者一般都委托经纪人或代理人来为自己揽取货载,船舶出租人与承租人之间的谈判也常常通过双方的代理人进行。世界各海运交易所过去一直是代理人、经纪人的主要活动场所。然而,现代化的国际互联网为经纪人的交易活动创造了更加便利的条件。

6.不同租船形式的经营风险不同

从费用分摊上分析,船舶租赁合同与货物运输合同相比,船舶出租人的风险更小。这是因为,根据船舶租赁合同,在租期内(即合同期内)一切航次费用包括燃料费、港口费、装卸费、运河费等均由承租人负担。这样,船舶在港口或航行中由于不可测因素引起的延迟、所造成的损失都转嫁给承租人;船舶出租人不必担心燃料价格的上涨。

从收入和盈利的稳定性上分析,合同期越长(如中、长期的期租合同和长期运输合同等),船舶经营者能保证获得稳定货源的时期也越长。同时,合同期内租金费率或运费率是固定的,这样不管市场怎样变化,经营者总有稳定的收入,因此,经营者的风险就越小。反之,如果合同期很短(如航次租船合同),船舶经营者必须积极地、不断地寻找货源,当一个合同完成后,船舶经营者能否揽取到货载而使船舶马上投入新的航次运输是没有保证的。这样,在两个合同之间就有可能会发生船舶闲置待货的情况。另外,一个航次完成后,船舶经营者很难保证新合同的装货港就是上一航次的最后卸货港,或者靠近上一航次的最后卸货港,因此船舶空载航行往往也就难以避免。这些都说明不定期船经营盈利的不稳定性,经营的风险较大。

长期合同对船舶经营者来说,风险固然较小,但同时经营的灵活性较差。经营者由于合同的限制,在合同期内只能按合同规定的条款从事货物运输,这就有可能失去许多市场上更为有利的机会。另外,长期合同一般规定合同期内运费率或租金费率保持不变,当市场行情由差转好时,船舶经营者就很难要求调整运价或租金费率。

就经营风险来说,短期合同较长期合同大。但短期合同利于灵活经营,有利于抓住市场上的有利机会,取得满意的盈利。反之,合同期长,货方在较长时期内向船方提供了稳定货源,船方就必须在运价或租金费率水平上向货方做出让步。相比之下,短期合同的收益一般较高,但收益的波动大。短期合同与长期合同都存在着风险与期望收益同增减关系。船舶经营者需要根据自己的经营目标、对风险的承受能力和市场上的行情,灵活地选择最佳的合同形式。

第二节　不定期船航次经济性分析

不定期船在营运过程中每个航次的货载不同,挂靠港口不同,航线情况不同,发生的成本与收入显然也不同。作为经营者必须对船舶营运中每个航次的经济效益有清楚的了解,而且必须在航次开始之前,在签订运输合同之前有所了解,要做出合理的航次估算(voyage estimate)。

一、航次估算

所谓航次估算是船舶经营者根据各待选航次的货运量、运费率、挂靠港口、船舶特性及航线参数等有关资料,估算各航次的航次收入、航次成本和航次每天净收益,从而预判某个航次是否盈利。特别是当有多个航次货载机会时,根据估算结果,经营者就能做出最有利的决策,即选择单位时间净收益最大的航次签订运输合同。因此,航次估算是船东或经营人进行航次租船决策的基础,它被广泛地应用在不定期船的经营管理中。航次估算的步骤如下:

1.掌握与航次营运有关的基本数据资料

这些基本数据资料包括船舶、货物、港口方面资料,以及航线沿途情况,是否过运河等。船舶方面的资料主要是指船舶的载重性能、舱容性能、速度性能及船舶营运的时间成本(每天营运费用)等。由于船舶本身是归经营者所有或者控制,因此有关船舶方面的数据资料应该掌握得比较准确和详细。货物方面的资料主要是指货主的要求、货物种类、积载因数、货物数量、装货港和卸货港、运费率等租船合同中的主要内容及租船合同范本。港口方面的资料包括港口所处的地理位置、港口限制水深、泊位拥挤程度、港口装卸能力及收费水平等,尤其应注意港口当地的一些特有的习惯做法。

2.航次时间计算

根据船舶航速及港口装卸效率、拥挤程度分别计算出船舶在各段的航行时间和在各港的停留、作业时间,分别计算出重载航行时间和空载航行时间。

3.航次载货量计算

在航次租船中,船方总是希望充分利用船舶的装载能力多装货物,如果租船人所要运送的货物数量少于或等于船舶的净载重量,则以装完货物为限,剩余载重能力可以在燃油便宜的情况下多装载一些燃油。但有些货主所提供的货载数量在船舶净载重量的上下允许船方多运或少运一定的百分比,这时船方就要充分挖掘装载能力的潜力,尽可能多承运货物以赚取更多的运费。为此,应从以下几个方面入手:

首先,了解一下装货港和卸货港有无吃水限制,允许使用的载重线情况,从而确定出装船时允许的最大载重量,然后根据装货港到下一个加油港的情况计算出燃油储备量。对于船员、行李、备品、润滑油、淡水、船舶常数这些重量,为了简化计算,在航次估算时把它们总计起来,近似地作为定值处理,称之为常定重量,有可能的情况下也应尽量降低这一部分重量。船舶总载重量减去燃油储备量和常定重量,即船舶的最大载货能力。其次,再根据船舶舱容、货物积载因数的大小,从舱容角度计算出能装载货物的最大数量。最后,取两者中的较小值作为航次最大载货重量。详细计算过程参见第六章第三节。

4.航次总收入计算

航次运费收入可按运价和货运量计算,有时也采用包干运费(lump sum)办法。除运费收入外,航次总收入可能还会包括亏舱费、滞期费等相关收入。船东有时要向经纪人支付佣金(brokerage),这笔费用是按运费总额的一定百分比计算的(如1.25%)。因此,船东的实际收入或净收入为总收入减去佣金。

5.航次变动成本估算

航次变动成本中的港务费、货物装卸费、运河费、航次特殊保险费及在港其他作业费用等项目,可根据已掌握的数据逐项计算,然后求和。

燃油费的计算可能稍复杂一些。首先,航次燃油消耗量包括航行时重柴油、轻柴油的消耗和停泊时轻柴油的消耗,重柴油和轻柴油的价格是不同的。另外,在一些限硫区还要求使用价格较高的超低硫轻柴油航行。其次,如果上一航次结束时,船上还剩一些燃油,且剩余燃油不够本航次使用,那么在船舶起航前就要再加一些燃油。如果新加上船的油与上次加的油在价格上不等,就存在着本航次用上一航次剩余的油,还是新加的油的问题。用不同的油,算出的航次燃油费用不同。为了解决这一问题,通常的做法是假设先上船的油先用掉,而并不管本航次船上实际用掉了哪批燃油。当计算出本航次中各种价格燃油的消耗量后,乘以各自的价格再相加,就得到了航次总燃油费。

6.营利性分析

通过上述各步计算出航次的时间分配、载货量、收入、航次变动成本或航次费用之后,就可对航次的盈亏情况做出估算。通常是计算出航次每天的净收益,以此作为衡量一个航次经济效益优劣的指标。计算过程如下：

航次毛收益=航次实际收入-航次变动成本

$$每天毛收益=航次毛收益/航次时间 \tag{9-1}$$

$$每天净收益=每天毛收益-每天经营成本 \tag{9-2}$$

航次经济性的优劣通常是用每天净收益这一指标来衡量的。

另外，为了比较程租和期租哪个更为有利，还可以将程租的运费率换算成航次时间内期租的相当租金费率，称之为相当期租租金费率（time charter rate equivalent），用 *T/C RE* 表示，由于期租的租金费率一般是以每月每载重吨收入多少表示的，因此可用下式换算：

$$相当期租租金费率=\frac{航次实际收入-航次费用}{航次天数}\times\frac{30}{DW} \tag{9-3}$$

当相当期租租金费率 *T/C RE* 小于市场上的期租租金费率时，表明将船舶以期租的方式租出去，可能是有利的。

例题 9-1：某公司所属的一艘货船载重量 30 000 t，平均航速 15 kn。航行时燃料油耗量 30 t/天，柴油 1.5 t/天；停泊时柴油耗量 2 t/天。燃料油价格 250 美元/t，柴油价格 500 美元/t。每天经营成本（running costs）为 5 000 美元/天。

船舶在 SP 港卸完货，航行至 P 港时测得船上剩余燃油共计 1 000 t，船上常定重量 500 t。

本航次货载为谷物，由 P 港→B 港，运费 20 美元/t，FIOT，其中含佣金 2.5%，航线沿途均为夏季区带。

航行时间 SP 港至 P 港为 5 天，P 港至 B 港为 15 天；

停泊时间 P 港 7 天，B 港 8 天 ；

在港支出费用，P 港 40 000 美元，B 港 30 000 美元；

求：航次每天净收益和相当期租租金费率 *T/C RE*。

解：估计载货量=30 000-1 000-500=28 500（t）

运费总收入=28 500×20=570 000（美元）

实际收入=570 000×（1-0.025）= 555 750（美元）

燃料油费=20×30×250=150 000（美元）

柴油费=（1.5×20+2×15）×500=30 000（美元）

航次燃油费=150 000+30 000=180 000（美元）

航次费用=40 000+30 000+180 000=250 000（美元）

航次毛收益=555 750-250 000=305 750（美元）

每天毛收益=305 750/35=8 736（美元）

每天净收益=8 736-5 000=3 736（美元）

$$T/C\ RE=\frac{555\ 750-250\ 000}{35}\times\frac{30}{30\ 000}=8.735[美元/(月\cdot载重吨)]$$

在做航次估算时，尽管每一位估算者都希望估算得越精确越好，在实践中会发现，时间往往不允许对每一艘船的每一航次做一系列非常详细的估算。比如，了解各港的收费标准，常常就是一件十分费时的工作。因此在实际工作中可以根据上边介绍的原理和计算步骤，对待选航次先做一个粗略的估算。而仅当有两个或两个以上都比较有利的航次供选择和鉴别时，才做更详细、精确的计算。一般来说，每天净收益大的航次自然对船东具有较高的吸引力，但单纯一个航次的盈利数字高低并不是唯一决定性的因素，有时还要注意到船东喜欢的航行方向，或考虑到下一航次易于获得货载的港口位置等其他因素。

航次估算就其内容来说,并不十分复杂。但由于影响因素众多,在估算过程中要全面考虑很多细节问题,因此它要求估算者具有丰富的经验和判断力,这就使准确地进行航次估算变成了一件并不十分容易的工作。由于在不定期船营运过程中需经常进行航次估算,因此上述计算过程过去常常以固定表格的形式列表计算,现在更多的是用计算机小程序或 Excel 表格辅助计算,并将计算结果作为航次租船决策的重要参考依据。

二、航次机会的选择

不定期船用于航次租船时,常会同时面临多个货载机会。不同机会的货种不同、装卸港不同、运费收入也不同,经营者必须快速地做出下一航次承运哪批货载的决策。根据前边讲的航次估算方法,我们已能够对各备选机会的经济性做出估算,再考虑到船东的偏好,选中合适的货载签订运输合同。

由于程租船经营具有航次一个一个地选定,且要尽可能保持顺次各航次在时间和地理位置上连续的特点,计算中仅考虑一个航次的盈利情况,有时是不够的,还应考虑到有利于下一航次或后续航次的选择问题。例如当本航次结束后,有 A、B 两个航次可供选择,且经航次估算得知 B 航次比 A 航次每天净收益高。若仅考虑下一个航次情况,自然会选 B 航次。但若 A 航次的卸货港比 B 航次的卸货港更接近船东预计的再下一航次的装货港,或 A 航次结束后获得高收益的可能性大于 B 航次,则从连续两个航次的综合利益考虑,当前选 A 航次可能更为合理。这种考虑以后连续若干个航次,且后续航次的效益具有不确定性的决策问题难度更大,尤其是不同航次机会的航次时间也是不同的,更增加了相互对比的难度。

这里我们仅讨论连续两个航次机会的两方案比较问题。

设 A 航次结束后可获得较高租金、中等租金和较低租金的可能性(概率)分别为 a_1、a_2、a_3,B 航次结束后可获得较高租金、中等租金和较低租金的可能性分别为 b_1、b_2、b_3。设 A、B 航次结束后,下一次程租的航次时间分别为 t_{An}(天)和 t_{Bn}(天)。由高、中、低租金费率所决定的航次每天收益分别为 r_{A1}、r_{A2}、r_{A3}(元/天)和 r_{B1}、r_{B2}、r_{B3}(元/天)。这时可先分别计算 A、B 航次后续航次的每天收益的期望值 r_{An} 和 r_{Bn}:

$$r_{An} = a_1 \cdot r_{A1} + a_2 \cdot r_{A2} + a_3 \cdot r_{A3} \tag{9-4}$$

$$r_{Bn} = b_1 \cdot r_{B1} + b_2 \cdot r_{B2} + b_3 \cdot r_{B3} \tag{9-5}$$

以此作为下一航次的每天收益,再结合 A、B 航次的每天收益 r_A、r_B 分别计算前后两航次的平均每天收益。

A 航次和下一航次的平均每天收益:

$$\bar{r}_A = \frac{t_A \cdot r_A + t_{An} \cdot r_{An}}{t_A + t_{An}} \tag{9-6}$$

B 航次和下一航次的平均每天收益:

$$\bar{r}_B = \frac{t_B \cdot r_B + t_{Bn} \cdot r_{Bn}}{t_B + t_{Bn}} \tag{9-7}$$

式中:t_A,r_A——A 航次的航次时间(天)和平均每天收益(元/天);

t_B,r_B——B 航次的航次时间(天)和平均每天收益(元/天)。

通过 $\bar{r}_A$ 和 $\bar{r}_B$ 的比较可做出最佳选择。

例题 9-2:某船本航次在甲港结束后,要在 A、B 两个航次机会中选择其一而签订运输合同,

A 航次的卸货港为乙港，B 航次的卸货港为丙港。船舶在 A、B 航次及到达乙、丙港获得高、中、低收益的数值及其可能性均已标在图 9-1 中，$t_A=10$ 天，$t_{An}=15$ 天，$t_B=12$ 天，$t_{Bn}=11$ 天。在此种情况下，选 A 还是选 B 更为有利？

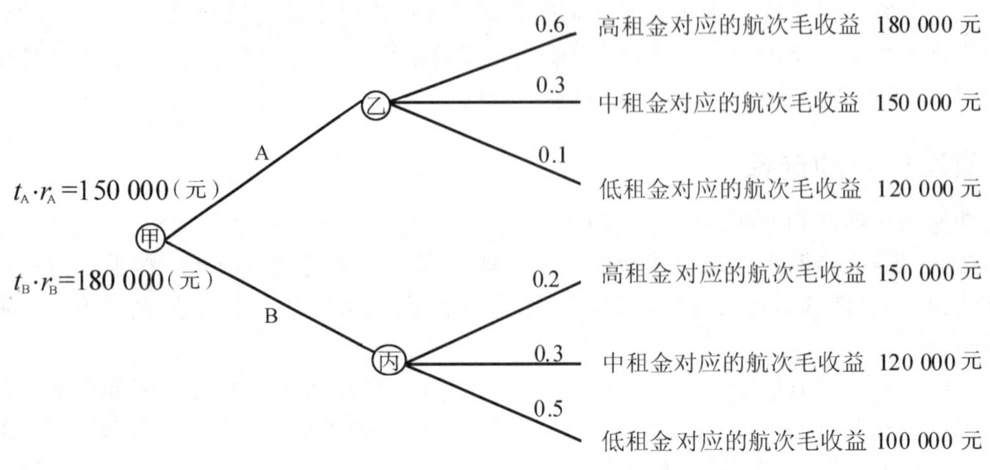

图 9-1　连续两个航次获利的可能性

解：

$$t_{An} \cdot r_{An}=0.6\times180\ 000+0.3\times150\ 000+0.1\times120\ 000=165\ 000(\text{元})$$

$$t_{Bn} \cdot r_{Bn}=0.2\times150\ 000+0.3\times120\ 000+0.5\times100\ 000=116\ 000(\text{元})$$

$$\bar{r}_A=\frac{t_A \cdot r_A+t_{An} \cdot r_{An}}{t_A+t_{An}}=\frac{150\ 000+165\ 000}{10+15}=12\ 600(\text{元/天})$$

$$\bar{r}_B=\frac{t_B \cdot r_B+t_{Bn} \cdot r_{Bn}}{t_B+t_{Bn}}=\frac{180\ 000+116\ 000}{12+11}=12\ 870(\text{元/天})$$

计算表明选 B 更为有利。

此外，当 A、B 航次的下一航次的装货港是同一个港口时，可以把本航次估算的终点港定在下一航次的装货港，这样就能够对本航次的两个选择做出直接的经济性对比分析。

三、船舶航行路线的选择

当船舶某个航次的装货港和卸货港确定之后，有时在装、卸港之间存在着两条或两条以上可供选择的航行路线。不同航线的航行距离、水深限制、风浪条件等有明显的差别，这些差别从不同的角度直接影响到船舶航次经济性。如果其中存在一条距离近、风浪条件好、船舶装载量大的航线，那么就可以很容易地选择这条航线作为最佳航线。但常常遇到每条航线都有利也有弊这种情况：一条航线距离虽短，但其吃水受限制，使船舶不能满载航行；而吃水不受限制的另一条航线，其航距较长。例如：某船冬季某航次要由西向东穿越北太平洋，装货港位于夏季海区。根据载重线季节区域的划分，该船本航次的航行路线有两种不同的选择：一是选择大圆航线，缩短航行里程。此时，船舶使用冬季载重线，货载数量相对较少。二是将航行路线南移到 35°N 左右，使船舶航行在夏季海区，能按夏季载重线装载，增加载货量，但航行里程较长。下面举例介绍两港间的航线选择决策方法。首先对这类问题描述如下：

设从甲港到乙港有两条航行线路 A、B 可供选择，其航行距离分别为 L_A、L_B（n mile），若船舶走 A 航线，则航次限定载货量为 Q_A(t)；走 B 航线，航次限定载货量为 Q_B(t)，假定 $L_A<L_B$，

$Q_A<Q_B$(若 $Q_A>Q_B$,则显然应该选择 A 航线)。船舶的航速为 v(kn),货物运费率为 f(元/t),甲、乙港的平均装卸效率为 M(t/天),船舶停泊天维持成本为 K_b(元/天),航行天维持成本 K_s(元/天),F_A、F_B(元)分别为选择 A、B 航线对应的航次收入,K_A、K_B 分别为选择 A、B 航线对应的航次总成本(含固定成本和变动成本)。收入和成本中均扣除了在港口发生的一次性收入和费用。当货源充足时,选哪条航线更为有利?

取平均每营运天盈利额作为评价两方案的标准:

若选 A 航线

$$r_A=\frac{F_A-K_A}{t_A}=\frac{Q_Af-(t_{sA}K_s+t_{bA}K_b)}{t_{sA}+t_{bA}}=\frac{Q_AfvM-L_AK_sM-2Q_AK_bv}{L_AM+2Q_Av}$$

同理,若选 B 航线

$$r_B=\frac{F_B-K_B}{t_B}=\frac{Q_BfvM-L_BK_sM-2Q_BK_bv}{L_BM+2Q_Bv}$$

式中:t_A,t_B——船在 A、B 航线上的航次天数;

t_{sA}——船在 A 航线上的航行天数;

t_{bA}——船在 A 航线上的停泊天数。

走 B 航线而不走 A 航线的条件为 $r_A<r_B$,由上述两式化简整理后得:

$$(Q_AL_B-Q_BL_A)(fM+2K_s-2K_b)<0$$

因为 $K_s>K_b$,所以 $fM+2K_s-2K_b>0$,得

$$Q_AL_B-Q_BL_A<0$$

即

$$\frac{Q_B}{Q_A}>\frac{L_B}{L_A} \tag{9-8}$$

由上式可知,走长距离 B 航线的条件是增加载货量的百分比应该大于增加航距的百分比。反之,应该走短距离 A 航线。

当走捷径要增加额外费用(如过运河费)时,则应对求 r_A 的公式做如下修正(记额外费用为 K')。

$$r_A=\frac{F_A-K_A-K'}{t_A}=\frac{Q_AfvM-ML_AK_s-2Q_AvK_b-vMK'}{L_AM+2Q_Av}$$

走长距离 B 航线而不走短距离 A 航线的判别式相应改为:

$$(Q_AL_B-Q_BL_A)(fM+2K_s-2K_b)-K'(ML_B+2vQ_B)<0 \tag{9-9}$$

四、货载直达与中转的经济效果分析

在货物运输过程中,不论是货主还是船方,都希望将货物从起运港装上船后,直接运送到目的港,即采用直达运输方式。其好处是减少运输、装卸环节,有较高的送达速度和货运质量。然而,如果船舶在运行中挂靠过多的港口,特别是为了把少量的货物送到目的港而专门去挂靠港口,并且这些港口的装卸效率较低,而收费水平又较高时,其结果势必影响船舶航次营运的经济效果。又如,有时一批货载的目的港收费水平较高,泊位又比较拥挤,需较长的等泊时间,或是装卸效率较低,使船舶在港时间大量增加。这时若该港附近还有一个可挂靠港口 A,其收费水平较低,但总装卸效率不低,那么就有可能在 A 港卸下货物,然后通过水上或陆上转运到目的港,即采用转运的经济性更为有利。一批货载究竟采用直达还是中转方式送达目的港,可以通过经济性比较决定。

例题 9-3:某船欲将一批重为 1 000 t 的货物运往哥本哈根,途经并挂靠汉堡。已知船舶从汉堡到哥本哈根的航行时间为 0.5 天,船舶每航行天的维持成本为 8 000 美元,每停泊天的维持成本为 5 500 美元。由当时市场费率所决定的船舶平均每天盈利额 7 500 美元。有关各种在港费用及装卸效率等情况如表 9-1 所示。试问从船舶经济性角度来看,该批货物在汉堡港中转有利,还是直达哥本哈根港有利?

表 9-1 港口费用

港口	转口费(美元/t)	港口使费(美元/次)	装卸理货费(美元/t)	装卸效率(t/天)
汉堡	80	—	20	500
哥本哈根	—	20 000	40	200

解:可比费用计算

在汉堡港中转:$1\ 000\times80+1\ 000\times20+\dfrac{1\ 000}{500}\times5\ 500=111\ 000$(美元)

直达哥本哈根:

$$20\ 000+40\times1\ 000+0.5\times8\ 000+\left(\frac{1\ 000}{200}+0.5-\frac{1\ 000}{500}\right)\times$$

$$7\ 500+\frac{1\ 000}{200}\times5\ 500=117\ 750(\text{美元})$$

计算结果表明,这批货物在汉堡港中转有利,既可以节约运输成本,又可以节省船舶运输时间。

第三节 航次货载的最佳选择

船舶航次所载货物的数量及运价的高低是决定航次营利性的一个主要方面。当某个航次货源较多,有多种运价不同的货物可供装船时,就存在着如何从中选配航次货载,使航次收入最大的问题。本节中介绍的航次货载选择方法,也适用于班轮运输。

我们先对所提出的问题做出以下描述:假定船舶的载货重量为 D(t),货舱容积为 V(m^3),舱容系数为 $\omega=\dfrac{V}{D}$(m^3/t),可供该船本航次选择的货物共有 n 种,这 n 种货物的运费率分别为 $f_1,f_2,\cdots,f_n$(元/t),各种货物的积载因数分别为 $u_1,u_2,\cdots,u_n$(m^3/t),各种货物可供装船的数量为 $Q_1,Q_2,\cdots,Q_n$(t)。求满舱满载条件下,能使航次运费收入最大的船舶配载方案。

对于这个问题,首先看一看当货物数量无限多时用线性规划数学模型求解的方法。根据追求的目标及限制条件,可列出以下算式:

目标函数:

$$\max F=\sum_{i=1}^{n}f_i\cdot x_i \tag{9-10}$$

约束条件:装载总重量约束

$$\sum_{i=1}^{n}x_i\leqslant D \tag{9-11}$$

舱容约束

$$\sum_{i=1}^{n} u_i \cdot x_i \leqslant V \tag{9-12}$$

$$x_i \geqslant 0 \quad i=1,2,\cdots,n$$

式(9-10)~式(9-12)中:F 表示航次运费总收入;

x_i 表示第 i 种货的装载量。

这是一个比较简单的线性规划模型,很容易用单纯形法求解。

该模型中只有两个约束条件,由单纯形法求解的原理可得到以下重要结论:其最优解中只有两个或者最多有两个变量不为零。这就是说,最佳配载的货种数小于或等于2,即最多只选两种货装船。这一点是可以利用线性规划数学模型的求解原理来证明的(也有可能只选一种货为最佳装载方案,这种现象对应着以下可能情况:①某种货的积载因数等于舱容系数,且运价较高;②各种货的积载因数都大于舱容系数,即 $u_i>\omega$;③各种货的积载因数都小于舱容系数,即 $u_i<\omega$。后两种情况对应着舱容或载重量不能被充分利用)。

除线性规划方法外,也可以用列表手工计算的方法解决这个问题。根据可供装载的各种货物数量多少、装货要求的不同,下面分两类问题介绍货物配载手工计算规则。这里所讲的航次最佳货载选择,是指在充分利用船舶装载能力(即达到满舱满载)的前提条件下,使运费收入最大化的配载方案。

一、货载数量无限

这里所说的货载数量无限是指可供装船的各类货物的数量 Q_i 都大于或等于船舶的载货能力 D,并且从容积角度讲,可供装船的各类货物的体积都大于或等于船舶的舱容 V。

货源无限时的配载规则:

(1)对各种货载,按其每吨运价递减的次序由左向右排列:$f_1,f_2,f_3,\cdots,f_n$,由左至右顺次编序号(下标),并将每种货物的积载因数写在其每吨运价 f_i 下边,如表9-2所示。

(2)计算出各种货物以立方米为单位的相应运价,其值为 f_i/u_i,写在积载因数 u_i 下边。

(3)用方框将第一项货物的 f_1/u_1 框起来,以此为基础,在这一行中由左至右找出使 f_i/u_i 值递增的货种,并将其 f_i/u_i 框起来,将这些被框出的货物从左至右重新编号。这些货物就是有可能被选中的货物。此时若察看一下这些货物的积载因数,可以发现它们从左至右一定是递减的。

(4)对于被框起来并重新编号的货种由左至右计算检验数 $p_i=\dfrac{f_i-f_{i+1}}{u_i-u_{i+1}}$,写在每立方米运价 f_i/u_i 下面。

表9-2　货物配载参数

货物编号	1	2	3	…	n
每吨运价 f_i(元/t)	f_1	f_2	f_3	…	f_n
积载因数 u_i(m^3/t)	u_1	u_2	u_3	…	u_n
每立方米运价 f_i/u_i(元/m^3)	f_1/u_1	f_2/u_2	f_3/u_3	…	f_n/u_n
检验数 p_i	$\dfrac{f_1-f_2}{u_1-u_2}$	$\dfrac{f_2-f_3}{u_2-u_3}$	$\dfrac{f_3-f_4}{u_3-u_4}$	…	

(5)从可能选中的货物中找出其积载因数与船舶舱容系数最邻近的轻、重两种货物 l、h(即

$u_l>\omega>u_h$)。然后察看一下,若 p_i 值随 i 的增加呈递增状态,则l,h便是要选的能使航次运费总收入最大的两种货物。此时若有一种可选货的积载因数正好等于舱容系数,则选此一种货装满船就已完成配载任务。但是,若 p_i 随 i 的增加不出现递增的规律(有时增加,有时减少),则需从积载因数大于舱容系数和小于舱容系数的两类货物中各选一种货物按(6)的方法计算出满舱满载时的运费收入值。分别计算完任意一种轻货与重货搭配的运费收入值后,从中选出一种使航次运费收入最大的搭配l和h,问题得到解决。

(6)根据 $x_l+x_h=D$ 和 $u_l\cdot x_l+u_h\cdot x_h=V$ 得

$$x_l=D\cdot\frac{\omega-u_h}{u_l-u_h} \tag{9-13}$$

$$x_h=D\cdot\frac{u_l-\omega}{u_l-u_h} \tag{9-14}$$

此时最大运费收入为 $$F_{max}=f_l\cdot x_l+f_h\cdot x_h \tag{9-15}$$

例题9-4:假设某货船净载重量 $D_d=10\ 000$ t,舱容 $V=21\ 000$ m^3,每吨货物的运价和各种货物的积载因数见表9-3,求能充分利用船舶装载能力,并使运费收入最大的配载方案。

表9-3 货物运价和积载因数

每吨运价 f_i(元/t)	14.50	10.33	32.44	25.88	28.15	21.59	16.44
积载因数 u_i(m^3/t)	1.0	0.7	2.6	2.1	2.2	1.6	1.7

解:照前边讲的求解步骤,先将货物按每吨运价递减次序排列,并计算出每立方米运价数值 f_i/u_i。

在表9-4中的每立方米运价一行中,先框出第1个数12.5,再以递增的要求依次框出第2、4、6、7号货物的数值,这几种货是有可能被选上的货物,以后就在这几种货中进行选择。计算 $p_i=\dfrac{f_i-f_{i+1}}{u_i-u_{i+1}}$。

表9-4 配载参数计算

货物编号	1	2	3	4	5	6	7
每吨运价 f_i(元/t)	32.44	28.15	25.88	21.59	16.44	14.50	10.33
积载因数 u_i(m^3/t)	2.6	2.2	2.1	1.6	1.7	1.0	0.7
每立方米运价 f_i/u_i(元/m^3)	12.5	12.8	12.3	13.5	9.7	14.5	14.7
$\dfrac{f_i-f_{i+1}}{u_i-u_{i+1}}$	10.73	10.93		11.82		13.90	

船舶的舱容系数 $\omega=\dfrac{21\ 000}{10\ 000}=2.1$(m^3/t)。

积载因数与船舶舱容系数最邻近的轻、重两种货载为第2、4号两种货物(这里采用了原编号,没有重新编号),这两种货物的装载量分别为:

$$x_2=10\ 000\times\frac{2.1-1.6}{2.2-1.6}=8\ 333(\text{t})$$

$$x_4=10\ 000\times\frac{2.2-2.1}{2.2-1.6}=1\ 667(\text{t})$$

最大运费收入 $F_{max}=8\ 333\times28.15+1\ 667\times21.59=270\ 564$(元)

若将第 1 种货的每吨运价提高为 33 元,则每立方米运价为 12.69 元。那么

$$p_1=\frac{33-28.15}{2.6-2.2}=12.13>p_2=10.93$$

此时,若选 1、4 两种货,在满舱满载时有:

$$x_1=10\ 000\times\frac{2.1-1.6}{2.6-1.6}=5\ 000(\mathrm{t})$$

$$x_4=10\ 000\times\frac{2.6-2.1}{2.6-1.6}=5\ 000(\mathrm{t})$$

最大运费收入 $F_{max}=5\ 000\times33+5\ 000\times21.59=272\ 950$(元)>270 564(元)。

二、货载数量有限

可供装船的某些货物的数量较少,少于船舶的净载重量(即至少存在一个 i,满足 $Q_i<D$)。

对于这种情况,如果是用线性规划数学模型求解,则只需在原来的约束方程组中再加上有关货种装船量有限的约束条件:$x_i\leqslant Q_i$,i 是对应于可供装船量小于船舶净载重量的货种编号,然后通过求解增加了约束条件的新问题,得出最优解。需要注意的是,从线性规划数学模型的解题原理上看,增加了几个这样的约束条件,其最优解中应有可能(在原来两种货的基础上)多选中几种货物同时装船。或者说在任何情况下,选中的货种数量一定小于或等于线性规划数学模型中约束条件的个数。

货源有限时的手工计算配载规则与货源无限时的配载规则基本相同,但计算过程中,可能会遇到三种情况,对每种情况用不同的办法处理。

第一种情况:当按上述配载规则选出两种货物,并求出其各自的装船量后,若对两种货要求的装船量均小于其可提供装船的数量(即 $x_1<Q_1$,$x_h<Q_h$),这与各种货载可供装船的数量都不受限制是等同的。因此,求得的这两种货物及其数量就是问题的最优解。

第二种情况:按上述规则优选出的两种货物中,有一种数量受限制,而另一种数量不受限制,即 $x_1<Q_1$ 和 $x_h>Q_h$,或者是 $x_1>Q_1$ 和 $x_h<Q_h$。

遇到这种情况,应先将受到可供装船数量受限制的货种全部纳入装载计划。在此,我们不妨设轻货 l 受限制,而重货 h 不受限制,然后按下式计算船舶剩余的载重能力 D' 和剩余的舱容 V' 以及剩余的舱容系数 ω'。

$$D'=D-Q_l\quad(\mathrm{t})$$

$$V'=V-u_l\cdot Q_l\quad(\mathrm{m}^3)$$

$$\omega'=V'/D'\quad(\mathrm{m}^3/\mathrm{t})$$

以新计算出的 D',V',ω' 为船舶参数,仍按上述的配载规则从剩余的货种中选货。

第三种情况:按上述规则选出的两种货物在数量上都受限制($x_1>Q_1$ 和 $x_h>Q_h$)。

遇到这种情况,可从这两种货物中任选一种先纳入装载计划,然后按上边的三个公式计算出 D',V',ω'。以 D',V',ω' 为船舶新的装载参数,在余下的货种中再按配载规则进行最优选择。

上述过程一直进行下去,直到船舶的载重能力或舱容全部用完为止。

例题 9-5:某船净载重量 $D_d=12\ 000$ t,舱容为 60 000 m^3,舱容系数 $\omega=5.0\ \mathrm{m}^3/\mathrm{t}$。某航次有 4 种货物供其选择,这 4 种货物的特征列于表 9-5。求满舱满载时,使运费收入最大的配载方案。

表 9-5　4 种货物的配载参数

货名	A	B	C	D
每吨运价 f_i(元/t)	90	70	50	30
积载因数 u_i(m^3/t)	7.0	6.5	4.0	3.0
货物数量(t)	3 000	6 000	5 000	6 000
每立方米运价 f_i/u_i(元)	12.9	10.8	12.5	10.0

解：① 计算出 f_i/u_i，发现 f_i/u_i 无规律，当无限制时，A、C 两种货物搭配最好。

$$\left.\begin{aligned} x_A &= 12\ 000\times\frac{5-4}{7-4}=4\ 000(\text{t})>3\ 000(\text{t}) \\ x_C &= 12\ 000\times\frac{7-5}{7-4}=8\ 000(\text{t})>5\ 000(\text{t}) \end{aligned}\right\}\text{任选一种全装}$$

不妨选 A 全装，则剩余 $D'=12\ 000-3\ 000=9\ 000(\text{t})$

$$V'=60\ 000-3\ 000\times7=39\ 000(\text{m}^3)$$

$$\omega'=V'/D'=4.333(\text{m}^3/\text{t})$$

② 在剩余的 B、C、D 中选：

$$x_B = 9\ 000 \times \frac{4.333-4.0}{6.5-4.0} = 1\ 200(\text{t}) < 6\ 000(\text{t})$$

$$x_C = 9\ 000 \times \frac{6.5-4.333}{6.5-4.0} = 7\ 800(\text{t}) > 5\ 000(\text{t})$$

C 全装，则剩余 $D''=9\ 000-5\ 000=4\ 000(\text{t})$

$$V''=39\ 000-5\ 000\times4=19\ 000(\text{m}^3)$$

$$\omega''=V''/D''=19\ 000/4\ 000=4.75(\text{m}^3/\text{t})$$

③ 在剩余的 B、D 中选：

$$x_B = 4\ 000 \times \frac{4.75-3.0}{6.5-3.0} = 2\ 000(\text{t}) < 6\ 000(\text{t})$$

$$x_D = 4\ 000 \times \frac{6.5-4.75}{6.5-3.0} = 2\ 000(\text{t}) < 6\ 000(\text{t})$$

因这两种货物要求的装船量全都小于可提供的量，达到了满舱满载。

④满舱满载时的最大收入为：

A：3 000×90＝270 000(元)

B：2 000×70＝140 000(元)

C：5 000×50＝250 000(元)

D：2 000×30＝60 000(元)

共计载货 12 000 t，收入 720 000 元。

讨论：对于上述例题，当各种货物的供给量无限（即 $Q_i \geqslant D$）时，上述满舱满载的最大收入不如只装运 A 种货物的运费收入大。计算如下：

若只装 A 种货物，则可装 60 000/7＝8 571(t)（满舱没满载）

运费收入为 8 571×90＝771 429(元)

若装 A、C 两种货物，且要求满舱满载，则

A：4 000×90＝360 000（元）

C：8 000×50＝400 000（元）

共计 760 000 元<771 429 元

此外需要说明的是，本节讲的配载规则是仅考虑使运费收入最大而得到的最佳配载方案。有时不同货物不止运费收入不同，其装卸费支出也不一样。在这种情况下，应该结合各种货物的费用支出差异，以可比的运费收入最大为指标进行比较。其计算过程会更加烦琐一些。

第四节　船舶最佳营运航速确定

航速是在船舶选型时通过技术经济性论证确定的一个重要的船舶参数，与主机功率大小对应。根据试验分析，在一定的相似条件下，船舶排水量 Δ、主机功率 P_M 和航速 v 之间存在以下近似关系：

$$P_M = \frac{\Delta^{\frac{2}{3}} \cdot v^3}{C} \tag{9-16}$$

式中：Δ——船舶排水量（t）；

v——船舶航速（kn）；

C——海军系数；

P_M——主机功率（kW）。

尽管在船型论证与船舶设计中选定的设计航速，也充分考虑了船舶营运的经济性，但由于船舶的使用寿命较长，在整个使用期内货运市场条件、港口航道设施、燃油价格、经营环境等都可能发生较大的变化。这些变化使船舶按照原定的航速航行的经济效益并不一定是最佳的，需要根据营运环境变化调整船舶的运行速度，以提高企业的获利数额。

一、经济航速的确定

1.以单位航行距离燃油成本最小为目标确定的经济航速

当处于货源较少、运完一票货物后船舶就面临空闲的市场状态下，可以以节省燃油为目的，运用航速与主机功率、耗油率之间的相关关系资料确定单位航行距离油耗量最小的经济航速。当运力过剩，且不管船舶营运与否，其固定成本都无法降低时，只能采用节省燃油费用来降低航次可变成本的措施来提高营运效果。

2.以单位航行距离的成本最低为目标确定的经济航速

当处于货源虽然有，但运价很低（无利可图）的市场状态下，可以按照下述思路确定船舶经济航速。

我们可将船舶每航行天的维持成本 K_s 分成与航速快慢无关的每天固定成本 K_f（包括了折旧、船员工资、维修费、管理费、保险费、润料费、物料费等固定成本及辅机、燃油锅炉的燃油消耗成本，近似等于每停泊天维持成本 $K_f \approx K_b$）和与航速快慢相关的主推进机械的每天燃油成本 K_o 两项，即

$$K_s = K_f + K_o \approx K_b + K_o \tag{9-17}$$

由式（9-16）可知，主机功率与航速之间近似成 3 次方的关系。如果我们将主机每天油耗量

与主机功率之间也近似地表达成线性关系,则

$$K_o=24\times10^{-6}\times C_f\times g\times P_M=24\times10^{-6}\times C_f\times g\times\frac{\Delta^{\frac{2}{3}}}{C}\times v^3$$

其中:C_f——燃油价格(元/t);

g——主机燃油消耗率[g/(kW·h)]。

令 $k=24\times10^{-6}\times C_f\times g\times\frac{\Delta^{\frac{2}{3}}}{C}$,$k$ 被称为船舶机能系数,与速度无关。

根据式(9-17),并利用船舶机能系数,船舶每航行天维持成本 K_s 可表示为:

$$K_s=K_f+k\cdot v^3 \tag{9-18}$$

考虑到船舶在实际航行的过程中受到水流、风浪、定位精度等因素的影响,会产生速度损失或增加 Δv(损失取负值,增加取正值),当船以速度 v 航行一天时,船舶实际移动的距离不是 $24v$,而是 $24(v+\Delta v)$。在这种情况下,船舶每航行 1 n mile 的成本 S_n 为:

$$S_n=\frac{K_s}{24\cdot(v+\Delta v)}=\frac{1}{24}\times[\frac{K_f}{v+\Delta v}+\frac{k\cdot v^3}{v+\Delta v}] \tag{9-19}$$

利用导数求 S_n 的极小值,可得

$$\frac{dS_n}{dv}=\frac{1}{24}\times[-\frac{K_f}{(v+\Delta v)^2}+\frac{3kv^2(v+\Delta v)-kv^3}{(v+\Delta v)^2}]=0$$

$$2kv^3+3kv^2\cdot\Delta v=K_f$$

若用 v_e 表示经济航速,则

$$v_e^2(v_e+1.5\Delta v)=\frac{K_f}{2k} \tag{9-20}$$

解上述一元三次方程可确定经济航速 v_e。若不考虑速度的增减值,即 $\Delta v=0$,则经济航速的公式可简化为:

$$v_e=\sqrt[3]{\frac{K_f}{2k}} \tag{9-21}$$

将式(9-21)代入式(9-19)可得每海里最低费用:

$$S_{ne}=\frac{1}{16}\sqrt[3]{2kK_f^2} \tag{9-22}$$

由式(9-21)可见,每海里航行成本最低的经济航速与船舶每天固定费用水平 K_f 及船舶机能系数 k 有关。K_f 越大,即造价越高,船员工资越高,则经济航速越高;k 值越大,即燃油价格越高,燃油消耗率越大,则经济航速越低。经济航速 v_e 的经济意义在于:在一定的油价(决定燃料费用)和一定的固定费用下,有一个每海里航行成本最低的经济速度,而不是速度越慢越经济。如果运力过剩,造成运完这一航次,船舶则需闲置、等泊,可能进一步降低航速是有利的,至少可以进一步降低一定时期内的燃油费,而固定费不减。式(9-17)、式(9-18)和式(9-21)说明,在经济航速下,每航行天燃油费用为每天固定成本或每停泊天维持成本的1/2。

例题 9-6:某货船一天的固定成本为 14 800 元,船舶机能系数 $k=2.22$ 元/(天·kn^3),不计速度增减值($\Delta v=0$)。求该船的经济航速及其每海里最低航行成本。

解:$v_e=\sqrt[3]{\frac{K_f}{2k}}=\sqrt[3]{\frac{14\ 800}{2\times2.22}}=14.94(kn)$

$$S_{ne}=\frac{1}{16}\sqrt[3]{2kK_f^2}=\frac{1}{16}\times\sqrt[3]{2\times2.22\times14\ 800^2}=61.92(\text{元/n mile})$$

图 9-2 描述了 S_n 与 v 之间的关系曲线。

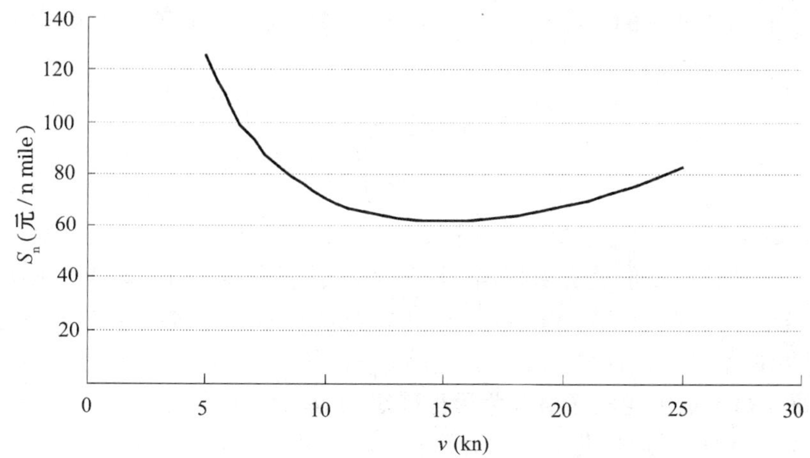

图 9-2　船舶航行每海里成本(S_n)与航速(v)的关系

船舶以经济航速航行,虽然可以使单位运输成本最小,但同时,由于航速降低,年航次数减少,单位运输产品的投资额将增加(固定成本份额增加),相同时期内航次数减少,收入水平也降低。因此,上述方法是在市场情况不佳,运力大于运量时确定最佳航速的方法。当市场运费率较高,盈利机会较多时,不仅应考虑单位运输量的成本消耗量最少,还应从使投资的盈利额或年利润最大的角度来确定航速。以下介绍在市场景况较好、盈利机会多时确定最佳航速的方法。

二、盈利航速的确定

1.以航次船期成本最低为目标确定的盈利航速

上面确定的每海里成本最低的经济航速 v_e 也是使航次总成本最低的航速。正常情况下,船舶每天应该有一定的盈利 γ,由于减速航行导致的航次时间延长不仅造成了航次固定成本的增加,也造成了盈利的损失,即应该考虑到机会成本。如果减速航行带来的燃油费用的节省额大于由于航次时间延长所增加的船期成本(相当于燃油费用的节省额在扣除了增加时间内的固定成本后还大于增加时间内平均应得的盈利额),则这种减速是有利可图的,即增加了航次内每天的盈利额。引入机会成本的最佳航速 v_{ep},可仿照式(9-18)~式(9-21)推出,也可按以下思路推导出来。

设船舶设计航速为 v_0(这也是船舶的最大航速,单位:kn),减速航行时的航速为 v(kn),航次航行距离为 L_s(n mile),

则减速航行所增加的航次时间为 $\frac{L_s}{24}\left(\frac{1}{v}-\frac{1}{v_0}\right)$;

增加的船期成本为 $\frac{L_s}{24}\left(\frac{1}{v}-\frac{1}{v_0}\right)\cdot(K_f+\gamma)$;

节约的燃料费用为 $\frac{L_s}{24v_0}kv_0^3-\frac{L_s}{24v}kv^3=\frac{kL_s}{24}(v_0^2-v^2)$。

令 $$Z=\frac{kL_s}{24}(v_0^2-v^2)-\frac{L_s}{24}(\frac{1}{v}-\frac{1}{v_0})(K_f+\gamma) \tag{9-23}$$

Z 为减速航行节省的燃油费与增加航行时间期间船期成本的差值。若此值大于零,则说明减速是有利的。利用 Z 对 v 的一阶导数等于零,可求得使这一差值最大的最佳航速 v_{ep},即

令 $\frac{dZ}{dv}=0$,得

$$v_{ep}=\sqrt[3]{\frac{K_f+\gamma}{2k}} \tag{9-24}$$

若令 $\gamma=0$,则式(9-24)与式(9-21)相同。可见考虑了机会损失(即平均每天盈利额)后,船舶的最佳营运航速比经济航速有所提高,且平均每天盈利额越大(γ 越大),则最佳航速 v_{ep} 越高。若进一步考虑到减速航行减少了油耗量,可减少船上燃油的储备量,从而增加载货量和收入这一因素,求出的最佳航速比式(9-24)确定的 v_{ep} 要低一些。

2.以船舶平均每营运天盈利额最大为目标确定的盈利航速

在一个航次中,船舶平均每营运天的盈利 γ 可用下式计算:

$$\gamma=\frac{F-K}{t_v} \tag{9-25}$$

式中:F——航次的净运费收入(元),不包括装卸费等在港口发生的一次性收费;

K——航次总成本(元),不包括装卸费等在港口发生的一次性费用;

t_v——航次时间(天)。

因为 $t_v=t_s+t_b,t_s=\frac{L_s}{24(v+\Delta v)}$

$$K=K_st_s+K_bt_b,K_s=K_b+kv^3(K_f\approx K_b)$$

式中:t_s——航次航行时间(天);

t_b——航次总停泊时间(天);

K_b——每停泊天维持成本;其他符号意义同前。

将这些关系式代入式(9-25),得

$$\gamma=\frac{24\frac{F}{L_s}(v+\Delta v)-kv^3}{1+24\frac{t_b}{L_s}(v+\Delta v)}-K_b \tag{9-26}$$

根据式(9-26)计算 $\frac{d\gamma}{dv}$,并令 $\frac{d\gamma}{dv}=0$,可以得到使每天盈利额最大的航速 v_p 的计算公式:

$$16\frac{t_b}{L_s}v_p^3+v_p^2\left(1+\frac{24t_b}{L_s}\Delta v\right)=\frac{8F}{kL_s} \tag{9-27}$$

利用式(9-27)可求出使航次内每天盈利额为最大的航速 v_p。如果不考虑速度损失或增加值(即假设 $\Delta v=0$),则平均每营运天盈利式(9-26)简化为:

$$\gamma=\frac{24\frac{F}{L_s}v-kv^3}{1+24\frac{t_b}{L_s}v}-K_b \tag{9-28}$$

最大盈利航速 v_p 的计算式简化为：

$$16\frac{t_b}{L_s}\cdot v_p^3+v_p^2=\frac{8F}{kL_s} \tag{9-29}$$

上式说明，如果有速度损失，求得的盈利航速应稍高一些；如果有速度增加，则盈利航速稍低一些。

由式(9-29)可见，盈利航速 v_p 由每海里的运费收入 $\frac{F}{L_s}$ 和航行距离与航次停泊时间之比 $\frac{L_s}{t_b}$ 所决定。盈利航速和经济航速不同，它与船舶的固定费用 K_f 或 K_b 无关。

图 9-3 描绘出了 v_p 与 $\frac{8F}{kL_s}$ 和 $\frac{L_s}{t_b}$ 的关系。由式(9-29)可知，当航次停泊时间 $t_b=0$ 时，盈利航速 $v_p=\sqrt{\frac{8F}{kL_s}}$。对航次停泊时间不等于零的一般情况，盈利航速与 $\frac{L_s}{t_b}$、$\frac{8F}{kL_s}$ 两者之间的变化关系见图 9-3。

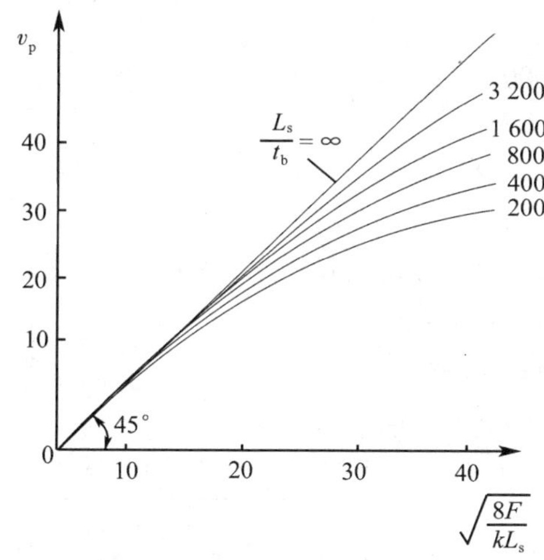

图 9-3　盈利航速的变化趋势

每海里运费收入增加，导致盈利速度提高。所以，航运市场上有高运价的货时，盈利速度应较高；停泊时间延长，或者说，相对于航行距离的航次停泊时间增加，则盈利航速下降。因此，航次停泊损失的时间不能用增加航速的办法来补偿，否则对船舶营运经济性不利(除非有失去下一航次盈利机会的可能性)。

例题 9-7：条件与例题 9-6 相同，航程 12 000 n mile，航次扣除与时间无关费用后的收入 $F=1\ 332\ 000$ 元，分别取航次停泊时间为 0 和 15 天，试求该船盈利航速，并分析其盈利性。

解：当 $\frac{L_s}{t_b}=\infty$ 时，即航次停泊时间可忽略不计，由式(9-29)可得：

$$v_p^2=\frac{8F}{kL_s}=\frac{8\times 1\ 332\ 000}{2.22\times 12\ 000}=400$$

$$v_p=20(\text{kn})$$

当航次停泊时间为 15 天时，$\frac{L_s}{t_b}=\frac{12\ 000}{15}=800$

$$16\frac{t_b}{L_s}v_p^3+v_p^2=\frac{8F}{kL_s}=400$$

由上式试算确定 $v_p \approx 17.25$（kn）

由例题 9-6 计算结果得知 $v_e = 14.94$ kn，对于以经济航速和盈利航速（17.25 kn）航行的营运经济性计算如下：

经济航速航行：

航行时间 $t_s=\frac{L_s}{24v_e}=\frac{12\ 000}{24\times 14.94}=33.5$（天）

航次时间 $t_v=t_s+t_b=33.5+15=48.5$（天）

燃油费 $kv_e{}^3=2.22\times 14.94^3=7\ 403$（元/天）

航次成本 $S_{vt}=t_v\cdot K_f+t_s\cdot k\cdot v_e{}^3=965\ 800$（元）

航次盈利额 $=1\ 332\ 000-S_{vt}=366\ 200$（元）

每天盈利额 $=366\ 200/48.5=7\ 551$（元/天）

盈利航速航行：

航行时间 $t_s=\frac{L_s}{24v_p}=\frac{12\ 000}{24\times 17.25}=29$（天）

航次时间 $t_v=t_s+t_b=29+15=44$（天）

燃油费 $kv_p{}^3=2.22\times 17.25^3=11\ 395$（元/天）

航次成本 $S_{vt}=t_v\cdot K_f+t_s\cdot k\cdot v_p{}^3=981\ 660$（元）

航次盈利额 $=1\ 332\ 000-981\ 660=350\ 340$（元）

每天盈利额 $=350\ 340/44=7\ 962$（元/天）

两种速度下的航次经济性列于表 9-6 中。

表 9-6　两种速度下的航次经济性对比

	t_b（天）	t_s（天）	t_v（天）	kv^3（元/天）	航次成本 S_{vt}（元）	航次盈利额（元）	每天盈利额（元）
14.94	15	33.5	48.5	7 403	965 800	366 200	7 551
17.25	15	29.0	44.0	11 395	981 660	350 340	7 962

三、考虑货物在运输途中积压损失所确定的船舶最佳航速

前面我们站在航运企业角度，以降低成本或增加盈利为基本出发点，讲述了确定船舶经济航速和盈利航速的方法。当航运市场平均运价较低，及燃油价格偏高时，往往采用低于设计航速的经济航速或盈利航速对企业是有利的。但是，降低航速对货主来说，将延长货物的在途运输时间。船上货物的数量一般较大，这些货物本身的价值也会很大，推延一天的销售时间就会给货主带来资金积压的损失——资金的时间价值——利息损失。尽管这一部分损失一般是由货主承担，但它反映了航运企业对货主的服务质量，是货主衡量、选择哪一家船公司承运自己的货物的一个考虑因素。特别是在自由竞争的市场中，航速太低将影响企业的竞争能力，丧失货源，最终失去盈利的机会。因此，在决定船舶最佳航速时，也应考虑到货物在途积压所造成的资金积压损失。为此，我们可首先计算航行时间延长一天对货主造成的经济损失有多大。

设航次装载量为 Q，平均每吨货物的价格为 f，与本航次有关的这批货物的平均资金报酬率为 i（名义年利率），则每积压货物一天所造成的经济损失（利息损失）为：

$$p=\frac{f\cdot Q\cdot i}{365} \tag{9-30}$$

仿照式(9-23)、(9-24)的推导过程，可求出考虑了货物在途积压时间损失的最佳航速 v_z：

$$v_z=\sqrt[3]{\frac{K_f+\gamma+p}{2k}} \tag{9-31}$$

由式(9-31)可见，考虑在途货物资金积压的影响后，最佳航速必然比 v_{ep} 有所提高。

上文从船舶营运经济性角度出发，推导出的 v_e、v_{ep}、v_p 和 v_z 是在正常而稳定的市场环境中最佳航速的理论值。实际操作时必须结合具体问题的特点和航次机会，灵活运用。另外从船舶的技术性能上看，也只有当求出的 v_e、v_{ep}、v_p 和 v_z 值落在船舶的最低稳定航速（由柴油主机的最低稳定转速决定）与最高设计航速（由主机最大持续功率决定）之间时，才能按经济性来调整或确定最佳营运航速。

第五节　不定期船运价和租金费率问题

一、不定期船运价

不定期船承运的对象主要是粮食、矿石、煤炭、石油等大宗货物，货种单一，多为整船直达运输，装卸港数量少，运输成本也较低。理论上，其运价水平应低于班轮运输。但事实上航运交易市场成交的不定期船运输价格主要受供求关系变化的影响，与船东和货主的经济责任、费用划分等各项条款密切相关，也可以说运价条款是租船合同中的核心条款。不定期船业务中的常用价格形式有两种：一种是按航线或装卸港分货种给出的，其单位为元/t，在程租和包运合同中的价格一般采用这种形式；还有一种是定期租船的租金费率，它是按船舶载重吨大小和占用时间长短来计量的。两种价格形式可以互相换算，以便对程租和期租的经济性进行比较。但石油运输市场上的价格表达方式略有不同，这里先介绍一下国际油运市场的特殊价格表达方式。

油船在市场上进行船货交易时，使用一种统一的运价表，即《世界油船运价标准》（Worldwide Tanker Nominal Freight Scale），简称 WS。油船市场采用标准运价尺度计算运价的历史可追溯到第二次世界大战时期。当时，英国政府为便于战时征用油船计算运费，推行了一种运价制度，为每一对装卸港设定一个运价，使任何石油运输公司所经营各航线的每一艘油船每日净收入近于相等的水平，相当于期租的租金费率。1948 年，政府解除了对油船市场的控制，但这种运价体系却保留了下来。在“基本运价”（base rate）上，加减由市场供求状况决定的百分比来表示运价。美国战时也有一个类似的运价制度。然而，随着时间的推移，这些运价制度渐渐不适合大部分航线的实际需要。经过几次改革，最后由伦敦和纽约的经纪人协会修正、合编成为国际通用的《世界油船运价标准》，自 1969 年 9 月 15 日开始使用。

这个运价表中列出了经过计算的世界各油运航线的名义运价，即 *WS* 值，以每吨多少美元计算。例如某航线成交的运价为 *WS* 80，且从当年有效的世界油船运价指数表中查得该航线 *WS* 为 10 美元/t，由此得出实际运价为 10×0.8＝8 美元/t。世界油船运价表每年年底修订公布一次,次年1月1日生效。表中给出的名义运价或基本运价是以一艘标准油船在某航线上完成一个标准航次(满载到港、空载返航)所发生的营运费用的总和计算而得。1989年之后采用的标准油船的主要技术特征为:

夏季载重吨	75 000 t
平均航速	14.5 kn
航行燃料消耗	55 t/天
其他用途燃料消耗	每往返航次 100 t
停泊燃料消耗	每个停泊港口 5 t
燃油黏度等级	380 cSt
停港时间	96 h(4天)
固定租金基数	12 000 美元/天
过运河时间	巴拿马运河 24 h/次
	苏伊士运河 30 h/次

例如,某航线名义运价计算:由甲港至乙港,往返运距为7 758 n mile,往返航次港口费为30 000美元,燃油价格为150美元/t。

航次成本估算

(1)航次航行时间=7 758/(14.5×24)=22.29(天)

航行燃料费=150×55×22.29=183 918(美元)

(2)停港及其他燃料费=(100+5×2)×150=16 500(美元)

(3)港口费=30 000(美元)

(4)租金=12 000×(22.29+4)=315 517(美元)

(5)总成本=183 918+16 500+30 000+315 517=545 935(美元)

$$名义运价\ WS\ 100=\frac{总成本}{标准油船载重吨}=\frac{545\ 935}{75\ 000}=7.28(美元/t)$$

其中港口费、燃油价格一般都是按最近一段时间的费率和成交价格用统计平均的方法确定。在使用过程中,不仅港口费、燃油价格每次发表的都不同,其计算参数有时也有变化。如早期计算名义运价采用的标准油船为19 500 t;从1982年1月1日投入使用的版本开始,费用计算中去掉了原有的经纪人佣金这一项;1989年1月1日起生效的新油船运价指数(New Worldscale)表中改动较大,将油船的吨位从原先的19 500载重吨改为75 000载重吨,固定租金基数从1 800美元/天提高到12 000美元/天。由此可知,《世界油船运价标准》运价表上的费率,不能完全代表当前油船租船市场的运价水平,也没有完全反映整个航次的实际费用和合理的利润,并且存在一些其他问题,所以这一运价表只是作为租船中商谈运价和计算运价的参考基准。在确定油船运价时,要根据市场行情、货量、港口条件以及上述没包括的因素,用适当的百分比进行调整。除基本运价之外,还要考虑运河通过费等其他附加费项目。

二、船舶期租价格

1.期租租金基价(保本租金费率)

当船东通过经纪人把自己的船舶投入不定期船市场后,将从各地收到货主或租船人要求程租或期租的报价条款,他必须对各种报价和租船条款迅速做出效益分析,以便确定各种报价条件下的运输效果,选择谈判对象,达成最有利的交易。为此,船东事先要准确核算好每一条船的保本期租租金费率。

众所周知，在期租中，通常船舶出租人负有保证船舶适航性的义务，并基于此收取一定的租金。即船舶出租人的责任是提供适航的船舶并配备称职的船员，而船舶在营运过程中发生的直接费用（如燃料费、港口费等）则由租船人承担。因此期租保本费率就是每一载重吨每一个月分摊的船舶出租人为提供适航船舶和船员所发生的全年所有费用，也叫船舶期租租金基价（hire base），用 *H/B* 表示。即：

$$\text{船舶期租租金基价}=\frac{\text{船东为提供适航船舶和船员发生的年总费用}}{\text{船舶总载重吨}\times\text{年营运月数}} \tag{9-32}$$

上式分子所列费用通常应包括：船舶资本费、维修费、保险费、船员费、润料费及应分摊的管理费等。船舶营运月数是指一年内能出租给租船人实际使用的月数，国外航运公司通常以全年11.5个月（或350天）计算。这一数值的大小取决于船龄及船舶的技术状况。如用 *T/C Rate* 表示期租市场上的当时租金费率（time charter rate），则期租船舶经营的盈亏值为：

船舶每月每载重吨盈亏值 $=T/C\ Rate-H/B$

船舶每月盈亏值 $=(T/C\ Rate-H/B)\times DW$

对船东来说，他只要把世界各地报来的期租租价 *T/C Rate* 与他的具体船舶的租金基价 *H/B* 比较，就可得知是否有利可图。

若：$T/C\ Rate>H/B$，经营盈利；

$T/C\ Rate=H/B$，经营不赔不赚；

$T/C\ Rate<H/B$，经营亏损。

显然，市场租价超过租金基价越多，盈利就越大。反过来说，租金基价越低的船舶，在市场上的竞争能力就越强。

此外，船东或船舶经营者对于营运中的船舶在收回其营运成本之后，必然还要求有一定的利润或回报。在考虑了适当的利润额后设定的期租租金费率称为出租租金费率或包租基价，一般用 *C/B*（charter base）表示。期租船经营者通常是将市场报价 *T/C Rate* 与手中掌握的具体船舶的 *C/B* 进行比较，以便获得出租船舶盈利水平的直观判断。

2.相当期租租金费率——程租盈亏的判别

在程租报价谈判中，租船人的报价是某一具体航线上某货种的每吨运价。为了对每一租船人的报价做出判断，以确定其盈利状况，船东也可以计算出各租船人报价条件下船舶的相当期租租金费率 *T/C RE*，用来与船舶的期租租金基价或者包租基价比较。参照式（9-1）~式（9-3），当把程租看作期租时，令：

$$\text{期租每天租金}=\text{程租每天毛收益}$$

$$\text{则：相当期租租金费率}=\frac{\text{航次运费收入}-\text{航次费用}}{\text{航次天数}}\times\frac{30}{DW}\left[\text{元/(月·载重吨)}\right] \tag{9-33}$$

当由此算出的相当期租租金费率大于期租租金基价时，对应的程租能使船东有利可图。这里应注意，在计算比较时，如果与市场上含佣金的期租价格比较，式（9-33）中的航次运费收入应取扣除佣金之前的收入值，以便使由此式计算出的相当期租租金费率可以与未扣除佣金的期租租金市场价格直接比较。如果用于比较的期租租金市场价格中不含有佣金成分，或与期租租金基价比较，则式（9-33）中的航次运费收入应取扣除佣金之后的净收入值。

另外，这一价格反映了市场当时的供求状况。船东若以此费率作期租经营，则可获得与程租经营同样的报酬；如期租收益低于程租收益，则船东通常会将船舶用于程租。在实际的租船活动中,期租租金费率可能低于或高于当时市场的程租运价水平。这是因为双方考虑了未来的市场走向,如预测未来程租运价水平将下降,船东愿以稍低于现时市价水平的期租价格成交,以便在租期内获得稳定的收益。如预测未来程租运价水平将上升,船东以现时市价成交会造成租期内的盈利损失,因而必然要以高于市价的水平成交。从承租人角度看,当程租运价上升时,承租人考虑到进一步涨价的可能性,趋向于采用较长的租期去锁定费率水平,当预计程租运价下降时,承租人趋于签订较短期的合同。因此,程租运价与期租租金费率的变化虽然不一定同步,但其趋势基本上是一致的。

下面给出不定期船盈亏判别的一个算例。

例题 9-8:一总载重吨为 45 000 t 的干散货船,预计船东为提供适航船舶和船员发生的年总费用(资本费、保险费、维修费、船员工资、管理费等共计)为 1 250 000 美元,全年营运 11.5 个月。船舶航速为 15.5 kn,此速度下主机耗油率为 45 t/天(重油),油价为 85 美元/t;辅机用轻柴油,耗油率为 2 t/天,油价为 115 美元/t,本航次将在 SP 港结束。

航次结束前由不同的经纪人传来两个租船机会:

① 程租:从 N 港向 R 港运输 43 000 t 谷物,报价运费率为 5.15 美元/t,佣金 2.5%。

②期租:租期 13 个月,在 SP 港交船,期租租金 2.4 美元/(月·载重吨)(不包括佣金)。

根据这两个信息,船东查得以下计算数据:

自 SP 港至 N 港航程 1 150 n mile(空航)

自 N 港至 R 港航程 4 853 n mile(重航)

估计在 N 港装货时间 5 天 港口费 20 000 美元

在 R 港卸货时间 3 天 港口费 30 000 美元

在港作业时辅机额外增加油耗共计 8 t

速遣费及其他在港支出共计 10 000 美元

试求:①该船期租租金基价。

②机会 1 程租航次的相当期租租金费率。

③两个机会各自每天的平均盈亏额。

解:①期租租金基价 $=\dfrac{1\ 250\ 000}{45\ 000\times11.5}=2.42$[美元/(月·载重吨)]

②运费收入 $=43\ 000\times5.15=221\ 450$(美元)

佣金 $=221\ 450\times0.025=5\ 536$(美元)

实际收入 $=221\ 450-5\ 536=215\ 914$(美元)

航程总长 $=1\ 150+4\ 853=6\ 003$(n mile)

航行时间 $=\dfrac{6\ 003}{15.5\times24}=16$(天)

航次时间 $=16+5+3=24$(天)

主机燃料费 $=16\times45\times85=61\ 200$(美元)

辅机燃料费 $=(24\times2+8)\times115=6\ 440$(美元)

航次费用总计 $=61\ 200+6\ 440+20\ 000+30\ 000+10\ 000=127\ 640$(美元)

相当期租租金费率 $=\dfrac{(215\ 914-127\ 640)\times30}{45\ 000\times24}=2.452$[美元/(月·载重吨)]

③程租每天平均盈利额 $=(2.452-2.42)\times45\ 000/30=48$(美元/天)(盈)

期租每天平均盈利额＝(2.4−2.42)×45 000/30＝−30(美元/天)(亏)

三、船舶封存问题

在航运市场上,需求随着经济形势和贸易量的变化经常发生变化,而作为供给的船舶吨位一旦形成,一般是比较稳定的。因此,在运输需求与实有运力之间常会出现不平衡的现象,导致运价上下波动。当货少船多、运价下跌时,船舶盈利逐渐减少、保本甚至出现亏损,企业被迫就要考虑封存(闲置)一部分运力,以减少亏损,调整供需关系,使运价回升。尽管发生亏损就意味着运输收入不能抵偿运输成本,但也不能一旦出现亏损就草率地将船舶封存起来。因为虽然营运亏损,还会有一部分收入可以用来抵偿营运成本的支出。而船舶封存起来以后,仍需要发生一定的维持费用,如资本费(折旧费)、看守费用、保险费、维护保养费等,称其为封存成本或闲置成本,虽然成本数额与营运时相比大为减少,但这些成本却得不到任何来自船舶自身的补偿。权衡这两种状态的经济得失,可以得出船舶封存的经济条件:

当船舶营运亏损额<船舶封存成本时,应继续营运;

当船舶营运亏损额＝船舶封存成本时,视其他情况而定(称为封存点或封存界限);

当船舶营运亏损额>船舶封存成本时,应停航封存。

在日常的运作中,可将上述亏损额与封存成本之间的比较转换为费率之间的比较,以便根据市场运费率的高低,直接做出判断。下面分别给出程租和期租的封存费率。

1.对于程租船舶

因为达到封存点时,有

航次亏损额＝航次总成本−航次运费收入＝在航次时间内的封存成本

所以,航次运费收入＝航次总成本−在航次时间内的封存成本,即

$$f_{\mathrm{I}}=\frac{(K_{\mathrm{f}}+K_{\mathrm{v}}-K_{\mathrm{I}})\cdot t_{\mathrm{v}}}{Q}$$

$$\left[\text{或采用} f_{\mathrm{I}}=\frac{(K_{\mathrm{f}}-K_{\mathrm{I}})\cdot t_{\mathrm{v}}+K_{\mathrm{vt}}}{Q}\right] \tag{9-34}$$

式中:f_{I}——封存点所对应的运费费率(元/t);

Q——航次平均载货量(t);

t_{v}——程租航次时间(天);

K_{f}——船舶每营运天固定成本(元/天);

K_{v}——船舶航次中平均每天变动成本(元/天)(此项与时间相关程度不一定很强);

K_{I}——船舶封存时每天封存成本(元/天);

K_{vt}——船舶航次变动成本(元)(燃油费、港口费等)。

当市场上程租费率 spot rate>f_{I} 时,尽管可能亏损,但继续营运在经济性上看也是合适的,当 spot rate<f_{I} 时,从经济性上看应封存船舶。

2.对于期租船舶

因为当达到封存点时,有:期租保本费率−期租租金费率＝每月每载重吨封存成本,即

$$H/B-T/C\ Rate=\frac{K_{\mathrm{I}}\cdot 30}{DW}$$

所以,封存租金费率为:

$$(T/C\ Rate)_{\rm I}=H/B-\frac{K_{\rm I}\cdot 30}{DW}=\frac{(K_{\rm f}-K_{\rm I})\cdot 30}{DW} \tag{9-35}$$

当市场期租租金费率 $T/C\ Rate>(T/C\ Rate)_{\rm I}$ 时,尽管船舶营运可能出现亏损,但继续营运还是合适的;只有当 $T/C\ Rate<(T/C\ Rate)_{\rm I}$ 时,才可以说船舶继续营运已失去了经济意义。

对于某个具体企业或某个船东来讲,上述的封存点仅是决定船舶是否封存的一个经济界限,在做封存决策时,还要考虑许多其他的具体问题。例如:这种市场不景气的状况能持续多久。如果预计短期内市场状况就可以恢复到盈利的水平,则可能在运价达到甚至低于封存点时仍然维持营运。因为船舶封存涉及船员安排问题,船舶复航要重新招募或组织船员,这些都需要时间和经费。只有当船东认为在相当长的时期内市场前景不佳时,才决定封存船舶。又如:闲置船舶在资本主义国家就要解雇船员,会遭到劳工组织的反对。在我国,国家职工或长期合同工,在船舶闲置期间仍需由企业发放工资,使闲置成本保持在较高的水平。总之,针对船舶闲置问题,不仅要考虑其经济性,当从经济性上看已构成封存条件后,还要结合企业发展战略、对市场前景的预测及考虑社会问题等情况做出决策,是一个比较复杂的问题。

例题 9-9:某船总载重量 25 000 t,全年营运时间 350 天。

年固定费用:	船员费	380 000 美元	利息	318 000 美元
	润料费	18 000 美元	保险费	60 700 美元
	物料费	30 000 美元	折旧费	584 000 美元
	修理费	95 000 美元		
	+ 其他	102 000 美元	+	
	合计	625 000 美元		962 700 美元
	年固定费总计		1 587 700 美元	

① 计算该船的保本租金费率。

解:$H/B=\dfrac{\text{年固定费用}\times 30}{\text{年营运天}\times DW}=\dfrac{1\ 587\ 700\times 30}{350\times 25\ 000}=5.44$[美元/(月·载重吨)]

② 设该船某航次实际载货量为 24 000 t,运价为 8.5 美元 /t,航次时间为 35.5 天,佣金为运费的 1%。

航次费用:	燃油费	19 142 美元
	港口费	8 150 美元
	速遣费	4 800 美元
	+ 其他	1 065 美元
	航次费用合计	33 157 美元

问:该航次是否有利可图?若该船长期都在这条航线上以该航次状态运行,那么每年经济效益如何?

解:航次运费收入

$$f\cdot Q\cdot(1-c)=24\ 000\times 8.5\times(1-0.01)=201\ 960(\text{美元})$$

式中:c—— 佣金占运费收入的百分数。

相当期租租金费率:

$$T/C\ RE=\frac{Q\cdot f\cdot(1-c)-\text{航次费用}}{\text{航次时间}}\times\frac{30}{DW}=\frac{201\ 960-33\ 157}{35.5}\times\frac{30}{25\ 000}$$

$$=5.71[\text{美元}/(\text{月}\cdot\text{载重吨})]$$

$T/C\ RE > H/B$，有利可图。

每月每载重吨盈利 $= T/C\ RE - H/B = 5.71 - 5.44 = 0.27$[美元/(月·载重吨)]

月盈利额 $= (T/C\ RE - H/B) \times DW = 0.27 \times 25\ 000 = 6\ 750$(美元/月)

年盈利额 $= (T/C\ RE - H/B) \times DW \times 350/30 = 78\ 750$(美元/年)

③ 取该船年封存成本为营运固定成本的60%，求其封存费率？

解：年封存成本＝1 587 700×0.6＝952 620(美元)

每营运天固定成本＝1 587 700/350＝4 536.3(美元)＝K_f

每封存天成本＝952 620/365＝2 610(美元)＝K_I

程租封存费率：

航次总成本 $K_t = t_v \cdot K_f + K_{vt} = 35.5 \times 4\ 536.3 + 33\ 157 = 194\ 196$(美元)

$$f_I = \frac{K_t - t_v \cdot K_I}{Q} = \frac{194\ 196 - 35.5 \times 2\ 610}{24\ 000} = 4.23(\text{美元}/\text{t})$$

期租封存费率：

$$(T/C\ Rate)_I = \frac{(K_f - K_I) \times 30}{DW} = \frac{(4\ 536.3 - 2\ 610) \times 30}{25\ 000} = 2.31[\text{美元}/(\text{月}\cdot\text{载重吨})]$$

从上述公式及计算过程可知，船舶封存成本与营运固定成本相比，封存成本相对低的船舶(低价值船、旧船)在市场景况不佳时，将先遇到是否被封存的选择，容易被迫先封存。而那些封存成本较高的船舶(高价值船、新船)就不容易被封存，或迟一些再考虑封存问题。因此，在当今市场经常波动的航运经营中，在船队中保留部分低值船或旧船也许是明智之举。

【小资料】

巴拿马运河

巴拿马运河建成于1914年。全长81.3 km，宽91~304 m，深13.5~26.5 m。它的通航使美国在两大洋沿岸之间的航程缩短1万多千米。运河大西洋端潮差很小，平均大潮升0.5 m；太平洋端潮差较大，平均大潮升4.9 m。由于涨潮时太平洋的水位比大西洋加勒比海的水位高出几米，加上地峡与海面也存在高差，因此运河中建有船闸。例如，从大西洋端向太平洋端航行时，先通过三级船闸由大西洋海面上升至平均最高水面，大部分河段的水面高出海面26 m。过分水岭后，再经过三级船闸下降到太平洋海面。船闸闸室长305.9 m，闸槛以上水深12.8 m(闸室水深13.7 m)，对通航船舶的宽度限制为32.31 m。过船闸时，船只由专用电力机车牵引。其他河段则自由航行，但对航速有限制。通过运河大概需要8~16 h。

鉴于运河通过量较大、过于繁忙，巴拿马政府于2007年开始对运河进行扩建，在运河两端各修建1个三级船闸及其配套设施，闸室长427.0 m，宽55.0 m，水深18.3 m，并于2016年完工。新运河可以通航的船舶最大尺寸增为：366.0 m长，49.0 m宽，吃水15.2 m深。

思考与练习

1.某船计划将一批货物从A港运输到B港,船上还有富余载货能力可以利用。这时又有货运经纪人来商谈利用船上富余的装载能力将另一批货物从A港捎带运往B港附近的C港,船舶从B港到C港的航行时间为1天。船东要比较是将后者直接运送到C港有利,还是先运到B港然后通过中转方式再运到C港有利。有关情况和数据如下:

船舶挂靠C港,港口使费(不含装卸等费用)为26 000美元,装卸及理货费平均45美元/t,平均装卸总效率为400 t/天。

船舶挂靠B港,平均每吨货应分摊的港口使费(不含装卸等费用)为1.2美元,每吨货转口费为80美元,平均装卸总效率为600 t/天。

该船每航行天维持成本为8 000美元,每停泊天维持成本为6 000美元,正常营运平均每天盈利4 800美元。

问:当运往C港的货物达到多少时,用船直接运送到C港有利?

2.某船净载重量$D_d = 12\ 000$ t,舱容60 000 m^3,舱容系数$\omega = 5.0\ m^3/t$。某航次有4种货物供其选择,这4种货物的特征列于下表。求满舱满载时使运费收入最大的配载方案。

货名	A	B	C	D
运价f_i(元/t)	100	90	60	50
积载因数u_i(m^3/t)	10	7.0	4.0	3.0
货物数量(t)	6 000	3 000	7 900	6 000

3.某货船服务航速$v_s = 13.5$ kn,在此航速下每天航行维持成本为6 500美元。若船舶每营运天固定成本为3 200美元,航次里程为672 n mile。试求:①该货船的经济航速v_e及航行每海里的最低成本。②采用经济航速与服务航速相比,一个航次可节约费用多少?一个航次可节约燃料费用多少?

4.某公司所属的一艘货船载重量为258 080 t,平均航速为15.8 kn。航行时燃油耗量为71.3 t/天;停泊时燃油耗量为2 t/天。燃油价格为740美元/t。每天经营成本(running costs)为15 000美元/天。船舶在DL港卸完货,航行至M港时测得船上剩余燃料共计2 000 t,船上常定重量为1 000 t。

本航次货载为原油,250 000 t,MOL,由M港至N港,运费17美元/t,FIO,其中含佣金1.25%,航线沿途均为夏季区带。

航行时间:DL港至M港为16天;
M港至N港为15天。

停泊时间:M港5天;
N港4天。

在港支出费用:M港60 000美元;
N港20 000美元。

求:航次每天净收益和相当期租租金费率 *T/C RE*?

5.某货船每营运天的固定成本为 8 640 元,船舶机能系数 $k=2.5$ 元/(天·kn^3),不计速度增减值($\Delta v=0$),求:① 该船的经济航速及其对应的每海里最低成本;② 若该船主机最低稳定转速所对应的航速为 12.5 kn,那么该船实际应以多大航速航行最经济?

6.程租与期租费率能否直接进行比较?怎样才能比较出两者之间谁更有利?

第十章
内河运输与轮驳船队运输

内河运输一般是指在狭窄的河床内行船运输，航道弯曲、水浅流急，但风浪较小，有的地方设有船闸、桥梁等设施。根据这些特点，除采用常规内河机动船舶运输外，内河大宗货物运输往往还采用轮驳船队运输的方式，与海上运输相比有许多不同之处。本章主要介绍内河轮驳船队和特殊航段的运输组织问题。

第一节　轮驳船队运输形式及其主要特点

在内河及沿海运输中，人们很早就学会了采用机动拖船拖带非机动驳船的运输方式，即用缆绳将一艘或多艘驳船系在拖船后边，由拖船带着前进。这种运输方式把水上运输工具的动力部分与载货部分分开成两体。它的优点在于：

(1)由于驳船上不设推进动力装置，所以其造价低廉、日常维护费用低、装货量大。当批量建造时，造船成本会进一步降低。

(2)船用动力装置可以得到更充分的利用。一艘拖船不仅能一次拖带数艘驳船，而且能够与两组或更多组驳船配合作业，即当拖船将一组驳船送到港口进行装卸后，它不必等在那里，可随时与已装卸完毕的驳船编队航行。这大大提高了动力装置的利用率。不像机动货船那样，当船舶在港口装卸时，主机处于闲置状态。

(3)适用于货运量大、航道或港口水深较小，以及发货港或到货港分散在航线一端的某一区域的运输航线，如内河运输航线。在载货量相同的情况下，驳船的吃水深度比机动货船小得多，这对于在水深受限的航线上实现大宗货物的运输具有重要意义。可根据内河航线沿途分布港点多和货源较为分散的特点，沿途加驳或减驳。货物装卸也可以分散到各个码头、泊位进行，既有大吨位船的经济性，又有小吨位船的灵活性。

拖带运输的主要缺点在于拖船走在驳船前边,螺旋桨推向后方的水流正好打在紧随其后的驳船首部,使整个船队受到的水阻力增加,船队速度降低。如果在拖船与驳船之间采用长的拖索,又会降低船队的操纵性能。为了解决这个问题,顶推运输方式产生了。20 世纪 40 年代后期开始,美国对驳船船型做了改进,在密西西比河上试验并推广了分节驳顶推船队的运输方式,取得了良好的营运效果。随后,许多国家相继出现了分节驳顶推船队。图 10-1 中给出了全分节驳船队和半分节驳船队的示意图。

全分节驳船队由艏驳、艉驳、中间驳组成。艏驳、艉驳具有流线型,以减小阻力;中间驳呈方形,便于装货及降低船体造价。一个艏驳、若干个中间驳和一个艉驳组合起来,就如同一艘具有流线型的单体船,有益于阻力的减小。同时,又可根据需要,增加或减少船队的装载量。半分节驳船队只由一个艏驳与一个艉驳连接组成一组,而无中间驳。当多组半分节驳船连在一起形成一个船队时,不如同样数量的全分节驳船队整体阻力性能好,但容易编组,且灵活方便。

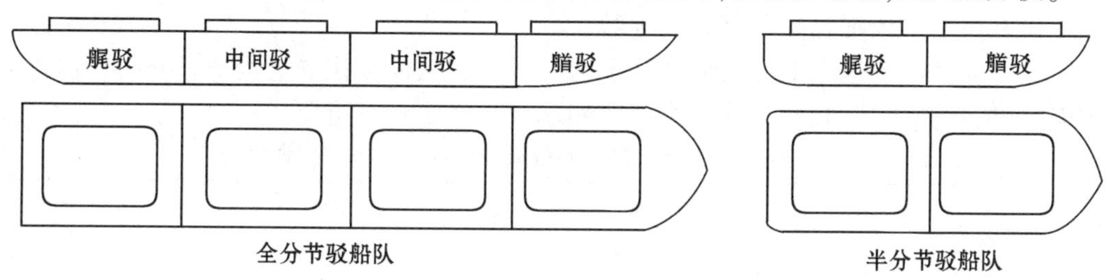

图 10-1　分节驳船队示意图

顶推运输方式与拖带运输方式相比具有如下优越性:

(1)船队阻力小,节省燃料或航速高。由于推轮运行在驳船的后面,处于驳船的尾部伴流之中,使推轮船体上的阻力降低,螺旋桨的推进效率提高。另外,采用分节驳时,由于几个驳船连接一起后形成了水下外形光顺的整体,也使阻力下降。

(2)有较好的操纵性能。推轮与驳船连接成整体后,通过推轮的操舵和正倒车,可以直接控制驳船的转向和前进、后退,有利于避免或减少碰撞事故的发生。

(3)减少驳船船员数,改善驳船船员的工作和生活条件。这是因为每艘驳船上不再需要专人操舵,水手可以利用推轮上的机械设备对驳船进行各项作业,船员也可以在推轮上休息和生活。

顶推运输方式与拖带运输方式相比,也有弱点。如,船队的系结、编队不如拖带运输简单方便;在水流湍急的狭窄、弯曲、浅滩航段上,以及风浪较大的海面上的适航性不如拖带运输方式;顶推运输对驳船的船体强度要求较高。海上顶推运输对推轮与驳船的连接技术要求更高,通常采用轮推驳的船队编组方式。在这种情况下,就适航性和快速性来说,往往较同吨位的机动货船差。尽管如此,顶推船队在沿海和江海直达运输中都有着广泛的应用。

我国在内河采用顶推运输方式始于 20 世纪 50 年代,但限于当时的条件,发展不快。从 20 世纪 70 年代中后期开始,在交通部的领导下,展开了分节驳顶推船队的研制与推广工作,颁布了《长江水系分节驳船型尺度系列》国家标准和一些行业标准,如"长江水系机动驳船系列""长江中、下游推船船型系列""珠江水系自航驳顶推船队尺度系列""江海直达货船船型系列"等。这些工作取得了显著的经济效益,使我国内河运输上了一个新台阶。2000 年,交通部组织了《内河运输船舶船型主尺度系列》标准研究,按七种航道等级要求研究制定了不同船型主尺度系列标准。2003 年,交通部在京杭运河实施船型标准化示范工程,组织开发了京杭运河 13 个系列 25 种标准船型,颁布了《关于公布京杭运河标准船型的公告》及《京杭运河运输船舶标准船型主尺度系列》,并规定 2004 年 1 月 1 日以后建造的船舶进入示范工程规划范围航行的,均应当按照交通部公布的主尺度系列或标准船型图纸建造。京杭运河船型标准化示范工程是我国交通主管部门第一次采取行政、法律和经济等多种手段推进船型标准化工作,为开展内河船型标准化工作积累了经验。

同时,交通部正式启动川江及三峡库区船型标准化工程,于2004年年底发布了《川江及三峡库区运输船舶标准船型主尺度系列》,其中规定了航经川江及三峡库区内河驳船(含普通驳船、分节驳船等)标准船型主尺度;于2010年对于航行于川江及三峡库区(包括三峡枢纽)的内河干散货船、液货船(包括化学品船、油船)、驳船、集装箱船、客滚船、滚装货船、普通客船(不包括高速客船)等客货运输船舶发布了《川江及三峡库区运输船舶标准船型主尺度系列》,进一步规定标准船型的主尺度。经过一段时间的运行实践,2013年又发布实施了《长江水系过闸运输船舶标准船型主尺度系列》,其中对于需要通过长江水系船闸、升船机等通航建筑物的船舶规定了最大尺度限制及参考吨位,见表10-1。由于长江干线顶推和拖带船队越来越少,新的主尺度系列中没有再给出顶推船队尺度系列参数。

进入21世纪以来,这些工作大力推动了内河运输船型标准化的进程,对于充分发挥内河航道通过能力、优化运力结构、提高我国内河运输现代化水平具有重要作用。

表10-1　长江水系需要过闸的各类型标准船型主尺度最大值

船舶类型	船型名称	B_{OA}(m)	L_{OA}(m)	参考设计吃水(m)	参考载货吨级(t)
干散货船、液货船	长江水系货-37	16.3	125~130	4.1~4.3	5 500~6 000
驳船	长江水系驳-7	16.3	75~110	3.3~4.0	3 000~5 000
集装箱船	长江水系集-19	17.2	105~110	3.0~4.3	350①
滚装货船	长江水系货滚-3	17.2	99~110	2.4~2.6	600②
通过湘江过闸的自航自卸砂船	长江水系自卸-4	16.3	85~92	3.2~3.4	3 000

注:①参考载箱量级/最大载箱量(TEU);②参考载车位级(辆)。

第二节　轮驳作业配合

一、常见轮驳船队运输组织形式

1.直达航线与非直达航线

根据货物是否在中途港倒载、换驳运输来区分直达航线与非直达航线。不在中途港换驳,直接由起运港装船运达目的港卸船的运输组织形式叫直达航线运输;需要在中途港由一个驳子倒载到另一驳子上继续运输才能到达货物的目的港的运输组织形式叫作非直达航线运输。直达航线运输有装卸作业次数少,货损、货差率低,运达速度快等优点。因此,在常规情况下,应尽量采用直达航线运输形式。但在一些货运量较大、距离较长的航线上,当航道两端水深或风浪条件等影响船型的因素差别较大,或考虑发、到港分散等因素,从降低全程运输成本的角度考虑,在一端采用大吨位驳船,而在另一端采用小吨位驳船接续运输的方式可能更为有利。这样可以充分利用大吨位船的载货能力和有限的航道条件。

2.直通航线和区段牵引航线

这是按推(拖)船的运行组织方法所做的划分。直通航线是指轮驳船队从航线的始发港至终点港,在中途不更换推(拖)船者;如在中途更换推(拖)船,实行分段牵引,则称为区段牵引航线。直通航线的优点是推(拖)船运行组织工作简单,不存在重新更换推(拖)船的作业,推(拖)船的航行率较高。但当航线距离较长及航线各段的水流速度差别较大时,为适应水流最急航段的要求,必须在动力船上设置较大功率的推进主机。而这些主机功率在缓流航段却得不到充分利用,造成一定的浪费。区段牵引航线的优缺点正好与其相反。因此,直通航线适用于航道水文条件变化不大的一般航线;区段牵引航线则适用于航道水文条件变化大的长距离航线。

3.中途集解航线

在沿途装货港或卸货港比较分散的一些航线上,驳船队中的部分驳船在航线沿途港加入船队或从船队中分离出去送达途经港口的运输组织形式,称为中途集解航线。其主要优点在于,能根据货流分布情况,沿途加减驳船,解决小批量、分散货流的运输问题,避免为小批量货物单独派推(拖)船而引起运行效率低的问题。其不足之处是增加途中编解作业后,延长了航次时间,降低了船队的周转速度。因此,中途集解航线适用于货流量小,且装卸港分散的内河运输。

二、驳船队的编队

驳船队的编队形式主要考虑航线水文情况、货物流量的大小、推(拖)船功率(或推、拖力)的大小、单驳载重量的大小等因素。当为每个驳船队配备的推(拖)船和驳船数量确定之后,不同的编队方式船队总阻力不同,这会使船队的航速不同。因此,合理地编排队形对降低运输成本十分有意义。至于什么样的编队使船队总阻力较小,则要根据模型试验确定,或者根据实船试验积累经验,有时还要考虑有关管理规定或尺度限制。有了这方面的经验,就能够在给定推(拖)船的推(拖)功率的条件下,根据安全航行或保证货物送达期限的要求,确定每组驳船的数量及编队方式。

三、轮驳配合方式

1.单航次配合

单航次配合即一艘推(拖)船每个航次将驳船从启运港送达目的港后,马上去运送其他驳船。单航次配合充分体现了轮驳船队的动力部分与载货部分既可分离又可组合的特点,提高推(拖)船与驳船的使用效率。一般适用于货源充足、推(拖)船与驳船在港作业时间相差较大的航线。但如果组织不好,有可能出现原定的配合秩序紊乱,轮、驳互相等待的现象,使生产效率降低。

2.往返航次配合

往返航次配合即一艘推(拖)船在运送驳船时,只在装货港或卸货港更换一次驳船,每个往返航次轮、驳重新组合一次。一般适用于单程运货且一端港口的装卸效率高、驳船停泊时间短,而另一端港口装卸效率低、驳船停泊时间长的航线。例如煤炭、矿石运输航线,由于使用自动装船机装船,装船速度快,船舶在港停时较短,因此在装船港可不更换推(拖)船。但在卸货港,一般用抓斗卸货,效率相对较低,船舶在港停时较长,因此推(拖)船不必等待其刚送到的驳船,而是去运送其他已卸空待运的驳船,提高推(拖)船的使用效率。

在推(拖)船与驳船固定配合的一端,可以利用推(拖)船等待驳船的时间安排推(拖)船的维修保养、燃物料供应等作业活动。

3.固定配合

固定配合即一艘推(拖)船与一组驳船长期固定组合运行。当装、卸港的装卸效率都较高,驳船在港停时较短时，可采用这种配合方式，如石油运输航线。其主要优点是轮驳之间的配合关系简单，容易组织管理。

四、轮驳配合时间的计算

在轮驳船队运输过程中，推（拖）船与驳船在港口的作业是分头进行、各行其是的，两者由必要作业所决定的在港停泊时间可能相差悬殊。如果它们在港停泊时间配合得不好，必然发生推（拖）船等待驳船或者驳船等待推（拖）船的现象，增加非生产性停泊。因此，合理安排推（拖）船与驳船的在港时间配合，对提高轮驳船队的运行效率和经济效益具有十分重要的意义。

对于货流量稳定的驳船队运输航线，要有节奏地、均衡地组织轮、驳进行生产，在配合时间方面应满足如下几项要求。

（1）发船间隔的要求

航线发船间隔应便于记忆。可取为昼夜的整数倍，或为昼夜 24 h 的约数。例如：每周、每天、每 12 h、每 6 h 发一次船等。

（2）往返航次时间的要求

无论是推（拖）船还是驳船，每个往返航次的总时间应是发船间隔时间的整数倍。即满足：

$$\frac{t_r}{t_i}=n \tag{10-1}$$

$$\frac{t'_r}{t_i}=n' \tag{10-2}$$

式中：t_r——推（拖）船完成一个往返航次需要的总时间（h）；

t'_r——驳船完成一个往返航次需要的总时间（h）；

t_i——航线的发船间隔时间（h）；

n,n'——正整数，是指航线上所需配备的推（拖）船数（n）和驳船或驳队数（n'）。

（3）驳船与推（拖）船在港时间配合的要求

驳船在港停泊时间应等于推（拖）船在港时间，或再加上发船间隔时间的若干倍，即

$$t'_p=t_p+a\cdot t_i \tag{10-3}$$

式中：t'_p——驳船在港停泊时间（h）；

t_p——推（拖）船在港停泊时间（h）；

a——配合系数，取值为零或正整数，一般表示某一驳队到港时，已在港作业的驳队数。

在满足上述三项基本要求的条件下，根据运行组织方式的不同，其配合时间的具体计算过程如下。

（1）直通直达航线轮驳配合

$$t'_{pb}=t_{pb}+a_b\cdot t_i \tag{10-4}$$

$$t'_{pe}=t_{pe}+a_e\cdot t_i \tag{10-5}$$

式中：t'_{pb},t'_{pe}——一组驳船在始发港、终点港的停泊时间（h）；

t_{pb},t_{pe}——推（拖）船在始发港、终点港的停泊时间（h）；

a_b,a_e—— 轮驳在始发港、终点港的配合系数。

初次安排轮驳配合时，根据轮、驳航行速度和在港装卸作业速度分别计算出来的轮、驳航次时间，往往满足不了上述要求，需要适当调整有关作业时间，使其满足以上条件。调整时，在有条件的情况下，应尽量采取压缩作业时间的办法来满足配合上的要求。但这样做的同时，必须

注意到整个系统运行的可靠性。因水运受外界因素的影响较大,要避免出现由于某项因素,如气象条件的突变,严重破坏整个轮驳系统的配合关系。同时也应注意到与港口工作的协调关系。有时,为了执行起来更有把握,可采取延长作业时间或留有富余时间的办法,使运行计划留有余地。这样做尽管要牺牲经济利益,但有利于稳定运输秩序。

例题 10-1:在 B、E 两港之间组织直通货运航线。首先,我们看一下单航次配合情况。根据年货运量、船型参数、港口作业效率所确定的发船间隔为 1 天,轮、驳的航行及在港作业各段时间列于表 10-2 的“理论计算结果”一栏中。由于按港、船参数直接计算出的轮、驳各段作业时间之和不一定能满足前面所讲的轮驳配合时间关系,因此,需对这样直接计算出的各段作业时间进行调整,使其满足式(10-1)、式(10-2)、式(10-3)。经调整后,可行的轮驳各段作业时间及配合系数列于“实际调整结果”栏中。由此可以推算出,此例中航线上至少需配备推(拖)船 3 艘、驳船队 5 组,才能维持每天发一班船的运行要求。

表 10-3、表 10-4 分别列出了往返航次配合与固定配合的算例。其中发船间隔及轮驳各段作业时间的理论计算值作为已知数据给出。要求对理论计算值进行适当的调整,最终得到一个可行且合理的轮驳运行时间配合方案列入“实际调整结果”一栏内。对于表 10-3 所示的往返航次配合,至少需要 3 艘推(拖)船、4 组驳船队才能维持每天发一班船的运行要求;对于表 10-4 所示的固定配合,则需要 2 艘推(拖)船与 2 组驳船队,才能维持每 5 天发一班船的运行秩序。

表 10-2　轮驳单航次配合时间　　单位:h

配合方式	发船间隔	船型	航行时间		B 港		E 港		往返航次时间
			上水	下水	停留时间	配合系数	停留时间	配合系数	
B、E 两港间单航次配合	24	理论计算结果							
		推(拖)船	30	16	16		9		71
		驳队	30	16	30		26		102
		实际调整结果							
		推(拖)船	30	16	17		9		72
		驳队	30	16	41	1	33	1	120

表 10-3　轮驳往返航次配合时间　　单位:h

配合方式	发船间隔	船型	航行时间		B 港		E 港		往返航次时间
			上水	下水	停留时间	配合系数	停留时间	配合系数	
B、E 两港间往返航次配合	24	理论计算结果							
		推(拖)船	30	16	16		9		71
		驳队	30	16	17		32		95
		实际调整结果							
		推(拖)船	30	16	17		9		72
		驳队	30	16	17	0	33	1	96

表 10-4　轮驳固定配合时间　　　　单位:h

配合方式	发船间隔	船型	航行时间		B 港		E 港		往返航次时间
			上水	下水	停留时间	配合系数	停留时间	配合系数	
B、E 两港间固定配合	120	理论计算结果							
		推(拖)船	120	75	18		15		228
		驳队	120	75	20		18		233
		实际调整结果							
		推(拖)船	125	77	20		18		240
		驳队	125	77	20	0	18	0	240

(2)区段牵引航线轮驳配合

区段牵引方式与直通方式的主要差别在于其增加了轮驳船队在航线沿途某中途港更换推(拖)船的作业。因此,轮驳的配合除在各分段要满足直通航线所要求的关系外,还要考虑在换推(拖)船港的轮驳作业时间配合问题。必须满足的新增条件是,上、下行驳船队在换推(拖)船港的总停时应等于上段、下段推(拖)船在该港的总停时再加上发船间隔时间的若干倍。即

$$t'_{mu}+t'_{md}=t_{mu}+t_{md}+a_m \cdot t_i \tag{10-6}$$

式中:t'_{mu},t'_{md}——上、下行驳船队在换推(拖)船港的停留时间(h);

t_{mu},t_{md}——在上、下段运行的推(拖)船在换推(拖)船港的停留时间(h);

a_m—— 轮驳在换推(拖)船港的配合系数,取值为零或正整数。通常,其实际意义是在换推(拖)船港,为推(拖)船准备的驳队数。

例题 10-2:在 B、E 两港之间设一条货运航线。由于航线上游航道窄、水流急,需选用大功率拖船,下游航道较宽,水流缓和,可采用功率较小的推船。选航线沿途的 M 港作为换推、拖船港,要求每天发一班船。推、拖船在各航段及各港口的理论作业时间列于表 10-5 的"理论计算结果"一栏中。要求将轮驳作业时间调整到可行的状态。

表 10-5　区段牵引航线轮驳配合时间　　　　单位:h

配合方式	发船间隔	船型	航行时间		B 港		M 港		E 港		往返航次时间
			上水	下水	停留时间	配合系数	停留时间	配合系数	停留时间	配合系数	
	24	理论计算结果									
BM 段		拖船	30	16	16		9				71
ME 段		推船	58	34			6		15		113
全线		驳队	88	50	30		26		22		216
		实际调整结果									
BM 段		拖船	30	16	17		9				72
ME 段		推船	58	34			6		22		120
全线		驳队	88	50	41	1	39	1	22	0	240

调整后的时间列于"实际调整结果"一栏中。按此表的时间配合,在该区段牵引航线上需

配备10组驳队、5艘推船、3艘拖船,才能维持正常的轮驳运行秩序。

此外,中途集解航线轮驳配合关系可按类似于直通航线的方法确定。但要考虑到整个轮驳船队在中途集解港的加减驳作业时间,并使中途港解下驳子的在港停留总时间与航线上轮驳船队的过往时间相配合。

总而言之,不论轮驳配合采用何种形式,解决其作业时间配合问题的程序是先计算推(拖)船与驳船的各项作业定额(或理论)时间。然后,结合港、航的实际情况和可能性,通过增加或缩减时间的办法,逐步调整推(拖)船和驳船的各项作业时间,使之符合配合条件。

第三节 狭窄航道的运输组织

一、航道通过能力

航道通过能力是指对典型运载工具和在常规运行组织方式下,某段航道单位时间(1天、1个月、1年等)内可以通过的货物吨数或船舶吨位数(或典型运载工具的数量)。内河航道一般由自由行驶区段和航行受限制区段(简称受限航段或区段)组成。自由行驶区段是指船舶或轮驳船队可以自由追越、会船的航段。航行受限区段是指航道狭窄、弯曲半径小、水流急、有船闸等的航段。船舶或轮驳船队在通过航行受限区段时,会受到各种限制,如不能追越、不能会船、必须减速航行等。航行受限区段是妨碍整个航线通过能力提高的瓶颈点,也就是说,整个航线的通过能力取决于航行受限航段的通过能力。需要对航行受限航段上过往的船舶进行精心组织,以提高其通过能力。

影响航道通过能力的因素很多,主要可归纳为五个方面。

1.航道技术参数

航道技术参数主要包括航道的水深、宽度、曲率半径等。船闸的通过能力取决于船闸的尺度及设备能力。

2.船舶的技术性能

船舶的技术性能包括机动船舶或轮驳船队的外形尺度,如总长、宽、吃水等,以及主机功率、航速等。

3.气候、水文等自然条件

气候、水文等自然条件包括水流速度、风、雨、雾等。在不同季节,内河航道的水深往往是不同的,分洪、中、枯水位期,水的流速也不同。在有些水流流速较大的地方,还要设绞滩设备帮助船舶逆水航行。因此,同一航段在不同时期,其通过能力是不同的。

4.运输需求的分布特征

运输需求的分布特征主要是指客、货流的流量、流向,及影响其分布的生产力布局特征等。

5.过往船舶的运行组织方式

过往船舶的运行组织方式主要包括发船方法、发船密度、船舶装载量、驳船的编队方式等。

对于航运管理者来说,在上述五个方面的影响因素中,前四个属于客观条件,或称为外界条件,而第五个则主要取决于运输组织管理者的素质和水平。通过精心策划、严密组织,可充分利用外界条件,最大限度地提高航道的通过能力。下面简要介绍航行受限航段上通航能力的理论计算方法。

二、单行水道通过能力的计算

在水域狭窄或有暗礁、浅滩等碍航物的区段上,为了保证过往船舶航行安全,航道两端设有警戒标志,规定船舶在警戒线范围之内不能对驶和追越,这样的航段称为单行水道。由于多艘船舶同向行驶时,必须保持一定的航行间隔,单行水道的控制长度大于单行水道的标示长度(也可称为理论长度)。在航道图上,单行水道的长度用控制长度表示,船舶必须在控制长度的范围以外对驶、追越。

通过受限航段的运载工具可能有多种类型。为简化问题,选取一种具有平均吨位和平均航速的典型船型为代表,确定航道的通过能力。具体计算可以采用解析法,也可以采用作图法。因作图法较简单方便,这里主要介绍作图法。

组织过往船舶通过航行受限的单行水道的方法主要有两种,即双向交替单发船和双向交替连续发船(连续发船简称连发船),分别见图 10-2 及图 10-3。

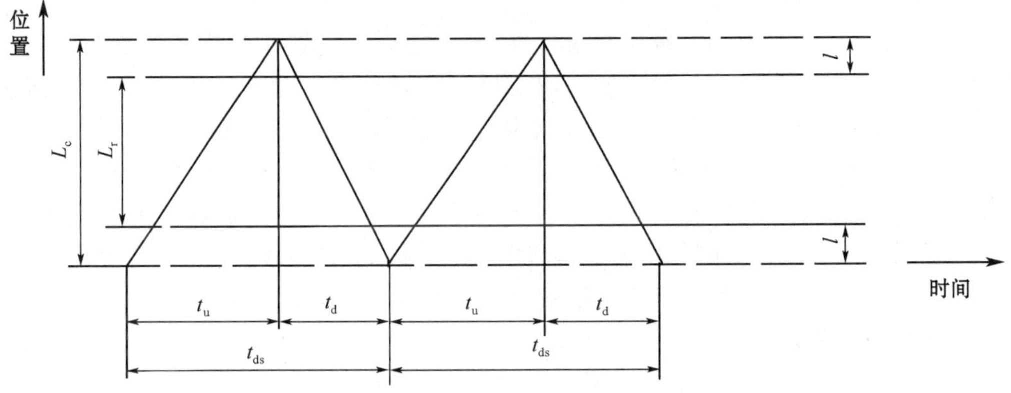

图 10-2 单行水道双向交替单发船

L_r——单行水道的实际长度;l——同向航行相邻两船之间留出的最小安全距离

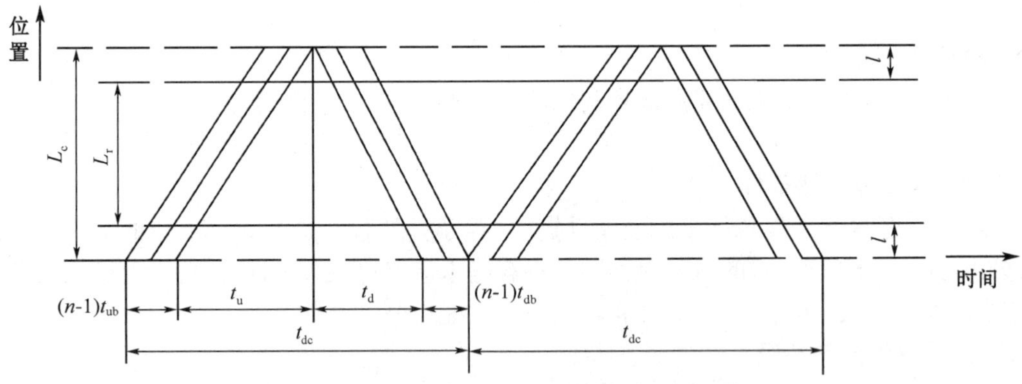

图 10-3 单行水道双向交替连发船

由图 10-2 可知,通过单行水道双向交替单发船的间隔时间为:

$$t_{ds} = t_u + t_d = \frac{L_c}{v_u} + \frac{L_c}{v_d} \tag{10-7}$$

式中:t_{ds}——双向单发船时,同向相邻两次发船的间隔时间;

v_u,v_d——船舶上行、下行通过单行水道的航速；

L_c——单行水道的控制长度；

t_u,t_d——向上游和向下游通过单行水道的航行时间。

由图 10-3 可知，通过单行水道双向交替连发船同向连续两批发船的间隔时间为：

$$t_{dc}=t_u+t_d+(n-1)\cdot t_{ub}+(n-1)\cdot t_{db}=t_{ds}+(n-1)\cdot(t_{ub}+t_{db}) \tag{10-8}$$

式中：t_{dc}——双向连发船时，同向相邻两批发船的间隔时间；

n——同一方向每次或每批连发船的艘数；

t_{ub},t_{db}——分别为上行和下行连发船同向相邻两船的发船间隔时间。

对照式(10-8)与式(10-7)可知，式(10-7)是令式(10-8)中 $n=1$ 时的特例。下面以式(10-8)为基础，推导出给定时间或单位时间(如 1 天)内通过单行水道的船舶总艘数 m 的表达式：

$$m=\frac{1}{t_{dc}}\times 2n=\frac{2n}{t_{ds}+(n-1)\cdot(t_{ub}+t_{db})}$$

或

$$m=\frac{2n}{n(t_{ub}+t_{db})+(t_{ds}-t_{ub}-t_{db})} \tag{10-9}$$

由式(10-9)可见，在给定时间内，单行水道过往船舶总艘数 m 是每次单向连发船艘数 n 的函数，其关系式为一次分式函数。通过求导可知，其一阶导数大于零，即 $\frac{dm}{dn}>0$，所以 m 随 n 单调增加。这就表明在单行水道上采用双向连发船的船舶运行组织方式比采用双向单发船的运行组织方式能增加航道的通过能力，且其通过能力随连发船艘数 n 的增大而增强。因此，在过往船舶比较多的单行水道上，应尽量组织船舶双向连发船通过水道。但同时也必须注意到随连发船数 n 的增大，虽然能提高航道的通过能力，却也增加了先期到达船舶的等待时间，降低了船舶的运输生产效率，还有可能增加港口装卸生产的不平衡性。因此，在确定每次连发船的数量时，应根据过往船数和减少船舶等待时间两方面的情况来权衡。按上述方法确定的单行水道通过能力为理论值。

在计算单行水道的通过能力时，一般还要考虑到这样三个方面。一是通过航道的船型通常并非单一，可能有货船、客船、轮驳船队或木排等其他运载工具。此时确定单行水道通过能力的基本思路同上，但要考虑到各种运载工具的尺度、速度、吨位对过往时间等方面要求的差别，先分别计算再汇总，计算过程要稍微烦琐一些。二是在确定单位时间的长度时，要注意将其中不能利用的时间扣除。如某些时间被政府或军方占用，有些航道由于导航设施不健全、不能夜航等。这些时间必须从计算所取的单位时间中扣除。三是当一条航线上同时存在几段单行水道时，要分别计算出每段单行水道的通过能力，以通过能力最小航段的计算值作为整个航线的通过能力，并同时考虑船舶通过各单行水道在时间上的相互影响与制约。

三、船闸通过能力的计算

在水位落差较大，不利于航行的航段上，一般都建有通航船闸。有时为了维持上游较高的水位(如水库)，而在航道上建有船闸。如为了解决三峡水坝建成后的长江通航问题，在三峡水利工程中建设了五级船闸，以便同时确保上游水库的水位高度和船舶通航的需要。

船闸排布形式有单闸室、多闸室(一级船闸与多级船闸)，单闸线、双闸线及多闸线之分。

图 10-4 为一种双闸线连续多级船闸的示意图。图中 H 为船闸总水头，即船闸可提升通航水位的最大值；H_1、H_2、H_3 等为对应各级船闸的水头。

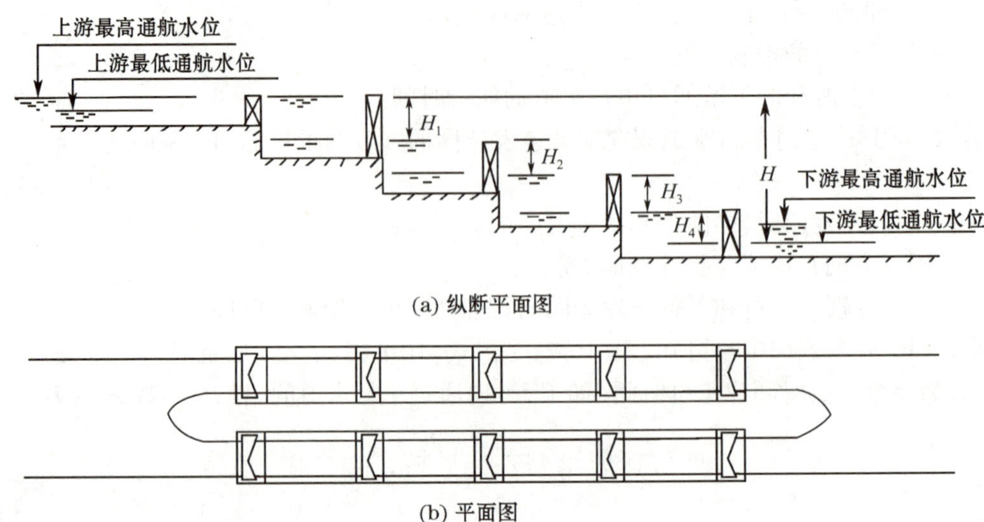

图 10-4 双闸线连续多级船闸示意图

船闸对船舶的自由行驶构成限制，必然存在一个最大通过能力的问题。下面就分析一下如何组织过往船舶通过船闸，以提高船闸的通过能力。

船舶通过单闸室的主要作业程序如表 10-6 所示。

表 10-6 船舶通过单闸室的主要作业程序

序号	单向通过单闸室作业程序	双向通过单闸室作业程序	各项作业时间
1	船舶驶进闸室	甲船驶进闸室	t_1
2	关闭闸门	关闭闸门	t_2
3	调整闸室水位	调整闸室水位	t_3
4	开启闸门	开启闸门	t_4
5	船舶驶离闸室	甲船驶离闸室	t_5
6		对驶乙船驶进闸室	t_6
7	关闭闸门	关闭闸门	t_7
8	调整闸室水位	调整闸室水位	t_8
9	开启闸门	开启闸门	t_9
10		乙船驶离闸室	t_{10}

在水流平稳、过往船舶各项性能相同的情况下有：

$$\left.\begin{aligned}t_1&=t_6\\t_2&=t_7\\t_3&=t_8\\t_4&=t_9\\t_5&=t_{10}\end{aligned}\right\}\qquad(10\text{-}10)$$

每项作业消耗的时间取决于船闸尺度、牵引方式、闸门设备的功率等，可根据设备定额计算出来。各项作业时间的总和即船舶通过船闸的时间。

对于单闸室的情况，当组织船舶双向交替单发船时，双向各过 1 艘船的各项作业时间之和为：

$$t_{ds} = \sum_{i=1}^{10} t_i \qquad (10\text{-}11)$$

当组织船舶连续由一个方向通过船闸时，过 1 艘船的各项作业时间之和为：

$$t_{oc} = t_1 + t_2 + t_3 + t_4 + t_5 + t_7 + t_8 + t_9 \qquad (10\text{-}12)$$

式中：t_{oc}——同向连发船过闸时，每过 1 艘船的总作业时间。

采用双向连发船通过单闸室时，同向相邻两批船的发船间隔为：

$$t_{dc} = t_{ds} + 2(n-1) \cdot t_{oc} \qquad (10\text{-}13)$$

式中：t_{dc}——双向连发船通过单闸室时，同向相邻两批船的发船间隔时间；

n——单向每次连发船的艘数。

对比式(10-12)与(10-11)可见，t_{ds} 仅比 t_{oc} 多了船舶驶入、驶出闸室两项作业时间 t_6 和 t_{10}，但 t_{ds} 是过 2 艘船的时间。因此，对于单闸室的情况，采用双向单发船方式与采用单向连发船方式相比，平均每过 1 艘船所花费的时间要少一些，见表 10-6 及图 10-5。也就是说，平均每过 2 艘船省去了一次开、关闸门和调整水位的作业，既节省了闸室操作的消耗，也提高了闸室的通过能力。因此，在航线上只有一个单级闸室的条件下，若过往船舶较多，以采用双向交替单发船方式较为有利。

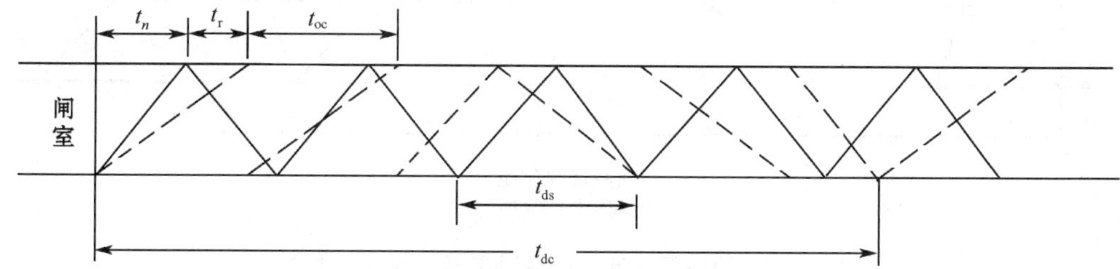

图 10-5 船舶双向连发、双向单发过闸时间分配图

下面再看一下，当航线上连续有几个闸室时，即船舶需连续通过多级闸室时，怎样组织船舶过闸较为有利。为简便起见，设各级闸室相同，相应的过闸各项作业时间也相同。

当采用双向单发船通过闸室的组织方式时，船舶过闸作业的时间分配见图 10-6。由图可见，发船间隔时间(即往返各过 1 艘船的总时间)为：

$$t'_{ds} = t_{ds} + 2(K-1) \cdot t'_{oc} \qquad (10\text{-}14)$$

式中：t'_{ds}——多级闸室情况下，组织船舶双向单发船的发船间隔时间；

t'_{oc}——多级闸室情况下，单向连发船每一船每过一级闸室所需的作业时间，$t'_{oc}=t_2+t_3+t_4+t_5$；

K——闸室数。

当采用双向连发船组织方式时，船舶过闸作业的时间分配如图 10-7 所示。由图可见，同向相邻两批的发船时间间隔为：

$$t'_{dc} = t'_{ds} + (2n-1) \cdot t_{oc} \qquad (10\text{-}15)$$

式中：t'_{dc}——多级闸室情况下，组织船舶双向连发船的发船间隔时间；

n——单向每次连发船的发船艘数。

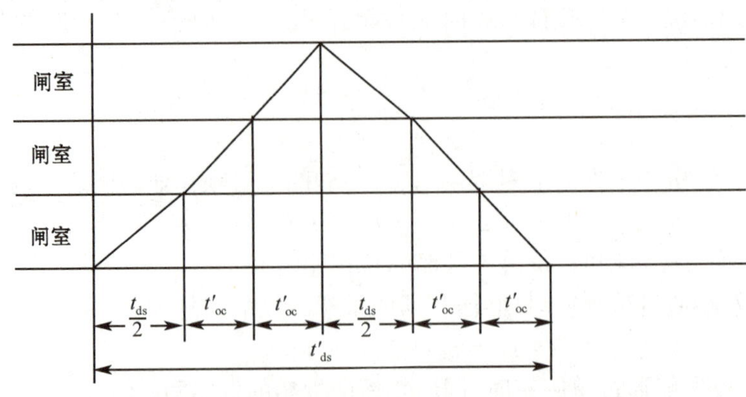

图 10-6　船舶双向单发船通过多闸室时间分配图

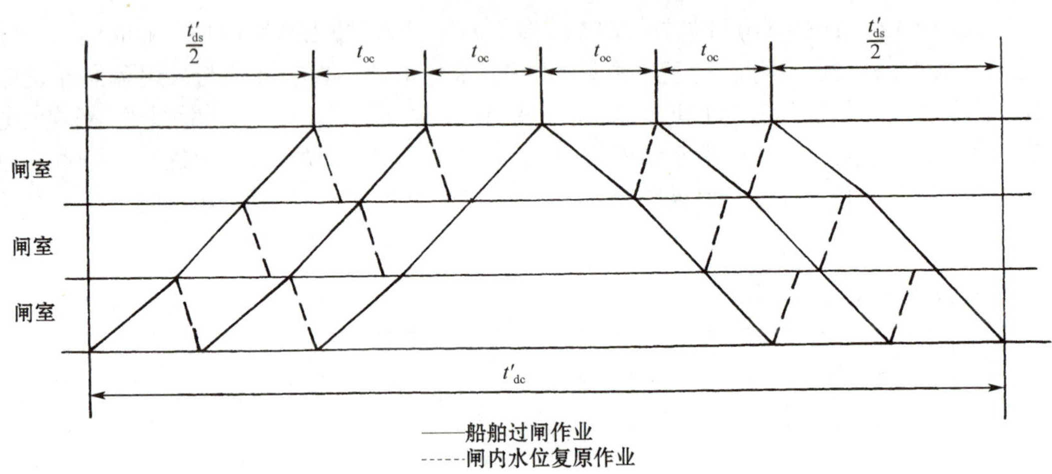

图 10-7　船舶双向连发船通过多闸室时间分配图

对比图 10-6 与图 10-7 及式(10-14)与式(10-15)可清楚地看出，在多级船闸的情况下，组织过往船舶采用双向连发船的运行方式比采用双向单发船的运行方式能降低平均每船的过闸时间，提高船闸的通过能力。关于这一点也可用解析的方法证明。

根据式(10-15)，单位时间内双向连发船可通过船闸的船舶数 m 为：

$$m=\frac{1}{t'_{dc}}\times 2n \tag{10-16}$$

将式(10-15)、式(10-14)代入式(10-16)，得：

$$m=\frac{2n}{t_{ds}+2(K-1)\cdot t'_{oc}+2(n-1)\cdot t_{oc}} \tag{10-17}$$

为了得到 m 随 n 的变化趋势，求 m 对 n 的偏导数，得：

$$\frac{\partial m}{\partial n}=\frac{2[t_{ds}+2(K-1)\cdot t'_{oc}+2(n-1)\cdot t_{oc}]-4n\cdot t_{oc}}{[t_{ds}+2(K-1)\cdot t'_{oc}+2(n-1)\cdot t_{oc}]^2}$$

$$=\frac{2[t_{ds}+2(K-1)\cdot t'_{oc}-2t_{oc}]}{[t_{ds}+2(K-1)\cdot t'_{oc}+2(n-1)\cdot t_{oc}]^2} \tag{10-18}$$

对式(10-18)可做分析如下：当 $K=1$ 时，即在单闸室情况下，结合图 10-5 可知 $2t_{oc}>t_{ds}$，$\frac{\partial m}{\partial n}<0$，说明 m 值随 n 值的增大而递减，即单闸室船闸采用双向单发船有利。

当 $K \geqslant 2$ 时,即在多闸室情况下,有$\frac{\partial m}{\partial n}>0$。这一点可证明如下:

因为$\frac{\partial m}{\partial n}$的分母大于零,因此只要证明其分子大于零即可。由分子表达式可知,K 越大则分子的取值越大,这里只需证明当 $K=2$ 时,其分子大于零。令 $K=2$,将分子各项用具体的作业时间代入,得:

$$t_{ds} + 2(2-1) \cdot t'_{oc} - 2t_{oc} = \sum_{i=1}^{10} t_i + 2(t_2 + t_3 + t_4 + t_5)$$

$$-2(t_1 + t_2 + t_3 + t_4 + t_5 + t_7 + t_8 + t_9) = \sum_{i=1}^{10} t_i - 2(t_1 + t_7 + t_8 + t_9) \quad (10\text{-}19)$$

在式(10-10)成立的前提下,有 $\sum_{i=1}^{10} t_i = 2\sum_{i=1}^{5} t_i$,将其代入式(10-19)得:

$$\sum_{i=1}^{10} t_i - 2(t_1 + t_7 + t_8 + t_9) = 2t_5 > 0$$

从而证明了当 $K \geqslant 2$ 时有$\frac{\partial m}{\partial n}>0$,$m$ 值随 n 值的增大而递增。这说明多闸室船闸采用双向连发船有利。

上述计算船闸通过能力的公式是假设各级船闸过船作业及其时间相同而推导出的。如果各级船闸过船作业时间不同,则上述有些公式关系不一定成立,这时可利用作图法确定时间分配关系。

四、存在受限航段时发船时间的确定

在内河航线上,常常有限制船舶航行的区段,如单行水道、船闸、不夜航航段等。当航线上过往船舶较多时,必须有计划地组织船舶通过这些区段,以提高船舶的运行效率和受限航段的通过能力。这就要求根据各航段的距离、航线的水文气象条件、船舶性能及港口作业要求,准确计算出船舶在各港作业、在各航段航行的时间。精心安排船舶发船时间,使船舶到达受限航段后,能花尽可能少的时间停泊等待,甚至不用等待,顺利通过。

下面简要介绍为避免在受限航段发生耽误确定船舶发船时间的方法。因图解法比较简单、直观、实用,这里就用图解法来说明如何处理这类问题。以纵轴表示距离,以横轴表示时间。假设航线沿途只有一个航行受限区段,船舶在其他航段上均可自由航行。

1.航线上有一段不夜航的区段

设不能航行的时间是 20 点至次日凌晨 5 点,如图 10-8 所示。在距离-时间坐标系中,以船舶航速为斜率作直线。只要直线不穿过图中阴影线的方框,则直线与横轴交点所确定的发船时间都不会使船舶因不夜航航段的存在而发生途中停泊等待。对于图 10-8 所示的例子,只要 B 港的发船时间不在 8—21 点,则该船就不会在 20 点至次日 5 点这段时间内经过不夜航航段。

2.同向航行船舶避免在单行水道内追越的发船时间确定

在有单行水道区段存在的航线上,如果同向航行船舶的航速不同,那么在单行水道内就可能会遇到两船追越问题。但由于单行水道不能追越,这就势必造成前面的慢船压后面的快船,影响快船的正常行驶速度。为避免这种情况发生,可适当调整两船在同一港口的发船时间。

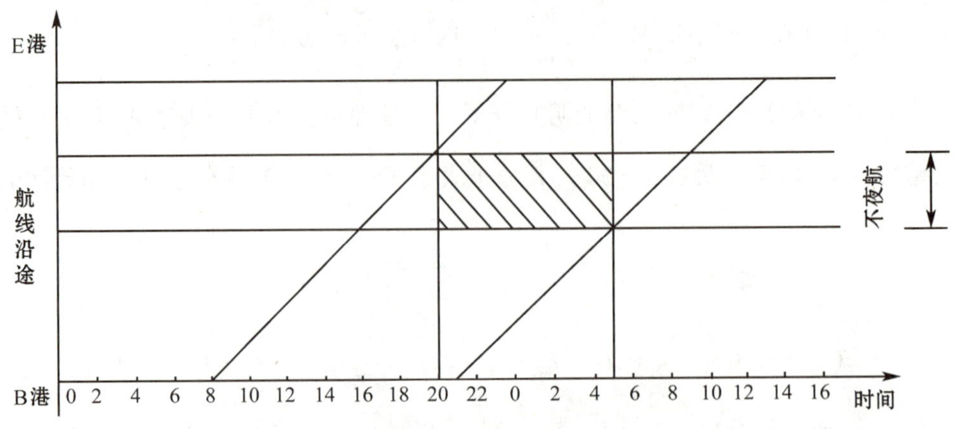

图 10-8 存在不夜航航段的发船时间确定

如图 10-9 所示。先根据慢船在 B 港的发船时间及其速度,在航距-时间坐标系内画出其位置-时间直线(图中实线)。这条直线与单行水道的两端线各有一个交点。然后以快船航速为斜率过这两个交点做两条直线(图中两条虚线)。这两条直线与横轴有两个交点。显而易见,只要快船在 B 港的发船时间不落在这两点之间,则快船不会在单行水道内追上慢船。对于图 10-9 所示的例子,慢船若在 7 点从 B 港发船,则快船最好在 12 点以前或 15:30 以后从 B 港发船。

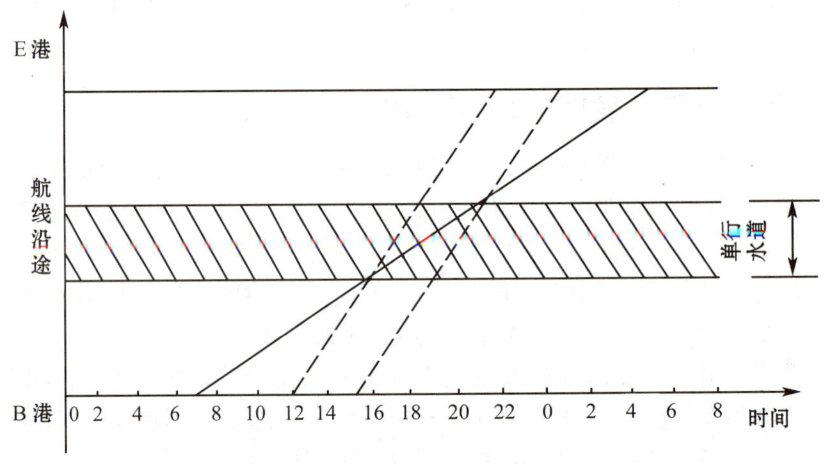

图 10-9 避免在单行水道内追越的发船时间确定

3.避免对驶船舶在单行水道内会船的发船时间确定

设甲、乙两港间的航线上有一段单行水道。为了避免分别由甲港驶往乙港的船(称为上行船)与由乙港驶往甲港的船(称为下行船)在单行水道区段会船,可用作图法确定上行船和下行船的发船时间,见图 10-10。首先根据问题的具体要求,确定出其中任一条船(如选下行船)在始发港的发船时间,并根据该船航速绘出其位置-时间直线。下行船的位置-时间直线用实线表示,此直线与单行水道的两个边线各有一个交点 A、B,以上行船的航速为斜率,过这两个交点 A、B 作两条直线,图中用虚线表示。这两条直线与过甲港的水平线有两个交点 t_1、t_2。只要上行船在甲港的发船时间不落在 t_1、t_2 之间,则上行船与下行船不会在单行水道内会船。

在图 10-10 的例子中,先定下行船在乙港的发船时间为 4 点,通过作图可知,只要上行船在 6 点以前,或 14 点以后从甲港出发,则两船不会在单行水道内会船。

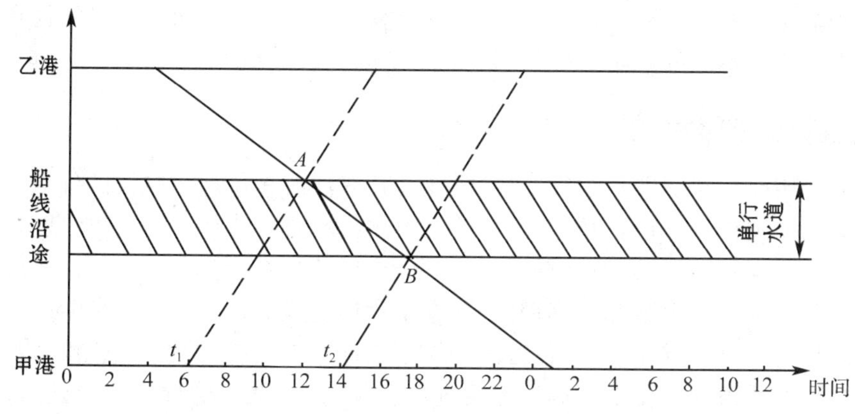

图 10-10　避免在单行水道内对遇的发船时间确定

上面讨论了航线沿途只有一处航行受限区段时，为避免船舶在航行受限区段降速或停泊而调整、确定始发港发船时间的方法。这是一种比较简单的情况，也比较容易处理。当航线沿途有多处航行受限区段时，要考虑到相邻受限区段之间的相互影响，其求解过程可能要复杂一些，但解决问题的基本原理和方法大体相同。

除上述单行水道、船闸等限制外，在一些水流流速较大的航段，有时要设置绞缆设施或推(拖)船来帮助逆水航行的船舶顺利驶过急流航段。这样的地点，也有可能成为限制整个航线通过能力的关键点。因此，在计算航线通过能力、组织船舶运行时，也要予以必要的计算分析。

第四节　江海直达与中转运输组织

在装货港和卸货港之间航行条件(航道水深、流速、风浪等)差别较大的情况下，例如海港与内河港口之间的航线，就可能存在三种组织船舶运输的方案。

一、中转运输方案

由海船和内河船舶分段完成海上和内河运输任务，货物在航线沿途的河口港进行海船与内河船舶之间的换装作业。这种运输组织方法的优点是：可以充分地利用海上及内河航道各自的自然条件，最大限度地提高海船和内河船舶的运输效率及运输经济性。其不足是增加了中途换装港的换装费用，货物全程运输时间长。

二、载驳船运输方案

载驳船运输系统中的主要运输工具是载驳船、货驳或驳船、推(拖)船。其运输过程为：用较小尺度的货驳装货，用装载货驳的大型海船——载驳船承担海上航段运输，载驳船在河口港换装货驳，由推(拖)船带着货驳完成内河段的运输。这种运输组织方法的特点是免除了货物在中途港的换装作业，充分利用海船尺度不受限制的条件，建造大吨位载驳船，并提高载驳船的航行率和周转速度。其不足是载驳船的造价较高，要建造大量的驳船和一定数量的推(拖)船，还要在河口港建设装卸货驳、对货驳编队的锚泊水域，使系统运行起来的初始投资较大。由于在载驳船上布置货驳时，应保持一定间距，因此载驳船的载重量利用率不高，一般只有 70%左右。为载驳船配备的货驳比相同航线上的内河驳船载重吨位小，从而增加了货物在内河航段的单位运输成本。这些不足都限制了载驳船运输系统的使用范围。

三、江海直达运输方案

使用江海两用船从装货港到卸货港直达运输，开辟江海直达运输航线的优点也是可以免除货物在中途港的换装作业，节约中转费用和劳动力，减少货损、货差，缩短货运期限，减少中转港压力等。这对于货主及港、航方面都有好处。但优点显著与否，与货物的品种、中转港的装卸效率及设备能力等有关。对于装卸效率较低，易发生货损货差的货种，好处更明显。

直达航线也有缺点。首先，由于各航段的航行条件不同，船舶的性能、强度、设备、功率大小等必须满足整个航线条件的要求。例如海船进江，其结构强度和稳性一定要适合海上要求，可是有许多时间却在不需要如此高标准的河道上航行；要求有好于一般海船的操纵性；船舶吃水浅则使横摇性能难以达到海船的标准。又如有些支流、河道上游，流急险滩多，要求船舶具有较大的功率以适应该段的航行条件，而在缓流航段，却不需要那么大的功率。其次，在多数情况下，船舶的吃水要受内河航道或上游支流水深的限制，使船舶吨位较小，如果航程又很长，那么必然增加货物的单位运输成本。这些影响的程度如何，与货运量的大小有关，也与各航段的距离比例及其水深、流速等航行条件的差异程度有关。

三种运输组织方案各有优缺点。江海直达运输采用了单一可靠的运输工艺，扩大了船舶的营运范围，大大提高了江海联运的速度和质量，使运输工具得到充分利用，因此这种运输方式具有很高的经济和社会效益，在国外也是很受货主欢迎的。表 10-7 中列出了 20 世纪 80 年代苏联部分物资在运输中采用不同运输方式的运输成本对比情况。从中看出，在这些货物的运输中，江海直达运输比海河中转和海铁联运都能节省相当可观的运输成本。在我国的珠江三角洲和长江三角洲，都有条件开展江海直达运输。

表 10-7　多种运输方式下的单位运输成本对比

运输路线	货种	运输方式	换算费用(卢布/t)
切列波韦茨—罗斯托克	钢铁	江海直达	8.16
切列波韦茨—罗斯托克		内河—海运	22.69
切列波韦茨—里加—罗斯托克		铁路—海运	15.82
科夫多尔—坎达拉克沙—罗斯托克	铁矿石	江海直达	6.96
科夫多尔—彼得罗扎沃茨克—罗斯托克		内河—海运	9.69
科夫多尔—克莱佩达—罗斯托克		铁路—海运	10.00
彼得罗扎沃茨克—罗斯托克	硬板纸纸浆	江海直达	7.42
彼得罗扎沃茨克—布什青—罗斯托克		内河—海运	24.17
彼得罗扎沃茨克—圣彼得堡—罗斯托克		铁路—海运	12.83
索科尔卡—格但斯克	木材	江海直达	14.21
索科尔卡—格但斯克		内河—海运	33.11
索科尔卡—圣彼得堡—格但斯克		铁路—海运	20.68

鉴于船舶在内河和海上航行的营运费用明显不同，因而采用江海直达还是中转运输，与海上航段与内河航段的距离比例有关。应结合问题的具体特点研究江海直达运输的合理性和优

化准则。一般情况下,江海直达运输适于运输较贵重的货物,江上与海上距离差别较大,水深、流速及风浪等航行条件的差别不是很悬殊,有足够的货运量,中途港的作业条件较差、装卸效率较低、货物换装费与船舶港务费较高等情况。此外,还要注意季节的特点。因为货运量及内河的水深、流速等都与季节的变化有关。

在江海直达运输方案中,有时还需要比较江海两用船与轮驳船队两种运输工具的运输效果。江海两用船的造价和营运费用都比内河船舶高,轮驳船队能更好地利用内河航道条件,特别是船闸的尺度。

不仅海与江有组织直达与非直达航线的问题,在海港与海港之间、内河的干线与支线之间,由于两港的水深差别较大,也有组织直达与非直达航线的论证比较问题。分析、解决这些问题的思路基本是一样的。

【小资料】

三峡船闸

三峡工程是中国也是世界上最大的水利枢纽工程,于1994年12月14日正式开工,2009年全部竣工。三峡工程大坝位于宜昌市三斗坪,在已建成的葛洲坝水利枢纽上游约40 km处。三峡水库正常蓄水位175 m,总库容393亿 m^3;水库全长600余千米,平均宽度1.1 km;水库面积1 084 km^2。三峡水库显著改善了宜昌至重庆660 km的长江航道,也改善了长江中下游枯水季航运条件,具有防洪、发电、航运等综合效益。2002年8月15日,船闸工程全部完工。2003年,永久船闸通航。

通航建筑物包括永久船闸和升船机,均位于左岸山体内。永久船闸为双线五级连续梯级船闸,有12道闸门,每扇门重达820多吨。船闸线路总长6 442 m,宽300 m,总水头113 m,是世界上级数最多、总水头最高的内河船闸。单级闸室有效尺寸为280 m×34 m×5 m(长×宽×坎上最小水深),可通过万吨级船队。两线船闸间保留宽60 m的岩石中隔墩。

升船机为单线一级垂直提升式,承船厢有效尺寸120 m×18 m×3.5 m,最大升程113 m,船箱带水重量达11 800 t,一次可通过一艘3 000 t的客货船或一艘895 kW推轮顶推的1 500 t级驳船。它是世界上规模、难度均最大的升船机。

思考与练习

1.在内河机动船与驳船的组合运输中,采用拖带运输方式与采用顶推运输方式相比各有什么优缺点?为什么?

2.为什么海上运输很少采用轮驳配合运输?

3.在B、E两港之间组织直通直达货运航线。根据年货运量、船型参数、港口作业效率所确定的发船间隔为1天,轮驳的航行及在港作业各段时间列于下表的“理论计算结果”一栏中。请确定此轮驳配合得最合理的航次时间表。

单位：h

配合方式	发船间隔	船型	航行时间		B港		E港		往返航次时间
			上水	下水	停留时间	配合系数	停留时间	配合系数	
B、E两港间单航次配合	24	理论计算结果							
		推（拖）船	46	28	12		10		96
		驳队	46	28	55		34		163
		实际调整结果							
		推（拖）船							
		驳队							

4.在B、E两港之间组织直通直达货运航线。根据年货运量、船型参数、港口作业效率所确定的发船间隔为2天，轮驳的航行及在港作业各段时间列于下表的“理论计算结果”一栏中。请确定此轮驳配合得最合理的航次时间表。

单位：h

配合方式	发船间隔	船型	航行时间		B港		E港		往返航次时间
			上水	下水	停留时间	配合系数	停留时间	配合系数	
B、E两港间往返航次配合	48	理论计算结果							
		推（拖）船	74	46	5		15		140
		驳队	74	46	50		18		188
		实际调整结果							
		推（拖）船							
		驳队							

5.在下列各种内河航行受限制水道上，如何组织两个方向的船舶通过航行受限制区段有利于提高其通过能力？

（1）单行水道；（2）单级船闸；（3）单线多级船闸；（4）双线多级船闸；（5）双线单行水道。

第十一章 水路旅客运输

第一节 水上客运发展历史

以机械为动力的现代客船的发展只有 210 多年的时间。1807 年,世界上出现了第一艘载客蒸汽机明轮船——“克莱蒙特”号(Clerment),她是由美国人富尔顿(Robert Fulton)建造的一艘 40 多米长的近代内河客船。1838 年,英国客船“天狼星”号(Sirius)首次成功横渡大西洋,她也只不过是一艘 703 总吨、54.25 m 长的蒸汽机明轮船。中国人经过多次实船试验,于 1865 年在安徽省安庆内军械所成功研制出第一艘蒸汽机明轮船“黄鹄”号,见图 11-1。

图 11-1 无锡古运河上的蒸汽机明轮船“黄鹄”号仿古制品

到 20 世纪三四十年代,海上客运达到了高峰。1935 年,法国建成巨型客船“诺曼底”号(Normandie)。她长 312.18 m,宽 36.4 m,79 280 总吨,采用汽轮机电力推进,总功率 117 680 kW,4 轴 4 桨,航速达 30 kn。该船有船员 1 345 人,可载客 1 972 人。1936 年和 1940 年,英国相继推出 8 万总吨、航速相近的著名客船“玛丽女王”号(Queen Mary)与“伊丽莎白女王”号(Queen

Elizabeth),展开了以北大西洋为舞台的英、法三大客船竞争。但因第二次世界大战的爆发,客船的发展也受到了严重影响,这种竞争很快就谢幕了。1952 年美国建造的 5 万总吨客船“联邦”号,横渡大西洋的平均航速超过 35 kn。在此期间,国际邮政业务主要靠快速远洋客船承担,所以这种大型高速客船又有邮船或邮轮之称。

1959 年喷气客机开始用于洲际运输,夺走了水上客流,使得经营远洋定期航线的各客运公司连年大量亏损,远洋客运业遭到致命打击。至 20 世纪 70 年代,洲际定期航线上的客运班轮便完全退出了历史舞台,大批客船抛锚或改装他用。水上客运局限于旅游航线或沿海、内河短途航线。

新中国成立前,我国内河、沿海、远洋都有一些客运航线。如 1880 年,我国招商局开辟了从上海至旧金山的定期航线。新中国成立后,交通部门及时组织力量恢复水路旅客运输。在黑龙江,新造的“东北”号客船于 1949 年 9 月 13 日正式营运;在长江,“民族”号、“民联”号两艘客货船于 1949 年 12 月 19 日首航汉渝线;在北方沿海,各航线旅客运输也相继恢复,“东方 1”号至“东方 5”号、“海州”号、“安已”号等客货船先后投入营运;在南方沿海,则将 8 艘回国的民生公司“大门字”型客货船投入临时客运航线。到 1952 年,我国水路客运的规模还很小。在北方沿海正式开办的客运班轮航线主要为大连至烟台、大连至威海、大连至龙口、大连至青岛、大连至天津、上海至宁波等 6 条航线。

为了加强水路客运安全、提高服务质量,交通部于 1961 年召开了全国客运工作会议,总结 10 多年的经验,颁发了全国统一的水路旅客运输规章,并按沿海航区、长江航区编制统一的运价标准。此时,全国已开辟了许多客货班轮航线。20 世纪 60 年代,中国自行设计、建造的沿海客货船“民族 17”号、大型长江客货船、由法国建造的 1 万总吨远洋客船“耀华”号以及其他中小型客船相继投入营运。

1971 年,我国自行设计建造的第一艘比较大型的海上客货船“长征”号交付使用。该船排水量 7 703 t,载客量 858 人,载货量 2 000 t。这种“长”字号客货船经改进后在 20 世纪 70 年代又造了 8 艘,成为 20 世纪 80 年代国内沿海客运量迅速增长时期的主力船型。中国海上客运也随之进入历史上最繁荣的时期。日本船舶评论家曾发表评论,认为中国的客船队是当时世界上最大的客船队。我国客船的特点是载客量大,舱室设备简朴实用,以便降低客运费率。

20 世纪 90 年代,国内沿海客运情况、航线布局发生了很大变化。有些航线,如大连至广州、大连至青岛、上海至厦门等,由于客流不足而被迫撤销;在沿海、内河的一些短途航线上增加了车客渡船、小型高速客船等,取得了明显的经济效益和社会效益。进入 21 世纪,随着收入的增加、生活水平的改善,人们对海上旅行的安全性、舒适性、娱乐性要求不断提高,交通加旅游观光的需求增加。

第二节　客船

客船是指额定载客数超过 12 人的船,包括纯客船和客货船。除运载对象不同外,客船与货船相比最大的特点是对船舶安全、防火、救生等关系生命财产的技术、管理要求更高,对船舶航速、乘坐的舒适性要求也较高。我国对水上旅客运输的管理有专门规定。如交通运输部发布实施的《国内水路运输管理规定》中要求:设立旅客运输企业,其专职海务、机务主管具有与所经营船舶种类的海船、河船相对应的船长、轮机长从业资历;经营船舶运输的企业应拥有与经营区域范围、船舶种类相适应的船舶。例如,船舶运输企业拥有的相应总运力应当分别满足下列最低要求:

经营省际沿海客运的:海上普通客船 400 客位;滚装客船 3 000 总吨及 400 客位;

经营省际内河客运的:内河普通客船 400 客位;经营内河滚装客运(车客渡船)的,滚装客船(车客渡船)1 000 总吨及 100 客位。

这些专门规定反映了水上旅客运输的特殊性和政府对人命安全的重视。

按照用途可以将客船分为普通客船、客货船、游船等;按照速度特征可以将客船分为常规客船和高速客船等。高速客船一般都是小型船舶,包括双体船、水翼船、气垫船等特种船舶。

一、普通客船及客货船

1.船型特点

客船明显的外形特征是具有多层甲板、丰满的上层建筑,造型美观,水下线型消瘦,这是因为人的重量较轻。有些客船上也设有货舱,可同时装载旅客和货物。客舱一般布置在满载水线以上,除居住房间以外,船内设有宽敞的走廊和供旅客娱乐、消遣的场所。

2.性能特点

(1)快速性。高航速对旅客是有吸引力的,旅客总是希望能迅速到达目的地。但提高航速会增加船体和主机投资,增加航行燃料费,对运输经济性不利。普通客船航速一般为 15～22 kn。

(2)安全性。包括船舶稳性、抗沉性、船体强度以及防火结构和设施等。有关国际公约或船检规范对这些方面都有严格的要求。

(3)耐波性。要求船舶在波浪上摇摆缓和、摆幅尽可能小,以免旅客和船员晕船。船舶的摇摆性能与初稳性是矛盾的,初稳性大者摇摆相对剧烈,初稳性小者摇摆相对缓和。因此客船的稳性问题较为突出。许多客船上设有各种各样的减摇装置。

(4)操纵性。客船频繁靠离码头,要求有良好的操纵性。

普通客船曾经在国际、沿海航线上的大客流量运输方面发挥过巨大作用。陆上和空中运输方式的发展和竞争,使普通客船和客货船的数量不断减少。但在一些近海、短途航线上,可以运载公路车辆的滚装客船仍然具有竞争力和生命力。例如,在我国沿海的长途客运航线已经基本消失,而渤海海峡、琼州海峡区域内的短途滚装客船运输市场却一直比较繁荣。

表 11-1 中列出了 21 世纪最初几年渤海海峡车客滚装运输市场供需状况,表 11-2 中列出了当时正在营运的四艘代表船型。该海区在 21 世纪的前十几年里,不仅常规滚装客船船型更新加速,并向高标准、大型化发展,而且有三艘火车渡轮投入烟台—大连航线营运,见图 11-2。新投入的火车渡轮可以同时运输铁路车辆、公路车辆和旅客,进一步提高了对客流、货流的吸引力。

随着人们收入水平的逐步提高和消费观念的改变,人们对海上交通消费的需求也在变化和增加,对运输质量(包括安全、省时、舒适、方便、综合服务等方面)提出了越来越高的要求。海上客运将会以中、短途车客渡船航线和豪华游船航线为主。前者主要满足客运和公路货运需求,提高船舶运输效益,同时也满足不断增长的自驾车出行需求;后者主要满足越来越多的旅游观光消费需求。

表 11-1　渤海海峡车客滚装运输市场统计(2000—2006 年)

年度	2000 年	2001 年	2002 年	2003 年	2004 年	2005 年	2006 年
滚装客船数量(艘)	36	28	25	19	20	20	18
滚装客船客位(个)	23 127	18 230	16 695	15 373	16 052	17 073	18 855
滚装客船车位(个)	2 491	2 199	2 094	1 856	1 656	1 917	2 183
客运量(万人)	567.4	593.4	583.1	503.5	610	800	890
车运量(万辆)	65.59	72.82	71.32	70.11	76	80	85

表 11-2　渤海海峡车客滚装运输代表船型

船名	总吨	总长(m)	型宽(m)	满载吃水(m)	航速(kn)	建造时间(年)	载客量(人)/载车量(辆)
葫芦岛	16 234	137.3	23.4	5.8	18.7	2004	1 428/95
渤海金珠	19 847	161.2	24.8	6.15	20.6	2006	1 280/200
中铁渤海 1 号	24 975	182.6	24.8	6.15	18.0	2006	580/50+50+25
渤海翠珠	35 000	178.8	28.0	6.20	20.0	2012	2 038/300

图 11-2　烟台—大连航线火车渡轮

二、豪华游船

游船或游轮是旅游船或游览船的简称，指航行于水域中，配备较为齐全的生活与娱乐设施，专门用于旅游休闲度假的豪华客船，主要采取定线、定期航行的运营组织方式。世界上最早用于海上旅游的游船 Prinzessin Victoria Luise 由德国一家航运公司 Hamburg-America Line 建于 1900 年。随后，具有娱乐活动的海上豪华客运班轮不断发展。在国际海上客流于 20 世纪 50 年代末至 60 年代转向航空运输后，海上长途客运班轮或大型游船大幅度减少直至消失。与此同时，客运班轮的大型化趋势受到遏制，见表 11-3。70 年代开始，为了适应人们度假和对海上、沿海港口城市旅游观光的需要，海上客船市场逐步转向以旅游观光为主的豪华游船(luxury cruise ship/cruise liner)。到 80 年代，游船市场发展速度开始加快。

表 11-3　20 世纪建造的典型大型客船

建造年度	船名	总吨	船长(m)	船宽(m)	设计吃水(m)	航速(kn)	定员(人)(旅客/船员)
1901	Celtic	21 035	213.7	—	—	16.0	2 857/—
1912	Titanic	46 328	269.1	28.2	10.52	21.0	共 3 547
1940	Queen Elizabeth	83 673	314.2	36.0	11.58	28.5	2 283/1 000
1988	Sovereign of the Seas	73 192	268.3	32.2	7.55	21.5	2 852/—
1998	Carnival Destiny	70 390	262.0	31.5	7.80	19.5	2 594/920
2000	Explorer of the Seas	137 308	311.0	48.0	—	23.7	3 114/1 180
2009	Oasis of the Seas	225 000	361.0	60.5(47)	9.30	22.0	6 296/2 181

资料来源：http://en.wikipedia.org/wiki/，等。

进入 21 世纪，北美和欧洲海上旅游快速增长，新建了一些豪华游船以满足市场需求，国际航线客船或豪华游船的大型化趋势重新得到恢复和加速。皇家加勒比国际游轮有限公司(Royal Caribbean International)建造的“海洋标志”号(Icon of the Seas)船长达 365 m，船宽 48.5 m，最多可载游客 5 610 名和船员 2350 名，采用液化天然气(LNG)驱动，总吨数达到 250 800，该船于 2024 年 1 月首航、投入营运。由此证实，随着人类对环境保护更加重视和造船技术的进步，在新型游船上已经开始采用清洁能源作为燃料。

三、高速客船

1.双体客船

客船要求较小的载重量(即较小的排水量)、较大的甲板面积、较快的航速和较高的安全性，采用双体船更易于满足这些要求。与单体船相比，双体船有如下主要特点：

(1)甲板面积大，能够布置较多的客舱，而且客舱均在主甲板之上，通风、采光条件好。

(2)稳性好、抗风能力强、横摇周期短。即安全性好，适航性差，易晕船。

(3)操纵性好。由于是双体双主机，具有较好的航向稳定性，当两台主机一正一倒工作时，船可在原地回转。

(4)船体结构复杂。对连接双体的连接桥的强度有较高要求。

此外，双体船在低速时船体阻力较大(主要为摩擦阻力)，高速时船体阻力可能小于单体船(小在兴波阻力上)。因此，把双体船设计成高速船更为有利。20 世纪 80 年代末、90 年代初，国内一些航运公司从国外购入了一些高速双体船，如挪威 Fjellstranb 公司的铝合金喷水推进双体船，航速高达 27~38 kn，投放在沿海和内河短途客运航线上营运。

为了改善双体船的适航性和快速性，美国在 20 世纪六七十年代提出并建造了小水线面双体船(SWATH)，这种船通常是由两个埋在水中的相互平行的鱼雷状船体通过几条细薄的流线型支承体托住一个脱离水面的箱形平台所构成，如图 11-3 所示。

小水线面双体船的主要优点是：

(1)适航性好。由于水线面很小，使波浪对船的扰动力小，船舶运动的加速度小，升沉、纵摇、横摇的固有周期却较长。降低了旅客晕船率，也减轻了船员的疲劳度。

(2)具有大的方形甲板面积。这有利于总体布置和客舱布置。

(3)高速航行时阻力性能好。这是因为水线面积大大减少，兴波阻力大幅度下降。在风浪

图 11-3　小水线面双体船横截面示意图

中一般不必人为减速航行。

小水线面双体船的主要缺点是:

(1)在低速时船体阻力大。这是由于船体水下湿面积大,导致摩擦阻力增大。

(2)每厘米吃水吨数小。船舶承重能力变化范围小,纯客船易于适应这一点。

(3)船体结构复杂,重量大,造价高。

(4)较大的船宽和吃水可能受到船坞宽度和航道水深的限制。

2.水翼船

水翼船是一种高速水上运输工具,是航空机翼理论在船舶上的推广应用,几乎在飞机发展的同时就有人研究水翼船。为了提高航速、降低高速航行的兴波阻力,这种船在船体水下部分安装了水翼。船舶高速航行时,水翼产生的升力使船体全部或部分脱离水面,所以船兴起的波浪很小,总阻力大幅度下降。水翼船在海面航行的耐波性较差,因此多用于内河运输。在第二次世界大战后,开始有民用水翼客船投入营运,各发达国家设计建造了多种型号水翼船,其中以苏联发展和使用的最多。我国水翼船的研究开发工作始于 20 世纪 50 年代后期,时至今日,设计、建造的多艘多种型号的先进水翼船已投入使用。

3.气垫船

1953 年,英国人 C.库克雷尔创立气垫理论。他经过大量试验后于 1959 年建成世界上第一艘气垫船,并成功横渡英吉利海峡。气垫船是利用高压空气在船底和水面之间形成一层气垫,使船体全部或部分脱离水面,不受或少受水的阻力,达到高速航行的目的。按气垫形成的方式,气垫船分为以下两大类:

(1)全垫升气垫船,又称全浮式气垫船。船底四周装有柔性围裙,压缩空气在围裙内形成气垫,使船体刚性结构完全脱离水面。这种气垫船也可以在陆上行驶,成为高速两栖运载工具。

(2)侧壁式气垫船。船体左右两侧有刚性壁伸入水中,仅在前后两端设有维持气垫的围封装置。由于侧壁的存在,气体只能从首尾逸出,因此产生气垫所消耗的功率较全垫升气垫船少,经济性较好。但也正因为在航行的过程中侧壁始终伸入水中,使侧壁式气垫船只能在水中航行,航速也相对较低。

气垫船的缺点是耐波性差、建造成本高、围裙容易磨损。

从 20 世纪 50 年代后期起,我国即着手气垫技术的应用研究以及气垫船的开发,经过几十年的钻研,已进入实用化型号的研制和应用阶段。我国已设计建造了 30 客、70 客、100 客全垫升气垫船,135 客、162 客、200 客、257 客、400 客双体气垫船,128 客、150 客、202 客、300 客侧壁式气垫船,15 DWT、100 DWT 被动气垫运输平台,78 客双体气垫交通艇等多型气垫船艇。

第三节　客运经营管理

一、客运组织的主要内容

1.客流分析

客运服务的对象为众多的个体,航运企业必须利用一切可以利用的手段将旅客吸引到水运方面来,形成足够大的客流量。通常旅客选择运输方式的衡准是安全、舒适、快捷、方便、价廉、服务周到。也就是说,不仅要使旅客有安全感,还要为旅客提供舒适的旅行环境,包括典雅、整洁的现代化生活设施和完善的娱乐设施;要尽量缩短旅客在途中的旅行时间,准时发、到船;票价和旅途费用如伙食费、娱乐活动费要低廉;服务内容多,服务态度好,使乘客有方便、舒适的感觉。要研究客流的组成成分,即客流中探亲者、旅游者、出差经商者或其他成分各占多大比例;客流在不同季节的变化规律。工商产业的布局、旅游资源的分布、宗教信仰、传统习惯等,都对客流形成有一定的影响。

为了吸引更多的客流,广告宣传尤为重要,对新开的客运航线和旅游航线更是如此。

2.航线配船及船舶运行组织

客船一般是专门为特定的航线设计、建造的,要符合其营运航线的特征,如客位定额、客舱等级、各等级客位的数量、航速等,是专用船。客船都是以班轮方式营运,制定出的船舶运行时刻表不仅要使船舶能够严格按其运行,还要使船舶的到离时间便于旅客岸上活动。如,对航行时间在 6~10 h 的一些短程航线,尽可能安排 21—23 点发船,使乘客以宿代行,第二天早晨上岸后马上就可以投入工作。同时,还要注意各港所在地其他接送交通工具的到、发车时间及密度。

船舶挂靠的港口必须要有旅客安全上、下的设施、候船场所及方便的陆上交通运输。国际航线客船的码头靠泊费用较为昂贵,因而许多经营者利用接送小艇将旅客送到岸上或从岸上接到船上,而大船停泊在港外锚地。船方要主动与港口及当地的旅游代理人建立合作关系,使船舶到岸后能够顺利开展各项预定的活动。

3.客运经营分析

客运经营分析包括运输成本分析、需求分析、制定票价的原则、竞争手段等。竞争不仅存在于经营同一航线的各海运公司之间,有时在某些地理条件下,与公路、铁路、航空之间的竞争更为激烈。如大连至天津、北京的旅客运输,可以走水路,亦可乘火车、汽车或飞机,如何把旅客吸引到水运方面来就显得十分重要。正确的竞争手段为:改进经营管理,提高企业内部的工作协调性和工作效率;采用新技术和新船型,如采用高速船,增加娱乐设施、影像设备、海船设置减摇装置等;降低运输成本;提高服务质量,及时了解和满足旅客需求,改善企业形象等。

前边讲过,对于客运经营而言,广告宣传很重要。生活在陆地的人们对于海洋通常会充满想象并有深入大海亲身体验的基本愿望,我国的海岸线绵长、海上游览资源丰富,这是有利于客源组织的一面。然而,客运企业的生存和发展,还取决于其提供的服务质量,做好乘客服务、充分尊重乘客更为重要。因为,尽管中国人口数量众多、人均收入不断增加,但如果乘客来体验一次后再也不来了,那么客运组织就会逐渐陷入困境,游览体验活动也将难以持续。而客船的使用寿命又长达 20 年左右,甚至更长,所以将更多的人牢牢地吸引到水上航线对于客运经营的可持续性而言非常重要。

二、承运人的主要责任

(1)保持船舶的适航状态。即保持船舶技术状态良好、配备足够适任的船员和服务员。

(2)提供合适的舱位。向乘客提供与客票等级相应的舱室、铺位和其他设备。

(3)按预定时间到离港口。船舶开航后,除因海上救助、避让台风等不可抗力的原因外,承运人或船长不得变更原计划航线,不应有不合理的延误。否则,要对乘客由此而遭受的损失负赔偿责任。

(4)为乘客提供膳食。确保乘客在船上旅行期间的营养供给和身体健康。

(5)运送乘客行李。承运人应免费为旅客运送一定数量的行李,并负有妥善保管之义务。

(6)对乘客的人身伤亡或行李的灭失、损坏负赔偿责任。在乘客上船之后和下船之前的运输期间,如果乘客的人身伤亡或行李的灭失、损坏是由船方过错或行为不当所引起的,承运人便应承担赔偿责任。但这种赔偿责任一般都有上限。

三、客票定价

客票或船票是海上旅客运输合同的书面证明。承运人向旅客出售船票后,合同即告成立。船票上一般注明船名、航次、日期、始发港、目的港、客舱等级、编号、票价等。海上旅客运输票款中包括旅客在海上运输途中因各种风险而发生人身伤亡的保险费。这种保险通常是强制保险。

客票价格由航线特点、船的级别、船上生活条件所决定。由于定期发船和航速十分重要,以及必须提供食品和各种服务,使客船营运成本非常高。依赖于船舶技术、安全性能和居住条件的固定成本比例很大。在某些客运航线上引入恰当的定价策略十分必要,例如在高峰期和非高峰期采用不同的价目表。与客票票价制定相关的主要因素包括:

(1)船舶运输成本。如资本费用、物料费、修理费、管理费、船员费、燃油费、港口费,以及其他在航次中发生的费用,包括直接费用和间接费用。

(2)航次航行距离、航行时间或航速。

(3)旅客、汽车或可携带货物的数量及供求关系。

(4)来自海上、陆上和空中的竞争。

(5)旅行的档次,舱室的类型与条件,成年人还是儿童。有时对学生、老年人等特殊对象给予优惠价格。

(6)从在船上提供的供应、娱乐设施中获得的年收益,如广告费、商店销售额、酒吧利润等。有些经营者规定票价只含住宿条件,而另一些经营者则规定票价中包括膳食供应。

(7)团体旅行,超过一定人数的团体旅行可享受票价优惠,这在铁路、水路联合旅行的乘客中效果非常明显,也适合于专门的假日旅行。

(8)与其他经营者或航运组织的协议及来自政府的有关票价控制的规定。

在票价收入中,主要部分应该用于弥补运输、服务成本,并含有合理的利润,也有一部分是先以客票收入的形式收取,然后再转移给港口和有关管理部门。例如,在渤海海峡两岸的港口之间从事客货滚装运输时,航运企业收取的运费中就曾经包括为下列收费单位收取的各种费用:

客票代理费:客票收入的7%　　收费单位:港口企业

车票代理费:车票收入的30%　　收费单位:港口企业

船舶港务费:0.25 元/净吨　　　　　　收费单位:海事局
船舶停泊费:0.06 元/净吨　　　　　　收费单位:港口企业
系解缆费:140 元/次　　　　　　　　　收费单位:港口企业
运管费:运输收入的 10%　　　　　　　收费单位:港航局

实际上,世界各地、各个港口的收费项目和标准可能都不一样,且经常变动,在票价计算和确定时必须充分调查、了解这方面的情况。

自从 20 世纪 60 年代洲际客运航线不断萎缩以来,许多国家、地区的短途沿海航线和港湾(包括河口沿岸)客运市场有了不同幅度的增长。这种增长在很大程度上归功于小汽车市场的发展。例如英国、欧洲的客运业务,航次时间范围大致为从港湾运输的 10~45 min 到沿海短途运输的 2.5~36 h,其中沿海短途航线客流的航行时间主要分布于在 3~8 h。在短途航线上,往往有大量的乘客、携带小汽车的旅行者及商贸运输车辆。

在那些有夏季高峰需求的航线上,可采用 3 种票价:非高峰票价、夏季票价和最昂贵的高峰期周末票价。高峰期周末票价可以在整个夏季的 12 周里都实行。在航程时间 6~10 h 的航线上,非高峰季节、白天航行的票价可稍低一点,夜间航行的票价可稍高一点。但一般来讲,这种运价表多是面向带小汽车的乘客和公路大客车乘用者的。

在地中海和加勒比海一些有旅游观光价值的客运航线上,客运活动曾被设计成为期一周的旅游交通营运方式。在这一周时间里乘客可乘船、可上岸住旅馆,还可乘其他交通工具到达船舶下一个停靠港口后再加入乘船旅游。票价取决于舱室的类型、旅行线路和挂靠的港口。加勒比海旅游航线全年营运;而地中海航线则只从早春至秋季营业,并在 7、8、9 月份增加较高的季节浮动附加费用,但 20 人以上的团体票可以享受优惠的票价。

定价策略依具体航线竞争的环境而定。在以出差者为主的航线上,乘客对居住条件的要求是非弹性的;而在以旅游乘客为主的航线上,乘客对居住条件的要求有较大的弹性。经营者要特别注意到,现代客船一般只设有两三个等级,并能装载公路车辆。在铁路、水路联运的沿海短途客运市场上,旅客很容易受到空运的竞争,但对于自带小汽车的乘客来说,由于空运受重量、容积的限制,来自空运的竞争并不十分强。经营者应以获得的年收益最大为原则确定运价表,使形成的运价表能最大限度地利用装载能力,使旅客愿意选择其所提供的运输服务。

20 世纪 90 年代以后,涵盖全程的旅游市场不断发展。航运公司与旅馆签订联营协议,使旅客的全部旅途费用包括在统一的总票价中,方便了游客。这种业务可以由航运公司承办,也可由旅游公司或代理人来承办。这种涵盖全程的总价格应该比分别乘船、乘车、住旅馆的正常价格总额有些折让。这种打了折扣的运价表有助于吸引客流,特别是非高峰季节里,有利于刺激需求的增长。这种设置在客运市场,特别是在沿海短途航线上采用得较多。

第四节　游船经营管理

一、游船经营组织主要内容

1.游船旅游产品设计

游船旅游服务是一种多功能、复合型的海洋休闲旅游产品,包括港口之间的航行、船上服务和设施(如住宿、餐饮、娱乐和休闲区域)提供,以及各种其他需要额外付费的服务等。游船旅游产品是开展游船市场各项活动的基础,其质量的提高和结构的优化是游船公司取得良好经济效益的关键。

游船旅行的目的不再仅仅是交通或运输,一般可以有旅行和游乐两个方面,其中旅行是载体,游乐、游玩、消遣是核心。因此,游船旅游产品设计是指按照一定的规则合理地配置游船旅游资源的过程,主要体现在以下几个方面:

(1)航线与航程设计

游船航线是指游船从起始港出发至最后一个港口结束行程所航行的路线,沿线水上风光、自然景点和人文特点等是吸引游客的主要因素,游船航线设计应注意沿途景点的区位性、可及性、可欣赏性、吸引力以及不同季节水域的适航性与安全性。航程主要指往返航程或单程以及航次时间。

(2)服务设计

服务设计主要是指为游客乘船期间提供的旅游服务活动、服务水平和服务质量的总称。它是除了硬件设施以外,游客最为关注的内容,高水平的服务会起到弥补硬件设施不足、给游客留下美好印象的作用。服务设计主要包括以下几个方面:

①船上活动设计,包括客舱住宿、餐饮、购物以及婚庆等其他娱乐活动。

②岸上活动设计,包括岸上观光、购物、探险、体育、民俗体验类活动等。

③主题旅游活动设计,主要是指一些游船公司通过确定航次旅游主题,增强宣传效果,引起公众注意,从而吸引客源。

(3)价格设计

游船公司进行产品设计,有时会通过价格调整将产品打包出售,常见的包价产品有:

①前端包价产品,包含游客从家到登船港口的交通费用及旅游费用等。

②后端包价产品,包含游船抵达最终港口后的游客返程费用及旅游费用等。

③全包价产品,可以涵盖游客参加游船旅游全程的所有收费项目,既包括登船之前、离船之后的交通费用,也包括游客参加船上娱乐活动以及岸上观光活动的费用。

游船航线通常是闭环式的,即旅客登船沿航行线路周游一圈后,还在出发港下船结束旅行。也有按线状航线营运的游船,旅客在航线上的另一港口下船结束海上旅游,甚至有的游船航行距离很远,长达数月后才再次挂靠以前挂靠过的港口。还有的公司将南极、北极附近的港口纳入游船航线,吸引有好奇心、富有探险精神的游客。游船公司正是通过设计出有特色的航线和游览项目,豪华、舒适、安全的游船和热情、周到的船上服务来招揽游客、开拓市场的。

我国游船旅游业在21世纪初起步之后,尽管国内航运企业经营的首艘游船已投入使用多年，却呈现出市场需求不旺盛的景象。显然，风靡欧美的游船活动模式并不完全适合中国民众的口味，需要根据中国的法律框架和国人消费习俗安排各种娱乐、游览活动，以便形成效益。在国内建造的首艘大型豪华游船进入旅游市场之际，创新设计出对国内外游客都具有广泛吸引力的游船旅游产品已经成为当务之急。很少受既有框架影响的青年学者和实业家也许在这方面可以大显身手。

2.游船营销管理

游船公司必须采取多样化的经营策略和营销手段，着力打造优质船队，设计开发富有吸引力的游船旅游产品，提供丰富多彩的船上及岸上活动，同时积极拓展船票销售渠道，以此实现收益的最大化。游船公司通常采用“7P”营销组合策略，即产品策略（product）、价格策略（price）、渠道策略（place）、促销策略（promotion）、人本策略（people）、有形展示策略（physical evidence）及过程营销策略（process）等 7 个方面。

（1）产品策略，主要是指对现役游船设施设备进行翻新改造、开发主题游船旅游产品、开辟优质游船航线等。

（2）价格策略是指针对市场竞争情况、消费者需求情况以及产品自身情况，在展开深入调研的基础上，对游船旅游产品进行合理定价，从而实现利润最大化，如采用适当降低淡季价格的策略。

（3）渠道策略。营销渠道是指游船旅游产品从游船公司到达消费者手中的途径或通路。游船市场营销渠道主要有游船经营商和旅行代理商两种，旅行代理商主要包括旅行社、旅游批发商和行业协会等。

（4）促销策略。游船公司常用的促销手段包括广告、公关、推销等。

（5）人本策略。人本策略有两层含义：一是以游客为本，高度尊重信任游客，提供游客偏爱的产品、服务和承诺，让游客享受到满意惊喜的服务，最终成为游船的忠诚消费者和宣传者；二是以员工为本，正确激励人、培育人、选拔人、留住人，调动员工的创造力和积极性，为游船的整体营销创造最大合力。

（6）有形展示策略。游船的有形展示可分为物质环境（如空气质量、环境清洁度、员工服饰礼仪、设施设备、企业形象标识设计）和信息沟通（如服务的有形化、信息化和便捷化）等。有形展示的重要性在于顾客能直接感受到舒适和便捷，体验到满意的服务质量。

（7）过程营销策略。在营销计划实施过程中，必然会出现因市场的变化而发生意外的情况，游船企业必须做好全过程的监督、调节和控制，才能达到最好的营销效果。

二、游船旅游产品报价

游船公司报价时，通常有一些明示的价格项目，主要包括：

（1）船票价格。游客购买船票后，可以享受船舱住宿、指定餐厅免费用餐、参加指定娱乐活动等项目。

（2）乘客港务费。乘客需缴纳的乘客港务费一般随出游目的地和停靠港口数量的不同而不同。

（3）燃油附加费。燃油附加费是游船公司为应对燃料价格变化而向乘客收取的附加费。

（4）“游船服务费”也称为小费。部分游船公司需要乘客在购买游船旅游产品时一次性支付一定的费用作为小费，这在行业内已是惯例。与通常所理解的小费不同，游船服务费是一种强制消费，凡乘坐游船就必须支付，且金额一般固定。

除上述明示报价项目外，尚有一些额外花费在报价中没有体现，需乘客视个人需要自行承担，主要包括：

(1)船上部分项目收费，包括乘客在游船上的特色餐厅用餐以及打电话、上网、购物、医疗、美容等私人消费费用。

(2)岸上观光游览费用，包括游船停靠港口时游客上岸观光游览的各种花费。

(3)护照、签证费用。游客搭乘游船出境旅游时需要办理护照以及相应国家的签证，费用由游客自行承担。

(4)保险费用。游客购买的旅游意外保险费用等。

游船产品价格也是一种对服务质量和消费水平的展示。除了价格高低与价值相符外，还要增强价位透明度，增强游客对游船企业、游船品牌的信任。

三、游船运输安全管理

1.游船安全管理的定义

游船安全是指游船营运过程中所涉及的人、船、物等没有危险、没有威胁、没有事故的状态。游船安全管理是指为了保障游船安全而进行的一系列计划、组织、协调和控制等活动的总称。

2.游船安全管理的特点

游船安全管理既要遵守船舶营运安全管理的一般原则，又要具有与陆地酒店相类似的安全经营管理内容，因此是一项广泛、持久而且专业性很强的工作。概括地讲，游船安全管理主要有复杂性、国际性及强制性等特点。

(1)安全管理的复杂性

游船安全管理贯穿游船运营的全过程，既包括游船航行安全管理，又包括游船乘客治安管理等内容。游船在海上航行时，不安全因素比较多，很多安全事故具有一定的突发性，比如海底地震、海啸、台风等引起的船舶倾斜、搁浅甚至倾覆等，给游船安全管理带来一定的难度。此外，游船搭载乘客人数众多，是活动空间相对比较封闭的大型社区，在航行过程中，还会涉及防火、防盗、防黄赌毒等问题。因此，在游船安全管理中需要船公司、船员以及乘客广泛参与，以做好安全管理防范、应变等各项工作。

(2)安全管理的国际性

船舶的流动性使船舶安全成为国际性问题，并逐步形成了国际化的船舶安全管理网络。绝大多数豪华游船航行于国际航线，受船旗国、港口国、船级社以及行业组织的多重管辖和影响。

(3)安全管理的强制性

游船海上事故影响面大，一旦发生，其所带来的政治、经济损失难以估量。世界各国及相关海事机构制定并颁布了大量国际公约及海事安全法规(如SOLAS公约)，限制继而消除不满足国际公约的游船继续航行，以此来加强对游船海上营运的指导与安全监控。

3.常见安全问题及其防范

(1)游船碰撞、搁浅事故及其防范

碰撞、搁浅、触礁是船舶海上航行时比较常见的海损事故。因游船上载客量较大，一旦这类海损事故发生，其造成的损失也较大。为减少或避免此类事故的发生，游船公司除了要提高船员的安全意识、责任感以及航海技术外，还应更加严格地遵守各项海上安全公约，做好游船海上航行安全管理。当船舶发生碰撞、搁浅等事故时，应该沉着冷静地根据具体情况做出正确的判断，果断采取有效应急措施，保障人命及财产安全。

(2)游船火灾事故及其防范

游船火灾同样是游船航行过程中常见的安全事故。游船起火的原因是多方面的,除碰撞等外界因素外,绝大多数是由船舶电力系统故障、电气设备使用不当或乘客随处丢弃烟头等原因引起的。游船一旦发生火灾,最重要的是能够及时发现并将火灾扑灭在起初阶段。发现火情以后,应立即发出火警警报,寻觅火源、控制火势。通过观察火灾浓烟及异味判断火源的位置和起火原因,切断电源和油舱通道,封闭起火舱室门窗和通风口,尽力防止火势扩展和蔓延,并根据具体情况采取不同灭火器材及方法。明火扑灭后,仔细检查现场余烬是否完全熄灭。事后认真分析总结火灾原因及施救工作,以吸取教训和归纳经验。

(3)海上恐怖势力威胁及其防范

2008年之后,海上劫持事件数量增加,海上恐怖势力给游船航行带来一定影响,也给海上乘客安全带来威胁。对于游船企业而言,不但要研究如何防范恐怖袭击,更要准备相应预案,尽可能为游船营运提供安全环境。

四、游船卫生防疫管理

由于大型游船上聚集乘客众多、客源分布广泛、空间封闭性强等特点,经营游船的过程中极易受到公共卫生事件的影响,特别是对于突发公共卫生事件的防控难度较大。例如,2020年之初暴发的新冠疫情对全球社会经济发展造成巨大的冲击,而游船行业,成为受这次疫情冲击最大、恢复最慢的行业之一。疫情全球蔓延时,游客数量锐减,游船公司几乎全面停航、陷入经营困境,部分公司甚至被迫申请破产。国际游船旅游涉及游船公司所在地、游船国籍、访问国、访问港、各地游客和船员等多个利益相关方,各国卫生标准、防疫措施往往存在差异,这些差异可能会给各国主管当局以及船舶公司在船上传染病防控方面带来困难。因此需要建立全球统一的公共卫生防控体系,以便保障游船行业稳定发展。

在突发公共卫生事件防控方面,世界卫生组织会员国达成的《国际卫生条例》(2005)为实现全球卫生安全作出了贡献。2011年,欧洲发布了《欧洲客船卫生标准和传染病监测手册》,主要包括游船医疗设施、传染病监测与管理、食品安全、饮用水安全、娱乐用水安全、有害生物防治、家政服务和设施、危险品、废弃物管理、压舱水管理等内容,是对于船舶卫生监督和传染病监测的实施指导和综合性法规。在对游船进行检查的过程中,如果发现严重不合格项,就有可能被判定为《国际卫生条例》所规定的"受染交通工具",从而被判罚"拒绝船舶离境或入境"。

我国交通运输部也在新冠疫情期间接连发布了多版《国内游轮常态化疫情防控工作指南》,对疫情防控和防疫保障等方面都提出了具体要求,成为指导国内游船及相关港口等企业疫情防控工作,安全生产和运输保障工作的准绳。这些条例和指南的发布对游船疫情防控发挥了良好的指引作用。游船企业要在营运过程中结合实际不断加强公司卫生防疫体系以及每艘游船上的卫生防疫体系建设,提高卫生防疫水平,完善卫生防疫管理制度。

【小资料】

"邮轮"与"游轮"的困惑

自从欧美发展大型游览客船(cruise ship)起,在中国,对大型游览客船就有"邮轮"和"游轮”两种不同的称谓。而且半个世纪来,随着海上旅游业的发展,“邮轮”称谓似乎越来越占主导位置,但“游轮”称谓亦屡见不鲜。例如,在交通运输部印发的各版《国内游轮常态化疫情防控工作指南》中采用的都是“游轮”;世界上规模、影响力均名列前茅的皇家加勒比国际游轮有限公司(Royal Caribbean International)在其中文网站上也使用“旅游”的“游”,而非“邮政”的“邮”;在长江沿线更是称游览客船、旅游客船为“游轮”。为何对同一功能的船存在这样两种发音相同但语义不同的称谓,进而将其衍变成了一个旷日持久的大众之问、时代之问呢?

追根溯源,过去称洲际客运班轮或大型客船为“邮轮”是因为这些船当时承担了捎带邮件的业务。曾经的海上霸主英国,将皇家邮政授权可以承担邮件运输的船冠以“RMS”称号,例如家喻户晓的大型客船“RMS Titanic”“RMS Queen Elizabeth”等。根据英文资料,“RMS”是“Royal Mail Steamer”或“Royal Mail Service”的缩写。而在20世纪60—70年代之后逐渐兴起的大型游览客船在英文中自始至终都是用“cruise ship”“cruise liner”表示。从英文中的“mail”到中文的“邮”显然具有语义上明确的对应关系,从英文中的“cruise”到中文的“游”也具有无可非议的对应关系,但从英文的“cruise”到中文的“邮”则根本无据可查。

在1996年由全国自然科学名词审定委员会公布出版的《航海科技名词》中列明,邮船的英文是“mail ship”。在中文专业词典(如上海交通大学出版社2002年出版的《英汉航海轮机大辞典》)中,一般也将“cruise ship”译为旅游客船。历史上,在国内外正式出版的权威名词词典中,也未见有将英文的“cruise”翻译成中文“邮”的译法。既然“mail”与“cruise”、“邮”与“游”分别在英文、中文中的含义那么清晰,分工那么明确,且没有交叉,那么我们为什么还要以发音相同的“邮”代替能够反映事物本质的“游”呢?实际上,在世界洲际航线上的大型邮轮退出历史舞台之后,在国际海上旅游客船逐渐兴起之时,国人就开始被“邮轮”还是“游轮”所困扰。

显然,就用途、功能乃至船舶种类命名的一般规则而言,应该将大型游览客船称为游览船或旅游船,简称游船。因为中文的“邮”与英文的“mail”毫无异议是对应的,中文的“游”与英文的“cruise”也对应无疑。从船舶用途和功能、船体构造、设施配置乃至船舶设计、建造技术方面看,过去的邮轮(mail ship)与现代的游船(cruise ship)既是不同时代的客船,也是不同类别的客船,二者不可同日而语。将现代的游船看成或当作过去的邮轮不仅概念模糊,而且也遮盖了大型游船(cruise ship)的新颖性。

这里难免又引发出一个类似的小问题,到底应该称为“游船”还是“游轮”呢?关于这个问题,也早有许多专业解释,其中之一可以参见2003年《科技术语研究》第5卷第4期中的《从“邮轮”到“游船”》一文,本文不再赘述。需要说明的是,尽管在中文中,用“轮”替代“船”,也有不够规范之嫌,但这种做法至少不会引起歧义,毕竟“轮”代表了机械,现代船上虽然没有了拨水的明轮,但还是有带轮子的机械。因此,按照语言的习惯和发展规律,也就没有更多的人(包括内、外行)去较真。然而,如果将大型游览客船称为“邮轮”不仅令人感到怪异,而且常常还会带来实际问题。例如,海上大型游览客船可能会进入长江等大江、大河游览;反之,如果长江等大江、大河的游览客船按照海上适航标准设计建造,则也可以航行到沿海。在这种情况下,必然会给大型游览客船的称谓造成困难。又如,当一篇文章的标题中含有“邮轮”一词且论及旅游事项时,从题目上看其内容包不包括“游轮”呢?

尽管2003年《科技术语研究》第5卷第4期中的《“邮船”当休》一文面世已有20年之久,但“邮轮”一词仍在国内频繁使用;尽管按照语言发展的惯例“邮轮”似乎已经可以被接受了,但长时间来,不仅关心海上旅游的各界人士始终对“邮”字感到诧异、困惑,就连喜欢刨根问底的专业人士(特别是青年、学生)也难免会纳闷进而追究“邮”的来源。不论是感到诧异、困惑,还是纳闷、寻根究底，关键问题在于汉语中用“邮轮”替代“游轮”不仅是给新生的“游轮”以外国过时的、陈旧的形象，还降低了“游轮”的档次，带来了诸多实际问题和矛盾，从而引起难以平息的争议。这种困惑何时、以何种方式结束？这种讨论的终点在哪里？遵循习近平总书记提倡的“追求真理、严谨治学的求实精神”，以及要“敢于大胆质疑，认真实证”的教导，只要做到正本清源，这种困惑显然可以迎刃而解。

（参见《中国船检》2024 年第 1 期第 99 页）

1.与常规客船相比，双体客船有哪些优缺点？

2.客票定价中，一般要考虑哪些因素？

3.广泛查阅资料，了解国内外豪华游船发展的最新动态。

4.水路客运发展历程对你有什么启发？作为当代大学生应该如何面对行业发展挑战？

第十二章

船舶保养与维修

船舶结构复杂,船体和各种设备、装置以及绝大部分的零部件是由钢铁制成的。船舶从出厂之日起,就漂泊在水上,暴露在自然界里,自然因素对船舶造成的损耗和船舶自身的机械磨损不仅不可避免,而且相当厉害。具体地说,船舶经常地、不同程度地受到下列因素的作用与影响:

(1)风、流、浪、涌对船体的冲刷与拍击。

(2)船体水线下生长的水草、水生物等产生的腐蚀。

(3)空气和水对钢质件的氧化锈蚀。

(4)装载货物对船体产生的腐蚀、磨损、污染。

(5)船上各种动力、机械运转部件的磨损。

(6)因操纵不当产生的碰撞、挤压、冲击、搁浅等事故造成的船体变形等。

在这些不利因素的作用下,如不加强船舶维护保养,予以防范,则必然导致油漆老化、脱落,腐蚀加剧,舱室污染,机械加速磨损,漏油、漏水、漏气、漏电,阀门、螺栓锈死,接头松脱,仪表失灵,故障不断等。这就决定了维护保养的必要性。不重视和加强船舶的维护保养工作,船舶寿命必然缩短,工作的可靠性、持续性、经济性都将下降,轻则影响船舶的营运使用和船员的正常生活、工作,重则可能导致船毁人亡的意外事故发生。

船舶良好的技术状态是由日常维护保养和修理来保证的。船舶保养和维修的基本目的是保证船舶处于适航状态,各项功能正常,防止或杜绝故障的发生。在保养和维修程度上应掌握的原则是:在不危及安全营运的前提下,尽可能将维修保养费用的总水平控制在最低点,并使船舶具有较高的实物价值。

第一节　船舶保养

船舶保养是在掌握其设备、系统及其零件损耗规律的情况下，检查设备运转情况，按照技术规程操作，经常进行除锈、清洁、调整、紧定、润滑，以便减少设备磨损，延长使用时间，消除故障隐患等，是一项经常性的工作。这些工作都可以在航行途中或非生产停泊时进行，一般不妨碍船舶正常的营运生产活动。

当润滑保养不良时，虽然暂时不会出现太大的麻烦，但有可能形成故障隐患。如导缆滚轮因锈蚀而抱住不动，对缆绳的磨损就会加剧。当天气条件较差时，也可能导致这种润滑保养工作不能正常进行，而出现类似情况。

因日常维护保养工作不到位而出问题的例子很多。例如，某船自广州运糖至上海，由于粪便污水管溢漏，污损了 2 354 包糖，造成货损赔偿；又如，一艘杂货船在国内北方港口装载矾土和杂货，由于在冬季寒冷地区没有对使用的各种水管采取妥善的防冻措施，致使日用淡水管道连接处冻裂，造成 515 t 镁砖和 106 t 亚麻被水湿损，被索赔数十万元。

船上不同设备的保养要求可能会存在差异。各部位油漆涂刷保养也取决于其暴露的程度及所处的环境。例如，习惯上将船体外部构件的油漆涂刷分为三部分：

(1)轻载水线以下。此部分外板始终浸没于水下，长期受到水流冲刷和水生物的侵蚀。

(2)在轻载水线和设计满载水线之间，即水线区域。该部位反复地浸没于水中，是腐蚀发生严重的部位。

(3)设计满载水线以上和上层建筑部位。该部位完全暴露在空气中，含盐水花有时能溅到上面，也可能受到货物装卸机械的损害。

针对船上不同设备和不同部位要采取不同的检查保养措施，一般由船员专人负责。在各航运公司制定的船员职务规则中，都对各级、各岗位船员负责检查、保养的设备做出了具体的规定。所以，对船上设备的检查、保养是船员的基本职责之一。

通常船舶保养分定期保养和不定期保养两种形式。定期保养是按计划规定的时间、内容、质量要求进行的保养；不定期保养是根据船舶技术状况和航泊区域、气象、营运需要确定的，是定期保养的一种不可或缺的补充形式。

船舶维护保养是航运企业一项长期的、经常性的工作，因此对每一艘营运中的船舶必须制订出详细的长期和短期维护保养计划。根据维护保养计划，公司可以做出相应的成本预算，技术管理部门(如机务部)也能适时向船上供应维护保养需要的物料，使维护保养工作顺利进行。在制订船舶维护保养计划时，要注意到这样一些基本问题：

(1)计划必须适用于各种各样的气象条件，即要考虑到天气条件对有些维护保养工作的影响，高效率地安排使用人力。

(2)计划必须具有较大的弹性或灵活性，以便于当航次命令或货载发生变化后，不至于过度地打乱原计划安排。

(3)必须考虑到船舶营运的航线、航次时间长度和交货形式等。

(4)在设备维护保养的具体时间安排上，应尽量和与其相关的工作进度相协调。如对救生设备、吊装设备、载重线标记等维护保养时，使其在船级社检验时达到最佳状态。又如，安全设备的保养同应急小组训练相结合。

(5)保养计划应考虑到船舶进坞修理时间,即当船舶快要进坞修理时,尽量减少需要检修设备的保养活动,以便降低成本。

(6)确保船上有备件,能在易磨损零部件出故障时,甚至在出故障前,得到及时更换,不至于较大地影响船舶正常营运。但备件的多少又直接影响到企业资金积压的程度,要权衡处理好这两者之间的关系。

以某干杂货船制订的保养计划为例,其中可能包含的内容如下:

1.短期保养

每周检查和加油润滑处:绞盘和起锚机,舱盖上的轮子,桅杆房间门上的活页,通风系统的阀门和通风机,外部水密门上的楔形把手,锚的扣紧装置,导缆孔和滚轮,吊车的枢轴,空气管等。每两周检查和加油润滑处:舷梯,救生设备,消防设备,绑扎设备和系泊设备,所有暴露在外面的螺丝,所有外露的电缆和甲板照明设施,船体油漆的脱落等。

2.长期保养(半年或一年)

定期检查大舱通风系统,淡水舱,艏、艉尖舱,舭部,双层底人孔等舱盖的水密性等。船上淡水舱开舱检查保养的时间间隔不应超过1年,最好每6个月就将水全部抽空清洁一次。在现代化的大船上,往往有多个淡水舱,这种条件下可轮流清洁各舱,而不影响淡水的正常供应。

船舶维护保养计划可能会因运输任务变化和气象原因而变化,但应尽可能地贯彻执行。公司技术管理部门要经常上船检查各部门、各设备维护保养计划的执行情况,并提出指导意见。长期坚持有计划地对船舶进行预防性维护保养工作,可以获得的实际效果如下:

(1)提高船舶营运率。长期的、良好的保养可以持续保持设备的有效性,减小设备出故障或发生各种危险的可能性,从而减少营运中断和修理时间。提高船舶的营运率就等于在没有增加船数的情况下,增加了企业的运输能力。例如,假设按运输任务某航运企业需要50艘船在给定港口间持续运行。如果这个船队的船舶平均营运率是85%,那么船队的编制就应该是60艘左右才能保证运输任务的全面完成。如果维护保养工作做得较差,营运率只能达到70%,要保证完成同样的运输任务就得将船队编制由60艘增加到70艘左右。因此,从这个意义上讲,船舶技术状态的好坏,营运率的高低是衡量企业船舶管理水平的一个基本标志。

(2)保持船舶的性能,延长船体、机件的使用寿命,增加修船的间隔时间,减少在船厂的修理项目,节约修理时间和费用。良好的船舶性能和技术状态是运输企业管理水平和技术实力的体现,有助于增强企业的竞争力。

(3)降低船舶设备的故障率,提高设备的可靠性,使设备高效率地运转,增强船员的安全感。特别是在紧急情况下,船员可以依靠这些设备迅速地解决有关问题。

(4)保持船舶价值,降低检验、保险费用。保持船舶良好的技术性能和外观,就能使船舶在市场上或将来有较高的卖价。同时也有助于节约检验时间和费用,节约保险费用。由于平时保养得好,一旦接到检验的通知,马上就可以做好准备待检;船舶各项功能正常,设备技术状态良好,特别是船上外观形象好,则易于压低保险费率。

(5)在保养检查的过程中,可以连续地监视和估计设备的腐蚀速度,并在一定程度上予以控制。使船员每时每刻都能比较清楚地了解各部位的技术状况。

(6)使船员的效率达到最高,在各种天气情况下均有工作做。

正因有这样一些好处和实际效果,尽管日常维护保养工作要消耗大量的人力、物料,但是大型航运企业都非常重视对营运中船舶的维护保养工作,并将日常保养与维修效果统一考虑,不断研究、改进船舶维修保养方法，追求总体效果最佳。例如，一些国际航运企业采用的计划维修保养体系（planned maintenance system，PMS）和按程序维修保养方法（procedure based maintenance，PBM）等。简单地讲：

计划维修保养体系——PMS是船公司根据船检机构的有关要求，制订出适合船舶设备和系统的具有周期性的详细检查、保养、维修计划，及其文件体系、操作程序。船舶营运过程中，公司相关管理部门和船员都严格、有效地按计划体系执行，使船舶机械始终保持良好的技术状态，并准确记录维修保养情况以备以后查阅。

按程序维修保养方法——PBM是根据每艘船舶设备和系统的具体特点，制定出详细的、有效的检查清单和维修保养程序，并在实际中严格执行检查、保养程序。这种方法强调根据对设备检查结果确定维修程度，如果设备运转状况正常，没有失效迹象或隐患，则不要采取干涉性的维修；只有当设备运转状况有失效迹象或隐患存在时，才在恰当的时候进行维修。

这些方法和措施的基本思想是以最小的人、财、物等资源投入，换取船舶或者设备持续的、最大的适用率、可靠性和安全性。

通过维护保养，可以减轻船体或船上设备的磨损程度，防止突然损坏，且有可能减少修理工作量和修理费用。但它不能消除正常的磨损，不能恢复已经损坏了的零部件，这些只能依靠修理来消除或恢复。

第二节　船舶修理

一、船舶维修分类

尽管在日常使用中对船舶实施了有效的维护保养，但由于磨损、锈蚀、疲劳、材料老化和各种损坏的存在，仍需要对船舶进行必要的修理。按照修船工作量和运用的资源，一般可以将船舶修理分为自修、航修和厂修三个级别。

自修是在完成检查保养计划的同时组织在船船员对一些修理项目进行修理，必要时公司还可以调派岸上的专家或技术力量上船予以支持。自修大多是在船舶正常营运期间利用停泊等时间进行，也可以在厂修期间进行，因此往往是最经济的一种修船方式。但由于船上的技术力量、设备条件和时间限制，维修规模和质量也是有限的。

航修是在船舶营运期间因为种种未预料到的事件或者一般性事故，致使设备系统出现故障而影响到安全航行，需要立即修理而船员又不能自修，由航修站或修船厂调派人员携带简单工具上船修理。航修一般需要借助外部技术力量和设备，费用通常也比自修要高，但不占用或不过多地占用船舶营运时间。

厂修是船舶停止营运活动，进修船厂检修。因为船厂的修船技术力量和设备条件都较强，有条件全面恢复船舶的技术指标和安全性能。但厂修的修船费用也会比较高，是船舶营运费用中一项较大的支出。因此，怎样安排船舶厂修是直接关系到船舶营运效率和经济效益的一项经常性的重要决策。

传统上认为，设备及其系统的可靠性随使用时间的增加而降低，当设备运转时间达到一定程度时，故障率会迅速增加。应基于此特点，分析、确定设备及其系统、部件、零件的安全使用寿命，并按规定的寿命进行设备的全部或部分修理。这就形成了船舶定期修理，或者称为计划预防修理理论的传统做法。

根据使用年限和损坏情况，定期修理又分为小修、中修、大修。由于各类船舶航行区域的不同，建造质量的差异，使用条件的差别，致使各船小修、中修、大修的修理间隔不尽相同，一般为：小修间隔 3~4 年，中修间隔 6~8 年，大修间隔 12~15 年。各级修理工程的范围大体如下。

小修：对船体、主、辅机和其他设备进行全面保养，局部检查修理，着重检修易腐蚀、易损坏、易磨损的部分，排除故障，对局部变形进行修理。

中修：较全面地恢复船舶的技术性能和经济指标，对船体进行全面的检查保养，有可能要更换部分船壳钢板、骨架、舱壁和上层建筑；拆修主辅机、各种设备、管路系统、电气系统、艉轴系统及其他系统；对油、水柜和其他液舱，不管是否更换外板，通常都要进行密闭试验检查；对各种故障损坏进行修复。

大修：全面修复船体、动力和其他设备、系统，恢复船舶原有的技术性能和经济指标。其工程范围一般要根据实际损坏、磨损情况确定。有时候结合大修对船舶进行现代化改装或技术改造，以达到以下几个可能的目的：

一是提高某项或某些项技术指标，如增加装载能力；

二是节约能源，减少污染物排放；

三是通过改造去满足更高要求的安全、防污染方面的国际公约或有关限制；

四是改变船舶的原来用途等。

随着科学技术水平的发展、设备可靠性的提高以及检测手段的更加完善，传统的定期维修保养方式越来越不能满足航运企业不断提高的要求。有研究证实，在有些情况下传统的定期维修并不能降低设备的故障率，有时会在修理后投入使用的开始阶段出现故障率反而上升的现象。这表明，故障率的降低不是依靠简单的维修方式来取得的，必须针对每个设备及其系统的具体情况设定最有效、最合理的维修方式和方法。

概括来讲，针对不同特性的设备系统，有定期维修、视情维修和事后维修三种主要维修方式可供采用。前边介绍的定期维修适用于故障率与运转时间有明显稳定关系，特别是已经掌握了其磨损规律的设备及其系统。视情维修是根据设备的实际状态来决定修理时机的做法，适用于技术状态、参数易于检查、测量的设备及其系统。通过对设备技术状态的连续检测和发生故障可能性的分析来确定最佳修理时间，即在发生故障之前维修、更换具有潜在故障危险的零部件。这种方式能有效提高设备系统的完好率，缩短维修时间和降低投入。事后维修是指等到设备发生故障或损坏时才进行修理，这是最被动、最传统的维修方式，适用于对船舶航行安全和营运影响不大、不十分重要的设备及其系统。

为了提高船舶维修保养的计划性、科学性，规范、持续地监控船舶技术状态，国家技术监督局 1997 年 6 月发布并实施了《船舶维修保养体系》国家标准。2009 年该标准又做了修订并重新发布，以适用于远洋、沿海、江河运输船舶的管理。该标准是将传统的船舶设备管理和国际上插卡式船舶设备管理相结合，形成集计划、管理、指导于一体的一种科学、实用的船舶设备管理模式，简称为 CWBT。它的基本设计思想是根据船舶设备及其系统的功能和特点不同，将它们分为安全设备、船级设备、重要设备和非重要设备，不同类别的设备采用不同的维修方式。涉及船级检验的设备和长期运转的设备采用定期维修方式；主要动力设备采用定期维修方式，有条件时逐步向视情维修方式转变；耐用设备、低值设备、非生产性设备和维护费用高但不危及安全的设备采用事后维修方式。

除计划性预防修理之外,还会有临时修理的情况。临时修理又分为故障修理和事故修理。前者一般应组织船员修复,无法自修的项目可先考虑派专家上船修理,或者安排航修,如果还不能修复,再送船厂修理。后者应先查明事故原因,然后根据损坏程度安排修理。

二、船舶维修费用

船舶每次进厂修理都涉及较高费用,事先要对修理项目和费用做出大致的估计,提出准确、详细的修理清单。若更换零件,必须注明备件是由厂方提供还是由船东提供,这将涉及修理费用的数额。有些公司采用的修理清单包括下列内容:

(1)常规检修项目

①船体除锈、清洁、表面处理、涂漆。

②锚及锚链的检查修理,包括长度测量和做标记。

③检查、清洁和油漆锚链的锁扣装置。

④船底塞应全部卸下(包括艏尖舱的)做上标记后,由大副保存,坞中放水之前再重新复位装好。

⑤检查、修理所有的海水阀、海底箱并涂刷油漆。

⑥检查、修理舵、螺旋桨和艉轴。

⑦对所有的起重设备检查、修理并做负荷试验。

⑧对所有的油箱、货舱、住舱的关闭设施进行检查和修理。

⑨检修保护阳极的尺寸、位置。

⑩检修船体底部及底部附体。

(2)修理项目

①更新管系。

②卸货设备的检修。

③横舱壁上的漏洞。

④船体结构损坏。

⑤更换船边的栏杆、扶手。

⑥消防、救生设备的检修。

⑦仪表和控制设备的调整、修理。

⑧更换部分电缆线。

(3)改装项目

①消防系统。

②探火系统。

③局部结构形式改造。

④惰性气体系统。

⑤救生设备改装、更新。

⑥为了满足新生效公约或规定中关于设备标准的强制性要求而进行的改装或改造。

船舶修理清单由船上甲板部、轮机部、事务部等各部门和公司技术管理部门共同研究提出,当详细的修理清单拟制完成后,需提前送给修船厂要求报价。表 12-1 是修船厂对船舶修理项目报价的一个简化样本。公司技术管理部门负责人要根据修船厂的报价情况,按照行业规定和市场现状逐项核实,经过讨价还价,最后达成修船协议或者签署修船合同。

表 12-1 ××船维修工程估价单

估价单位:××船舶修造厂

一	船舶资料	
	船舶类型:多用途船;总长:138 m;两柱间长:125 m;型宽:20.6 m;型深:11.5 m;满载吃水:8 m;空船吃水:3 m;总吨:9 100;净吨:3 580;总排水量:15 021 t;载重量:10 000 t	
二	厂方提供的服务	
1	供应船电:380 V/50 Hz	
2	接通消防水	
3	供应淡水	
4	供应伙食冰机冷却水	
5	定时清理垃圾(提供垃圾箱,每个舱口各 1 个,艉甲板 1 个)	
三	厂修服务及费用	估价(元)
1	进出坞一次	8 850
2	进出坞拖船服务费	5 900
3	住坞费(按 14 天计)	47 970
	……	……
	小计	152 315
四	主修工程内容及估价	估价(元)
(一)	船体部分	
1	轻载水线以下船体用高压淡水冲洗,海生物铲除,全部喷砂、除白,高压空气清洁,通涂底漆 2 度、中间漆 1 度,涂防污漆 2 度	128 651
2	轻、重载水线之间船体用高压淡水冲洗,海生物铲除,喷砂、除白,高压空气清洁,通涂底漆 2 度、中间漆 1 度、水线漆 2 度	77 653
3	重载水线以上船体,喷砂、除白,涂底漆 2 度、船壳漆 2 度。舷墙喷砂追加 230 m^2	133 687
	……	……
	小计	595 623
(二)	轮机部分	
1	艉轴抽出检测,艉轴探伤,艉轴密封装置换新(船供),重装后试压检查	10 000
2	螺旋桨清洁检查,整形补焊,动静平衡,表面抛光处理	6 700
3	舵柱轴承间隙测量,盘根换新,漏缝处密封处理,舵叶密性试压	7 000
	……	……
	小计	278 617
(三)	电气部分	
1	艉绞缆机维修、换件	6 200
2	机舱 2 号通风机电动机更换轴承,内部烘干,外部清洁除锈、涂油漆	3 700
3	主配电板上电流表、电压表、功率因数表、频率表校准	1 628
	……	……
	小计	118 673
(四)	其他项目	
1	船体锌块阳板(1 245 kg)	21 870
2	压载舱锌块阳板(3 300 kg)	57 750
3	生产物料及备件 11 项(详见船上申请单)	7 500
	……	……
	小计	98 600
(五)	船检费用	9 021
五	费用合计	1 252 849
六	其他说明	
	本表中未包含的工程项目,加工件、换新件、追加工程、隐含工程价格与费用另计	

在船上更换设备时，通常都会引起一些附加工程。例如，需要拆除邻近的设备与系统；在船体的铺板或构架上安装补充加强材料，以承放起重设施；设置人孔以取出或放入设备；等等。根据调查统计，这些工程的工作量大约要占其设备修理工作量的 25%，在制订修理计划时应予以考虑。

三、船舶维修中船员的工作

船在厂中修理时，航运企业应组织船员与船厂配合，并对修理质量进行监督、验收。如在淡水舱抽空以前，可以先察看其外表面，以确定是否有漏的或锈蚀的地方。淡水舱内表面若有腐蚀的迹象，应立即将该处的涂料去掉、除锈，然后再涂上与原涂装相同的涂装保护层。修船时，要求船员注意到如下几个问题：

(1)船员住在船上，在厂中活动时应遵守工厂的各项规定。特别是安全方面的教育不能放松，注意戴好安全帽，穿好安全鞋。

(2)修船过程中，每位在岗船员的责任应该明确，要严格检查修理质量，做到发现问题及时解决，需要与船厂配合的工作应该积极主动。对出现的新问题应该及时在每天的船员会议上进行讨论，提出解决的办法。

(3)在修船期间保持船舶整洁、卫生是非常困难的，但应尽量做到这一点。

(4)在甲板上、舱室内进行电、气焊是不可避免的，动火以前要检查周围是否有易燃材料或失火的隐患，并及时排除。

(5)每天 24 h 要派值班人员看管船的出入口(舷梯)，禁止无关人员随便上下船。也就是说，船方自己承担船上的安全责任。

当所有的修理项目完工后，将更换下来的零件和不用的材料、垃圾清除下船。对已修的部位进行全面检查，看是否已安装恰当。根据修理的程度(小修、中修还是大修)要进行设备试验和交接验收，以便检验设备的修复质量或全船各项功能是否达到了预定的要求。在验收试验过程中，要记录各种试验状态的特性与持续时间；记载各种故障；分析故障发生的原因，提出消除故障的措施。因为这些试验记录是以后保养、维修有关设备的重要参考资料。

应当指出的是，有些船厂在修船时，由于不注意及时检查维修质量或由于技术、设备水平限制，使验收试验过程中发生大量故障，要花很多时间边试验边修复，导致试验期很长，甚至占整个修船时间的四分之一。因此，船方应特别注意平时的监督和配合，提高一次性修复率，尽量缩短整个修船周期。

四、在安排船舶修理时应注意的几个问题

(1)修理费用视修理内容而有较大差异

合理安排修理、控制修理项目显得极为重要。过去有些航运企业在船舶维修保养问题上的做法是将许多维修工作都积累起来，留待船舶进厂后一起修理。这不仅延长了修理时间，而且增加了修理费用。现在许多船东的做法是尽量把需要进厂修理的项目控制在较小的范围内。当需要进行某些项目的修理时，并不是简单地令船舶进船厂修理，而是首先考虑是否有可能采用各种更为灵活、经济的办法，如临时增加船员随船进行修理；在港口临时雇用修理工人；聘请专家上船指导等。这样做虽然也要增加一些修理费用，但与进厂修理相比仍有很大的节省，尤其是采用这些办法不会缩短船的营运时间。

(2)修船厂的选择应通过比较确定

这种比较应包括修船收费水平的高低、修船质量的好坏、船舶到离修理地点的航程和进出厂前后可能获得货载的机会等情况。有些公司规定本公司船舶的主要厂修都应回到本国基地进行,这实际上不一定有利。船舶回基地修理虽然可减少外汇支出,但也可能造成船舶的船期损失。一般来说,除非在修船质量、时间和费用上有比较明显的差别,船舶就近选择修理地点是较为合适的。

(3)修理时间直接影响船舶的营运效益

修理时间的长短直接影响到船舶的营运天数,进而影响企业的经济效益。为了缩短修船时间,船方应提前将修理工程单提交修船厂预先备料和制订修船计划。为了避免仓促开工或由于计划不周而在修理过程中追加工程项目,造成返工、重复,因而延长修理时间,船方还可邀请厂方事先派员跟随船舶航行,根据船方提出的修理项目,在航行中进行实地勘验,然后再共同商讨修理计划。

另外,有时由于某种原因,如为了避免修船厂在某些时段的任务量过大,或者为了迎接即将到来的繁重运输任务,需要提前安排部分船舶进厂修理。

第三节　船舶营运过程中的技术检验

在第三章第三节中讲到,船舶投入营运前要通过验船部门的技术检验,满足了船舶检验机构的规范、规则和有关规定的要求,即可由该船舶检验机构授予相应的船级。按照国际惯例,通过船舶入级来区分船舶技术状态的好坏。但随着营运时间的增长,有形磨损扩大,船舶技术状态下降。船舶的技术状态下降后,是否还能保证其安全性和适航性,或者说通过日常维护保养和修理,船舶的技术状态是否还能够满足验船部门的有关要求,必须经过验船部门的检验认可。因此,船舶入级后,为了保持船级,还要定期对船舶进行保持船级的检验,其目的是查明各部分机构的运转情况和损坏、磨损程度,确定能否继续保证航行安全和保持已获得的船级。

例如,船舶满足强度、稳性和抗沉性方面的要求,可被授予载重线证书。载重线证书的有效期被限定。只有经重新检验,各方面仍然满足要求才能得到签证,保持下一个期间的有效性。一般在预期检验前的3个月开始做准备,即组织船员自己检查有关项目是否处于有效的、良好的状况,必要时进行维修保养。如果验船师在上船检查时,发现下列情形,则可以取消证书:

(1)船舶实际情况与所授予证书的条件不吻合。

(2)船舶的结构强度已降低到不安全的程度。

(3)发现授予证书时提供的数据资料不正确。

(4)船舶没有按规定接受连续的各项检验。

按照中国船级社的规定,营运中的船舶为了保持船级,必须接受年度检验、中间检验、特别检验、船底外部及有关项目的检验等定期检验,并且检验项目合格。其中年度检验应在初次入级检验日期或上次特别检验日期的每周年日的前后3个月内进行;中间检验应在第2次或第3次年度检验之时或两次检验之间进行;特别检验是在5年间隔期内对船体和轮机(包括电气设备)进行规定的项目检验,以便更新船级证书。第1次特别检验应在初次入级检验之日起5年内完成,其后的特别检验应在上次特别检验之日起5年内完成。

船底外部及有关项目的检验既可以在干船坞内或在浮船坞上进行,也可以在船舶漂浮状态下进行。在干船坞内或在浮船坞上进行检验称为坞内检验,在船舶漂浮状态下的检验称为水下检验。在每 5 年进行的特别检验周期内,至少应进行两次船底外部及有关项目的检验。其中一次应结合特别检验进行。在所有情况下,任何两次检验的间隔不应超过 36 个月。特殊情况下,可允许坞内检验到期后展期 3 个月进行。

除了各种定期检验外,有时由于船舶设备损坏、更换、修理或改装等原因,船东还会申请船体、机械、锅炉、电气和自动控制等方面的临时检验。临时检验根据情况可以是总体的或部分的,应确保已有效地进行了维修和任何换新,且船舶及其设备继续适合于船舶所从事的营运业务。完成临时检验,要在船舶入级证书中做相应的签注。

每种定期检验的检验内容和项目都有明确的规定,可以查阅船级社的船舶入级与检验规则,也可以直接向当地的主管验船师了解。由于执行船级社的定期检验制度能够使船舶保持船级和安全、适航的技术状态,航运公司和船东都非常重视船舶检验。为了做好这项工作,顺利保持船级,及时更新船级证书,往往将船舶维修保养与船舶检验统筹考虑、安排。例如将定期修理安排在定期检验之前,预约验船师在船舶或船上设备修理完成后马上到船厂或者上船实施检验,以确保船上的各有关设备都处于有效状态。主船体和上层建筑结构发生影响船级证书的变化后,应立即申请船级社做相应的检验。

为了减小因验船师上船检验而对船舶正常营运的影响,国际船级社协会承认航运公司保养体系的不断完善和实施效果,逐渐接受"以养代检"的思想。首先于 20 世纪 70 年代开始在全球推行"轮机循环检验(continuous machinery surveys,CMS)"制度,将特别检验项目分解到周期内的各个年度进行,允许用轮机循环检验系统来替代相应的特别检验,充分与航运公司的维修保养体系接轨和配合。这种做法的好处:一是将对设备的检验"化整为零",及时发现设备的缺陷和隐患;二是将部分项目委托船上轮机长进行,大大节省了检验时间和修船时间,使保养工作更加有针对性。

所谓的循环检验是船舶检验部门在船舶有良好的维护保养制度的条件下,授权经验丰富的轮机长执行某些机件设备的检验。其检验报告被认可,具有专职验船师签发的报告的同等效力。要求在定期检验间隔期内,对所有被检项目采用分期、分批、轮流循环方式加以检验,直至所有项目通过检验,即可办理证书换签。这种检验还可以结合修船时间、修船地点委托其他国家的验船机构代理执行法定项目的检验。这就使船东大大节省了验船时间和费用,对航运企业十分有利。但它的前提条件是船舶必须实行有效的预防性维护保养工作。

例如,中国船级社规定,除普通货船、油船、干散货船和兼用船及化学品船以外的船舶,根据船东申请并经中国船级社同意,船体特别检验可以采用循环检验系统进行。采用循环检验时,船体特别检验的所有要求,要在 5 年特别检验期满之前完成。在循环检验周期内,所有特别检验项目,应尽实际可能在特别检验周期内(5 年内)均匀分配在每年度进行检验。船东有权确定船体检验项目的顺序,但各检验周期内的顺序应与之前检验周期内的顺序相关联,以确保在两个周期内的检查项目间隔时间不超过 5 年。在符合一定要求的前提下,坞内检验也可以在 5 年船级检验期内任何时候进行。对于船龄在 10 年以上的船舶,压载舱在每一个 5 年船级检验期内应进行两次内部检查,即一次在中间检验范围内,另一次在替代特别检验的船体循环检验系统内。如检查中发现缺陷,验船师有权要求扩大检查范围。船级社或船东根据循环检验系统的实施情况,可以提出终止循环检验系统或者撤回基于循环检验体系的检验协议,而采用特别检验。

随着航运公司保养体系的日趋完善,国际船级社协会(IACS)在 1989 年提出了 PMS 的检验模式,将检验和保养进一步结合,并将设备的技术状况判定权力下放给有资格的轮机长。这套系统的实施会更加有利于船东安排营运活动并节省停航检验时间、检验费用,给船东带来一定的经济效益。中国船级社在 1996 年版《钢质海船入级和建造规范》中引入了 PMS 要求。根据《钢质海船入级规范(2022)》,对于实施了 PMS,并按计划维护保养的机械和装置,中国船级社可以批准用机械计划保养系统检验替代轮机和电气的特别检验和循环检验。具体条件是:制订船上所有机械、装置和设备的维护保养计划,并经中国船级社认可;船上实施计划人员应遵守认可的维护保养计划,按计划进行维护保养并做出记录;应每年对维护保养计划记录进行一次检查,以确认其处于有效状态。

被批准实施机械计划保养系统检验的船舶的船级证书上附加 PMS 标志。但是,如果实施了机械计划保养系统检验的船舶在实际中达不到规定的要求,例如计划维护保养记录不能完全满足建造后的检验要求,则实施的机械计划保养系统检验将被取消,其后必须采用特别检验或循环检验。

在船舶营运过程中,经常上船实施安全性检查的另一机构是各国驻港海事管理机构,如中国海事局、美国海岸警卫队等。它们主要检查与安全和环境保护相关的设备及其系统的技术状况和船上 ISM 管理程序的执行情况,并出具港口国检查官检查报告。对于查出的缺陷,或者要求船方限期改正,或者要求船员立即修复。对于重大的缺陷,检查官有权扣留船舶,要求彻底修复并经检验合格后才可以开航,由于船舶滞留造成的一切损失都由船方自己承担。表 12-2 中列出了近 10 年来澳大利亚海上安全局(AMSA)对外国船港口国检查的检查艘次数、滞留率和平均缺陷数等情况的统计数据。通过港口国检查,并公布检查结果来督促航运公司认真履行《国际安全管理规则》(ISM 规则),确保船员、船舶和环境安全。

表 12-2 澳大利亚海上安全局对外国船 PSC 检查的统计数据

年度	2013	2014	2015	2016	2017	2018	2019	2020	2021	2022
检查艘次数	3 342	3 742	4 050	3 675	3 128	2 922	3 222	3 021	2 820	2 405
滞留艘次数	233	269	242	246	165	161	163	178	159	145
滞留率(%)	7.0	7.2	6.0	6.7	5.3	5.5	5.1	5.9	5.6	6.0
平均每次检查缺陷数	2.4	2.9	2.3	2.4	2.3	1.8	1.6	2.1	2.2	2.6

资料来源:https://www.amsa.gov.au/vessels-operators/port-state-control.

除船级社和港口国海事主管机构对营运中的船舶实施的常规检验、检查外,一些特定利益团体也可能因各种目的或者利益对营运中的船舶实施一些特殊检查。例如,考虑到船舶溢油对海洋和环境造成污染的严重后果,国际上大的石油公司成立了石油公司国际海事论坛(The Oil Companies International Marine Forum, OCIMF),这个组织对为其石油公司运输石油的油船建立了一整套检查程序,只有通过这一检查程序的油船才能被租用。所有这些检验、检查的最终目的只有一个,即保证人命、财产的安全和保护环境。顺利通过这些检验、检查的唯一正确途径是科学、合理地保养、维修船舶,提高航运公司的管理水平和船员的业务素质。

【小资料】

英国劳氏社团的起源

爱德华·劳埃德(Edward Lloyd)是一个针织品制造商的儿子。大约40岁时,他来到伦敦,接管并经营了一个小咖啡店。爱德华家世很好,同妻子有三个孩子。这种令人尊敬的身世使当时的一些商界人士经常光顾他的咖啡店,并把它作为一个聚会的地点。爱德华也认识到了吸引这些体面的商人的重要性。

1691年,他在伦敦商业中心租到一幢房子(16,Lombard Street),并把他的咖啡店移到这里。在这里,他营造了适合海运保险人的气氛,向他们提供书写材料和关于航运动向和灾难的消息。他甚至还在1696年出版了一份新闻报(Lloyd's News),使咖啡店成为当时海运保险人和经纪人喜爱的聚会地点。因此可以说,伦敦劳氏社团起源于Lombard Street咖啡店。

爱德华死后,由他的小女婿继承了他的咖啡店。其后,又数次更换店主。1760年,咖啡店的常客们组成了船级社(Register Society),并于1764年出版了第一个船舶登记册(Register of Ships),使保险商和商人对他们保险或租用的船舶状况有一个基本的了解。

1834年,船级社经过改组形成了现在的劳氏船级社的前身——英国与国外航运劳氏船级社(Lloyd's Register of British and Foreign Shipping),独立于劳氏社团运作。成立当年就雇用了63名验船师,并发布了第一个船舶检验与入级规则。到1840年,其根据发布的船舶检验与入级规则检验了大约15 000艘船舶。1852年,该组织的第一个海外机构在加拿大开业,随后在世界范围内又成立了许多海外机构。1900年,该组织开始把海运领域的知识和经验应用于其他工业领域,形成了如今广泛的业务范围。1914年,该组织更名为劳氏船级社(Lloyd's Register of Shipping)。

思考与练习

1.对营运中的船舶采用预防性维修保养措施,可以获得哪些实际效果?

2.在安排船舶修理时,应注意处理好哪些主要问题?为什么?

3.每年预提船舶修理基金与在船舶大修当年将大修费用一次计入成本相比,对企业经济性的影响有何不同?如果企业不预提船舶修理基金,在船舶大修年度修理费用必然会大幅度增加。在这种情况下,假设企业可以选择当年一次性将船舶修理费全部计入成本,也可以选择在以后数年逐年摊销船舶修理费,请分析这两种选择的经济性。

第十三章
评价船舶生产经营活动的指标体系

第一节　指标及其统计概述

一、指标与统计的基本概念

指标是一类按照规定的计算方法计算出的(或规定的方法衡量出的)、有特定含义的测量值,用于反映生产、管理活动中某一方面的特征或所达到的程度。为了衡量某一生产、管理活动的优劣,建立一系列能综合反映这一活动的工作质量、经济效果的指标体系是必要的。通过分析这些指标,经常掌握各项活动的运行情况,了解运行现状与目标之间的差异,以便及时采取措施,确保总目标的实现。因此,运用指标体系来评价各项生产、管理活动是企业、行业及国家进行科学管理的重要手段。

统计则是关于数据收集、整理和分析的技术或方法,是从大量数据资料中提取关注的有用信息的重要工具。例如,船舶运输生产实绩统计就是有关研究收集、整理、分析船舶运输生产数据并通过指标来表现、解释船舶运输生产实际效果或业绩的技术或方法。船舶运输生产实绩统计主要利用各种运输生产原始记录、报表等资料,按照约定的或规范方法计算、分析数据,以便直接反映船舶的工作成果,实现考核与评价的目的。船舶运输生产的原始记录或数据主要是通过船上人员、生产调度、业务人员等基层管理者按照规定的时间、规定的内容、规定的方式申报,或者通过普查、抽样调查、重点调查、典型调查等途径获得。

二、指标与统计的主要作用

通过对船舶、船队或航运企业运输生产、经营数据、客观表现的统计或各种指标,一方面描述和反映船舶、船队或航运企业的实际发展状况,另一方面有助于评价运输组织绩效和管理水平,总结归纳船舶运输组织的规律和有效方法。在航运企业中设置生产经营活动指标体系并持续对这些指标进行统计观测具有多方面的作用:

(1)它是制订企业经营目标、编制企业运输生产计划的基础。

(2)它是考核船舶生产活动成绩和经济效益的依据。

(3)它是船舶运行组织方案优选的依据。

(4)它是分析船舶生产活动状况、改进工作质量的依据。

(5)它是各级领导、股东了解和考核企业生产经营活动,指导和监督企业工作,制定有关航运政策的依据。

三、设置指标(体系)的基本原则

(1)指标应有具体的内容与含义,能正确反映生产或管理活动某一方面的工作情况。指标的概念、含义、范围要明确、肯定,不能含糊不清。

(2)指标应该而且必须是可比的。即不同企业之间,或同一企业在不同时期的同一指标之间具有可比性。有比较才能有鉴别,才能够正确地评价。

(3)计算方法要科学,并应该有统一的规定。一个完整的指标体系既要求严密、全面地反映情况,又要求其中单项指标数目尽量少,各项指标之间不能互相矛盾,计算方法力求简单,以便于掌握和运用。

对于国民经济建设中的一些主要经济指标,国家统计局等有关主管部门对其定义和计算方法均有明确规定,除反映航运企业专业特征的指标之外,航运企业的有关指标应与国家统计机构规定的指标保持一致性。

四、航运企业生产经营活动指标分类

(1)按指标的基本作用,分为计划指标和统计指标。计划指标是在生产进行之前制订的,在未来一定的时间内,某一方面要达到的程度,也是要求实现的目标;统计指标是在生产进行之后,根据前期的生产实况计算出来的指标,用于检查前期的生产活动状况。

(2)按指标的内容或反映的侧面,有船舶工作指标、营运经济指标、安全质量指标和物资消耗指标四个方面。例如,船舶工作指标中含有运输量统计指标、船舶实有数统计指标、船舶运用情况统计指标等;营运经济指标中含有利润指标、成本指标等。

(3)按指标的性质,有数量指标和质量指标之分。数量指标是指用绝对数或总量反映船舶所处状况及运转情况的指标;质量指标是指用平均数或相对数来反映运输生产过程技术经济效果的指标。

在船舶生产经营指标的计算中,由于衡量货船、客船、推(拖)船等不同运输工具能力、规模的单位不同,测量海上、内河距离的惯用单位不同,针对不同情况计算同类指标使用的单位也不相同。为简化描述,本章主要以海上货船运输为例,介绍有关指标的计算方法。

第二节　船舶工作指标

一、营运数量指标

1.船舶运输量

(1)货运量:航运企业实际运送的货物重量,其计算单位为吨(t,一般木材按 1 m^3 为 1 t 换算)。通常分为煤炭、石油、矿建材料、钢铁、粮食、其他等十几个大类进行统计。

(2)货运周转量:航运企业实际运送的货物吨数乘以其发、到港间的里程,其计算单位为吨海里(t · n mile)。

(3)客运量:航运企业实际运送的旅客人数,其计算单位为人。

(4)客运周转量:航运企业实际运送的旅客人数乘以其发、到港间的里程,其计算单位为人海里。

(5)货物(旅客)的平均运距:航运企业实际运送的货物(旅客)的平均距离。其计算公式为:

$$\text{货物(旅客)平均运距}=\frac{\text{货运(客运)周转量}}{\text{货(客)运量}} \quad \text{(海里)} \tag{13-1}$$

运输量统计计算的注意事项:

(1)按运输工具组织调度的管理部门统计。航次租船或调度权仍属于出租企业的出租船舶完成的运量,由出租者统计。期租及光租船完成的运量,由租入者统计。两个独立经济核算的航运企业,从事合作运输,难以分清出租方和承租方的,其运输量可按运费分摊比例划分。

(2)按到达量统计。在报告期内运达目的港,并卸完的货物,统计为该报告期的运量。货物运输量统计的截止日期为报告期最后一天的 18 点整。

(3)按运输单据上记载的货物实际重量统计。轮船拖运空船不应计算运量。但拖运其他单位的工程船、工作船,办理托运手续,并收取运费的,可以按其排水量吨数计算货物运输量。

(4)按运输单据上记载的运送距离计算周转量。客货运量、客货运周转量指标表明船舶或航运企业在报告期内生产的成绩,也是评价航运企业营运经济效果指标体系中的主要指标之一。为了使承担旅客运输和货物运输的企业能直接比较运输量指标,或使客货船的对应指标相加,还要将客、货运量换算成单位统一的指标。其具体做法是,将客运的“1 人”作为“1 换算吨”(对于短途航线只设座位的船,按 3 人为 1 换算吨计算),“1 人海里”作为“1 换算吨海里”,得到统一单位的“换算运输量(吨)”和“换算周转量(吨海里)”。经过这样处理之后,再与货运的“吨”“吨海里”比较或相加。这就是换算周转量的概念。

2.船舶实有数

船舶实有数是指航运企业在一定时期内实际拥有的船舶数量。根据需要可以按不同的分类方式进行统计。

(1)按船舶的技术特征及其行驶方式,有机动船、非机动船之分。

机动船,即轮船,是指装有各种发动机,以机械动力行驶的船舶。按其主机类型不同,又可分为蒸汽机船、内燃机船等;按其主机使用的燃料不同,又可分为燃煤船、燃油船、燃气船等。

非机动船是指本身没有动力，需依靠其他机动船拖带，或利用人力、风力行驶的船舶，包括驳船和帆船。

(2)按船舶用途，可分为运输船舶、辅助船舶、工程船舶。

运输船舶是指直接用于运送货物、旅客的船舶，参见第三章第一节。

辅助船舶是指不直接从事客、货运输，而是间接为运输生产服务的船舶。包括引航船、供应船、消防船、港作拖船等。既用于运输，又用于辅助工作的同一船舶，如拖船，应按其主要用途区分。主要从事运输的船，就列为运输船舶；主要从事辅助工作的船，就列为辅助船舶。

工程船舶是指用于疏浚航道、筑港工程等技术工作的船舶。包括挖泥船、泥驳、航标船、打桩船等。

(3)按船体建造材料分，有钢质船、木质船、水泥船、铝合金船、玻璃钢船等。

(4)按船舶航行区域分，有远洋船、沿海船、内河船等。

船舶实有数的统计范围：凡产权属于航运企业的船舶，均应纳入统计。包括国家征用、封存停航、租借给其他单位使用但产权仍属本企业的船舶，不包括租入和代管的其他单位船舶。

船舶实有数的统计单位为艘、吨位、箱位、客位、千瓦等。

艘数：船舶的实物数量。不包括船上备用的救生艇。

总吨：即总吨位 GT。根据现行的国际船舶吨位丈量规范规定

$$GT = K_1 \cdot V$$

式中：$K_1 = 0.2 + 0.02 \cdot \lg V$；

V——船舶所有围蔽处所的总容积(m^3)。

净吨：从总吨中减去不适于载运旅客、货物处所的容积而得到的船舶容积，即装货和载客舱位的容积(计算公式略)。

总载重吨：达到船舶允许的最大吃水所能装载的各种重量之和。

额定载货量或净载重量：在标准的设计状态下，船上最大限度地装载货物的重量。

箱位数：在船舶上专门设置的用来装运集装箱的额定装箱位置数，单位为 TEU。

客位数：船上用于载运旅客的额定载客量，不包括船员自用的铺位。无论是铺位还是座位，均按一个客位计算。

千瓦数：船舶主机的额定功率数，蒸汽机按指示功率计算，内燃机按轴功率计算。

船舶的吨位、客位、千瓦数等，均以船舶出厂定额或检验机构测定的定额数为准。不能因为运输条件变化(如航道水深浅、枯水等)而自行改变。

3.船舶运用情况

统计对象为使用权属于航运企业的运输船舶。包括正在使用、修理及待修、待报废的船舶，以及从其他企业租入的船舶，不包括出租和沉没的船舶。

船舶时间的划分及称谓如图 13-1 所示，单位一般用吨天(t · d)或千吨天(kt · d)表示。

(1)船舶总时间或在册时间(吨天)是指企业使用的运输船舶在报告期内登记在册的全部时间。

$$\text{船舶总时间} = \text{额定载货量} \times \text{在册天数} = \sum D_d \times t_t \quad (t \cdot d) \tag{13-2}$$

式中：$\sum$ —— 对所有船舶的有关项求和(下同)；

D_d—— 额定载货量(t)(见第三章第一节)；

t_t—— 在册日历天数，其计算方法为：当发生船舶增减变动时，新增船舶自办妥固定资产

登记之日起计算;报废船舶自主管机关批准之日起不再计算;调入、调出的船舶,以双方交接之日为界,调出方不再计算,调入方开始计算。

(2)营运时间(吨天)是指船舶总时间中技术状况良好、完全可以从事客货运输工作的时间。包括航行、停泊及其他工作时间。

$$营运时间(吨天)=额定载货量\times营运天数=\sum D_d \times t_o \tag{13-3}$$

式中:t_o——船舶可以从事客货运输工作的时间,单位为天。

(3)航行时间(吨天)是指船舶实际航行时间与其额定载货量的乘积。

$$航行时间(吨天)=额定载货量\times航行天数=\sum D_d \times t_s \tag{13-4}$$

式中:t_s——船舶实际航行时间,单位为天。船舶自启程港离开泊位或锚地、浮筒,解开最后一根缆绳时,为船舶停泊时间结束,航行时间开始;到达目的港,靠上泊位或锚地、浮筒,系妥第一根缆绳或抛下第一个锚时,为船舶航行时间结束,停泊时间开始。

推(拖)船在港口进行编解驳船队的时间,属港内作业时间,应计入生产性停泊时间,而不应作为航行时间。

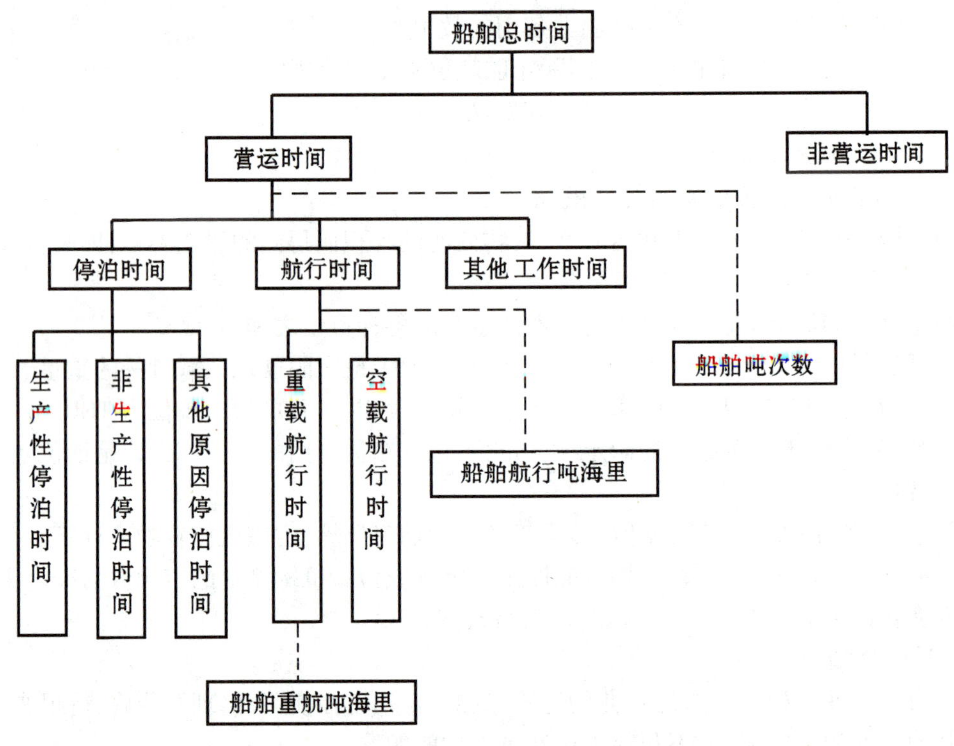

图 13-1 船舶时间的划分及称谓

(4)重载航行时间是指船舶载客货的航行时间。

(5)空载航行时间是指船舶不载客货的航行时间。

(6)停泊时间是指船舶在生产过程中,因各种原因在港口和途中的全部停泊时间。

(7)生产性停泊时间是指船舶在运输生产过程中,为完成客货运输任务所必需的停泊时间,包括装卸作业、熏舱、洗舱及轮驳船队在港口编解船队的技术作业等停泊时间。

(8)非生产性停泊时间是指运输生产过程中非必需的停泊时间,包括在港口等候泊位、等装卸工人、等货、等调度命令等停泊时间。

(9)其他原因停泊时间是指由于风、雨、雾等气象原因,以及由于某些航道不能夜航等原因造成的停泊时间。

(10)其他工作时间是指营运时间中除去航行、停泊时间之外,临时从事港内作业,以及为救援遇难船舶等特殊任务而花费的时间。

(11)非营运时间是指船舶因技术状况不良,不能从事运输生产的时间。包括修理时间,等待修理时间,等待报废时间,航次以外进行检修和洗刷锅炉时间,以及专为修船进出船厂的航行时间等。船舶封存时间也应属于此类时间。

根据上述船舶时间指标还能派生出另外一些反映船舶运用情况的指标,如:

(12)船舶吨次数是指报告期内所完成的航次数与相应的船舶额定载货量的乘积。其计算公式为:

$$\text{船舶吨次数}=\text{船舶额定载货量}\times\text{航次数}=\sum D_{\mathrm{d}}\times n \tag{13-5}$$

式中:n—— 某船完成的航次数。

(13)船舶航行吨海里是指船舶额定载货量与其在报告期内所完成航次的航行里程的乘积。其计算公式为:

$$\text{船舶航行吨海里}=\text{船舶额定载货量}\times\text{航行里程}=\sum D_{\mathrm{d}}\times L_{\mathrm{s}}=\sum\sum D_{\mathrm{d}}\times l \tag{13-6}$$

式中:L_{s}—— 某船在报告期内的航行总里程(n mile);

l—— 某船某航次的航行里程(n mile);

$\sum\sum$—— 双和号中第一个和号(内和号)是对某船的各航次求和,第二个和号(外和号)是对所有的船求和(下同)。

(14)船舶重航吨海里是指船舶额定载货量与其在报告期内所完成航次的载重航行里程的乘积。其计算公式为:

$$\text{船舶重航吨海里}=\text{船舶额定载货量}\times\text{载重航行里程}=\sum\sum D_{\mathrm{d}}\times l_1 \tag{13-7}$$

式中:l_1—— 某船某航次的载货航行里程(n mile)。

二、营运质量指标

1.平均使用船舶吨数$\overline{D}_{\mathrm{d}}$

平均使用船舶吨数是指航运企业在报告期内平均每天所使用的船舶吨位数量。其计算公式为:

$$\text{平均使用船舶吨数}=\frac{\text{船舶总吨天数}}{\text{历期天数}}$$

或

$$\overline{D}_{\mathrm{d}}=\frac{\sum D_{\mathrm{d}}\cdot t_{\mathrm{t}}}{T_{\mathrm{h}}}\quad(\mathrm{t}) \tag{13-8}$$

式中:T_{h}——报告期内的日历天数。

2.营运率ε_{o}

营运率是指船舶总时间中营运时间所占比重。其计算公式为:

$$\text{营运率}=\frac{\text{营运吨天数}}{\text{船舶总吨天数}}\times 100\%$$

或 $$\varepsilon_o = \frac{\sum D_d \cdot t_o}{\sum D_d \cdot t_t} \quad (\%) \tag{13-9}$$

3.航行率 ε_s

航行率是指船舶营运时间中航行时间所占比重。其计算公式为:

$$航行率 = \frac{航行吨天数}{营运吨天数} \times 100\%$$

或 $$\varepsilon_s = \frac{\sum D_d \cdot t_s}{\sum D_d \cdot t_o} \quad (\%) \tag{13-10}$$

4.平均航次周转期 $\overline{t_v}$

平均航次周转期是指船舶完成一个航次需要的平均天数。其计算公式为:

$$平均航次周转期 = \frac{营运吨天数}{船舶吨次数}$$

或 $$\overline{t_v} = \frac{\sum D_d \cdot t_o}{\sum D_d \cdot n} \quad (天/次) \tag{13-11}$$

5.装载率或称载重量利用率

装载率或称载重量利用率是指船舶在整个运输生产过程中吨位(客位)的利用情况。应用时,分运距载重量利用率和发航载重量利用率两种情况。

运距载重量利用率 α_c:

$$运距载重(客)量利用率 = \frac{负载换算周转量}{船舶航行吨位(客位)海里} \times 100\%$$

或 $$\alpha_c = \frac{\sum\sum Q \cdot l_1}{\sum\sum D_d \cdot l} \quad (\%) \tag{13-12}$$

式中:Q——某船某航次的装载量(t);

l_1——某船某航次的载货航行距离(n mile);

l——某船某航次的航行距离(n mile)。

发航载重量利用率 α_b:

$$发航载重量利用率 = \frac{发航装载量}{船舶额定装载量} \times 100\%$$

或 $$\alpha_b = \frac{Q}{D_d} \quad (\%) \tag{13-13}$$

6.平均航行速度 $\overline{v}$

平均航行速度是指在报告期内,船舶平均航行一天所行驶的里程,即所有船吨的平均航行速度。其计算公式为:

$$平均航行速度 = \frac{船舶航行吨海里数}{船舶航行吨天数}$$

或 $$\overline{v} = \frac{\sum\sum D_d \cdot l}{\sum D_d \cdot t_s} \quad (n\ mile/d) \tag{13-14}$$

平均航行速度在一定程度上既反映船舶运行的快慢，又反映客货运输时间的长短。较高的运送速度除能提高船舶生产效率外，还能加快有关货主资金的周转，有利于提高企业的竞争能力。提高船队中大吨位船的航速是提高平均航速的有效途径。

7.船舶平均每次进港在港停泊时间

船舶平均每次进港在港停泊时间是指在报告期内，船舶从进港时起至出港时止，平均每艘船每次进港在港的时间。其计算公式为：

$$\text{船舶平均每次进港在港停泊时间} = \frac{\text{船舶停泊总艘天数}}{\text{船舶停泊总艘次数}} \quad (\text{天 / 次}) \tag{13-15}$$

其中：船舶停泊总艘次数是指报告期内在港停泊船舶艘次数的累计值，船舶从进港时起至出港时止，不论单装、单卸或又装又卸，不论是否发生移泊或移泊次数多少，均只计算为一个停泊艘次；船舶停泊总艘天数或在港停泊艘天数是指在报告期内船舶在港停泊天数乘以船舶艘次数的累计值。

8.船舶在港装卸效率

船舶在港装卸效率是指在报告期内，船舶平均单位时间内装卸货物的数量，分为“总效率”和“纯效率”两项。其计算公式分别如下：

$$\text{总装卸效率} = \frac{\text{装卸货物吨数}}{\text{在港停泊艘天}} \quad (\text{t/艘天}) \tag{13-16}$$

$$\text{纯装卸效率} = \frac{\text{装卸货物吨数}}{\text{装卸艘天}} \quad (\text{t/艘天}) \tag{13-17}$$

9.平均每营运吨天生产量μ_c

平均每营运吨天生产量是指船舶在报告期内每吨位平均每营运天完成的换算周转量。其计算公式为：

$$\text{平均每营运吨天生产量} = \frac{\text{换算周转量}}{\text{营运吨天数}} \quad \text{或}$$

$$\mu_c = \frac{\sum\sum Q \cdot l}{\sum D_d \cdot t_o} \quad (\text{t · n mile/t · d}) \tag{13-18}$$

因为对于货船有

$$\begin{aligned}\text{平均每营运吨天生产量} &= \frac{\text{货运周转量}}{\text{营运吨天数}} \times \frac{\text{船舶航行吨天数}}{\text{船舶航行吨天数}} \times \frac{\text{船舶航行吨海里数}}{\text{船舶航行吨海里数}} \\ &= \frac{\text{船舶航行吨天数}}{\text{营运吨天数}} \times \frac{\text{船舶航行吨海里数}}{\text{船舶航行吨天数}} \times \frac{\text{货运周转量}}{\text{船舶航行吨海里数}}\end{aligned}$$

$$\mu_c = \varepsilon_s \cdot \bar{v} \cdot \alpha_c \tag{13-19}$$

10.平均每吨位船生产量 Z_c

平均每吨位船生产量是指船舶在报告期内每吨位完成的换算周转量。其计算公式为：

$$\text{平均每吨位船生产量} = \frac{\text{换算周转量}}{\text{平均使用船舶吨数}}$$

或

$$Z_c = \frac{\sum\sum Q \cdot l}{\bar{D}_d} \quad (\text{t · n mile/t}) \tag{13-20}$$

因为对于货船有

$$平均每吨位船生产量=\frac{货运周转量}{平均使用船舶吨数}=\frac{货运周转量}{\frac{船舶总吨天数}{历期天数}}\times\frac{营运吨天数}{营运吨天数}$$

$$=历期天数\times\frac{营运吨天数}{船舶总吨天数}\times\frac{货运周转量}{营运吨天数}$$

$$=历期天数\times营运率\times航行率\times平均航行速度\times载重量利用率$$

即

$$Z_c = T_h \cdot \mu_c \cdot \varepsilon_o = T_h \cdot \varepsilon_o \cdot \varepsilon_s \cdot \bar{v} \cdot \alpha_c \tag{13-21}$$

上式说明 Z_c 也是一个综合性指标。

上面以海运货船为例，介绍了船舶营运主要指标的计算方法。若将上述有关公式中的额定载货量换成客船的额定客位数，或换成推（拖）船的主机额定功率数，就可以对客船、推（拖）船进行各种指标的计算。计算原理相同。

三、集装箱船的统计指标

集装箱船上装载的是外形规格统一的货载，因此常常用标准箱（TEU）的数量，而不是用吨数来反映专用集装箱船的运用情况。主要的指标包括：

1.集装箱船运距载箱量利用率

（1）船舶箱位海里：船舶定额箱位数与其所完成的实际航行里程的乘积。其计算公式为：

$$船舶箱位海里=船舶定额箱位数\times实际航行里程 \tag{13-22}$$

（2）货运箱位海里：航运企业运输集装箱的数量乘以起运港与到达港之间的标准里程。其计算公式为：

$$货运箱位海里=集装箱运量（箱数）\times标准里程 \tag{13-23}$$

（3）运距载箱箱位利用率：船舶在整个运输生产过程中箱位利用情况。其计算公式为：

$$运距载箱箱位利用率=\frac{货运箱位海里}{船舶箱位海里}\times100\% \tag{13-24}$$

（4）运距载重箱箱位利用率：船舶在整个运输生产过程中运载装货集装箱情况。其计算公式为：

$$运距载重箱箱位利用率=\frac{装货货运箱海里}{船舶箱位海里}\times100\% \tag{13-25}$$

2.集装箱船发航箱位利用率

（1）发航箱位利用率

$$发航箱位利用率=\frac{发航集装箱装载量}{船舶定额箱位数}\times100\% \tag{13-26}$$

（2）发航载重箱箱位利用率

$$发航载重箱箱位利用率=\frac{发航载重集装箱装载量}{船舶定额箱位数}\times100\% \tag{13-27}$$

四、指标计算举例

例题 13-1：已知某船 D_d = 10 000 t，自 A 港空放到 B 港装货 9 000 t，至 C 港卸掉 3 000 t，至 D 港装货 2 000 t，最后驶至 E 港卸空。各港间距离见图 13-2。计算船舶在各港的发航装载率、航次货运周转量、运距载重量利用率。

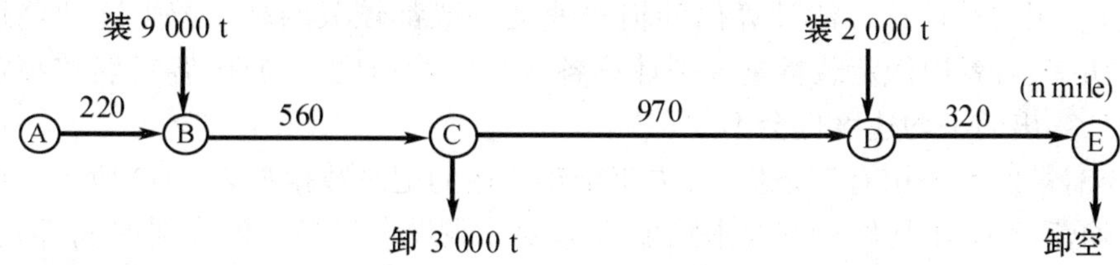

图 13-2　航次装卸示意图

解：①船舶在各港口的发航装载率

$$\alpha_b^B = \frac{9\,000}{10\,000} \times 100\% = 90\%$$

$$\alpha_b^C = \frac{6\,000}{10\,000} \times 100\% = 60\%$$

$$\alpha_b^D = \frac{8\,000}{10\,000} \times 100\% = 80\%$$

②完成的货运周转量及船舶航行吨海里

周转量

$$\sum Q \cdot l = 9\,000 \times 560 + 6\,000 \times 970 + 8\,000 \times 320 = 13\,420(\text{kt} \cdot \text{n mile})$$

③ 载重量利用率

船舶航行吨海里

$$\sum D_d \cdot l = 10\,000 \times (220 + 560 + 970 + 320) = 20\,700(\text{kt} \cdot \text{n mile})$$

$$\alpha_c = \frac{\sum Q \cdot l}{\sum D_d \cdot l} \times 100\% = \frac{13\,420}{20\,700} \times 100\% = 64.83\%$$

例题 13-2：某内河航运公司经营三条轮驳船队运输航线。为各条航线上配备的拖船的主机功率、驳队的载重量、航速及全年的行驶距离、航行总时间列于表 13-1 中。求该公司拖船与驳船全年的平均航行速度。

表 13-1　轮驳船队运行参数

航线	拖船额定功率(kW)	驳队额定载货量(t)	行驶距离(km)	航速(km/d)	航行时间(d)
1	500	3 000	24 000	240	100
2	800	5 000	7 500	250	30
3	1 800	6 000	15 000	300	50

解：设 N 表示拖船的额定功率。拖船的平均速度

$$\bar{v}_t = \frac{\sum N \cdot L_s}{\sum N \cdot t_s} = \frac{500 \times 24\,000 + 800 \times 7\,500 + 1\,800 \times 15\,000}{500 \times 100 + 800 \times 30 + 1\,800 \times 50} = 274.4\ (\text{km/d})$$

驳船的平均速度

$$\bar{v}_b = \frac{\sum D_d \cdot L_s}{\sum D_d \cdot t_s} = \frac{3\,000 \times 24\,000 + 5\,000 \times 7\,500 + 6\,000 \times 15\,000}{3\,000 \times 100 + 5\,000 \times 30 + 6\,000 \times 50} = 266\ (\text{km/d})$$

由例题13-2的计算结果看出,拖船与驳船的速度平均值是不同的(尽管两者可能是采用固定配合方式)。用这种计算方法计算出的拖船速度一般都较驳船高。产生这种差别的原因是前者用额定功率,后者用额定载货量分别计算各自的平均速度。同理,客货船按额定载货量和额定载客量计算出的平均速度也会不同。

例题13-3:某航运公司有三条货船,去年全年营运的记录数据如表13-2所示。试求这三条船全年的平均营运率、平均航行率及平均航行速度。假设今年各船的在册时间都是365天,而平均营运率、平均航行率和平均航行速度仍然与去年相同,平均(运距)载重量利用率为0.5。问该公司今年是否可以完成12亿t·n mile的全年运输任务?

表13-2 各船全年营运记录

船舶	额定载货量(t)	在册时间(d)	营运时间(d)	航行时间(d)	航行距离(n mile)
A	15 000	365	340	250	90 000
B	10 000	300	270	185	62 160
C	5 000	365	330	220	68 640

解:

$$\varepsilon_o=\frac{\sum D_d\cdot t_o}{\sum D_d\cdot t_t}\times100\%=\frac{15\ 000\times340+10\ 000\times270+5\ 000\times330}{15\ 000\times365+10\ 000\times300+5\ 000\times365}\times100\%=91.7\%$$

$$\varepsilon_s=\frac{\sum D_d\cdot t_s}{\sum D_d\cdot t_o}\times100\%=\frac{15\ 000\times250+10\ 000\times185+5\ 000\times220}{15\ 000\times340+10\ 000\times270+5\ 000\times330}\times100\%=70.9\%$$

$$\bar{v}=\frac{\sum\sum D_d\cdot L_s}{\sum\sum D_d\cdot t_s}=\frac{15\ 000\times90\ 000+10\ 000\times62\ 160+5\ 000\times68\ 640}{15\ 000\times250+10\ 000\times185+5\ 000\times220}=345.5\ (\text{n mile/d})$$

因为

$$Z_c=\alpha_c\cdot\bar{v}\cdot\varepsilon_s\cdot\varepsilon_o\cdot T_h=\frac{\sum\sum Q\cdot l}{\overline{D_d}}$$

$$\overline{D_d}=\frac{\sum D_d\cdot t_t}{T_h}=\frac{15\ 000\times365+10\ 000\times365+5\ 000\times365}{365}=30\ 000(\text{t})$$

所以

$$\sum\sum Q\cdot l=\overline{D_d}\cdot\alpha_c\cdot\bar{v}\cdot\varepsilon_s\cdot\varepsilon_o\cdot T_h$$

$$=30\ 000\times0.5\times345.5\times0.709\times0.917\times365=12.3$$

答:能完成12亿t·n mile的全年运输任务。

第三节 船舶营运经济与财务指标

在第七章船舶运输经济性中介绍了运输收入、成本、利润等概念,它们都是衡量企业经营经济效果的重要指标。本节介绍另外一些常用经济指标,其中包括财政部等有关部委按照建立现代企业制度的要求提出的部分企业效绩评价指标。

一、单位运输成本

船舶单位运输成本是船舶完成单位运量或单位换算周转量所支出的费用。其计算公式为：

对某航线

$$每吨货成本=\frac{总成本}{总货运量} \quad (元/t) \tag{13-28}$$

或　对一般情况

$$每千吨海里成本=\frac{总成本}{总货运周转量} \quad (元/kt \cdot n\ mile) \tag{13-29}$$

单位运输成本能反映出船舶营运活动中的物质消耗和货币支出多少，设备利用情况的好坏，以及生产效率和运输管理水平的高低。它是比较船型、运输方案，以及评价航运企业的主要指标之一；它能为制定运价和进行各种经济效果预测提供参考依据。单位运输成本的高低取决于总成本的大小和生产量的多少，为降低单位运输成本，企业必须在增产的同时，尽量节约支出。

二、企业盈利状况

由于各航运企业的生产规模和生产条件各不相同，仅根据利润额的大小，不能全面评价其经营管理工作质量和准确反映航运企业的经济效果，所以必须同时用利润率指标反映航运企业在一定时期内的相对利润水平。这种指标既可反映投资盈利情况，又可比较各企业之间和同一企业在不同时期的经营管理水平。

1.营业利润率

营业利润率是指一定时期内，企业的利润总额与收入总额之比，反映企业收入的获利水平。其计算公式为：

$$营业利润率=\frac{利润总额}{产品营业净收入}\times 100\% \tag{13-30}$$

营业净收入，指扣除各种折让、回扣之后的营业收入净数额。营业利润率越大，说明成本相对总收入越小（占的百分比较小）；营业利润率越小，说明成本相对总收入越大。

2.总资产报酬率

总资产报酬率是指一定时期内，企业获得的息税前利润总额与平均资金占用额的比率，用于衡量企业单位资产（资金）获利的能力。其计算公式为：

$$总资产报酬率=\frac{利润总额+利息支出}{平均资产总额}\times 100\% \tag{13-31}$$

式中：平均资产总额=（期初资产总额+期末资产总额）÷2

3.净资产报酬率

净资产报酬率是指一定时期内，企业获得的净利润同平均净资产的比率，用于衡量企业自有资本获取净利润的能力。其计算公式为：

$$净资产报酬率=\frac{净利润}{平均净资产}\times 100\% \tag{13-32}$$

式中：净利润是指企业未作任何分配前的税后利润；

平均净资产=(期初所有者权益+期末所有者权益)÷2,数据取值于企业的“资产负债表”。

三、资产负债状况

1.资产负债率

资产负债率是指企业负债总额与资产总额的比率,用于反映企业负债水平的高低和债务偿还能力。其计算公式为:

$$\text{资产负债率}=\frac{\text{负债总额}}{\text{资产总额}}\times 100\% \tag{13-33}$$

2.已获利息倍数

已获利息倍数是指企业一定时期息税前利润总额与利息支出的比率,用于反映企业获利对债务利息的偿还保障程度和企业债务偿还能力。其计算公式为:

$$\text{已获利息倍数}=\frac{\text{息税前利润总额}}{\text{利息支出}}\times 100\% \tag{13-34}$$

式中:息税前利润总额=利润总额+利息支出。

四、发展能力状况

1.营业增长率

营业增长率是指企业本年主营业务收入增长额同上年主营业务收入总额的比率。营业增长率表示与上年相比,企业主营业务收入的增减变动情况。其计算公式为:

$$\text{营业增长率}=\frac{\text{本年主营业务收入增长额}}{\text{上年主营业务收入总额}}\times 100\% \tag{13-35}$$

2.资本积累率

资本积累率是指企业本年所有者权益增长额同年初所有者权益的比率,表示企业当年资本的积累速度。其计算公式为:

$$\text{资本积累率}=\frac{\text{本年所有者权益增长额}}{\text{年初所有者权益}}\times 100\% \tag{13-36}$$

五、企业贡献状况

1.社会贡献率

社会贡献率是指在一定时期内,企业对社会或国家的贡献总额与平均资金占用额之比,用于衡量企业运用全部资产为社会或国家创造和支付价值的能力。其计算公式为:

$$\text{社会贡献率}=\frac{\text{企业社会贡献总额}}{\text{平均资产总额}}\times 100\% \tag{13-37}$$

其中,企业社会贡献总额,是指企业为社会或国家创造和支付的价值总额。包括工资(含奖金、津贴等工资性收入)、劳保退休统筹及其他社会福利支出、利息支出净额、应交增值税、应交所得税、其他税收及各种附加、净利润等。

2.社会积累率

社会积累率是指在一定时期内,企业上交国家财政总额与对社会贡献总额的比率。用于衡量企业对社会贡献的总额中有多少上交给国家财政。其计算公式为:

$$\text{社会积累率}=\frac{\text{企业上交国家财政总额}}{\text{对社会贡献总额}}\times 100\% \tag{13-38}$$

其中,上交国家财政总额包括应交增值税、应交所得税、其他税收及其附加。

六、指标计算举例

例题 13-4:某 15 000 t 货船 3 个航次的营运情况如表 13-3 所示。求每个航次的单位运输成本和 3 个航次合计的单位运输成本。

表 13-3　航次费用与产出

项　目	航　次		
	1	2	3
货运量(t)	13 600	8 800	12 100
周转量(kt · n mile)	180 000	120 000	200 000
航次总成本(元)	580 000	900 000	980 000

解:先求出每吨运输成本,设 s_1、s_2、s_3、s_t 分别表示各航次及 3 个航次总平均单位运输成本,则

$$s_1 = \frac{580\ 000}{13\ 600} = 42.65(\text{元}/\text{t});\quad s_2 = \frac{900\ 000}{8\ 800} = 102.27(\text{元}/\text{t});$$

$$s_3 = \frac{980\ 000}{12\ 100} = 80.99(\text{元}/\text{t});\quad s_t = \frac{580\ 000 + 900\ 000 + 980\ 000}{13\ 600 + 8\ 800 + 12\ 100} = 71.3(\text{元}/\text{t})$$

再求出每千吨海里运输成本,设 S_1、S_2、S_3、S_t 分别表示各航次及 3 个航次总平均单位运输成本,则

$$S_1 = \frac{580\ 000}{180\ 000} = 3.22(\text{元}/\text{kt} \cdot \text{n mile});\quad S_2 = \frac{900\ 000}{120\ 000} = 7.5(\text{元}/\text{kt} \cdot \text{n mile});$$

$$S_3 = \frac{980\ 000}{200\ 000} = 4.9(\text{元}/\text{kt} \cdot \text{n mile});$$

$$S_t = \frac{580\ 000 + 900\ 000 + 980\ 000}{180\ 000 + 120\ 000 + 200\ 000} = 4.92(\text{元}/\text{kt} \cdot \text{n mile})$$

第四节　运输安全与其他指标

一、安全指标

人、船、货的安全与运输质量是组织船舶运输生产过程中的头等大事,既与企业的经济利益挂钩,也与企业的形象和竞争力密切相关。一旦发生安全事故,人命和财产受到损失的同时,企业声誉也会蒙受巨大损失。例如,1999 年 11 月 24 日夜间,烟大汽车轮渡股份有限公司所属滚装客船“大舜”号从烟台驶往大连途中在烟台附近海域倾覆,造成 282 人遇难,直接经济损失约 9 000 万元,公司也遭到毁灭性打击。又如,在第六章第四节提到的 2014 年韩国“世越”号滚装客船翻船、2015 年长江客船“东方之星”号倾覆等重大事故。

船舶发生碰撞、搁浅、触礁、触碰、浪损、火灾、爆炸、风灾、自沉、操作性污染以及其他引起人

员伤亡、直接经济损失或者水域环境污染的事故都属于水上交通事故。不论企业,还是政府对这类问题都十分重视。通常对安全事故采用的主要考核指标如下:

1.各类海损事故件数

根据我国 2015 年 1 月 1 日开始实施的《水上交通事故统计办法》(中华人民共和国交通运输部令 2014 年第 15 号,2021 年 9 月修改)的规定,水上交通事故按照人员伤亡、直接经济损失或者水域环境污染情况等要素,分为以下等级:

(1)特别重大事故,指造成 30 人以上死亡(含失踪)的,或者 100 人以上重伤的,或者船舶溢油 1 000 t 以上致水域污染的,或者 1 亿元以上直接经济损失的事故;

(2)重大事故,指造成 10 人以上 30 人以下死亡(含失踪)的,或者 50 人以上 100 人以下重伤的,或者船舶溢油 500 t 以上 1 000 t 以下致水域污染的,或者 5 000 万元以上 1 亿元以下直接经济损失的事故;

(3)较大事故,指造成 3 人以上 10 人以下死亡(含失踪)的,或者 10 人以上 50 人以下重伤的,或者船舶溢油 100 t 以上 500 t 以下致水域污染的,或者 1 000 万元以上 5 000 万元以下直接经济损失的事故;

(4)一般事故,指造成 1 人以上 3 人以下死亡(含失踪)的,或者 1 人以上 10 人以下重伤的,或者船舶溢油 100 t 以下致水域污染的,或者 1 000 万元以下直接经济损失的事故。

在按照上述等级统计水上交通事故时还要注意到:

(1)凡符合上述等级标准之一的即达到相应的事故等级,其中“以上”包含本数,“以下”不含本数;

(2)对于在海上发生的事故,其等级划分的直接经济损失标准按照国务院批准的相关规定执行;

(3)在船人员自杀或者他杀事件,突发疾病导致人员伤亡事件,不作为水上交通事故;

(4)一般事故等级中没有造成人员伤亡且直接经济损失小于 100 万元的小事故(停航 7 日以上的搁浅事故除外),不纳入该等级统计,按照交通运输部海事局的相关规定统计。

2.总可记录事故发生率

在国际航运界也设有一些通用的健康、安全和环境(Health,Safety,Environmental,HSE)评价指标。例如,总可记录事故发生率(Total Recordable Case Rate,TRC Rate)是指船舶在报告期内每百万工时总可记录事故发生数,包括人员受伤损失工时、因受伤需要医务处理等事故,计量单位为次/百万工时。该指标反映的是船舶在报告期内发生安全健康事故的情况。由于船员在船上始终处在潜在危险区,随时有发生事故的可能,故可以按照 12 个月的时间来衡量船舶安全情况,公式计算为:

$$TRC\ Rate = \frac{\text{总可记录事故发生数}}{\text{总百万工时}} \tag{13-39}$$

式中:$TRC\ Rate$ 表示考核时点前连续 12 个月的船舶总可记录事故发生率,单位为次/百万工时;总可记录事故发生数表示船舶在同期的总可记录事故发生数(次);总百万工时表示船舶在同期的总工时数(百万工时)。

3.港口国检查滞留率

港口国检查滞留率是指在报告期内船舶营运过程中,因港口国检查官上船检查发现严重安全缺陷而滞留船舶的艘次数与港口国检查官上船检查的总艘次数之比。其计算公式为:

$$船舶滞留率=\frac{滞留艘次数}{检查总艘次数}\times 100\% \quad (13\text{-}40)$$

二、货运质量指标

1.货损率

货损率是指在报告期内,因运输损坏的货物数量占运输货物总数的比例。

2.货运质量赔付率

货运质量赔付率是指在报告期内,因货损而赔偿的总金额与货运总收入之比。

3.货差率

货差率是指在报告期内,货运差错数量占运输总数的比例。

4.货物运达期限保证率

货物运达期限保证率是指在报告期内,按合同规定时间完成运送任务的货物批(吨)数占运送货物的总批(吨)数的比例。

此外,还有重大货运事故件数、班轮的准班率(见第八章第一节)等指标可用于评价运输质量。

三、燃料消耗传统指标

以往常用于评价船舶燃料消耗情况的指标主要有四项。

1.燃油消耗量

燃油消耗量是指船舶在报告期的营运时间内,实际消耗的燃料油数量,单位用千克(kg)或吨(t)。包括航行、停泊、其他作业所消耗的燃油数量。船舶燃油消耗量统计的原始资料为航次报告单的记录。根据油品不同,可按轻柴油、重柴油、渣油等分类统计。

2.按定额计算的燃油应消耗量

按定额计算的燃油应消耗量是指船舶在报告期的营运时间内,按规定的燃油消耗定额及各项作业时间计算出的燃油理论消耗量。

船舶燃料的消耗量与主、辅机的性能直接相关。优秀的机型,有较低的燃料消耗定额。因此,在新船船型论证和设备选型时,应注意选择优良的机型。这对于降低日常营运成本、节约能源有重要意义。

3.燃油单耗

燃油单耗是指船舶在一定时期内,或完成一定的运输量,平均每千吨海里消耗的燃油数量。其计算公式为:

$$燃油单耗=\frac{燃油消耗量}{换算周转量}\quad (\text{kg/kt}\cdot\text{n mile}) \quad (13\text{-}41)$$

式中:燃油消耗量的单位为千克(kg);换算周转量的单位为千吨海里(kt · n mile)。

通过考核这个指标,可以督促船员节约燃油,改进操作方法。同时,也要求管理人员不断改善船舶运行组织和日常调度工作,尽量避免船舶无效运行和空载航行。

4.燃料节约或超耗数量

燃料节约或超耗数量是指船舶实际消耗的燃油数量比按定额计算的燃油应消耗量节约或超耗的数量。其计算公式为:

$$燃油节约或超耗数量=实际燃油消耗量-按定额计算的燃油应消耗量 \quad (13\text{-}42)$$

根据上述公式的计算结果,负数表示节约的燃油数量,正数表示超耗燃油数量。

四、节能减排新指标

随着航运规模的不断扩大,国际航运界对船舶节能减排的重视程度也不断提高。例如,国际海事组织海上环境保护委员会第 70 届会议决定:自 2020 年 1 月 1 日起在全球范围内实施船用燃油硫含量不超过 0.50% m/m 的规定;中华人民共和国海事局也发布了《2020 年全球船用燃油限硫令实施方案》的公告等。交通运输部参照国际海事组织在节能减排方面的有关成果于 2012 年发布实施了《营运船舶燃料消耗限值及验证方法》(JT/T 826—2012)和《营运船舶 CO_2 排放限值及验证方法》(JT/T 827—2012)两部标准,用以考核船舶节能减排效果。这两部标准适用于国内航行,以柴油机作为主推进动力,400 总吨及以上的干散货船、集装箱船和油船。多用途船参照干散货船评价。

1.营运船舶燃料消耗限值及验证方法

首先,用式(13-43)计算船舶燃料消耗限值:

$$\mathrm{Limit}FCI = a \times DWT^{-c} \tag{13-43}$$

式中:$\mathrm{Limit}FCI$——燃料消耗限值[g/(t · n mile)];

DWT——船舶载重量(t);

a、c——无量纲常数,根据船型、航区,按表 13-4 取值。

表 13-4 计算船舶燃料消耗限值时不同船型、航区船舶的 a、c 值

实施阶段	航区	船型					
		干散货船		集装箱船		油船	
		c	a	c	a	c	a
第一阶段	内河 A 级航区	24.23	0.202 5	937.1	0.592 0	145.9	0.413 2
	内河 B 级航区	114.0	0.435 2				
	近海、沿海、遮蔽水域	243.2	0.470 5	364.7	0.445 8	194.3	0.435 1
第二阶段	内河 A 级航区	24.23	0.202 5	893.0	0.599 1	147.0	0.425 6
	内河 B 级航区	114.0	0.435 2				
	近海、沿海、遮蔽水域	243.2	0.470 5	327.8	0.441 4	137.2	0.406 8

注:实施阶段是指对船舶燃料消耗限值的改进分两个阶段提出要求,各阶段具体时间由发布实施者颁布。

然后,用式(13-44)计算船舶燃料消耗指数:

$$FCI = \frac{\left(\sum_{i=1}^{n_{\mathrm{ME}}} P_{\mathrm{ME}(i)} \cdot SFC_{\mathrm{ME}(i)} \cdot R_{\mathrm{ME}(i)}\right) + \left(\sum_{j=1}^{n_{\mathrm{AE}}} P_{\mathrm{AE}(j)} \cdot SFC_{\mathrm{AE}(j)} \cdot R_{\mathrm{AE}(j)}\right)}{Capacity \cdot v_{\mathrm{ref}}} \tag{13-44}$$

式中:FCI——船舶燃料消耗指数[g/(t · n mile)];

n_{ME}——主机数量;

$P_{\mathrm{ME}(i)}$——第 i 台主机最大持续功率减去轴带发电机功率后的 75%(kW);

$SFC_{\mathrm{ME}(i)}$——第 i 台主机 75%最大持续功率下的燃油消耗率[g/(kW · h)];

$R_{\mathrm{ME}(i)}$——第 i 台主机所用燃料相对标准油的转换系数,$R_{\mathrm{ME}} = J_{\mathrm{ME}}/J_{标准油}$,其中:$J_{\mathrm{ME}}$ 为主机所用燃料的热值,$J_{标准油}$ 为标准油的热值(42.70 MJ);

n_{AE}——辅机数量；

$P_{AE(j)}$——为保障船舶在正常最大工况下以 v_{ref} 航速和 *Capacity* 装载量营运所需的第 j 台辅机功率，不包括侧推装置、货泵、起货设备、压载泵、冷藏装置等非必需功率（kW），计算时，按照航行时所用辅机原动机最大持续功率的 50%计算；

$SFC_{AE(j)}$——第 j 台辅机原动机 50%最大持续功率下的燃油消耗率[g/(kW·h)]；

$R_{AE(j)}$——第 j 台辅机所用燃料相对标准油的转换系数，计算方法同 R_{ME}；

Capacity——装载量，干散货船和油船使用载重量，集装箱船以 65%载重量计(t)；

v_{ref}——船舶在设计吃水状态下，75%主机最大持续功率下，在无风无浪的平静水域下的航速(n mile/h)。

式(13-44)中等号右端分子的第一项可以理解为主机单位时间燃油消耗量，第二项可以理解为辅机单位时间燃油消耗量。

最后，进行船舶燃料消耗限值初步验证：

(1) 将船舶设计载重量带入 Limit*FCI* 计算公式中，计算燃油消耗限值 Limit*FCI*。

(2) 将船舶设计阶段技术资料中的相关参数带入 *FCI* 计算公式中，计算船舶燃料消耗指数 *FCI*。

(3) 当船舶燃料消耗指数不大于燃料消耗限值时，满足要求。

2.营运船舶 CO_2 排放限值及验证方法

首先，用公式(13-45) 计算营运船舶的 CO_2 排放限值：

$$\text{Limit}CO_2 = a \times DWT^{-c} \tag{13-45}$$

式中：$\text{Limit}CO_2$——CO_2 排放限值[g/(t·n mile)]；

DWT——船舶的载重量(t)；

a、c——常数，根据船舶的船型、航区，按表 13-5 取值。

表 13-5　计算 CO_2 排放限值时不同船型、航区船舶的 a、c 值

实施阶段	航区	船型					
		干散货船		集装箱船		油船	
		a	c	a	c	a	c
第一阶段	内河 A 级航区	76.23	0.202 2	2 940	0.591 4	459.8	0.413 2
	内河 B 级航区	359.4	0.435 2				
	近海、沿海、遮蔽水域	749.9	0.467 3	1 107	0.440 6	609.3	0.433 7
第二阶段	内河 A 级航区	76.23	0.202 2	2 805	0.598 7	463.3	0.425 6
	内河 B 级航区	359.4	0.435 2				
	近海、沿海、遮蔽水域	749.9	0.467 3	995.8	0.436 4	428.5	0.404 9

注：实施阶段是指对船舶 CO_2 排放限值的改进分两个阶段提出要求，各阶段具体时间由发布实施者颁布。

然后，用公式(13-46)计算营运船舶 CO_2 排放指数：

$$I_{CO_2} = \frac{\left(\sum_{i=1}^{n_{ME}} P_{ME(i)} \cdot SFC_{ME(i)} \cdot C_{FME(i)}\right) + \left(P_{AE} \cdot SFC_{AE} \cdot C_{FAE}\right) - \sum_{i=1}^{n_{eff(i)}} f_{eff(i)} \cdot P_{eff(i)} \cdot SFC_{ME(i)} \cdot C_{FME(i)} - \sum_{i=1}^{n_{eff}} f_{eff(i)} \cdot P_{AEff(i)} \cdot SFC_{ME} \cdot C_{FME}}{Capacity \cdot v_{ref}} \tag{13-46}$$

式中：I_{CO_2}——CO_2 排放指数[g/(t·n mile)]；

n_{ME}—— 主机台数；

$P_{ME(i)}$—— 第 i 台主机最大持续功率减去轴带发电机功率后的 75%(kW)；

$SFC_{ME(i)}$—— 第 i 台主机在额定功率下的燃油消耗率[g/(kW·h)]；

$C_{FME(i)}$—— 第 i 台主机所用燃油的 CO_2 转换系数，根据表 13-6 选取；

C_{FAE}—— 辅机所用燃油的 CO_2 转换系数，根据表 13-6 选取；

n_{eff}—— 船舶所采用的新型节能技术的种数；

$f_{eff(i)}$—— 第 i 种新型节能技术的可获得性，对废热回收系统，取 1.0，对其他新型节能技术，如风力助航、燃料电池、太阳能发电等，$f_{eff(i)}$ 的选取应经验证机构认可；

$P_{eff(i)}$—— 由于采用第 i 种新型机械节能技术而减少的主机功率(kW)；

$P_{AEff(i)}$—— 由于采用第 i 种新型电力节能技术而减少的辅机功率(kW)。

式(13-46)中其他符号意义同前，等号右端分子的第一项可以理解为由主机产生的排放量，第二项可以理解为由辅机产生的排放量，第三项可以理解为由于采用新型机械节能技术(如废热利用、风力助航等)而减少的排放量，第四项可以理解为由于采用新型电力节能技术(如船载风力发电、太阳能发电等)而减少的排放量。

表 13-6　不同燃料的 CO_2 转换系数 C_F

燃料种类	CO_2 转换系数 C_F
柴油	3.206 00
轻燃油	3.151 04
重燃油	3.114 40

最后，进行营运船舶 CO_2 排放指数初步验证：

(1)将船舶设计载重量带入计算公式(13-45)中，计算 CO_2 排放限值 LimitCO$_2$。

(2)将船舶设计阶段技术资料中的相关参数带入计算公式(13-46)中，计算 CO_2 排放指数 I_{CO_2}。

(3)当船舶 CO_2 排放指数小于 CO_2 排放限值时，满足要求。

对于国际航行船舶，采用船舶能效设计指数(energy efficiency design index，EEDI)作为衡量船舶设计和建造能效水平的指标，它是根据船舶在设计最大载货状态下，以一定航速航行需要消耗的燃油计算出的 CO_2 排放量。*EEDI* 越大，说明船舶能耗越高，能源效率越低。该指标主要用于评价新设计船。对于营运中的船舶可以采用船舶能效运营指数(energy efficiency operation index，EEOI)反映营运船舶的能效水平，*EEOI* 反映了单位货物周转量(船舶载货量乘以运输距离)的 CO_2 排放量，*EEOI* 越大，说明船舶能耗越高，能源效率越低。鉴于 *EEDI* 和 *EEOI* 的计算过程比较复杂，本书不做详细介绍，需要时可以查阅有关专著或文献。

五、经营管理情况

在国务院国有资产监督管理委员会 2006 年颁布实施的《中央企业综合绩效评价实施细则》中，还采用了 8 项非计量指标或者称为定性评价指标，用以反映企业在一定经营期间所采取的各项管理措施及其管理成效。列举其中三个指标如下：

1.战略管理评价

战略管理评价主要反映企业所制定战略规划的科学性，战略规划是否符合企业实际，员工对战略规划的认知程度,战略规划的保障措施及其执行力,以及战略规划的实施效果等方面的情况。

2.发展创新评价

发展创新评价主要反映企业在经营管理创新、工艺革新、技术改造、新产品开发、品牌培育、市场拓展、专利申请及核心技术研发等方面的措施及成效。

3.人力资源评价

人力资源评价主要反映企业人才结构、人才培养、人才引进、人才储备、人事调配、员工绩效管理、分配与激励、企业文化建设、员工工作热情等方面的情况。

对这类定性评价指标的评价可以通过专家评分法或者客户调查法实现,将每个指标的取值划分成若干个档次或等级,比如优、良、中、差,或者高、中、低等,以便于评价者对评价对象给出合理的评价等级。如果是多个评价者对同一个评价对象的某一个指标评价,还需要对所有的评价值进行统计换算,给出一个综合的评价结果。

本章列出了航运领域常用的一些统计、评价指标。由于不同航运企业的资本构成、组成方式、经营规模、经营范围、运作模式等都有很大差别,针对不同情况、不同目的可以采用不同的指标组合来评价运输生产情况和企业管理水平。也可以对特殊情况按照本章第一节中讲的指标设置基本原则设计新的指标,使评价更全面、准确。此外,当同时具有定量和定性指标时,还需要将这两类评价指标相结合,以便对评价对象给出一个合理、简明、统一的综合评价结果。

【小资料】

海洋中的冲天巨浪

据说海洋中存在一种冲天巨浪,这种冲天巨浪往往是在周围风浪不大的时候,突然在某一海域冲出一道水墙一般的大浪,具有很强的破坏力和杀伤力,因此这种冲天巨浪也被称为“杀人巨浪”。

1900 年 12 月的一天,英国苏格兰以西 130 km 的一个小岛上的 3 名灯塔守护工人神秘失踪。上去换班的工人发现坐落在距海面约 15 m 高的岛顶平台上的灯塔很干净,但灯头被清洗干净后却没有装上。按操作规范,灯头擦洗干净后必须立即盖上拧紧。该岛上全是岩石,寸草不生,岛屿四周大海环绕,这 3 个人去哪里了呢? 事后有许多猜测,但均无实据。英国官方发布的调查报告认为这 3 个人同时葬身于一股突然而至的冲天巨浪。

1978 年 12 月一艘德国超级油船“明星”号在驶往美国的途中突然消失,科学家认为这是“杀人巨浪”作的案。世纪之交,英国一艘游轮“奥莉亚娜”号在航行途中突然遭到巨浪冲击,船上玻璃全被打碎,10 层船舱全部进水。一个月后又有一艘拖船被巨浪击沉。据死里逃生的人讲,他们看到高达 30 m 的白茫茫巨浪,像一道海墙突然从不远处的海面涌出,排山倒海地压过来。

“杀人巨浪”是否存在,其产生的原因是什么,还有待探查。

(摘编自《中国交通报》2002 年 12 月 4 日 A4 版)

思考与练习

1.某船额定载货量 17 000 t,1 月份运输情况如下图所示。在港时间 19 天,航行 8 天,修理 4 天。A、B、C 表示港口。求该船的载重量利用率、营运率、航行率、每吨船生产量。

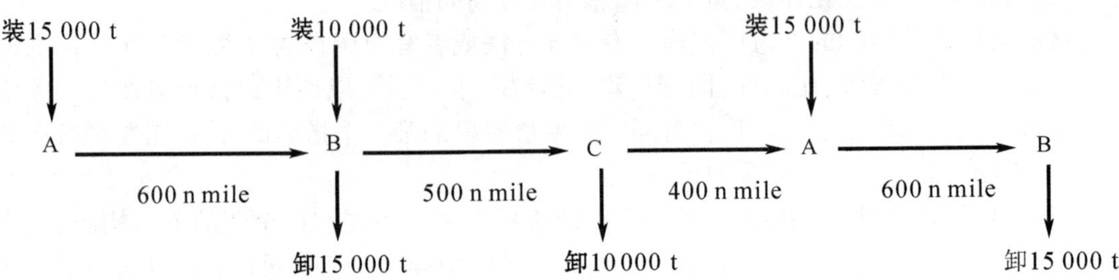

2.某船公司去年的营运情况为:船舶在册 48 860 000 t · d,营运 42 800 000 t · d,完成货运周转量 6 848 000 kt · n mile。今年该公司船舶在册吨天数不变,计划要在去年的营运水平上将营运率提高 5%,将每营运吨天产量提高 10%。测算今年可完成的货运周转量以及可达到的每营运吨天产量。

3.某航运公司有 3 条货船,去年全年营运的记录数据如下表所示。试求这 3 条船全年的平均营运率、平均航行率、平均航行速度。哪艘船的单船营运率最低?

船名	定额载货量(t)	在册时间(天)	营运时间(天)	航行时间(天)	航行距离(n mile)
A	15 000	365	350	270	100 000
B	10 000	320	290	220	70 000
C	8 000	345	330	220	68 000

假设今年各船的在册时间都等于全年时间 365 天,而平均营运率、平均航行率和平均航行速度仍然与去年相同,平均(运距)载重量利用率为 0.5,该公司今年是否可以完成 15 亿 t · n mile 的全年运输任务?

第十四章
运输经营计划与管理现代化

第一节 企业运输经营计划与调度

一、企业运输经营计划

航运企业运输经营计划就是合理地安排企业控制的运力在未来一定时期内的运输活动,获得有利的运输合同,完成运输合同,达到预期目标。企业必须合理地利用内部和外部资源,有条不紊地从事运输和生产,必须制订各种计划。也就是说,要对未来的活动做出预先安排,让相关的管理者清楚在什么时候需要做什么事,需要配置什么资源、有什么收益、达到什么目标,使企业的各项活动有秩序地进行。一个好的计划能够充分利用各种资源,发挥员工的作用和才能。没有明确的计划,或者计划不周是资源不能得到充分利用甚至经营失败的可能原因之一。

除运力较小的小型航运公司因业务内容比较单一、计划的内容和形式也比较简单外,大型航运企业的运输生产和经营计划一般涉及的内容都会较多,需要分层级、分部门或者分类别制订。企业整体计划较为宏观并具有战略性,在充分发挥各层级、各部门作用的同时,重点进行资源的宏观安排与调配,制订总体发展目标。部门计划、基层计划则要内容具体、可操作,要服从企业整体计划的要求。各项计划应衔接配合,整体计划要对基层计划留有发展空间,不能形成不利的限制,因为基层最了解具体的市场情况和动向。

企业运输经营计划可分解为船舶增减计划、船舶运行计划、货物运输计划、船舶维修保养计划、财务计划(收入、成本、利润)等。

(1)船舶增减计划,其内容包括在什么时候增加什么类型的船,增加多少,船舶租入、租出安排,旧船退役、报废时间等。当涉及投资买船或者卖船时,由于这种安排会对船队的结构和规模产生较长时间的影响,因此需要经过周密的论证才能做出决策。

(2)船舶运行计划的内容是将企业控制的各船合理地配置在相关航线上营运的运力调配方案,及应完成的各项运输任务。本章第二节中给出了一个多型船、多航线的航线配船计划优化数学模型。

(3)船舶维修保养计划是指为保持船舶的适航性,在营运过程中对船体、轮机等设备、设施进行保养、检查和维修做出安排。这些工作应该结合船舶本身的技术状况及运输合同情况预先制订出计划,以便于相关联环节及外部环节(修船厂)的工作安排。计划的内容包括:各船保养安排、物料供应、修理项目、修船厂、进出船厂时间安排等。

(4)财务计划,其内容包括企业在一定时期内为完成一定的运输任务需要的费用支出计划,包括燃油费、港口费、物料费、修理费等,该时期内的收入计划、利润计划及要达到的各种经济指标值等。企业在一定时期内造(购)船的投资计划是根据企业经济实力而制订的一项重要计划。

在航运企业的生产、管理过程中,实际上还要制订许多更详细、具体的分项计划,如科技项目计划、劳动工资计划、员工招聘计划、船员外派计划、职工培训计划、物料供应计划等。其中有些计划之间相互联系、相互影响。例如,船舶运行计划是以货物运输计划、修船计划为基础编制的。而编制货物运输计划或修船计划时,又必须考虑到企业现有的和能获得的运力情况。

这些计划的重要作用:首先,在于它们是管理者日常工作、指挥的依据,使管理者清楚做了预定工作后应该达到什么效果;其次,能够使管理者少走弯路,减少因缺乏准备而进行临时决策带来的损失;再次,使管理者便于应对情况的变化,掌握情况变化带来的差异,降低经营管理风险;最后,是管理者进行管理控制的依据和考核经营管理结果的参照。

各项计划制订的依据主要包括两个方面,一是企业的外部资源,包括面对的市场环境、占有的市场份额和货主现在和未来的需求,以以往的船舶运输业绩和统计数据为参照;二是企业的内部资源和实力,包括自有运力、财力和市场上可以利用的运力,发展目标等。

计划与生产、市场之间应该具有图 14-1 所示的关系。即:

(1)通过运输生产供应市场、满足市场需求,没有运输供给就没有运输市场,市场繁荣促进运输生产的发展。

(2)市场为计划提供必需的数据和资料,没有市场调查和预测就不可能产生科学、合理的计划。

(3)计划指导运输生产有秩序地、高效率地进行,没有计划的运输生产是盲目的生产,必然会导致生产不足或生产过剩,从而破坏市场供求的平衡,增加运输的成本。

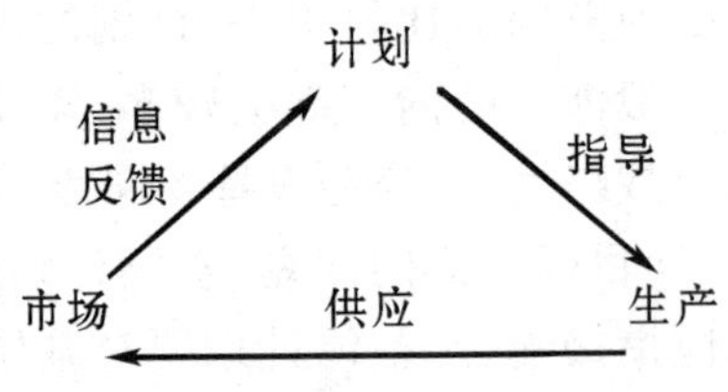

图 14-1　计划与生产、市场的关系

基于这种关系,在做计划时必须先对市场和自身情况做充分、详细的调查分析,以以往生产经营情况的统计分析为基础,以国家政治、经济政策为指导,优先保证国家重要物资或重点客户的运输需求,深刻理解企业的整体发展意图和目标。也就是说,计划的编制不能仅以企业现有的生产能力和领导的臆断为根据,一定要以市场调查、市场预测为基础,这一点极为重要。

我国自从经济体制改革以来,强调市场经济,强调以市场的需求为依据进行生产,国家进行宏观调控与指导。40 多年国家整体发展的实践证明,这一改革是非常成功的,取得了令世界各国瞩目的成就,并不断深化与创新。从一定意义上讲,这也为大型航运企业集团的整体计划、规划和控制提供了一个很好的样板。

但需要注意的是，强调市场经济并不等于说不要计划。计划得好，可以充分发挥各方面的能力和积极性，使各种资源得到最充分的利用，使生产、经济得到高速、协调的发展。任何一个企业都必须制订生产经营计划，没有计划的生产是非常危险的。反之，如果计划的制订以主观推测为依据，甚至以某个决策者的想象为依据，那么这种所谓的计划不仅不能促进生产的协调、稳定发展，反而会抑制生产的积极性，破坏生产力间的各种关系，限制能量的发挥，使资源遭到极大的浪费，最终导致生产发展的扭曲、变形及退化。实践中有很多计划不成功的例子，其中一个重要原因是在制订计划时，忽略了市场的作用，过于依赖主观意愿，使计划起不到应有的作用。

关于制订计划涉及的另一个重要的问题是计划的执行与调整。由于市场情况总是不断变的化，变化超出预测也是可能的，因此需要在执行计划的过程中主动调整原来的计划去适应新的市场环境。只有这样才能避免僵化，利用一切有利的机会增加计划外收益，化解不利变化，减小其带来的损失，使企业的生产经营活动完全处于掌控之中，并创造出最大的发展空间。

二、关于计划的形式

按计划时间的长短，有长期计划、中期计划、近期或短期计划之分。

1.长期计划

长期计划有时也叫长远规划，一般是指 5 年到 10 年，甚至更长时期内企业发展的总体计划。它规定了企业的发展目标，以及为了达到这一目标需要采取的各种主要措施和配备的资源。

2.中期计划

中期计划是指 3 年到 5 年内企业发展的计划。制订为实现长远规划目标，而必须达到的阶段目标及采取的各种主要措施和配备的资源。

3.近期计划

近期计划也叫短期计划，主要指计划期离当时较接近的各种短时间计划，如年度计划、月度计划、航次计划等。由于计划时间较短，能做到计划内容具体，目标准确，可实施性强。

由于近期计划具有较好的可实施性，长期计划对企业发展具有指导意义、具有较大的不确定性这样一些特点，为使已经制订的计划具有较好的可操作性，并对企业活动形成连续的指导，在制订企业的中、长期发展计划时往往采用滚动式计划的思想。滚动式计划的编制方法和程序与一般计划基本相同，差别仅在于若干个连续计划的制订并不是在每个计划期末或结束后，才去制订下一期的计划，而是在已订计划执行到某个中间阶段时，就又制订从这一时刻开始的给定期限的新计划。例如，2021 年制订了五年计划后，并非要等到 2025 年年底或 2026 年年初再制订下一个五年计划，而是在 2022 年、2023 年、2024 年，每年都制订一个从当年开始的五年计划。这种做计划的方法被称为滚动式计划。其好处是这种制订计划的方式结合了计划近期措施可实施性好、计划远期目标指导性好的优点，使计划执行者能随着时间的推移，根据原来预测情况与后来实际情况的比较结果，及时调整、修改原来的计划，使计划与现实情况总是保持吻合。显然，滚动式计划的好处是以增加人力投入为代价换取的，通常只对那些非常重要的问题采用这种方式。因为主持计划制订的人必须具有丰富的工作经验，既要了解全局也要掌握基础情况和资料，使用这样的人力资源要考虑其代价。

在制订各种计划时，还要注意到，为了提高计划的水平，要留有应对变化的余地；要做到每期计划后,及时总结当期计划的执行情况,以利于以后计划的制订。

三、船舶调度作业

在航运企业中,船舶运输计划、航次计划的日常执行、指挥者是船舶调度。与其他行业生产调度相比,船舶运输生产活动范围大、流动分散、随机影响因素多、牵涉环节多,而且有相当多的因素,如自然、政治、军事方面的因素不是企业所能够控制的。在这样一种情况下,调度员统筹指挥生产活动,并使船舶运输生产协调、顺利、高效率地进行的难度更大。调度工作是一项技术性和政策性都较强的工作,要求有丰富的船舶运输组织经验和全局观念的人来担任这项工作。调度的工作质量直接影响到船舶及其设备的利用效率,从而影响到企业的总体运输实力和经济效益。

船舶调度的主要工作包括:

1.计划和组织安排船舶的生产活动

调度工作的内容首先是科学地组织船舶生产活动,通过一系列的作业计划,协调船舶在生产活动中与其他环节(港口、铁路、货主、航道等)的工作配合,以保证完成运输任务。

2.不间断地监督、指导船舶在港作业和安全航行

调度部门的日常工作,就是昼夜不间断地监督和指导船舶在港作业与安全航行。要做到这一点,必须有完善的调度值班制度,连续并切实掌握船舶的生产活动情况。各航运企业都制定有专门的调度通信规程,规定了船舶在生产活动中的通信报告制度,所有船舶都必须严格遵照规定,按时向调度室报告船舶航行位置或在港作业进度。调度听取船舶生产活动的各项报告后,可以确切掌握船舶的活动情况。更重要的是通过分析这些报告,可以采取措施帮助船舶安全航行,加快装卸进度,提高运输质量,解决生产中的各项困难。

3.及时发现和处理临时变动情况,提出作业调整的措施

船舶运行的外部技术、经济条件随时都会发生变化。值班调度人员必须经常分析、研究、预测这些变动着的因素,及时做出调整,使之在新的情况下仍能保证完成运输计划,并取得良好的经济效果。水运生产的主要环节是船舶航行和港口作业。船舶在港口的作业情况是影响船舶工作效率的一项重要因素,必要时调度要亲临作业现场进行疏港。搞好港航协作,帮助港口解决困难,提高港口通过能力,对缩短船舶在港停泊时间、提高船舶工作效率和经济效益,具有十分重要的意义。

4.进行船舶生产活动的业务核算、分析与汇报

根据汇报制度规定,船舶在每一航次结束后,应立刻向航运部门或调度室送交航次总结报告或传送航次总结电子邮件。核算人员接到航次总结以后,首先对总结进行审核,再选出其中必要的数据,计算运输量、周转量、载重(客)量利用率、收入等指标,将这些指标的实绩与计划数、上期、去年同期实绩进行比较,然后按同一船型或航线就报告月内完成的航次进行累积、汇总。一方面检查船舶本期营运指标实现计划的程度和进步,另一方面也可以利用营运指标来分析运输组织方法的效果,扬长避短,指导以后的船舶运行安排。从事业务核算与分析者,同样应熟悉船、港、航道等技术状况,业务核算与分析人员应与船舶值班调度员保持密切的联系,他们往往是值班调度人员的参谋。

为了维持水运生产均衡而有节奏地进行,保证运输秩序的正常和充分发挥港方、航方生产能力,控制船舶在港密度也是船舶调度的一项重要工作。如果到港船舶密度过大,港口泊位不够、装卸能力不足,将导致港口堵塞和船舶非生产性停泊。

影响船舶在港密度的因素很多,有的属于港航部门管理者的组织原因,如运行组织不当、调度不当、港口装卸组织不当等;有的属于其他部门的因素,如货物疏运不及时,火车到达不均衡或报关、检查效率低等;也有客观因素,如大风、雨、雾等气象因素影响。要能及时有效地调整好船舶在港密度,必须经常了解和研究各港的货源集中情况和趋势,掌握船舶在港装卸进度、港口库场堆存量、劳动力与装卸机械的情况、其他陆上支持保障设施情况以及气象变化趋势等。调整船舶在港密度的一般方法有:临时改变卸货的港口;船舶空放到某港装货;控制船舶运行速度;重点船舶集中装卸等。可根据具体情况与港方、船长协商决定。

按照上述工作内容和工作性质,调度工作又可分为计划调度、现场调度和值班调度三种。计划调度主要从事航次生产组织工作,对归口负责的船舶进行连贯的计划安排和管理;现场调度对在港作业的本公司船舶进行装卸作业阶段的专门管理,包括疏港工作;值班调度对公司所有营运船舶进行昼夜监督管理。

尽管船舶航次活动中包含的业务内容是多方面的,涉及其他职能部门所管辖的种种业务,但是对船舶的调度指挥必须是高度集中统一的。不允许各部门分别直接向船舶下达各种指示,这种职能只能由调度完成。船舶调度是代表企业指挥船舶运行、作业的直接权力机构,这是由船舶营运环境的复杂性所决定的。所以在具有一定规模、管理正规的航运企业中都制定有严明的调度工作制度。

四、调度工作制度

1.值班制度

为保证调度人员不间断地组织、指挥运输生产,调度部门应实行每天 24 小时连续值班制度。解决船舶航行中发生的问题,及时指导船员处理在港作业,及与港口和其他部门间的协调问题。对当班工作中出现的问题和有关事项要做好记录;交接班时,对下一班的值班人员做出交代和安排的建议,重大问题要及时向上级领导汇报。

2.会议制度

调度会议是协调各部门业务、组织船舶生产顺利进行的重要会议,需经常、定时召开。如每天 8 点,或每日 17 点召开。参加会议的有调度、货运(客运)、商务、机务、海监、船队、计划、人事、通信等部门的有关人员。会议内容主要是检查前期运输任务的完成情况,研究解决目前还存在的问题,制订、审核下期的船舶运行计划。会议时间一般较短,会上只谈论和解决一些非常具体的生产问题。

3.调度命令

由调度下达给船舶的指示或命令,船长应认真执行。调度命令的内容包括编号、签发人、受命人、发布时间及命令内容。它是分清调度与船长责任的依据。每位调度都要贯彻执行上级领导的指示、决定;对船长和其他部门提出的问题和意见准确记录,及时答复和处理。

4.调度通信

为了调度室、相关部门有关人员以及上级领导及时了解船舶运作实况,掌握计划完成的情况,对远离企业所在地的船舶实施有效的控制,调度管理制度应包括完整的汇报及通信规程。岸上管理部门和船舶都必须严格执行水上调度通信规程的各项规定,保持船与调度室之间的密切联系。

第二节　航线配船计划模型

不同类型的船舶放在同一航线上营运其经济效益是不同的，同一船舶在不同航线上营运其经济效益也是不同的。在编制船舶运输计划时需要考虑的一个重要问题是如何将不同的船舶安排在企业经营的各条航线上，即解决航线配船问题。航线配船是解决多型船在多条航线上的合理配置问题。

对于规模较小的航运企业来说，由于其经营的航线比较单一，只要在开辟航线或更新船舶时，选出合适的船型投入营运就可以了，很少涉及航线配船问题。然而如果企业控制的船队规模较大、经营的航线较多，虽然在增加运力时也通过船型论证来为每条航线选配最佳船型，但是当航线情况、市场条件或者运输合同发生变化后，就可能产生对所属船舶在各条航线上重新配置的要求，以求得到企业总体运行的最佳经济效益。特别是对于在若干港口之间长期从事大宗货物定线运输的船舶，尽管对这种运输组织形式并不公布严格的船期表，为了配合生产持续、稳定地进行，也规定在一定时间内的发船次数，具有许多与班轮运输组织相似的特征。由于运量大，因此不同航线配船方案的经济效果会明显不同。我国沿海的石油、煤炭等大宗工业物资的运输就属于这种情况。

航线配船的优化方法有传统方案比较法、船舶运行图法和线性规划法等。传统方案比较法简便易行，长期以来被航运企业的计划部门广泛采用，我们首先详细介绍这种方法。船舶运行图法是以列表计算的方式进行航线配船，通过一系列的表格计算，逐步得到一个航线配船方案，使某个营运指标达到最优（如船队空驶里程最短）。这种方法的数学原理与线性规划法类似。随着计算机的普及应用，这种方法不如后来发展的一些线性规划法方便适用。线性规划法是对所要解决的课题列出其数学模型，按照特定的运算过程求出最优解，我们随后介绍一种航线配船的线性规划法。

一、传统方案比较法

传统方案比较法是对所要解决的问题，拟制出若干个可行的方案。根据确定的评价标准，对各个方案进行计算比较，综合分析，从中选择出一个最好的方案。其具体步骤一般是：

1.收集和分析原始资料

解决船舶运行组织问题需要的原始资料包括：客货流资料；航行条件及水文气象情况；港口泊位、设备、装卸定额及通过能力；船舶技术性能、有关的技术定额和营运费用；国家的有关方针政策；工作总结资料和先进经验；货主的要求等。对货（客）流资料，最好整理绘制出货（客）流图表。需要的资料和要求掌握的深度与广度，取决于所要解决问题的内容和性质。对资料进行分析的目的在于系统、全面地了解问题的特点，并尽可能使资料正确可靠。

2.拟制方案

在拟制方案时，必须以客观的原始资料为依据，方案应一个一个拟制，后续方案应在分析已有方案优缺点的基础上拟制。同时，必须使拟制的各方案之间具有可比性。方案拟制的好坏，直接影响解决问题的质量和计算工作量。方案拟制完毕后，应对所拟方案进行总的分析和预选，其目的在于排除多余的非优方案，减少后续的计算工作量。

3.确定优选方案的指标并进行计算

作为选择方案的指标通常有：船舶营运指标，如船舶运输能力、运送速度指标等；船舶经济指标，如船舶运输成本、利润、单位盈利或利润率等。其还可能包括其他辅助指标，如货物送达期限、空驶距离等。指标的计算可参照第十三章中各有关公式进行。计算时最好采用表格形式。

4.分析和选择最优方案

根据指标计算结果，分析各方案的优缺点，方案实现的技术可能性与经济合理性，以及方案采用的条件，目的在于确定最优方案。在评选方案时，不仅要比较各方案指标的数值，还要结合上述分析综合考虑其他的一些影响因素。有时会找不到一个各项指标都是最优的方案，譬如运输成本指标与盈利指标矛盾，这就要根据企业经营目标和对运输市场形势的判断来选择方案。

下面结合一个例子，介绍用传统方案比较法制订货运航线配船方案的思路。

例题 14-1：某航运公司有两种类型的干散货船：一种是为运输矿石而设计的干散货船；另一种是为运输谷物而设计的干散货船。公司与货主签订了在 A、B、C 三港间运输矿石和谷物的长期包运合同。港间距离及货物流向如图 14-2 所示。当清楚地掌握了船、港的各项技术与经济数据后，可着手拟制方案：

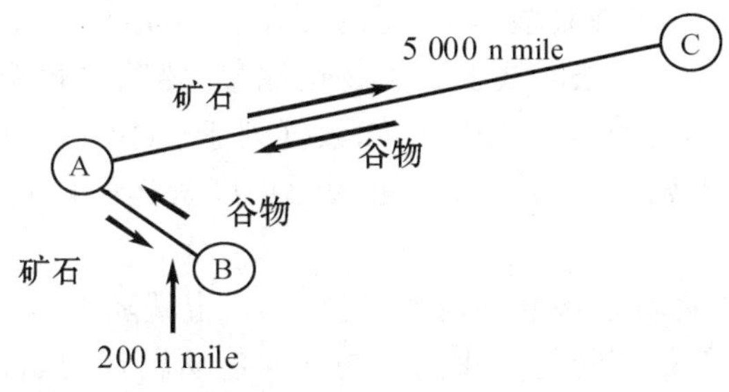

图 14-2　运输任务示意图

（1）往返运输方案：这两种货均为干散货，流向又恰好相反，为了能够充分利用船舶的装载能力，自然会想到令每艘船舶往返都载货的运输方案。方案分析：优点是船舶载重量利用率高；缺点是在 B 港和 C 港卸完矿石后，装粮食之前要扫舱、洗舱、烘舱，以免粮食受到污染。

（2）单程运输方案：为避免在 B 港和 C 港的扫舱、洗舱、烘舱作业，减少在港时间和费用，可令各型船舶只运对应种类的货，即采用单程运货、回程空载的运输方案。方案分析：优点是船舶周转快，航次港口费用比前者大为减少，便于管理和降低了船员的劳动强度；缺点是船舶载重量利用率低，空驶里程多，派船总数可能增加。

（3）混合运输方案：在分析了上述两方案各自的优缺点后提出在 A—C 航线上的船往返装载运输，在 A—B 航线上的船分货种单程装载运输的方案。方案分析：在长航线上船舶载重量利用率高；在短航线上船舶周转速度快，在港作业简单。

对于这样一个很简单的问题，至少列出了三种可行的运输组织方案。而且这三个方案各有优缺点，难以一眼看出哪个方案是最优方案。需要根据已掌握的数据资料和公司经营追求的目标列式计算比较。然后根据计算结果，并全面分析各种因素，选出最优方案。

二、线性规划法

运用线性规划法解决航线配船问题的步骤大体为：

1.收集、整理、分析货载、船型、航区资料

运用线性规划法进行航线配船所需的资料与传统方案比较法基本相同,但一般要求数据更加准确、系统、全面。根据这些数据资料,预先判断出每一种船型客观上是否可能配置到各条航线上,并估算出每一种船在各条航线上的运输能力和营运费用。

2.选取目标函数、定义自变量,建立航线配船数学模型

对于已知的运输任务,可以以完成这些任务的利润最大为目标函数,也可以以完成这些任务的营运总费用最小为目标函数,或以其他的技术经济指标值为目标函数,这要根据问题的具体情况而定。在某些情况下,追求利润最大和追求成本最小,两者是一致的。

3.优化计算

确定初始方案,用线性规划的单纯形算法改进方案,直到取得最优解。得到最优解后,要对最优解的合理性做出分析,并在最优解附近做变参数分析或敏感性分析,以便对最优解形成准确、全面的理解。

4.分析总结

对问题描述、数据整理、模型建立、计算分析、最优方案等内容做出全面总结归纳,形成条理清晰的书面报告,提交给决策者参考。

例题 14-2:设某船队现有 4 种船型,本年度内要在 5 条航线上承担货物运输任务。所有货物都可能用任一种船型运输。每条航线上的货物运输量、船队中每型船具有的数量、每型船在各条航线上的年运输能力及年营运费用等已知数据列于表 14-1 中。由于某种客观原因,第 3 型船不能配置在第 5 航线上营运。制订这一船队的年度货运配船计划,使船队总的营运效果最好。

在这个问题中,船队的运输任务是确定的,运输收入也就随之是一个确定的值,追求营运利润最大与追求营运费用最低是等同的。我们不妨选取船队营运总费用最低为目标函数。在考虑船舶营运费用时,除了船舶正常营运的花销外,还要考虑到如果运力大于运量,就会有部分船处于闲置状态。船舶闲置时也需要进行维护、保养等工作,有一定的费用花销,本例中假设各型船的年度闲置费用相同,均为 1 万元。

表 14-1 例题 14-2 已知数据

年营运费用(万元)/年运输能力(万 t)		航线					各船型数量(艘)
		1	2	3	4	5	
船型	1	10/5	10.5/7.5	9.75/6.5	10.25/10	10.25/5.5	4
	2	10.67/10	10.67/14.17	10/12.33	10.33/16.67	10/12	3
	3	10/9	10.5/15	10/12.5	10.5/18	—	2
	4	33/5.5	70/10	30/10	40/20	37.5/15	10
各航线运量(万 t)		22	40	40	80	60	

注:符号"/"左侧为单船年营运费用,"/"右侧为单船年运输能力。

根据上述分析,我们可以对于这类问题建立以下形式的航线配船线性规划模型:

目标函数:

$$\min Z = \sum_{j=1}^{K}\sum_{h=1}^{G} x_{jh} \cdot R_{jh} + \sum_{j=1}^{K} O_j \cdot F_j \tag{14-1}$$

约束条件:

(1)保证完成各航线的运输量 W_h

$$\sum_{j=1}^{K} x_{jh} \cdot V_{jh} = W_h \qquad h = 1,2,\cdots,G \tag{14-2}$$

(2)保证分配在各航线上的某型船数量与该型船闲置的数量之和与船队中拥有的这种船的数量 A_j 相等

$$\sum_{h=1}^{G} x_{jh} + O_j = A_j \qquad j = 1,2,\cdots,K \tag{14-3}$$

式(14-1) ~ (14-3) 中:Z—— 目标函数,年度船队总费用;

x_{jh}—— 决策变量,在 h 航线上配置的 j 型船数量;

O_j—— 决策变量,j 型船闲置的数量;

R_{jh}——j 型船在 h 航线上的单船年营运费用;

F_j——j 型船闲置的单船年度闲置费用;

V_{jh}——j 型船在 h 航线上营运时的单船年运输量;

W_h——h 航线上要求完成的年运输量;

A_j—— 船队中拥有的 j 型船数量;

K—— 船型总数,在本例中 $K = 4$;

G—— 航线总数,在本例中 $G = 5$。

根据 x_{jh} 和 O_j 的定义可知,所有决策变量不能取负值,满足非负要求。因此,式(14-1) ~ 式(14-3)构成了一个完整的线性规划数学模型,通过初等变换转换成标准形式后,用单纯形法求解十分方便。

在这个问题中有"$K \times G + K$"计 24 个变量,"$K + G$"计 9 个约束条件,用手工计算已感到非常烦琐。若采用计算机通用程序求解,数秒内即可求得最优解,见表 14-2。

表 14-2　航线配船优化方案

x	$h = 1$	$h = 2$	$h = 3$	$h = 4$	$h = 5$	O_j	目标值
$j = 1$	0	0	0	4	0	0	440.6 万元
$j = 2$	2.2	0.71	0.09	0	0	0	
$j = 3$	0	2	0	0	0	0	
$j = 4$	0	0	3.88	2	4	0.12	
W_h	22	40	40	80	60	⇒	242 万 t

这一模型还可以用于研究在某一航区承担运输任务船队的组建,或者对承担新接的大宗货物包运合同运输船队的组建。

对例题 14-2 所建立的模型来说,当运力大于运量需求时,有可行解存在,且可以确定出完成预定的运量后还有多少富余运力,闲置哪种船型;当运力小于运量需求时,问题无可行解。为了得到最佳方案,一种办法是增设一种船型(如向其他航运公司租船),并允许有足够多数量的船,使运量保证能够完成;另一种办法是当运力不可能增加时,修改目标函数和约束条件,如追求船队营运的总盈利最大或其他指标,从而求出在充分发挥船队运输能力基础上的最佳航线配船方案。

利用线性规划法求解航线配船问题时,得到的最优计算结果中通常将大吨位船配置在运量大、运距长、船舶尺度不受限制的航线上运行。这是因为在运输需求充足时,大吨位船的单位运输成本较低,在长距离航线上更能发挥规模经济效益。一些计划和调度人员常讲的"大船配大线"就是在实践中总结出的道理。关于建立以其他经济指标为目标函数和以其他限制为约束条件的航线配船线性规划模型的原理和方法与前边例题中介绍的雷同,限于篇幅,这里不一一列举。

除多航线多型船航线配船外,还可能有多航线单型船与单航线多型船的配船问题。

多航线单型船的配船问题,远比多航线多型船的配船问题简单,而且只有当运量大于运力时,才有研究的必要。解决这样的配船问题,第一步仍然是从营运技术要求出发,排除船舶不能运行的航线。随后就可能运行的航线,分别计算其营运经济指标,根据各航线的营运经济性,优先将船派在营运经济效果较好的航线上,直至所有船舶分配完毕为止。剩余的运量可以考虑租船承运。

单航线多型船的配船问题,也是比较简单的,而且只有当运力大于运量时才有研究的必要。其原则和基本步骤与前述相同。先排除不能在该航线运行的船舶,而后逐船计算其营运经济指标,优先选配营运经济效果好的船舶,直到满足货运任务的需要为止。

得到船舶在不同航线上的配置方案后,接下来计划编制人员就要考虑为船舶安排运行计划。对于班轮来说,就是做出船期表,具体方法参见第八章第三节;对于不定期船来说,是确定一定时期(如每周、每月等)内的航次数和大致的时间安排。因为不定期船的运行一般没有严格的时刻表,到、发时间可以在一定的时间范围内调整,所以在执行计划时还有可能根据市场情况用第九章介绍的方法调整船舶的最优航速。当问题较为复杂、涉及的因素较多时,也可以考虑借助于计算机等现代化手段帮助求解。

第三节　计算机辅助管理与数字化

一、计算机辅助管理系统的开发历程

在航运业务中,管理人员要处理大量的票据、文件和资料。计划人员要在日常管理中积累、保存大量原始资料,并加以归纳、统计、分析,寻求规律,以制订计划。实际上,这些票据、文件、报表和资料等是了解、监督、计划和控制运输产生的信息。这些信息具有可传递性、可存储性、可处理性和共享性,是经营管理决策的基础,是企业中人、财、物各要素及产、供、销各环节联系与协调的媒介,具有目的性和时效性。管理人员必然要不断地获得和处理各种信息,才得以了解企业内、外部的情况,做出正确的决策。信息与物质、能量一样,是人类生存中最基本的东西,它同材料、能源一起,被称为现代科学技术的三大支柱。

由于水运生产的流动性,这种信息也是以不断流动的状态存在,通过不同方式进行传递的。所以航运企业管理同其他企业管理一样,在很大程度上是信息管理,航运管理人员需要根据这些信息来做决策。但人工的信息管理具有很大的局限性,欲准确、及时处理现代大规模水运生产中的浩如烟海的数据和资料非常困难,甚至是不可能的。

传统的人工信息管理存在的主要问题是:管理人员被淹没在烦琐的事务性劳动中,他们的创造性被束缚;信息不统一的混乱现象严重,造成管理效率低下;由于分散地传输和处理信息,造成许多不必要的重复;等等。

实践证明，随着生产规模的扩大、经营范围的拓展及业务形式的复杂化，如果继续沿用传统的手工处理数据和传递信息的方式，那么往往不能在需要的时间和范围内，把有用的信息送到有关人员的手中。这会使管理工作不能对最新情况做出反应，不能起到及时正确地计划、组织、指挥、控制和协调的作用。此外，凭经验、靠不准确估计的方式来对经营管理活动做出决策，往往不符合客观规律，达不到预期的效果。

电子计算机能存储大量的数据和信息并具有快速运算的功能，是现代最理想的信息管理工具。人们可以把来自生产第一线和市场的各种数据、记录、资料、文件都输入计算机内，让其做统一管理，再向各部门提供所需要的报表、资料等信息。因此，电子数据处理（electronic data processing，EDP）、管理信息系统（management information system，MIS）、决策支持系统（decision support system，DSS）等辅助管理工具应运而生，它们是以计算机为基础、以系统思想为主导建立起来的为管理业务和管理决策服务的信息处理、加工系统。

在航运领域，用计算机来辅助管理工作，大体上经历了六个阶段。第一阶段（1953—1965年），是用计算机进行数据分析计算的初级阶段。在这一阶段中，科研、统计人员使用计算机代替手工劳动处理大量数据。第二阶段（1965—1970 年），计算机开始应用于局部单项业务的管理工作，建立了一些专项管理子系统。从 1970 年起进入第三阶段，此阶段是在企业管理中更广泛地使用计算机。它是在前两个阶段的基础上把各种专项管理子系统的功能集中起来，构成计算机化的综合信息管理系统，即管理信息系统。第四阶段从 20 世纪 70 年代末开始，在生产经济发达的西方国家兴起的一种基于管理信息系统的辅助管理决策技术。它以管理科学、运筹学、控制论和行为科学为基础，以计算机技术、仿真技术和信息技术为手段，形成决策支持系统。第五阶段从 21 世纪初开始，以企业各自的计算机辅助管理系统为基础，以通信技术、电子数据交换技术、网络技术为支撑形成的电子商务平台和办公信息系统。第六阶段从 21 世纪 20 年代开始，在数字经济的引导下，航运业也正在经历着数字化转型（digital transformation），基于包括物联网、大数据、云计算、人工智能、区块链等新技术的支持，逐步建立一个更加便捷、更加富有活力的数字化商业模式。

二、航运数据资源的互通与共享

经过几十年的发展，航运企业、港口企业、货主企业、代理人、银行、海关等业务管理部门形成了各自的计算机辅助管理系统和办公自动化系统后，其内部的管理效率都获得了很大的提高，但各利益方、合作方之间如何提高信息的交流速度和质量显得越来越重要。开始时，妨碍各企业和利益方用计算机和网络进行信息交流的主要问题之一是各家使用着不同型号的计算机及其系统，将它们连到一起共享资源、互通数据是项复杂的工作。需要开发一种能够用计算机和通信网络进行数据和文件交换的技术，以便加快通信速度，提高总体效率，降低管理成本，避免信息重复处理，同时减少文件出错的可能性。这种技术就是电子数据交换（electronic data interchange，EDI）技术。

1986 年，英国开发的航运数据交换器（data interchange for shipping，DISH）能够提供一个协调不同计算机的标准电子通信方式，它允许在从事国际贸易的公司和组织机构的已联网计算机之间交换航运数据和文件。例如，DISH 系统允许在承运人和货主之间在以下五个方面进行信息交换：

（1）订舱：向承运人预订货舱舱位，申明货载特征，要求的运输方式和服务方式等。

（2）运输细节描述：出口商向承运人传递的主要信息。这些信息反映了原来等效纸质文本上提供的所有内容。这些信息也被承运人用来准备提单和发货票,而且在这一点上,由出口商保证信息的准确性。

(3)海上运输合同:由承运人传送给出口商,含有与提单或货运单相关的所有信息。这种信息使出口商有机会在收到实际提单之前就详细了解信用证的要求。

(4)运费说明:反映交易中承担的费用细节。对出口商的好处是能很早得知实际需要承担的费用,这也是在他准备的文本最终定稿之前需要确切知道的。

(5)船期变化:货主及在港代理人等有关方面可以方便地了解到船舶到、离港时间,以便做好各种准备工作。

系统运行过程大体是这样的,出口商将银行账号和相关数据输入他自己公司里的计算机系统中。这些数据通过一个中间桥设施传输出去。这一中间桥能保证信息在传输之前具有正确的格式。一旦网络里收集到具有正确格式的信息,这些信息就存在船东"信箱"中等待检索。船东通过另一条能将网中信息转换成适于在船东计算机上使用的编码和格式的中间桥设施检索这些信息。对出口商来说,来自船东的信息也以相同的方式处理。

使用 DISH 系统的好处如下:

(1)减少文本工作。由于只需一次输入过程,避免了对信息重复输入、检查的需要,减少了重复校正工作,同时还带来了数据准确性的改进,从而获得节约管理费的好处。

(2)更快地获得有关信息,加快托运、运输速度,缩短支付周期,使托运人减少借款时间和由于运输这批货物所贷款的利息。

(3)通过方便快捷的通信获得对运输的更大控制力,减少耽误的时间,从而获得更好的经济性。

(4)基于国际上认可的标准,形成了一种通用型的数据传递方式。

(5)有助于各企业、组织机构建立相互之间更融洽的贸易关系。

为了促进 DISH 系统的发展,联合国欧洲经济委员会(United Nations Economic Commission for Europe)主持开发了一种能确保在世界范围具有兼容性的语法体系——EDIFACT(electronic data interchange for administration commerce and transport),它被称为对管理、商业和运输的电子数据交换系统,能满足包括美洲、欧洲和亚洲的要求。在航运交易过程中,包含临时订舱、订舱确认、运输安排、合同状况、费用收据、费用报表和咨询等在内的一些信息已用 EDIFACT 编辑。联合国欧洲经济委员会负责管理和更新 EDIFACT 体系。

如今,国际上的大型航运公司均能够使用基于 EDI 技术、数据处理技术和网络技术的电子商务系统提供从货物起运点到目的地的有关单据,并对其进行跟踪管理;能够通过卫星连接各地办公室内的网络终端;在世界范围内,每天 24 h 跟踪所有的货物和集装箱运输;允许货主方便地随时查询货载或集装箱的状况,查询船舶及其运行时刻表的详细情况。如果一个货主需要加入某个航运公司的电子商务网络,只要进入该公司提供的全球信息网在线接口即可。

因此,使用一台计算机和基本的网络连线,运输涉及的各方就能进入运输数据网络信息系统,联网国际大型集装箱或各类货物运输公司、进口商、出口商、物流供应商和金融机构等,由承运人提供远洋船期表、电子订舱、提单跟踪查询、装船指示、电子发票、合同管理、文档管理、贸易法规查询、决策支持等多种选项。这就为相关各方提供了广泛、便捷的服务,而且在不需要当面谈判来签订运输单据的活动中,可以实现无纸化交易。

三、计算机辅助管理系统的开发与数字化转型升级

现代化的数据信息传输与处理技术使航运公司提高了营运效率、改善了服务质量、增强了竞争力,已经成为企业管理的必需手段。例如,电子邮件就是一种在航运领域非常普及的日常信息传递方式。在公司内部,一个航次会涉及多个部门,调度可以通过邮件向船长发布航次命令,通知财务部开票,通知有关科室船舶动态等。同时,船长也可以通过电子邮件向公司发送航次总结报告等。有关业务员从邮件中筛选出必要数据输入公司的信息化系统,供相关人员共享。其中比较成熟、使用比较广泛的信息化系统包括 BI(Business Intelligence)系统、ERP (Enterprise Resource Planning)系统等。

在数字化转型的驱动下,以能够自动、实时抓取运输对象各种信息的传感设备为基础的物联网技术,以能够实现安全、透明和防篡改记录的分布式账本区块链技术,以人工智能为引导的智能客服技术等都得到快速发展。技术上的革新不仅促使航运管理逐步进入了数字化时代,而且使船岸之间实现更加精准、直接的信息共享和互联互通。借助于这些新技术,岸上管理人员越来越多、越来越具体、越来越精准地掌握了漂泊在世界各处的船舶的情况,从而对船舶行为做出更加具体的指导和管理决策,彻底颠覆了传统认知。

因此,航运公司必须开发、使用并不断改进计算机辅助管理系统。系统的开发、升级与维护也成为一项经常性的工作。航运公司计算机辅助管理系统的常用基本功能及其子系统通常包含:航运市场分析、运输业务管理、商务及客户管理、财务会计管理、人事劳资管理、安全与风险管理、统计分析与计划管理、船舶设备与物资管理、数据与信息处理、办公自动化等。在企业内,按照功能和使用目的,一般可将这些子系统划分为以下三个层次:

(1)作业性系统。以办公自动化为主,操作员随时将船舶营运活动中的原始数据输入系统,或者运用无线射频识别(RFID)装置、红外感应器、全球定位系统、激光扫描器等各种装置自动、实时采集运输对象的数据,再结合数据库中原有的资料做出各种营运分析表格和辅助决策的信息。为船舶运输服务的前沿或一线各级职能部门的工作构成了这一系统的主要内容。

(2)管理性系统。根据统计、计划与控制的要求,这一系统能利用公用数据库中的数据做出各种综合分析报告和专题报告,能提供各种查询服务,对某方面的发展趋势做出预测,形成管理作业参考方案。这一系统主要供中级管理人员使用,如计划统计部门、财务管理部门等。

(3)规划决策性系统。具有对企业发展战略问题做出辅助决策的功能。如运量预测、船舶及设备的投资营运经济性分析、船队规划等。这一系统主要是为企业高层领导做总体发展规划或全局战略决策、经营决策服务。

显然,经营规模不同、业务流程不同的企业所开发的计算机辅助管理系统是不同的,这是由各个企业的管理模式、信息流程的差异所致。因此,很多航运企业都要开发适于自己的计算机辅助管理系统。当由于环境的变化或要求的提高,使原有系统中存在的问题超出修改所能解决的范围时,开发新系统的要求也会被重新提出。

计算机辅助管理系统的开发、升级工作一般可分为系统需求分析、系统设计、系统实施、系统维护与评估 4 个阶段。

1.系统需求分析阶段

(1)初步调查分析。这一步的主要工作是对系统功能、总体要求的调查,确定系统目标,提出初始方案,进行可行性分析。

(2)详细调查分析。这一步的基本任务是做出准确的需求分析,对系统内部的工作流程、

企业信息流程等进行调查分析。主要工作包括:编制需求说明书,收集数据,分析数据,建立逻辑模型。

2.系统设计阶段

这个阶段是在需求分析的基础上,依据企业的业务流程特征,建立系统的结构,提出具体的实施方案。包括功能模块、数据结构和模块结构等。同时,系统以什么样的硬件设备为载体也需要通过论证确定。如用什么型号、什么规格的计算机,采用什么样的输入输出方式,各部门、各地区办事机构之间的系统连接等。这一阶段的主要工作有:总体设计、详细设计、编制系统设计说明书等。

3.系统实施阶段

这一阶段的主要工作是根据系统设计要求编写程序、功能测试、调试改进、试运行等。

4.系统的维护与评估阶段

这一阶段的主要工作有:运行使用、维护和修改,包括系统错误改正和系统功能维护等,还要做复查与评估。系统一旦开发完毕投入运行,则需要一支较为稳定的操作员队伍使用、维护系统。

现代计算机辅助管理系统的开发理念已从信息管理转向更强调支持企业各级业务主管决策、方便运输链上业务员操作,并朝着办公自动化、智能化、区块链应用、数字化转型方向发展。特别是一些大型航运企业的计算机辅助管理系统,其功能较多、构成复杂,往往由许多子系统组成,各子系统可以独立运行,也可以通过内部网络(intranet)实现信息共享和各子系统集成。例如,对于在第十三章中介绍的各种指标,可以通过调用公用数据库中存储的数据由系统自动完成计算,并直接输出结果。与外部的联系则通过国际互联网(internet)、EDI 技术实现,大大提高了整个运输、交易、管理过程的效率和质量。

随着生产关系的社会化和商业模式的数字化,企业对于数据信息的收集、处理、传输和分析的工作量及其重要性与日俱增,对数据信息的准确性、相关性、及时性等质量上的要求也在不断提高。在这种情况下,怎样提高对相关数据信息处理的效率,提高决策的质量和速度已成为企业能否抓住时机、取得好的生产经营成绩的重要因素之一。

由此可见,虽然航运业是一个有着悠久历史的传统行业,但其管理技术在现代化进程中和数字化转型的大趋势下,却焕发出勃勃生机、展现出巨大的发展空间,需要投入人力和智力不断地推陈出新。例如:

(1)航运管理各项功能子系统的集成共享。现实中常用的、具有专项功能的子系统虽然已经比较成熟,但系统建设碎片化、孤立化的问题普遍存在,处理不同的业务要使用不同的子系统,各子系统间常常难以实现数据的交互共享,大幅度降低了业务人员的工作效率。因此,需要高效连通各个业务子系统,使企业各项业务的处理更加融合、便捷,提高管理效率。

(2)物联网、区块链等技术的应用。随着物联网、区块链等实用技术的不断成熟,航运管理实践中需要更多地利用其成果促进运输业务的自动化、数据共享、流程优化,以便提高效率、降低成本。例如,全球航运商业网络(Global Shipping Business Network, GSBN),就是近年出现并还在发展的航运数字化平台。在提高业务流程的透明度和效率、提高数据共享和信息安全水平的同时,减少了纸张的使用,简化了供应链中各项业务操作流程,并有助于利用人工智能技术和航运大数据优化航运业务,给出智能化的决策建议。

(3)航运业务的智能化服务。以人工智能技术创新发展为基础,需要开发专门适用于航运业务领域的智能客服机器人,用于每周 7 天、每天 24 h 解答来自五湖四海的专业问题,报告船舶动态、货载状况，并根据需要及时、自动联系、沟通预置业务等。如果能够进一步将其连通移动端App，就会更加方便有关人员随时随地处理动态变化中的业务。

此外，国际海事组织（IMO）新近采纳的《便利国际海运公约》修正案要求2024年1月1日在世界范围开始实施港口单一窗口电子信息交换，这就进一步加速了航运数字化、贸易无纸化进程。在诸如此类的技术拓展新领域，专业理论知识扎实、熟悉运输业务流程且思路活跃、接受新事物能力强、精力充沛的年轻人具有显著的优势，是研发创新的主力军，也会大有作为的。

【小资料】

中国航运企业进入国际LNG海运市场之始

1995年12月，当时的国家计划委员会根据国内经济发展和能源需求状况下发《国家计委关于加强对进口天然气、液化天然气和液化石油气项目建设归口管理的通知》，开启了中国大陆引进天然气的历史进程。原中国远洋运输集团下属的大连远洋运输公司主管领导从中嗅到了商机，随即展开一系列的调研和商务活动。由于当时国内没有航运企业涉足LNG海上运输，也很少有人了解LNG海运知识，大连远洋运输公司主管领导于1998年联系大连海事大学航运管理领域的相关专家商谈开展国际LNG海运状况的调研和进入LNG海运市场的可行性研究。双方于1999年5月完成《中国进口LNG项目海上运输可行性调研报告》，并于1999年11月1日签署了《中远油船、LPG、LNG等特种液体货船队发展战略》的科研合同，随即于2000年3月完成《中国进口LNG项目海上运输可行性研究》报告，为中国航运企业承担从澳大利亚进口LNG的第一个长期合同的运输业务作出了早期贡献。

随着从澳大利亚进口LNG项目的推进，由沪东中华造船（集团）有限公司通过引进专利为广东进口液化天然气项目建造的3艘14.7万m^3 LNG船的建造合同于2004年8月11日在北京签字生效。其第一艘船在同年12月15日在上海正式开工建造，2005年12月28日下水，2007年8月20日出海试航，2008年4月3日交付使用。在此之前，项目的第一个进口LNG接收站——广东大鹏LNG接收站已经于2006年6月投产运营，并采用租船方式进口运输LNG。到2009年年底，第三艘14.7万m^3 LNG船建成交付。至此，该项目的进口LNG全部由国产的3艘LNG船承运。

经过十几年的发展，国内船厂已经能够自主研发出多型现代化大型LNG船舶，不仅建造国内进口LNG船舶，而且能够承接卡塔尔天然气公司等国外企业的多艘大型LNG船舶的建造业务。这一项目在获得长期、稳定和较低价格的天然气资源的同时，还为中国航运业取得了两个突破性进步。一是中国海运企业组建LNG船舶投资控股公司和运输管理公司，以自主的方式进入国际LNG海运业，实现“国货国运”；二是使中国船厂有机会揭开建造LNG船舶这种高技术、高价值船舶的历史新篇章，实现“国船国造”。项目的成功实施也为中国航运企业进入具有高附加值、高度专业化特点的国际海运市场提供了一个典型范例。

思考与练习

1.与按常规方式制订计划相比,按"滚动"方式制订计划的优缺点是什么?

2.市场经济条件下企业的生产是否还需要计划?为什么?

3.为什么船舶调度要实行24 h值班制度?

4.设某油船运输公司与货主签订了为期一年的原油包运合同,合同规定在3条航线上必须完成预定的运量。该油船运输公司拥有4种船型的油船。由合同规定的每条航线原油运输量、船队中每型船拥有的数量,以及根据统计分析获得的每型船在各条航线上的单船年运输能力、年营运费用、年度闲置成本列于下表中。假设由于受码头前沿水深限制,VLCC在第3航线上每航次只能装载15万t原油。请制订年度货运配船计划,使完成这一运输合同的总的运输成本最低。

		航线			各船型	
		1	2	3	闲置成本(万美元)	数量(艘)
船型	1(VLCC)	1 244/126	1 214/212	1 114/294	330	12
	2(Suezmax)	896/71	875/121	804/289	213	10
	3(Aframax)	642/50	630/85	591/209	176	7
	4(Panamax)	539/32	528/56	491/140	150	20
各航线运量(万t)		1 200	2 500	1 500		

注:符号"/"左侧为单船年营运费(万美元),"/"右侧为单船年运输能力(万t)。

第十五章
船舶买卖与经营风险管理

第一节　船舶融资

当今船舶的大型化和采用先进的技术装备使其价值昂贵，船东造船补充运力的投资数额巨大。例如，在2024年6月，一艘3 500 TEU的新造集装箱船船价高达6 000万美元，一艘10年船龄的30万吨双壳油船能够卖出8 500万美元的价格。让一个企业一次拿出这么多资金买船，往往是比较困难的，更何况连续购置数艘船舶。但在运力紧缺、市场行情看好的时候，航运企业又不能不更新旧船和增加运力。因此，航运企业或投资者，一般都要借助于外部的财力维持和发展船队。

一、资金来源

一般地讲，航运企业造、购船资金主要有以下三个方面的来源。

1.自有资金

自有资金以企业从过去和现在盈利中留存的发展基金和对现有营运船舶提取的折旧费为主。如果企业还从事船舶运输以外的业务，则还可能将其他项目的营业利润用于船舶投资。但获得一艘现代化新船所需要的资金往往远远超过企业留存的盈余，必须考虑其他的资金来源。

为得到足够的买船资金，合伙拥有船舶也是可行的。通过合股方式筹集的资金，以及发行股票获得的资金也算作自有资金。大多数国家允许船舶的登记所有人可以是两家或两家以上，利润和责任等都按其股份在各船舶所有人之间进行分摊。这种方式在有限公司创立以前很盛行。在英国，曾有一艘船舶的产权被分为64份，每份中又可以有多达5家的船舶所有人。也就是说，这艘船的所有人可多达320家。

2.借贷

在自有资金不足或考虑其他因素的情况下，依赖银行贷款购买船舶是十分普遍的做法，这也是船舶融资的重要方式。特别是当航运市场和金融市场的供求关系处于有利状况时，船东更应注重于利用银行贷款获得船舶资金。贷款的比例有时高达船价的 70%~80%,提供船舶贷款的主要是商业银行、财团和某些国际性金融机构。

大型跨国银行具有雄厚的金融实力,能为借款人提供各种金融服务。其中也有一些面向航运业的银行,它们大多对航运业的运作有深刻的了解,有丰富的船舶融资经历和经验,并有与船东合作的背景。

由于船舶投资巨大,在购船贷款活动中可能会涉及若干家银行,各银行会扮演不同的角色,起不同的作用。比较典型的贷款活动首先是借款人通过组织银行与代理银行联系,双方就贷款条件如贷款数额、使用哪种货币、贷款利率、偿还期限、计息方式以及各种贷款费用等进行磋商。通常是在标准格式的贷款合同上修改这些内容,使之符合借贷双方的特殊要求。达成一致意见后,贷款银行就会出具一封要约函(offer letter),记载双方已同意的贷款条件。这些条件实际上构成了贷款合同的主要条款。要约函并非最终的条款,借贷双方还可以对其进行修改。然后,组织银行和代理银行一起,按照已达成的主要贷款条件寻找愿意提供贷款的银行组成贷款财团(借款人也有权对贷款银行的选择做出建议)。代理银行将协助贷款银行对借款人的资信情况进行评估。借款人与贷款银行就贷款的最后条款达成一致意见后,即可签订贷款合同。此时,双方的借贷法律关系才真正确立。

在借贷活动中,组织银行是借款人的代理人,并由借款人支付报酬。代理银行是贷款财团的牵头人或代理人。正因代理银行的特殊地位,一般要求它在金融界有较高的信誉,有较强的实力。借款人与贷款银行之间的各种业务联系都是通过代理银行进行的。如,借款人提款前向代理银行发出提款通知书,由代理银行根据合同规定的比例通知所有参加贷款的银行准备款项;各贷款银行也不直接向借款人支付自己分摊的贷款额,而是通过代理银行向借款人发放贷款。

在借贷关系中,贷款银行是债权人。由于参加贷款财团的每一个银行仅就规定的比例承担放款责任,因此选择哪些贷款银行对借款人来说极为重要。一旦有一家银行出了问题,无法继续按贷款合同提供贷款金额,而且其他贷款银行不愿意补充,贷款总额就会减少。这种情况可能会给借款人造成严重损失。在发生这类问题时,代理银行的职责是尽快找到另一家银行替代出问题的银行发放贷款。

3.政府补贴

有些国家的政府为鼓励航运业和造船业的发展,制定了对新造船舶财政补贴的办法。通常是按船价的一定比例计算,或者补贴一个固定的数目。享受这种补贴的条件是在本国造船厂建造被补贴的船舶。有的国家将补贴给予承接任务的造船厂,使其能以较低的价格出售船舶,或者说,船东只需支付原合同价减去补贴额的部分;也有的国家直接将补贴给予船东,以便帮助他们购置新船。例如,在日本船厂订造新船,曾经可以享受到延长还贷期、给予利息补贴、放宽担保要求等优惠的贷款条件。英国政府也曾采用给本国造船厂造船补贴的办法。需要说明的是,政府采取这种措施虽然帮助航运业解决了造船资金不足的问题,但也给航运业带来了一定的伤害。当利润较大时,这无疑相当于怂恿船东借债造船。大量的贷款没有使船东净资产增加,反而使他们背上了沉重的负担。当运费率下降、航运市场前景不佳时,船东立即会发现他们偿还贷款及其利息非常困难,给迷恋于政府补贴的船舶投资者一个沉重的包袱。致使有些船东不能长期生存,而另外一些船东则靠政府的进一步扶持来逃脱厄运。

除上述三个主要融资渠道外,造船资金还有其他一些可能的来源,如愿意以固定利率形式进行长期投资的人寿保险公司、退休基金会及愿意拥有船舶产权的商业银行和其他行业的业主。融资租赁也是一种解决资金筹措不足的有效办法。通过融资租赁,资金不足的企业也能得到满意的船舶投入营运赚钱。以往主要由专业的融资租赁公司提供船舶融资租赁服务,进入21世纪也有越来越多的银行开始成立融资租赁公司为船东提供服务,如工银金融租赁有限公司、民生金融租赁股份有限公司等。有些银行控股的融资租赁公司拥有的船舶吨位规模很大,并成为大船东。此外,对于有些不愿通过银行借贷来扩充船队的船东来说,还可以考虑光船租购的方式,即若干年期的光船租赁外加购买的选择权。通过这种方式,在租期内,承租方只需按时支付约定的租金,不用承担包括利息在内的资本成本。若租期内经营效益丰厚,获得的利润足以支付到期购买的价格,承租方就可以在租约到期时一次性支付约定的购买价格,从而获得船舶。

正因为筹措船舶投资资金存在着众多的途径和条件,并与公司的特点、资本结构等内部因素有关,所以恰当地选择船舶融资方式与合理地选择投资方案具有同等的重要性,是航运企业最重要的经营决策之一。在选择造船厂商、确定贷款条件时,船价的高低固然重要,但贷款利率的高低、还贷期限的长短、货币价值的稳定性等也是十分重要的因素。

二、贷款方式

贷款方式主要指贷款期限、计息方式、提款方式、还款方式等贷款、还款规定。造船贷款的期限一般都较长,为5~10年。在国际航运界,通常贷款额占船舶价格的比例可高达80%,贷款年利率为8%左右。但当航运市场行情较差时,一些银行也愿意以低于5%的贷款年利率向船东贷款。贷款可以是一次性提取,如购买二手船,也可以是不超过贷款总额的多次提取,如建造新船或连续购买多艘船舶。例如,对于新造船舶的提款期(造船期)为1.5年,船舶建成交付使用后,还款期为8.5年,即整个贷款期为10年。这些贷款大多要求每半年偿还一次,也有按1个月、3个月、9个月甚至12个月偿还一次的。最后一期的还款额连本带息往往较大。

借款人在贷款利息以外,一般还要承担另外的费用,包括承诺费和谈判费。谈判费数额一般较少,而承诺费则是用于补偿贷款人从同意发放贷款到借款人全部取走为止的期间内为储备贷放基金而造成的损失。承诺费是按尚未提取贷款数额计算并收取的,一般每年为0.25%~0.5%。如果借贷活动是通过组织银行、代理银行在借款人和多个贷款银行之间进行的,那么借款人还要支付组织费、代理费、参与费等费用。

贷款合同都规定有借款人可以提款的承诺期,借款人只能在承诺期内提取贷款。过了承诺期后,贷款银行有权拒绝发放尚未提取的贷款部分。如果借款人在订立合同时,还不能确定使用贷款的准确时间,又不愿支付高额的承诺费,他就应争取无承诺期的贷款。这种贷款的好处在于借款人只要提前一定的时间通知贷款银行,征得银行同意后,即可到时提款。不利之处是贷款银行不保证能按借款人指定的日期和数额放款。

在偿还贷款方面,借款人除按规定的间隔还款外,还可以争取达成允许提前偿还贷款的合同条款。有了这种灵活性,借款人就能够在贷款期届满前,因筹措到利率和贷款条件更优惠的贷款或因营运利润丰厚,已有足够的资金,提前偿还全部或部分贷款,以便降低贷款成本。在磋商贷款合同之际,借款人对船舶投资方案还未做出最终决策时,可以争取得到取消贷款的选择权。因为承诺费是按天累计的,只要存在尚未提取的贷款,就应向贷款银行交纳承诺费。如果贷款合同允许借款人放弃未提取的贷款额,贷款银行也就不能索取已取消贷款的承诺费。当然,贷款银行对于借款人提出的提前偿还或取消贷款的要求,会在款项数额和通知时间等方面做出一些规定和限制。

传统上,船东可以通过商业贷款和政府信贷来筹集造船资金。政府信贷设有固定的提取和偿付方式,往往具有一定的补贴,利率较低且是固定的。而商业贷款的利率一般处于较高的水平上,并且是浮动的。从理论上讲,商业贷款在提取和偿付方式上也没有什么限制。与政府信贷相比,商业贷款的主要优点是它的灵活性。在贷放业务中,只要银行相信借款人能按商定的日程表偿还款项,那么在有关借贷协议的谈判中,总是机动灵活的。船东应该出示其经营记录,并提供有关今后现金流转的预测信息,使银行对其偿还能力充满信心。商业信贷的贷款人会要求船东提供适当的担保或抵押。令人难忘的是,在 20 世纪 70 年代初海运业繁荣时期,许多银行急于利用这一大好时机,愿意以获得船舶第一抵押权作为保障而发放贷款,而对船东的经营状况或现金流转情况不予重视。结果当航运市场萧条、船价暴跌时,这些债权人因其忽视银行业基本准则而蒙受了巨大损失。

除了从商业银行贷款外,符合一定条件的航运公司还可以考虑的一种借贷方式为向公众发行债券。通常企业债券都是长期的、定期的,如 5 年、10 年、20 年,甚至更长期限,利率也是固定的,要比当时银行存款利率高。在借款期内每年或每半年支付给债权人一次利息,债券面值到借款期满时一次性还给债权人。也有到期后一次还本付息的。发行债券的好处是借贷成本固定,特别是在金融市场借贷利率较低时发行债券,往往可以降低债券的利息率,获得长期的好处。

三、币种选择

船东在国内银行贷款,在国内船厂建造新船或购买二手船,从事国内的船舶运输业,一般都使用本国货币,不涉及外汇的兑换问题。然而,绝大多数航运企业都不同程度地从事国际航线运输,在国际船舶市场上买卖船舶,涉及使用外币的问题,要与外汇市场保持密切的联系。

1.外汇风险

所谓外汇风险,是指从事国际贸易的一方,因两种货币的兑换率在将来发生变动,而招致经济损失的风险。在不同国家之间的各种经济、交易活动中,不论款项的收支,还是资金的转移,都需要把一种货币兑换成另一种货币。在兑换货币时,由于收入或支付货币对外汇比值的变动,可能使一方收入的货币数额增加或付出的货币数额减少(无偿受益),使另一方收入的货币数额减少或付出的货币数额增加(无偿损失),从而导致其中一方从汇率变动中获得无偿收益,而另一方遭到损失。这种损失的风险是在外汇兑换中表现出来的,因而被称为外汇风险或汇兑风险,亦称汇率风险。它是 20 世纪 70 年代初期西方资本主义国家普遍实行浮动汇率制的产物。

在固定汇率制度下,汇率的变动受到一定的限制,只能在一定范围内进行波动,这使汇率保持相对稳定,不存在风险的问题,或者说风险较小。但在浮动汇率制度下,汇率的变动没有一定界限,由国际外汇市场的供求情况自行决定。此外,国家的经济状况、金融政策、国际局势,都会影响汇率的变动。

外汇风险发生的必要条件为:①实施浮动汇率制;②订合同时间与付款时间不一致,即延期付款;③支付时发生了两种货币的兑换。

我国的外汇收支主要是以美元为基本的计算货币,企业拥有的外汇要折成美元,以美元结算。因此,我国涉外海运企业的外汇风险,主要表现在美元与其他币种汇率的变化上。例如:我国某海运企业与联邦德国某公司在 1988 年年初签订了一份进口设备合同,规定设备以西德马克为计价货币。成交价格为 346 万西德马克,按当时汇率换算成 116.61 万美元。合同规定对方 1989 年 5 月底在汉堡港装船发货,该企业应于 1989 年 3 月底支付全部货款。可是,到了

1989 年 3 月，西德马克兑美元已较 1988 年年初大幅度升值，346 万西德马克折合 147.06 万美元，仅一年多的时间使该企业多支付 31.35 万美元（按当时汇率：1 美元 = 4.72 人民币元，折合人民币 150 万元左右），造成巨大的兑换损失。类似这样的风险损失，在向外企购销船舶或船舶设备、租赁船舶、支付港口费用等业务中都可能发生。

又如人民币汇率变动带来的外汇风险。1985 年，1 美元 = 2.8 人民币元，经过 1986、1989 年的汇率调整，人民币汇价调低到 1 美元 = 4.72 人民币元，使许多借用外国贷款的企业蒙受巨大的外汇风险损失。

另外，还存在双重外汇风险。首先是外币与外币之间的外汇风险，然后是外币与人民币之间的外汇风险。例如，20 世纪 80 年代末某企业贷款 1 000 万美元，兑换成日元，从日本购进了一艘远洋货船。原来希望该船投入国际航线营运后，可以用其外汇收入偿还银行贷款。但由于竞争失利，未能创收外汇。最后，只好拿人民币到当时的国家外汇调剂中心买美元偿还贷款。这样一来，该企业就要先承担日元与美元之间的外汇风险，再承担美元与人民币之间的外汇风险。此时正值日元对美元升值，美元对人民币升值，使这个企业先后损失了数百万元人民币。

汇率的变化是由涉及的货币的市场供求关系、国家政治、经济状况等许多因素决定的，具有较强的不确定性。例如改革开放后，人民币对美元先贬值，后来在政府的调控下保持稳定。2005 年 7 月开始实行人民币对美元的浮动汇率，人民币升值走势明显，人民币对美元的兑换率从当时的 8.28∶1 升值到 2008 年 6 月的 6.90∶1，三年时间上升了 16.67%。如果在人民币升值前投资者在国内通过借贷人民币购船，用于国际航线运输并收取美元运费，那么在随后的还款期内用美元换取人民币还贷款就必然会发生兑换损失。

上述分析表明，支付期限是导致外汇风险的必备条件，通过即期付款或缩短支付期限能防止或减少外汇风险。但当对外支付时，如合同规定的计价货币币值处于下跌状态，尽量推迟结算日期则比较有利。

2.贷款的币种影响

贷款的币种影响前边讲过，比较典型的造船合同规定，造船期为 1.5 年，交船后贷款偿还期为 8.5 年。在合同签订后，船东欠债期长达 10 年之久。因此，在存在外汇风险的情况下，还款的币种对船东（借款人）来说关系重大。

在大多数情况下，贷款合同都规定一种基本货币，如美元或日元，作为贷款和还款货币，并注明可供借款人选择的货币种类。可选择的货币必须是能够和基本货币自由兑换的货币。大多数船东都希望借、还与他的营运收支相同的货币种类，以避免外汇风险。但因造船厂的国籍不同、营运航线涉及的国籍不同，船东收支的货币种类难免具有多样性。如果船东得到了多种货币的选择权，那么就增加了一份灵活性。按照通常的做法，借款人可以预先决定在某利息期内以一种可选择的货币归还。银行为防止贷款受损，也会制定相应的保护性条款。

在币种选择时，还应注意到，不同国家货币的投资报酬率和通货膨胀率往往是不同的。理论上认为，在一个时期内，两个国家之间投资报酬率和通货膨胀率的差别会引起这两种货币汇率的变动。反之，汇率的变动也应该反映出两国间投资报酬率和通货膨胀率的变化。

选择贷款币种的目的主要在于将来用最小的价值去偿还贷款，要做到这一点，一般的法则是选定贷款的货币相对于营运收入的货币来说，最好是疲软的。譬如，船东要在日本造船，并预测日元将来要升值，就应在造船合同的谈判中，尽量要求降低分期支付款项中日元的比例数。总之，对于币种可以选择的造船和贷款合同来说，选择何种货币是值得船东认真考虑的。

四、担保与抵押

在船舶融资活动中,债权人几乎都会要求借款人提供担保或抵押,以便在借款人不能履行贷款合同规定的义务(如按期偿还本息)时,得到合理的补偿。作为借款人的船东提供担保与抵押的主要形式有:

1.船舶抵押

这是在19世纪末基于土地抵押发展起来的一种传统做法。这种抵押给予债权人当船东不遵守贷款协议时,拍卖被抵押船舶的权利。债权人可以从拍卖船舶的收入中扣回船东所欠款项。用于抵押的船舶可以是在造的新船,也可以是营运中的船舶。船舶抵押的情况通常都在船舶登记册中注明,并允许公众查询。例如,我国海商法规定船舶抵押权登记包括下列主要项目:

(1)船舶抵押权人和抵押人的姓名或者名称、地址。

(2)被抵押船舶的名称、国籍、船舶所有权证书的颁发机关和证书号码。

(3)所担保的债权数额、利息率、受偿期限。

通过船舶抵押登记制度,能够让银行或投资者方便地了解一艘船舶的具体抵押情况。当然,债权人也可以要求船东提供该船舶未曾被用于其他抵押的证明。

债权人对市场行情较好的新船会愿意接受相当于船价的50%或55%的船舶第一抵押。这就使船东有可能考虑用其剩余价值申请第二抵押,但第二抵押需征得第一受押债权人的同意。如果船舶被拍卖,第一受押债权人先收回他的债款,第二受押债权人再从拍卖所得的余额中得到补偿。一艘船舶的第一抵押所保证的金额越大,其第二抵押能提供的保证作用就越小。第二抵押的价值取决于第一抵押的剩余债务与船舶市场拍卖价的差值,即取决于该类船舶的市场行情。

船东们通常都认为抵押船舶去贷款十分方便,其成本也仅局限于制定抵押协议的费用,因而愿意采用这种抵押形式。对于贷款银行来说,船舶抵押也是一种实际且可靠的担保。但由于各国海商法都承认海事赔偿的优先权高于船舶抵押权,使船舶抵押对债权人的担保作用受到一定的影响。另外,考虑到一旦船舶遭受全损,船舶抵押也就无法再为债权人提供保障作用,抵押协议中会要求船东为船舶投保适当的险别,以使债权人在船舶全损的情况下,可以首先从保赔款中得到补偿。

2.银行保证书

银行保证书即由船东的业务银行出具的保证书。银行保证书一般只对贷款的前若干期偿还款项担保。在这种情况下,债权人仍需要拥有船舶抵押来对其余贷款额担保。采用这种形式时,船东除需承担协议费用外,还要向提供担保的银行交纳担保服务费。每年这项费用一般占贷款量的0.75%。债权人通常愿意接受银行担保书这一担保形式。

3.租船收入转让

当船东能够在新船造好后,将其长期出租给实力雄厚的大货主,如国有大公司或大型石油公司,获得有盈利的租船合同时,可以向贷款银行保证,船舶的营运收入首先用于偿还贷款。这种担保要求船东在订立租船合同时,就应告知承租人,他已将租金收入转让给了贷款银行,并请承租人向贷款银行出具担保函,保证将租金直接付给贷款银行。贷款银行从租金中扣留贷款的到期还款额后,将剩余部分转给船东。在贷款担保方面,一个好的长期租船合同的价值就在于显示船东的还贷能力,使放贷者对船东的财务状况充满信心。有时,甚至一份长期租船的意向书也可以获得银行认可并批准贷款。世界上一些从事长期租船营运的船东,主要是通过这种担保方式为船队发展筹集了大量的资金的。

4.由实力强的大集团公司担保

当借款人是实力雄厚的大集团公司的一个子公司或分支机构时，贷款银行有时会接受其母公司的担保。对于一些稍微弱小的公司，若有信誉好、资金雄厚的公司愿为其提供担保，贷款银行也会考虑接受。当造船市场需求不足时，有些船厂会以很低的首付比例吸引船东下订单建造新船，大部分款项在交船时才支付。此种情况下，不仅船东需要向银行借贷造船资金，船厂也必须从银行借贷满足其生产所需的流动资金，双方在向银行借贷时可能均需提供实力雄厚的大公司出具的担保函。

5.造船厂商的担保

有些具有很强实力的造船厂商为了防止船东因不能满足贷款银行在担保上的要求而放弃项目或转移项目，争取造船订单，往往愿意为船东提供必要的、有效的担保。

除上述五种贷款担保形式外，贷款银行常常也会愿意考虑能确保其利益的各种其他担保形式，如政府担保、著名人士或大企业董事长的个人担保等。航运企业应该根据自身的条件和与外界的各种关系选择最方便、最有利的担保形式，征得贷款银行同意。

第二节　船舶贸易合同

合同是平等主体的自然人、法人、其他组织之间设立、变更、终止民事权利义务关系的协议。简单地讲，合同是关于去做或者避免去做某件合法事情的具有约束力的协议，或者说是当事的双方或数方在做某件事情时，为了确定各自的责、权、利和义务而订立的共同遵守的条款。合同的形成有四个基本要素，即：有一项协议——也就是发盘与承诺；以某一约因作为根据；由有缔约能力的双方或多方共同签署和认可；合同的目的必须是合法的。从形式上看，合同有正式合同与简单合同之分。正式合同包括登记过、公证过、盖过章的合同和流通票据如提单等。其他形式的合同都称为简单合同，简单合同可以是书面上的，也可以是口头上的。

一、合同的形成过程

1.项目的起始

显然，大多数投资造船项目起源于船东想更新旧船或增加运力。当航运公司的决策者对其想要的船的主要要素、布置型式和舾装标准等做了技术经济论证，并与他的财务部门讨论之后，通常会向公司以外的具有船舶设计建造经验的船舶经纪人或经纪人公司做咨询。因船舶经纪人保持同船厂经常的接触，了解各船厂的情况，能够为船东选出满足建造能力、交船日期、价格等方面要求的船厂。如果船东提出的船型符合或接近经纪人以前接触的某家船厂做过的标准设计，经纪人会立即提供该船的有关技术规格与说明书，并给出相关建议。如果对于这些建议或其中某项建议感兴趣，船东一般就会授权给经纪人，让他去接触他推荐的一家或若干家船厂，以便就这一项目建立起联系。当然，若船东本身就有丰富的造船经验，且与船厂保持密切的关系，则一般不会委托经纪人去接触船厂。

2.招标

对新船的主要技术要求确定后，船东就可以着手进行工程招标。招标的方式有公开招标、选择招标、谈判招标、分段招标等。招标的内容可以是船舶设计建造的总招标，也可以是先进行船舶设计招标，然后根据设计结果进行船舶建造招标。要求投标单位在规定的时间内就新船的主要要素、技术说明和建议合同条款等做出投标。船东对投来的所有符合要求的标书都应给予合理的考虑，通过评价与比较确定预中标者，并做进一步的询问和审查。投标所发生的一切费用由投标者自己承担。但如果船东招标纯粹是为了了解市场行情，那么他对于相信投标是真实的船厂在投标中花销的费用损失应负责。当船东是有义务促进公开竞争的政府或其他公共团体时，招标的做法比较普遍。

3.初始谈判

经过招标、投标，或询价得到答复之后，船东一般会先选择一个造船厂开始这一项目细节的谈判。除非准备按照已有的设计图纸建造，双方关于船舶技术问题的讨论一般需要数周甚至数月的时间才能达成共识。如果是一个全新的船型，在此期间还可能需要做水池模型试验，以便预报新船在给定海况和气象条件下的航速和其他重要性能。同时，需要向有关船级社或法定技术检验机构进行详细的咨询，以确保船舶的设计结果和建造方法是符合要求的。

如果聘请了经纪人，经纪人通常会出席船东和船厂的有关谈判，并努力促使双方达成协议。尽管经纪人是作为船东的代理人来工作，但经纪人的佣金习惯上仍由承造者支付。佣金是按照船舶合同价格的某一百分数计算的，船厂按照收到船东的分期付款数分期支付，或者是交船时一次性付清。

4.意向书

考虑到办这些事情双方都有费用支出，特别是对于船厂来说还要许诺保留建造该船的位置和力量，谈判到一定程度后，双方要联合签订一个意向书，明确双方对该项目基本要素的相互理解。意向书中通常包含：船价、货币种类、付款期、交船日期、管理合同的法律条款，以及船厂准备给予船东的、有助于达成协议的选择项。当意向书中的条款得到同意的时候，双方也就达成了这一项目的关键商业条款。

在这一阶段，船东是否有能力或愿意签订合同，常常取决于他是否能获得关于这一船价的足够资金。因此，意向书中通常注明合同的签署受约于船东的财务情况，在有些场合还受约于政府对项目的批准。显然，能否签字也依赖于合同和详细说明书细节的最终形式是否能够被双方接受。

正像其名称所表示的，意向书被用于表明当事者双方的意图，在道德上，而不是法律上负有责任。假如想使意向书在当事人双方建立一种合法的关系，那么它也只不过形成了一个使双方在将来以较好的可信度进行谈判的协议。如一般规则，这种意向书是为达成合同而达成的协议，法律上对这种协议是不予以承认的。当船东或船厂签署了这种文件后又失去信用，尽管其名声可能会受到不良影响，但也不易于被控告。由意向书强加到签约者身上的约束力度取决于意向书本身的条款规定、执行要求，及意向书中语句、语气的准确性，如其中明确写到对签约者是否具有强制约束力。

5.中间合同

当在签订合同之前需要做大量的工作时，船厂也可能不愿意仅仅依赖意向书。船厂可能坚持制订一个中间合同，以便使其为该项目所做的设计和其他技术服务能从船东那里得到回报。从船东角度看，重要的是建造者任何以明确表达的或暗示的设计保证责任必须合法且在约定时间内有效。这种中间合同在高度专业化船和海上平台结构建造中使用得特别普遍。一般认为这种过渡性合同应归类于合法的合同。

6.最终谈判

当一个项目的技术和商业参数已被全面地研究后，当事双方一般要会面，商谈合同和详细说明书的细节并最终定稿。这些谈判通常在双方的不同代表小组之间进行。例如一个是商务、法律小组，另一个是技术小组。对于大型船舶建造项目，相当普遍的做法是商务、合同与技术谈判分头进行，然后双方在整个谈判过程的后期不断比较和调整各个方面。这就必然涉及谈判失败风险，即如果在整个谈判的某一方面没有达成一致，相当多的时间和人力已被浪费在制定详细说明书的平行讨论过程中。

此外，若船东在市场高涨时下了新造船订单，之后市场形势急转直下，即使双方签订的是正式合同，若继续执行合同的成本高于违约成本，船东有时宁可违约，从而会出现弃单船。

二、主要合同格式

绝大多数新船建造合同是以某种标准合同格式为框架，经当事各方根据其特定要求修改而完成的。船舶建造买卖合同的标准格式是经过长期实践、不断归纳总结而逐步形成的，对船舶买卖交易起着指导作用。

国际上较为流行的船舶建造或买卖合同形式主要有如下几种：

(1)SAJ(shipbuilders' association of Japan)合同格式，是1974年由日本造船协会发布的合同格式。这一形式也构成了在中国、韩国所使用的其他各种标准合同的基础。

(2)MARAD(maritime administration)合同格式，是由美国海运管理署于1980年提出的一种合同格式。

(3)AWES(association of West European shipbuilders)合同格式，是西欧造船协会于1972年提出的合同格式。

(4)Norwegian standard form shipbuilding contract 是挪威船东协会于2000年制定的针对挪威船厂与船东之间的合同格式。

(5)NEWBUILDCON 格式是 BIMCO(The Baltic and International Maritime Council)于2007年提出的新造船合同格式。

(6)中国船舶工业贸易公司船舶建造合同(shipbuilding contract)是由中国船舶工业贸易公司制定的建造合同格式，由中国船舶工业贸易公司和船厂共同作为卖方，与买方三方签署的船舶建造合同。

(7)Norwegian sale form 船舶买卖合同格式，由挪威航运经纪人协会 NSA(Norwegian Shipbrokers' Association)起草和发布，第一份挪威船舶买卖合同格式起草于1956年，以后又经过1966年、1983年、1987年、1993年和2012年等多次修改。

(8)Nippon sale 船舶买卖合同格式，由日本航运交易所于1965年制定，后又经过1971年、1977年和1993年等多次修改。

(9)The London ship sale contract 船舶买卖合同格式，由英国买卖经纪人协会于1985年制定。

此外，对于拆船买卖合同，尤其是绿色拆船，可以使用正常的船舶买卖合同，也可以使用BIMCO 于2012年发布的关于绿色拆船的专用合同 RECYCLECON。

每种合同格式中都含有一些标准条款，如：

(1)时间方面条款：合同开始生效时间，付款时间，船舶下水时间(针对新造船舶)，交船时间、地点，保证期等。

(2)船舶买卖双方的名称。

(3)船舶主要特征、船级与检验机构、建造厂等。

(4)船价、支付货币的种类、付款方式等。

(5)违约与仲裁条款等。

标准格式选定后,根据双方以前的关系、各自的实力和在谈判中的地位,对其中的标准条款、标准用词进行协商修改,以满足各自的要求。如果当事者同意合同中标准条款的表达方式,则添写上本次合作项目的具体名称、要求即可,使合同的文本准备工作大为简化。

但应注意到,不同的标准合同格式在偏袒船东或船厂方面可能会有所不同。例如,一般认为SAJ格式是偏袒于承造者一方的。这种不平衡性在合同文本中的多处可以看到,特别是在与分包合同、修改和不可抗力相关的一些规定上,明确地表明,当船东因撤回合同而发生损失时,承造者不负任何责任。这种偏袒的暗示还可以从一些标准条款中的显然省略找到证据。例如,没有与设计应负的责任、承造者破产后果和其他财务违约相关的条款,并缺乏当由于承造者的过失而造成撤销合同时,船东应得到在交船前预支款项赔偿的保障规定。

在船舶交易中,买卖双方选取的合同形式取决于合同双方的个性和国籍。许多当事人习惯于使用某一种合同格式,而不愿意使用其他合同格式。也有些当事人宁愿抛开标准合同格式而自己起草合同文本。例如,下面给出了一个由船东起草的二手船买卖合同文本实例。

船舶买卖合同

甲方:赛乐航运有限公司(以下简称“甲方”)

乙方:伯胤船务公司(以下简称“乙方”)

甲乙双方就乙方购买“Braveness”(以下简称“本船”)事宜,经友好协商达成一致意见如下:

(一)船舶概况

船名: Braveness

载重吨: 2 100 t

轻吨: 1 000 t

船旗: China

船籍港: Guangzhou

其他参数:略

(二)船舶价款

本船的成交价格为人民币600万元整。

(三)定金和付款方式

1.定金

乙方同意在本合同签订当时以电汇、汇票、支票、现金方式支付给甲方人民币50万元整,作为乙方购买本船的定金。如果本船买卖成功,该定金应视为将来购船款的一部分。

2.付款

(1)乙方承诺在合同生效之日起的14日内再向甲方支付人民币550万元整到甲方指定的账户,甲方银行书面确认收到后,甲方即开始准备船舶登记机关出具的注销证明、无债务证明。

(2)注销证明、无债务证明准备齐备之时,视为“船舶交接准备就绪”,乙方同意在收到甲方书面“船舶交接准备就绪通知书”后,立即开始船舶交接。否则,甲方有权自行解除合同。

(四)交船条件

1.甲乙双方同意按本船现状交船,但本船应处于漂浮状态。本船现状是指本船在实际交接时的状况,除船舶本身外,还包括本船现存的全部物品、设备、图纸、说明书及清单、物料和备件等,但是属于船员私有物品除外。

2.本船上由海关监管的免税烟、酒属于甲方所有,并由甲方按规定处理,甲方负责本船的清关工作。

3.本船交接时或之后,甲方保证本船在甲方所有或经营期间内未产生任何可执行本船的受船舶优先权担保的债务。交船时,本船应无任何中国法律禁止的有毒或违禁品。

4.本船正式交接后,乙方应立即更换船名和船舶标志,并自己负担费用向船舶登记机关办理所有权变更登记。

5.本合同生效后,在营口港锚地交接,交接前的有关费用由甲方承担,交接后的有关费用由乙方承担。

6.本船上存轻柴油的最终数量以 4 t 计,轻柴油的价格以甲方在营口港加油时的价格为准。轻柴油价款由乙方在双方签订"交接船证明"前以现金、支票或汇票形式支付。

7.船存润滑油的最终数量以船舶实际交接时由甲乙双方委派交接船代表实际测量后的确认数量为准,考虑油脚因素,甲方同意以实际测量确认数量的80%作为计价数量。如有争议,可共同委请公正第三方测量,费用由甲乙双方平均分摊,该测量结果对双方具有约束力。润滑油的价格以甲方加油时的价格为准。润滑油价款由乙方在双方签订"交接船证明"前以现金、支票或汇票形式支付。

8.船舶交接后,甲方可派两名船员在营口港锚地指导乙方船员熟悉船舶情况,但不超过两天,劳务费用由乙方承担。

(五)船舶交接时间和地点

1.交船地点:营口港锚地。

2.交接时间:乙方同意在收到甲方书面"船舶交接准备就绪通知书"后,一天内完成船舶交接,并签署"交接船证明"。

(六)文件

1.船舶实际交接后,甲方应向乙方提供本船船舶登记机关出具的本船所有权的注销证明、无债务证明。

2.交接之时,甲方向乙方提供本船应有的法定有效证书的复印件和船舶资料。

3.证明本船交接时间和实际交接已经完毕的书面证明文件为"交接船证明",该文件一式四份,双方各执两份,具有同等法律效力。甲方在实际交接之时将购买船舶和润滑油、燃油的收据交付乙方。

(七)船舶保险

自甲乙双方签署"交接船证明"之时起,甲方为本船办理的船壳保险和保赔保险终止,其后的保险和费用由乙方负责。

(八)风险和责任

1.甲方承担本船实际交接之前发生的与本船有关的任何责任和费用。

2.乙方承担本船实际交接之后、所有权变更登记之前的期间内发生的与本船有关的任何责任和费用。

3.乙方承担本船所有权变更之后发生的与本船有关的任何责任和费用。

(九)合同的生效、违约及纠纷的处理

1.乙方根据本合同的约定向甲方实际支付定金是本合同生效的条件。

2.甲乙双方同意,将因为本合同生效、履行或解除等产生的任何争议提交本合同签订地归属的大连海事法院管辖,并适用中国法律。

3.本合同一式四份,自甲乙双方法人代表签字和盖章之时成立。甲乙双方各执两份,具有同等法律效力。

4.本合同所涉及的内容为商业机密,甲乙双方不得对外泄露,否则,由此造成对方的损失由泄露方承担。

甲方:赛乐航运有限公司	乙方:伯胤船务公司
法人代表:	法人代表:
时间:二〇〇六年四月一日	合同签订地:中国·营口市

三、建造新船合同条款谈判中应注意的几个问题

1.合作双方的关系和信誉问题

为了确定新船的技术与财务方案,买卖双方需要详细地就技术规定、合同形式的实质进行谈判。这种谈判的程序和方式受到许多因素的影响,包括双方过去关系的密切程度,新船是否按照船厂以前准备的技术标准建造,及该类船舶造船市场的总体状况。其中双方以往的关系及当事人品质、信誉是一个非常关键的因素。重大的船舶建造项目与其说是买卖合同,不如更准确地把它看作联合投资项目。因为当事双方都在从合同签字开始到造船厂交付、保证期满为止的这一期间承担了对方不能履行合同的风险。正因如此,船东和船厂都愿意建立长期的交易关系。实际上,相当多的船舶建造项目也是在合作双方之间重复成交的。在这种情况下,采用的合同形式及合同的条款与以往双方达成的协议一般不会有太大的不同。

然而,对于以前没有业务往来和合作关系的交易双方来说,情况可能会大不相同。在这种场合下,一般各方会仔细考虑对方的财务状况和所涉及的造船项目的以往经验。如果这些调查的结果令人满意的话,在签订合同之前还要详细谈判这一项目的技术、财务和法律条件。

2.签订正式合同之前有关费用问题

如果船舶的设计、建造由同一家负责,在投标以后,签订正式合同以前,船东有时要求承造方对新船的技术性能或结构强度、布置问题做出进一步的估算或绘图。谁来承担这些工作的费用?如果建造协议最终不能达成,这个问题就特别突出了。为了避免争议,有经验和能力的船东应该明确告知船厂这一风险是由船厂,而不是由船东承担,或者双方签署一项中间合同来明确责任和义务。

3.关于不能达到建造预定要求的风险问题

船舶建造过程中的风险,以及船舶建造完成后,不能达到预定要求的风险通常由船厂承担,这一点一般在合同中明确地表示出来。但如果设计图纸是由船东提供的,则船厂会提出不承担这种责任,即不保证船舶的营运参数,而只保证按图纸的要求进行建造。

4.争取最有利的船价支付方式问题

船东常常对减少造船初期的现金支付量很感兴趣。从签订船舶建造合同到交船,要经历

1.5年左右的时间。在这段时间,船厂要买料、加工、给工人发工资。因此,船厂会要求船东在交船之前根据船舶完工情况分期预先支付部分船价款。不同的造船合同规定的分期次数及每期支付数量可能存在差别。例如有的合同规定:签订合同时支付船价的10%,上船台时支付船价的30%,下水时支付船价的30%,交船验收合格后,交足剩余的30%;有的合同规定:每个阶段各支付船价的25%;还有的合同规定:签订合同时支付船价的30%,上船台时支付船价的30%,交船验收合格后,交足剩余的40%。根据第七章中讲的资金时间价值概念,可清楚地理解减少最初现金支出的作用,即能提高投资的内部报酬率(或者说降低船舶的现时价值)。这种做法在一定程度上比要求直接降低船价还有益。但应注意到,由于造船期间分期付款的拖延,有时会使承造者在财务上陷入困境。让承造商冒这样的风险对船东并不利,其后果可能是破产了的船厂留给船东一艘没造完的船。因此,除非承造者经济实力很强或有政府的担保,否则船东不应在按合同付款问题上对承造者要求太苛刻。

5.关于外汇管理条例及各国法律问题

在与外国公司签订合同时,当事人应谨慎检查其中各项条款是否符合有关外汇管理条例及双方所在国的法律规定。各自国家的有关银行及当地律师、经纪人是最好的咨询者。

四、船舶买卖经纪人

在国际船舶买卖活动中,通常都有活跃的第三方——经纪人(broker)参与。船舶买卖经纪人是航运经纪人的一种,在船舶买卖活动中,分别由买方或卖方委托,或者买方和卖方各委托一名经纪人。作为当事人的代理人,为促成合同的签订和交易的成功而工作,并获得酬劳——佣金。他们必须密切关注世界船舶市场的行情,收集各种船舶买卖交易的信息,推测委托人的意图,估计委托人需要哪些建议。他们必须熟悉银行手续、信用业务、科技发展(如导航定位仪器、推进设施等)。他们也必须有谈判技巧、法律知识。他们是合同措辞的起草人和公断人。他们的工作技能、技巧和方法基本上是从实践中总结、归纳出来的,与理论不一定都吻合。

船舶买卖经纪人丰富的经验有助于交易的谈判和履行得以顺利进行。一位优秀的船舶买卖经纪人能向船东或造船厂商提供有价值的信息和咨询,或按船东的特定要求进行调查研究并做出报告;在谈判活动中,起到润滑剂的作用,当事双方都可以通过经纪人向对方转达自己的意图。当双方互不相让时,经纪人可以从中调解,缓和僵局,避免谈判失败;当双方就合同条款达成一致意见后,可由经纪人制作合同文件,送给双方签字;当在执行合同中发生纠纷时,经纪人的经验和斡旋活动也许能避免打官司和不必要的花费。

经纪人必须在授权的范围内为委托人的利益工作,委托人承担由此而造成的法律后果。在交易的过程中,经纪人要按照委托人的意图起草或传递信息,不能自作主张用自己的意见替代委托人的意见,否则就构成越权代理,并要对此负责。如果经纪人在经纪活动中由于疏忽而导致委托人受损失,那么经纪人是负有一定责任的。因此,准确地划定经纪人的权限范围非常重要。

许多船东喜欢长期使用一名或数名熟悉的经纪人。从另一角度看,对于经纪人来说,与委托人只委托他一次,以后再也不找他相比,长期为某一或某些委托人服务,可能会使他发挥得更好。因为他了解船东的船队有哪些要求,建造什么样的船,船东的性格和爱好。所以在船东和经纪人之间形成稳定的合作关系,有助于建立相互间的理解,这对于航运公司和经纪人来说都有明显的好处。

对于一个项目,当事人通常只委托一名经纪人为他工作,但也有可能在一个项目的交易中有多个经纪人插手。例如,某公司在荷兰船厂建造一艘新船,该船将入英国劳氏船级社的船级,并悬挂利比里亚国旗。一个中国的经纪人可能会建议船东再委托一名欧洲经纪人。语言不同,地区交易习惯的差别,甚至政治氛围也许都能证明得到当地经纪人的帮助是必要的。

从理论上讲,经纪人为谁工作或由谁委托,谁就应支付给经纪人佣金。而实践中,一般都是由卖方,即船厂(或卖船船东)支付佣金。佣金是以合同履行完成为前提,实行的是“无结果、无报酬”原则,按成交总额的某一百分比或约定的某一数额付费。但如果造成合同不能继续执行的原因在于船厂(或卖船船东),则船厂(或卖船船东)还是应该向经纪人支付佣金。

第三节　船舶经营风险与保险

一、风险

投资买船是为了在随后的经营生产活动中获得回报,决策者总是希望事件的发展趋势和结果如自己所期望和预料的,并按照期望的结果安排各项活动。但由于各种随机因素、不可预测因素的干扰,难免有时出现决策者不希望也没有料到会发生的事情,存在着初始预期与未来结果有差异的可能性。如果这种差异是结果比预期好,那么企业的各项活动会正常进行,甚至会安排得更好;反之,如果这种差异是结果比预期差,那就意味着某种损失,企业的正常活动可能会受到不利影响。

我们将在给定条件下和特定时间内,事件可能发生的那些结果之间存在的差异定义为风险。如果某事件的发展结果只有一种可能,则这种差异为零,从而其风险为零;如果某事件的发展结果有多种可能,则其风险不为零。尽管风险包括能够对投资经营目标产生负面或正面影响的不确定性,我们通常所说的风险一般是指负面或不利的可能影响,即可能发生的危险。因为不利结果的发生可能会对企业的正常活动造成冲击,更需要谨慎对待。

风险的大小一般用差异的可度量结果与这种差异出现的可能性大小或概率的乘积表示。以一种简单情况为例,假设一项造船项目的投资为 1 亿元,这项投资发生损失的结果有三种:

(1)所投资金没有任何(包括资本金)回收。因为投资者从第一笔资金投入开始就对船舶做了保险,出现这种结果的可能性为零。

(2)估计船舶投入营运后达不到预期目标并损失 3 000 万元的概率为 1%。

(3)估计船舶投入营运后达不到预期目标并损失 2 000 万元的概率为 2%。

三种可能性对应的风险大小分别为 0、30、40。由此看出,尽管发生“所投资金没有任何(包括资本金)回收”的损失是最严重的后果,但由于其发生的可能性为零,所以不存在这样的风险。在这种度量中,结果与可能性的乘积越大,风险就越大,可以用来直接比较各项结果的风险程度。

前文提到过船东贷款外汇,存在外汇风险;建造新船,存在船厂不能按期交船、新船技术经济性能达不到预定指标等风险;长期出租船舶,承担租金费率上涨的风险;航次租船有不能及时揽取到合适货载的风险;企业中某些具有技能和专业知识的杰出职员一旦丧失工作能力或流失,可能会给企业的经营管理及经济效益造成巨大损失等。

对于各种各样的风险,可分为纯风险和投机风险两大类。把只有损失可能,而无收益可能的风险称为纯风险。例如,船东面临着船舶在航行途中遭遇台风袭击的风险。如果船舶遭遇台风袭击而使船体损坏，船东就受到经济损失；反之如果没有遇到台风，平安无事，船东也没有额外收益。纯风险在基本相同的条件下，一般可重复发生，服从数理统计原理中的大数定律。投机风险则是既有损失可能，又有收益可能的风险。例如，企业建造一艘新船去开辟航线或新市场，就包含了损失的机会和收益的机会。纯风险总是不受欢迎的，而投机风险却有诱人的一面。

正因为风险几乎无处不在、无时不有，才会使风险管理成为航运企业经营管理的重要内容之一。必须时刻注意并查明存在的和潜在的风险，制订风险管理目标并使其符合企业经营发展总目标的要求。风险管理的基本措施主要有保险和管理控制两个方面，通过对各种潜在的意外损失进行识别、衡量、分析和采取预防措施，确保企业有稳定的收入、安定的局面，维持生存或扩大规模，避免经营中断，这对船东、货主及有关利益方都会带来好处。

二、保险

保险是以概率论为理论基础，集合众多经济单位共同筹集资金——建立集中的储备基金，对约定的灾害、事故、事件所致的经济损失（或人身伤亡）进行经济补偿或给付，以确保整个社会生活安定的一种经济补偿制度。或者说单纯地以抵御危险及其损失为目的而进行的资金或物资的储备，以及这种经济行为，通常称之为保险。

海上保险是历史最悠久的保险之一。大约在公元前 2000 年的时候，地中海一带的海上贸易运输活动十分盛行。由于那时使用的船舶的结构还比较简陋，人们所掌握的关于航海方面的知识和技能还十分有限，驾船在海上航行具有很大的风险。在遇到风暴袭击时，为了保持船舶具有足够的浮力，不至于翻沉，最有效的办法就是将船上部分甚至全部货物抛入海中，以减轻船的载重量。这种为整体利益而造成的损失理应由船东和在船上装货的所有货主分摊。这就是一直被后人沿袭使用的“共同海损”规则。据说在公元前 1000 年前后的腓尼基时代，为从事海上商贸运输而借钱的利息很高，利率有的超过 30%。有人认为海运借款利率高于其他普通借款利率的差额部分，具有放款人承担风险或保险的意味。而现代商业保险的兴起，首先是从海上保险开始的，许多学者认为其发源地是地中海沿岸的传统海运国家——意大利。

投保人交付保险费时，就相当于将他所面临的某种风险卖给了保险公司。而保险公司在接受了这些风险之后，又通过保险基金把这些风险分摊给前来投保的众多投保人。保险公司一般只对纯风险担保，不对投机风险担保，除了极少数例外。因为没有理由对有准备的危险提供保险，或者对于投保人来说，保险费的支出可能抵消掉了投机所带来的利益。

现代保险公司的承保项目、范围都比较广泛，为了方便投保者，预先印制了各种标准化的合同。海上保险合同的主要内容包括以下几个方面：

（1）保险人和被保险人名称。

（2）保险标的，是指所要保障的对象或内容。

（3）保险责任和除外责任，是指担保的危险发生并造成损失后，保险人应承担的经济赔偿责任和合同规定的保险公司在哪些情况下不负赔偿责任。

（4）保险价值和保险金额，是指保险责任开始时保险标的（船舶）的价值和保险公司对投保人承担损失补偿或支付保险金的最高限额。我国海商法规定：保险金额由保险人与被保险人约定，保险金额不得超过保险价值，超过保险价值的，超过部分无效。

（5）保险费和保险费率，保险费是投保人为获得损失补偿而向保险公司缴纳的费用，保险费通常按保险金额的一定比率计算，也有时定为某一固定数，保险费与保险金额之比称为保险费率。

(6)保险期限,是指仅当担保的事故发生在某段时间内,保险公司才负赔偿责任的时间区间,但对船上运输对象保险的责任一般不受固定起讫时间的限制,而是以约定的从装船到卸船的整个运输过程为保险期限。

(7)被保险人义务,是指保险期限内,以及发生事故后,投保人应承担的责任,投保人只有履行了应尽义务,才能在事故发生、受损后,从保险公司得到全部应得赔偿金。

(8)保险赔偿金,是指担保的事故发生后,保险公司向投保人支付的损失补偿金,保险公司就有关损失按规定向投保人全部赔偿后,应对受损的船或货拥有所有权和处理权。

船舶保险的主要赔偿责任包括以下四个方面:

(1)对船舶本身的保险,主要指船壳险。船壳险主要承保特定风险下灭失损坏的财产损失、碰撞责任及施救的费用损失等,特定风险下灭失损坏的财产损失即对由于自然灾害如遇台风、巨浪,以及意外事故如触礁、碰撞等,直接造成被保船舶全部或部分损失。被保险的船舶失踪一定期限(一般为半年)以上,可推断为全损,由保险公司赔偿。

例如:在两伊战争期间,我国"嘉陵江""牡丹江""阳春""开平"等四艘货船在港口被困6个月,保险公司宣布这四艘船已构成实际全损,赔款1 380万美元。后来这4艘船全部返回祖国,保险公司将其拍卖,补偿了部分向投保人支付的保险赔偿金。这是因为,保险合同中规定了船舶若被海盗劫持扣留达4个月不能归还给投保人,保险公司就得按照实际全损处理。

(2)投保人在险情发生后,为抢救船舶,采取必要的措施而支出的合理费用和引起的损失,保险公司负赔偿责任。

(3)被保险的船舶在航行时,碰撞了其他船舶或港工设备及建筑物,且被判定由投保人承担责任时,保险公司负有赔偿责任。

(4)共同海损分摊额。即被保险船舶发生海损后,按惯例应当由投保人分摊的损失份额,保险公司也负有赔偿责任。

此外,商船通常都参加船东保赔协会(P&I Club)的保赔险,它是一种由船东保赔协会提供的保险,主要承保船壳险之外的船东在经营船舶和管理船舶中所承担的如污染、第三方责任、残骸处理等责任风险。

航运业是一个经营风险较大的行业,船东通过参加保险,可以把事先难以预料的损失变成固定的、少量的保险费支出打入成本,转移出去。一旦投保的项目遭受损失,能够立刻得到经济补偿,以保证企业的生产经营活动持续、稳定地进行。因此,航运经营者应具有保险合同和保险价格的知识,能对企业面临的各种风险做出正确的分析,懂得在保险公司提供的众多可保项目中选择什么样的保障组合来为企业提供最好的风险损失保护。也就是说,要以最少的保险费支出,换取最符合企业实际情况、最完备的保障体系。对于一些不可保的风险,则必须采取分析、控制等另外的措施来予以防范。

三、风险分析与控制

保险是应对可能的危险或风险的有效措施,但它是一种被动的措施,保险活动本身不能降低危险结果的出现概率和风险程度。而且尽管保险公司为了提高收入不断扩大保险内容、增加保险项目,也并不是所有的风险都能进行保险。降低航运企业投资经营风险程度的最有效、最积极主动的对策是通过对各种风险的预测、分析、控制和采取预防措施,弱化不利的结果和减少这些结果发生的可能性。

例如,为提高船舶航行、营运的安全性,国际上制定和采用ISM规则和港口国检查制度。严格执行 ISM 规则可以提高船员和设备的可靠性,降低安全风险的发生概率。英国海岸警卫队(UK MCA)向国际海事组织推荐了规范的船舶安全评估(formal ship safety assessment, FSA)方法,用于指导航运企业对营运中的船舶制定风险识别、分析、控制及风险管理改进的操作程序。这些措施和方法能够在船舶日常运输生产活动中有效地降低风险发生的概率。

在船舶投资经营风险管理中也可以采取类似的风险评估方法,主要包括以下步骤:

(1)对可能发生的经济损失(包括有形资产和无形资产)进行识别,列出损失结果及程度。

(2)对各种损失结果发生的可能性或概率做出估计,评估各种风险的程度。

(3)列出对这些风险进行控制的可能措施和途径。

(4)对列出的这些风险控制措施和途径做费用效益分析。

(5)选择控制风险的措施和途径,执行风险管理,记录风险管理的效果。

显然,做好这些工作也需要人、财、物的投入。但与直接支出保险费用以便在风险发生后获得经济补偿不同,通过有效的风险管理和防控能够直接降低风险程度及其在经济和社会方面的不利影响,而不能在风险发生后获得来自外界的经济补偿。从经济社会整体考虑,加强企业的风险管理、降低风险程度是预防风险的根本。

【小资料】

能够垂直立起来的船

美国海军设计、建造了一艘水下声波探测船,又名“浮动设备平台”(floating instrument platform, FLIP),并于 1962 年下水服役。该船全长 108.2 m,宽 7.93 m,吃水 3.83 m;不设航行动力装置,但设有发电机组。船上可载船员 5 名、科学研究人员 11 名。船上设有两个空间不大的水声实验室。该船在海上可以通过调载压载水从水平状态切换到垂直状态或反之,状态调整过程大约需要 28 min。为了适应船舶的两种工作浮态,船上的一些设施都设计成可以转动的形式,例如双层床铺、厕所和厨房都被设计成具备万向旋转调节功能。船舶主要用于水声信号传播研究、水温监控、海水密度分布分析以及水文数据采集等工作。船舶在竖直状态下工作时,由锚固定,并可用专门设置的螺旋桨精确调节船体定位。因此水下声波探测船在作业过程中的漂浮状态非常稳定,受海浪的影响较小。1995 年,该船进行了现代化改装。

思考与练习

1.添置船舶的资金来源主要有哪些?

2.什么叫风险?怎样衡量风险的大小?

3.在什么情况下存在外汇风险?在国外贷款造船,在国内航线经营运输是否可能存在外汇风险?可以采取哪些措施防范或化解外汇风险?

第十六章 新造船舶的技术经济论证

第一节 船型论证概述

一、船型论证的目的和意义

船型是船舶类型之简称,通常所说的某一特定船型是指该船在某些或某一主要方面具有与其他船舶相区别的特征。这些特征包括船舶尺度、总布置、上层建筑型式、船体线型、船体主要结构、动力装置及其他主要设备等方面。对于给定的运输任务,往往可以采用不同类型的船舶运输,如不同载重吨位的船舶、不同主尺度的船舶、不同航速的船舶、不同结构型式的船舶等。虽然这些类型船舶在技术上都是可行的,均能在给定的时间内保质保量地完成预定的运输任务,但不同类型船的运输经济效果却可能存在差异。这就使我们有可能从众多可行的方案中选择出一个技术先进、经济性好的船型方案。

从另一个角度看,船舶结构复杂、设备众多、投资高昂,各种技术、经济参数相互关联、相互影响,很难单凭经验直观地对全部船型参数做出正确的选择。需要对新的或重要的船舶先做船舶尺度、装载能力、航速、机型及主要经济指标等参数的定量计算分析,以保证新船在技术上先进可行的前提下,有尽可能好的经济性,在航运市场上有较强的竞争力。因此,船型论证是在预先确定运输要求、航线和挂靠港口的前提下,研究采用各种不同类型船舶运输,在技术上的可行性和经济上的合理性,及其方案优选问题,目的是要确定建造什么样的新船。

作为设计依据的“船舶设计任务书”或者“船舶设计需求书”就是根据船型技术经济论证结果编制的。“船舶设计任务书”中的各项规定和要求,对新船最终的技术性能和经济性有很大的影响。如果船造好了才发现原设计任务书中某些要求提得不妥,将为时太晚,其造成的不良技术与经济后果也很难补救。

从国内外航运业的发展过程看,一个世纪以来,船型的变化、更替速度很快。如,大量专用船的出现,改变了海运市场的格局。为替代第二次世界大战期间美国建造的大量杂货船“自由轮”(Liberty Ship) 而研制的英国“SD14”和日本的 “Freedom” 等船型,因它们能适应国际贸易运输需求的发展、件杂货与散装货兼用、船价经济实惠、营运费用低廉、船舶吨位适中曾赢得航运界的赞赏。之后,又相继出现了许多种多用途船型。像 B&W 公司设计的泛多用途船“汉姆来特” 型,能适用于装载件杂货,干散货,集装箱,滚装货及重、大件货等。20 世纪后期,为了迎合大型装备的整体运送,设计建造了重吊船、半潜船等新型船。半潜船、LNG 船、干散货船、油船、集装箱船、豪华游船等船舶种类的新型船也不断推陈出新、越造越大。正是因为这些新船型对货载及港航条件具有很强的适应性,所以在国际航运市场运力长期过剩的情况下,增加了船舶揽取货载的机会或降低了单位运输成本,提高了船舶的竞争能力。

一艘新船如果不能适应新形势下更高的运输要求,在市场上将失去竞争力。无论是船东还是船舶设计单位、造船厂商,都认识到这个问题的重要性,都把船型研究看成是与企业兴衰息息相关的大事。当然,由于他们各自所处的经营环境或位置不同、角度不同,对船型研究的侧重点和深度也有很大差别。一般地讲,船东侧重于对船型经济性的研究,并由此提出船型的主要技术参数;而船厂或设计部门则主要解决船型的技术问题,将船东提出的船型构想经计算分析后变为更加详细、可行的船型技术方案。

有实力的大型航运企业有能力自己做船型论证工作,而小航运公司由于技术力量有限,往往将这项工作委托给船厂或设计单位代劳。船厂或设计单位为了获得设计、建造合同,常常也愿意为船东做这项工作。但最终对船型论证结果乃至设计任务书编制优劣负责的仍然是船东,因为船将是属于船东的,这是不可否认的事实。

二、船型论证的步骤

1.调查与分析市场需求

调查研究船舶营运的市场需求和环境是船型论证的首要环节。通过调查和分析,弄清所论证船舶的使用目的和使用条件,为拟定船型方案提供可靠的依据;为计算营运经济性和投资效果提供准确的基础数据。

调查研究的主要内容有:

(1)货(客)流情况。例如,对货船应包括货物流向、流量、货种、货物理化性质、货流的平稳性、货源发展趋势、对运费的承担能力、货主是否有特殊要求等。

(2)航线资料。包括运距、航道水深、宽度、底质、水文与气象资料、是否过运河等。

(3)港口资料。包括靠泊能力(泊位长度、码头标高、前沿水深)、潮差、锚地、装卸工艺及装卸效率、港口作业习惯、港口费用等。

(4)船舶建造资料。包括了解船舶建造、修理厂的能力及地理位置分布、造价情况、贷款方式、支付方式、造船周期、质量、主机及各类动力装置技术规格及价格等。

(5)现有营运船舶资料。包括主尺度、结构型式、技术性能的适用程度,相近船舶的各项营运经济数据,修理、检验情况等。

(6)相关的国家、行业技术政策、国际法规。包括这些政策、法规对新造船的要求和限制,在哪些方面有鼓励政策,如节能技术、防污技术,哪些方面有限制措施等。

此外,还应了解客观环境的各种限制条件及今后发展变化的趋势。

2.确定船型技术参数

根据调研分析的结果,一般就能大致确定出船舶选型的范围。选型时需要确定的船舶主要尺度及要素包括:排水量Δ、船长L、船宽B、设计吃水T、型深D、方形系数C_b、空船重量WL、载重

量 DW、载货量 W_c、货舱容积 V_c、稳性、适航性、主机功率 BHP、主机类型、试航速度 v_t、服务航速 v_s、续航力 R 等。有些尺度要素之间有着确定的函数关系,例如,

$$\Delta = k \cdot \gamma \cdot L_{bp} \cdot B \cdot T \cdot C_b \tag{16-1}$$

$$\Delta = DW/\eta \tag{16-2}$$

式中:L_{bp}—— 船舶两柱间长(m);

γ—— 水的重度,对于海水取 $\gamma = 1.025\ t/m^3$;

k—— 船体附体系数,一般取 $k = 1.006$;

η—— 载重量系数。

计算内容的深度与广度取决于论证的目的和性质。如果是准备马上建造的具体船,计算内容应该详细一些;如果是为将来航运市场做准备的规划船型,计算内容可粗略一些。

产生船型系列方案的方法通常可分为两类:

一是网格法——系列地改变某一参数,组成众多方案。网格法具有简单、直观、便于观察各种参数变化对最终结果影响程度的优点。

二是最优化方法——从给定的一个初始方案出发,由数学方法产生一系列的方案,而每一个方案都比前一个方案有所改进,直至达到最优。这种方法需要建立船型方案的专用模型和优化计算的通用模型,利用计算机求解。

3.计算船型经济指标

船型方案产生后,关于船舶的技术规格和性能指标均为已知。对于船东来讲,最优船型不仅在技术上要先进、适用,更重要的是在经济性上最为有利。为此,要对各型船的营运经济性进行计算分析,求出其造价、各项营运成本、营运收入及衡量投资效果的其他指标。在船型论证中,通常采用的评价指标有造价 P、净现值 NPV、平均年费用 AAC、必要运费率 RFR、内部报酬率 IRR、投资偿还期 PBP 等。显然,这些经济指标是船舶技术参数的函数。例如:造价 P 是船舶尺度、船体结构、舾装设备、航速、主机功率、辅机功率等的函数,可表达为:

$$P=f(L,B,D,T,BHP,\cdots) \tag{16-3}$$

其他经济指标也同样与船型某些技术参数有这样或那样形式的关系。列出这些关系式,并根据市场上的有关价格、金融资料就可以计算出各种指标值。由于不同的指标只能从不同侧面反映船型经济性,因此,使用不同的指标评价一艘船可能会得出不同的结论。这是需要注意的问题。

4.确定最佳船型方案

根据各船型的技术、经济指标比较,从中选出最佳船型。但也有时在各方案中找不出一个各项指标都是最好的方案,出现一个方案某些指标较好,而另一方案的另一些指标较好的现象。遇到这种情况,需要根据企业的实际情况确定以哪些指标为主,主要指标要尽量达到最优,而另一些指标可以作为辅助决策指标,满足一定的限度即可。或者在各项指标之间做出某种权衡,以确定出最满意的船型。

5.对最佳船型的主要参数做敏感性分析

即对船舶各重要参数,如船长、船宽、主机功率、燃油价格等做变参数计算分析,观察主要指标随之变化的趋势。我们把主要指标的取值随某一变量变化而变化的程度叫作该指标对这一变量的敏感性。做敏感性分析的原因在于某些在论证中选用的条件和参数具有不确定性。我们需要了解当这些参数未来发生变化后,对计算结果的影响程度。通过敏感性分析可以得知哪些因素是敏感的、哪些是不敏感的,从而对所选的船型方案做出更为确切的估计和评价。

上述过程初步反映出,船型论证工作的特点是涉及的内容很多,要求论证人员有较宽广的知识面;船型各要素之间相互关联、相互制约,矛盾错综复杂;问题具有多解,求解过程是逐步逼近最优解。

在船型设立过程中,通常是从确定船舶某些主要要素,如排水量、主尺度(长、宽、吃水等)、船型系数(方形系数、中剖面系数等),以及主机和其他重要设备类型等入手。由于影响不同用途船舶主要要素确定的因素不同,其入手点也不同。一般可将船舶分成两类:一类船舶的主尺度和船型系数主要由其需要的载重量所决定,这类船舶被称为载重型船舶。如,干散货船、油船、杂货船等。另一类船舶的主尺度和船型系数主要由其布置要求(甲板面积或舱容)来确定,这类船舶被称为布置型船舶。如,客船、集装箱船、滚装船等。这两类船舶的论证方法、论证程序有明显的不同,下面两节将分别举例介绍其具体的思路和方法。

第二节　载重型船舶船型论证举例

解决这一类问题首先要对货源、航线、港口等情况做全面、深入的调查研究, 整理出计算所需的基础数据,要查阅大量相近船型的资料及有关经验、统计公式。一般地讲, 若能在船型方案设立之前找到一条或若干条较好的参考船型或掌握了较准确、较全面的经验公式, 那么在论证的过程中可以少走许多弯路,有助于提高论证结果的可靠性。因此, 在寻找好的参考船型、选取经验公式方面要肯花时间和精力。

下面以原油运输船为例, 介绍载重型船舶船型论证的过程。这里重点是介绍船型设立及形成的方法。假设调研所获资料已整理、简化成必要的计算数据,尽管计算过程中使用的经验公式往往也需事先统计整理出来, 但为节省篇幅, 在本例中将用到的公式直接插入计算过程,不再单独介绍其来源。这样做也基本上与解决实际问题的过程一致(因为在实际工作中, 有时事先并不确切知道具体要用到哪个公式)。为了说明这一点, 对第一次给出的经验或统计公式注以“ * ”号。

问题: 某油船运输公司欲新造一批原油船承担从秦皇岛港原油码头至广州石化厂的黄埔货主码头的原油运输任务。年货运量数百万吨,两港之间航距为 1 440 n mile。

一、港口及航道情况

秦皇岛港: 有 50 000 t 泊位一个, 船长小于 230 m、船宽小于 32.2 m、吃水小于 12.5 m 的油船,可以自由出入, 装船时间在 24 h 以内。

黄埔港: 有 35 000 t 泊位一个, 航道最浅点(伶仃水道)水深 8.4 m,平均潮面高 1.6 m, 根据航行经验, 公司要求油船吃水不超过 9.5 m, 卸船时间在 36 h 以内。

其他参数: 船舶平均年营运率取 $\varepsilon_o=0.8$, 公司设定的基准报酬率 $i=15\%$。

二、船型技术参数确定

1.排水量计算

考虑到黄埔港油船泊位靠泊能力为 35 000 t 级,且在货源充足的情况下通常大吨位船的单位运输成本较低这样一个基本规律,不妨先取载重量 $DW=35\ 000$ t。

$$\eta = 0.75 \sim 0.82 \quad * \tag{16-4}$$

或

$$\eta = 0.766\,6 + 0.130\,4 \times \frac{DW}{10^5} - 0.077\,5 \times (\frac{DW}{10^5})^2 + 0.129\,4 \times (\frac{DW}{10^5})^3 - 0.144\,1 \times (\frac{DW}{10^5})^4 + 0.046\,9 \times (\frac{DW}{10^5})^5 \quad * \tag{16-5}$$

将 $DW = 35\ 000$ t 代入式(16-5)，求得 $\eta = 0.806$

取 $\eta = 0.8$,则排水量 $\Delta = \frac{DW}{\eta} = \frac{35\ 000}{0.8} = 43\ 750$ t

2.主尺度确定

借用经验公式：

两柱间长

$$L_{bp} = 10.8 \times DW^{0.28} - 23 \, * \qquad 10\ 000\ \text{t} \leqslant DW \leqslant 50\ 000\ \text{t} \tag{16-6}$$

型宽

$$B = 1.2 \times DW^{0.3} - 0.2 \quad * \qquad 10\ 000\ \text{t} \leqslant DW \leqslant 50\ 000\ \text{t} \tag{16-7}$$

设计吃水

$$T = 0.64 \times 10^{-4} \times DW + 8.4 \quad * \qquad 20\ 000\ \text{t} \leqslant DW \leqslant 100\ 000\ \text{t} \tag{16-8}$$

方形系数

$$C_b = 0.78 \sim 0.83 \quad * \tag{16-9}$$

吃水型深比

$$T/D \approx 0.7 \sim 0.8 \quad * \tag{16-10}$$

船长型深比

$$L_{bp}/D \approx 12 \quad * \tag{16-11}$$

宽度吃水比

$$B/T \approx 2.3 \sim 3.2 \quad * \tag{16-12}$$

将 $DW = 35\ 000$ t 代入上述经验公式得：

$$L_{bp} = 179.2\ \text{m}, B = 27.5\ \text{m}, T = 10.6\ \text{m}$$

根据珠江伶仃水道的吃水限制，取 $T = 9.5$ m。吃水减小后，为保持载重量和排水量不变，必须要增加船长或船宽。考虑到增加船长虽然对船体阻力性能有利，但会引起造价有较大幅度的增加，相比之下选取增加船宽的办法。

令原船宽与吃水的乘积等于新船宽与限定吃水的乘积，得

$$27.5 \times 10.6 = B \times 9.5$$

即

$$B = \frac{27.5 \times 10.6}{9.5} = 30.68(\text{m})$$

检验：$B/T = \frac{30.68}{9.5} = 3.23$（稍微超出统计范围，可暂取此值）

根据浮力方程式(16-1) $\Delta = k \cdot \gamma \cdot L_{bp} \cdot B \cdot T \cdot C_b$

解出 $C_b = 0.812\ 3$，落在正常范围之内。

由式(16-11) 求得 $D = 179.2/12 = 14.9(\text{m})$

由式(16-10) 取 $T/D = 0.75$，求得 $D = 12.7(\mathrm{m})$

暂取两者的平均值 $D = \dfrac{14.9 + 12.7}{2} = 13.8(\mathrm{m})$

根据上述计算,初步确定本船主尺度如下：

$L_{bp} = 179.2$ m　　$B = 30.68$ m　　$T = 9.5$ m

$D = 13.8$ m　　$C_b = 0.812\ 3$　　$\Delta = 43\ 750$ t

3.航速及主机功率确定

航速与主机功率之间的关系是比较复杂的,两者之中要先给定一个量然后求出另一个量。本例先给定航速去求功率。

根据以往的营运经验取试航速度 $v_t = 14.5$ kn，服务航速 $v_s = 14$ kn。为了估算出需要的主机功率,可以利用经验公式。也可以找一艘船体线型几何相似、速度范围相近的参考船(也称之为母型船),借用参考船的航速、功率关系估计设计船航速或功率。

设所选取的参考船有关数据为：

$$\Delta_0 = 43\ 000\ \mathrm{t} *,P_{M0} = 5\ 850\ \mathrm{kW} *,v_{t0} = 14\ \mathrm{kn} *$$

其中,P_{M0}为主机额定功率(kW)。作为粗略估算,可以利用简单的海军系数公式(9-16),即

$$C_0 = \frac{\Delta_0^{\frac{2}{3}} \cdot v_{t0}^3}{P_{M0}}$$

根据参考船型的已知数据求得

$$C_0 = \frac{43\ 000^{\frac{2}{3}} \times 14^3}{5\ 850} = 576$$

新船所需主机功率为 $P_M = \dfrac{\Delta^{\frac{2}{3}} \cdot v_t^3}{C_0} = \dfrac{43\ 750^{\frac{2}{3}} \times 14.5^3}{576} = 6\ 572(\mathrm{kW})$

4.空船重量估算

分船体钢料、舾装设备、机电设备三大项利用经验统计公式估算空船重量。

船体钢料重量

$$W_h = 0.187\ 87 \cdot L_{bp}{}^{1.5} \cdot B^{0.61} \cdot D^{0.16} * \tag{16-13}$$

舾装设备重量

$$W_f = C_f \cdot L_{bp} \cdot (B + D) * \tag{16-14}$$

式中：$C_f = [9.626 + 1.06 \times \dfrac{DW}{10\ 000} - 2.38 \times 10^{-2} \times (\dfrac{DW}{10\ 000})^3] \times 10^{-2}$ *

机电设备重量

$$W_m = C_m \cdot P_M \cdot 10^{-3} * \tag{16-15}$$

其中 $C_m = 174.488 - 3.113 \times P_M \cdot 10^{-3}$ *

将前面求得的有关船型参数代入式(16-13)～式(16-15)得：

$$W_h = 5\ 536\ \mathrm{t} \qquad W_f = 980\ \mathrm{t} \qquad W_m = 1\ 012\ \mathrm{t}$$

空船重量 $W_L = W_h + W_f + W_m = 5\ 536 + 980 + 1\ 012 = 7\ 528(\mathrm{t})$

5.检查两次算得的排水量之差

由载重量与空船重量算得的排水量暂用 Δ_1 表示

$$\Delta_1 = DW + WL = 35\ 000 + 7\ 528 = 42\ 528(\mathrm{t})$$

在前面第一步与第二步中,我们根据排水量利用系数和主尺度曾计算出排水量为 $\Delta=$ 43 750 t,这时发现通过不同途径求得的排水量 Δ_1 与 Δ 之间出现了不一致现象。说明前面确定的尺度参数有不吻合之处,必须回过头去对 L_{bp}、B、D、T、C_b 等有关参数进行调整,以使$\Delta_1=\Delta$。

显然,调整不同参数对排水量和空船重量的影响程度是不一样的。应结合问题的特点利用以往的经验及 Δ_1 与 Δ 差值的大小决定调整某项参数或同时调整几个参数,直至满足要求为止。实际处理这一问题时,考虑到在这一阶段所采用的各部重量计算公式均为近似公式,因此不必严格要求 $\Delta_1=\Delta$ 才算合格,而只要从这两种途径求得的排水量的相对误差不超过3%就认为是合格的船型方案。

对于本例,相对误差为 $\left|\dfrac{\Delta_1-\Delta}{\Delta_1}\right|=\left|\dfrac{42\,528-43\,750}{42\,528}\right|=2.87\%<3\%$。因此,初步认为上述方案基本上是可行的,但为了计算参数之间的协调,我们仍然选出 C_b 进行调整,以使浮力方程(16-1)得到满足。取修改后的方形系数

$$C_{b1}=\frac{\Delta_1}{\gamma\cdot k\cdot L_{bp}\cdot B\cdot T}=\frac{42\,528}{1.025\times 1.006\times 179.2\times 30.68\times 9.5}=0.789\,7$$

此值也落在较为合理的统计范围内,因此取 $C_b=C_{b1}$。

选取 C_b 作为调整参数的好处在于它对排水量的影响较大,而对空船重量的影响较小。这样就较容易使 Δ_1 与 Δ 接近或相等。调整其他参数对排水量与空船重量的影响程度也各有其内在规律。通过反复实践可以逐步摸索、掌握这些规律。

此外,当 $\left|\dfrac{\Delta_1-\Delta}{\Delta_1}\right|<3\%$且 $\Delta_1<\Delta$ 时,也可以不修改方形系数 C_b,而把 $\Delta-\Delta_1$ 作为排水量储备直接加到空船重量 WL 中去,使 $\Delta=WL+DW=\Delta_1$。如上例就可以采用这种简单的做法。

事实上,由于在船型论证阶段,采用的经验统计公式都存在一定的误差,在计算空船重量时,通常都额外加上空船重量的2%~5%的重量储备(大船取小比例,小船取大比例),以免在后续设计过程中发现排水量不足而减少载重量,或引起大量的返工。

6.额定载货量估算

要想得知船舶额定载货量 W_c,必须先计算出船上其他各种负载的重量。

(1) 船员及其行李重量:取该船定员 44 人,每人重量按 65 kg 计,行李按 60 kg 计。则船员及其行李总重量 W_{man} 为

$$W_{man}=44\times(65+60)\times 10^{-3}=5.5(\text{t})$$

(2)食品重量 W_{food}:自持力按 15 天算,每人每天消耗食品按 4 kg 计。

$$W_{food}=\text{自持力}\times\text{人员数}\times\text{每人每天定量}=15\times 44\times 4\times 10^{-3}=2.6(\text{t})$$

(3) 燃油重量 W_{oil}:先分别求出各个设备的燃油消耗量 $W_{oi}=k\cdot G_0\cdot t$,要分设备、分油品计算,然后求和。

$$W_{oil}=\sum W_{oi}$$

式中:W_{oi}——某设备在一定时间内的总耗油量(t);

G_0——该设备单位时间内的耗油量(t);

t——相邻两次补给油料期间该设备的累计工作时间(h);

k——考虑风浪或其他因素引起工作时间增加的燃料储备系数。

在构思方案阶段,若不具备较详细的资料,则可按下式估算:

$$W_{oil} = k \cdot g_1 \cdot P_M \cdot \frac{R}{v_t} \times 10^{-6}(t)$$

式中：P_M——主机的额定功率(kW)；

R——续航力(n mile)；

v_t——满载试航速度(kn)；

g_1——包括一切用途在内的燃油消耗率[g/(kW·h)]，可取为主机额定耗油率的1.1～1.15倍；

k——考虑航行时间增加的储备系数，$k=1.0\sim1.2$ *。

对于本例，取 $R=3\ 000$ n mile，主机额定耗油率 g_0 为 210 g/(kW·h)，$g_1=1.15\times210$ g/(kW·h)，$k=1.2$，得

$$W_{oil}=1.2\times(1.15\times210)\times6\ 572\times3\ 000/14.5\times10^{-6}=394(t)$$

(4)滑油重量 W_{ol}：取燃油重量的3%～5% *，本例取5%，得

$$W_{ol}=394\times0.05=20(t)$$

这里需注意的是滑油用量虽少，但价格却较高，有条件的情况下应仔细核算。

(5)淡水重量 W_w：主要分饮用水与锅炉水两大部分。一般每人每天用水定额为50～100 kg *，本例取每人每天用水定额为100 kg，则：

人员用淡水量 = 自持力 × 定员数 × 每人每天定额 = $15\times44\times100\times10^{-3}=66(t)$

锅炉用水量应根据锅炉容量与蒸汽漏失率计算。不具备详细计算条件时，可参照同类型船按比例选取。本例取为234 t *，因此

$$W_w=300(t)$$

淡水与船员日常生活关系密切，在南方或热带海面航行的船舶，当船上不设置制淡设备时，应根据船员要求多带些淡水或配置较大容积的淡水舱。

(6)备品及供应品重量 W_{ss}：取空船重量的0.5%～1.0%。本例取1.0%，则

$$W_{ss}=7\ 528\times0.01=76(t)$$

以上各部重量之和为 $W_{man}+W_{food}+W_{oil}+W_{ol}+W_w+W_{ss}=798(t)$

船舶额定载货量 $W_c=35\ 000-798=34\ 202(t)$

7.舱容校核

(1)货油区能提供的容积估算

采用近似估算公式

$$V_{TK}=k_1\cdot k_2\cdot k_3\cdot L_{bp}\cdot B\cdot D\cdot C_b\ * \tag{16-16}$$

式中：V_{TK}——船舶货油区提供的装载舱容(m^3)；

k_1——货油区长度利用系数(即货油区长度占 L_{bp} 的百分数)，可取

$$k_1=\left[-76.615\times\left(\frac{DW}{10\ 000}\right)^{-1.541}+75.392\right]\times10^{-2}\ *$$

k_2——中剖面系数与方形系数之比，可取 $k_2=-1.42\times C_b+2.378$；

k_3——计入舷弧、梁拱等影响的系数，一般取 $k_3=1.03\sim1.05$。

本例 $k_1=0.643$，$k_2=1.257$；取 $k_3=1.04$，则

$$V_{TK}=0.643\times1.257\times1.04\times179.2\times30.68\times13.8\times0.789\ 7=50\ 363(m^3)$$

(2)需要的装载舱容估算

取原油比重为 $\gamma_0 = 0.88\ t/m^3$

①货油舱容

$$V_{WC} = \frac{W_C}{\alpha_1 \cdot \alpha_2 \cdot \gamma_0} \quad * \tag{16-17}$$

式中:V_{WC}—— 按满载装载量计算需要的舱容(m^3);

α_1—— 货油舱的有效容积系数;

α_2—— 考虑货油体积膨胀的系数。

在本例中,取 $\alpha_1 = 0.98$,$\alpha_2 = 0.97$,则

$$V_{WC} = \frac{34\ 202}{0.98 \times 0.97 \times 0.88} = 40\ 886(m^3)$$

②专用压载舱容积

为保证在空载航行时具有良好的浮态和足够大的艉吃水,油船上通常设有较大的压载舱。其压载量一般在总载重量的20%~30%。也可利用如下统计公式估算:

$$V_{BW} = P_1 \cdot V_{WC} \ *$$

式中:V_{BW}—— 专用压载舱容积(m^3);

P_1—— 专用压载水舱容积占货油舱容积的百分比。

$$P_1 = 52.76 \cdot DW^{-0.050\ 1} \times 10^{-2} \ *$$

本例 $P_1 = 0.31$,$V_{BW} = 0.31 \times 40\ 886 = 12\ 675(m^3)$

若取 $V_{BW} = 12\ 675\ m^3$,则船上需要的装载舱容:

$$V_c = 40\ 886 + 12\ 675 = 53\ 561\ m^3 > 50\ 363\ m^3 = V_{TK}$$

超出货油区实际能提供的容积,说明前面确定的船舶主尺度不能满足舱容的需要。应返回去对主尺度进行修正,然后再一步一步地算下来。也就是说,对主尺度中的一项或若干项进行修正后,原先的重量与浮力的值、速度与主机功率的值都可能发生变化。需要从头按修正后的尺度重新计算一遍,直至各项要求均得到满足为止。

本例从另一角度来处理这一问题,即用能提供的舱容减去货油需要的舱容,看看剩下多少舱容可供作为压载舱的舱容。可提供的压载舱舱容:

$$V_{TK} - V_{WC} = 50\ 363 - 40\ 886 = 9\ 477(m^3)$$

可装压载水

$$9\ 477 \times 0.98 \times 1.025 = 9\ 520(t)$$

占总载重量的9 520/35 000=27%。这一比例也属正常范围之内。因此,可以暂定压载舱舱容为9 477 m^3,而不去修改主尺度重新计算(本例这样做是为了减少计算篇幅)。

③考虑到现代油船都是双层壳,有足够的空间供装载燃油、淡水之用。因此,一般情况下可不用另外考虑燃油、淡水所需之舱容。但若要求燃油、淡水舱容特别大,则必须计及这部分舱容。本例中不计入这部分。

8.进行初稳性及干舷校核

油船为富余干舷船,初稳性与干舷一般都能满足要求。为节省篇幅,这部分内容略去。需要做时,可查阅有关船型论证的专著。

三、船型经济指标计算

1.造价估算

这里分船体、舾装、机电三大部分估算

$$P = (P_h \cdot W_h + P_m \cdot P_M + P_f \cdot W_f) \times k \times 10^{-4} * \quad (16\text{-}18)$$

式中：P—— 船舶造价(万元)；

P_h—— 船体钢料单位重量造价(元/t)，取 $P_h = 24\ 500 - 20 \times \dfrac{DW}{10\ 000}$ *；

P_m—— 机电设备单位功率造价(元/kW)，取 $P_m = (1\ 190 - \dfrac{P_M}{220}) \times 10$ *；

P_f—— 舾装设备单位重量造价(元/t)，取 $P_f = 29\ 400 - 10 \times \dfrac{DW}{10\ 000}$ *；

k—— 考虑其他项目(如设计、试验等)费用的系数，取 $k = 1.1 \sim 1.2$，本例取 $k = 1.2$。

将前边的已知参数代入式(16-18)，得：

$$P = (24\ 430 \times 5\ 536 + 11\ 601 \times 6\ 572 + 29\ 365 \times 980) \times 1.2 \times 10^{-4} = 28\ 839(\text{万元})$$

2.各项营运费用计算——年度营运总成本计算

(1)船员工资及附加费 S_1：按平均每人每月 10 000 元计，本例中设船上有 4 个备用船员或实习船员舱位，正常营运船员编制 40 人。

$$S_1 = \text{定员数} \times \text{平均每人年费用} = 40 \times 12 = 480(\text{万元})$$

(2)折旧费 S_2：折旧期定为 15 年，按直线折旧法折旧，残值为原值的 10%，年折旧费

$$S_2 = \frac{P - 0.1 \times P}{15} = \frac{28\ 839 - 2\ 883.9}{15} = 1\ 730(\text{万元})$$

(3)年修理费 S_3：取造价的 3%

$$S_3 = 28\ 839 \times 0.03 = 865(\text{万元})$$

(4)年保险费 S_4：取造价的 0.7%

$$S_4 = 28\ 839 \times 0.007 = 202(\text{万元})$$

(5)年燃油费 S_5：

往返航次航行时间 $t_s = \dfrac{L_s}{v_s} + \dfrac{L_s}{1.05 \times v_s} = \dfrac{1\ 440}{14} + \dfrac{1\ 440}{1.05 \times 14} = 200.8(\text{h})$

上式中 $L_s = 1\ 440$ n mile 为两港间航程，取压载航行时的航速为满载航速的 1.05 倍，船在装船港停留 24 h，在卸船港停留 36 h。因此，完成一个往返航次的航次时间：

$$t_v = \frac{L_s}{v_s} + \frac{L_s}{1.05 \times v_s} + 36 + 24 = 260.8\ \text{h} = 10.87(\text{天})$$

$$\text{年往返航次数 } N_w = \frac{\text{年在册天数} \times \text{平均营运率}}{\text{航次时间}} = \frac{365 \times 0.8}{10.87} = 26.86(\text{次})$$

$$S_5 = \text{主机功率} \times \text{燃油消耗率} \times \text{航次航行时间} \times \text{燃油价格} \times \text{年航次数} \times k_1 \times 10^{-10}$$
$$= P_M \cdot g_0 \cdot t_s \cdot C_f \cdot N_w \cdot k_1 \cdot 10^{-10}$$

取航次内其他辅机油耗费用为航次内主机油耗费用的 20%(即取 $k_1 = 1.2$)，取燃油价格为 4 000 元/t，则：

$$S_5 = 210 \times 6\ 572 \times 200.8 \times 4\ 000 \times 26.86 \times 1.2 \times 10^{-10} = 3\ 573(\text{万元})$$

(6)润料费 S_6:取为燃料费的 8%

$$S_6 = 3\ 573 \times 0.08 = 286(\text{万元})$$

(7)物料费 S_7:取为燃、润料费的 10%

$$S_7 = (S_5 + S_6) \times 0.1 = (3\ 573 + 286) \times 0.1 = 386(\text{万元})$$

(8)港口使费 S_8:

$$S_8 = \text{每航次每载重吨费用} \times \text{载重吨} \times \text{年航次数}$$

取每航次每载重吨费用为 3.6 元/吨次

$$S_8 = 3.6 \times 35\ 000 \times 26.86 \times 10^{-4} = 338(\text{万元})$$

(9)管理费及其他费用 S_9:

设它们占总营运费的 15%,则

$$\begin{aligned} S_9 &= (S_1 + S_2 + S_3 + S_4 + S_5 + S_6 + S_7 + S_8) \times 0.177 \\ &= (480 + 1\ 730 + 865 + 202 + 3\ 573 + 286 + 386 + 338) \times 0.177 \\ &= 1\ 391(\text{万元}) \end{aligned}$$

$$\begin{aligned} \text{年营运总成本 } Y_c &= S_1+S_2+S_3+S_4+S_5+S_6+S_7+S_8+S_9 \\ &= 480+1\ 730+865+202+3\ 573+286+386+338+1\ 391 \\ &= 9\ 252(\text{万元}) \end{aligned}$$

3.评价指标计算

本例选用必要运费率 *RFR*、净现值 *NPV*、内部报酬率 *IRR* 及投资回收期 *PBP* 作为船型方案优劣的评价指标。

(1)必要运费率 *RFR*

$$RFR = \frac{Y_c - S_2 + P \cdot (A/P,i,n) - RV \cdot (A/F,i,n)}{\sum Q}$$

式中:RV—— 船舶残值,$RV = 0.1 \times P = 2\ 883.9$ 万元;

$\sum Q$—— 单船年运量,$\sum Q = W_C \cdot N_w \times 10^{-4}$ 万 t;

$$RFR = \frac{9\ 252 - 1\ 730 + 28\ 839 \times \dfrac{0.15 \times (1 + 0.15)^{15}}{(1 + 0.15)^{15} - 1} - 2\ 883.9 \times \dfrac{0.15}{(1 + 0.15)^{15} - 1}}{34\ 202 \times 26.86 \times 10^{-4}}$$

$$= 134.9(\text{元}/t)$$

(2)净现值 *NPV*

设该航线上的运费率为 138 元/t,则年总收入

$$\begin{aligned} F &= \text{航次运量} \times \text{运费率} \times \text{年航次数} \\ &= 34\ 202 \times 138 \times 26.86 \times 10^{-4} = 12\ 678(\text{万元}) \end{aligned}$$

年现金流量 $A = F - Y_c + S_2 = 12\ 678 - 9\ 252 + 1\ 730 = 5\ 156$ (万元)

$$\begin{aligned} NPV &= A \cdot (P/A,i,n) + RV \cdot (P/F,i,n) - P \\ &= 5\ 156 \times \frac{(1 + 0.15)^{15} - 1}{0.15 \times (1 + 0.15)^{15}} + 2\ 883.9 \times \frac{1}{(1 + 0.15)^{15}} - 28\ 839 \\ &= 1\ 665(\text{万元}) \end{aligned}$$

(3)内部报酬率 *IRR*

令 $NPV = A \cdot (P/A,i,n) + RV \cdot (P/F,i,n) - P = 0$,得

$$5\ 156 \times \frac{(1+i)^{15}-1}{i \cdot (1+i)^{15}} + 2\ 883.9 \times \frac{1}{(1+i)^{15}} = 28\ 839$$

由迭代法试算得 $IRR = i = 0.161\ 59 = 16.16\%$

(4)投资回收期 PBP

若不考虑资金的时间价值,则 $PBP = \frac{P}{A} = \frac{28\ 839}{5\ 156} \approx 5.6$(年)

若考虑资金的时间价值,则

$$PBP = -\frac{\lg\left(1 - \frac{i \cdot P}{A}\right)}{\lg(1+i)} = -\frac{\lg\left(1 - \frac{0.15 \times 28\ 839}{5\ 156}\right)}{\lg(1+0.15)} \approx 13.1(\text{年})$$

在上述四项经济指标的计算中没有考虑税金问题。如果考虑税金,RFR 与 PBP 将增大,而 NPV 与 IRR 将减小。

作为演示,上边给出了一个船型的技术参数和经济指标的产生过程。即如何去设立一个技术上可行的船型方案,以及如何估算这一船型方案的经济指标。此方案为:

$L_{bp} = 179.2$ m　$B = 30.68$ m　$T = 9.5$ m　$D = 13.8$ m　$C_b = 0.789\ 7$　$\Delta = 42\ 528$ t

$WL = 7\ 528$ t　$P_M = 6\ 572$ kW　$v_s = 14$ kn　$W_C = 34\ 202$ t　$V_{WC} = 40\ 886\ \text{m}^3$

$P = 28\ 839$ 万元　$Y_c = 9\ 252$ 万元　$RFR = 134.9$ 元/t　$NPV = 1\ 665$ 万元

$IRR = 16.16\%$　$PBP = 13.1$ 年

为了获得最优方案,还必须系列地改变 DW、v_s、L、B 等主要船型要素,得出一系列船型方案,并计算出各方案的经济指标。通过比较,从中选出最优方案。在得到最优方案后,考虑到计算过程中所选用的一些参数,如燃油价格、船价等,具有较大的不确定性或与将来实际情况会有差距,而这些主要参数又对船型方案的选取有重要影响,因此,还应该对所选的最优方案做变参数分析(即敏感性分析)。分析结果可以利用图形来直观地显示出某项或某些项指标随某参数变化的趋势,从而对最优船型的特征有更深刻的认识。

需要指出的是,船型论证是一项较为烦琐的工作,要用到大量的经验数据和经验公式。这些经验公式是否准确可靠,论证者必须进行反复推敲,其工作量往往很大。平时注意积累这方面的资料是非常有益的。在本例中为了节省篇幅,只选用并列出了形式最为简单的经验公式。整个计算过程也简化到恰好能说明问题为限,基本没有返工。而实际做这项工作时,往往涉及对大量经验公式的筛选,没有的公式还要自己统计归纳。一次计算不成功,就要反复多次才能得到一个可行方案。整个论证过程烦琐、工作量很大,有必要借助计算机来做这项工作。

第三节　布置型船舶船型论证举例

这类船舶主尺度及船型要素主要取决于所需的装载容积或甲板面积,如客船、集装箱船、滚装船等。设计这类布置型船舶时,一般都是从布置上所需要的容积或面积入手,计算出必要的船长、船宽、型深等主要尺度值,然后再结合重量与浮力的平衡、快速性、稳性等方面的要求确定其他船型要素。其流程大致如下:

布置需求→主尺度→空船重量→排水量→技术性能→经济指标

从形式上看,与载重型船舶论证的差别仅在于第一步——主尺度确定上。但这一差别给用计算机自动地、系列地产生船型方案的做法带来了一定的困难,往往需要先做出布置草图,然后根据运输单元的布置情况来确定长、宽、深等主尺度。下面以车客滚装渡船为例,说明论证的程序及原理。

一、航线情况

航线为 A、B 两港之间,航距 89 n mile,两港水深都在 7 m 以上,且都有滚装船的专用码头(L 形码头)。航线上车客流情况(见图 16-1)是:往返航向年总客流量均为 102.8 万人次,车流量均为 19.1 万辆次。由于航线上同时存在着小型快速客船营运(运价较高),所以不要求航线上配置的车客滚装渡船必须每日都能满足当日全部乘客的运输需求。

二、主尺度确定

前边讲过,每个船型的主尺度大小由布置运载对象需要的空间或位置决定。而对于车客渡船来说,就是根据船舶预定的载车数量和载客数量及其布置方案来初步估算主尺度。例如,图 16-2 给出了一个小型车客渡船方案的总布置草图,该型船可以载车 9 辆(设均为标准 5 t 卡车,长 7.2 m,宽 2.5 m),载客 300 人(每位旅客只配座位)。

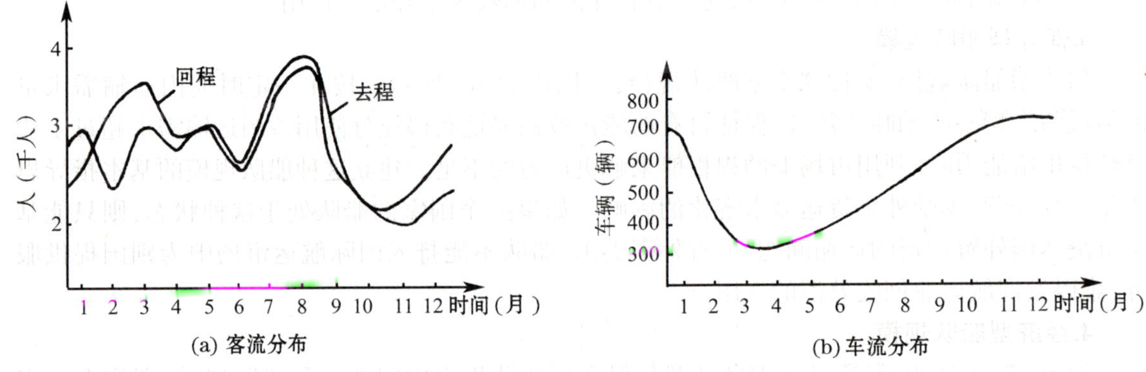

图 16-1 车客流量曲线

1.两柱间长的确定

船长 L_{bp} 可根据货载单元长度,即车辆的长度 l,车辆在船上排列的行数 m,相邻两车的纵向间距 δl 及艏、艉尖舱长度确定。在方案设立时可用下式估算:

$$L_{bp} = \frac{1}{k} \cdot [\, l \cdot m + \delta l \cdot (m - 1)\,] * \tag{16-19}$$

式中:k—— 考虑艏、艉尖舱长度及艏、艉车辆与艏、艉横舱壁之间间隔的系数,在 0.9 ~ 0.95 之间取值;

δl—— 相邻两车间的纵向间隙,取为 0.5 ~ 0.7 m。

受货物单元长度的影响,设立滚装船的船型方案时,其不同船型的船长一般以货物单元长度为步长而增减变化。但由于艏、艉形状,机舱长度等的不同,削弱了两柱间长度以固定步长变化的特征。即,不同方案的船长差并不一定严格地等于货物单元装载长度的整数倍。

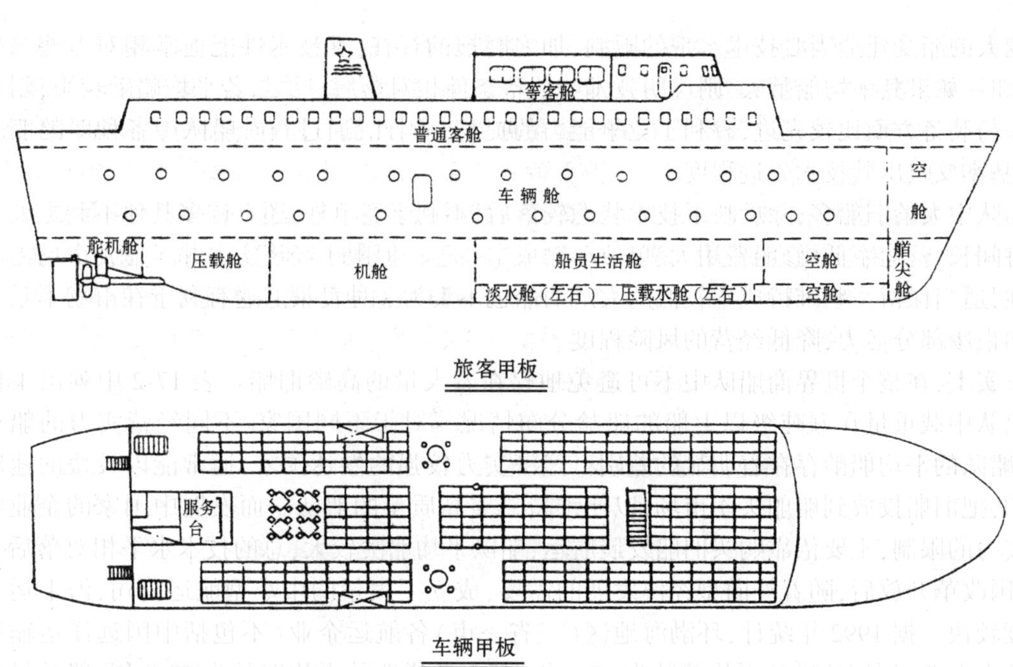

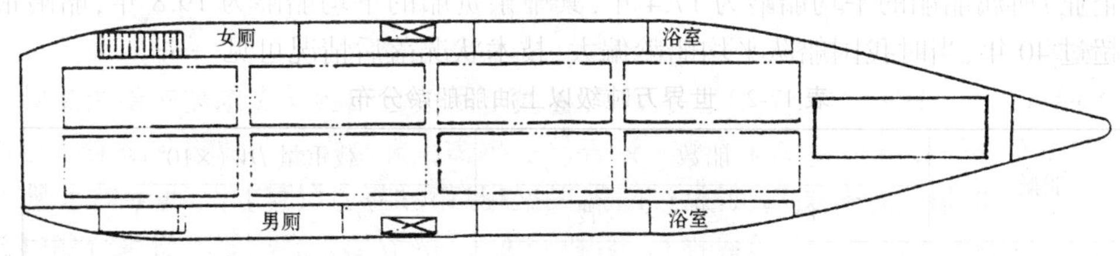

图 16-2　小型车客渡船方案的总布置草图

2.船舶型宽的确定

船舶型宽可根据车辆的宽度 b、在甲板上排列的列数 n、相邻两车间的横向间隔 δb 及舷侧结构物所占用的宽度确定。在方案设立阶段，可用下式估算：

$$B = n \cdot b + \delta b \cdot (n - 1) + 2c + 2h \tag{16-20}$$

式中：c——车辆与舱侧壁结构内表面的距离。舱侧壁结构内表面是指：当舱侧壁为肋骨时，则为肋骨内侧所确定的表面；当舱侧壁为纵舱壁板时，则为舱壁板表面。取值为 0.3~0.6 m。

h——肋骨的高度或舱侧纵壁至舷侧外板的距离。

与船长同样，受货物单元宽度的影响，从理论上讲，不同方案的船宽应以货载单元装载宽度为步长而增减变化。但由于货物单元间距、货物与舱壁间距，特别是舷侧结构尺度的不同，不同方案的船宽差值并不一定严格地等于货物单元装载宽度的整数倍，削弱了船宽以固定步长变化的不连续特征。确定船宽时除考虑货载的布置问题外，还要同时考虑稳性和摇摆等性能。

3.型深的确定

型深的大小主要取决于单元货物的高度、货载的装卸方式、甲板层数。对于载货汽车或拖挂车直接排布在甲板上这种运输方式，甲板间高可取 4.1~4.5 m。若考虑到能装载较高的单元货物，如堆置两层集装箱，以便扩大装载的灵活性，可取甲板间高为 5.8~6.0 m，并设置可移动的悬挂汽车甲板，这样在运输普通货车和小汽车时，可以大大增加装车数量。对于车客渡船客舱的甲板间高一般取为 2.0~2.5 m。甲板间高度大，给人的感觉宽敞、舒服。但取较大的甲板间高度会提高全船的重心高度，对稳性不利。因此，在确定最下边一层甲板高度和甲板间高度时，必须注意避免使空船重心高度过高。同时，滚装船最下边一层甲板往往也是干舷甲板，其高度还必须满足载重线规范或公约的最小干舷要求。与船长、船宽同理，不同方案型深的变化也是不连续的。

在确定船长、船宽、型深时，不仅要注意到其取值变化的不连续性（与载重型船舶主尺度的明显差别），同时也必须注意到由布置所确定的 L_{bp}、B、D 应满足航道、码头的限制，并且各种尺度比参数要落在较为合理的范围之内。滚装船的主尺度比的大概范围是：L/B 为 4.5~7；L/D 为 7~11；B/T 为 2.5~4，多数为 3~3.5。

4.设计吃水、方形系数、排水量、载重量的确定

滚装船的设计吃水首先要满足港口、航道的水深限制，同时要兼顾排水量、方形系数及船长、船宽来确定。例如，可根据快速性和统计公式先估算出方形系数 C_b：

$$C_b = 1.13 - 0.889\frac{v}{\sqrt{L_{bp}}} + 0.3307\left(\frac{v}{\sqrt{L_{bp}}}\right)^2 \quad * \tag{16-21}$$

式中：v—— 设计航速（kn）；

L_{bp}—— 两柱间长（m）。

再根据载重量及空船重量或载重量系数估算出满载排水量 Δ，然后利用重力、浮力平衡方程（16-1）确定 T 值：

$$T = \frac{\Delta}{k \cdot \gamma \cdot L_{bp} \cdot B \cdot C_b}$$

分析一下 T 的取值是否合适，或者反过来先根据相近实船估计出吃水，算出排水量。然后再利用重力、浮力平衡方程确定方形系数 C_b，分析一下 C_b 的取值是否合适。如果 T 或 C_b 值不合适，则要回过头去重新修改有关参数。

这里需要注意到的是，虽然载重量的确定主要是根据每单元货载的重量和旅客及其行李等重量计算，但其中每单元货载的重量不必都按最大额定重量取值。考虑到有些货车是满载而有些货车是空车或半载这种实际情况，在计算时，每单元货载的重量按其最大额定重量的某一百分数，如 70%~80%，取值。

滚装船的船体结构及设备重量较大，其载重量系数较小，一般在 0.20~0.65 的范围之内。空船重量可根据参考船型估算。如果重力与浮力不平衡，则需适当调整 C_b 或 T，乃至 L_{bp} 及 B 等参数。

三、航速、主机功率、各部分重量的计算

这些参数的计算过程和方法类似于前面介绍的载重型船舶相应参数的计算，这里不一一列举。

按照上述方法和思路，对本问题设定 10 种船型方案，每种船型的主要参数列于表 16-1 中。

四、船型经济指标计算

1.造价估算

按式（16-18）计算，取

$$P_h = 17\ 500 - 200 \times \frac{L_{bp} \cdot B \cdot D}{10\ 000}$$

$$P_m = (800 - \frac{P_M}{220}) \times 20$$

$$P_f = 20\ 000 - 100 \times \frac{L_{bp} \cdot B \cdot D}{10\ 000}$$

$k = 1.2$（但对于 L_{bp} 小于 50 m 的船，考虑到小船可以在小船厂建造，小船厂的工时费、设计费、试验费等相对大船厂低很多，因此可取较小的 k 值），则

$$P = (P_h \cdot W_h + P_m \cdot P_M + P_f \cdot W_f) \cdot k \cdot 10^{-4} \quad (万元)$$

2.各项营运费用计算——年度营运总成本计算

(1)船员工资及附加费 S_1：按平均每人每月 5 000 元计

$$S_1 = 定员数 \times 平均每人年费用$$

(2)年折旧费 S_2：折旧期定为 15 年，按直线法折旧，残值为原值的 7%

$$S_2 = \frac{P - 0.07P}{15}$$

(3)年修理费 S_3：取造价的 3%

$$S_3 = 0.03P$$

表 16-1 主要船型参数

船型参数	船型 1	船型 2	船型 3	船型 4	船型 5	船型 6	船型 7	船型 8	船型 9	船型 10
两柱间长 L_{bp}(m)	170	140	120	112	108	100	93	73.2	60	41.8
型宽 B(m)	25.50	20.50	22.00	20.50	19.29	20.50	20.50	14.80	12.20	9.00
型深 D(m)	20.25	14.00	12.60	20.00	12.00	16.00	12.00	9.30	8.50	7.30
设计吃水 T(m)	6.60	6.15	5.80	6.00	5.77	5.80	5.60	3.80	2.50	2.80
满载排水量 Δ(t)	17 092	10 180	8 832	10 642	7 090	8 573	6 151	2 513	1 070	600
载重量 DW(t)	6 045	3 687	2 100	3 142	1 439	2 400	2 220	692	400	150
方形系数 C_b	0.580	0.560	0.560	0.750	0.573	0.700	0.560	0.610	0.568	0.553
主机功率 BHP(kW)	25 140	9 930	5 180	7 000	9 708	4 000	3 180	2 354	882	1 200
试航速度 v_t(kn)	25.60	22.40	17.00	15.00	19.00	12.00	17.62	12.00	12.20	13.50
服务航速 v_s(kn)	22.85	20.20	16.00	14.00	18.00	10.50	14.15	10.80	11.00	12.00
续航力 R(n mile)	1 000	1 000	1 000	1 000	1 000	1 000	1 000	1 000	1 000	500
载车定额 N_c(辆)	150	100	75	200	70	120	60	33	23	9
载客定额 N_P(人)	2 000	1 500	1 800	800	1 300	800	1 000	300	260（座）	300（座）
船员编制 N_E(人)	60	55	55	55	50	50	45	40	35	20
主机油耗 g_0[g/(kW·h)]	165	165	175	175	175	185	185	200	210	210
空船重量 WL(t)	11 047	6 493	6 732	7 500	5 653	6 173	3 931	1 821	670	450
船体钢料重 W_h(t)	6 400	3 762	3 900	4 345	3 275	3 576	2 277	1 055	388	260
舾装重量 W_f(t)	3 233	1 900	1 970	2 195	1 655	1 807	1 151	533	196	132
机电重量 W_m(t)	1 414	831	862	960	723	790	503	233	86	58

(4)年保险费 S_4:取造价的0.7%

$$S_4 = 0.007P$$

(5)年燃油费 S_5:

往返航次航行时间 $t_s = 2 \times \dfrac{L_s}{24 \times v_s}$ (天)

船舶在港作业时间为额定载车数的函数,根据观察、统计近似取为:

$$t_b = 2 + \frac{N_c}{60} \quad (\mathrm{h})$$

式中:N_c—— 额定载车数。

往返航次时间 $t_v = t_s + \dfrac{2 \cdot t_b}{24}$ (天)

$$\text{年往返航次数 } N_w = \frac{\text{年在册天数} \times \text{平均营运率}}{\text{往返航次时间}} = \frac{t_t \cdot \varepsilon_o}{t_v} \tag{16-22}$$

由上式算出的 N_w 是理论上的最大值,根据班轮的特点,还要根据每天发船时间、班次及客流多少取整。本例中取船舶每天完成一个往返航次,$t_t = 365$,$\varepsilon_o = 0.8$,因此 $N_w = 292$。

取 $k_1 = 1.2$

S_5 = 主机功率 × 燃油消耗率 × 往返航次航行时间 × 燃油价格 × 年往返航次数 $\times k_1 \times 10^{-10} = 24 \times 10^{-10} \times P_M \times g_0 \times t_s \times C_f \times N_w \times k_1$ (万元)

(6)年润料费 S_6:取为年燃油费的8%

$$S_6 = 0.08 \times S_5$$

(7)年物料费 S_7:取为燃润油费的10%

$$S_7 = (S_5 + S_6) \times 0.1$$

(8)港务费 S_8:根据A、B两港的规定,分船舶港务费和船舶停泊费,按净吨位数计算,另外加上每次靠泊时的系解缆费。

$$S_8 = 2 \cdot N_w \cdot [NT \cdot (GF + TF) + 2 \cdot JF]$$

式中:NT—— 船舶净吨数(t);

GF,TF—— 分别为船舶港务费和船舶停泊费的费率(元/净吨);

JF—— 系解缆费(元/次)。

本例中取 $GF = 0.25$ 元/净吨,$TF = 0.06$ 元/净吨,$JF = 140$ 元/次。

各个港口的收费规定可能会不同,现实中应该按港口当地规定的算法列出 S_8 的算式进行计算。

(9)管理费及其他费用 S_9:设它们占总营运费的15%(即占前8项费用之和的17.7%),则

$$S_9 = (S_1 + S_2 + S_3 + S_4 + S_5 + S_6 + S_7 + S_8) \times 0.177$$

年总营运成本

$$Y_c = \sum_{i=1}^{9} S_i \tag{16-23}$$

3.评价指标计算

本例选用净现值 NPV、必要运费率 RFR、造船总投资额、净现值指数为评价指标,取 $i = 15\%$。

(1)净现值 NPV 的计算

为了计算净现值,首先应计算出单船年总收入值。设客票中每铺位价为170元,散席或座

位票价为每位 85 元。5 t 卡车：满载 1 100 元，空载 720 元。则年净收入为

$$F=\sum_{h=1}^{N_w}\{(N_{1h}+N_{2h})\times[F_{pm}\times(1-\beta)+\beta\cdot F_{zm}]+(C_{1h}+C_{2h})\times[F_z(1-\alpha)+\alpha\cdot F_k]\} \tag{16-24}$$

式中：N_{1h}，N_{2h}—— 某年第 h 航次去程、回程的客运量（人）；

C_{1h}，C_{2h}—— 某年第 h 航次去程、回程的车运量（辆）；

F_{pm}，F_{zm}—— 旅客单程平均铺位票价和座位票价（元／人）；

β—— 每航次散席或座位旅客占旅客总数的平均比例；

α—— 每航次空载车占总车数的平均比例；

F_z，F_k—— 满载车辆、空载车辆单程运价（元／辆）。

年现金流入量 $A=F-Y_c+S_2$

$$NPV=A(P/A,i,n)+RV(P/F,i,n)-P$$

（2）必要运费率 RFR

对于客货船来说，为了计算 RFR，还必须将客位与载货的吨位折算成统一的计算单位，以便求出运输每计量单位所需费用。但实际上，要准确、合理地做到这一点是十分困难的。本例以换算吨为计算单位，并根据对重量与容积综合分析的结果，粗略地取每辆卡车为 10 个换算吨，每人为一个换算吨。按照这种折算方法，计算的 RFR 为

$$RFR=\frac{Y_c-S_2+P\cdot(A/P,i,n)-RV\cdot(A/F,i,n)}{\sum Q} \tag{16-25}$$

式中：$\sum Q$—— 按上述方法求得的换算吨。

（3）造船总投资额 P_z

由航线配船数计算的造船总投资额

$$P_z=\text{单船造价}\times\text{航线配船数} \tag{16-26}$$

（4）净现值指数 $NPVI$

$$NPVI=\frac{NPV}{P} \tag{16-27}$$

将上述算式编成计算机程序或者借助于 EXCEL 电子表格，可求得各型船的有关经济参数及指标，列于表 16-2 中。表 16-2 的上半部分为假设航线上只配一条单船，即各航次车、客全部满载时的单船营运经济效果；表 16-2 的下半部分是根据平均每天车、客运量需要配船后，各型船的单船营运经济效果。就表 16-1 中所列 10 种船型而言，船型 4、6、7 是可行方案，相比之下，第 6 种船型方案的各项评价指标最好。

如果选用第 6 种船型方案，按照车、客运输需求的平均值需要配备 6 艘船舶在 A、B 两港之间运行，即每天每港发 6 班船，车、客平均装载率分别为 73.69% 和 59.49%。根据图 16-1 所示的车、客流量沿时间分布不均匀的特点可知，在有些时段，船舶的装载率会大大高于平均装载率；而在有些时段，船舶的装载率会大大低于平均装载率。实际运营中，可以安排船舶在运输需求的低谷时，如 3、4 月份，进行修船，以便调整市场运力供给。

利用网格法或在给定方案之间优选船型时，如果网格间距较大或给定方案的数量有限、差别较大，则完全有可能漏掉真正的最优方案。为了避免发生这种情况，可在选出的最优方案附近再多设立一些尺度及参数变化步长更小的方案进行比选。例如对于本例，可在最优方案——

船型 6 的基础上以较小的间隔适当改变主机功率，其航速、耗油率也必然发生相应的变化，然后看经济指标 *NPV*、*RFR* 如何变化。从中选出主机功率和航速更优的方案，逐步找到全局最优解。

对于本例的最优配船方案，也可以选两种或两种以上船型的船舶共同承担 A、B 两港之间的车、客运输。例如，可以选用若干第 3 型船。由于第 3 型船的航速较快，客流量较大时能够每天再增加一个航班，即每天安排 3 个航班，可以有效解决客流高峰时运力紧张的状况。关于对本例结果的其他方面的讨论，以及对最佳船型、最佳航线配船方案的敏感性分析问题，留给读者思考、练习。

在本章第二节和本节中我们分别举例介绍了载重型船舶和布置型船舶的论证优化方法及程序。从中可见，由于船型参数众多，各参数之间的关系复杂、问题涉及面广，我们不能要求一次试算就定出一个可行方案，更不能要求进行一两次试算就选出最优方案。但如果掌握的有关数据、资料准确丰富，方法得当，确能简化船型方案设立和优选的过程，大大减少重复工作量。例如，恰当地选择一艘参考船作为船型分析的起点，会大量地减少试算次数，提高论证的可靠性。书后列出的参考文献[23]介绍了一种实用的船型优选方法，可以用于在众多参考船中选出最佳参考船。

表 16-2 各型船的主要经济指标

	指 标	船型 1	船型 2	船型 3	船型 4	船型 5	船型 6	船型 7	船型 8	船型 9	船型 10
航线配单船	年往返航次数	292	292	292	292	292	292	292	292	292	292
	造价（万元）	60 884	29 996	22 181	26 698	28 215	18 999	13 383	7 922	2 963	2 624
	船员费（万元）	360	330	330	330	300	300	270	240	210	120
	燃料费（万元）	5 435	2 428	1 696	2 620	2 826	2 110	1 245	1 305	504	629
	年总成本(万元)	15 698	7 555	5 577	7 475	7 771	5 746	3 783	3 114	1 356	1 363
	年总收入(万元)	28 493	20 650	22 189	19 459	16 937	14 852	13 383	4 879	2 615	2 007
	载客率（%）	100	100	100	100	100	100	100	100	100	100
	载车率（%）	100	100	100	100	100	100	100	100	100	100
	年现金流入量(万元)	16 570	14 955	17 988	13 639	10 916	10 284	10 430	2 256	1 442	807
	净现值（万元）	36 532	57 709	83 191	53 284	35 856	41 299	47 718	5 336	5 497	2 119
	必要运费率(元/换算单位)	108.83	73.84	53.47	63.27	92.51	66.69	55.89	107.80	58.53	72.23
航线配多船	配船数(艘)	5	7	9	5	10	6	11	20	29	73
	单船年收入(万元)	11 780	8 414	6 545	11 780	5 890	9 817	5 355	2 945	1 542	613
	载客率(%)	28.56	27.20	17.63	71.39	21.97	59.49	25.96	47.59	37.87	13.04
	载车率(%)	70.74	75.79	78.60	53.06	75.79	73.69	80.39	80.39	79.54	80.7%
	单船年现金流入量(万元)	-143	2 719	2 343	5 960	-131	5 249	2 401	322	370	-588
	单船净现值(万元)	-61 197	-13 839	-8 289	8 384	-28 741	11 855	773	-5 970	-776	-6 037
	必要运费率(元/换算单位)	233.38	158.34	150.35	108.54	226.71	98.06	120.53	166.43	101.92	251.98
	航线配船投资总额(亿元)	30.442	20.997	19.963	13.349	28.215	11.400	14.721	15.844	8.592	19.156
	净现值指数	-1.005	-0.461	-0.374	0.314	-1.019	0.624	0.058	-0.754	-0.262	-2.301

从上述两个例子看到，在船型论证的计算过程中用到大量的统计经验公式，如船体钢料重量计算公式、船价估算公式等。这些公式的选用有很大的主观性、经验性。还有一些计算参数

因时间不同而不同,如平均每吨船体钢料价格、燃油平均价格等,在不同时间的取值是不同的,有时差别很大,必须对当时市场的实际价格进行调查和做准确的预测。当然其中也有一些公式是严格的、必须满足的,如重力与浮力的平衡方程。因此,尽管从形式上看船型论证的计算过程有很大的主观性和一定的随意性,但从本质上看确有着其内在的规律性。只有遵循其规律,才能以最少的计算工作量优选出真实可靠的最佳船型方案。这种规律性要在做船型论证的过程中逐步摸索掌握。总而言之,做好这项工作,要求论证人员在平时留心积累这方面的资料。

第四节 船舶设计任务书的主要内容

船型论证后,通常由用船部门把对新船的技术、布置、尺度、性能等主要方面的具体要求编写成船舶设计任务书或船舶设计需求书,经主管部门审批后送交给设计单位,作为设计工作的依据。船舶设计任务书中的各项规定和要求,对设计船的技术性能和经济性能有很大的影响,如果设计任务书规定得不妥,造成不良的技术与经济后果将难以补救。

商用运输船舶设计任务书通常包括以下几个主要方面的内容。

一、船体方面

1.船舶用途、航行区域及船舶类型

这包括船舶的主要用途(主要指运输的货种,如原油、杂货、集装箱等)、航行区域(如主要航行线路、无限航区还是沿海航区或是某等级的航区)、船舶类型等。

2.船级

设计任务书须指明按照哪个船级社的有关规范或技术规定建造,入哪个船级社的船级,满足哪些港口或运河管理局的规定,满足哪些国际公约的要求等。

3.船舶主要尺度

船舶主要尺度包括对新船的主尺度限制(如过巴拿马运河的船长、船宽吃水限制)、大吨位船舶吃水深度的限制、船长的限制、船舶空载水线以上高度的限制等。

4.船型

船型方面,提出新船在建筑形式方面,如,甲板层数、甲板间高、机舱部位、货舱划分、舱口尺寸、船体线型(如,要不要球鼻)等方面应满足的要求或希望。

5.装载能力

对于货船一般提出总的载重量或净载货量、舱容或舱容系数要求,对于客船提出载客定额及各等级客舱的数量及面积、设备配置标准,其他船种也依具体情况确定使用要求。

6.船体结构

对于主船体结构和上层建筑,提出结构形式、特殊加强、甲板负荷、使用材料等要求。

7.航速、续航力、自持力

商用运输船舶一般都提出满载试航速度或服务速度的要求。对于拖船则除了提出速度要求之外还要提出拖力的要求。

续航力是在规定的航速或主机功率下,船上所带的燃料储备量可供连续航行的距离(海里)。有些小型船舶的续航力也可用能连续航行的时间表示。

自持力是船上所带食品、淡水可供使用的天数，也称为自给力。

8.船员配备及其生活设施

此方面给出新船各类船员的定编数，相应的舱室面积、设备标准等。

9.船舶性能

在船舶性能方面，对稳性、适航性、抗沉性、操纵性等提出的要求，对船在压载航行时浮态的要求等。

10.船舶设备

在船舶设备方面，包括装卸设备的形式、负荷、舷外跨距的要求及救生设备、系泊设备、防火设备、减摇装置等方面的特殊要求。对于有些设备，如救生设备、防火设备，如果没有特殊要求亦可不提，设计单位自然会按照有关国际公约或船级社规范的一般要求配备。

二、轮机方面

提出主机的类型、功率及台数。有使用经验的船东往往会指定要哪一家主机制造厂生产的哪种型号的机器。可以对推进系统、辅机系统（柴油发电机组）、通风空调设备、锅炉使用、供油系统、供水系统、废油污物及生活污水处理装置、主辅机操作、监控方式、振动、噪声等方面提出具体的要求。

三、电气方面

1.供电制

如动力设备采用380 V三相交流电源供电，正常照明及生活用电采用220 V交流电源供电，助航设备、应急照明采用24 V直流电源或220 V交流电源等，根据使用要求提出。

2.配电系统

配电系统提出对主配电板的功能要求，岸电箱、充电设备的配置要求等。

3.照明系统

照明系统对全船照明设施提出具体要求，包括工作、生活、应急照明场所的照明设置，及其采取的安全措施等。

4.通信导航设备

通信导航设备包括罗经、测深仪、计程仪、雷达或卫星导航仪、自动识别系统（AIS）以及电台、船内电话、通信系统、广播系统和其他通信设备的型号、技术性能等。

上面列出了商用运输船舶设计任务书的大体内容。实际上每艘新船的设计任务书条目及内容依船舶的类型、复杂程度可能会有很大的差别。例如，对一种新的船型，又经过了比较详细的论证和设备选型，其设计任务书的条目可能就会比较具体。如果新船是一种过去造过的同类相近常规船，船东与设计单位又有良好的合作经历和相互信任感，提出的设计任务书可能就较为简单，只写出最主要的要求。

一般地讲，考虑到设计任务书提出的技术指标是检查设计建造质量的法律依据，设计任务书的内容应简明扼要、用词准确。当船东对设备的选型有很多具体要求时，也可以在设计任务书的正文中提出最重要的船舶技术性能和使用要求，而将对众多设备的具体要求写成设计任务书的附件，作为对设计任务书的补充，可起到与设计任务书同等的效果。

船舶设计任务书通常由用船部门负责编制，但当船东技术力量不足，或对某些较重要的新型船，也可由船东委托给设计单位或科研单位共同进行船型论证，共同编制设计任务书，报请有关部门审批。

当设计任务书编好，送交给设计单位后，船东还应积极与设计单位合作，及时地回答设计单位提出的有关设计、使用方面的问题。如果发现任务书中有不合理的要求，应立即组织力量讨论协商并提出解决办法，以免影响设计建造进度，甚至使新船遗留不可弥补的缺陷。

为了了解商船、公务船乃至军用船舶的船舶设计任务书特点，建议读者通过互联网或其他渠道查找船舶设计任务书实例研读、理解。

【小资料】

新中国的第一艘远洋客船

新中国建立之初，海上运力极其薄弱。为了发展远洋运输事业，我国花费90万元人民币，从希腊一轮船公司买回了一艘远洋旧客船。该船由英国皇家邮船公司于1930年1月建造，长166 m，可载客953人，以大型低速柴油机提供动力。1960年7月，接船人员抵达康斯坦察港接船。回国途中，机械经常出故障，他们边修边开，最后平安到达黄埔港。经修复后，该船易名为“光华”轮。

1961年5月，该船首航雅加达，将第一批华侨安全运回国内。在以后的15年营运期内，该船13次到印尼接运华侨，3次到印度接运华侨，运送过我国援外技术人员前往北也门和坦桑尼亚。1972年以后，该船又多次担负沿海客运、军运任务，后来成为训练船。该船于1975年7月8日光荣退役。

思考与练习

1.船型论证的基本目的是什么？

2.在进行船型技术经济论证时，通常将船舶分为布置型船和载重型船两类。为什么要这样分类？

3.在互联网上或者通过其他渠道查阅船舶设计任务书实例，了解和学习船舶设计任务书的写法。

第十七章 船舶更新与船队规划

第一节 船舶更新

一艘船从买来投入使用开始,不论采用何种程度的保养、维修,随着时间的流逝,都会产生磨损,也必然会因技术状态恶化和经济性变差的原因而被淘汰,需要由新船替代旧船。用新船替代旧船就是船舶更新。

根据产生磨损的原因和特点,分为有形磨损和无形磨损两类:

(1)在船舶营运过程中,由于机械摩擦、振动、自然锈蚀或操作不当,产生的船体变形及设备损坏,使船舶负荷降低、功能减退。这种正常使用条件下随着时间的流逝而发生的技术状态恶化被称为有形磨损。

(2)由于技术进步和建造成本降低(后来建造的同型船价格下降或者后来设计建造出了性能更好的新船),使原有船舶的价值相对降低,这也可以被看成是一种磨损,称之为无形磨损或精神磨损。

正是因为有形磨损和无形磨损的存在,在使用过程中,船舶的价值伴随着磨损逐渐降低。按照可持续生产的要求,这种磨损部分的实物和价值必须及时得到补偿,以便使船舶保持适航状态,并当使用期满时至少能以原来价值购置新船。在实物补偿方面,通过维修可使有形磨损得到补偿,这是局部补偿,只有进行整体更新才能彻底消除其有形磨损和无形磨损,这是全部补偿;在价值补偿方面,提存修理基金是一种局部补偿,而通过提取折旧费或资本成本逐步把船舶价值转移到运输成本中去则是全部补偿。

船舶修理与使用年限的关系很大。使用年限长,必然造成修理次数增多、修理规模扩大、修理费用增加。同时,修理还降低船舶营运率,影响船舶生产效率。因此,确定使用年限时,应重视修理费用的实际水平,力求使修理费用降到最低水平。许多船东在船舶更新问题上就是这样做的。他们在船舶应该进行大修之前就将其卖掉、更新。这样既可以省去大笔修理费用,又可以保持船队中有较新的、技术上先进的船舶,保证船舶有较高的营运率、企业有较强的竞争力。

在讨论船舶使用年限问题时，根据其有形磨损和无形磨损的程度及考核船舶状态的侧重点不同，可将船舶寿命分为自然寿命、技术寿命和经济寿命三种。自然寿命是指一艘新造的船舶从投入使用开始，经过有形磨损直至从技术性能上看，已经不能满足适航和运输安全的要求、不能实现原有的功能为止所经历的时间。技术寿命是指一艘新造船从建成出厂开始，直到由于新技术的出现或者原有技术受限，使其丧失使用价值所经历的时间。经济寿命是指一艘新造船从投入营运开始，直到继续使用从经济性上看已不合适所经历的时间。从理论上讲，船舶更新的依据就是其自然寿命、技术寿命、经济寿命三者，或其中之一。

自然寿命的长短与船舶的建造质量、使用强度和维修保养程度有关，取决于船体、轮机系统和管路系统的磨损、锈蚀速度。若对决定船舶自然寿命的关键设备和部位采用优质耐磨、抗腐蚀材料和厚钢板，则会延长船舶的自然寿命，当然其代价是较高的船舶造价。反之，若采用普通材料和较薄的船体钢板，相比之下船舶的自然寿命必然要短一些，这种船的造价也会低一些。是采用优质材料，使船舶具有较长的自然寿命，还是采用普通材料，使船舶具有相对短的自然寿命，各个国家、各个公司都有自己的做法。如美国、加拿大和苏联等国家采用厚板策略，以保证船舶有较长的使用寿命；西欧国家、日本等采用薄板策略，船舶的使用寿命相对短一些。总的来看，在过去造船能力有限、船舶市场上需求大于供给的时期，采用厚板做法是比较成功的。但近几十年里，由于技术进步速度较快及造船能力过剩，日本等国采用的薄板做法也十分成功。因为这样做有利于随着技术进步而快速更新船舶，用技术先进的船舶替代技术落后的旧船，同时也降低了一次性投资的额度。

另外，通过做好保养维修工作，可以很大程度地延长船舶的自然寿命。随着科学技术的进步，我们甚至可无限期地维持一艘船的自然寿命。其代价是修理费用增加，营运率下降，经济性变差。

技术寿命与新技术、新船型的出现有关。航海科学技术进步越快，船舶的技术寿命就越短。经济寿命与船舶营运成本、营运收入及海运贸易需求的变化有关。显然，一艘船的技术寿命与经济寿命不会超过它的自然寿命。自然寿命和技术寿命是比较容易确定的。譬如，当有新技术出现，并达到实用、可以取代原有船舶时，原船的技术寿命就到了临终时刻。而经济寿命则完全从经济性上考虑一艘船继续营运的有利性，需要通过经济性的计算比较才能确定。技术寿命与经济寿命两者之间并非相互独立，而是有着密切的相关性。

船舶更新受旧船市场价格、运输市场货源多少、运价高低、新技术的应用及发展趋势影响较大。一般地讲，当旧船市场船价较高、货源较少、运价较低时，提前出售旧船是有利的。但实际情况往往并非那么简单。旧船价格较高之时，常常也是运价较高的时期。这就使船舶更新时间的确定较为复杂，需要通过市场预测和计算比较才能确定最佳更新年度。下面针对一种经过简化了的情况，以处理旧船的经济损失与添置新船带来的经济收益比较为例，介绍一种确定船舶经济寿命或更新时间的方法。

设新船完全用于替代原有船去承担相同的运输任务（同航线，同运量，同运价）。为了能够直接比较，须将不同时间发生的经济损失与收益换算成同一时间点资金数。这里不妨将资金换算的时间零点定为船舶原来计划的报废、更新时间。新、旧船均按直线折旧法计提折旧费。船舶提前更新的经济判别式为：

$$M_{ct} \leqslant M_{pt} \tag{17-1}$$

式中：t——从原船计划报废时间算起的提前年数；

M_{ct}——提前更新 t 年的损失，主要是指与不提前更新情况相比的未回收的折旧费损失和提前投资新船的利息损失；

M_{pt}——提前更新 t 年的得益，是指与不提前更新情况相比运输成本的节约和提前卖船的获利（也可能是损失）。

设：N——原有船的使用年限；

P_o, P_n——分别为原有船和新船的购入价值；

S_o, S_t——分别为原有船的原定残值和提前退役时的价值；

C_{ot}——原有船在第 t 年的单位运输成本；

C_{nj}——新船在投入使用的第 j 年的单位运输成本；

Q——新船或原有船每年应完成的货运量；

i——资金的收益率。

$$(F/A,i,t)=\frac{(1+i)^t-1}{i}$$

$$(F/P,i,t)=(1+i)^t$$

则有

$$M_{ct}=\left(\frac{P_o-S_o}{N}\right)\cdot(F/A,i,t)+P_n\cdot[(F/P,i,t)-1] \qquad (17\text{-}2)$$

$$M_{pt}=Q\cdot\sum_{j=1}^{t}(C_{o,t-j+1}-C_{n,j})\cdot(F/P,i,t-j)+S_t\cdot(F/P,i,t)-S_0 \qquad (17\text{-}3)$$

令 $t=1,2,3,\cdots$，按式（17-2）、式（17-3）分别计算出提前处理旧船的可比损失和提前购置新船的可比收益。再找出满足判别式（17-1）的 t 值，则 t 的最大值就是从经济性上看可以提前更新的最多年度。

例题 17-1：某船船龄 10 年，初始购入价值为 6 000 万美元，原定使用 20 年，20 年内按直线折旧法折旧，残值为原值的 10%。现考虑该船提前更新的有利性问题，设欲购买的新船的用途完全是为了替代旧船在某航线上完成年运量 120 万 t 的任务。由于新船采用了较先进的技术装备，其购入价值为 7 000 万美元。资金折现率为 10%。新船和原船每年的单位运输成本及原船提前卖出的价格列于表 17-1 中左侧。

表 17-1　船舶提前更新的得失比较

已知数据					计算结果		
	原船		新船				
提前年度 t（年）	市场卖价 S_t（万美元）	运输成本 C_{ot}（美元/t）	投入使用年度 j（年）	运输成本 C_{nj}（美元/t）	提前更新的损失（万美元）	提前更新的得益（万美元）	得失之差（万美元）
0	600	—	—	—	—	—	—
1	870	40.8	10	38.8	970	1 893	923
2	1 140	39.6	9	37.6	2 037	3 703	1 666
3	1 410	38.4	8	36.4	3 211	5 410	2 199
4	1 680	37.2	7	35.2	4 502	6 983	2 481
5	1 950	36.0	6	34.0	5 921	8 401	2 480
6	2 220	34.8	5	32.8	7 484	9 629	2 145
7	2 490	33.6	4	31.6	9 203	10 628	1 425
8	2 760	32.4	3	30.4	11 093	11 354	261
9	3 030	31.2	2	29.2	13 172	11 759	−1 413
10	3 300	30.0	1	28.0	15 459	11 784	−3 675

解:将已知数据代入式(17-2)、式(17-3),得到提前 t 年更新的损失与得益,列于表 17-1 的“计算结果”一栏中。根据式(17-1),通过比较可知提前 8 年卖掉原船并购入新船在经济上是有利的,而提前 4 年更新的经济利益最大。

在船舶更新问题上,不同国家、不同企业对同一船舶的最佳使用年限可能存在不同的看法。一些工业发达的国家和实力雄厚的大航运公司,广泛采用快速更新船舶的策略,迅速地用先进的技术装备更替相对落后的技术装备,保持着技术领先的地位;而经济欠发达的国家和技术经济基础较薄弱的航运企业,其船舶更新的速度通常都较慢,结果在技术装备和生产效率上都处于相对较低的水平。因此,确定船舶使用年限还是一项重要的带有政策性、战略性的工作。

第二节　订造新船与购买二手船

当船东根据经营状况感到需要增添自有船舶时,通常存在着两种选择:一是设计建造新船;二是到旧船市场上选购合适的二手船。订造新船与购买二手船相比,在诸多方面具有较大的差别。特别在现今市场选择余地较大的情况下,船东更加注重从多方面衡量建造新船与购买旧船的得失、利弊。其主要差别归纳如下:

(1)新船在技术上能满足新生效的船舶规范和国际公约的要求。船东能够根据市场要求和与经营活力有关的各种因素,充分利用新技术,预订一艘性能优良的船。而购买的旧船的技术性能不一定都能满足现行规范、公约的各项要求,如船上的装卸设备、防污染设施、船舶设计吃水等,需要把旧船改造或改装成符合营运要求并达到国内、国际船舶检验机构的标准后才能投入使用。其改装费用较高,在买船时难以做出准确估计,且有些项目是无法改进的。不同国家关于船体及其设备的规范不完全一致。

(2)新船的经济性好。通过采用先进的装卸设备和节能环保设备等,能提高生产效率,降低单位运输成本,取得较好的经济效益。而相比之下,购买旧船则可能会由于船上定员人数多、主机油耗大、设备落后、维修费用高而使生产效率下降到较低水平上,单位运输成本增加到较高水平上,经济性相对较差。统计资料表明,船舶检验与维修费用随着使用年限的增加逐年增加,船龄超过 10~12 年的船检修费用会大幅度地增加。

(3)新船由于设备性能达标,能提供较好的运输服务质量,因而信誉好,有较强的竞争力;而旧船的设备性能减退,运输服务质量往往受到不良影响,信誉较差。船龄越大,对租船人或托运人的吸引力越小。

(4)订造新船一次性初始投资数额大,这无疑增加了购船的筹款压力,但却可能获得银行贷款及政府的财政补贴;购买旧船的船价通常较低,一次性初始投资数额相对较小,但有时难以得到政府的财政补贴。

(5)订造新船从设计任务书的提出到交船的设计、建造周期较长。一般要 1~3 年的时间,有时甚至更长。例如,广东进口液化天然气项目在沪东中华造船(集团)有限公司订造第一艘 14.7 万 m^3 LNG 船的建造合同于 2004 年 8 月生效,同年 12 月 15 日正式开工建造,2005 年 12 月 28 日下水,2007 年 8 月 20 日出海试航,2008 年 4 月 3 日交付使用。在这样长的一个造船周期内,船东要提供资金,却无收益,并且在这段时间里,市场有可能发生较大的变化。尤其是如果运输需求缩减了,那么新船就可能派不上用场。相反购买旧船成交后,经短时间的改装就能投入营运，投资见效快，有利于加速资金的周转。

(6)新船由于船价高、残值大、封存维持成本高，当货源不足和市场萧条时，提前处理有可能会造成较大的经济损失；相比之下，购买旧船由于船价低、残值小、维持成本低，当市场萧条时，提前处理的经济损失小得多。

在订造新船还是购买旧船补充运力这个问题上，除对比上述6个方面的差别外，还要看船舶市场的供需情况及新、旧船的价格相对差异。当货源紧缺、航运市场萧条时，船东们为了偿付买船的借款，解决财务上的困难，常常会以较低的船价出卖船舶，甚至会出售一些船龄较短的船舶。这对于一些急需扩展船队规模而经济实力又较弱的发展中国家或船东来说是增加运力的大好时机。例如，在20世纪70年代末和80年代初，我国从国外购入大量低价的二手船，其中有很多船龄未超过5年，对于迅速弥补国有企业船队运力不足、发展外向型经济起到了良好的作用。

但当航运市场已经明显开始好转、投资者增多时，船东一般不会出售其船龄较小的船，旧船船价也会明显上升。此时若以较高的价格买入船龄较大的船舶，其有利性就值得商榷了，要考虑到购入后是否值得改装及营运过程中必须承担的修理费用。从营运成本上看，旧船的船龄越小，越值得对其进行改装，以便于在较长的营运期内分摊改装费用。20世纪90年代，国内也有些企业不算细账，只看到购入价较低这一方面，将船龄近20年甚至20年以上的旧船买回来。一经改装才发现，其投入营运的总费用几乎接近在国内建造一艘同功能新船的价格，再加上较高的日常维护费用及较短的使用寿命，从经济性上看是非常不划算的。

显然，订造和购买现代化的新船是投资者或航运公司实力的体现，有助于保证运输安全，保护环境，提高运输质量，提高企业的知名度、影响力和竞争力。然而，由于购买旧船仅需要较少的初始投资，购买旧船特别适用于初次介入航运领域、开辟新航线、试探货运市场强度。这样做也有利于以较低的成本培训技术、管理人员，降低投资经营的风险。在货运需求稳步增长的一些特殊时期，通过购买二手船来缓解运力紧张局面，会比租船还便宜。因此，对于财力有限的经营者来说，购买旧船仍然有着相当大的吸引力。

第三节　船队规划

一、船队规模

船队规模的大小一般是指船队总吨位的多少。一个国家或一个航运企业将自己的船队规模发展到多大才算比较合理？这个问题不仅与货源多少直接相关，而且与这个国家或企业的财力情况、技术水平、管理水平以及发展的指导思想密切相关。船东要根据对市场需求和可占份额的分析，结合自身的财力和技术、管理能力等因素来决定船队规模的大小。在上述几个方面条件都较好的情况下应充分扩展自己的船队规模，以追求规模经济和尽可能大的利润额。然而，由于财力所限，尤其是经营风险的存在，各个国家、各个企业总是非常谨慎地逐步发展，将其船队规模控制在一定程度之内。

就一个国家而言，决定自有船队总体规模的依据，首先是本国内、外贸易运输的需要，其次是经济技术实力。经济实力较强的国家为了获得外汇收入，使其船队不仅能满足本国水上运输的需求,还能在国际市场上争揽第三国货载。经济、技术实力较弱的发展中国家,船队规模扩展的速度则较慢,常常通过购买旧船来扩充运力,船队的竞争力较弱,只能满足甚至是部分满足本国贸易运输的需求。

按船队规模与其承担本国运输任务(或可占货源份额)多少的关系,可将船队规模的大小归纳成以下五种基本形式。

1.外向型船队规模

如图 17-1(a)所示,在一定时间内,船队吨位数不仅能满足本国运输的基本要求,还有一部分剩余运力投放在国际市场上。这样规模的船队,在完成基本运输份额的同时,可以通过在市场上争揽其他货源,最大限度地创收外汇,充分发挥航运业节汇、创汇的功能。然而,拥有这样的船队规模,必须要有雄厚的经济实力与技术力量,较先进的船舶和较高的揽货、管理水平,具有较好的经营信誉和较强的市场竞争能力。唯有如此,才有可能长期、稳定地使剩余运力营运于国际航运市场上。

2.自足型船队规模

如图 17-1(b)所示,按在一定时期内预测的最大可获得运输需求量配备船舶吨位,使自有运力在任何时候都能满足本国运输需求。当运输需求处于低谷时,要尽可能将多余运力租出去,或设法揽取额外货载。一个国家的船队若达到这种规模,则在解决本国外贸物资运输的同时,也能为别国提供少量运输劳务,起到节省外汇和创收少量外汇的作用。

3.保守型船队规模

保守型船队规模,又称基本型船队规模,如图 17-1(c)所示。按在一定时期内运输需求量的最低值来配备船舶吨位数,以保证自有船能比较稳妥地获得充分使用。当运输需求超过了船队吨位供给能力时,利用市场上的程租船来解决运力的不足。建立这种船队规模的基本指导思想是稳妥经营,少受外界货运需求变化的影响。如果一个国家的船队处于这种状态,则只能基本解决本国外贸物资的运输问题,节省外汇支出,船队不能打入国际航运市场中为别国提供服务,难以发挥航运业创收外汇的作用。

4.经济型船队规模

如图 17-1(d)所示,这是介于自足型与保守型船队规模中间的一种船队规模,即按在一定时期内预测运输需求量的平均值配置船舶吨位。当需求大于自有船队的供给能力时,则临时租入一部分运力;当需求小于自有船队的供给能力时,可将剩余运力投入租船市场从事程租经营。这是一种较为经济、稳妥的船队规模形式。

5.发展型船队规模

这是一种主要根据本国或本企业有限的资金、技术、管理实力来确定自有船舶吨位多少的船队规模。通常是受自身条件所限,其运力远远满足不了可以揽取到的或应该占有的运输份额,如图 17-1(e)所示。不足运力必须依靠租入船舶来解决,增加了运输成本。一些经济、技术落后国家的船队往往属于这种情况,自有船队规模有很大的发展潜力。

一个国家的船队整体规模达到上述五种基本形式中的哪一种,与其发展航运的指导思想、国家对外贸易量的多少及经济实力有关。有些发达国家利用航运业向别国提供劳务输出,以便创收外汇,改善国际收支;因此其船队规模远远超过本国外贸运输的需求,形成外向型船队规模。也有些国家受实力所限,其船队规模比较弱小,满足不了本国外贸运输的需要,依赖别国船队开展外贸运输。

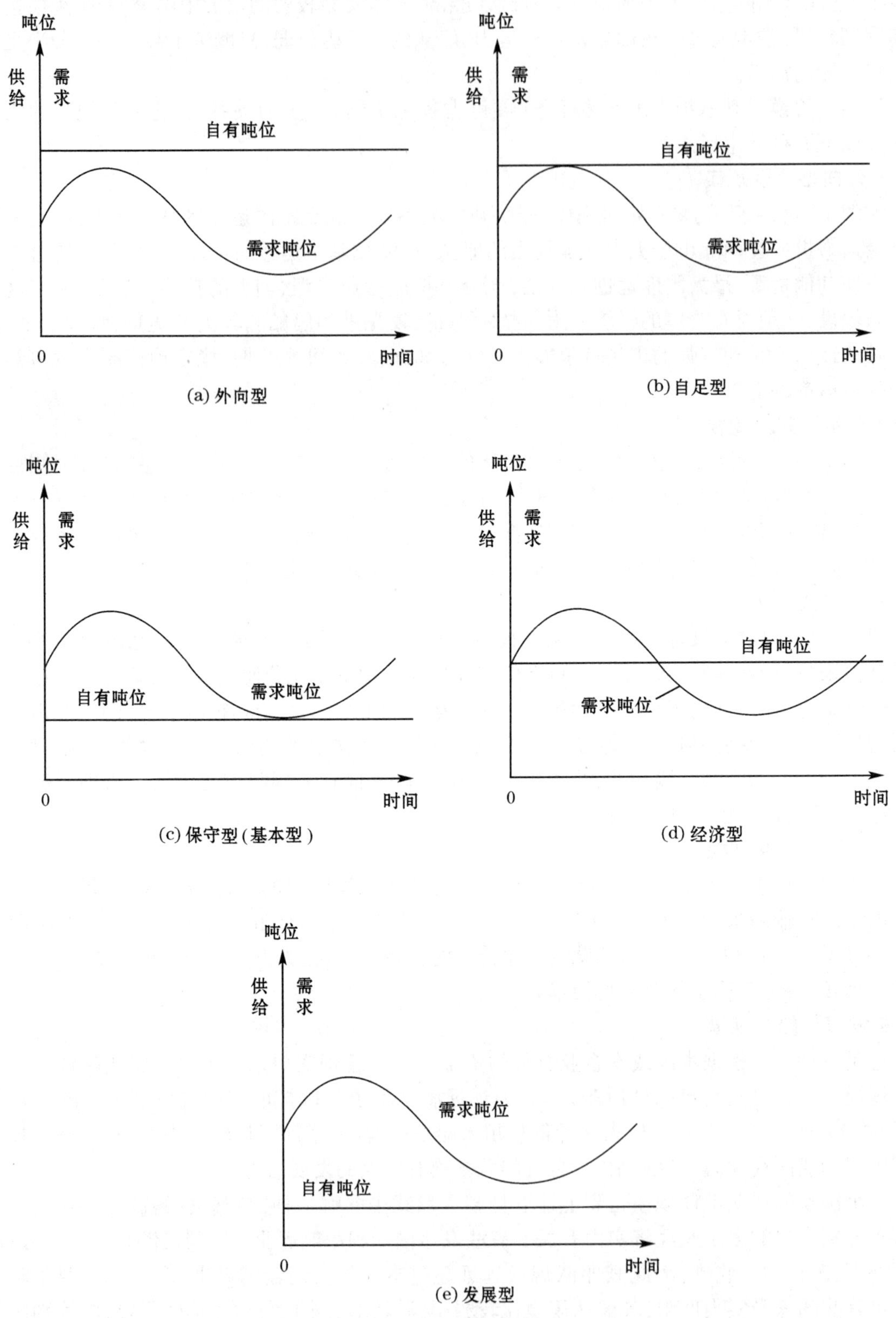

图 17-1 船队规模典型模式

在船队规模问题上,应注意到一种特殊现象,即一些经济发达国家因种种原因也保持着较低的船舶登记注册量,从形式上看它们拥有较小的船队规模。但实际上,这些国家的一些船东或投资者将其拥有的船舶在国外注册,以方便旗船的形式再服务于本国。所以这些国家对运力的实际控制能力并不弱。近几十年来,由于世界商船队的总运力通常大于世界贸易对海运的总需求,形成了供大于求的局面。船队运力制约一个国家对外贸易发展的作用已经被弱化。

在船队规模问题上,还有一种特殊现象,即对于石油运输公司来说,曾经有向小型化转变的现象。因为船东考虑到油船对海洋造成污染的赔偿风险,把自己的油船分散在多个相对独立的公司经营,就可以在发生油污事故时,只用该公司的财产赔偿,不至于殃及船东的其他财产,形成规模小、经营灵活、风险小的单船公司。国内也有航运公司试探性地采取这种做法,分散经营管理其油运业务。

关于国家船队规模的这几种基本形式,也适用于大型航运企业的船队规模分类。有些企业的船队规模较大,积极地在航运市场上寻求货源,扩大经营利润;也有些企业船队规模较小,连应该得到的货源都无力全部承运,虽然能使自有船队得到最充分的利用,但不能取得规模经济效益。

二、船队结构

一个国家或一个航运企业的船队规模大小虽然反映了其总吨位的供给能力,却反映不出各种细分领域供给与需求之间的配合关系。如油船、集装箱船、干散货船等,互不兼用。总供给等于总需求不保证各种船的供给都满足需求。只有当一个船队中各种船的拥有量都能满足需求,且不造成运力闲置时,才算适应航运市场与社会需求。因此,对于航运企业来说,还存在着一个船队结构的合理性问题。

船队在结构上是否合理,主要体现在以下三个方面。

1.船舶种类与船型

一个船队的结构是否合理,首先要看拥有的船舶种类是否适应企业面向的运输市场需求,船舶吨级、主尺度、结构形式是否适应有关航线上港口、航道等营运环境。近几十年来,货物运输量的增加,引导船舶大型化;单一品种货物运输量的稳定增长,促使船型专用化。虽然这种变革导致了运输效率的大幅度提高和运输成本的降低,但也使各种专用船如集装箱船、干散货船、油船、液化气船等只能分别对应着不同的市场需求。在这样一种分工细致、各船种不能相互替换的情况下,每添置一种新船,就相当于打开了一个新市场的大门。因此,必须要研究船队中船舶种类与市场需求及其衍变的适应性,及时添置新船种,淘汰旧船种。

2.各类船舶的数量和比例

在船队规模一定的情况下,确定船队中各种船所占的比例或拥有的数量与决定企业应该拥有什么船型是同等重要的。要避免一种船运力过剩、闲置,而另一种船供不应求、运力紧张的局面出现。有些企业在确定各型船数量时,采取的做法是,让专用化程度很高的船的拥有量稍小于对应货种的实际需求量,以避免在需求处于低谷时,造成专用船的闲置。同时在船队中配备一定数量的兼用船或多用途船,应对市场需求的波动。尽管兼用船的单位运输成本比专用船要高一些,但从整体结构上看也许是有益的。

3.船舶装备的先进性及船龄分布

同一时期内,各船装备的先进程度和技术、经济性能都存在着很大的差别。一艘船的使用寿命长达十几年至二十几年。在新造的或船龄较小的船上安装着更多技术性能先进的装备,而船龄较大的船受建造当时技术水平的限制,加之磨损的存在,其技术性能通常相对差些。在考察船队时,如果其平均船龄大,则说明技术与装备条件相对落后;反之,若平均船龄较小,则说明在技术与装备方面比较先进,有利于竞争能力的提高。因此,通过查看船队中各种船龄船的数量,能基本反映出其技术先进程度。

船队中大龄旧船多,除反映了技术状态较落后、不利于竞争外,还有许多其他不利之处。如修船时间长、营运率低、修船费用大、单位运输成本高等。但限于经济实力并考虑到市场需求的变动性,适当保留一些维持成本较低的大龄旧船也不失为一种良策。这有利于在市场不景气时闲置和报废部分运力,降低经营的风险程度。

事实上,在整个世界商船队中不可避免地存在着大量的高龄旧船。表 17-2 中列出了世界油船船队中载重量在万吨级以上船的船龄分布情况。对于不同国家、不同经营实力的船东来说,其船队的平均船龄存在着明显的差别。经济实力较强的发达国家,通常能以较快的速度更新船舶,把旧船投放到船舶买卖市场,以便维持一支高质量的船队。而发展中国家的企业则受经济实力的限制,主要依靠购买旧船发展航运,船队平均船龄较大,总的技术水平相对落后。例如,我国改革开放后,随着外向型经济发展的需要,成立了大量的中小型航运公司,海上运力增加速度较快。据 1992 年统计,环渤海地区(三省一市)各航运企业(不包括中国远洋运输集团直属的大企业)所属船舶的平均船龄为 17.4 年,其中杂货船的平均船龄为 19.8 年,船龄最长的一艘船已超过 40 年,当时我国船队平均船龄偏大、技术状况落后情况可见一斑。

表 17-2　世界万吨级以上油船船龄分布

船龄	船数		载重量 $DW(\times 10^6)$	
	%	艘	%	t
0~4	18.7	368	21.7	81.3
5~9	32.3	635	33.7	126.5
10~14	28.3	556	25.1	94.3
15~19	15.3	301	14.9	56.0
20+	5.3	105	4.6	17.2
统计总数	100.0	1 956	100.0	375.3

(数据来源:Clarkson:Crude Tanker Fleet by Size & Age,2017 年 3 月)

在发展的过程中,一个船队的结构合理性与船队所处的外部环境密切相关,它是相对于不同时期、不同国家或企业、不同市场而言的。谁能及时投入市场上需要的船舶和处理掉行将过剩的吨位,谁的船队结构就能保持合理的状态。要做到这一点,就要求船东具有研究、预测航运市场发展趋势的能力,把握市场前景,及时做出正确的调整决策。有些对市场动态缺乏了解的船东等待市场供求局势明朗后才去调整船队结构,往往达不到预期的效果。

关于船队结构的研究,既可针对世界商船队、一个国家的商船队整体进行宏观研究,也可只对一个企业、一个专业化船队进行微观研究。对世界商船队整体结构宏观研究的目的一般也在于指导某个具体航运企业或国家船队结构的调整。特别是一些规模较大的、拥有可观船舶数量的航运公司,为了规避风险、提高竞争实力,必须经常研究和改善自有船队的结构。

三、船队规划方法

随着营运时间的推移，船队中必然会有些旧船由于船舶技术状态或营运条件的改变，逐步被淘汰、报废、退出服役，也必然会有新的船舶、新的船型被补充进船队，形成运输生产的稳定发展。大型航运公司，面对未来一段时间内的航运市场行情，怎样去发展自己的船队，使船队在适当时机淘汰旧船、添置新船（或新船型），适应港口、航道、货流新变化的需要，保持足够的运输能力和竞争力，这是船舶更新和船队发展规划所要解决的问题。

商船在经济性上的特点之一是船舶建造或购买的初始一次性投资大，使用、回收期长。一条船一旦进入船队后，通常要使用多年，对船队营运经济性会产生较长时期的影响。因此，计划或规划部门经常地对船队在未来若干年间的船舶更新与发展规划进行研究，以便做出船队建设的最佳决策，就显得格外重要。根据运输对象的性质不同、船舶类型不同，航运企业需要对所属不同类型的船队，如集装箱船、油船、干散货船、杂货船等分别做规划研究，经汇总后可得到企业船队发展的总体规划。这一总体规划要由企业最高领导层审查讨论，并结合在规划研究中未能给予考虑的各种社会、经济因素，决定是按规划方案发展，还是有选择地发展。

这项工作是在科学的货流量预测和充分调查分析航运环境（如港航条件）、修造船能力、船舶市场行情等情况的基础上开展的，所以这些情况、资料是否准确可靠，会对规划结果产生直接的影响。当数据、资料收集齐备之后，既可以采用传统方案比较法做船队的规划研究，也可以采用数学规划方法。前者是根据对资料分析的结果估算出各型船的运输能力、报废计划、营运费用、需要运力与实有运力的差额，粗略地提出各年度的船队发展规划。这种方法简便、易行。但由于船队规划问题都涉及若干年份、多种船型、数条航线，计算工作量很大，往往难以做许多方案的计算比较，因此使用传统方案比较法得到的规划结果不一定最佳。因计划分析人员的经验不同，结果很可能存在较大差别，最终方案的优劣与规划人员的素质和经验直接相关。后者是对原问题建立一个数学模型，用计算机辅助计算、比较各方案的优劣，从而得到最佳结果。近年来，应用于船舶更新或船队规划研究的数学方法发展较快，比如线性规划、动态规划、仿真技术等，都有研究或应用的例子。本书仅限于介绍最基本的线性规划方法。

实际上，在第十四章第二节航线配船线性规划模型（14-1）~（14-3）的基础上，考虑时间因素，对有关变量增加记时间的下标 t 后，即可形成一种简单实用的船队规划数学模型。在给出其具体的数学表达式之前，我们先阐述一下要解决的问题和建立模型时所采用的假设。

（1）船队承担运输任务的航区是由若干装船港和若干卸船港组成的，见图 17-2，共形成了 G 条有货运任务的航线。货运量较大，通常船舶都能在装船港一次装满货物出发，航行到卸船港，一次全部卸空货物，然后返回装船港再准备装货。也就是说，船舶以简单航次形式运货。

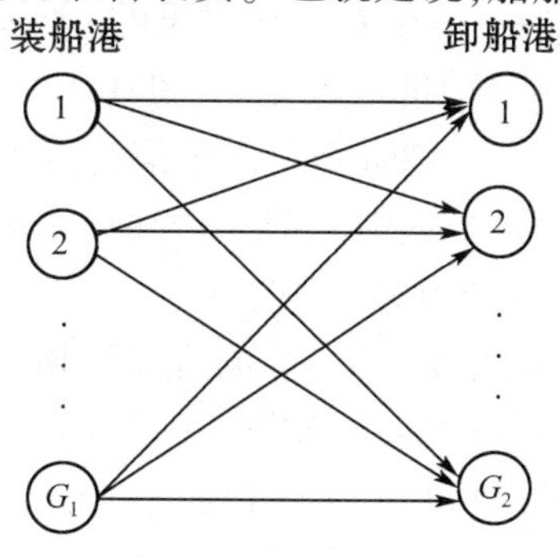

图 17-2　船队运输航线网络

（2）船队现有的船舶类型与未来可以添置的新船型数量之和为 K，即在研究期内可考虑 K 种类型船舶的调配使用。有若干船舶将在研究期内陆续退役。

（3）研究期为 N 年，每年为资金结算的一个时间单位，每年的买船支出和营运支出发生在年初。

（4）在研究期以前买船的费用是已经确定了的花费（称之为沉没成本），研究期内做的任何决策对它们都无影响。因此，在做规划时不考虑研究期以前的投资费用。

（5）考虑到造船周期内的预付资金利息或买船代理费等因素，令船舶买入价格比售价高一个百分数 α。

（6）经过市场预测，各航线的货运任务已知，每年度都必须完成各条航线上的货运任务。

通过求解数学模型，要求对下列几个可变因素给出最优决策：

（1）各年度的航线配船方案。

（2）如果运力不足，每年增加多少运力，添置哪种船型。

（3）如果运力过剩，每年闲置哪种船型，闲置多少。

上述船队规划问题的数学模型可表达成：

目标函数：

$$\min Z = \sum_{t=0}^{N-1} (1 + i_0)^{-t} \left\{ \sum_{j=1}^{K} \left[\sum_{h=1}^{G} x_{jht} \cdot R_{jht} + O_{jt} \cdot F_{jt} + (1 + \alpha) \cdot C_{jt} \cdot S_{jt} \right] \right\} \tag{17-4}$$

约束条件：

①完成预定运量的约束

$$\sum_{j=1}^{K} x_{jht} \cdot V_{jht} = W_{ht}$$
$$h = 1,2,\cdots,G;\ t = 0,1,\cdots,N-1 \tag{17-5}$$

②船队发展连续性约束

$$\sum_{h=1}^{G} x_{jht} + O_{jt} = A_j + \sum_{B=0}^{t} (C_{jB} - WT_{jB})$$

或

$$\sum_{h=1}^{G} x_{jht} + O_{jt} - \sum_{B=0}^{t} C_{jB} = A_j - \sum_{B=0}^{t} WT_{jB}$$
$$j = 1,2,\cdots,K;\ t = 0,1,\cdots,N-1 \tag{17-6}$$

式（17-4）～式（17-6）中：C_{jt}—— 自变量，t 年新增的 j 型船数量；

S_{jt}—— 在 t 年投入营运的 j 型船的单船造价或售价；

WT_{jB} —— 在 B 年初退役的 j 型船数量；

A_j —— 刚进入研究期，即 0 年初时船队中拥有的 j 型船数量；

i_0 —— 考虑资金时间价值的折现率。

其他符号意义与第十四章第二节相似，只是增加了表示不同年度的下标变量 t。

在这个模型中，共有 $K \times G \times N + 2 \times K \times N$ 个变量，$(G+K) \times N$ 个约束方程，求解后就可以得到每年在各条航线上调用船舶的最优方案、各年度的购船计划和研究期内船队总费用支出额的折现值。当令 $N = 1$ 时，式（17-4）~式（17-6）与式（14-1）~式（14-3）相似，只是增加了准许购入新船以补充不足运力的选择。因此可以说式（14-1）~式（14-3）是式（17-4）~式（17-6）的一个特例。

用船队规划模型式(17-4)~式(17-6)求出的最优方案中,x_{jht}有可能是小数值,这说明j型船并非全年都配置在h航线上营运,还有一部分时间可分配在其他航线上营运。对于每年新增加的运力C_{jt}来说,其数量应该是整数值。如果其不为整数值,就需要对其进行人工圆整。圆整后,最优解值可能会发生一些变化,但只要目标函数值变化不大,我们仍认为它是最优解。

例题 17-2:我们将第十四章第二节的例题 14-2 扩展成船队规划问题,研究这一船队在连续 5 年内的发展与航线配船最佳方案。为了简化数据准备工作量,假设各型船的年运量、年营运费、年度闲置费在每年度都一样。研究期内各航线的运输任务列于表 17-3 中;各船型单船售价如表 17-4 所示;船舶报废或退役计划如表 17-5 所示。由于种种客观原因,认为船型 1 今后不应再被买进船队。试用模型式(17-4)~(17-6) 求解该问题。

在这个问题中,共有 140 个变量,45 个约束条件。其计算量巨大,手工计算已不可能,只能借助于单纯形算法的通用程序在计算机上求解。表 17-6 中列出了本问题的船舶购置方案、最优航线配船方案,以及对应于这一最优方案的目标函数值——研究期内营运和买船总费用的折现值等于 5 494 万元。

表 17-3 运输任务 **单位:万 t**

年度	航线 1	航线 2	航线 3	航线 4	航线 5
1	22	40	40	80	60
2	40	50	40	75	65
3	45	45	50	60	70
4	40	50	60	55	60
5	30	80	55	70	50

表 17-4 单船售价 **单位:万元**

年度	船型 1	船型 2	船型 3	船型 4
1	500	800	780	580
2	500	800	800	610
3	500	800	810	640
4	500	800	815	660
5	500	800	820	690

表 17-5 船舶报废或退役计划 **单位:艘**

年度	船型 1	船型 2	船型 3	船型 4
1	0	0	0	0
2	1	0	0	0
3	0	0	1	0
4	0	0	0	0
5	0	0	0	0

表 17-6 最优航线配船方案及规划结果

年度	x_{jht}	航线 1	航线 2	航线 3	航线 4	航线 5	O_{jt}	C_{jt}
$t=1$	船型 1	0	0	0	4	0	0	0
	船型 2	2.2	0.71	0.09	0	0	0	0
	船型 3	0	2	0	0	0	0	0
	船型 4	0	0	3.88	2	4	0.12	0
	完成运量 W_{ht}	22	40	40	80	60	+	242
$t=2$	船型 1	2	0	1	0	0	0	0
	船型 2	3	0	0	0	0	0	0
	船型 3	0	3.33	1.15	0	0	0	2.48
	船型 4	0	0	1.92	3.75	4.33	0	0
	完成运量 W_{ht}	40	50	40	75	65	+	270
$t=3$	船型 1	3	0	0	0	0	0	0
	船型 2	3	0	0	0	0	0	0
	船型 3	0	3	2.13	0	0	0	1.65
	船型 4	0	0	2.33	3	4.67	0	0
	完成运量 W_{ht}	45	45	50	60	70	+	270
$t=4$	船型 1	2	0	0	1	0	0	0
	船型 2	3	0	0	0	0	0	0
	船型 3	0	3.33	1.8	0	0	0	0
	船型 4	0	0	3.75	2.25	4	0	0
	完成运量 W_{ht}	40	50	60	55	60	+	265
$t=5$	船型 1	0	0	3	0	0	0	0
	船型 2	3	0	0.31	0	0	0	0.31
	船型 3	0	5.33	0	0	0	0	0.2
	船型 4	0	0	3.17	3.5	3.33	0	0
	完成运量 W_{ht}	30	80	55	70	50	+	285

从上面的计算结果中可以看出，造船量 C_{jt} 不为整数，这一点不满足实际要求。正如前文所述，如果经过圆整后，目标函数值变化不太大，那么我们仍认为它是最优解。另一个解决造船数不是整数的办法是换一种算法，增加 C_{jt} 必须是整型变量的限制，使原来的一般线性规划模型转变成混合整数线性规划模型。混合整数线性规划模型的计算时间较长，且计算时间取决于整型变量的多少。当整型变量的数目不多时，还有可能在短时间内求得最优解；反之，求得全局最优解是非常困难的事，只能通过对问题本身的深入理解，并巧妙地运用一些程序技巧，去寻求一个较为满意的局部最优解。因此，对于给定的船队规划问题，是否可以采用混合整数算法求解，需要慎重推敲。而采用单纯形算法求解最优方案通常总是最方便和最经济的。

利用数学模型求得的最优解是否能够成为最终的决策方案，还要经过进一步的分析才能确定。前面介绍的线性规划方法属于在确定条件下的决策。因为在建立数学模型时，我们已将一些不确定因素或者说是随机因素做了确定性假设，使自变量每取一组值，即每取一个方案都有一个确定的目标值与其对应,而且各方案可以直接进行比较,区分出优劣。这样得到的一组最优方案是在假设条件成立情况下的最优方案,决策时采用这组方案是正确的。

如果有些影响最优方案的因素不确定程度较大,那么就只能将用数学模型求解出来的最优解作为基本依据,在充分考虑了不确定性影响对企业带来的可能收益或损失后,经权衡做出决策。为此,当求得最优方案后,通常还要进一步做目标函数值在最优解附近的变方案分析或敏感性分析,便于决策时参考。经营管理和规划的最终决策是否成功,与决策人员的经验、魄力、素质有很大关系。

船队规划是决定企业大量资金投入和未来效益的重大问题,这项决策的重要性非常突出。由于船舶、港口、航道、导航等设备的投资大、建设周期长,规划期也长,各种因素的不确定性大,预测的准确度降低,增加了决策的难度,降低了决策的可靠性。在这种情况下,往往需要每隔一定时间间隔定期做一次规划研究,以便根据客观情况的演变,适时地调整原规划结果。例如,在做了10年的船队发展规划研究之后,并不一定在以后的10年内不折不扣地执行这一规划结果,而应每隔一段时间,如两年,就根据客观情况变化的新趋势判断原定的发展规划对于今后来说是否还是最优的。如果是,则继续执行;如果不是,则做出修改。只有这样才能使船队或企业始终沿着正确的轨道发展。

【小资料】

推陈出新的交通工具

1783年6月4日,法国蒙哥尔费兄弟利用自己制作的热气球进行了升空表演。同年11月21日,他们又做了一次载人热气球自由飞行,升空1 000 m,25 min飞行了12 km。1891年,德国的O.李林达尔设计并制成第一架滑翔机,在5年时间里做了约2 000次滑翔飞行,单次滑翔距离曾达300 m。

美国的莱特兄弟(Wilbur Wright和Orville Wright)沿着李林达尔开辟的道路,成功地实现了人类第一次动力飞行,在航空史上做出了划时代的贡献。1903年,莱特兄弟设计和制造了"飞行者一"号飞机,装有12 HP(HP,英制马力)的4缸活塞发动机和高效率的螺旋桨。12月17日,他们驾驶这架飞机进行了4次试飞。第4次试飞飞得最远,约260 m,留空59 s。这是人类最早的持续的动力飞行。

1909年7月25日,法国L.布莱里奥驾驶自己设计的"布莱里奥Ⅺ"号单翼机,首次飞越了英吉利海峡,在37 min的时间内飞行了40 km。这是世界上第一次国际飞行。

到20世纪50年代末,在洲际旅客运输方面,飞机以绝对优势取代了客船。

思考与练习

1.在船舶更新问题上,通常要考虑哪些影响因素?

2.针对一个货主投资建立的航运公司来说,怎样确定他的船队是属于船队规模五种基本形式中的哪一种?

3.航运企业的船队结构是否合理主要从哪几方面来衡量?

4.查阅文献资料,自己补充必要数据,将第十四章练习题4扩展成一个3年、4年或5年的船队规划问题,用本章介绍的船队规划模型式(17-4)~(17-6)求最优解。

第十八章
国际航运政策与法规

政策是国家统治者为了达到一定的政治、经济目的而制定的指导实际行动的准则,集中体现了统治者的意志。航运业和其他产业部门一样,也是国家产业结构中的一个重要组成部分。航运政策体现了政府为发展水上运输事业,改善国际收支,满足国防需要等对待本国商船队建设的态度、方针和措施。

在有些国家,航运业由国家承办,运输企业和设备、设施都归国家所有。而在另一些国家,运输企业和设备、设施归私人所有,由私人承办。前者国家比较容易控制船队的规模,而后者由于私人经营航运企业的根本目的是获得利润,当经营利润较低时,资本家就会把资金转移到利润丰厚的其他行业。这样就会使国家的航运业萎缩,船队规模减小。考虑到商船队是一个国家海军的后备力量这一特点,各个国家必然要采取一些鼓励和扶持政策来保护本国航运业。这种做法已经成为提高本国商船队国际竞争力的一个重要组成部分。

航运业又具有其他产业所没有的特殊性,即各国的航运业都是国际航运市场的组成部分。国际航运市场的变化会直接影响到各国制定出不同的航运政策,各国实施的新航运政策又引导国际航运市场的走向。充分研究国际航运政策,对于从事国际航运的企业制定经营战略和发展规划是极其重要的。

第一节　航运政策的历史沿革

海事法规与法律的其他分支一样,最初是根据常规或习俗制定的。早在远古时期,腓尼基(Phoenicia)和迦太基(Carthage)就开始对海运贸易实行控制策略,通过建立贸易商站来控制海运航线。公元前8—公元前6世纪,古希腊开始出现鼓励商人和船主进行海运贸易并控制稀缺资源输出的政策,罗马帝国时代也出现了政府专营粮食运输、对东方货物征收关税等航运政策。

15—16世纪,西班牙和葡萄牙曾在海洋航线上垄断了世界贸易,其垄断地位的历史长达100年之久。为了维护自身贸易、运输和航线垄断权,西班牙和葡萄牙采取了在航线沿途建立商站或要塞等诸多保护措施。

16世纪初期,英国作为海运国家,其重要性并不太大,它的贸易也很普通。然而,在都铎王朝时期(The Tudor Monarchs,1485—1603年),英国开始有逐步成为对海运贸易起支配作用的国家的趋势。亨利七世(Henry Ⅶ,1485—1509年)掌握了经济和商业发展的规律,看到了发展海运贸易的必要性,对第一批航运法(navigation laws)的通过起到了重要的作用。这些航运法给予英国船在运进、运出英国货载方面优于其他船的优先权,从而形成了船旗歧视的原则。英帝国扩大殖民侵略的政策始于16世纪后期,此时,西班牙和葡萄牙在世界贸易中的作用开始下降。17世纪初的英国-西班牙战争中,英国使西班牙的"无敌舰队"全军覆没。随后,葡萄牙也难以幸免。同时期,荷兰的武装舰队驶入大西洋,袭击由美洲返回西班牙、葡萄牙的船只,抢劫了大量财富。到17世纪中叶,荷兰取得了世界海上贸易的霸权地位,其商船拥有量在当时占世界第一位。

亨利七世首先引入了偏袒英籍船的船旗歧视法,但英国海上力量真正快速成长却始于1651年克伦威尔(Oliver Cromwell,1599—1658年)颁布的《航海条例》(Navigation Acts)以及很多补充法令。其作用是使后来大量增加了的运进、运出英国殖民地的贸易物资必须由英籍船承运,在这些航线上不允许使用外国造的船。各种物资,特别是战略物资必须计数,对它们运输进行管理和控制,以使其他人不能窥视。同时还有对运输出口物资,如谷物和其他农产品的英国船东给予财政补助的一般性鼓励。条例中双倍关税制也破坏和打击了当时荷兰在贸易中的中介作用。事实上,航海条例起到了对内保护、对外扩张和打击竞争对手的作用,在当时是促进英国商船队增长,确立英国船舶在对外贸易中的垄断地位的重要因素。

体会到初期施行航运保护政策的好处之后,英国又持续、深入地研究了这方面问题,不失时机地调整、改进其航运政策。此时,其他海运国家也相继效法和推出新的航运政策,使航运保护的内容和形式不断丰富和完善。从航运保护政策发展的历史进程看,可以分为三个阶段。

1.保护主义阶段

1660年英国王政复辟以后(查理二世复辟时期),这些偏袒英国船舶和运输的法律被进一步强化。例如,殖民地的船,如美国船,航行经过英国时,必须挂靠英国港口,并在英国港口交税。17世纪和18世纪是一个冲突多发的时期,发生了许多战争。这些战争,特别是英法之间的战争,大多是为了获得新殖民地。因此,海上力量十分重要。在18世纪初,英国只是世界海上力量之一。到18世纪末时,英国已成为海上力量最强大者。这种状况至少一直保持到第一次世界大战(1914—1918年)期间。

2.自由放任阶段

从18世纪末到19世纪初,英国保护主义的政策开始发生转变,英国海上力量的持续强盛已不是贸易保护主义政策的结果,而是自由贸易扩张主义政策的结果。导致这种基本观念转变以及《航海条例》在1841年部分撤销和1853年最终全部撤销的因素是复杂和多方面的。其中三个主要因素是:

(1)在海运领域,英国和英国船东已经具有显赫的地位,他们如此强大,以至于不再需要保护。相反,他们需要自由。例如,在某些具有风险和危险的贸易运输活动中,希望使用非英籍船舶。

(2)经过若干年冲突及对欧洲的势力范围重新划分(1815年)之后,产生了一个较为平静的时期。在这一时期,政府越来越多地管理行政事务,只要商业、海运业继续提供大量的税收,商业、海运业的事情就留给商业、海运业的团体自己去管理。这是不干涉主义哲学的开始。

(3)尽管在政府和政府官员的心目中,商贸、航运具有较低的地位,但它们是英国扩张和繁荣的重要基础。

另外,农业技术的改进、运河系统和港口的开发、煤作为工业燃料的使用、新纺织品贸易等,导致了对物资运输的需求不断增加。在这样一种情况下,《航海条例》越来越被看作是对商贸及运输的一种限制和对不干涉主义原则的违背。因而,尽管《航海条例》对英国乃至世界航运业发展具有很大的作用和影响,还是在 1853 年被取消。

3.新保护主义阶段

19 世纪后半期,各国开始了新的保护主义,主要是政府采取了一些财政补贴的做法。如美国 1936 年商船法采用的造船补贴和营运补贴。这些保护主义做法在第一次世界大战后最为盛行,直至 1930—1936 年达到高峰。

除上述保护措施外,其他国家也相继采用了英国所沿用的出口到岸价、进口离岸价的贸易方式。这种保护本国航运业的做法极为盛行,从而引起了相互间的冲突。二战后前 10 年间的销售市场上,一般是以卖方为主,由卖方所属的船队承运成交商品,而买方则无多大的权利提出要由本国船装运的条件。但随着各国进口商的地位日益提高,到 20 世纪 50 年代后期,买方也能在交易谈判时强硬地提出进口货由本国船装运的条款。所以,随后的交易条件一般说来离岸(FOB)价格应由买方使用,否则,如双方僵持不下,卖方就会失去很多的商品销售机会。

从航运史实来看,政府干涉航运业的航运政策形式主要有法规约束和财政资助两类。法规约束是政府通过立法和制定规章等方法来实施管理和控制,政府与企业之间无资金流动,仅有立法关系;财政资助是政府给予经营者直接的或间接的财政补贴,见图 18-1。其中有些做法是明式的,也有些做法是暗式的。

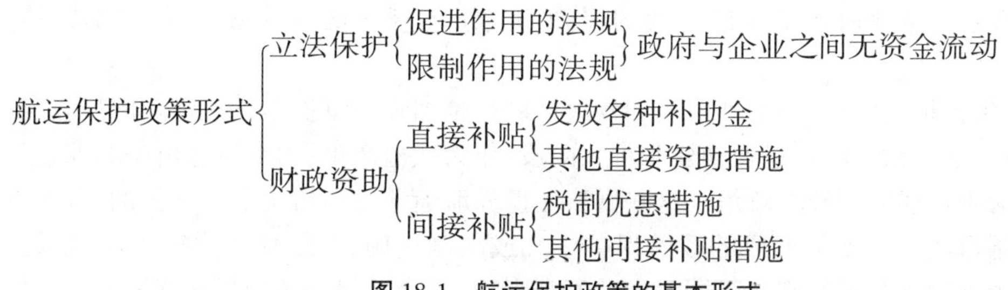

图 18-1 航运保护政策的基本形式

1.立法保护

(1)促进作用的法规。为使船东易于得到船舶和取得好的经营效果,放宽各种限制性的规定。如放宽船东造船贷款的担保条件,准许本国船东的船悬挂方便旗,放宽本国船上配置外国船员的限制等;在社会福利方面,船东可以在其船员的培训、船员医疗保健等方面获得好处;对于本国船给予港、航及其他辅助设施的优先使用权。尽管这些做法不是直接给予船东资金补贴,但它们具有与补贴相似的效果。

(2)限制作用的法规。这类规定和限制的具体手段、措施花样繁多。包括:货载保留政策,要求所有出口货物以到岸(CIF)价格出售,进口货物以离岸(FOB)价格购入,禁止外国航运企业在本国建立分支机构或代理机构,对运输服务收费、价格、条件方面的限制等。

即使都是采取货载保留和船旗差别政策,各国的具体做法也不尽相同。有些国家以立法的形式规定政府部门控制的货载全部由本国船承运;有些国家将全部军事物资或者某类物品留给本国船队承运，只有本国船东无法派船时，才能安排外籍船运输；有些国家要求其全部或一定比例的班轮货载由本国籍船舶承运。还有些国家通过签订双边海运协定，规定双方各承运50%，将第三国船舶拒之门外。但是美国与别国签订的双边协议有时采用双方各承运1/3的条款，另1/3由第三国承运。这种做法实际上是为其方便旗船保留部分货载。

具有限制作用的法规发挥作用时，其限制的对象有可能不仅是航运业，有时会波及造船业和与航运业有关的其他产业。如果这种限制影响到外国船东或货主的利益，往往会受到有关国家的抗议，甚至引起国际纠纷。例如，1984年美国国会通过的新航运法公开规定，由于外国船东或外国政府的行为，阻碍美籍船进入第三国航线时，美国有权对在美国航线营运的该国船东采取适当的报复措施。当菲律宾政府采取了全部政府货载和40%非政府货载必须由菲律宾船承运的保护办法后，美国便以禁止菲律宾船舶进港相威胁，迫使菲律宾政府取消了这项规定。法国政府在1983年的“限定不公平航运的立法”中规定，如果法国船受到别国的歧视待遇，法国港口当局有权拒绝为实行“歧视”国家的船舶进行装卸作业，还要对其船舶征收罚款。

2.财政资助

（1）直接补贴。包括造船补贴、营运补贴、投资补贴、船舶更新补贴、减免各种费用等。例如美国采用的造船差额补贴办法是，美国船东在美国造船厂建造的新船与在国外船厂建造相同类型船舶所花费的成本之差额，由美国政府承担。以鼓励船东在本国船厂造船，发展本国造船行业。美国于1937年开始采用营运补贴办法，对满足一定条件和要求的美国船的营运成本与外国同类船营运成本的差额部分进行补贴。主要是补贴成本项目中的船员工资、保险费以及部分维修费等。在1970年的商船法中又有所发展，将补贴的范围进一步扩大。

（2）间接补贴。包括税收优惠、低息贷款、快速折旧、建立航运发展基金等。对船东的部分营业利润，只要用于投资，如建造新船或添置新设备，给予缓征税收的优惠。即，船东于利润丰厚时，将大笔收入在缓征所得税的前提下，存留为企业发展建设基金。这种间接援助方式与直接补贴最大的区别是政府所给予航运业的援助相当于无息或低息贷款，而不是单纯的资金赠送。

在上述各种保护措施中，限制性法规和发放补助金是加强和维护本国航运业的最直接且有效的实践手段。这些做法在航运业初建和扩大阶段，作为扶植政策；而在航运萧条时期，或者衰退时期，则作为维持船队规模的政策。这些做法在世界航运业发展历史上是常见的。从另一方面看，这些在国家利益驱动下形成的政府保护主义或限制措施，对运输的供需关系、贸易成交量、竞争的自由程度和公平性都有不同程度的不利影响，且会引起市场的扭曲变形。

第二节　外国航运政策概况

由于海洋运输对一个国家的国民经济建设非常重要，不论是传统的海运大国，还是发展中的海运国家，都在不断研究和制定符合国情的航运政策，以利于保护和扶植本国的航运业，提高本国商船队的竞争力。下面对一些主要航运国家所采用的航运政策及制定政策的意图做简要介绍。

一、英国

英国是政府对航运业进行干预、保护比较早的国家，如上节所述，主要经历了由航运保护主义到航运自由放任，再到新保护主义的各个阶段，在航运历史上比较具有代表性。这些变化是与其船队处于不同历史时期在世界航运业中的地位和作用有关的，目的都是维护本国船队的发展和提高其竞争能力。这些做法也确实对发展本国航运业起到了十分积极的作用。

早期，当荷兰商船队称雄世界时，英国为了能与荷兰争夺海上控制权，曾对本国商船队采取了公开的、强有力的保护措施。从19世纪后半叶至20世纪初，英国的海上实力一直居于世界霸主地位，所以长期主张最大限度的海运自由竞争的航运政策。政策的资助比较少，保护措施由明式转为暗式。总体来看，这一时期英国的航运政策和保护措施不如其他一些国家强硬，实质上这不过是为了保卫其已获得的航运地位而形成的新姿态。

但是，由于在第二次世界大战中受创较重，英国经济一蹶不振，航运业也失去了优势地位。从20世纪60年代后期开始，由于航运市场竞争日趋激烈，英国才逐步加强对航运业的扶植政策，也采用了投资补贴等措施。

在提倡航运自由主义态度方面，英国在西北欧的传统海运国家中具有代表性，尽管其在国内给本国商船队以多种形式的扶持和补贴，对外却主张航运自由论，对美国和发展中国家采取的各种航运保护政策经常提出批评，表示强烈不满。例如，对于1974年发展中国家倡导，并由联合国贸易发展会议通过的《班轮公会行动守则公约》中提出的4：4：2货载分配方案持反对态度。

二、美国

美国是世界上推行航运保护主义政策比较典型的国家，这与美国属于航运后进国家的地位是分不开的。追溯历史，美国在第一届国会就制定了对航运业进行保护的《1789年法令》。该法令鼓励新发展起来的远东贸易，允许降低从东方直接运抵美国的茶叶关税。给予用美国建造的船舶或美国公民拥有的船舶承运的进口货物以10%的关税折扣；同时，为打击东印度公司，规定对该公司从欧洲运来的茶叶课以重税；在承运进口货物方面，对美国船东拥有本国建造的船，对外国船东拥有美国建造的船，对外国船东拥有外国建造的船，分别征以相差悬殊的不同关税。当时，这些保护主义措施主要是针对英国而设的，因为英国对美国商船实行了船旗歧视政策。

19世纪末到20世纪初，美国外贸物资的进出口运输主要依赖于英国等海运国家。随着第一次世界大战的爆发，各国商船纷纷撤离美国对外贸易航线，使美国陷入困境。这也刺激了美国大量造船、迅速扩充商船队规模，以便取代交战国损失的船舶，并积极准备参战。1913年，美国船厂建造远洋船仅23万t，到1919年，造船量猛增到300万t。1914年美国的远洋商船队规模仅为200万t，其中半数属于沿海船，到1919年，猛增到980万t。利用战乱之际，美国迅速打入了许多重要的贸易运输航线。

为发展航运事业，美国根据第一部比较完善的航运法——《1916年航运法》成立了航运局，战时建造的船舶归航运局所有。但一战后政府并不想长期将它们保留为国家所有，也不希望发生战前曾出现过的运力奇缺现象。于是由航运局和航运公司联合组建了一个新的轮船公司，按1920年商船法确定企业建制，并享受政府资助的营运补贴。将原政府经营的一些航线也逐步下放给私人船东。把战时建造的船舶出售给美国公民，如果美籍买主不够，也向外国船东出售。

从1936年航运法开始，美国实施了造船补贴和营运补贴。造船补贴实际上只对政府规定的在国内建造的船舶,才能享受补贴。政府提供20年期的低息信贷,信贷额为造船成本的75%。营运补贴的范围是在航运局批准的航线上营运的美国船厂建造的美籍船舶。营运补贴的目的是要消除美国船东承担的本国船与外国同类船之间的营运成本差额,使美国船与外国船处于基本相同的竞争地位。

第二次世界大战后,美国政府为配合经济扩张,在控制主要贸易航线、承运高档商品杂货和集装箱、发展本国籍船队的同时,鼓励向外扩张的方便旗船队,出现了船舶吨位向国外大规模地转移。所以,虽然美国籍船舶的吨位减少了,似乎美国的航运业在萎缩,但其方便旗船队和跨国公司船队的规模却在壮大,在世界航运市场上具有很强的阵容。

美国从开始发展商船队,就实施了保护主义的政策,且形式多样。如前面提到的营运补贴、造船补贴、税收补贴、货载保留立法、沿海航行立法等,都曾引起世界航运界人士的浓厚兴趣和密切关注。因为美国航运业的兴衰与变革,不仅对美国的经济,而且对世界经济也会产生一定的影响。

近几十年来,美国作为贸易大国和货主大国,更加强调自身利益和保障本国货主利益。《1998年航运改革法》强调依靠市场竞争实现生产效率提高,并加强对外国航运公司和航运制度的控制。2022年6月制定的《2022年航运改革法》(Ocean Shipping Reform Act of 2022)则更加注重优先保护货主利益、促进美国出口等方面,更加倾向于保护美国托运人及其代理人的权益,清晰表现出其对班轮市场和海运公共承运人的监管加强立法控制的意图。

三、希腊

希腊的商船队复苏和发展始于19世纪上半叶。希腊创立了船员养老金制度,旨在为失去工作能力的船员提供医疗和救济服务。第二次世界大战期间希腊商船数量损失很大,战后为了支持经济发展,1947年美国以较低价格卖给希腊大量万吨级自由轮,希腊政府又向船东提供长期低息贷款,促使希腊船队规模迅速扩大,并使希腊船东逐渐向国际专业化模式发展。

希腊政府明确将航运定位于国际产业,并在海员税收减免、海员社保补贴、私人海事教育开展等方面予以政策支持,出台了一系列法令保护船东的投资收益,为希腊船东创造优惠的国内外经营环境。这些法令和政策吸引船东将运营总部从国外转移到比雷埃夫斯,雅典也迅速成为国际性航运中心。在航运税收方面,希腊实行海员减免税制度和吨位税制度。在海员减免税方面,一些欧洲国家的做法通常有两种:一是船东仅支付给海员工资的纯收入;二是对海员工资进行适当补贴。希腊是欧洲较早(1956年)实行吨位税的国家,规定缴纳吨位税即可免除企业税或所得收入税的其他义务;缴纳税金额为总注册吨位乘以与船龄相对应的税率。

然而,在希腊经济衰退时期,航运业的税收减免条款成为希腊国内极富争议的问题之一。希腊航运企业拥有着庞大的财富却享受着税收减免政策带来的福利,因此希腊社会各个阶层希望航运企业在国家财政困境时期能够提供更多的税金帮助国家度过危机。提高税收政策虽然可以起到财政收入暂时增加的效果,但是在全球航运业萧条的背景下,希腊的航运企业可能会因此遭到打击。所以,政策如何调整,必须权衡各方利弊。

航运业也是希腊的支柱产业之一,相关的航运政策法规和政府持续支持下稳定的监管环境也为其航运业发展壮大提供了保障。希腊航运业的基础是家族企业,企业家必须积极主动、富有远见地把握发展方向才能在这个充满风险和挑战的行业里获得成功。而希腊的众多航运经营者恰恰具有这些特质,使其在航运业取得了巨大的成功。政府、船东与海员多方合力,促使航运业兴旺发达,并在良性循环中将这种优势持续到了21世纪。希腊人控制的船舶一直为中国对外贸易提供着可靠的服务，而且过去几十年，希腊船东也在中国船厂建造了大量的船舶。

四、日本

从19世纪70年代开始，日本政府在压力之下对外开港通商，远洋运输皆被英美的航运企业所垄断。为了与当时的海运强国对抗，日本政府开始对航运业实施扶植和保护政策，对私立商船学校进行资助，对某些航线和船舶提供无偿补贴。由于三菱公司和共同运输公司的竞争激烈，到1885年政府介入，使两公司合并。于是，在日本海运中至今占有最强实力地位的日本邮船会社从此诞生了。日本邮船会社在接受政府补贴的基础上，发展非常迅速，航线从近海扩展到远洋。可以这样认为，当时最先迈入近代资本主义时代的航运企业，就是那些前期由政府保护的垄断性企业。

19世纪80年代到90年代，日本进入了世界帝国主义列强的行列。日本商船队从侵略战争中获得了巨大的利益，从而极大地刺激了日本资本主义者向海外扩张的野心。1896年，明治政府制定了《航海奖励法》和《造船奖励法》，对1 000总吨以上和航速10 kn以上的钢船予以补贴。日本邮船、大阪商船、三井物产、东洋汽船等少数大公司均在补贴之列，在政策的支持和各种利益的驱动下，开辟了欧、美、澳等远洋运输航线。所以，在日本的国民经济中，航运业较其他产业更早地完成了产业革命。由此看出，战前日本的航运业得到了政府优厚的财政资助，从而取得了迅速的发展。

战后复苏时期，日本政府采取了支持重点企业以重建工业的政策，对航运与造船业也实行了政策督导、“计划造船”等一系列措施。

1.国家政策督导

第二次世界大战以后，日本政府通过政策导向、海运集约等措施，使海运业迅速恢复和发展壮大。一方面，大企业在海运业中占有主导地位，能向工业进出口提供量大价廉的运输服务。另一方面，其他行业的一些重要、大型企业也向航运企业投资。海运业与相关行业相互间因信贷关系、持股关系，以及人事交流而交织在一起，形成利益相关、利益共享的一个松散结合体，工业界保证长期向本国航运企业提供货载，并广泛使用出口到岸价格和进口离岸价格的贸易条款。

2.通过“计划造船”措施，扶植日本商船队

实行“计划造船”是日本政府通过贷款刺激航运企业投资。日本船东可以通过“计划造船”和自筹资金造船两种途径发展船队。当航运市场不景气时，政府以“计划造船”鼓励船东造船；当航运市场繁荣时，船东可利用自筹资金的办法再增加一些运力。通过“计划造船”，船东能得到长期低息贷款、利息补贴及港口使费等方面的优惠，但通过“计划造船”增加的运力只能营运于本国外贸航线上，必须向本国工业部门提供较低的优惠运价。自筹资金造的船一般享受不到这些优惠待遇，但也不受相关限制，可以用于第三国运输。

这种行政干预和法律干预相结合，运用金融杠杆来实现发展海运的做法，对支持主要航运公司和占领主要航线起了直接作用。同时，也沟通了造船、海运和银行三个方面，调整和确定了国内用船的比例，避免了造船的盲目性，保障了造船工业的资金来源，并使船舶的销售有了保证。而利息的补助和延期征收，旨在减轻海运企业的利息负担，提高了企业偿还贷款的能力。在日本政府竭尽全力的扶植下，日本商船队在量的方面迅速膨胀，也给造船业带来了繁荣与昌盛。

3.控制国际班轮航线，防止国内企业之间的不正当竞争

日本政府主管机构要求各航运公司派在国际航线上的班轮必须联营，以防止因互相争夺货源而使外国船乘机挤入。禁止参加集约的各企业之间进行不正当的或过度的竞争。各企业之间如果有了矛盾，政府主管机构出面进行协调。政府主管机构的决定，各企业必须执行，否则就取消有关的优惠待遇，通过经济手段进行制裁。

1956 年，日本造船工业跃居世界首位，并保持近 50 年之久，船舶出口也成为日本最重要的产业之一。1963 年以前，日本航运公司的国际竞争力落后于西北欧和美国等的大航运公司。为了扭转这种局面，政府出台政策，以只对拥有 100 万 t 以上船队的公司提供补贴为条件，要求各航运公司实行集约合并。参加集约合并的公司，可以得到诸如加大造船贷款比例、降低贷款利率、利息缓期支付、税赋优惠等一系列好处。

到 1964 年，日本航运界完成了企业合并，形成了大企业对中小企业控制的垄断体制，少数海运大企业在政府和金融界的强有力的指导下分割海运市场，形成了企业纵、横向联合。日本航运业的垄断程度跃居世界首位，大大提高了其国际竞争力，不仅成功地建造了大量的船舶，而且提高了海运企业的素质，使之能够适应世界范围内在班轮航线上出现的集装箱化和油船的超大型化、专用化等新的海运革命。

从上述第二次世界大战后日本船队的发展过程来看，日本采用的航运政策有着高度的灵活性。日本政府主要采取立法、经济调节以及行政督导三种方式对航运业进行全面的干预。其中，立法和经济杠杆都是为加强行政上的督导而设置的，行政督导则是以立法为基础、以经济杠杆为手段而展开。这就是日本战后航运政策的基本特征。

近年来，日本政府为了应对不景气的航运市场和激烈的同业竞争，根据国际航运市场发展态势，并参照其他海运大国经济政策，在通过税制改革、低息借贷、减免税负、提供补贴等措施促进本国航运业和造船业发展的同时，积极响应国际社会环境保护的发展主题，与美、英等国共同提出：到 2050 年其国际航运的温室气体达到净零排放。为此，日本正在开发以氢或氨为燃料的零排放船和能够大批量、长距离、低成本运输液化氢的船舶。

五、发展中国家

发展中国家的经济实力和技术实力均较薄弱，船队规模多数都小于本国对外贸易运输的需求。鉴于航运业在沿海国家经济中有着重要地位，为了提高本国独立自主经济建设的能力，免于其外贸运输受制于别国，都把船队建设作为发展国民经济的一个重要手段。

然而，要想在国际航运市场上争得一席之地，与海运发达国家相抗衡，没有国家政府的保护和支持是不行的。在船舶投资大、航运资本高度密集、单位运输成本提高、专业技术现代化的今天，更是如此。发展中国家采用的航运保护措施，根据其国家实力，大多数为类似于美国的货载保留制。有些国家进出口货物的保留额高达 100%，要求某些种类的物资全部采用出口以到岸（CIF）价格成交，进口以离岸（FOB）价格成交的交易方式。但多数货载的保留额不超过 50%。显然，这种做法会遭到提倡海运自由主义、力图维持航运市场现状的传统海运国家的极力反对。

在航运发达国家，航运经营的能力已进入较成熟期，船东几乎成了主体，政府大多是间接地插手支持本国航运业。但在发展中国家则不同，政策与法律影响较大，航运经营大多是在国家政策的直接调控下进行。两者具有明显的差别。

第三节　我国的航运政策与法规

在我国,航运业是进入国际市场比较早的一个行业,在发展航运事业方面也曾采取过一些保护和扶持性措施。例如,对国内、国际航线船舶的港口收费价格实行差别待遇等。随着改革开放的深化和国际海运业务的增加,对国际惯例和外国流行的做法有了更全面、深刻的认识,在保持有关法规和措施稳定的前提下,结合我国国情逐步改进,航运法规体系逐渐成形。正是通过一部部相关的法律、条例和各种规定,政府实现了国家对航运业的指导和治理。

一、《中华人民共和国海商法》

《中华人民共和国海商法》(以下简称《海商法》)于 1993 年 7 月 1 日起正式施行。这部法规是为了调整海上运输关系、船舶关系,维护当事各方的合法权益,促进海上运输和经济贸易的发展而制定的。

中华人民共和国港口之间的海上运输和拖航,由悬挂中华人民共和国国旗的船舶经营。非经国务院交通主管部门批准,外国籍船舶不得经营中华人民共和国港口之间的海上运输和拖航。中华人民共和国缔结或者参加的国际条约同该法有不同规定之处,适用国际条约的规定。但是,中华人民共和国声明保留的条款除外。

《海商法》不仅适用于我国的远洋(国际)运输,除货运合同的有关规定外,同样适用于我国的沿海和江海直达运输。对船舶、船员、货物运输、旅客运输、船舶租用、海上拖航、海难救助、船舶碰撞、共同海损、海上保险、海事赔偿、涉外关系的法律适用等都做出了规定,是一部比较权威、全面、具体、便于操作的海商法典。

二、《中华人民共和国港口法》

《中华人民共和国港口法》于 2004 年 1 月 1 日起正式施行。历经 2015 年、2017 年、2018 年三次修正。这部法规是为了加强港口管理、维护港口的安全与经营秩序、保护当事人的合法权益、促进港口的建设与发展而制定的,对港口规划与建设、港口经营、港口安全与监督管理、法律责任等都做了具体的规定,适用于从事港口规划、建设、维护、经营、管理及其相关活动。国家鼓励国内外经济组织和个人依法投资建设、经营港口,保护投资者的合法权益。

该法规定:港口经营人应当公布经营服务的收费项目和收费标准;未公布的,不得实施。港口经营性收费依法实行政府指导价或者政府定价的,港口经营人应当按照规定执行。国家鼓励和保护港口经营活动的公平竞争。港口经营人不得实施垄断行为和不正当竞争行为,不得以任何手段强迫他人接受其提供的港口服务。

船舶进出港口,应当依照有关水上交通安全的法律、行政规定向海事管理机构报告。海事管理机构接到报告后,应当及时通报港口行政管理部门。船舶载运危险货物进出港口,应当按照国务院交通主管部门的规定将危险货物的名称、特性、包装和进出港口的时间报告海事管理机构。海事管理机构接到报告后,应当在国务院交通主管部门规定的时间内做出是否同意的决定,通知报告人,并通报港口行政管理部门。但是,定船舶、定航线、定货种的船舶可以定期报告。

港口行政管理部门应当依法对港口安全生产情况实施监督检查,对旅客上下集中、货物装卸量较大或者有特殊用途的码头进行重点巡查;检查中发现安全隐患的,应当责令被检查人立即排除或者限期排除。负责安全生产监督管理的部门和其他有关部门依照法律、法规的规定,在各自职责范围内对港口安全生产实施监督检查。

三、《中华人民共和国船舶登记条例》

《中华人民共和国船舶登记条例》自 1995 年 1 月 1 日起施行。2014 年 7 月国务院第 54 次常务会议通过对《中华人民共和国船舶登记条例》的部分条款予以修订。在我国境内有住所、有主要营业场所的中国公民的船舶,主要营运场所在我国境内的企业法人的船舶及政府公务船舶和事业法人的船舶都应依照这一条例规定进行登记。对中外合资企业执行条例的条件为:中方投资人的出资额不得低于 50%。此外,在《中华人民共和国船舶登记办法》(中华人民共和国交通运输部令 2016 年第 85 号)中将在自由贸易试验区注册的企业法人所有或者光船租赁的船舶也列为登记适用对象。

船舶经依法登记,取得中华人民共和国国籍,方可悬挂中华人民共和国国旗航行。船舶不能具有双重国籍。驻各港的海事管理机构是具体实施船舶登记的主管机关。船舶登记港为船籍港,船舶登记港由船舶所有人依据其住所或者主要营业场所所在地就近选择。

《中华人民共和国船舶登记条例》对船舶所有权登记、船舶抵押权登记、光船租赁登记、船舶标志和公司旗变更登记和注销登记、船舶所有权登记证书、船舶国籍证书的换发和补发、法律责任等也都做了明确的规定。例如,同一公司的船舶只准使用相同的船舶烟囱标志和公司旗;船名由船籍港船舶登记机关核定,且不得与登记在先的船舶重名或者同音;业经登记的船舶烟囱标志、公司旗属登记申请人专用,其他船舶或者公司不得使用;中国籍船舶上应持适任证书的船员,必须持有相应的中华人民共和国船员适任证书。条例也对船舶所有人申请国籍时应交验的船舶技术证书,对于从国外买船、向国外卖船、租船时如何办理临时船舶国籍证书,以及船舶登记簿中应载明的事项等都做了具体的规定。

四、《中华人民共和国船员条例》

《中华人民共和国船员条例》于 2007 年 9 月 1 日开始实施,历经 2013 年(两次)、2014 年、2017 年、2019 年、2020 年 6 次修订。这个条例是为了加强船员管理,提高船员素质,维护船员的合法权益,保障水上交通安全,保护水域环境而制定的;适用于我国境内的船员注册、任职、培训、职业保障以及提供船员服务等活动。

《中华人民共和国船员条例》对船员注册和任职资格、船员职责、船员职业保障、船员培训和船员服务、监督检查、法律责任等内容做了具体规定。例如,条例中规定,申请船员注册,应当具备下列条件:

(1)年满 18 周岁(在船实习、见习人员年满 16 周岁)且初次申请不超过 60 周岁;

(2)符合船员任职岗位健康要求;

(3)经过船员基本安全培训,并经海事管理机构考试合格。申请注册国际航行船舶船员的,还应当通过船员专业外语考试。

《中华人民共和国船员条例》中也规定,航运公司或船员用人单位不能:

(1)招用未取得相应有效证件的人员上船工作;

(2)擅自招用外国籍船员担任中国籍船舶的船长;

(3)让船员在船舶上生活和工作的场所不符合国家船舶检验规范中有关船员生活环境、作业安全和防护的要求;

(4)不履行遣返义务;

(5)对在船工作期间船员患病或者受伤不给予及时救治。

《中华人民共和国船员条例》中对于特殊船员的管理也做了说明。例如,引航员的培训和任职资格依照该条例有关船员培训和任职资格的规定执行,具体办法由国务院交通主管部门制定;军用船舶船员的管理,按照国家和军队有关规定执行;渔业船员的管理由国务院渔业行政主管部门负责,具体管理办法由国务院渔业行政主管部门参照本条例另行规定。

五、《中华人民共和国国际海运条例》

《中华人民共和国国际海运条例》于 2002 年 1 月 1 日开始实施,到 2023 年已经经历了四次修订。这个条例是为了规范国际海上运输活动,保护公平竞争,维护国际海上运输市场秩序,保障国际海上运输各方当事人的合法权益而制定的。适用于进出中华人民共和国港口的国际海上运输经营活动以及与国际海上运输相关的辅助性经营活动,包括国际船舶代理、国际船舶管理、国际海运货物装卸、国际海运货物仓储、国际海运集装箱站和堆场等业务。

《中华人民共和国国际海运条例》中规定,经营国际集装箱船、国际普通货船运输业务,应当取得企业法人资格,并有与经营业务相适应的船舶。经营国际客船、国际散装液体危险品船运输业务,应当具备下列条件,见第二章第二节。

经营国际船舶运输业务和无船承运业务,不得有下列行为:

(1)以低于正常、合理水平的运价提供服务,妨碍公平竞争。

(2)在会计账簿之外暗中给予托运人回扣,承揽货物。

(3)滥用优势地位,以歧视性价格或者其他限制性条件给交易对方造成损害。

(4)其他损害交易对方或者国际海上运输市场秩序的行为。

外国国际船舶运输经营者不得经营中国港口之间的船舶运输业务,也不得利用租用的中国籍船舶或者舱位,或者以互换舱位等方式变相经营中国港口之间的船舶运输业务。外商可以依照有关法律、行政法规以及国家其他有关规定,投资经营国际船舶运输、国际船舶代理、国际船舶管理、国际海运货物装卸、国际海运货物仓储、国际海运集装箱站和堆场业务。

改革开放后,为加强对航运业管理的法制程度,减少行政干预,国家主管部门已颁布了一系列适合社会主义市场经济的航运法规。除上述五个法规外,还有《中华人民共和国海上交通安全法》《国内水路运输管理条例》《国内水路运输管理规定》《中华人民共和国内河交通安全管理条例》《国际航行船舶进出中华人民共和国口岸检查办法》《中华人民共和国船舶和海上设施检验条例》《船舶检验管理规定》《国内水路运输经营资质管理规定》《船舶载运危险货物安全监督管理规定》《船舶进出港报告管理办法》等。这些法规的实施,有利于我国航运业管理的规范化,加速我国航运领域的各方面与国际惯例接轨。

【小资料】

中国船舶技术标准提案第一次在国际海事组织通过

2002年7月22—26日,国际海事组织稳性、载重线与渔船安全分委员会第45次会议(SLF45)在英国伦敦举行。在这次会议上,中国代表团向大会提出船首高度计算公式等4项提案,其中3项被大会采纳。这是中国首次在国际海事组织制定技术标准方面提出自己的研究成果,并被采纳,为国家赢得了荣誉,使中国从海运大国向海运强国迈进了一步。

思考与练习

1.广泛查阅资料,列举出过去采用过的各种航运保护政策。

2.阅读《中华人民共和国海商法》《中华人民共和国港口法》《中华人民共和国国际海运条例》及其实施细则《中华人民共和国船舶登记条例》《中华人民共和国船员条例》等海运相关法规,归纳中国政府在发展航运方面的基本立场。

第十九章
航运经营策略

当今之航运业是一个资金、技术都高度密集的行业,船舶及其设备投资巨大。市场行情波动频繁,竞争激烈,受世界政治、军事、经济以及自然因素影响大。在供需关系比较平稳的时期,决定企业竞争力与经济效益的主要因素是企业内部的管理水平。而在供需关系、外界环境不断地、大幅度地变动时,企业经营的策略和指导思想,对于企业的生存与发展起着关键性的作用。因此,决定企业兴衰的因素不仅在于内部日常的经营管理水平,也在于经营策略的合理性和适时性。分析近半个多世纪世界上各航运企业兴衰的原因,可以看出经营策略的重要性可能更为突出。制定企业经营策略的目的就是要在不断变化着的外部环境和内部条件下,谋求生存与发展,拓宽经营思路,把握发展契机,调整发展方向,寻求最佳发展途径,始终获得丰厚的利润,使企业发展保持长盛不衰。

制定航运企业经营策略时,一般要考虑下列三个因素。

1.世界经贸发展的需要和国家的产业政策

航运业是世界经济贸易的基础,也是国家经济贸易,特别是对外贸易的重要支柱。运输企业应该适应国际经济贸易发展的需要,也必须把国家的整体利益摆在首位。因此,这种考虑自然会对我国大型远洋运输企业制定经营策略产生重大影响。

2.企业的内部条件

企业的内部条件包括企业现有的船队规模、船队结构、技术力量、管理水平、人员素质、财务状况等。企业内部条件是制定经营策略的基础。

3.企业的外部环境

企业的外部环境包括政治、军事、经济、自然、竞争对手等方面的情况。航运企业所面临的外部环境是复杂的、多变的,应给予高度的重视,要持续地、长期地进行深入分析和研究。

一个好的企业经营策略,应有以下几个基本特征:

(1)企业内外有关部门协调配合,能够充分发挥整体优势。

(2)适应企业所处的外部环境,能够消除或消化不利因素。

(3)抓住有利时机,能够最大限度地利用有利条件发展业务。

(4)总体目标明确,具体措施切实可行,便于灵活调整。

本章先介绍联合经营与多元化经营两个常见的航运企业经营策略基本概念,然后简要介绍和讨论一些典型航运企业在经营策略方面采取的做法及其效果。

第一节　航运联营

联营是不同企业之间实行联合经营的一种形式。这种形式可以聚合各个参与企业的资源,发挥规模经济的优势,向用户提供优质、广泛的服务,提高竞争能力,使联营各方获得比原来更大的利益。班轮公会、集装箱班轮运输企业联盟都是航运经营者之间实行联营的形式。

一、班轮公会的形成与发展

大约于19世纪70年代,海上运力的大幅度增加,使船舶吨位明显过剩。在同一航线上经营的班轮公司之间竞争激烈,它们相互压价,力图将其他公司排挤出去,这样做的结果使各公司自身也受到了相当大的损失。作为船东之间激烈竞争的一个产物,各有关公司通过协议联合起来,形成了班轮公会。

第一个公会"加尔各答公会"(The Calcutta Conference)于1875年形成,在从印度加尔各答至英国本土的航线上营运的船东们同意都收取相同的运费率。公会制迅速蔓延到其他航线,到1939年,不论重要与否,几乎每一条班轮航线实际上都是由公会协议管理。如远东至欧洲的航线上就有20多个公会。运输航线常常归属于几个公会,并且具有若干公会之间的协议。运输航线甚至可以被出卖,使公会权力具有市场价值。

公会制的主要益处在于:通过统一运价很大程度上抑制了无益的竞争、降低了交易双方乃至国际贸易中的风险和不确定性、改善运输经济性等。公会制的弊端主要是:从托运人方面看,若其与某一个班轮公会签署了运输合同,当不定期船市场运费率降低时,他也不能利用这一条件。此外,即使是大货主,也难以利用他在运价谈判中的优势去得到降价优惠。对于公会以外的承运人来说,他们反对公会是因为公会的存在使他们与公会船的竞争难以取胜。

班轮公会作为一种市场垄断组织自第一次出现以来,已有140多年的历史。在这140多年中,它们经过不断地演变、发展,在控制竞争方面已建立起一整套有效的管理制度。但与此同时,它们为了攫取高额利润采取了一系列垄断与歧视性的手段。如:入会障碍及会员公司之间的差别待遇、与托运人签订忠诚协定、运费率的变动,以及公会在有些情况下为了对付会外船的竞争,而使用"战斗船"等其他手段。公会制的形成和发展对国际航运市场的稳定和发展产生了重大影响。

20世纪中后期在国际上,由于经济实力和科技发展水平差异巨大,各国对班轮公会的看法不同。例如,英、美等发达国家通常会肯定班轮公会体系在许多方面的积极作用,采取不干涉政策,承认班轮公会是一个独立的经济实体。这种不干涉主义是由它们在世界海运业中的优越地位所决定的。发展中国家通常对班轮公会采取的是对抗的态度。为了节约外汇支出,改善国际收支和摆脱外国船公司的控制,发展中国家迫切要求建立与发展本国的商船队。但是,班轮公会的存在对此构成了巨大的威胁与障碍。另外,班轮公会的总部设在发达国家,发展中国家的托运人常常难以直接与公会交涉运费和其他有关问题。

为此,发展中国家曾经在联合国贸发会议(UNCTAD)上强烈指责公会的秘密性、封闭性、垄断性,并要求发达国家采取有效措施,对班轮公会实行管制。与此同时,发展中国家纷纷以单方面立法形式,规定本国货本国船运,以货载保留政策来对抗公会的垄断行为。1972 年拉美和亚非发展中国家以“77 国集团”的名义提出了《班轮公会行动守则公约》(Convention on a Code of Conduct for Liner Conference)的联合方案,并于 1974 年获得通过。在《班轮公会行动守则公约》中,为了促进发展中国家商船队发展而提出的一个著名措施是:4∶4∶2 货载分配原则,即由班轮公会承揽的两国进出口货物中,进口国可以承运 40%,出口国也可以承运 40%,余下的 20%由第三国船公司承运。这类措施可以确保本国进出口贸易的货运权,为发展中国家扩充船队提供了一定的货源保证。但与此同时,《班轮公会行动守则公约》对国际班轮运输乃至整个世界经济也可能会产生限制竞争能力强、运输成本低的第三国船公司参与运输的一些副作用。

19 世纪下半叶产生的班轮公会,几乎控制了全部国际班轮航线,对 20 世纪的海运秩序和贸易稳定起了很大作用。但 20 世纪 80 年代,以集装箱海运企业为代表的独立承运人开始与班轮公会争夺市场,班轮公会逐渐走向衰落。20 世纪末 21 世纪初,这个变化过程加速。班轮公会的衰落是国际海运业自身选择的结果,欧盟和美国在班轮公会体制变迁过程中发挥了推动作用。1995 年,欧盟委员会颁布实施了一个联营体规则,导致全球性的战略联盟成为班轮公司合作的一种重要形式。美国《1998 年航运改革法》进一步约束了公会的垄断行为,直接导致在联邦海事委员会登记的班轮公会数量大幅度减少。欧盟理事会随后做出取消班轮公会反垄断豁免制度的决定,从 2008 年 10 月 18 日起正式废除班轮公会享有的反垄断豁免权,这就使班轮公会在欧盟进出口贸易运输航线上不再能从事运价、运力等限制竞争的活动。显然,失去反垄断豁免权后,班轮公会就失去了继续存在的意义。

正是集装箱运输的发展,逐步形成了班轮公会解体的基础。班轮公司之间为降低成本,提高服务质量,增强竞争力,以不同形式结成了各种联盟。通过结盟可以在不增加船舶数量的情况下增加各个班轮公司运输网络的覆盖面。结盟联营也在一定程度上提高了班轮公司的箱位利用率,增加了公司的营运收入。班轮公司通过航线联营或舱位互租,既解决了一家公司单独经营时所存在的资金不足与风险过大的问题,又更好地满足了航线上货主的需求,使参与联盟的每一个班轮公司的竞争力都得到了增强,并获得比原来更大的利益。

二、航运联盟的兴起与发展

联盟是指两个或两个以上的企业为了达到一定的目的通过各自可接受的方式所建立的一种企业合作关系。联盟带有明确的战略性,具有明确的战略目标。参加联盟的企业汇集、交换或统一使用某些特定的资源以谋求共同或各自的利益。例如,通过舱(箱)位互租、码头共享等协议形式进行联合经营,同时合作的企业仍保持各自的独立性。

航运企业之间形成联盟可能带来的好处包括:

1.降低经营成本,提高经济效益

联盟企业集团统一规划航线、统一调遣船舶,与独立经营相比,船舶或舱位共享后,每一个公司的揽货能力都增强,大公司可以借助小公司进入偏远航线,小公司也可以借助大公司进入主干航线,可以增加船舶的实载率或舱位利用率,有利于船舶大型化,降低单位运输成本。同时,联盟协议一般仅对船舶运力、班期和挂靠港方面做出规定,在运价和附加费等方面没有采取一致行动,因此联盟成员仍然可以制定自己的运价政策,根据市场情况,采取比较灵活的手段调整运价,使自己的效益最大化。此外,还可以通过码头、代理等多种资源共享进一步降低营运成本。

2.开拓市场经营范围,提高运输服务质量

通过联盟成员之间的船舶或舱位共享等措施,联盟成员可以在不增加运力的情况下进入自己尚没有经营的航线,扩展自己的经营领域,利用相关资源增加市场份额。航运联盟的组建也使各个联盟成员的资源优势互补,拓展了每个成员的经营覆盖范围。在船舶调度、货源开发上相互协调,增加发船密度,更好地满足货主的需求,提高服务质量。

3.避免过度竞争,降低经营风险

通过协议合作经营航线,各方有计划地投入运力并在约定限度内运作,降低过度竞争的可能性。由于联盟体存在运力投入和经营整体协调关系,避免各公司单独投资或退出,造成运力供给大幅度波动,在一定程度上联盟成员又具有风险共担的特征,从而降低每一个成员公司的经营风险。

正是因为航运企业联盟具有上述诸多优点,且与班轮公会制相比具有更大的灵活性,更符合时代发展的大势,20 多年来,国际集装箱班轮公司之间的结盟、重组不断推陈出新。例如,2017 年由中远海运集团所属的中远海运集装箱运输有限公司、达飞轮船、长荣海运和东方海外组建的"海洋联盟"(OCEAN Alliance) 正式运营。"海洋联盟"缩写中的 O 代表 OOCL(东方海外);C 代表 China COSCO Container Lines(中远海集装箱)和 CMA CGM(达飞轮船)双层意思;E 代表 Evergreen(长荣海运);A 是英文 Alliance(联盟)第一个字母,也强调是一家联盟(原来也用于代表 APL 美国总统轮船);N 则代表 New(新格局、新联盟)。由国际上大的现代集装箱班轮公司组成联盟经营,显然在运力等诸多方面有着巨大的优势,也必然会对国际航运市场发展形成巨大影响。

三、联营的基本形式

一般地讲,航运企业的联营通常是两家或两家以上的航运公司为了达到共同的经济目的,各自抽调一定数量的船舶通过合同或协议组成联合经营体来实现。根据联合经营体的合作方式和组成形式一般可以将其分为法人型联营、合伙型联营和合同型联营。

1.法人型联营

由两家或两家以上公司,以平等资格共同出资形式或其他形式组成一个新的经济实体或成立一个新的公司。法人型联营是横向联合最紧密、最稳定的联营形式。例如,2004 年由中国远洋运输集团和招商局集团共同出资组建的中国液化天然气运输(控股)有限公司是就属于法人型联营。

2.合伙型联营

公司之间通过协议联营,协议对联营各方的出资额、权利义务、参加管理办法、盈利分配等事项做出规定,以作为发生争议时处理争议的依据。联营各方按协议的约定,以各自所有的或者经营管理的财产承担民事责任,共同经营。这种联营是半紧密型的横向联合,联营体不具备法人条件。传统的班轮航运公会属于合伙型联营。

3.合同型联营

参与各方为了维护和达到共同的利益和目的,通过协议对经营中有关业务做出统一规定和处理,结成共同组合的实体。根据协议内容多寡的不同,联营体的联营程度有所差异。除互有协议限定的内容外,参与联营的企业各自仍具有独立性。这是一种比较松散的共同经营体,集装箱班轮公司之间的战略联盟属于合同型联营。

不仅航运企业与航运企业之间可以形成联营关系，在航运企业与其他运输方式的企业之间也可以形成联营关系。如与铁路、公路运输企业的联营，可以增强揽货能力，便利货主运输，提高竞争能力。

除前文讲到的班轮公会协议联营、集装箱海运企业联盟具有的益处外，航运联营还可能获得以下的好处：

1.节省成本支出

在一定程度上，在联营体内部的人力、物力资源可以共享或统筹安排，发挥规模经济的优势，降低船舶管理费用和有关的分摊费用，如代理业务等费用。尤其是集装箱运输企业的联营，在集装箱使用和管理方面，可以获得更为显著的节省开支的效果，提高船、箱的利用率。

2.有利于资金周转

规模较小的航运公司常常会遇到资金周转上的困难，联营体的实力相对较强，现金流量大，周转比较灵活。

3.增强适应能力

联营体的实力较强，市场占有份额大，可以灵活地调动所属的各类船舶适应市场的需求变动，提高营运的经济效果，提高竞争力。

成功的联营、合作必须使合作各方都受益，实现“双赢”或“多赢”。例如，在 20 世纪 90 年代后期，中远集团按照市场经济规律和自身的发展需要，在国际上积极寻求合作，走航运联合、联营的道路，与长荣、阳明、川崎等公司广泛开展了互租舱位、共辟航线等合作，在降低成本的同时，提高了服务水平。近年来，航运企业结盟联营这样的合作已经非常普遍，并成为一种联合抗击风险的有效选择。

联营的不利之处在于可能使参与方在某种程度上失去独立性。如不能随意抽调参与联营的船投放在其他运费率较高航线或地区营运。这种限制的程度取决于合作各方签订联营协议的条款和合作的深度。

在国际贸易中正处于蓬勃发展的多式联运业务是对两种或两种以上运输方式简单联合关系的发展和提高，是指由一个承运人对需经过两种或两种以上运输方式运输的一票货物负全程运输责任的运输业务。与传统运输服务的差别在于，它不是由每种运输方式的承运人分别只就其本身的运输过程向托运人负责，而是由一个承运人全面满足托运人对托运货物的全程运输要求，实行一票到底的“门到门”运输服务。多式联运可能会涉及公路、铁路、内河、海上和航空等多种运输方式。在五种现代化运输方式都已进入成熟阶段的今天，便利用户的多式联运业务具有广阔的发展前景。这是考虑、制订航运企业的经营策略时，不能忽视的一个现实。

第二节　多元化经营

世界经济的不同行业之间有时存在此起彼伏的现象，而航运业具有资金密集、市场波动剧烈、经营风险大的特点。为了使企业不仅在获利丰厚的时期保持稳健的发展，而且在市场状况不良时能承受得住来自效益下滑的不利冲击，第二次世界大战以后，国际上许多航运大企业越来越注重从事多种经营的策略，并在实践中取得了明显的成效。进入 21 世纪，全球经济一体化进程加快,各个国家之间、各个行业之间的经济、商务互相渗透、融合程度逐步加深。

多元化是相对于专门化而言的。我们把一个企业从事两种以上产业的经营活动称为多元化经营,或经营多元化。开展多元化经营能够分散风险,消除企业发展受行业兴衰剧烈影响的不稳定性,使企业的人、财、物、技术等资源在更大的范围内得到有效的利用。

企业要从事多元化经营,一般是以一业为主而展开,逐步扩大经营的品种和范围。对于要介入的主业之外的某项经营活动,可以自己筹办、组建相对独立的子公司,也可以收购、控制一些现有的公司。根据企业同时经营的各业之间相互关系的密切程度,分为关联型和非关联型的多元化经营。如果某海运企业还从事公路、铁路、管道、内河运输业务,从事港口装卸、仓储业务,从事船舶修造及船舶服务业等,就属于关联型多元化经营;如果某航运企业在从事船舶运输业务的同时,还从事电影电视、机械制造、陆上建筑、房地产等与运输本身非直接相关的项目,就属于非关联型多元化经营。例如,中国远洋海运集团在航运、码头、物流、航运金融、修造船等相关产业都形成了实力较强的经营实体,属于关联型多元化经营;招商局集团业务涉及航运物流、金融和地产等多方面,其中金融和地产业务因招商银行和招商地产而闻名,属于非关联型多元化经营。

从事关联型的多元化经营能够充分利用主业的各种资源优势,反过来也能促进主业的发展。但是由于各业之间密切相关,同处于一个大的市场环境中,一旦主业不景气,其他产业也会受到牵连,分散风险的作用不十分强。从事非关联型的多元化经营则相反,主业的技术、设备等资源优势得不到充分的发挥。在与对手竞争时,其他各业也难以直接插手帮助。但若行业选择得当,一般能有较好的经营互补作用,并能起到良好的分散风险的作用。因此,国际航运企业从事多元化经营的基本趋向是既经营一些关联性产业,也经营一些非关联性产业。至于各业所占比例及侧重点则取决于企业的内、外部条件和发展的战略意图,并无统一、标准的模式可言。

当企业开展多元化经营达到相当大的规模时,就必然会形成由企业群体组成的企业集团。在近50多年的世界航运发展过程中,这种集团化的趋向比较明显。例如,在20世纪90年代,原中国远洋运输总公司高层领导就经历了专业化经营还是多元化经营的讨论。随后形成了中国远洋运输集团,从单一的航运企业迅速成长为一个业务范围遍及几十个行业的巨型企业集团,其核心企业是中国远洋运输(集团)总公司,共有近千家企业组成紧密层、半紧密层和松散层三个层次。围绕航运主业,形成了陆地货运业、船舶代理业、航空货运及代理业三个强有力的相关产业和工业、贸易、房地产、金融等非关联性产业。

集团化的企业在组织机构设置、经营管理方面与单一业务的小企业相比具有明显的特点。例如,其组织机构的设置一般都采用第二章介绍的事业部制。企业发展的决策权与日常经营权分级负责,产权与经营权分离,产权趋向股份化,经营范围国际化。

从我国改革开放前30年的实践看,大型航运企业开展多元化经营还有一些特殊的好处。譬如,由于历史原因和用工制度的原因,许多航运大企业都存在人员超编、人浮于事、互相扯皮、办事拖拉、管理效率低下的问题。妥善安排富余人员工作,精简航运管理职员队伍,提高工作效率,成为当时企业内部深化改革中的一个难点。如果能开展多元化经营,利用企业的资源和各种优势,经营一些航运业以外的其他项目,不仅可以起到分散风险的作用,还能为企业的富余人员提供更多的、能充分发挥他们能力的新岗位,不至于将富余人员推向社会,造成更大的社会问题。

此外,不仅航运企业从事多种经营、集团化经营,其他行业的大企业(特别是大宗货物的货主)往往也搞多元化经营,向航运领域投资,从事船舶运输业务。例如,著名矿商必和必拓、淡水河谷、力拓等组建了自由船队,在保障运输供给的同时还可以稳定运输成本。对其他行业的投资者来说,航运业具有现金流动量大的特点,从而使其主业和航运辅业之间形成很强的互补性,因而是一个很有吸引力的行业。

第三节　航运经营策略举例

第二次世界大战之后,特别是近半个多世纪来,随着国际贸易、航运市场的发展变化,航运领域不断推陈出新,造就了一个个的企业新星。处在相同的国际市场环境下,为什么会有的企业茁壮成长、有的则萎缩退市,出现此消彼长的现象呢?企业的经营策略起到重要的作用。本节简要介绍中外一些航运企业曾经采用过的几个典型经营策略。

一、外国航运企业的典型经营策略

1.对船队实行分散经营管理

有些很有实力的大船东,活跃在伦敦和纽约的航运市场上,同时在利比里亚、巴拿马等方便船旗国设立许多小型航运公司,每个公司往往只管理一两艘船舶。这样会带来既能避免缴纳所得税,又能控制经营者的风险责任的好处。

2.以经营旧船和不定期船起步

购买二手船曾是许多船东发展船队初期的主要途径。由于财力和运力有限,有些经营者主要在不定期船市场从事船舶租赁业务。通过船舶经纪人市场,准确了解租船市场的供需信息,随时准备以各种灵活的经营方式和成交条件适应市场需求。

3.以从事第三国运输为主,兼营船舶买卖

密切关注世界范围内的航运市场动态。当本国货源比较少时,积极争取他国货源,从事第三国运输。如希腊船东,不仅能揽取到发展中国家的货载,也能揽取到一些发达国家的货载。同时,积极寻找新船建造和二手船买卖的最佳机会,通过适时的买卖交易,赚取利润,使船舶买卖收入成为企业的一项重要收入。

4.保持良好信誉,吸引第三方投资

通过在航运市场上形成良好的信誉,吸引第三方投资者,包括私募股权基金、上市管理公司和投资机构等的财力支持,使企业在购买船舶、扩大业务甚至是面临债务危机时,能够及时获得需要的资金。

5.与重要相关者建立利益共同体

通过与有运输需求的工业集团、港口、内陆运输企业、有实力的财团建立利益共同体,便于保持和扩大货运份额、签订长期稳定的运输合同、吸引银行投资、降低融资成本,甚至通过开展多元化经营等策略提高经营效益、增强抗击市场波动风险能力、维持长期健康稳定的发展。

下面简要介绍丹麦马士基航运曾经采用的一个具体经营策略案例。

在集装箱运输市场不断走低、多数公司持续亏损的整体形势下,马士基航运在 2011 年 9 月推出“天天马士基”(Daily Maersk)服务,试图通过保证班轮的准班率、提供更好的服务,来获取更高的运价。“天天马士基”是指从亚洲的四个主线港(宁波舟山港、上海港、盐田港、丹戎帕拉帕斯港)将货物运往欧洲的三个主线港(费利克斯托港、鹿特丹港、不来梅港),每周 7 天每天都设有同一截关/截港时间；每次订舱时，只要根据预计交货截关/截港日期，便能获得确定的运输时间承诺。如果马士基不能在承诺时间内将货物送达，马士基将会对货主做出相应赔偿。

在保证每日航班和发货时间方面，“天天马士基”服务网络的平均准班率达到了98%，比其他船公司高，表明马士基能够提供更优质的服务。“天天马士基”建立了一种高频、可靠、连贯的运营服务模式，便于客户优化其库存及运输环节，对整个班轮运输业产生了重大影响。与此同时，马士基为了保证每天班期，需要加大成本投入。

然而，竞争对手通过扩大联盟和舱位协议等方式同样增加了航班频次，从而引发了更加激烈的竞争。由于大多数客户不愿意为更好的服务支付费用，运价反而下跌。这表明在运输服务水平达到一定程度之后，通过提供差异化服务获得商业成功的难度增加。

在战略层面，马士基航运注重创新经营、抢占技术领先、提高管理效率的理念。例如：从2006 年 15 500 TEU 级“Emma Maersk”，到 2015 年订造 19 630 TEU 的 3E 级超大型集装箱船舶；在节能减排、降低单位运输成本、提高装卸效率以及技术水平等方面，始终占据集装箱船舶现代化升级领先地位，引领船舶技术现代化。另外，马士基航运注重与港口和内陆集疏运企业结成利益共同体，在为其挂靠的主要港口带来巨大效益的同时，港口也投资大型岸桥等先进装卸设备支持马士基 3E 级集装箱船舶的高效装卸。马士基在欧美地区拥有布局广阔的铁路网，可以发挥海铁联运的优势，向客户提供更优质的运输服务。马士基航运注重审时度势，在市场运价持续处于低位的情况下，通过降低成本和增加货运量策略保持良好业绩。

二、港台航运企业的典型经营策略

20 世纪 60—70 年代，香港的环球、金山、华光三大航运集团迅速崛起，形成较大的国际影响力，且各具不同的经营风格。据当时日本航运界人士评论，环球航运的创始人包玉刚先生以稳健的经营作风和自卫能力强而闻名于航运界，注重结交各国政界要人是其发展事业的“秘诀”之一。华光集团的经营则以“稳健”“保守”著称，信守安全投资的方针。金山轮船与环球和华光的稳健策略相比，则更注重于灵活性，并且注重于发展战略的全球性。

环球航运集团以船舶长期（有时长达 15 年）出租为主经营，利用贷款造船，然后将船舶长期租给大货主使用，薄利经营，稳定发展。环球航运认为，长期出租可以取得稳定的货载和运费收入，不受市场行情激烈变动的影响。环球航运向货主提供最有吸引力的运价，主要将船舶出租给日本、欧洲和某些中等发达国家。环球航运直接与外国大船东或大货主建立良好的业务关系，取得对方的信任，往往先签订租约，然后再贷款造船。环球航运主要在石油和干散货运输方面从事不定期船业务，其船队规模在 20 世纪 80 年代初达到顶峰，总吨位超过 2 000 万 t。随后，由于市场不佳，陆续卖船，主动减少船队规模，到 90 年代时达到低谷。在世纪之交，再次投资发展航运业，使控制的船队规模再次超过 2 000 万 t。随后通过一系列收购、并购等活动，已经成为涉足航运、水上天然气基础设施、深水油气生产以及水上风电、太阳能发电等能源供给领域的一家全球领先的集团公司，并于 2005 年更名为 BW 集团（BW Group）。环球航运的创始人在建立了世界上最庞大船队的同时，在其他行业的拓展也十分成功，拥有多家金融、保险、投资公司和经纪行。

金山轮船于 1969 年易名东方海外货柜航运（OOCL）有限公司，重点发展班轮和集装箱运输，与日本、韩国等国家或地区的许多大航运公司都结成联营伙伴。其目标是成为最优秀和最具创新精神的国际集装箱运输和物流服务供应商，为世界贸易提供重要联系，为其客户、员工、股东和合作伙伴创造价值。东方海外树立了以人为本、以客为尊、以质量求优异及社会责任四种核心价值观,公司的一切活动都围绕这些价值观进行。东方海外经营的航线连接亚洲、欧洲、北美、地中海、南亚次大陆、中东及澳洲、新西兰等地。东方海外重视参加航运联营,建立和巩固全球承运人的地位,提供与集装箱运输干线配套衔接的多式联运服务,并注重将信息科技及电子商贸应用在全方位货物运输过程;大力拓展中国大陆运输市场,在全国各地提供全面的物流及运输服务。中远海运控股股份有限公司于 2018 年收购东方海外(国际)有限公司。

华光海运主要经营干散货船运输、油船运输和液化石油气运输,在竞争中特别注重船舶的质量,力求船队的现代化和较小的平均船龄。利用在同一船厂连续订造多艘船可以降低造船成本的办法,来提高船舶建造质量和降低购船成本。华光海运的经营策略是稳定的期租与适度的船舶买卖相结合,为船队的发展提供可靠的支撑。华光注重船队多样化,涉足不同市场,以对冲个别版块风险,并始终将安全放在首位。

中国台湾的长荣海运公司成立于 1968 年,开始只有一艘 15 年船龄的杂货船。7 年后购入了第一艘集装箱船开展班轮运输,随即凭借其创造利润、照顾员工、回馈社会的经营理念和思路开拓、运作灵活的经营策略以及艰苦创业的作风,迅速在全球航运市场上打开了局面。长荣海运重视航海人才培养战略,于 1999 年在台湾投资兴建了长荣船员训练中心,以提升船员的专业技能。长荣海运重视采用先进的船舶技术,建造环保型船舶,并通过优化设计提高主机推进效率、降低燃油消耗、减少温室气体排放。长荣海运也十分重视现代经营管理技术应用战略,建设了专用电子商务网站。长荣海运已在全球航运界成为名列前茅的海上集装箱独立承运人,并发展成从事陆运、码头堆场、集装箱修造、房地产、旅馆服务业等多种经营的大型企业集团。

长荣集团的发展速度曾引起全球航运界的关注。据分析,其关键就在于公司的决策人能全面、恰当、灵活、适时地运用航运界能够运用的各种策略和措施。尤其是在下列几个方面表现得更为突出。

1.积极开拓市场

为了揽取货载,提高市场占有份额,长荣海运公司以运转效率高、船期准、服务好、运价低为竞争手段,迎合货主的各种要求,把货源牢牢地吸引在航线上。在公司初期发展过程中,不参加班轮公会协议,开展独立经营。运价一般保持在较低的水平上,而且不论对于高价货物,还是低价货物,都提供适当的优惠运价,有时甚至接受保本运价。面对航运市场低迷、长荣海运市场占有率低的状况,为提高市场竞争力,选择加入联盟来寻求发展。2016 年 4 月长荣海运与中远海运集团所属中远海运集运、达飞轮船和东方海外成立 OCEAN 联盟。

2.努力降低运输成本

在集装箱的使用、周转方面,通过准确估算和全局筹划,减少空箱闲置和运转,提高集装箱的使用效率。为降低燃油成本,对主干航线的大型船舶不采用高航速策略。但在航线挂靠基本港的选择上,则采用船舶少挂靠港口,只挂靠高效率港的方针,以减少往返航次时间,提高了船舶运转效率。

3.统筹规划航线,合理配船

1984 年,长荣海运用新建造的 20 艘 G 型集装箱船开辟了东西双向环球航线,参与了远东至北美航线等主干集装箱航线的营运。同时经营着对主干航线起支持和服务作用的台湾至东南亚、远东等支线运输,广泛采用三角航线或多角航线形式,并在主干航线和支线上配置最为合适的船型。随着市场行情的变化,长荣海运也弹性地调整营运策略。例如,于 2002 年以两条钟摆航线取代了经营 18 年的东西双向环球航线。从整体上看,长荣海运公司的集装箱船舶运行在一张比较完整、合理的运网上。

4.强调技术进步,提高船舶营运率

长荣海运公司注重开发建造最先进的集装箱船,减少船上定员数,节约船员费用。公司长期或临时雇用一批造船工程专家,一旦营运中的船舶发生轮机等方面故障时,不是简单地将船舶驶往附近的港口停泊,请人修理,而是由岸上的专家利用各种通信方式指导船上人员自行抢修。这样做不仅可以省下大笔停泊费和修理费,更重要的是避免了因时间和船期耽搁而带来的损失,提高船舶营运率。

5.紧跟时代步伐,实现信息化

在讲究速度、效率与知识并重的新经济时代,网络资讯科技的应用是企业制胜的关键。为便利货主掌握货物运送情况,长荣海运建有专属电子商务网站,推出多项电子商务服务,包括电子船期、货物动态、电子提单查询、集装箱动态跟踪等,客户可以直接上网查询提单内容及其他相关内容。

6.适时开展多元化经营,实现品牌化

当公司实力达到一定程度,并有所需求后,立即投资于相关联产业和非关联产业从事多种经营,组成企业集团,使各业经营互补、风险分散,增强企业的整体实力和抗风险能力。长荣集团的多元化经营更重视与主业的关系,对与主业无关的业务投资非常慎重。2007 年起,长荣集团整合下属的多个海外公司组成 Evergreen Line,以单一品牌向全球货主提供完善的运送服务。通过航运联盟、航线联营或舱位互换等方式,积极与同业进行战略合作,为货主提供高频率的运输服务并提升营运绩效。

香港、台湾的大航运集团都采用的一个策略是适时开展多元化经营。如涉足码头仓储、房地产、金融、保险等领域的经营,起到分散风险、经营互补、增强集团实力的作用。

三、中国内地(大陆)航运企业的典型经营策略

在中国内地(大陆)改革开放的 40 多年中,航运业由于其国际性特征始终走在改革的前列,与国际接轨、发展变革速度很快,也积累了丰富的理论知识和实践经验。下面简要介绍几个典型的航运经营策略。

1.专业化与多元化经营

以国际航运为己任的中国远洋运输(集团)公司从广州起步后,在国内不同著名港口城市扩展航运业务,成立分公司或下属公司。随着业务成长,因势利导形成集团内部的多用途船、集装箱船、干散货船、油船等专业化分工经营模式。基于此,随着专业化船队的做强、做大,适时开展多元化经营,为后来的船队发展专业化、资产运作多元化奠定了雄厚的基础。中国远洋、中国海运两大集团合并后,专业化与多元化经营更加充分发展,专业化船队更加专、精、强,多元化经营也更加专业聚焦、体现实力、横向支撑。

2.盘活低效资产发展新型运输模式(集装箱运输)

1997 年 7 月 1 日成立的中国海运(集团)总公司(简称中国海运)是由原来主要分片承担国内沿海运输的上海、广州、大连三个海运公司为主组建的。成立时船队以沿海干散货船和油船为主,船舶的平均吨位只有 2 万 t 左右,效益不佳、经营困难。经过航运发展趋势分析,决策者决心发展代表先进运输方式的集装箱运输,并将下属企业的很多沉淀资产“唤醒”,集中使用,趁租船价格很低的机会大胆将不多的资金集中投向集装箱运输,通过租船、买船实现了集装箱运输的低成本快速扩张,并使企业迅速扭亏为盈。

同时,利用别人都不想造船、船价很低、银行贷款利率很低的时机,大量贷款造船,通过银行

贷款添置了大批自有集装箱船。在后来的实践中证明,低成本建造的自有船在市场低谷和高峰的两种不同情况下均具有优势:一是在市场行情较差时,具有较强的抵御风险能力;二是在市场行情较好时,利润回报率比较高。由于在恰当的时机采取了正确的发展策略,中国海运在集装箱运输领域几乎从零起步,船队规模迅速扩大,核心竞争能力凸显,仅仅经过十余年的发展,就走在了世界集装箱班轮公司的前列。所以航运界把中国海运的发展速度看成一个奇迹。

3.从拥有船到控制船

用自建或自购船舶从事水上运输是航运企业的传统发展模式。随着航运市场的扩展,有越来越多的航运经营者通过租入船舶从事水上运输。中远集团总公司曾经也提出了从拥有船到控制船的发展战略,即通过掌握大于自身运力需求的货源,根据市场变化灵活租船经营,在提高效益的基础上,提高租入船的比例。由于在一个恰当的时机和市场背景下实施了这一策略,使企业迅速扭亏为盈,并连年盈利。

运用这一策略的关键是要准确把握市场时机。比如,这一策略适于在租船市场正处于低谷,而随后市场上扬的时机采用。反之,则可能给企业带来巨大的亏损。因为对于租入船舶,不仅要承担船舶的资本成本,而且要承担船东的投资利润。相比之下,用船成本会比自有船要高。更重要的是,如果是高租金长期租入的船,在市场租金费率大幅度下滑时,也要按照原订的高租金支付,且不能通过提前退租、卖船等手段规避风险、减少损失。

4.加大投资快速发展

在看好航运业,希望快速做大的愿望下,加大初始投资、迅速扩充业务也是发展航运的一种可实施策略。2009 年 1 月 9 日,海南泛洋航运有限公司(简称海南泛洋)在海南省洋浦经济开发区注册成立。在组建船队的同时,公司积极开通外贸国际航线,仅 1 年多时间,便形成了贯通中国南北,以美洲、澳大利亚、北部湾、香港和越南等区域为辐射点的全球架构,员工人数超过 500 人,拥有和控制的集装箱船舶达 18 艘,运力 3 万多 TEU。以集装箱运载能力计,海南泛洋在全球航运市场异军突起,全球排名第 38 位,国内排名第 4 位,创下了令人惊叹的“泛洋速度”。当时预计,其集装箱运力短期内将达到 6 万 TEU,届时在全球运力排名将晋升至第 16 位,并且公司争取实现 2013 年上市。

然而,由于整个航运市场形势急转直下,其经营的一些主要航线上出现成本高于运价的现象,亏损严重。在这种情况下,许多中小班轮公司纷纷撤出营运,而海南泛洋仍坚持亏损运营。直到 2012 年年初,海南泛洋才因为不堪亏损而被迫停止这些主干航线的营运,并开始大幅度收缩航线。2013 年 2 月,海南泛洋业务收缩到只经营内贸南北航线。同年 9 月底,公司宣布暂停全部航线,并随即申请破产。法院查明:海南泛洋实缴注册资金 11.2 亿元,营运期间投资者还支持了各种补贴,均已亏损。法院于 2013 年 10 月 31 日裁定海南泛洋因严重资不抵债、无力赔偿到期债务而正式破产。

海南泛洋用了仅 2 年的时间便迅速扩张,成为航运业一颗新星,令业内惊叹。但其作为曾经的海南省最大航运企业仅存在 4 年零 9 个月,也给人们留下诸多问号。是市场不好?是时机不佳?是管理不善?是用人不当?还是策略失误?读者可以在网上或通过其他渠道查阅到更多的信息,以便得到自己的分析和考量。

5.择机制定与众不同的精准策略

受政治、经济、自然等大环境的影响,航运市场有时会发生意想不到的突变,此时快速制定出应对策略就显得十分重要。在世纪之交的一段时间里,国际航运市场一直处于运力大于运量、市场竞争激烈、企业营运效益不佳的状况。2002 年 9 月 29 日,美国西海岸有 29 个港口因劳资纠纷而发生工人大罢工。船到了港口既不能装,也不能卸,处于停滞状态。这个突发事件无疑对于同在中、日、韩等国至美国西海岸航线上从事集装箱运输的多家公司产生了雪上加霜的影响。就在各个航运公司都束手无策地等待、观望之时,当时中国海运的决策者深入分析了形势,认为罢工一定会结束,而港口恢复生产后积压在美国港口的集装箱船就会很快返回国内港口;运输链的突然中断也使国内出口商积压了大量商品待运。针对这一判断,他们制定了立即在航线这一端港口区域大量租购集装箱的策略,掌控了所有可以租购的集装箱。

这种状态一直持续到 10 月 8 日,在当时美国总统的干预下,美国旧金山联邦法院命令西海岸港口工会立即停止罢工行动,恢复装卸作业。正如中国海运的决策者预判的那样,当大型集装箱船急匆匆地赶回来后发现,尽管运价高涨,但除中国海运外,其他公司集装箱难觅。结果中国海运集团受这个突发事件的影响大赚一笔,成为当时唯一的赢家。

这个例子说明,针对特殊事件制定精准的、独特的应对策略有可能获得额外的收益。类似地,在很多特殊场景下往往都存在有效的、精准的最佳策略,只是需要决策者深入、细心地去挖掘。一般地讲,一个优秀的策略一定是相对于一定的环境、一定的条件、一定的时期的,当环境、条件变了以后,最优策略也要随之调整变化。也就是说,管理的水平、管理的灵魂就体现在活学活用、因地制宜上。

上面简要介绍了近几十年来几个有代表性的国家或大的船东在航运经营管理中所采用的一些经典策略和做法,供作参考、分析的例子。实践中,各企业、船东所能采用的策略和做法还有很多。例如,增加运力时如果资金不足,可以采用融资租赁的做法;签订长期租赁合同时,可以争取租期届满后船舶产权归属承租人条款;以船舶或长期租约为抵押,从银行或金融机构大量长期贷款以扩展船队,提高船队的技术先进程度。在国际、国家对航运业环保、减排要求越来越紧迫的趋势下,深入分析各种绿色能源技术的发展潜力,投资建造适宜的绿色新能源船舶,减小其未来遭到强制退市的风险。如此种种,扩展船队、发展航运的途径有很多,且随着国际政治、经济形势的变化,随着世界航运市场的变动,不断推陈出新。

各个国家的政府和大企业的船东,每时每刻都在关注着别国采用的各种航运政策,关注着竞争对手采用的各种手段,深入研究自身的对策。只有那些能把握住时机,坚持长期灵活地调整最佳策略、采用最新策略的船东,才能使他的企业在变动、竞争的市场环境中立于不败之地,永葆青春和昌盛。

【小资料】

中国大陆建造经营大型油船船队的初始历程

1959 年,我国发现了大庆油田。经过数年努力,我国一举甩掉了贫油国的帽子,不仅实现了石油自给,而且能够出口换取外汇。到 1976 年,我国原油产量已经上升到 5 000 万 t/年。当时为了解决北方原油向华东、华南沿海运输问题,于 20 世纪 70 年代在国内船厂建造了一批 1.5 万吨级和 2.4 万吨级油船承担北油南运任务。为了承运出口原油份额,1978 年中国远洋运输(集团)总公司开始筹建大连远洋运输公司。随着国产原油数量的增加,大连远洋运输公司的油船船队经历了快速发展,到 1990 年前后最多时运营约 30 艘 6 万吨级油船。但随着国内经济建设的快速发展和市场机制的引入,其油船船队规模迅速萎缩,最少时只在中日韩等航线上自营 1 艘 4 万吨级的成品油船。20 世纪 90 年代早中期，我国国际航线石油运输市场前景似乎一片黯淡。

国内经济建设的快速发展虽然减少了原油出口，但同时也拉动了进口原油量的快速增加。大连远洋运输公司主管生产的副总经理及油运业务人员从中发现了新的商机。他们找到大连海事大学交通运输管理学院课题组，于 1999 年 6 月开始对中远油船船队发展战略展开研究。而此前的 1996 年 7 月至 1998 年年底，大连海事大学课题组已经在当时交通部科技司的支持下完成了“原油和成品油水上运输系统”研究。这项研究在对我国国内和进出口海上油运系统深入调研的基础上，提出了适用于我国的原油、成品油最佳船型方案和油船船队最佳构成方案等，取得了石油运输船队规划方面的理论研究成果。经过校企进一步密切合作，课题组迅速于 2000 年 1 月完成了《中远油船船队发展战略研究》报告，认为中国已具备了大力发展油船船队、开拓国际油运市场的客观条件；随着石油进口量的大幅度增加，中国油船船队存在着巨大的发展机遇和空间，应该立刻建立世界第一流的油船船队。报告中还给出包括建造 30 艘左右 30 万吨级大型油船（VLCC）在内的中国原油和成品油运输船队未来 10 年发展规划方案。该研究报告于 2000 年 4 月通过中国远洋运输集团组织的评审验收。

中国远洋运输集团随即启动了大型油船的建造计划，首批建造 3 艘 30 万吨级油船和 3 艘 15 万吨级油船。第一艘 30 万吨级油船“远大湖”号（COSGREAT LAKE）于 2002 年 8 月下水，同年 12 月试航交付运营。在实现 VLCC 零的突破、揭开在中国大陆建造 VLCC，并用国产 VLCC 运输进口原油历史新篇章的同时，也使大连远洋运输公司一举扭亏为赢，取得了良好的运输经济效果。随后引发了国内航运企业建造大型油船的热潮。据统计，到 2010 年年底，国内有 7 家公司拥有 59 艘大型油船，总计约为 1 753 载重吨（而且当时尚有许多 VLCC 正在订造之中），造成运力大量过剩、市场竞争加剧、投资运营效益下滑。这一实际案例深刻说明了企业发展战略研究的重要性，以及盲目跟风、不跟踪研究市场形势变化、不适时调整发展规划带来的巨大风险。

思考与练习

1.航运企业之间采取联营可以获得哪些好处，可能存在哪些问题？

2.航运企业采取多元化经营可以获得哪些好处，可能存在哪些问题？

3.针对某航运企业的典型经营策略，通过互联网及其他途径查阅有关信息，深入了解这一策略的实施背景、实施效果，进而得出自己的思考和结论。

第二十章

航运相关国际组织与机构

当今世界,企业经营及其各种业务关系已日趋国际化,特别是在海运经济与海运贸易方面,这种国际的互相依存,互相渗透,互相补充,互利互助,既合作又竞争的局面尤为明显,其中协调海运关系的联合国有关机构、各种社会团体和民间组织是各参与方之间的主要联系纽带。

经过长期发展与演变,世界上海运相关组织或团体众多,它们涉及的业务范围覆盖海上运输安全、海上环境保护、海事法律协调、海上运输保险、船员配备标准,以及便利海上交通运输等方方面面。这些组织或团体,从性质上分有民间的和官方的;从涉及范围来分有全球性的和区域性的;从成立的目的和职能上分有涉及海上生命安全和环境保护的、海上运输便利的、海运经济贸易发展的、劳工保障的等。作为收尾,本章将世界上一些著名国际组织分为官方组织、民间组织,又将民间组织分为船东组织、海运服务组织和其他组织进行介绍,使读者对这一领域的国际环境有一个大致的了解。

第一节　联合国中的官方组织与机构

1.国际海事组织

联合国经济和社会理事会于 1948 年 3 月 6 日在日内瓦召开的国际海运会议上,通过一项关于成立政府间海事协商组织的公约。这一公约反映了海运国家希望统一国际航运合作中出现的越来越多的业务形式和差别。公约规定其生效的条件是必须要有 21 个以上的国家接受(承认)该公约,其中包括 7 个至少拥有 100 万总吨船舶的国家。这一要求直到 1958 年 3 月 17 日才满足,1959 年 1 月 6 日至 19 日,第一届大会在伦敦召开,该组织正式成立,当时叫政府间海事协商组织(Intergovernmental Maritime Consultative Organization,IMCO),总部设在伦敦。1982 年 5 月 22 日改为现名——国际海事组织(International Maritime Organization,IMO)。

国际海事组织成立的宗旨是促进成员国政府在海运技术方面进行合作和情报交流,鼓励采用切实可行的统一标准,促进海上安全,提高海运效率,防止船舶对海洋的污染,鼓励消除国际贸易中对海运的歧视行为,取消政府施加的不必要限制。国际海事组织的主要活动是制定和修改有关公约、规则,缔结国际协议,交流实践经验、事故记录、科技报告和研究情报,向发展中国家提供技术援助。

国际海事组织设立大会,由所有成员国组成,每两年召开一次大会,大会选举出一个理事会,批准选举的秘书长,决定工作程序,审批各项建议,对成员国按协议提供的费用做预算并表决,批准财务管理结算,大会一般在伦敦举行。到 2023 年,IMO 已有 175 个会员和 3 个联系会员。除政府成员外,IMO 理事会对能够为 IMO 工作做出实质性贡献的非政府国际组织可以给予咨询机构地位,但这要经过大会批准。IMO 也与其他政府间组织就共同关心的事务签署合作协议。到 2023 年,IMO 已经赋予 88 个非政府国际组织咨询机构地位,与 66 个政府间组织签署合作协议。

理事会由 40 个会员组成,其中有 10 个 A 类理事、10 个 B 类理事和 20 个 C 类理事。A 类理事是在国际航运供给方面有最大利益的国家或地区,B 类理事是在国际航运贸易方面有最大利益的国家或地区,C 类理事是没有被选入 A、B 类理事,但在海洋运输方面具有特殊利益,并且进入理事会后能够代表世界上不同地理区域的国家或地区。理事会任期两年,通常每年召开两次会议,选举出秘书长。理事会是 IMO 大会休会期间的管理机构,理事会下设海上安全委员会、海洋环境保护委员会、法律委员会、技术合作委员会、便利运输委员会。

海上安全和海洋环境保护是 IMO 的两项最重要的职能。海上安全委员会负责处理助航设备、船舶建造和设备、海上避碰、危险品货物运输、救生设备、船舶无线电通信、船员培训的标准化、值班制与船员证书、海上搜救等各方面事务。它也涉及有关船舶稳性、载重线、渔船安全设计、船舶自动化、船舶吨位等大量问题。海洋环境保护委员会主要研究防止和控制船舶对海洋的污染。在这两个委员会下面设有若干个专业小组委员会从事各项具体工作。

法律委员会负责有关 IMO 的法律问题,并为成员提供咨询服务;技术合作委员会主要负责向发展中国家和地区提供技术援助和咨询工作。便利运输委员会的工作着眼于减少和简化政府规定的有关船舶抵达、停留及驶离港口的手续和文件,并负责制定、修改加快海上交通运输的各种措施,以防止不必要的延误。

IMO 通过它的理事会、委员会开展工作,其常设机构为秘书处,设在伦敦,负责保存国际海事组织制定的公约、规则、议定书、建议案和会议的记录、会议文件等。IMO 与许多政府间组织有合作协议,有许多代表航运、法律和环境利益的非政府国际组织以咨询者的身份参加 IMO 的活动。实际上,IMO 是一个论坛,它的成员能够在这个论坛上交换航运、技术和法律方面的信息,并致力于解决这些方面的问题。

自 1959 年以来,IMO 已经主持制定了一系列指导国际航运的法律和技术文件。这些文件大体分为三种类型:各种国际公约(conventions),如海上人命安全公约、防污染公约等;各种规则(codes),如危险品运输规则、散装化学品船舶设备和结构规则等;各种建议(recommendations),如关于在不涉及安全问题通信中使用 GMDSS 设备的建议。到 2023 年,已促使约 50 项国际公约和议定书得以通过,并通过了 1 000 多个有关海上安全和保安、防止污染相关事宜的规则和建议书。其中影响较大的包括:

(1)海上人命安全

1960 年有 40 个国家的代表在《国际海上人命安全公约》上签字,公约对航行安全、危险品的运输和核动力船舶做了规定,1965 年 5 月生效。1974 年 11 月通过的《国际海上人命安全公约》(SOLAS 1974)取代了这个公约。新的公约规定了对客船和油船的防火条款,以及载运散装粮食的条款。1978 年 2 月通过了《关于对 1974 年〈国际海上人命安全公约〉修改的议定书》,该议定书对油船安全和防止海洋污染两方面做了补充和修改,此议定书于 1981 年 5 月生效。

(2)防止海洋污染

1954 年 5 月 12 日,有关国家缔结了《国际防止油污染海洋公约》,规定禁止向海中特定区域排放原油、燃油、柴油、润滑油。1969 年 11 月 10 日至 29 日召开的政府间海事协商组织会议通过了《关于干预公海油污染事件的国际公约》,规定了在公海发生油污染并有可能损害沿海国的利益时,沿海国有权保护其权益。1973 年通过了《国际防止船舶造成污染公约》,后经过 1978 年议定书的修改(称为 MARPOL 73/78),79 个国家和许多国际组织参加了会议,公约的条款旨在消除船舶在运行中可能排出的油和其他有害物质对海洋的污染,最大限度地减少任何类型船舶因碰撞或搁浅事件流失的油量。

(3)便利海上交通运输

1965 年通过的《便利国际海上运输公约》规定要简化船舶在港口的手续,提高港口的吞吐量。公约于 1967 年生效。该公约的 2016 年修正案对货运单元、集装箱、清关、ISPS 规则、船长、船舶代理人、托运人和单一窗口等做了新的定义。

(4)海员标准

1978 年通过了《海员培训、发证和值班标准国际公约》(STCW),第一次建立了国际水平的关于海员培训、发证和值班方面的基本要求。公约于 1984 年生效。

(5)海上搜寻与救援

1979 年通过了《海上搜寻救助国际公约》,1985 年 6 月 22 日生效,已有约 107 个国家批准了这一公约,涵盖了世界 80%以上的船队总吨位。公约通过建立合法的搜寻与救助国际计划,促进有关组织与相邻国之间的合作。

(6)船舶安全管理

1993 年 11 月,IMO 第十八届大会通过了《国际船舶安全营运和防止污染管理规则》(简称《国际安全管理规则》,即 ISM 规则),并同时号召各国在自愿的基础上采纳、实施这一规则。鉴于原有的海上安全、防污方面的公约、规则、标准和决议虽然起了重要的作用,但它们主要是从航运技术及设备方面提出各种要求,这对船舶安全和防污染只能起到一部分作用,实施效果不是十分理想。考虑到绝大多数海上事故源于人为因素,以及人们对海上安全要求的提高,1994 年 6 月,《国际海上人命安全公约》的缔约国大会通过了在该公约中增加“船舶安全管理”的内容(第Ⅸ章),要求对客船、高速艇和 500 总吨以上的油船、化学品船、液化气船、干散货船从 1998 年 7 月起,对 500 总吨以上的其他货船和移动式近海钻井平台从 2002 年 7 月起,强制实施 ISM 规则。ISM 规则的强制实施,对航运公司,特别是船舶管理公司,提高管理质量产生了重要影响。中国海事局作为我国实施 ISM 规则的主管机关授权中国船级社为 ISM 体系的审核、评估和发证机构。

国际公约由成员国或相关的专业委员会提出、讨论、修改,并按照一定的程序表决通过、接受。公约的正式通过,只标志着公约成立进程的第一步。而这第一步,有时也是比较困难的。重要的国际公约,必须能被航运界广泛地接受和应用,对尽可能多的航运国家具有适用性;否则会因为其中的条款不能对众多国家、众多船应用而使航运实践更加复杂化。每一个公约内都注明其生效必须满足的条件。不同的公约,这些条件的具体内容也不相同。一般地讲,公约越重要、越复杂、影响面越广，公约生效的条件就越严格。例如，1974 年《国际海上人命安全公约》要求有 25 个国家承认这一公约，且这 25 个国家拥有不少于 50%的世界商船总吨位；对于 1969 年《国际船舶吨位丈量公约》，其要求是有 25 个国家承认，且这 25 个国家拥有不少于 65%的世界商船总吨位。

一国政府批准接受或承认某一公约，就要采取公约要求的有关措施，对公约负责。有时还涉及修改本国法律以实施公约条款；建立专门机构执行有关业务。当公约生效条件满足时，公约对于接受国生效，并产生约束力。一般是在一个能使所有国家采取必要措施的宽限期之后正式执行。

国际海事组织成立以来制定的有关国际公约的实施效果是令人鼓舞的，海上人命损失明显减少；船舶对海洋的污染程度降低；简化了政府对船舶的管理手续，使船舶到达、停留、离开港口更加快捷，减少了在港口内船舶不必要的耽误。IMO 为了使其制定的公约得到更好的实施，并且使发展中国家的航海技术水平得到提高，在世界各地建立了海运培训机构，其中最突出的是 1983 年成立的世界海事大学，它每年主要招收来自不发达国家的学员，学习两年后回到各自的国家从事海运行政管理、海运研究、海关检查、海难事故调查等。在我国大连海事大学的校园内，建有世界海事大学的分校。

IMO 多年来的实践活动表明，它在促进航运安全技术的发展和维护国际航运正常秩序方面起了良好的作用。随着国际航运技术的发展，IMO 将在国际航运事务中发挥更大的作用。我国在联合国恢复合法席位后，于 1973 年 3 月 1 日正式加入 IMO，1975 年当选为理事，1989 年第 16 届大会上首次当选为 A 类理事，并一直连任 A 类理事。

2.联合国贸易与发展会议

联合国贸易与发展会议（United Nations Conference on Trade and Development，UNCTAD）是联合国下属的政府间组织，成立于 1964 年，总部设在瑞士日内瓦。其宗旨是促进发展中国家以发展的方式融入世界经济，促进各国国内贸易政策与国际贸易实践互相支持，造就可持续发展能力。该组织主要实现以下三方面的作用。

（1）作为政府间国际贸易协商的论坛，通过专家研讨和互相交流经验以便达成一致。

（2）为便于政府的代表们和专家们进行各种讨论而从事研究、政策分析和数据收集。

（3）为发展中国家提出的专项要求提供定向的技术援助。

到 2023 年年初时该组织有 195 个成员国，它的最高决策机构是四年一次的大会，大会休会期间由贸易和发展理事会负责日常工作。在不同时期，根据需要在贸易和发展理事会下设有若干专门领域的委员会组织专家研讨相关专题。如曾经设有一个航运委员会，其主要目标是：

（1）促进世界海运贸易有秩序地发展。

（2）促进班轮事业的发展，以满足有关贸易的要求。

（3）协调班轮服务业的供应者与用户之间的利益均衡。

UNCTAD 制定了许多与航运相关的决议和公约，如：

（1）1974 年通过的《班轮公会行动守则公约》（Convention on a Code of Conduct for Liner Conferences），该公约中首次提出了 4 : 4 : 2 货载分配的基本原则。

（2）1979 年马尼拉会议上通过的一项决议，要求采取多种途径从财政上帮助发展中国家的商船队，并呼吁给予技术支援。

（3）1980 年 5 月通过了《联合国国际货物多式联运公约》，根据这一公约，建立了一个责任机构负责多种运输方式运输方面的事务。

(4)1984 年 2 月召开会议,讨论了关于在正常商业活动中的欺骗行为的报告,不仅包括盗窃和欺骗行为,还涉及海盗问题,报告还提出了改革银行信用社制度、处理海盗犯罪行为等建议。

(5)1993 年通过的《海事滞留与抵押国际公约》(International Convention on Maritime Liens and Mortgages),该公约于 2004 年生效实施。

该组织定期发布《世界交通概况》(World Traffic Profile)介绍交通运输动态;发布各国《海运概况》(Maritime Profile)介绍各国海运相关统计数据。每年出版一期《海运评论》(Review of Maritime Transport),回顾、评价海运发展趋势,分析不同地区、不同国家可比较的海运情况,并公布一些运输统计数字。

3.国际劳工组织

国际劳工组织(International Labour Organization,ILO)成立于 1919 年,总部设在瑞士日内瓦,1946 年成为联合国的一个专门机构。ILO 成立的目的是保障劳工的合法权益,特别是国际劳动标准、社会保护和就业机会等,促进所有妇女和男人都拥有一份体面的工作。该组织拥有 187 个会员国,在制定政策时,各会员国的政府、雇主和工人的代表有同等权力,这种体制在联合国各机构中是唯一的,被称为联合国的三方代表机构。

ILO 积极参加劳工和社会正义的活动,尤其关心海员、渔民、码头工人的保护问题,不断建立、修改关于各种海事劳工问题的国际最低标准,如聘用船员的最低工资、遣返船员、职业培训、船员膳宿供应、工作时间以及人员定额、假期及福利设施等。ILO 还从事海运业经济、技术、劳工和社会发展等方面的研究及分析。

国际劳工组织于 2006 年 2 月在日内瓦举行了第 94 次会议,通过了《2006 年海事劳工公约》(Maritime Labour Convention,2006),并于 2013 年 8 月生效。这一公约希望能体现与国际海事劳工相关的已有公约和建议书中的所有最新标准,认为由于航运业的全球性特点,海员需要特殊保护。《2006 年海事劳工公约》是在国际劳工组织框架下经政府、船东和海员三方取得共识后缔结的一部综合性海事劳工条约,规定了海员上船工作的最低要求,就业条件,起居舱室、娱乐设施、食品和膳食服务,健康保护、医疗、福利和社会保障,遵守与执行等方面的内容。2015 年 8 月第十二届全国人大常委会第十六次会议批准了该公约,该公约于 2016 年 11 月 12 日正式对中国生效。

百余年来,ILO 通过了关于海员雇佣条件的近百个公约以及一些建议,其中有 8 个基础性公约、4 个管理性公约。ILO 必须依赖会员国雇主和工会去执行公约,公约中提出的基本标准已成功地被许多国家接受,有效地保护了海员的权益。

联合国还有一些下属机构在某些专门领域与海运相关。例如,联合国国际贸易法律委员会(United Nations Commission on International Trade Law)主导制定了《联合国全程或部分海上国际货物运输合同公约》(简称“鹿特丹规则”),该公约规定了海运日常实务和法律关系,影响较大。UNCTAD 等组织参与了该公约的制定。又如,联合国亚洲及太平洋经济社会委员会(Economic and Social Commission for Asia and the Pacific,ESCAP)近年来组织了多个(网络)研讨会和讲习班,推进采用数字化新技术实现国际贸易中的港口信息数据单一窗口和贸易无纸化,并取得了一定的进展。

第二节　船东协会与组织

1.国际航运公会

国际航运公会(International Chamber of Shipping,ICS)成立于1921年(当时叫International Shipping Conference,1948年改为现名),总部设在伦敦。ICS代表船东利益,成立的宗旨是保护协会内所有成员的利益,就可能对国际航运有影响的所有技术、法律、政策等问题交流思想,通过协商达成一致意见,共同合作。ICS于1961年成为IMO第一个具有咨询地位的航运业协会。ICS制定的各种决议可通过它的成员,即来自各国的船东带回各自的国家,影响他们国家的法规,从而达到ICS的决议与各国的法规相协调,使ICS的意愿在各国有所体现,使各国使用统一的航运法规,便于海上交通运输的发展。2011年国际航运公会与坐落于伦敦的另一船东组织国际海运联合会(International Shipping Federation,ISF)合并。

ICS与ISF管理机构合并后继续沿用ICS名称和主要管理机构模式,使ISF处于休眠状态,但当代表船舶运营者作为国际雇主协会时,ICS使用ISF的身份。其会员包括35个国家或地区的37个正式会员、10个准会员,同时拥有亚洲船东协会(ASA)和欧盟船东协会(ECSA)两个紧密的地区合作者。ICS的目标是在海事事务、航运政策以及包括船舶建造、运营、安全和管理等技术问题方面成为行业最佳实践的倡导者,并且研发出行业最佳的实践措施,维护全球航运业管理框架。为此,ICS的主要任务是:

(1)鼓励高标准运营并提供优质高效的航运服务。

(2)争取建立一种监管环境,实现对船舶安全运营、环境保护、公开市场维护、公平竞争以及坚守国际标准和程序的监管。

(3)支持国际层面的航运规定,反对由政府决定的单边和区域行为。

(4)要让公众认识到航运的商业需求,尽力确保符合标准的运营商获得合理商业回报。

(5)继续致力于推广和更新最佳运营措施的行业指导。

(6)与包括政府间组织和非政府组织在内的其他组织合作,以实现这些目标。

(7)提升行业形象,塑造航运业是安全、清洁、高效、节能、全面规范和负责任的全球贸易推动者的形象。

(8)尽可能地预防和合理应对与以上目标相冲突的政策和行动。

2.国际独立油船船东协会

国际独立油船船东协会(International Association of Independent Tanker Owners,INTERTANKO)源于1934年在伦敦成立的国际油船船东协会(International Tanker Owners' Association)。当时正处于世界经济危机和油船运力大量过剩时期,国际油船船东协会成功地将油船闲置、集中起来管理(被称为Schierwater Plan),以便有关船东在竞争中紧密合作。20世纪30年代末,随着油运市场的改善,这一组织的活动慢慢地减少。1967年苏伊士运河关闭,油船需求旺盛,该组织的业务活动萎缩,直至停止活动。

1970年10月,一些独立油船船东聚集在奥斯陆,由10个海运国家的代表再次组成了国际独立油船船东协会(INTERTANKO),于1971年1月开始工作。INTERTANKO的总部设在挪威奥斯陆,并在英国伦敦、新加坡、美国阿灵顿和比利时的布鲁塞尔设有办事机构,但其核心办公机构近年逐步移至伦敦。独立油船船东和石油、化学品、气体运输船的经营者可以申请加入协会成为正式会员,石油公司和政府所拥有的油船船队可以申请成为准会员。至2022年,INTERTANKO有184个正式会员、234个准会员,这些会员在世界范围内经营着4 100艘以上的油船,载重量接近3.78亿t。

INTERTANKO是非营利性机构,它成立的宗旨是代表和保护全球油船船东会员的利益,促进自由竞争,为会员之间交换意见提供场所,加强技术和商业之间的交流,促进石油、液化气体和化学产品海上运输的安全和环境保护,并成为该领域的先导者。INTERTANKO的政策制定机构是由会员在春季和秋季选举产生的理事会。理事会下设执行委员会,执行协会的各项业务,监管其常设秘书机构的日常工作。执行委员会授权一位总经理领导和协调各个工作组的工作。INTERTANKO及其会员的工作目标是:

(1)使INTERTANKO成为可以代表所有有品质的船东和管理者的论坛。

(2)提升公众和政府对油船运输行业重要性及其正能量的认识。

(3)促进贸易平衡条款的形成,建立一个竞争、透明和可持续发展的油船运输业。

(4)倡导建立、接受和执行世界范围的国际油船统一标准。

(5)倡导与相关海事当局、有关组织及其他特殊利益群体建立和维持合作关系并进行开放、建设性对话。

(6)领导油船运输行业持续改进绩效,力争达到零死亡、零污染、零扣押。

INTERTANKO凭借着优质的服务,给各独立油船船东创造了更多获利的机会,同时也促进了自身的发展,对石油海运贸易发展起到了积极的推动作用。

3.国际干散货船东协会

国际干散货船东协会(International Association of Dry Cargo Shipowners,INTERCARGO)创建于1980年,总部设在英国伦敦,是一个致力于干散货运输服务的非营利、非政府国际组织,代表船东、干散货海运经营管理者的利益,向会员提供干散货海运领域的技术、商务、营运信息和支持,提供开会讨论共同关切事务的机会并促进他们在干散货船运输领域的共同利益。该组织的会员主要包括干散货船运领域的船东、管理者、经营人及相关领域的企业和机构,拥有10 000载重吨及以上干散货船的船东可以成为正式会员,其他成员只能作为准会员。至2022年,协会已拥有30个国家和地区的151个正式会员公司或成员,另有准会员89个。正式会员登记在册干散货船约2 397艘、2.29亿载重吨。

成员可以参加国际干散货船东协会内部设置的执行委员会和技术委员会两个主要委员会。两个委员会的主要工作内容包括:气体排放、货物、伤亡及其透明度、设计标准、犯罪及其公正对待、环境立法(包括接收设备、压载水管理、MARPOL公约等)、港口或码头、装载率、海上抢劫、港口国监控及网络安全、废船回收等其他相关问题。从2017年1月1日开始,国际干散货船东协会修改了协会章程,其会员身份可以包括拥有9 999载重吨及以下干散货船的船东,并称之为联合会员。因此,该组织的会员分为正式会员、联合会员和准会员三类,只有正式会员具有投票表决权。协会每年召开一次会员年度大会,对会员年费、财务状况、主席和副主席选举、未来发展目标以及其他事务进行表决、做出决定。协会经常发表和出版专业资料和统计数据。

4.国际油船船东防污染联合会

国际油船船东防污染联合会(The International Tanker Owners Pollution Federation, ITOPF)是一个处理和解决海上石油溢漏问题的专业性组织,每个加入《油船船东自愿承担油污责任协定》(TOVALOP)的油船船东或光船承租人都自动成为ITOPF的成员。该组织是为管理

TOVALOP 而于 1968 年建立的，总部设在伦敦。其宗旨是：在应对源于船舶污染的有效反应方面，成为能够向海运行业提供客观的技术建议、经验帮助和有关信息的主要机构，提升对海上油类、化学品和其他有害物质溢漏的有效反应。

ITOPF 不仅限于管理 TOVALOP，还可以对清除海上油污提供专业性的帮助，进行损失程度的估计，索赔分析，制定应急方案，提供咨询、培训和情报服务等。ITOPF 的作用是确保其成员有足够的经济担保，并给该组织成员的船舶颁发证书。到 2023 年年初，已有 8 500 个船东成员，这些船东拥有或运营的油船多达 14 000 艘、4.62 亿总吨。此外，通过保险机构整体加入 ITOPF 而获得准会员身份的船东拥有或运营的船舶达 9.28 亿总吨。

虽然 ITOPF 是一个源于 TOVALOP 管理的机构，但是从 ITOPF 取得的成就来看，它的作用已远远超出了管理 TOVALOP（该协定的计划于 1997 年到期终止）的范畴。20 世纪 90 年代，随着人们对集装箱船、多用途船和油船及以外的其他船舶油污染意识的逐渐增强，加之《燃油公约》（The Bunkers Convention）的发展，致使 ITOPF 的业务结构和资助领域发生变化。从 1999 年开始，ITOPF 的服务范围正式扩展到油船以外的其他类型船舶的船东。

在过去的半个世纪里，ITOPF 的技术人员已经对上百个国家的 840 多个来源于船舶的海洋污染事故提供了客观的建议。除已被公认为清除海上油污染的专门技术中心外，近年来 ITOPF 对源于石油之外的其他物质的潜在污染也提供专业经验，包括：化学品、植物油、谷物、煤炭和集装箱货物等的污染，为保护海洋环境作出了积极的努力和贡献。

5.世界航运委员会

20 世纪 80 年代之后，欧美等海运影响力较强的国家开始对海运实行降低政府干预、鼓励竞争的方针导向，并逐步通过立法取消或弱化对班轮公会的反垄断豁免。美国《1998 年航运改革法》（*Ocean Shipping Reform Act of 1998*）实施后，经世界主要班轮航运公司执行官协商，于 2000 年在美国首都华盛顿成立了世界航运委员会（World Shipping Council，WSC）。这是拥有 20 多家国际知名的航运企业会员的一个民间船东组织，其成员企业控制着 5 000 多艘远洋班轮运输船舶（绝大部分为集装箱船），约占全球班轮运力的 90%，代表国际班轮航运企业的利益，处理班轮贸易、安全、通关等相关事宜。

建立 WSC 的最初目的是使其代表国际班轮运输界的利益，在与美国政府、相关国际组织及行业的合作交流中，统一行业呼声、增强行业声音、影响政府及国际组织的政策和运作方式。美国“9・11”恐怖事件后，WSC 在制定新的法规、程序和改善国际航运商贸安全方面进一步加强了与美国政府、欧盟委员会以及其他国际组织之间的关系。2007 年，WSC 在布鲁塞尔设立了一个专职办事处，以此加强与欧盟委员会的联系，提升海关和海事安全制度；环境保护问题也成为其新发展方针的一个非常活跃的领域。2009 年，WSC 获得 IMO 的咨询机构或咨询者资格（consultative status），开始参与、支持 IMO 的安全、环境及其他海事管理事务的相关工作。如今，WSC 已被认为是一个有很高声誉的行业顾问，能为各国政府和本行业提供相关领域咨询，并积极参与制定影响班轮公司、班轮用户和贸易国经济活力相关政策的讨论。

第三节　海运服务组织

1.波罗的海交易所

波罗的海交易所(Baltic Exchange,BE,原名:The Baltic Mercantile and Shipping Exchange)起源于18世纪中叶船东与商人在英国伦敦针线街(Threadneedle Street)经常聚集的一个咖啡屋。1823年,为打击市场中的“野蛮赌博”行为,建立一些规则,经常光顾这个咖啡屋的资深者组建了一个委员会,制定相应的规则及入会手续,开放一间专用会晤室。这被认为是波罗的海交易所现代航运交易市场的开端。1900年,波罗的海委员会与伦敦航运交易所合并,成为世界上唯一一家独立运作的世界性航运交易所。

航运交易是交易所的主要活动,在波罗的海交易所,业务人员为需要船舶的人及拥有船舶或经营船舶的人提供服务,货物可以找到船舶,船舶也可以找到货物,大大地方便了货主和船东,促进了海运经济贸易的发展。交易所的另一项主要业务是商品及期货贸易。1985年发布了波罗的海运价指数(The Baltic Freight Index, BFI),1998年开始发布巴拿马型船运价指数(The Baltic Panamax Index,BPI),1999年开始发布灵便型船运价指数(The Baltic Handy Index,BHI)、好望角型船运价指数(The Baltic Capesize Index,BCI)和干散货船运价指数(The Baltic Dry Index,BDI)等,并取代了BFI。其中BDI是对BPI、BCI和BHI的加权组合,用于反映干散货市场整体情况。通过这些指数反映国际航运市场的运价水平及其变化趋势。

随着国际航运中心向亚太地区的转移,波罗的海交易所于2008年在希腊的雅典和新加坡设立办事处,2012年又将新加坡的办事处改为分支机构,2013年在中国上海设立办事处。2016年,新加坡交易所和波罗的海交易所达成一致:由新加坡交易所收购波罗的海交易所。收购之后,波罗的海交易所的总部仍然设在英国伦敦。

2.波罗的海国际航运公会

波罗的海国际航运公会(The Baltic and International Maritime Council,BIMCO)成立于1905年,总部设在丹麦的哥本哈根,原名波罗的海和白海公会(The Baltic and White Sea Conference),后来因其成员扩展到世界范围,于1927年改名为BIMCO。BIMCO向本组织成员提供全世界港口和海运条件方面的免费情报服务、免费咨询服务、专题讲座以及短期培训。成立的宗旨是联合船东和航运机构,在必要的时候采取一致行动促进航运业的发展,把不同的意见和违反工作惯例的情况通告本组织成员,为成员业务的安全保障及增值提供建议。

BIMCO在1927年时只有20个成员国,占当时商船队总吨位的14%。到2023年,BIMCO拥有分布于130多个成员国和地区的约2 000个会员,其会员船东拥有或者控制的运力超过世界总运力的60%。BIMCO吸收的人员和组织包括:船东、船舶经营人、船舶管理者、船舶买卖代理人、经纪人、保赔协会等。

BIMCO下设文献委员会、海洋环境委员会、海上安全与安保委员会等机构,负责BIMCO的具体决策及未来发展。其服务范围非常广泛,包括:

(1)预防和解决争端:在现实中,许多本不必要的争端源于错误地使用一些单证,或单证本身不健全、不准确。如果使用BIMCO的标准单证就可以防止争端的发生。BIMCO经常发表一些文章,免费给其成员一些信息。当其成员由于某些原因出差错时,可以通过它在海运业的地位来保护它的成员。

（2）信息服务：作为 BIMCO 的成员，能免费从 BIMCO 的信息库得到港口和航运市场的信息。BIMCO 已建立了 24 h 服务制，能提供全球港口情况、冰冻情况、保险建议、公司信息、成本信息、燃料价格、运费率、航运市场报告、海运技术协助、航运安全指南、航运贸易限制以及 BIMCO 对某些商务条款的修改建议等。

（3）出版物：定期或不定期发行种类繁多的海运相关出版物。如《波罗的海国际航运公会公告》（BIMCO Bulletin）每季度出版一期，主要内容是出自波罗的海国际航运公会的评论、分析和信息摘要，与会员分享知识和经验，也包括有深度的市场分析和一些反映航运业相关问题的评论。从 2016 年 9 月开始，将该出版物从印刷方式改为网上数字阅读方式。2017 年 1 月第一次发布《2016 年 BIMCO 干散货码头调查报告》，基于船舶挂靠各个干散货港口后反馈的信息评估当年港口的服务情况，以期促进世界范围的干散货港口为船舶提高服务标准。

3.国际船级社协会

国际船级社协会（International Association of Classification Societies，IACS）是 1968 年在挪威奥斯陆举行的主要船级社讨论会上正式成立的，总部设在英国伦敦。IACS 成立的目标是促进海上安全标准的提高，与有关的国际组织和海事组织进行合作，与世界海运业保持紧密合作，把会员之间的各种规则统一起来。IACS 利用成员们在海上安全、防污染、船舶营运等方面的丰富经验，通过它们设在全球的检验机构网点，向船东和经营者提供了重要、广泛的支持。

2023 年，IACS 共有美国船舶局（ABS）、法国船级社（BV）、中国船级社（CCS）、克罗地亚船舶登记局（CRS）、挪威-德国劳氏船级社（DNV · GL）、印度船级社（IRS）、韩国船级社（KR）、英国劳氏船级社（LR）、日本海事协会（NK）、波兰船舶登记局（PRS）、意大利船级社（RINA）等 11 个正式成员，参见表 3-2。中国船级社（CCS）于 1988 年加入 IACS。

IACS 的最高领导机构是理事会，理事会主持制定总体政策，理事会主席由各个会员船级社轮流出人担任。理事会设立一些工作组去执行协会的具体任务，主要工作组包括：集装箱、发动机、防火、液化气船和化学品船、内河船舶、海上防污染、稳性和载重线等领域。IACS 拥有数千技术精湛的检验人员，世界 90%以上的商船由 IACS 的成员船级社去定级，他们除了船舶检验外，还受政府委托去处理多种多样的事务。IACS 在发展船舶技术规则方面起着重要作用，与 IMO 保持密切联系与合作。

4.国际救助联盟

国际救助联盟（The International Salvage Union，ISU）是一个代表海上救助的全球性协会，总部设在英国伦敦。国际救助联盟的主要任务是在法律、政策和商业领域代表、促进、保护其救助者成员的利益，充当救助行业的游说组织，促进成员之间的合作，其主要目标是提升对救助行业在环境保护和发生海难后在船舶、货物以及其他财产打捞方面所做贡献的广泛理解。国际救助联盟也在影响救助和防污染服务效能所涉及的许多法律、商业问题方面发挥积极的作用，鼓励不同行业之间进行讨论。国际救助联盟与许多国际组织，如 INTERTANKO、BIMCO 等，保持密切联系，在 IMO 中具有咨询者地位。

国际救助联盟的起源可以追溯到 19 世纪 90 年代哥本哈根国际救助联盟。2023 年，国际救助联盟拥有来自 30 多个不同国家的 55 个海上救助公司会员，同时拥有 80 多个准会员和联系会员。会员向世界海事和保险界提供专业化服务，包括：海上事故反应、防污染、沉船打捞、货物抢救、海上拖带及相关活动。国际救助联盟的成员承担所有救助活动中的 90%以上。中国救助打捞局是国际救助联盟的正式会员。

国际救助联盟经过几个世纪的发展,已经形成了广为接受的救助原则,即应该通过给予救助者适当的救助报酬来鼓励救助者去介入任何事故情景以便救助船舶、财产,特别是救助人命和防止污染。救助者获得报酬的权利是合理的,报酬应基于船东获得的利益(来源于被救船舶本身和货物)。源于19世纪、经过多次改进、被认为是最公正的、当今使用最广泛的国际救助协议是Lloyd's Open Form(简称LOF),也被称为劳氏救助合同标准格式(Lloyd's Standard Form of Salvage Contract)。例如,在1978年至2005年ISU成员进行了5 135次救助行动,其中2 701次采用LOF合同格式。LOF提供了一种在救助者提供海上拯救财产和减轻或防止环境破坏服务后确定给予救助者报酬量的方法。

近年来,ISU已经关注到其成员在保护环境方面做出贡献后不总是能够得到恰当的回报,并向船东及其保险人表达了这方面的关切。ISU建议适当修改LOF合同,以便形成对于救助者在保护环境方面所做努力给予奖励的合适机制。然而,船东及其保险人并不愿意改变现状,也不愿意进一步讨论这个问题。因此,对于环境保护救助者的鼓励与报酬问题将成为行业乃至全球都越来越关注的,也是今后必须解决的问题。

5.国际货物装卸协调协会

国际货物装卸协调协会(International Cargo Handling Co-ordination Association,ICHCA)于1952年成立,总部设在伦敦。ICHCA的会员包括港口当局、码头及装卸组织、航运公司、保险公司或保赔协会、验船师和咨询师、政府管理机构或组织、制造商和技术服务公司、其他组织和个人等类别。会员又分为高级会员和企业注册会员,有的会员组织或作为该协会会员的协会又有众多的会员。ICHCA的宗旨是致力于改善各种运输方式中货物作业和运输的安全性、可持续性,并提高其生产效率,促进世界运输系统中各种作业技术的改进。

ICHCA的主要工作是对联运的协调。20世纪50年代中期讨论了木材包装与大宗散糖运输问题。1957年在每两年一次的汉堡会议上首次讨论了滚装作业问题。集装箱的安全、高效运输也是ICHCA讨论的主题。2016年,组织了集装箱称重研讨会,并与全程运输协会(Through Transit Club,简称TT Club)、世界航运委员会(WSC)、全球托运人论坛(GSF)联合发布了《验证总质量的工业问答补充》(Verified Gross Mass Supplementary Industry FAQs)一书,以便支持2016年7月1日生效的《集装箱称重规则》的顺利实施。

1973年,由成员国代表组建了技术咨询分委员会(Technical Advisory Sub-Committee,TASC),以便促进与ICHCA有关的技术事务和协会成员的特殊利益。ICHCA在其官网上提供技术咨询服务(Technical Advisory Service),会员可以在线就货物操作提出各种问题,得到技术支持人员的反馈。ICHCA认为,转运技能是个核心问题,因此它研究、制定、组织、公布对发展中国家的经营、监督人员的培训规划,也为其他一些国家创造培训机会。ICHCA对于从制造厂到消费者的以任何方式进行的货物搬运都感兴趣,并给予可能的协助。

ICHCA在许多政府间组织中具有咨询者资格,如国际海事组织、国际劳工组织、联合国工业发展组织、联合国贸易和发展会议、经社理事会等。在这些国际论坛上,ICHCA注意那些与货物有关的会议和研究团体。一般只要有聚会讨论货物装卸的地方都能听到ICHCA会员的意见。ICHCA在主持国际研究项目、出版其研究报告和技术文件、办理技术查询等方面也起了重要作用。ICHCA正处于货物装卸技术革命的前沿,它强调运输作业中货物装卸的经济意义,并且寻求更先进的装卸方法。

6.国际航标协会

国际航标协会(International Association of Marine Aids to Navigation and Lighthouse Authorities,IALA)成立于 1957 年,总部坐落在法国巴黎西部的圣日耳曼莱昂(Saint Germain en Laye),是一个民间的航标组织,各国负责提供及维修灯塔、浮标和其他助航设备的单位可以申请成为它的会员。截至 2021 年,共有 320 个会员,其中国家航标管理部门会员 90 个,港口当局、助航设备制造商和咨询单位等行业会员 156 个,联系会员 74 个,另外还有一些荣誉会员。该协会于 2013 年开始逐步形成了可使其身份转换为政府间组织的《国际航标组织公约》(International Organization for Marine Aids to Navigation),该公约于 2022 年达到生效条件。国际航标组织的主要目标是通过召集各国负责海上助航系统的组织或机构,致力于改善和协调全球范围内的海上助航系统,促进船舶安全高效航行,保护海洋环境;促进海上助航系统相关专业知识的分享及科学技术发展与转让方面的技术合作和能力建设;鼓励并推动在海上助航系统相关事项中普遍采用最高可行标准等。

该组织由大会、理事会、委员会和能够提供必要支持的下设机构和秘书处组成。大会是主要决策机构,仅由成员国组成(联系会员等可列席),设一名主席和一名副主席。大会每 3 年定期举行一次例会。理事会是执行机构,委员会及下设机构根据需要设置。大会和理事会由主席主持。秘书处是常设机构,由其秘书长负责日常管理工作。

IALA 最著名的技术成就在于国际浮标设置体系的统一方面。1980 年 IALA 设计的浮标系统公布,但其实施是一项艰巨的工作。因为当时世界上共有 30 多种不同的浮标在使用。IALA 为了使浮标统一,做了很多努力,现在 IALA 的浮标体系已基本代替了其他种类的浮标。

第四节　其他团体与组织

1.国际保赔协会集团

在英国,船东们为了共同抵御船舶运输风险、互相保护,从 1855 年起形成了一些保障和赔款协会(Protection and Indemnity Associations,P&I)。他们承保的险项一般是常规船舶保险(船体和轮机保险)所不包括的内容,主要是船东对第三者责任的保险,涉及的主要内容是对旅客和船员个人损伤、货物的损坏或灭失、与其他船或物体碰撞引起的赔偿损失。主要的保赔协会设在英国,在美国、日本和斯堪的纳维亚半岛等国也有。保赔协会的成员为遍及世界各地的船东。

为了抵御更大的风险,一些保赔协会通过协议联合起来,形成保赔联营体,最早的保赔协会之间的合作可以追溯到 1899 年英国 6 家保赔协会之间形成的联营协议。至 2023 年,通过协议形成的最大的国际保赔协会集团(International Group of Protection and Indemnity Clubs,IG),拥有 12 个独立的保赔协会或协会会员,秘书处设在英国伦敦。该集团是出于再保险目的和解决大多数成员共同关心问题而组成的联营体,其保险业务已覆盖了大约 90%的世界海上商船吨位。保险范围包括在船船员、旅客和其他人员伤亡,货物损失和损坏,油污染,失事船舶打捞等等。也向成员提供法律、预防损失等方面的服务,能在海难管理中起组织、领导作用。在 160 多年的发展历程中,保赔协会在世界海上保险业里已形成了一个不可替代的实体,并提供了其他市场所没有的服务。

中国船东互保协会(简称中船保)1984 年成立于北京,在上海、大连等主要港口城市设有办事处。其宗旨是根据中国法律和法规以及相关国际法律和惯例,维护与保障其会员的信誉与利益。到2023年,其已经拥有187家会员、7 900万总吨的船舶,运作情况良好。

2.国际运输工人联合会

国际运输工人联合会(International Transport Workers Federation,ITF)是国际运输工人工会的联盟,1896年成立于伦敦,后来移到汉堡。该组织曾因战争停止活动一段时间。1919年在荷兰鹿特丹重新组建,并于1939年搬回伦敦。至2023年,在154个国家和地区拥有约700个联盟会员,代表约1 850万运输工人的利益。在组织内,按职业不同分为海员和码头装卸、民用航空、铁路、公路运输、城市交通、渔业、旅游、内河航运工人9个类别。

该组织成立的宗旨是:

(1)在世界范围内提升对工会和人权的尊重,提高工会和人权在世界上的地位,改善运输工人的工作和生活条件。

(2)在社会公正与经济发展的基础上为和平而工作。

(3)保护其成员利益,帮助其成员工会开展活动。

(4)为其成员工会提供研究和信息服务。

(5)向有困难、遇到麻烦的运输工人提供帮助。

该组织由其章程治理,主要机构设置为:

代表大会:每4年召开一次会议,是该组织工作与发展的最高决策体。

执行委员会:由代表大会选举出的41名成员组成,是下次代表大会召开之前的决策机构,每年至少召开两次会议。

管理委员会:管理委员会由1位总裁、6位副总裁、数名执行委员会委员和一位秘书长组成。秘书长归执行委员会领导,负责执行该组织的日常工作。

ITF通常制定出船员基本工资标准供签订集体合同时参考。ITF的集体合同中也包括船员休假、加班、生病、伤残等情况的福利补偿标准,一般每年修订、签署一次。ITF可以通过所属海员工会和码头工人工会查访抵港的方便旗船舶,如果发现有关船舶上船员的待遇(包括薪资和工时等)低于有关标准,就会要求工会抵制该船的装卸,以此督促船方按照合同约定改正。经过多年努力,ITF已经在全球许多重要港口建立了检查员网络,揭示海员遭受的各种不公正待遇。

3.世界贸易组织

世界贸易组织(The World Trade Organization,WTO)起源于“关税与贸易总协定”(GATT)。为了促进国际贸易自由化,1946年,美国、加拿大、英国、中国等23个创始缔约国进行关税谈判。其形成的关税减让协议和采纳的国际贸易规则合为一体构成“关税与贸易总协定”,于1948年1月正式生效。GATT的主要作用是:通过创建新型国际贸易制度、增强贸易透明度来促进各国贸易及其自由化的发展;在互惠互利的基础上通过谈判削减关税;使发展中国家与发达国家有机会对话,并从关贸总协定中获得贸易实惠。每当贸易保护主义盛行时,就举行一回多边贸易谈判。1986年12月在乌拉圭开始了第八回合谈判,寻求把总协定的职权延伸到知识产权保护、投资政策和服务贸易,力图建立一个新的、更加开放的多边贸易体制,并决定成立世界贸易组织。在GATT乌拉圭回合谈判中的服务业方面,形成了服务贸易总协定GATS。

1995年1月开始运作的世界贸易组织的基本宗旨是通过建立一个开放、完整、健全和持久的多边贸易体制,促进国家间货物与服务贸易的发展,合理、有效地利用世界资源来提高生活质量,扩大就业面。可以从这样几个方面来认识世界贸易组织:它是一个促进贸易开放的组织;是政府间商谈贸易协定的一个论坛;是解决贸易纠纷的地方;是一个运作贸易规则的系统。本质上讲，它是成员国政府可以尝试解决它们互相之间面临的贸易问题的地方。该组织总部设在瑞士日内瓦，拥有164个成员国和地区。部长级会议是世贸组织的最高决策权力机构，由所有成员国主管外经贸的部长、副部长级官员或其全权代表组成，一般两年举行一次会议，讨论和决定涉及世贸组织职能的所有重要问题。部长级会议休会期间由总理事会代行管理权，在总理事会下设有货物贸易理事会、与贸易相关的知识产权委员会、服务贸易理事会及若干委员会，国际海运合作事宜属于服务贸易理事会的工作、协调范畴。

4.全球托运人论坛

全球托运人论坛（Global Shippers' Forum，GSF）起源于1994年三个托运人组织的非正式组合，1996年开始使用这个名称，到2011年才在英国正式注册成为法人组织。全球托运人论坛代表着欧洲、亚洲、北美、非洲等世界上主要贸易区域数千托运人的利益，包括各种运输方式的托运人。GSF致力于影响国际货运的商务发展，关注对托运人和收货人产生影响的各国政府和国际组织的政策制定。

本章通过介绍一些主要的海运相关组织与机构及其功能，一方面可以看到在漫长的国际航运发展进程中，海运相关组织机构的逐步形成并不断推陈出新；另一方面可以初步了解它们在航运业中的重要作用和影响。其中IMO的作用和影响尤为突出：

（1）建立了世界统一标准。在20世纪50年代以前，每一个航海国都有自己的法规，IMO制定的公约和标准改变了这种情况。

（2）防止污染。在20世纪70年代之后船舶污染危险逐年增加的情况下，主要由于IMO国际性的反污染措施，使以后的油污染问题大为减少。

（3）事故率降低。在世界商船总吨位不断增加的情况下，船舶海上重大事故数量持续下降。1966—1985年，每年有超过300艘船在海上灭失；20世纪90年代下降到每年200艘左右；自2017年之后，这个数字进一步下降到只有两位数，见图20-1，2013—2023年船舶在海上灭失统计数据。

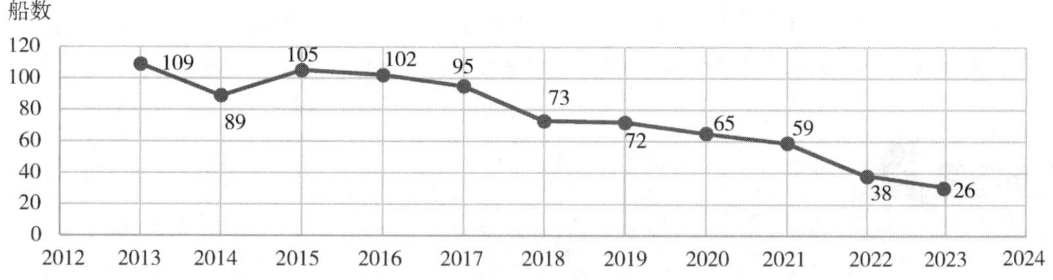

数据来源：*Safety and Shipping Review 2024*，https://www.agcs.allianz.com

图20-1　2013—2023年海上100总吨以上船舶灭失数量统计

总之，海运相关组织在航运业中发挥着重要的作用，产生重要的影响。但是纵观全局，各个组织都随着经济格局的变迁、贸易货流的改变、航运组织方式的变化，其重要性、影响力也逐步发生变化，其组织结构、业务内容甚至总部位置也会有所调整。

例如，INTERTANKO成立于石油危机时期，随着石油市场的改善其作用日趋减小，直至解散。20世纪50年代其重新成立后，由于没有能力保护其成员的利益，又销声匿迹。20世纪70年代由于世界经济贸易的发展，INTERTANKO再次成立，并有了很大的发展。

又如，欧洲和日本国家船东协会委员会（Council of European and Japanese National Shipowners' Associations,CENSA)于1974年1月1日成立,总部设在伦敦。该组织由欧洲十几个主要海运国家和日本的船东协会组成。工作范围涉及航运政策和海运领域的各方面,无论是班轮还是不定期船,干货船或者油船。然而,由于CENSA与其他船东组织的功能、业务范围等重叠逐渐凸显,其活动减少或被其他组织取代,直到2001年解体。但2002年年初,其独具特色的政策研究机构并入ICS。

有的组织功能在不断增加。如IACS刚成立时,只为船舶定级,现在除了做传统领域的业务以外,还受政府委托去处理各种各样的技术、质量事务,如制定船舶技术规范,提出船舶安全营运和维修准则的一些建议等。同时,通过了解这些组织的设置、业务范围也会发现,有许多组织的功能或多或少地互相重叠,这样既浪费了人力、财力,又有互相牵制、效率低下之虑。希望将来能建立起更加精简、统一,更有权威、覆盖面更完善的组织与机构,为便利海上运输、提高运输效率创造更好的环境。

【小资料】

"郑和宝船"尺度之谜

几乎在西方船队开始沿非洲西岸探索的同时,在1405—1433年的28年时间,郑和(1371或1375—1433或1435年)率领当时世界上最庞大的船队七次远航,访问了东南亚和环印度洋的30多个国家和地区。如此庞大的船队在海上持续时间之长,活动范围之广,史无前例。

关于郑和七下西洋使用的"宝船"的尺度到底有多大,至今尚无定论。有些人认为《明史·郑和传》中记载的长44丈、阔18丈的万吨级"宝船"的尺度是可信的。而另一些专家和学者认为,郑和船队是由常规的几百吨级的海洋运输帆船组成,其中较大船舶的尺度大概在长15.2丈、宽2.8丈、深1.2丈这样的量级范围。这个尺度的船无论从航海性能、结构性能,还是建造技术来说在当时都是可行的。关于"郑和宝船"的尺度还有待于进一步的考证、核实。

(根据上海交通大学杨槱院士论文《再论"郑和宝船"之谜》编写)

思考与练习

1.联合国中有哪些组织机构涉及海运业务领域?它们的主要作用是什么?

2.通过国际互联网查阅国际上重要海运相关组织的基本情况,分析各个组织的最新发展动态。

参考文献

[1] 余仕辉,任兴源,罗洪群,等.船舶运输工艺与组织.北京:人民交通出版社,1985.
[2] 任兴源.国际航运经济.北京:人民交通出版社,1987.
[3] 李树范,纪卓尚,王世连.船舶设计原理.大连:大连理工大学出版社,1988.
[4] 蔡桂英,庄巨忠,曲林迟.国际航运经济.北京:人民交通出版社,1990.
[5] 毛侠.远洋船队经营管理.北京:中国城市经济社会出版社,1990.
[6] 吴长仲.航运管理.大连:大连海运学院出版社,1992.
[7] 佚名.江海直达运输. 聂嘉玉,赵镜涵,译.北京:交通部科学研究院,1992.
[8] 张仁颐.船舶工程经济学.上海:上海交通大学出版社,2001.
[9] 中国远洋运输集团.辉煌的四十年.北京:国际文化出版公司,2001.
[10] 吴兆麟,朱军.海上交通工程.2 版.大连:大连海事大学出版社,2004.
[11] 赵刚.国际航运管理.大连:大连海事大学出版社,2006.
[12] 闵德权.水运商务管理.大连:大连海事大学出版社,2008.
[13] 关政军.航海仪器.大连:大连海事大学出版社,2009.
[14] 高惠君,等.内河船型标准化.北京:人民交通出版社,2015.
[15] 高惠君,谢燮.长江黄金水道发展战略研究.北京:人民交通出版社,2015.
[16] 燕伟平.大鹏展翅:中国首支液化天然气运输船队纪实.大连:大连海事大学出版社,2020.
[17] 贾大山,武嘉璐.海运业发展动力和历史性转变.北京:人民交通出版社,2021.
[18] BRANCH A E.Elements of shipping.6th ed.London:Chapman and Hall,1989.
[19] STOPFORD M.Maritime economics.3rd ed.London:Routledge,2009.
[20] 范厚明,宋军,姚平.航运企业市场营销组合策略浅析.大连海运学院学报,1994,20(4):77-81.
[21] 谢新连,桑惠云,杨秋平,等.中国进口原油运输船队规划案例研究.系统工程理论与实践,2013,33(6):1543-1549.

[22] 郝雅楠,祝彬,朱华桥.全球卫星导航系统发展现状与特点分析.国防科技工业,2020(7):20-24.

[23] XIE X L,XU D L,YANG J B,et al.Selecting preferred ship using multiple criteria synthesis approach.Journal of Marine Science and Technology,2008,13(1):50-62.

[24] NEWTON J.A century of tanker.INTERTANKO,2002.

[25] WANG J.Design for safety of marine and offshore system.IMarEST (The Institute of Marine Engineering,Science and Technology),2007.

[26] 中华人民共和国国家质量监督检验检疫总局,中国国家标准化管理委员会,船舶维修保养体系:GB/T 16558—2009.北京:中国标准出版社,2009.

[27] 中华人民共和国国务院.中华人民共和国船舶吨税暂行条例.中华人民共和国国务院令第610号,2011.

[28] 中华人民共和国交通运输部.港口设施保安设备设施配置及技术要求:JT/T 844-2012.交通部令第35号,2012.

[29] 中华人民共和国交通运输部,国家发展和改革委员会.港口收费计费办法.交水发[2015]206号,2015.